Jan Gerwinski, Stephan Habscheid, Erika Linz
Theater im Gespräch

Jan Gerwinski, Stephan Habscheid,
Erika Linz

Theater im Gespräch

―

Sprachliche Publikumspraktiken in der Theaterpause

Unter Mitarbeit von Marit Besthorn, Mareike Hesse,
Christine Hrncal und Eva Schlinkmann

DE GRUYTER

ISBN 978-3-11-070948-3
e-ISBN (PDF) 978-3-11-052709-4
e-ISBN (EPUB) 978-3-11-052480-2

Dieses Werk ist lizenziert unter der Creative Commons Attribution-
NonCommercial-NoDerivatives 4.0 Lizenz. Weitere Informationen finden Sie unter
http://creativecommons.org/licenses/by-nc-nd/4.0/.

Library of Congress Control Number: 2018943191

Bibliografische Information der Deutschen Nationalbibliothek
Die Deutsche Nationalbibliothek verzeichnet diese Publikation in der Deutschen
Nationalbibliografie; detaillierte bibliografische Daten sind im Internet
über http://dnb.dnb.de abrufbar.

© 2020 Jan Gerwinski, Stephan Habscheid, Erika Linz,
publiziert von Walter de Gruyter GmbH, Berlin/Boston.
Dieser Band ist text- und seitenidentisch mit der 2018 erschienenen gebundenen
Ausgabe.
Dieses Buch ist als Open-Access-Publikation verfügbar über www.degruyter.com.

Einbandabbildung: Agentur (rs), Fotograf Horst Schaumann
Druck und Bindung: CPI books GmbH, Leck

www.degruyter.com

Vorwort

Der vorliegende Band ist im Kern aus dem Kontext eines von der Deutschen Forschungsgemeinschaft finanzierten Projekts „Theater im Gespräch. Sprachliche Kunstaneignungspraktiken in der Theaterpause" hervorgegangen. An der Vorbereitung und Durchführung des Forschungsvorhabens waren viele beteiligt, ohne die das Projekt nicht hätte realisiert werden können: Zunächst gilt unser Dank den beteiligten Schauspielhäusern, dem „Schauspiel Köln", dem „Apollo-Theater Siegen" und dem Berliner Theater „HAU Hebbel am Ufer" für ihre Genehmigung und Unterstützung der Datenerhebungen zur Haupt- bzw. Pilotstudie. Das „Apollo-Theater" hat uns auch das Cover-Foto für den vorliegenden Band zur Verfügung gestellt, auch dafür herzlichen Dank! Dem Institut für Deutsche Sprache (IDS) in Mannheim danken wir für die Aufnahme einer Reihe von Gesprächen in das „Forschungs- und Lehrkorpus gesprochenes Deutsch" (FOLK) und die damit verbundene Erstellung von ersten (Minimal-)Transkripten. Den Projektmitarbeiterinnen, Mareike Hesse und Eva Schlinkmann, den weiteren Mitgliedern der Arbeitsgruppe, Marit Besthorn, Dr. Jan Gerwinski und Christine Hrncal, und den studentischen Hilfskräften, Katharina Adams, Julia Hempelmann, Xiexia Niu, Yalem Parlak, Sarah Peter, Alina Podolski, Anne Seibel, Marten Stuck, Jennifer Ten Elsen und Feifei Wang, danken wir für ihre außergewöhnlich engagierte Mitwirkung. Die Mitarbeiterinnen und Mitarbeiter, die als Mitglieder der Arbeitsgruppe an dem Projekt mitgewirkt haben, sind als Mitherausgeber, Autoren oder Ko-Autoren einzelner Beiträge an diesem Band beteiligt.

Wir danken der Deutschen Forschungsgemeinschaft (Geschäftszeichen: HA 2850/4-1) für die zweijährige finanzielle Förderung des Projekts und den Universitäten Siegen und Bonn für eine förderliche Forschungsinfrastruktur.

Siegen und Köln
im Februar 2018

Stephan Habscheid und Erika Linz

Inhalt

Stephan Habscheid, Erika Linz
1 Foyer und Pause, Interaktion und Kontext: Zur Einleitung in den Band — 1
1.1 Problemhintergrund und Ausgangsfragen — 1
1.2 Material und Methoden: Die Durchführung des Projekts — 9
1.3 Forschungsgegenstände: Zum Gang der Analysen — 11

Eva Schlinkmann, Mareike Hesse
2 Settings und Sampling — 17
2.1 Datenerhebung in Köln — 18
2.2 Datenerhebung in Siegen — 43
2.3 Anhang — 65

Marit Besthorn, Jan Gerwinski, Stephan Habscheid
3 Methodik I: Erhebung, Aufbereitung, Archivierung, Datenschutz, gesprächslinguistische Auswertung und praxeologische Theoriebildung — 71
3.1 Einleitung — 71
3.2 Datenerhebung — 72
3.3 Datenaufbereitung, -archivierung und Datenschutz — 79
3.4 Datenauswertung — 89
3.5 Fazit und Ausblick — 95
3.6 Anhang — 97

Jan Gerwinski, Erika Linz
4 Methodik II: Beobachterparadoxon – die Aufnahmesituation im Gespräch — 105
4.1 Einleitung — 105
4.2 Natürlichkeit der Daten — 106
4.3 Gesprächs- und Aufnahmerahmen — 118
4.4 Explizite Thematisierungen des Aufnahme-Frames — 124
4.5 Fazit und Ausblick — 159

Stephan Habscheid
5 Konversation, Small Talk, ‚Bildungssprache' — 164
5.1 Einleitung: Ambivalente Phänomene — 164
5.2 Eine alltägliche Szene — 168
5.3 Small Talk und Konversation: Theoriehintergründe und Begriffsklärungen — 178
5.4 Konversation und ‚Bildungssprache': Inklusion/Exklusion — 183
5.5 Konversation im Theaterfoyer: Skills und Wissen — 189
5.6 Schluss: Konversation, Kooperation, Lernen — 200

Erika Linz
6 Transkriptive Praktiken der Kunstkommunikation — 203
6.1 Einleitung: Pausengespräche als Anschlusskommunikation — 203
6.2 Praktiken der Kunstkommunikation — 208
6.3 Transkriptivität der Kunstkommunikation — 213
6.4 Bezugnahmen und Thematisierungen — 215
6.5 Lexikalische Rekurrenz als rezeptionsprägende Kohäsionsbildung — 227

Christine Hrncal
7 Bewertungsinteraktionen — 235
7.1 Einleitung — 235
7.2 Bewertungen im Allgemeinen — 236
7.3 Bewertungen im Kontext der Publikums- und Kunstkommunikation — 243
7.4 Bewertungen in Pausengesprächen im Theater(foyer) — 246
7.5 Zusammenfassung der Ergebnisse und Ausblick — 296

Eva Schlinkmann
8 Rekonstruktive Verfahren — 301
8.1 Einleitung — 301
8.2 Rekonstruktive Verfahren im Kontext — 302
8.3 Rekonstruktion in Foyergesprächen im Theater — 320
8.4 Zusammenfassung der Ergebnisse und Ausblick — 366

Jan Gerwinski
9	**Ausblick: Theaterpublikumskommunikation im Internet —— 372**	
9.1	Einleitung —— 372	
9.2	Theoretische Grundlagen —— 374	
9.3	Methodische Grundlagen, Daten(auswahl) und Analyseraster —— 380	
9.4	Beispielanalyse —— 388	
9.5	Fazit —— 399	
9.6	Anhang: Beiträge auf der Theaterwebseite zu „Der Streik" in Köln —— 400	

Literaturverzeichnis —— 405

Transkriptionszeicheninventar —— 429

Stephan Habscheid, Erika Linz
1 Foyer und Pause, Interaktion und Kontext: Zur Einleitung in den Band

unter Mitarbeit von Jan Gerwinski, Christine Hrncal & Eva Schlinkmann

1.1 Problemhintergrund und Ausgangsfragen

Foyer- oder *Pausengespräch*? – Für den Typus der Gespräche, die im Mittelpunkt der folgenden Untersuchungen stehen, erscheinen beide Bezeichnungen gleichermaßen treffend. Die Art der Interaktion, die sich bei derartigen Gelegenheiten entfaltet, ist nämlich ebenso mit den besonderen örtlichen wie mit den spezifischen zeitlichen Umständen des Ereignisses eng verwoben.[1] Diese zeiträumlichen und dinglichen Charakteristika der Situation werden in einer praxistheoretischen Perspektive, wie sie dem vorliegenden Band zugrunde liegt (vgl. Kapitel 3, i.d.B.), nicht als äußerliche, determinierende Bedingungen betrachtet (Deppermann, Feilke & Linke 2016a, 5), sondern als Bestandteile der kommunikativen (und über Kommunikation hinausreichenden) und zugleich soziokognitiven Praktiken, deren sinnhafte, individuell zugerechnete Einheiten ‚Handlungen' und ihre kulturellen Verstehenshintergründe/Kontexte sind: Praktiken

> (1) help institute which mental states and actions humans are and can be in and (2) are the contexts in which humans acquire the wherewithal to be in these states and to perform the actions that compose practices (Schatzki 1996, 12 f.).[2]

---

1 Wie im Prinzip jede ‚soziale Veranstaltung', vgl. Günthner & Knoblauch 1994, 711; Linz, Hrncal & Schlinkmann 2016, 528. Zum Zusammenhang von (multimodaler) Interaktion und Raum vgl. – stellvertretend für einen umfangreiches, seit einigen Jahren stark wachsendes Korpus an Fachliteratur – exemplarisch Hausendorf, Schmitt & Kesselheim 2016.
2 Auf der „flachen" ontologischen Basis einer derartigen Praxistheorie (Schatzki 2016), mit der die notorisch unbefriedigende sozialtheoretische Polarität von „Makroebene" (langfristig stabile soziale Strukturen, Technologien, Systeme von Werten, Zeichen etc.) und „Mikroebene" (individuelles Handeln) zu überwinden ist, können ‚Handlungen', ihre situationale, raumzeitliche und dingliche Einbettung und ihre situativ relevanten ‚Kontexte' – ausgehend von dem in Praktiken eingebetteten Sprach- und Zeichengebrauch im Rahmen einer interaktionalen „Infrastruktur" (Schegloff 2006/2012) – interpretativ rekonstruiert werden. Praktische Beschränkungen ergeben sich durch die notwendige, je nach Methodenkombination und Technikeinsatz unterschiedlich weit reichende Selektivität der Datenerhebung, wobei das unerreichbare

Der *Ort*, das Theaterfoyer, ist ein öffentlicher, im Unterschied etwa zum privaten Wohnzimmer beim gemeinsamen Fernsehen in der Gruppe (vgl. Holly, Püschel & Bergmann 2001). Mit dem Konzept der Öffentlichkeit bzw. des Publikums verbindet sich nach einer – auch heute noch publizistisch vertretenen – *Idealvorstellung des Theaters* nicht nur die Vorstellung einer (lokal versammelten) Menschenmenge, die von den Veranstaltern einer öffentlichen Darbietung oder Ausstellung als „Zielgruppe" (ökonomisch) adressiert wird (Kernbauer 2012, 63; Habscheid, Hrncal, Knipp & Linz 2016a, 464). Vielmehr gilt das Theaterfoyer, aller kulturkritischen Skepsis zum Trotz, vielfach noch immer als „‚Podium' einer bürgerlichen Öffentlichkeit, [...] eines ‚räsonierenden Publikums'", das sich über ästhetische und gesellschaftspolitische Probleme verständigt (Habermas 1962/1990, 69, 96; Linz, Hrncal & Schlinkmann 2016, 524, mit publizistischen Belegen für die Gegenwart).

Zum Gegenstand und/oder Anlass des Räsonnements, dies liegt buchstäblich *nahe*, kann im Foyergespräch nicht zuletzt das werden, was sich gerade zuvor auf einem kleineren Podium im größeren ereignete: die Aufführung auf der Bühne vor anwesendem Publikum im Saal. Goffman spricht vom ‚Spiel' als dem inneren Rahmen des Theaters, der in den äußeren Rahmen des ‚Spektakulums', des Theaters als eines sozialen Ereignisses, eingebettet ist (Goffman 1977, 149 ff. und 287ff; Linz, Hrncal & Schlinkmann 2016, 525 f.). In diesem Sinn lassen sich, nach dem Modell eines wechselseitigen Konstitutionsverhältnisses, Foyergespräche auch als eine Art alltägliches Theater verstehen (vgl. zu den Quellen einer derartigen Metaphorik den Überblick von Buss 2009), das sich räumlich und zeitlich um ein künstlerisches Theater herum entfaltet,[3] diesem einen institutionellen Rahmen schafft, umgekehrt hiervon angeregt wird und sich teilweise thematisch hierauf bezieht.

Der Ausdruck *Theater* im Titel des Projekts kann also sowohl wörtlich als auch metaphorisch verstanden werden, mit Referenz zum einen auf mögliche Themengebiete derartiger Gespräche (Sprechen über das Theater; aus Anlass des Theaters), zum anderen auf den ‚theatralen' Charakter derartiger Gespräche selbst (alltägliches Sprechen in der Öffentlichkeit *als* Theater). Eine Brücke zwischen beiden Ebenen schlägt – mit Blick auf das gesellschaftliche Funktionsprinzip des Theaters[4] – Hans Georg Soeffner:

Ideal einer semiotischen Vollständigkeit nicht zum Fetisch gemacht werden sollte.
3 Zur räumlichen und zeitlichen Abgrenzung (durch Vorhang, Beleuchtung etc.) vgl. Linz, Hrncal & Schlinkmann 2016, 525, unter Bezug auf Goffman 1977 sowie Kapitel 3, i.d.B.
4 Die in gewisser Hinsicht der wissenschaftlichen Reflexion von Interaktion vergleichbar ist, allerdings von anderen Mitteln der perspektivischen Brechung Gebrauch macht. Vgl. hierzu

Theater und Schauspiel machen darauf aufmerksam, daß wir nicht nur in ihnen, sondern auch in unserem Alltag ‚virtuelle Zuschauer unserer selbst und der Welt' sind und daß wir als solche immer auch die ‚Welt in Szene setzen' (Soeffner 2001, 168).

Auf dieser Basis stehen im Idealfall die Kommunikation auf der Bühne, die Kommunikation durch das Bühnengeschehen und die Kommunikation im Anschluss daran – noch weit über das Foyergespräch hinaus – in einem engen Zusammenhang:[5] „Was ich von einem Abend erwarte, ist relativ simpel: Ich möchte gut unterhalten und gepackt werden, so dass ich mich noch lange über das Stück unterhalten kann." So lautet die Antwort des ehemaligen Bürgermeisters von Berlin in einem Interview der „Frankfurter Allgemeinen Zeitung" auf die Frage des Journalisten: „Noch mal zu Ihnen als Zuschauer: Wenn Sie ins Theater gehen, was erwarten Sie von einem Abend dort?" (Strauß 2017).

Bereits im Blick auf das Bühnengeschehen können eine Ebene der Darstellung von der Ebene des Dargestellten und damit auch hier ein ‚äußerer' von einem ‚inneren' Rahmen unterschieden werden (Goffman 1977, 149; Linz, Hrncal & Schlinkmann 2016, 526). Für das Dargestellte kann weiter die ‚Welt des Stücks' von Bezugnahmen auf die ‚Welt außerhalb des Theaters' unterschieden werden; diese und weitere Ebenen können – mit fließenden Übergängen im Rahmen einer dynamischen Praxis – in der anschließenden Interaktion der Zuschauer aufgegriffen bzw. hergestellt werden (Hrncal & Gerwinski 2015; Kapitel 6, i.d.B.).

Das Theaterfoyer und ein Außenbereich sind bereits seitens der Institution als Ort für semi-öffentliche Interaktionen im Publikum hergerichtet, etwa durch eine Möblierung, die es kulturell ermöglicht und nahelegt, sich in kleinen Gruppen, die sich in der Regel bereits *vor* dem und *für* den – oftmals gemeinsamen – Theaterbesuch konstituiert haben, im und im Umfeld des Theatergebäudes zum Gespräch zu versammeln (vgl. Kapitel 6, i.d.B.). In solchen Situationen befinden sich andere Besucher – mit unterschiedlichen, auch rahmengebunden wechselnden Beteiligtenstatus (vgl. Goffman 1981a) – zumeist zumindest in prinzipieller Hörweite („‚natural' surveillance", vgl. Bergmann 1990, 219).

Zugleich verweist der Ort auch auf den Pausencharakter der hier stattfindenden Aktivitäten, die typischerweise Kommunikation umfassen, aber auch weit darüber hinaus – in den Bereich primär physischer Praktiken hinein –

---

auch Baecker 2013, 17.

5 Vgl. zu einer ähnlichen Konzeption im Blick auf die Bildende Kunst, bei der Kommunikation *durch* Kunst und *mit* Kunst und die Kommunikation *über* Kunst (durch Museen, Kritiker, das Publikum etc.) ineinander greifen, Hausendorf & Müller 2016a.

reichen (s.o.):[6] Gastronomische Verpflegung, die Möglichkeit, sich miteinander essend, trinkend und sprechend um einen Bistro-Tisch herum zu positionieren, Gelegenheiten zum gemeinsamen Gehen im Innen- und Außenbereich legen nahe, dass die Pause nicht nur einen Rahmen für andere Aktivitäten, etwa das Theatergespräch, bietet, sondern nicht zuletzt auch *als Pause*, also für Praktiken der Erholung, Entspannung, Erfrischung, Stärkung etc. genutzt werden kann, wobei Übergänge zwischen unfokussierter und fokussierter Interaktion (vgl. Goffman 1963, 24) zu gestalten sind (vgl., am Beispiel eines Empfangs, Ruoss 2014; zu einer ähnlichen Situierung in der Peer Group-Kommunikation Jugendlicher vgl. Deppermann & Schmidt 2001, 29). Dass der eigentliche Theaterbesuch auch anstrengend sein kann, gehört zu den gängigen Topoi im Pausengespräch.

Mit dem ungezwungeneren Charakter von Pauseninteraktion korrespondieren auf der Ebene der sprachlichen Formate Gattungen des Small Talks und der Konversation, einer – dem Stereotyp nach – „von Kaviarbrötchen und Rosésekt eingerahmten Gesprächsform" (Linke 1988, 140 f.), z.T. auch der so genannten „homilëischen Diskurse" (vgl. Kapitel 5, i.d.B.). Unter dem Begriff „homilëischer Diskurs" werden in der „Funktionalen Pragmatik" Interaktionstypen, etwa am Arbeitsplatz, gefasst, die sich außerhalb institutioneller Zwecke, formeller und professioneller Rollen vollziehen und die dennoch für die Reproduktion der Institution einen wichtigen, weil komplementären Beitrag leisten (vgl. etwa Rehbein 2012, 85): In homilëischen Diskursen, z.B. beim Lästern über den Chef oder Lehrer, wird spielerisch-kreativ „verhandelt [...], was ‚in der Welt [der Institution] nicht aufgeht'" (vgl. etwa Rehbein 2012, 89). Als typische Situationen, die den reproduktiven Charakter dieser Art von Kommunikation erkennen lassen, werden Pausengespräche am Arbeitsplatz oder in der Schule (vgl. dazu auch Könning 2015) genannt, die teilweise an eigens von der Institution dafür bereitgestellten Orten stattfinden (Pausenhof, Lehrerzimmer usw.), andererseits in der offiziellen Perspektive der Institution aber auch leicht übersehen werden. Derartige Formate, z.B. theatrale, parodistische Reinszenierungen von Teilen der Vorstellung, sind auch für Pausengespräche im Theater charakteristisch (vgl. Kapitel 8, i.d.B.).

Hierbei kommen auch – in Abhängigkeit vom Wissen der Beteiligten – die spezifischen *zeitlichen Umstände* des sozialen Ereignisses zum Tragen: Das zeitliche Budget ist durch die Institution bekanntlich begrenzt, aber zumindest für das Publikum typischerweise nicht *exakt* vorhersehbar, vielleicht auch nicht

---

[6] Vgl. zeichentheoretisch-grundlegend, zur ‚symphysischen' und ‚empraktischen' Einbettung von Sprachgebrauch, Bühler 1934/1982, 154 ff.

von vornherein präzise geplant. Dieser Umstand kann bei der individuellen und interaktionalen Gestaltung der Pausen-Aktivitäten prophylaktisch ins Kalkül gezogen werden (vgl. Kapitel 7, i.d.B.), und/oder man stellt sicher, dass die Abfolge von Gong-Zeichen, die das Zu-Ende-Gehen der Pause markieren, situativ wahrgenommen und dann im Blick auf eine Beendigung der Interaktion mehr oder weniger spontan verarbeitet werden kann.

Die räumlichen und zeitlichen Bedingungen der Situation bleiben den Gesprächen nicht äußerlich: Nahe gelegt (und typischerweise aufgegriffen) werden, wie wir gesehen haben, zum einen Praktiken, die, ergänzend zum interaktiven Geschehen im Theatersaal, unter Bedingungen zeitlicher Begrenztheit ein Theater-Publikum konstituieren – und damit das Theater selbst, das ohne ein Publikum nicht möglich ist (Goffman 1977, 144; Linz, Hrncal & Schlinkmann 2016, 525). Zum anderen bieten Foyer und Pause Gelegenheit, sich zu erholen und zu entspannen – bis hin zum geselligen Ausgehvergnügen, bei dem die Pause und das Beisammen-Sein in einem gastronomischen Rahmen im Anschluss an die Vorstellung u.U. den eigentlichen Grund der Aktivität darstellen und wichtiger sein können als die Theatervorstellung selbst (Goffman 1977, 296; Linz, Hrncal & Schlinkmann 2016, 526). Derartige durch Konversation geprägte soziale Situationen – wie der gemeinsame Theaterbesuch – entsprechen „Lebensformen und Freizeitbeschäftigungen", die traditionell mit ‚bürgerlicher' Geselligkeit assoziiert sind (Linke 1988, 134).

Diese eher soziologisch als ästhetisch relevanten Charakteristika stellen vielleicht einen Grund dafür dar, dass über das Kunstpublikum und seine Alltagspraktiken (Habscheid, Hrncal, Knipp & Linz 2016) – aller theoretischen Relevanz der „Entdeckung des Zuschauers" (Fischer-Lichte 1997) in Rezeptionsästhetik und Theaterwissenschaft zum Trotz – bisher erstaunlich wenig bekannt ist (Kammerer 2012a; Linz, Hrncal & Schlinkmann 2016, 525). Die vorliegenden Studien konzentrieren sich auf den Bereich der bildenden Kunst (vgl. Hausendorf & Müller 2016a), für den Bereich der prozessual-performativen Kunst liegen hingegen noch keine systematisch ausgearbeiteten Untersuchungen zur Publikumskommunikation vor. Insbesondere fehlt es an Arbeiten, die sich der konstitutiven Rolle des Publikums für die Kunst aus empirischer Perspektive widmen (vgl. Hausendorf & Müller 2016a, 29, 42 f.). Vor diesem Hintergrund fragte das Forschungsprojekt „Theater im Gespräch. Sprachliche Kunstaneignungspraktiken in der Theaterpause", das von der Deutschen Forschungsgemeinschaft von April 2014 bis März 2016 gefördert wurde[7] und dessen Ergebnisse – ergänzt um weitere Befunde – mit dem vorliegenden Band vorgestellt werden, nach den

---

7 DFG-Geschäftszeichen: HA 2850/4-1.

sprachlich-kommunikativen Alltagspraktiken des Publikums im Foyer-/Pausengespräch.

Ziel des Projekts war eine empirische, datengeleitete Rekonstruktion des für derartige Gespräche charakteristischen sprachlich-kommunikativen Repertoires. Anknüpfend an eine Pilotstudie mit Unterstützung des Berliner Theaters „Hebbel am Ufer" und des Siegener „Apollo-Theaters" wurde mittels Audiodokumentation – eine Videoaufzeichnung wäre wünschenswert gewesen, schied jedoch wegen des zu invasiven Charakters aus – ein Datenkorpus zu Pausengesprächen von Besuchern künstlerischer Theaterproduktionen im „Apollo-Theater Siegen" und im „Schauspiel Köln" erhoben (vgl. Kapitel 2, i.d.B.). Anhand dieses Korpus sollten Praktiken der sprachlichen Anschlusskommunikation insbesondere mit Blick auf die folgenden konstitutiven Aspekte analysiert werden:
– sprachlich-interaktionale Verfahren zum Vollzug der spezifischen sozialen Situation des Pausengesprächs als geselliges Ereignis,
– rekonstruktive und transkriptive Verfahren der sprachlichen Bezugnahme auf die ästhetischen Erfahrungen während der Aufführung und
– sprachlich-interaktionale Verfahren der durch das Theater angeregten Reflexion über die eigene Lebenswelt und die gesellschaftliche Wirklichkeit.

Die auf diese Weise zu rekonstruierende, in Routinen der Alltagskommunikation eingebettete Perspektive des Publikums auf das Theater wurde zu anderen Formen und Bereichen der Kunstkommunikation in Beziehung gesetzt. Schließlich sollte das Projekt mit der Erforschung von Sprache in Alltagspraktiken einen Beitrag zu einer praxeologisch fundierten Sprachspiel-/Kulturkonzeption leisten (vgl. Habscheid 2016; Kapitel 3 und 6, i.d.B.).

Es ging dabei von der Annahme aus, dass derartige Gespräche als spezifische soziale Praxis an der Schnittstelle von öffentlicher Kunstinstitution und Geselligkeit sprachliche Aneignungspraktiken von Kunst mit Konversation und „Small Talk" – metaphorisch: das ‚Foyer' mit der ‚Pause' – verbinden. – Wie aber sieht diese Verbindung genau aus? Sind z.B. Kunstgespräch und Small Talk bzw. homiléische Diskurse funktional komplementär, bauen Kunstgespräche in bildungssprachlicher Konversation auf Small Talk gesprächsorganisatorisch und beziehungsbezogen auf, oder existieren beide Typen von Interaktion, ggf. mit fließenden Übergängen, funktional unabhängig nebeneinander? Um es vorweg zu nehmen: Jede dieser drei Annahmen kann empirisch zutreffen.

Nach einer weithin vorherrschenden Annahme, die sich z.T. auch heute noch in den gemeinsprachlichen Bedeutungen von *Small Talk* und *Konversation* kristallisiert, erfüllen derartige Gespräche in erster Linie Zwecke der Beziehungspflege bzw. elitären Abgrenzung, bei gleichzeitiger inhaltlicher Belanglosigkeit (vgl. Kapitel 5.1, i.d.B.). Hiermit korrespondieren theoretische Positionen, die den Sinn derartiger ‚bürgerlicher' Konversation heute vor allem auf der sozialstilistischen Ebene verorten und den vorherrschenden Effekt der statusbezogenen *Distinktion* zu den inhaltlichen „Trivialitäten über Kunst, Literatur oder Film" in Kontrast setzen (Bourdieu 1979/2013, 284). Auf der anderen Seite ist der exklusive Charakter bildungssprachlicher Konversation aber nur die eine Seite der Medaille. Ebenso deutlich zeigt sich bei näherem Hinsehen, dass für diejenigen, die das Sprachspiel der Gebildeten (vgl. Steinig 2016; populärwissenschaftlich: Schwanitz 1999, 394 ff.) mehr oder weniger beherrschen, bildungssprachliche Konversation, etwa in der Theaterpause, vielfach einen hoch kooperativen Charakter aufweist: Sie hält den internen Wettbewerb um Statuspositionen in der Gruppe und die Demonstration von „Besser- und Anderswissen" (Holly 2001, 433) dynamisch im Zaum und stellt eine insgesamt ‚harmonische' Atmosphäre (vgl. Linke 1988, 140), wechselseitigen Respekt und Anerkennung, das höfliche Vermeiden von Gesichtsbedrohungen und unterhaltsame Geselligkeit in den Vordergrund. Derartige Praktiken werden auf der Ebene der Interaktionsorganisation ermöglicht bzw. begünstigt durch diverse Merkmale von Small Talk und Konversation, die auf deren vergleichsweise ungezwungenen Charakter verweisen.

Bereits in historischer Perspektive, im Blick auf die spannungsreichen Entstehungsbedingungen eines sich aus heterogenen sozialen Gruppen nach und nach herausbildenden ‚Bürgertums', werden derartige beziehungsbezogene und gesprächsorganisatorische Merkmale mit der Möglichkeit der Genese und Weitergabe von *Bildung* in Verbindung gebracht (Bosse 2015, 90; vgl. auch Linke 1988, 140). Praktiken der Konversation gehen also nicht in sozialer Distinktion auf. Vielmehr ermöglicht es der kooperative Charakter von Konversation im Blick auf das institutionelle Aufgabenfeld der – sozial potenziell heiklen (vgl. Müller & Kluwe 2012a) – Publikums- und Kunstkommunikation, Divergenzen hinsichtlich des Wissens und der Perspektive zu überbrücken und auf dieser Basis voneinander zu lernen.[8]

Für derartige konversationelle Praktiken wird in kulturpessimistischer Perspektive für die Gegenwart ein Verfall behauptet, der u.a. mit dem Wandel kommunikativer Ideale in Verbindung gebracht wird. So betrachtet Stephen

---

[8] Eine spezifische Variante derartiger Kooperationspraktiken kommt in Situationen zum Tragen, in denen Jugendliche im privaten, nicht-schulischen Kontext durch Erwachsene mit den Anforderungen bildungssprachlicher Konversation vertraut gemacht werden (vgl. Kapitel 5.5).

Miller (2006) in seiner Abhandlung über „Conversation. A History of a Declining Art" die sprachlichen Praktiken der Gegenwart im Licht philosophisch-literarischer Diskurse des 18. Jahrhunderts, als vor allem britische Autoren im Rückgriff auf antike Traditionen Konversation in den Mittelpunkt ihrer sozialen Anthropologie stellten (vgl. zum Folgenden auch Habscheid i.Dr.):

> Though the eighteenth-century writers on conversation said that good conversationalists were hard to find, they thought conversation was not only possible, it was also beneficial. Conversation, they said, promotes psychological health and intellectual development. And conversation is one of the great pleasures of life. Several eighteenth-century writers also argued that there is a correlation between political stability and the extent of what Hume calls the 'conversible world.' Like Hume, Addison and Johnson thought that if Britain's educated classes neglected the art of conversation, Britain could become embroiled in violent civil discord. (Miller 2006: xi)

Miller (2006) sieht in Konversation eine auch heute noch erstrebenswerte kulturelle Errungenschaft, die er in einen Gegensatz stellt nicht nur zu Langeweile und Humorlosigkeit, sondern auch zu Parolen, Diskursverweigerung und diktatorischer Unterdrückung (3, 301). Sie umfasst – dem Ideal des 18. Jahrhunderts nach – leichte Formen wie den Small Talk (xiv), etwa unterhaltsame Gespräche über Luxus, Mode und gehobene Freizeitbeschäftigungen auf dem Land (16), aber nicht zuletzt auch sprachlich vermittelte Bildungserfahrungen.

Diese hohe Kunst der Konversation sei in der Gegenwart kaum noch zu retten: Während in der Konversation Dissens im Interesse der Sache und des Vergnügens durchaus erwünscht sei, zugleich aber durch Humor, Höflichkeit sowie geistige Unabhängigkeit und Beweglichkeit dynamisch ausbalanciert werde, schwanke – so Miller (2006, 296 f.) – die Kommunikationskultur der Gegenwart zwischen wütendem, erbittertem, vulgärem Streit einerseits (nach dem Motto „Express yourself"), vollkommener intellektueller Indifferenz gegenüber unterschiedlichen Positionen andererseits (nach dem Prinzip „Don't be judgemental"). Schließlich drängten Praktiken der Mediennutzung die Konversation als Mittel der Welterschließung, Persönlichkeitsentwicklung und Beziehungskonstitution zunehmend zurück (vgl. Miller 2006, 20, 297), während kulturelle Gegenbewegungen jedenfalls in den USA vergleichsweise marginal seien.

Es war anhand unseres Datenmaterials empirisch zu prüfen, ob sich in der Gegenwart Sozialformen finden, die sich an dem Ideal des 18. Jahrhunderts mehr oder weniger messen lassen (was wir, cum grano salis, bejahen würden).

1.2 Material und Methoden: Die Durchführung des Projekts

Dem Projekt[9] ging von 2011 bis 2012 eine Pilotstudie voraus, in der (1) das geplante Vorgehen auf seine praktische Umsetzbarkeit sowie (2) die im Vorfeld entwickelten Forschungsfragen auf ihre Untersuchbarkeit hin überprüft wurden (vgl. dazu Kapitel 3.1). Auf der Basis der Befunde aus der Pilotstudie wurden einige methodische Anpassungen des Forschungsdesigns vorgenommen, u.a. zur Akquirierung der Probandinnen und Probanden, zur Erhebung von (mehr und systematisierten) Hintergrundinformationen/Metadaten, zu (gestaffelten) Einverständniserklärungen und zu den (zielgenaueren) Geräteeinweisungen. Zudem wurden die Forschungsfragen auf empirischer Grundlage präzisiert (s.o.). Daten aus der Pilotstudie lagen auch einer ersten Veröffentlichung über Bewertungsinteraktionen in Theater-Foyergesprächen zugrunde (vgl. Hrncal & Gerwinski 2015).

Im Interesse „einer reichhaltigen Datenbasis, die die angestrebte breite Phänomenologie der Formen der Anschlusskommunikation zu erschließen erlaubt" (Stellungnahme des DFG-Fachkollegiums), wurden zwei unterschiedliche Theater, das Schauspiel Köln und das Apollo-Theater in Siegen, ausgewählt: Aufgrund der verschiedenen Programme beider Häuser nahmen wir an, dass sich in den Siegener und den Kölner Daten zum Teil auch unterschiedliche sprachlich-kommunikative Praktiken in den Pausengesprächen beobachten lassen, was im Interesse der Verbreiterung des Spektrums eine Erhebung an den beiden Orten sinnvoll erscheinen ließ, ohne dass die Unterschiede selbst (bisher) auf der Basis eines Vergleichs, der sich ethnomethodologisch an Beteiligtenkategorien (Ethnokategorien) festmachen müsste, zum Thema gemacht worden wären.

Um hinsichtlich der Aufführungen ein möglichst variantenreiches Spektrum abzudecken und gleichzeitig Aufführungen mit einer Pause resp. einem im Anschluss an die Aufführung stattfindenden Publikumsgespräch, bis zu dem es vorausgehend eine Pause gab, zu berücksichtigen, wurden nach Absprachen mit den Theatern jeweils verschiedenartige Produktionen ausgewählt, für die dann im Anschluss Besucherinnen und Besucher, die öfter oder regelmäßig mit anderen ins Theater gehen, gesucht und gewonnen wurden. Insgesamt wurden 43 Gespräche in 2 Theatern im Gesamtumfang von ca. 12,5 Stunden mit insgesamt 111 Probandinnen und Probanden erhoben, und zwar zu 6 Theaterinszenierungen in Köln (27 Gespräche mit ca. 8 Stunden Gesamtumfang und durch-

---

9 Die Kurzbeschreibung der Vorgehensweise wurde von Jan Gerwinski verfasst. Für eine ausführliche Darstellung der Datenbasis vgl. Kapitel 2, zur Methodik Kapitel 3 und 4, i.d.B.

schnittlich etwa 18 Minuten Gesprächsdauer) und zu 7 Theaterinszenierungen in Siegen (16 Gespräche mit ca. 4,5 Stunden Gesamtumfang und durchschnittlich etwa 16,5 Minuten Gesprächsdauer). Pro Abend wurden Gespräche von maximal 3 Gruppen mit je 2 bis 4 Personen[10] aufgezeichnet. Davon wurden 37 Gespräche vollständig – mindestens als Minimaltranskripte nach GAT2 (vgl. Selting u.a. 2009) – transkribiert. 23 der Transkripte konnten als detailreichere Basistranskripte nach GAT2 aufbereitet werden.

Da sich eine Kaltakquise, das spontane Ansprechen von Besucherinnen und Besuchern unmittelbar vor der Theateraufführung, im Rahmen der Pilotstudie als schwierig und v.a. unwägbar herausgestellt hatte, wurden die persönlichen Netzwerke als Ausgangspunkt genutzt und über ein ‚Schneeballsystem' weitere Bekannte von Bekannten akquiriert. Um den Einfluss der Projektmitarbeiterinnen auf die Gespräche möglichst gering zu halten, wurde die Aufzeichnung von den Probandinnen und Probanden selbst vorgenommen. Die Probandinnen und Probanden unterschrieben eine abgestufte Einverständniserklärung, mit der sie sich entweder nur mit einer Veröffentlichung anonymisierter Gesprächsausschnitte in Schriftform oder zusätzlich mit einer namentlich anonymisierten Verwendung kurzer Audio- und Transkript-Ausschnitte in Vorträgen einverstanden erklärten. Zusätzlich konnten sich die Probandinnen und Probanden noch mit einer Veröffentlichung anonymisierter Gespräche als Audiodatum und in Schriftform (Transkripte) im Rahmen des „Forschungs- und Lehrkorpus gesprochenes Deutsch" (FOLK) am Institut für Deutsche Sprache (IDS) in Mannheim einverstanden erklären; im Ergebnis wurden 10 Gesprächs(minimal)transkripte in FOLK übernommen. Die übrigen Daten des Projekts wurden im Rahmen eines von der Universität Siegen geförderten Projektverbundes „eHumanities" mit Unterstützung des Zentrums für Informations- und Medientechnologie (ZIMT) nachhaltig erschlossen und langfristig archiviert.

Hinsichtlich der Datenauswertung gehen wir entsprechend der praxeologischen Orientierung unseres Projekts davon aus, dass sich im Sinne der bereits erwähnten „flachen Ontologie" (Schatzki 2016) sprachlich-kommunikative Praktiken kleinerer und größerer Reichweite beobachten lassen, die den jeweils relevanten sozialen Kontext – verstanden als Hintergrundwissen der Beteiligten – situativ und situationsübergreifend präsupponieren (vgl. Kapitel 3.4, i.d.B., mit weiteren Referenzen). Dennoch erfolgte zusätzlich zur Gesprächsdatenerhebung eine ergänzende Ethnografie, um bei den nachfolgenden Datenaufberei-

---

[10] Teilweise vermischten sich die Gruppen oder man traf auf weitere Bekannte, so dass es ungeplant zeitweise zu größeren Gruppen kam. Zu Gesprächsbeteiligten ohne Einverständniserklärung vgl. Kapitel 3.2.

tungen und -auswertungen mögliche Verständnis- und Erkenntnislücken schließen zu können.

Diese Hintergrundinformationen wurden im Rahmen von Orts- und Aufführungsbesuchen, Einweisungsgesprächen und durch Auswertung der Fragebogen gewonnen und reicherten im Rahmen der Datenaufbereitung als Metadaten die Gesprächsdaten und Transkripte an. Zu den erhobenen soziodemografischen Daten zählen Angaben zu Alter, Geschlecht, höchstem Bildungsabschluss, Berufsausbildung, aktuell ausgeübtem Beruf, sozialer Zugehörigkeit (wenn sich jemand explizit eine solche zuschrieb und sie damit als Teil seiner Identität präsentierte), zur Beziehung zu den anderen Gruppenmitgliedern und zur durchschnittlichen Anzahl von Theaterbesuchen pro Jahr. Hinsichtlich des allgemeinen Settings und der Theaterstücke wurden zusätzlich umfangreiche Informationen zum Spielort (Geschichte, institutionelle und räumliche Situierung, Spielstätten inkl. Innenarchitektur, Ensemble), zu ergänzenden Aufnahmebedingungen und zu den Stücken, ggf. zu Text- oder anderen Grundlagen, zu Mitwirkenden und zum Bühnenbild) sowie zu deren Aufführung (z.B. Besonderheiten der Inszenierung) protokolliert (vgl. Kapitel 2, i.d.B.).

Zur Diskussion von Zwischenergebnissen veranstaltete das Projekt in Zusammenarbeit mit dem Graduiertenkolleg „Locating Media" der Universität Siegen und dem Projekt „Handbuch Sprache in der Kunstkommunikation" am 29.02./01.03.2016 im Apollo-Theater Siegen eine Tagung zum Thema „Alltagspraktiken des Publikums", auf der Ergebnisse mit nationalen und internationalen Referenten im breiteren Kontext der interdisziplinären Publikumsforschung diskutiert werden konnten.[11]

1.3 Forschungsgegenstände: Zum Gang der Analysen

Im Anschluss an ausführliche Darstellungen der Datenbasis (Kapitel 2, i.d.B.) und der Methodik (Kapitel 3 und 4, i.d.B.) – einschließlich eines projektbezogenen, konstruktiven Umgangs mit dem Beobachterparadoxon – folgen empirische Untersuchungen, die jeweils bestimmten der angesprochenen Aspekte gewidmet sind.[12] Zunächst stehen *Praktiken des Small Talks und der (‚bildungssprachlichen') Konversation* im Mittelpunkt, auch in ihrem Verhältnis zur Publi-

---

[11] Vgl. die Beiträge zur Tagung in Habscheid, Hrncal, Knipp & Linz 2016 und Knipp, Habscheid & Hrncal 2017.
[12] Zusammenfassende Textbausteine wurden von Eva Schlinkmann (Rekonstruktive Verfahren), Christine Hrncal (Bewerten) und Jan Gerwinski (Internet) entworfen. Für ausführliche Darstellungen vgl. die entsprechenden Kapitel.

kums- und Theaterkommunikation (Kapitel 5, i.d.B.). In diesem Zusammenhang ist u.a. die Frage zu untersuchen, welche gesprächsrhetorischen ‚Skills' – in Verbindung mit Bildungswissen – benötigt werden, um an bildungssprachlicher Konversation, hier im Theaterfoyer, sozial erfolgreich mitwirken zu können. Wie die Erkenntnisse des Projekts verdeutlichen, besteht ein zentrales rhetorisches Verfahren darin, die Themenentwicklung (vgl. dazu Linke 1988, 135 f.) so zu steuern, dass sich – sei es für den Sprecher selbst, sei es für einen anderen – Möglichkeiten der Beteiligung eröffnen; man könnte hier in konversationsanalytischer Manier von ‚selbst-' und ‚fremdinitiierter' Mikro-Partizipation am Bildungsdiskurs sprechen.[13] Wie bereits Dietrich Schwanitz (1999) in seiner populärwissenschaftlichen Darstellung rhetorisch zugespitzt herausarbeitete, sind in derartigen Konversationen also ‚Bildung' als – stets partielles – Wissen und ‚Bildung' als kommunikatives Können nicht scharf gegeneinander abzugrenzen, weil derjenige, der sich erfolgreich am Sprachspiel beteiligen will, durchaus über ein gewisses Bildungswissen verfügen muss (Schwanitz 1999, 399), um den mit Bildung erhobenen Anspruch, soweit dies zur Erlangung von Glaubwürdigkeit erforderlich ist, exemplarisch einlösen zu können (Schwanitz 1999, 407). Die Einsatzstellen für Bildungswissen bleiben dabei nicht dem Zufall überlassen. Vielmehr unterliegen sie der interaktionalen Themensteuerung, auf die rhetorisch geschickte Beteiligte durch Praktiken selbst- und fremdinitiierter Partizipation Einfluss zu nehmen versuchen, wobei sie gleichzeitig Anforderungen des Beziehungsmanagements bedienen. In ähnlicher Weise verfügen routinierte Beteiligte über Methoden, mit unvermeidlichen Wissenslücken rhetorisch umzugehen, „sei es durch Hinweise auf ein ähnliches Thema, durch Themenwechsel, durch interessiertes Nachfragen oder einen anspruchsvollen Scherz" (Steinig 2016, 69 f.). Um mit eigenen und fremden Wissenslücken strategisch umgehen zu können, benötigt der Gebildete einen Überblick über das unhinterfragt akzeptierte (Schwanitz 1999, 397) „Bildungsterrain" im Ganzen (Schwanitz 1999, 401), denn erst vor diesem Hintergrund können die rhetorischen Skills für Konversation erfolgreich zum Tragen kommen.

Die unterschiedlichen Verfahren, mit denen sich die Gesprächsbeteiligten auf die Aufführung und das Theater beziehen, lassen sich unter Rückgriff auf Jägers Konzept der Transkriptivität (Jäger 2002; 2008; 2012) als *transkriptive Praktiken der Kunstaneignung* verstehen (Kapitel 6, i.d.B.). Transkriptiv sind diese Praktiken insofern, als jeder Art der sprachlichen Aneignung eine spezifi-

---

[13] Vgl. zur interaktionalen, multimodalen Realisierung von Partizipation unter Beteiligung eines Moderators im Kontext einer öffentlichen politischen Versammlung mit vielen Beteiligten Mondada (u.a. 2012a; 2013) und Mondada, Svensson & van Schepen (u.a. 2015).

sche Perspektivierung und Interpretation des Erlebten inhärent ist, die wiederum zum Anlass für interaktionale Aushandlungen der ästhetischen Erfahrungen werden kann. Schon auf der elementaren Ebene des Bezugnehmens werden nicht nur identifizierende Referenzen auf das Erlebte vollzogen (Enfield 2013), sondern durch die jeweilige Wahl der sprachlichen Mittel zugleich einzelne Aufführungsaspekte und Erfahrungen als Zuschauer relevant gesetzt und in einer je spezifischen Weise gedeutet. Verstärkt wird der transkriptive Charakter noch durch die Nachträglichkeit, mit der die kommunikative Aneignung erfolgt: Aufgrund der Depräsenz des Erlebten im Moment des Gesprächs kann ein sprachlicher Bezug auf die Aufführung, anders als etwa beim Gespräch im Museum vor dem Kunstwerk, nur im Modus der (subjektiven) Rekonstruktion (s.u.) hergestellt werden, die erst im Gespräch in intersubjektive Deutungsprozesse überführt wird.

Neben dem Moment der Nachträglichkeit der Anschlusskommunikation zeigt sich die Besonderheit des Theaters in den vielfältigen Bezugnahmen auf Aspekte der konstitutiven Performativität des Aufführungserlebnisses. Mehr und weniger ausführliche Gesprächssequenzen über das anwesende Publikum, Körperlichkeit und Stimme der Schauspieler(innen), körperliche Handlungsvollzüge auf der Bühne, Raumnutzung, Lichteffekte, eigene körperliche Empfindungen während der Aufführung und Interaktionen mit den Bühnenakteuren rücken die Aufführung als „Inbegriff des Performativen" (Fischer-Lichte 2010, 28) in den Fokus. Zugleich lassen sie den kommunikations- und wahrnehmungsreflexiven Charakter des Theaters deutlich hervortreten. Interaktional aufgegriffen werden gerade auch solche Momente, die – seien sie inszenatorisch intendiert oder der Kontingenz des performativen Vollzugs geschuldet – die Wahrnehmungsroutinen und Rahmenerwartungen als Zuschauer irritieren oder durchbrechen. Dazu gehören u.a. inszenierte mediale Wechsel (wie Tanz, Musik, Gesangseinlagen oder Videoeinspielungen), die von den reinen Sprechtheaterroutinen abweichen, aber auch nicht-intendierte Störungen wie Versprecher, falsche Sprecheinsätze o.ä., die die Aufmerksamkeit von dem aufgeführten Theaterstück und den Handlungen der Figuren auf die Darstellungs- und Schauspieltechniken lenken. Thematisiert werden zudem solche Momente, in denen sich die Beteiligten selbst als Zuschauer und Partizipierende einer Kommunikationssituation beobachten. In den Gesprächsanalysen kommt damit zum Ausdruck, wie das Theater sowohl durch ästhetisch inszenierte als auch durch der Aufführungsperformanz geschuldete Störungsmomente das Publikum dazu anregt, in der gemeinsamen Interaktion alltägliche Wahrnehmungs- und Kommunikationsgewohnheiten und mit ihnen verbundene Sinn- und Ordnungsstrukturen zu reflektieren.

Wie bereits in Studien zur Anschluss- und Zuschauerkommunikation (vgl. u.a. Charlton & Klemm 1998; Holly, Püschel & Bergmann 2001; Michel 2015) sowie für den Kontext der Kunstkommunikation (vgl. u.a. Hausendorf 2005; 2007a; 2011; Hausendorf & Müller 2016a) festgestellt wurde, wird auch in den Pausengesprächen im Theater(foyer) dem *Bewerten* von den Beteiligten ein hoher Stellenwert zugeschrieben (vgl. Hrncal & Gerwinski 2015; Linz, Hrncal & Schlinkmann 2016 und ausführlich Kapitel 7, i.d.B.): Dies ist unter anderem daran zu erkennen, dass Gesprächseinstiege in vielen Fällen über eine selbst- oder fremdinitiierte Bewertung erfolgen, so dass an dieser Stelle bereits durch die Ein-Wort-Frage „und?" fremdinitiierte Bewertungen relevant gesetzt werden.

Weiterhin zeigen die Erkenntnisse zu Bewertungsinteraktionen in unserem Datenmaterial (vgl. Kapitel 7, mit ausführlichem Literaturbericht), dass eine sequenzielle Orientierung auf – mehr oder weniger ausgeprägten – Dissens in der Pausen-Konversation zwar (phasenweise) vorkommen kann, dass (letztlich) aber zumeist die auch für Privatgespräche mehrfach beschriebene Tendenz zur Harmonisierung überwiegt (vgl. Pomerantz 1984; Auer & Uhmann 1982; Goodwin & Goodwin 1992). Dies schließt nicht aus, dass Chancen für und ‚Rechte' auf die (autoritative) Beteiligung an Bewertungsinteraktionen je nach Rollenkonstellation unterschiedlich verteilt sind. Ob vor diesem Hintergrund das ‚Recht' auf eine (Erst-)Bewertung eher eine Chance zur Partizipation, eine mit (mehr oder weniger großen) Face-Risiken behaftete „Last" oder beides zugleich darstellt, hängt ebenfalls von den Rollenkonstellationen sowie den je spezifischen Wissens- und Kompetenzverhältnissen ab (vgl. auch Kapitel 5). Auch die mit Bewertungen oftmals verbundene Vagheit kann vor diesem Hintergrund Beteiligungsmöglichkeiten erweitern oder einschränken.

Besonders Erstbewertungen werden oft „vorsichtiger" realisiert, indem die Sprecher beispielsweise auf Zögerungsmarker oder Heckenausdrücke zurückgreifen, vorerst nur solche Aspekte einer Bewertung unterziehen, die kein spezielles kunsttheoretisches Wissen erfordern (u.a. das Bühnenbild, Kostüm usw.) und sich selbst sowie den anderen Beteiligten im Zuge der Bewertungsinteraktion die Art ihres Wissenszugangs sowie ihren Wissensstatus anzeigen und damit das Recht auf eine Bewertung beanspruchen, zuschreiben oder aberkennen.

Weiterhin lässt sich festhalten, dass Bewertungen in der Konversation nicht notwendigerweise begründet werden müssen und dass Begründungen vage gehalten werden können, etwa indem Referenzen nur angedeutet und nicht explizit ausgeführt werden. Eine Betrachtung der Themenverläufe zeigt, dass die an der Bewertungsinteraktion Beteiligten z.T. fließend die in den Fokus genommenen Bewertungsobjekte und -ebenen wechseln (s.o., Abschnitt 1.2) –

„von der ästhetisch-performativen Ebene des Stücks" „über die Handlungsebene der Figuren auf der intradiegenten Ebene mit einer moralischen Perspektivierung" bis hin zu „eine[r] allgemeine[n] Ebene mit (moralischen) Bezügen zur Gesellschaft und zum Individuum" (Hrncal & Gerwinski 2015, 57).

Mit Blick auf die sequenzielle Struktur der Bewertungsinteraktionen finden sich auch andere situations- und kontextgebundene Ausprägungen, indem z.B. – dem ungezwungenen Charakter der Interaktionsorganisation im Small Talk entsprechend (vgl. Kapitel 4) – auf eine Erstbewertung gar nicht oder mit einer weiteren Erstbewertung eines anderen Sprechers reagiert wird. Nichtübereinstimmung wird von den Beteiligten auch teilweise im Sinne eines gebildeten „Besser- und Anderswissen[s]" (Holly 2001, 433) demonstriert und bis zum Ende des Gesprächs nicht aufgehoben, dabei aber so gestaltet, dass es nicht zu gravierenden Zwischenfällen auf der Beziehungsebene kommt (s.o., Abschnitte 1.1 und 1.2). Hierbei können auch kontextuelle Rahmungen eine Rolle spielen, denn der Austausch über das im Theater Rezipierte ereignet sich zwar innerhalb der Vertrautheit der Zuschauergruppe, aber nicht etwa im heimischen Wohnzimmer, sondern an einem Ort, der auch anderen, fremden Personen prinzipiell zugänglich ist.

Bezugnahmen auf die ästhetischen Erfahrungen als Theater-Zuschauer erfolgen in Theater-Pausengesprächen wesentlich über *rekonstruktive Verfahren* (vgl. Kapitel 8, i.d.B.). Diese umfassen begrifflich die Gesamtheit an sprachlich-kommunikativen Verfahren, die Sprecher einer Gesellschaft verwenden, um bereits vergangene Erfahrungen, Ereignisse und Handlungen in der Interaktion zu vergegenwärtigen und zu reproduzieren (vgl. Bergmann & Luckmann 1995; Günthner 2000, 203; 2007; Gülich 2007; Gülich, Knerich & Lindemann 2009). Rekonstruktive Verfahren reichen von freien, spontanen Gesprächsteilen, die aus wenigen Redezügen und Sequenzen bestehen, über musterhafte kleine kommunikative Formate bis hin zu umfangreichen, komplexen rekonstruktiven Gattungen, die ganze Gesprächsabschnitte dominieren. Sie repräsentieren einen Ausschnitt aus dem Gesamtkomplex des „kommunikativen Haushalts" (Luckmann 1988), der alle kommunikativen Verfahren umfasst.

Die Bezugnahme auf ästhetische Wahrnehmungen und Erfahrungen während der Vorstellung im Theater in Form sprachlicher Rekonstruktionen kontrastiert mit dem Stellenwert der Beschreibung in der Kommunikation „vor dem Kunstwerk" (Hausendorf 2007). Rekonstruktionen in Pausengesprächen lassen sich u.a. in Bezug auf ihren Gegenstand (Theaterereignis – mit weiteren Unteraspekten; anderes Medienereignis; Welt außerhalb des Theaters), den relativen Wissensstatus der Beteiligten (informierend vs. kommemorierend) und den

Darstellungsmodus (berichtend vs. re-inszenierend) untergliedern (vgl. Kapitel 8, i.d.B.; Ulmer & Bergmann 1993).

Wie die Analysen der Gesprächsdaten zeigen, werden Rekonstruktionen typischerweise sukzessiv in der Gruppe ko-produziert und teilweise ‚ausgehandelt', als transkriptive Verfahren gehen sie stets mit einer Deutung bzw. Umdeutung der Inhalte einher, auf die sie sich beziehen (vgl. Kapitel 6, i.d.B.). Die sprachlich-kommunikativen Einstiege in die Rekonstruktionen eröffnen den jeweiligen Handlungszusammenhang, in den die Rekonstruktionen eingebettet sind, neben dem deutenden z.B. einen bewertenden, erläuternden oder argumentativen (vgl. Hausendorf & Müller 2016a, 5f.), aber auch einen gemeinschaftsstiftenden, unterhaltenden oder gesprächserhaltenden Kontext. Gesellige Kommunikation auf der einen und Kunstkommunikation auf der anderen Seite schließen sich also nicht notwendig aus, sondern können sich auch überschneiden, indem etwa gesellige Kommunikation den gesprächsorganisatorischen und beziehungsbezogenen Rahmen dafür bietet, dass die Verhandlung von Kunst in einem kooperativen Kontext überhaupt stattfinden kann (vgl. Kapitel 5).

Mehrdeutige Bezugnahmen und Rekonstruktionen einzelner Aspekte des Zuschauererlebnisses können einen Anlass bieten, von der Ebene der ästhetischen Erfahrung und des Dargestellten auf die Ebene der gesellschaftlichen Wirklichkeit zu wechseln – die Theatererfahrung ins reale Leben zu „übertragen" – und das Gespräch auf gesellschaftspolitisch bzw. persönlich relevante Themen zu lenken (Linz 2016): Vielfach werden zunächst vage Referenzialisierungen in – auch kooperativ vollzogenen – Elaborationen erst zunehmend spezifiziert oder modifiziert. Insbesondere pronominale Referenzen können aufgrund ihrer Uneindeutigkeit dabei auch als Gelenkstelle fungieren, an der ohne sprachliche Explizierung ein Perspektivwechsel vollzogen wird, etwa von den Darstellern zu den Figuren und vice versa oder von der Aufführung zur Alltagswelt (vgl. Hrncal & Gerwinski 2015).

Eine Perspektive für Folgeuntersuchungen wird in einem Ausblick (Kapitel 9, i.d.B.) aufgezeigt: So lässt sich, etwa im Blick auf Strukturen von (Halb-)Öffentlichkeit, neben der Foyer- und Pausenkommunikation unter räumlich Anwesenden auch die – parallele und/oder nachfolgende – Anschlusskommunikation in sozialen Medien und anderen Kommunikationsformen untersuchen und zu den Foyer-/Pausengesprächen in Beziehung setzen.

Eva Schlinkmann, Mareike Hesse
2 Settings und Sampling

Dieses Kapitel gibt einen Einblick in die örtlichen und situativen Gegebenheiten der Datenerhebung (Informationen zu den Spielstätten, den Räumlichkeiten und zum Ablauf der Datenerhebung) und stellt die einzelnen Gesprächsaufnahmen mit den für eine ethnografisch informierte Rekonstruktion potenziell relevanten Wissenshintergründen im Detail vor (Informationen zur jeweils besuchten Produktion, zu den Proband(inn)en und ihren Beziehungen zueinander).

Die Grundlage der Untersuchungen bilden 12,5 Stunden[1] Audio-Aufnahmen von Pausengesprächen, die von April 2014 bis März 2015 im „Schauspiel Köln" sowie im „Apollo-Theater Siegen" erhoben wurden. Das Schauspiel Köln und das Apollo-Theater Siegen wurden als Erhebungsorte gewählt, da sie erstens für die differenzierte deutsche Theaterlandschaft jeweils charakteristische Häuser darstellen und sie sich zweitens in wesentlichen Aspekten deutlich unterscheiden. So befindet sich das Schauspiel Köln in einer international bekannten Millionenstadt mit vielfältigem kulturellem Angebot, während der Standort Siegen als kleine Groß- und Universitätsstadt (102.271 Einwohner; Stand 2016[2]) in einer trotz bedeutender Industriebetriebe[3] insgesamt eher ländlich geprägten Umgebung mit einem, im Gegensatz zu Köln, viel geringeren kulturellen Angebot zu charakterisieren ist. Als Bespieltheater ohne festes Ensemble liegt der Schwerpunkt des Apollo-Theaters in Siegen neben einer beschränkten Zahl von Eigenproduktionen[4] auf Gastspielen nationaler und internationaler Tourneetheater und Häuser[5], während im Schauspiel Köln mit eigenem Ensemble zahlreiche Eigenproduktionen inszeniert werden.[6]

In Absprache mit den beiden Theater-Leitungen wurden in den zwei Häusern Gesprächsdaten zu 13 möglichst unterschiedlichen Inszenierungen an 18 Terminen erhoben. So entstand ein Datenkorpus im Umfang von 43 Gesprächen und

---

[1] Durch redundante Audioaufnahmen pro Gesprächsgruppe sind insgesamt ca. 32 Stunden Audioaufnahmen erhoben worden.
[2] Vgl. http://www.siegen.de/wirtschaft/wirtschafts-strukturdaten/?L=0, zuletzt aufgerufen am 24.05.17.
[3] Vgl. http://www.siegen.de/wirtschaft/, zuletzt abgerufen am 25.08.16.
[4] Vgl. http://www.apollosiegen.de/spielplan/newsletter/37/, zuletzt abgerufen am 25.08.16.
[5] Vgl. http://www.apollosiegen.de/spielplan/vorworte/vorwort-des-intendanten, zuletzt aufgerufen am 26.07.16.
[6] Vgl. http://www.schauspiel.koeln/ensemble, zuletzt aufgerufen am 26.07.16.

insgesamt 12,5 Stunden Gesprächsaufnahmen, das im Rahmen des Projektzeitraums von zwei Jahren und des Projektbudgets inventarisiert, größtenteils transkribiert und teilweise analysiert werden konnte.[7] Insgesamt nahmen 111 Proband(inn)en an der Erhebung teil.[8] Auf die beiden Spielstätten, ihre jeweiligen Räumlichkeiten, den Ablauf der Erhebungen und deren Beschreibung in Bezug auf das jeweilige Stück, seine Inszenierung, die Charakteristik der einzelnen Sprechergruppen und die Beschreibung der jeweiligen Audioaufnahmen wird im Folgenden im Detail eingegangen. Bei der Beschreibung der Räumlichkeiten, Stücke, Inszenierungen und Audio-Aufnahmen werden (neben den basalen Informationen) v.a. die Aspekte thematisiert, die die Proband(inn)en in ihren Gesprächen selbst relevant setzen.

2.1 Datenerhebung in Köln

2.1.1 Die Spielstätten

Die Aufnahmen in Köln wurden am Schauspiel Köln gemacht. Mit der Oper bildet es die „Bühnen der Stadt Köln". Das Theater blickt auf eine lange Tradition zurück, das erste Haus wurde bereits 1782 erbaut. Im Laufe der Jahre war das Theater an verschiedenen Spielstätten beheimatet, die wegen Zerstörung aufgegeben werden mussten.[9] Seit 1962 residiert das Schauspiel Köln im Schauspielhaus neben der Oper am Offenbachplatz. Seit 2012, also auch zum Zeitpunkt der Aufnahmen für das Forschungsprojekt, wird das Stammhaus umfangreich saniert;[10] Angaben im Präsens beziehen sich im Folgenden auf den Untersuchungszeitraum. Als Ausweichspielstätte dient dem Schauspiel eine leer stehende Industriehalle auf dem Gelände des „Carlswerks" in Köln-Mühlheim. Das Carlswerk war ursprünglich ein Produktionsstandort des Unternehmens „Felten & Guilleaume", einem Hersteller von Drähten, Kabeln und Elektrotechnik. Das Schauspiel Köln schuf in dieser alten Lagerhalle zwei Spielstätten: Das „Depot 1" mit ca. 600 Plätzen und das „Depot 2" mit ca. 200 Plätzen.[11] Auch der Platz vor der Halle wird

---

7 Zu detaillierteren methodischen und methodologischen Angaben und Überlegungen vgl. Kapitel 3 und 4.
8 Zur Übersicht über Produktionen, Zahl der Vorstellungen und Proband(inn)en vgl. die Tabellen 1 und 2.
9 Vgl. https://de.wikipedia.org/wiki/Schauspiel_Köln, zuletzt aufgerufen am 26.07.16.
10 Vgl. http://sanierung.buehnenkoeln.de/aktuell.html, zuletzt abgerufen am 24.05.17.
11 Vgl. http://www.schauspielkoeln.de/haus/spielstaetten, zuletzt aufgerufen am 26.07.16.

vom Schauspiel genutzt. Hier wurde der „CarlsGarten" angelegt, ein Urban Gardening-Projekt, das nach Angaben des Schauspiels auf der Idee beruht, „einen Garten anzulegen, in dem der Alltag eines Theaters mit dem Alltag der Anwohner und Theaterbesucher zusammenläuft."[12] Der Garten wird von Freiwilligen aus dem Ensemble und der Bevölkerung bewirtschaftet.

Das Carlswerk befindet sich in einem migrantisch geprägten Umfeld. So grenzt die Keupstraße direkt an das Gelände an. Die Bewohner(innen) der Straße sind überwiegend türkischstämmig, es gibt eine Vielzahl türkischer Geschäfte, von Gastronomie über Modegeschäfte bis zu Friseuren. 2004 verübte die rechtsextreme terroristische Vereinigung „Nationalsozialistischer Untergrund (NSU)" einen Nagelbombenanschlag auf eines der Geschäfte in der Keupstraße. Vor diesem Hintergrund ist nach Gesprächen mit Anwohnern ein Theaterstück entstanden, dessen Aufführung auch von Besucher(inne)n aus unserem Gesprächskorpus besucht wurde (vgl. Abschnitt 2.1.4.5). Als weitere Spielstätte diente im Untersuchungszeitraum die „Halle Kalk" in Köln-Kalk. Es handelt sich hierbei ebenfalls um eine alte Industriehalle, die schon vor der Spielzeit 2013/2014 als Spielstätte genutzt, inzwischen jedoch aufgegeben wurde.[13]

2.1.2 Die Räumlichkeiten

Depot 1 und Depot 2

Durch den Haupteingang (vgl. Abb. 1) betritt man zunächst ein weitläufiges Foyer (vgl. Abb. 2). Hier sind eine Abendkasse und eine Garderobe untergebracht.

Die sanitären Anlagen befinden sich ebenfalls im Foyer, sind jedoch mit einer Sperrholzwand verkleidet und abgetrennt und beim Betreten des Foyers nicht als solche zu erkennen. Auf der Trennwand sind neben den Titeln von Stücken, die in der Spielzeit aufgeführt werden, auch die Namen von Regisseur(inn)en und Autor(inn)en zu sehen (vgl. Abb. 3).

Einen großen Teil des Foyers nimmt die gastronomische Einrichtung ein. An einer Bar können während der Pause Getränke und kleine Mahlzeiten gekauft werden. Als Sitzmöglichkeiten dienen orange Stühle, die um drei große Tische gruppiert sind. An einer Wand zieht sich außerdem eine ebenfalls orange bezogene Bank entlang.

---

12 Vgl. http://www.schauspielkoeln.de/haus/carlsgarten, zuletzt aufgerufen am 26.07.16.
13 Vgl. https://de.wikipedia.org/wiki/B%C3%BChnen_der_Stadt_K%C3%B6ln#Auff.C3.BChrungsorte, zuletzt aufgerufen am 26.07.16.

Des Weiteren gibt es zwei Konstruktionen aus Holz, die als Ständer für Anzuchtkästen dienen, in denen neue Pflanzen für den CarlsGarten gezogen werden. Sie sind jeweils mit einem Schild versehen, auf dem „Keimzelle" steht. In einer Ecke des Foyers ist ein Bereich mit technischer Ausrüstung, wie einem Mischpult und Lautsprecherboxen, abgegrenzt (links im Hintergrund auf Abb. 4). Die Ecke wird beispielsweise für Einführungen in die gespielten Stücke genutzt. Der Eingang zum Depot 1, dem größeren der beiden Theatersäle, befindet sich vom Haupteingang aus gesehen am linken Ende des Foyers, der Eingang zum Depot 2 am anderen Ende. An der Wand über und um die Eingangstüren des Depots 1 herum sind Schwarzweißfotografien der Schauspieler(innen) des Ensembles angebracht (vgl. Abb. 4).

In den Theatersälen selbst wurde das Erscheinungsbild der Industriehalle kaum verändert. Es wurden transportable Tribünenkonstruktionen errichtet, Ton- und Lichttechnik sind an Laufstegen und Stahlträgern angebracht. Feste Bühnen gibt es nicht. Je nach Stück wird mal der Hallenboden als Bühne genutzt, mal eine temporäre Bühnenkonstruktion errichtet. Verlässt man das Depot durch den Haupteingang, befindet man sich auf einem weitläufigen Platz. Es sind Sitzmöbel verteilt, die dem Schauspiel Köln vom „Wiener Museums-Quartier" geschenkt wurden und die für das dortige Erscheinungsbild seit Jahren typisch sind[14] (vgl. Abb. 1). Begrenzt wird der Platz durch alte Schiffscontainer, die über- und nebeneinander gestapelt sind. Einige dieser Container dienen auch als Sockel für einen aufgeschütteten Hügel, der sich gegenüber dem Eingang zum Depot befindet. Der Hügel ist begehbar, von ihm aus gelangt man auf einen Weg, der durch und über die aufgestapelten Container führt und von dem aus man auf den CarlsGarten blicken kann, der einen großen Teil des Vorplatzes einnimmt. Der Garten ist für die Theaterbesucher(innen) zugänglich, es gibt diverse Sitzgelegenheiten.

Halle Kalk

Wie das Depot ist auch die Halle Kalk in einer Industriehalle untergebracht. Es handelt sich hierbei um eine ehemalige Produktionsstätte des heutigen Motorenherstellers „Deutz AG", ehemals „Klöckner-Humboldt-Deutz (KHD)"[15]. Auch hier ist die Substanz des Industriegebäudes sichtbar geblieben. Vor dem Gebäude befindet sich ein weitläufiger Platz (vgl. Abb. 5). Auf einem kleinen Teil wurde ein

---

14 Vgl. http://www.schauspielkoeln.de/haus/carlsgarten, zuletzt aufgerufen am 26.07.16.
15 Vgl. https://de.wikipedia.org/wiki/K%C3%B6ln-Kalk#Theater_und_Kleinkunst, zuletzt aufgerufen am 26.07.16.

Podest mit einigen Tischen und Stühlen als Sitzgelegenheit errichtet. Betritt man das Theater, gelangt man zunächst in einen Vorraum, in dem sich die Abendkasse befindet. Dann betritt man einen Gang, der den Theatersaal mit der Bar verbindet. Die Wände der Bar sowie der Durchgänge zum Theatersaal und zu den Toiletten sind vollständig schwarz gestrichen.

Die Besucher(innen) können hier während der Pausen Getränke und kleine Mahlzeiten kaufen. In diesem Gang befinden sich einige Tische mit Hockern sowie Stehtische. An der Wand dahinter hängen kleine Schwarzweißfotografien der Schauspieler(innen) des Ensembles. An der Wand hinter der Bar ist eine Leinwand angebracht, auf der Ausschnitte aus den aktuellen Produktionen gezeigt werden.

Neben Garderobenständern, die unbewacht sind, befinden sich außerdem einige Tische in den Durchgängen, auf denen unter anderem die Publikationen des Theaters ausliegen. Im Theatersaal gibt es keine fest installierte Bühne. Die Tribüne ist auch hier eine transportable Konstruktion.

Abb. 1: Haupteingang Depot

Abb. 2: Foyer mit Abendkasse, Eingang zum Depot 2 und Bar

Abb. 3: Foyer mit WCs (rechts im Bild)

Abb. 4: Anzuchtkästen und Eingang zum Depot 1

Abb. 5: Haupteingang Halle Kalk und Vorplatz

Abb. 6: Bar mit Sitzgelegenheiten

2.1.3 Das Ensemble

Zur Spielzeit 2013/2014 übernahm Stefan Bachmann die Intendanz am Schauspiel Köln.[16] Er trat damit die Nachfolge der sehr erfolgreichen Karin Beier an, unter deren Leitung das Schauspiel zweimal als „Theater des Jahres" ausgezeichnet wurde.[17] Bachmann ist neben Angela Richter, Rafael Sanchez und Moritz Sostmann auch einer der vier Hausregisseure des Schauspiels. Weitere Inszenierungen werden von Gästen wie beispielsweise Nuran David Calis, Rainald Grebe oder Christina Paulhofer beigetragen. Chefdramaturg und stellvertretender Intendant war im Untersuchungszeitraum Jens Groß. Für das Ensemble konnten renommierte Schauspieler gewonnen werden (z.B. Marek Harloff, Magda Lena Schlott

---

16 Vgl. http://www.schauspielkoeln.de/ensemble/regie/stefan-bachmann, zuletzt aufgerufen am 26.07.16.
17 Vgl. http://www.dw.de/karin-beier-ganz-gro%C3%9Fes-theater/a-16794226, zuletzt aufgerufen am 26.07.16.

oder Guido Lambrecht), die sich verpflichteten, unter Stefan Bachmann exklusiv am Schauspiel Köln zu spielen.[18]

2.1.4 Aufnahmebeschreibungen

Insgesamt wurden am Schauspiel Köln an 11 Terminen zwischen April 2013 und Oktober 2014 Gespräche zu 6 verschiedenen Stücken erhoben, nämlich: „Brain and Beauty", „Der Streik", „Der Kaufmann von Venedig", „Habe die Ehre" „Die Lücke" und „Der gute Mensch von Sezuan". Das Stück „Der Kaufmann von Venedig" wurde dreimal für Aufnahmen ausgewählt, „Brain and Beauty", „Die Lücke" und „Der gute Mensch von Sezuan" zweimal und „Der Streik" und „Habe die Ehre" einmal (vgl. Tabelle 1). Die Halle Kalk bot die Bühne für das Stück „Brain and Beauty", alle anderen Stücke wurden im Depot aufgeführt. „Der Streik" und „Der Kaufmann von Venedig" waren im Depot 1 zu sehen, „Habe die Ehre", „Die Lücke" und „Der gute Mensch von Sezuan" im Depot 2. Während der Stücke „Der Streik", „Der Kaufmann von Venedig" und „Der gute Mensch von Sezuan" gab es jeweils eine Pause, die für die Aufzeichnung der Pausengespräche genutzt wurde. Die Stücke „Brain and Beauty", „Habe die Ehre" und „Die Lücke" wurden ohne Pause gespielt. Hier wurden die Aufnahmen jeweils in den Pausen zwischen dem Ende der Stücke und dem Beginn der anschließenden Publikumsgespräche, Diskussionsrunden oder Vorträge gemacht. Es handelt sich bei einem Großteil der Aufführungen um Abendinszenierungen. Lediglich eine Aufführung fand nachmittags statt. Es wurden insgesamt 68 Personen in 27 Gruppen von 2–4 Personen aufgenommen. Dabei nahmen 7 Personen zweimal teil und 3 Personen dreimal. Es ist Gesprächsmaterial im Gesamtumfang von über 8 Stunden[19] entstanden. Im Folgenden wird ein Überblick über die einzelnen Aufnahmetermine, das jeweilige Stück und die jeweilige Charakteristik der einzelnen Gruppen und Gespräche gegeben. Dabei werden vor allem die Aspekte dargestellt, die auch von Sprechern im Gespräch thematisiert werden.

---

[18] Vgl. http://www.rp-online.de/kultur/stefan-bachmann-der-neue-in-koeln-aid-1.3363001, zuletzt aufgerufen am 26.07.16.
[19] Durch redundante Aufnahmen sind insgesamt ca. 20 Stunden Datenmaterial in Köln zusammengekommen.

Tab. 1: Erhebungen im Schauspiel Köln (Spielzeiten 2013/14 und 2014/15)

Produktion	Zahl der Vorstellungen	Zahl der Paare/Gruppen (insgesamt)	Zahl der Proband(inn)en (insgesamt)
Der Kaufmann von Venedig	3 (2013/14)	8	21
Der gute Mensch von Sezuan	2 (2014/15)	4	13
Brain and Beauty	2 (2013/14)	6	13
Habe die Ehre	1 (2013/14)	2	5
Die Lücke	1 (2013/14) 1 (2014/15)	6	14
Der Streik	1 (2013/14)	1	2
Insgesamt	11	27	68

2.1.4.1 „Brain and Beauty"

Das Stück

Im April 2014 wurde das Stück „Brain and Beauty" in der Halle Kalk uraufgeführt. Die Spieldauer beträgt ca. 90 Minuten. Das von Regisseurin Angela Richter und Dramaturg Thomas Laue inszenierte Stück beschäftigt sich mit dem Thema Schönheitsoperationen. Als Textgrundlage dienen Interviews, die die Regisseurin Angela Richter zuvor in Los Angeles führte. Sie sprach unter anderem mit Menschen, die eine Operation durchführen ließen und mit Schönheitschirurgen wie dem Arzt, der Michael Jackson operierte.[20]

Die Inszenierung

Die Schauspieler(innen) nahmen die Rollen von Ärzten und Patienten ein. Als solche berichteten die Ärzte beispielsweise von den Voraussetzungen, die für eine Operation ihrer Ansicht nach gegeben sein müssen. Eine Patientin schilderte

---

20 Vgl. http://www.schauspielkoeln.de/spielplan/monatsuebersicht/brain-and-beauty, zuletzt aufgerufen am 26.07.16.

in teils drastischen Formulierungen eine Schönheitsoperation, die sie unter mangelnder Betäubung durchstehen musste. Als Bühne diente der Hallenboden. Das Bühnenbild war mit Schaufensterpuppen gestaltet, zwischen denen die Schauspieler zu Beginn des Stücks unbeweglich standen, sodass sie nicht auf den ersten Blick zu identifizieren waren. Auch während des Stücks nahmen die Schauspieler, wenn sie keine aktive Rolle hatten, immer wieder diese starre Position ein. Es kamen diverse populäre Musikstücke zum Einsatz, beispielsweise der Song „Body is Boss" der Gruppe „2Raumwohnung". Die Schauspieler(innen) und Kompars(inn)en tanzten und sangen zu den Liedern. Malakoff Kowalski spielte Stücke auf einer Gitarre, so zum Beispiel das Lied „Beautiful" von Christina Aguilera. In einer Szene benutzte Magda Lena Schlott in der Rolle einer Psychologin die anderen Schauspieler als Puppen, die sie in verschiedene Positionen brachte, zum Teil über die Bühne trug, um die Familiengeschichte eines an Bulimie erkrankten Mädchens zu erzählen. An den von uns ausgewählten Abenden fand im Anschluss an das Stück jeweils ein Publikumsgespräch statt, in dem mit Schauspieler(inne)n und dem Dramaturgen Thomas Laue über das Stück diskutiert werden konnte.

Charakteristik der Gruppen und Gespräche

Für die Aufnahmen wurden zwei Vorstellungen des Stücks ausgewählt. Es wurden insgesamt 13 Personen in sechs Gruppen aufgenommen, wobei es eine Dreiergruppe und fünf Zweiergruppen gab. Die aufgenommenen Pausengespräche fanden zwischen dem Ende des Stücks und dem Beginn des Publikumsgesprächs statt.

Termin 1

Am ersten Aufnahmetermin im April 2014 wurden sechs Personen in drei Zweiergruppen aufgenommen.

Gruppe 1

Gruppe 1 besteht aus den Freundinnen Viktoria und Donata[21] (beide Mitte 50).

---

21 Alle Proband(inn)en erhielten im Rahmen der Datenerhebung jeweils Pseudonyme durch das Projektteam. Zehn der Gespräche wurden daraufhin vom IDS transkribiert und erhielten zusätzliche abweichende Pseudonyme durch das IDS. Im Rahmen dieser Monographie wurden die projektinternen Pseudonyme verwendet.

Viktoria arbeitet im PR-Bereich, Donata ist Unternehmerin. Viktoria geht sehr regelmäßig[22] (10 Mal im Jahr) ins Theater, Donata regelmäßig (5 Mal im Jahr). Die Teilnehmerinnen verlassen nach dem Ende des Stücks das Theatergebäude und halten sich während ihres Gesprächs hauptsächlich an einem Stehtisch vor dem Gebäude auf. Da die Teilnehmerinnen das Publikumsgespräch nicht besuchen, wird die Gesprächsaufnahme mit Beteiligung zweier Forscherinnen nach 20 Minuten beendet.

Gruppe 2

Gruppe 2 bilden die Abiturientin Cornelia und ihre Mutter Irmgard (Mitte 50). Irmgard ist als Sachbearbeiterin beschäftigt. Als Mitglied einer Gruppe, die ein gemeinsames Theaterabonnement hat, geht Irmgard sehr regelmäßig ins Theater (10 Mal im Jahr). Cornelia gibt vier Theaterbesuche pro Jahr an. Die Gruppe bleibt während des 30-minütigen Gesprächs den Großteil der Zeit an der Bar des Theaters.

Gruppe 3

Die beiden Cousinen Emma (Anfang 20) und Monika (18) bilden die dritte Gruppe. Emma ist Studentin, Monika Schülerin. Beide gehen relativ regelmäßig ins Theater (3 bis 5 Mal pro Jahr). Emma und Monika halten sich während des 10-minütigen Gesprächs größtenteils auf dem Platz vor dem Theater auf.

Termin 2

Es wurden an diesem Termin im Mai 2014 insgesamt sieben Personen in einer Dreiergruppe und zwei Zweiergruppen aufgenommen.

Gruppe 1

Gruppe 1 besteht aus Amélie, Linus und Tamara (alle Mitte bis Ende 20), die befreundet sind. Amélie und Tamara studieren. Linus und Amélie sind außerdem Journalist(inn)en. Linus geht relativ regelmäßig ins Theater (3 Mal im Jahr), Amélie und Tamara hin und wieder (1–2 Mal im Jahr). Die Gruppe führt das 14-minütige Pausengespräch hauptsächlich an der Bar des Theaters.

---

[22] Die Regelmäßigkeit der Theaterbesuche wurde wie folgt kategorisiert: hin und wieder/gelegentlich (1–2 Theaterbesuche pro Jahr), relativ regelmäßig/häufiger (3–5 Theaterbesuche pro Jahr), regelmäßig (6–8 Theaterbesuche pro Jahr), sehr regelmäßig/sehr häufig (9–15 Theaterbesuche pro Jahr), äußerst regelmäßig/äußerst häufig (16–20 Theaterbesuche pro Jahr).

Gruppe 2

Die zweite Gruppe besteht aus den befreundeten Studentinnen Benita und Frida (beide Anfang 20). Zur Anzahl ihrer Theaterbesuche pro Jahr macht Benita keine Angaben. Frida geht relativ regelmäßig ins Theater (5-6 Mal im Jahr). Die Gruppe führt den Großteil des Gesprächs auf dem Platz vor dem Theater. Da sich die Teilnehmerinnen unsicher über den Ablauf der Aufnahmen waren, wird Benitas Aufnahme zwei Mal und Fridas Aufnahme einmal unterbrochen. Das Gespräch hat eine Gesamtlänge von 15 Minuten. Die beiden Teilnehmerinnen treffen gegen Ende der Pause auf Gruppe 3 und unterhalten sich mit den beiden Teilnehmerinnen.

Gruppe 3

Gruppe 3 besteht aus den befreundeten Studierenden Titus und Vanessa (Mitte und Ende 20). Sie geben mit einem (Titus), resp. zwei Theaterbesuchen pro Jahr (Vanessa) wenig Theatererfahrung an. Titus und Vanessa verlassen während ihres ca. 15-minütigen Gesprächs in der Pause das Theatergebäude und unterhalten sich größtenteils auf dem Platz vor dem Gebäude. Sie treffen gegen Ende der Pause auf die beiden Teilnehmerinnen der zweiten Gruppe und unterhalten sich mit ihnen.

2.1.4.2 „Der Streik"

Das Stück

Premiere feierte das Stück am 12. Oktober 2013. Es handelt sich um die erste Regiearbeit von Stefan Bachmann in seiner Stellung als neuer Intendant am Schauspiel Köln. Die Spieldauer beträgt inklusive Pause ca. vier Stunden. Das Stück ist die Umsetzung einer Romanvorlage. Es basiert auf dem 1957 erstmals erschienenen Roman „Atlas Shrugged" von der russisch-amerikanischen Autorin Ayn Rand. Die deutsche Übersetzung wurde unter drei verschiedenen Titeln veröffentlicht („Atlas wirft die Welt ab", „Wer ist John Galt" und „Der Streik"). „Atlas Shrugged" ist eines der beiden Hauptwerke von Ayn Rand. Zu den Hauptfiguren gehören die Geschwister Dagny und James Taggart, die sich als Erben einer Eisenbahnlinie nicht über den richtigen Weg der Führung des Unternehmens einig werden können. Es treten weitere Großindustrielle auf, die im Verlauf der Geschichte nach und nach verschwinden, was katastrophale Folgen für das ganze Land hat. Dagny begibt sich auf die Suche nach ihnen und findet schließlich heraus, dass sie unter dem mysteriösen Anführer John Galt in den Streik getreten sind, um gegen ihre fortschreitende Enteignung zu demonstrieren. Sie wollen so zeigen, was passiert, wenn sie der Welt ihre Innovationskraft und ihr Engagement entziehen. Wie in ihren übrigen Werken spricht sich Ayn Rand auch in diesem für die individuelle und unternehmerische Freiheit und gegen den Wohlfahrtsstaat aus.[23] Es handelt sich bei der Geschichte um eine Dystopie, die in einer unbestimmten Zeit spielt und Merkmale verschiedener Epochen aufgreift, beispielsweise der Industrialisierung und der 1950er-Jahre des 20. Jahrhunderts.

Die Inszenierung

Unter der Regie von Stefan Bachmann und Dramaturg Jens Groß spielten Melanie Kretschmann (Dagny Taggart), Niklas Kohrt (James Taggart), Jörg Ratjen (Hank Rearden) und Guido Lambrecht (John Galt) in den Hauptrollen.[24] Im Verlauf der Aufführung entstanden Teile der Kulisse durch die Arbeit der Schauspieler, die in Gestalt von Gleisbauarbeitern einen Gleisstrang verlegten. Auffällig an der Inszenierung war ein LKW, der von verschiedenen Personen durch die Halle gefahren wurde, in der es keine Bühnenkonstruktion gab. Eine der Schauspielerinnen ließ während der Vorstellung an einer Wand in der Nähe des Ausgangs ein Paar Schuhe stehen, das die Besucher(innen) beim Verlassen des Saals in der Pause sehen konnten. Durch die Akustik der Industriehalle war die Lautstärke während der Bauarbeiten an den Gleisen hoch. Auch eingespielte Geräuscheffekte waren zum Teil sehr laut.

Charakteristik der Gruppen und Gespräche

Während der Aufnahmen zum Stück „Der Streik" wurde eine Gruppe mit zwei Personen aufgenommen.

Gruppe 1
Diese Gruppe besteht aus dem Ehepaar Finn und Ina (beide Anfang 30). Finn ist Student und Ina ist Deutschlehrerin und Autorin. Zum Zeitpunkt der Aufnahme ist sie im 9. Monat schwanger. Beide gehen hin und wieder bis relativ regelmäßig ins Theater (2–3 Mal pro Jahr). Die Teilnehmenden führen ihre 20-minütige Unterhaltung zum größten Teil auf dem Platz vor dem Gebäude.

---

23 Vgl. http://web.archive.org/web/20050405203828/http://www.loc.gov/loc/cfbook/-booklists.html, zuletzt aufgerufen am 26.07.16.
24 Vgl. http://www.schauspielkoeln.de/spielplan/monatsuebersicht/der-streik, zuletzt aufgerufen am 26.07.16.

2.1.4.3 „Der Kaufmann von Venedig"

Das Stück

Premiere am Schauspiel Köln feierte die Inszenierung von Stefan Bachmann und Dramaturg Thomas Laue am 21. Februar 2014.[25] Die Spieldauer beträgt ca. drei Stunden, inklusive einer Pause.

Die Inszenierung basiert auf der gleichnamigen Komödie von Shakespeare. Shakespeare verfasste den Text zwischen 1596 und 1598. 1600 wurde er erstmals veröffentlicht und 1605 wurde das Stück uraufgeführt. Hauptfiguren sind die Widersacher Antonio, ein venezianischer Kaufmann und der jüdische Geldverleiher Shylock. Bassanio, ein Freund von Antonio, verliebt sich in die Adelige Portia. Antonio möchte ihm helfen, leiht sich dazu bei Shylock Geld und bürgt mit einem Pfund Fleisch seines Körpers. Er hofft, dass die Schiffe, die er besitzt, in Kürze in Venedig eintreffen werden und dass er seine Schulden begleichen kann. Während Bassanio unter drei Anwärtern versucht, Portia als Gemahlin für sich zu gewinnen, indem er das richtige von drei gefüllten Kästchen wählt, kehren Antonios Handelsschiffe nicht vom Meer zurück. Shylock fordert nun sein Pfand ein: Er verlangt Antonios Herz und damit sein Leben. Schlussendlich ist es Portia, die Antonio vor der Zahlung seiner Schuld rettet, indem sie als Mann verkleidet vor Gericht als sein Anwalt auftritt und den Prozess gegen Shylock gewinnt.[17] In diesem Stück werden Recht und Unrecht, Gesetz und Moral, Rassenhass, Geldgier, Verhältnisse der Geschlechter zueinander und vor allem die Doppelbödigkeit der Menschen dahinter thematisiert.[26]

Die Inszenierung

In den Hauptrollen spielten Gerrit Jansen (Antonio), Bruno Cathomas (Shylock), Simon Kirsch (Bassanio) und Yvon Jansen (Portia). Gespielt wurde auf einer schmalen Bühne, die sich über die gesamte Breite der Halle erstreckte und einige Meter über dem Hallenboden installiert war. Die meisten Schauspieler(innen) befanden sich während des gesamten Stücks auf der Bühne. Wenn sie an der Handlung nicht beteiligt waren, saßen sie entweder auf einem der Sofas, die zu beiden Enden der Bühne aufgestellt waren oder hielten sich um ein Klavier herum auf,

---

25 Vgl. http://www.nachtkritik.de/index.php?option=com_content&view=article&id=9160:-der-kaufmann-von-venedig-nstefan-bachmann-koeln&catid=84:schauspiel-koeln&Itemid=-100190, zuletzt abgerufen am 25.08.16.
26 Vgl. http://www.kulturregion-swf.de/de_DE/events/the-merchant-of-venice-in-engli-sprache.12578100, zuletzt aufgerufen am 26.07.16.

das an einem Ende der Bühne stand. Zum Teil spielte die Handlung auch unterhalb oder auf dem Boden vor der Bühne. So war der Gerichtssaal, in dem die Verhandlung stattfand, vor der erhöhten Bühnenkonstruktion aufgebaut.

Die Schauspieler(innen) spielten immer wieder Musikstücke, zu denen sie auch sangen. In dieser Inszenierung waren Solanio, ein Freund Antonios, und Salerio, ein Bote aus Venedig, als sehr aktives Zwillingspaar angelegt, die als Kommentatoren des Geschehens fungierten. Die Kostümierung einiger Schauspieler, insbesondere derjenigen, die jüngere Personen spielten, war modern. So trugen beispielsweise die Zwillinge Jacken im Collegestil. Portia wurde im Verlauf des Stücks von einigen Anwärtern um ihre Hand ersucht. Sie mussten, um sie zu gewinnen, eine Wahl aus drei Kästchen treffen: Gold, Silber und Blei. Die Kästchen wurden in der Inszenierung von Schauspielerinnen dargestellt, die nackt und lediglich vollständig in ihrem jeweiligen Farbton bemalt waren. Während einer Hochzeitsszene fielen von oben weiße Schnipsel auf die Darsteller(innen). Einige dieser Schnipsel fielen bei der ersten von uns ausgewählten Vorstellung auch schon vor dieser Szene auf die Bühne. In einer Szene trugen drei Schauspieler als orthodoxe Juden verkleidet eine Leiter zum Fenster von Shylocks Tochter, um diese zu entführen. Sie stellten sich dabei nicht sehr geschickt an, die Szene hatte slapstickartige Züge.

Charakteristik der Gruppen und Gespräche

Drei Aufführungen des Stücks wurden für die Aufnahmen ausgewählt. Insgesamt nahmen 21 Personen in acht Gruppen an der Erhebung teil, wobei es eine Vierergruppe, drei Dreier- und vier Zweiergruppen gab. Alle Aufnahmen wurden in der Pause zwischen dem ersten und zweiten Teil der Aufführung gemacht.

Termin 1

Es wurden an diesem Maiabend sieben Personen in einer Dreier- und zwei Zweiergruppen aufgenommen.

Gruppe 1

Diese Gruppe besteht aus den Freundinnen Isabel, Melanie und Pina (alle Ende 20). Alle sind Studentinnen. Sie besuchen alle hin und wieder bis häufiger (1–5 Mal im Jahr) Theateraufführungen. Die Gruppe hält sich während des 19-minütigen Gesprächs im Foyer des Theaters auf.

Gruppe 2

Die zweite Gruppe bilden die Arbeitskolleginnen und Freundinnen Gudrun (Anfang 60) und Susanne (Ende 40). Gudrun ist Fortbildnerin und Lehrerin, Susanne Dozentin. Während Gudrun nur einmal im Jahr ins Theater geht, gibt Susanne drei bis vier Theaterbesuche pro Jahr an. Das Gespräch wird im Foyer geführt. Der Anfang des 22-minütigen Gesprächs ist von Susannes Beschäftigung mit dem Aufnahmegerät und einer kurzen Interaktion mit einer Projektmitarbeiterin geprägt.

Gruppe 3

Diese Gruppe besteht aus den Freundinnen und Mitbewohnerinnen Dunja und Yvonne (beide Ende 20). Dunja studiert, Yvonne ist Kommunalbeamtin. Beide besuchen hin und wieder Theaterinszenierungen (1–2 Mal im Jahr). Die Gruppe führt das ca. 22-minütige Gespräch größtenteils auf dem Platz vor dem Theatergebäude.

Termin 2

An diesem Abend im Mai 2014 wurden sieben Personen in einer Vierer- und einer Dreiergruppe aufgenommen. Bis auf zwei Teilnehmerinnen kennen sich alle, da sie Mitglieder einer Gruppe sind, die ein gemeinsames Theaterabonnement hat. Außerdem sind alle durch mehr oder weniger enge Freundschaften bzw. Verwandtschaft miteinander verbunden.

Gruppe 1

Die erste Gruppe besteht aus Adelheid, Holger, Irmgard und Rita (alle zwischen Ende 40 und Mitte 50). Adelheid und das Ehepaar Holger und Irmgard haben ein gemeinsames Theaterabonnement und sind befreundet. Rita ist mit Adelheid befreundet, kennt die anderen aber nur flüchtig. Adelheid arbeitet in einem Personalrat, Holger ist Wissenschaftler, Irmgard ist Sachbearbeiterin und Rita Verwaltungsangestellte. Adelheid und Irmgard besuchen sehr regelmäßig (15 Mal im Jahr) Theateraufführungen und auch Holger und Rita sehen (relativ) regelmäßig Theaterinszenierungen (4–8 Mal im Jahr). Die Gruppe bleibt während ihrer 21-minütigen Unterhaltung im Foyer. Zu Beginn des Gesprächs und ab Minute 15 besteht Kontakt zu Gruppe 2.

Gruppe 2

Die zweite Gruppe besteht aus Eva, Gisela (beide 50) und Hildegard (Anfang 60). Eva und Gisela haben ein gemeinsames Theaterabonnement. Gisela und Hildegard sind befreundet und in derselben Abonnent(inn)engruppe wie Adelheid, Holger und Irmgard. Während Eva Hausfrau ist, arbeitet Gisela als Einkäuferin und Hildegard als pädagogische Mitarbeiterin. Die gesamte Gruppe besucht sehr regelmäßig Theateraufführungen (10–16 Mal im Jahr). Das ca. 21-minütige Pausengespräch führt die Gruppe im Foyer. Zu Beginn und ab Minute 15 besteht Kontakt zu Gruppe 1.

Termin 3

Am dritten Termin im Juni 2014 wurden insgesamt sieben Personen in einer Dreiergruppe und zwei Zweiergruppen aufgenommen. Diese Vorstellung fand nachmittags statt.

Gruppe 1

Die erste Gruppe besteht aus dem Ehepaar Agnes und Fabian (Anfang/Mitte 40) sowie deren Nachbarin, Jasmin (Anfang 30). Agnes ist Angestellte und Dozentin, Jasmin ist Lehrerin und Fabian arbeitet als Jurist. Das Ehepaar besucht sehr regelmäßig Theaterinszenierungen (10 Mal im Jahr) – im Gegensatz zu Jasmin, die nur zwei Mal im Jahr ins Theater geht. Den größten Teil des ca. 23-minütigen Gesprächs führt die Gruppe auf dem Platz vor dem Theater.

Gruppe 2

Die zweite Gruppe besteht aus dem Paar Nelli und Wanja (beide Mitte 40). Nelli ist PR-Redakteurin, Wanja arbeitet als Diplomkaufmann. Letzterer geht äußerst regelmäßig (20 Mal im Jahr) ins Theater und auch Nelli besucht regelmäßig das Theater (5–7 Mal). Nelli und Wanja sahen sich den zweiten Teil des Stücks nicht an. Wanja wollte nach dem ersten Teil des Stücks das Pausengespräch nicht zu Ende führen, weshalb das Paar die Forscherinnen ansprach. Auf Bitten Nellis und der anwesenden Forscherinnen erklärte Wanja sich dazu bereit, das Gespräch zu Ende zu führen. Daher gibt es eine längere Interaktion mit den Forscherinnen, die jedoch für die weitere Verwendung der Audio-Datei verrauscht wurde. Insgesamt ist das Gespräch ca. 14 Minuten lang, wobei anderthalb Minuten auf die Interaktion mit den Forscherinnen entfallen. Das Gespräch findet nach der Interaktion mit den Forscherinnen auf dem Platz vor dem Theater statt.

Gruppe 3

Die dritte Gruppe besteht aus dem Ehepaar Alexander und Nicola (beide Mitte 40). Alexander arbeitet als Architekt, Nicola ist Wissenschaftlerin. Alexander macht keine Angaben zu seinen Theatererfahrungen und Nicola geht ein Mal pro Jahr ins Theater. Das ca. 24-minütige Pausengespräch führt die Gruppe auf dem Platz vor dem Theater.

2.1.4.4 „Habe die Ehre"

Das Stück

Am 09. Mai 2014 feierte das Stück als deutsche Erstaufführung am Schauspiel Köln Premiere. Die Spieldauer beträgt ca. 80 Minuten. In der Ankündigung des Theaters heißt es, dem Autor sei mit dem Stück „etwas scheinbar Unmögliches gelungen – eine Komödie zum Thema Ehrenmord zu schreiben."[27] Das Publikum sieht einer Familie zu, die im Wohnzimmer diskutiert, wer die Tochter erschießen soll – diese hat ihren Ehemann betrogen und ist mit einem anderen Mann durchgebrannt. Um die Familienehre wiederherzustellen, soll die Tochter nun getötet werden. „Doch Schande hin, Rache her – die Pistole wandert wie eine heiße Kartoffel von Hand zu Hand. Den einen zwickt's im Rücken, den anderen schreckt der Knast, und so schlittert das Komplott geradewegs in die Farce", schreibt Hartmut Wilmes in der Kölnischen Rundschau.[28] Der syrisch stämmige Autor Ibrahim Amir entwickelte das Stück, als er an den „Wiener Wortstaetten" arbeitete. 2013 wurde das Stück in der Inszenierung von Hans Escher uraufgeführt.[29] Regisseur des Stücks ist Stefan Bachmann, die Dramaturgie leitet Sibylle Dudek.

Die Inszenierung

Als Schauspieler(innen) wirkten in dieser Aufführung unter anderem Guido Lambrecht (Vater), Sabine Orléans (Mutter), Julischka Eichel (Ehefrau), Johannes Benecke (Bruder) und Robert Dölle (Polizist) mit. Das Bühnenbild bestand aus einem Wohncontainer, der spärlich eingerichtet war mit einem Sofa, einem Tisch mit zwei Stühlen, einem Kühlschrank und einem Stuhl daneben.

---

27 Vgl. http://www.schauspielkoeln.de/spielplan/monatsuebersicht/habe-die-ehre/, zuletzt aufgerufen am 26.07.16.
28 Vgl. http://www.rundschau-online.de/kultur/schauspiel-koeln--habe-die-ehre--wird-in-koeln-bejubelt,15184894,27101754.html, zuletzt aufgerufen am 26.07.16.
29 Vgl. http://www.wortstaetten.at/projects/ibrahim-amir/, zuletzt aufgerufen am 26.07.16.

Charakteristik der Gruppen und Gespräche

Am Abend der Aufnahme wurden die Sitzplätze durch den Verein „Freie Volksbühne e.V." belegt, der im Anschluss an das Stück auch eine Podiumsdiskussion unter der Überschrift „Volkstheater heute – ohne Klischeegarantie" veranstaltete.[30] Die Audioaufnahmen erfolgten im Mai 2014 im Depot 2, in der Pause zwischen dem Ende des Stücks und der anschließenden Podiumsdiskussion. Es wurden insgesamt fünf Personen in einer Zweier- und einer Dreiergruppe aufgenommen. Die fünf Probandinnen dieses Abends haben ein Theaterabonnement und sind durch mehr oder weniger enge Freundschaften verbunden. Sie wurden gebeten, sich in zwei Gruppen aufzuteilen. Durch einen Buchungsfehler konnten für dieses Stück keine Eintrittskarten erworben werden. Das Theater hatte sich jedoch bereit erklärt, die Probandinnen auch ohne Karten in die Vorstellung zu lassen. Die Teilnehmerinnen wurden auf freie Plätze verteilt und saßen nicht in ihren jeweiligen Gruppen zusammen. Dadurch gibt es zu Beginn der Gespräche eine Durchmischung der Gruppen.

Gruppe 1

Die erste Gruppe besteht aus den Freundinnen Adelheid (Anfang 50) und Rita (Ende 40). Adelheid ist im Personalrat tätig, Rita arbeitet als Verwaltungsangestellte. Adelheid besucht das Theater sehr regelmäßig (15 Mal im Jahr), Rita geht vier bis sechs Mal im Jahr ins Theater. Während des Gesprächs verlassen beide das Foyer und halten sich einige Minuten auf dem Platz vor dem Theater auf. Die Aufnahme von Adelheid wird wegen eines Toilettenbesuchs unterbrochen. Das aufgenommene Gespräch ist 17 Minuten lang.

Gruppe 2

Hildegard (Anfang 60), Irmgard (Mitte 50) und Kristina (Anfang 30) bilden Gruppe 2. Hildegard arbeitet als pädagogische Mitarbeiterin, Irmgard und Kristina sind beide Sachbearbeiterinnen. Alle Sprecherinnen besuchen sehr regelmäßig Theateraufführungen (10–15 Mal im Jahr). Das ca. 17-minütige Pausengespräch führt die Gruppe im Foyer.

---

30 Vgl. http://www.schauspielkoeln.de/spielplan/monatsuebersicht/volkstheater-heute/, zuletzt abgerufen am 26.07.16.

2.1.4.5 „Die Lücke"

Das Stück

Im Juni 2014 wurde das Stück im Depot 2 uraufgeführt. Die Premiere fand im Rahmen des Kunst- und Kulturfestes „Birlikte – Zusammenstehen" statt. Das Fest wurde vom gleichnamigen Aktionsbündnis und den Anwohnern der Keupstraße organisiert. Die Spieldauer des Stücks beträgt ca. 2 Stunden.

Das Stück „Die Lücke" erinnert anlässlich des 10. Jahrestags an den Nagelbombenanschlag, den die rechtsextreme terroristische Vereinigung Nationalsozialistischer Untergrund (NSU) am 09. Juni 2004 in der Kölner Keupstraße verübte. Der in Bielefeld als Sohn türkisch-armenischer Einwanderer geborene Autor und Regisseur Nuran David Calis sprach mit Anwohner(inne)n und anderen Beteiligten. Auf Basis dieser Gespräche entstand das Stück „Die Lücke", das den Riss durch die deutsche Gesellschaft am Beispiel der Keupstraße thematisiert. Dramaturg ist Thomas Laue. Die Schauspielerinnen und Schauspieler sind zur einen Hälfte Mitglieder des festen Ensembles (Simon Kirsch, Thomas Müller und Annika Schilling), zur anderen Hälfte Anwohner(innen) der Keupstraße: Ayfer Sentürk Demir, Kultu Yurtseven und Ismet Büyük.[31]

Die Inszenierung

Zur Symbolisierung des Risses durch die Gesellschaft bestand die Bühne aus zwei weißen Zimmerecken, die durch eine Spalte voneinander abgetrennt waren. In der linken Ecke saßen die Deutschen, in der rechten die türkischstämmigen Anwohner(innen) der Keupstraße. Die Schauspieler(innen) philosophierten in einer Mischung aus Theorie und persönlichen Empfindungen über die Frage, ob das Theater dazu beitragen könne, die symbolische ‚Lücke' in der Gesellschaft zu schließen. In mehreren Gesprächen wurde u.a. über Vorurteile, Fremdheitsgefühle oder über die sogenannten ‚Gesetze der Keupstraße' gesprochen, die für die Deutschen fremd sind. Der NSU- Prozess, die Beschuldigung der Opfer durch die Polizei und die daraus resultierende Angst und Wut der Opfer und Anwohner(innen) wurden geschildert. Die Laienschauspieler(innen) beschrieben ihre Erfahrungen und Gefühle im Zusammenhang mit den falschen Verdächtigungen der Polizei, die die Opfer zu Tätern machten. Letztlich wurde durch die Deutschen die Frage aufgeworfen, ob bei der Polizei viele arbeiten, die mit den Rechtsterro-

---

31 Vgl. Schauspiel Köln Spielzeit 2013/2014: Programmheft 18 „Die Lücke".

risten sympathisieren. Im Verlauf der Handlung kamen die beiden Gruppen immer wieder in Kontakt, schwiegen sich zum Schluss jedoch erneut an. Die beiden drehbaren Bühnenteile wurden während des Stücks immer wieder gedreht und in verschiedene Winkel zueinander gebracht. Eine weitere Besonderheit der Inszenierung waren Videoprojektionen auf den beiden Bühnenteilen. Diese zeigten z.B. Aufnahmen, die die Schauspieler(innen) selbst ‚live' mit mobilen Kameras filmten oder Aufnahmen aus der Keupstraße nach dem Anschlag. Vor der Aufführung wurden die Theaterbesucher(innen) von Anwohner(inne)n oder anderen Beteiligten, z.B. Polizist(inn)en oder Politiker(inne)n, durch die Keupstraße geführt. Die Menschen berichteten von ihren Erfahrungen und stellten den Theaterbesucher(inne)n die Straße und die dortigen Geschäfte vor. Anschließend hatten die Besucher(innen) die Möglichkeit, eine Moschee zu besichtigen.

Charakteristik der Gruppen und Gespräche

Für die Aufnahmen wurden zwei Vorstellungen ausgewählt, dabei wurden insgesamt 14 Personen in sechs Gruppen aufgenommen. Die Aufnahmen erfolgten in der Pause zwischen dem Ende des Stücks und der anschließenden Publikumsdiskussion.

Termin 1

Am ersten Termin im Juli 2014 wurden sieben Personen in einer Dreier- und zwei Zweiergruppen aufgenommen.

Gruppe 1
Die Freundinnen Sandra (40) und Wilma (Anfang 50) bilden Gruppe 1. Sandra arbeitet als Therapeutin, Wilma arbeitet als Industriekauffrau. Sandra geht relativ regelmäßig ins Theater (3–4 Mal); Wilma nur selten. Die Gruppe verlässt während des ca. 12-minütigen Gesprächs das Theatergebäude und unterhält sich auf dem Platz davor.

Gruppe 2
Die zweite Gruppe besteht aus den Freund(inn)en Titus und Vanessa (Mitte und Ende 20). Sie studieren und gehen hin und wieder ins Theater (1–2 Mal im Jahr). Die Audioaufnahmen werden erst gestartet, nachdem die Teilnehmenden den Theatersaal bereits verlassen haben. Die Aufnahmelänge beträgt ca. 9 Minuten. Die Gruppe führt den größten Teil des Gesprächs auf dem Platz vor dem Theater.

Gruppe 3

Gruppe 3 besteht aus den Freund(inn)en und Schulkamerad(inn)en Björn, Cornelia und Peter. Die Abiturient(inn)en gehen alle hin und wieder ins Theater (1–3 Mal im Jahr). Das ca. 14-minütige Pausengespräch wird auf dem Platz vor dem Theater geführt.

Termin 2

Am zweiten Termin im September 2014 wurden sieben Personen in einer Dreier- und zwei Zweiergruppen aufgenommen. Im Anschluss an das Stück hielt ein Rechtsanwalt, der im Münchener NSU-Prozess einige Nebenkläger vertritt, einen Vortrag über den Stand des Prozesses.

Gruppe 1

Diese Gruppe besteht aus den Freundinnen/Bekannten Adelheid, Rita und Gisela (alle Ende 40 bis Anfang 50). Adelheid und Rita nehmen an diesem Abend bereits zum dritten Mal an den Aufnahmen teil, Gisela zum zweiten Mal.[32] Die Gruppe hält sich während des ca. 10-minütigen Gesprächs im Theaterfoyer auf.

Gruppe 2

Gruppe 2 besteht aus dem Paar Kristina und Lars (Anfang und Mitte 30). Kristina arbeitet als Projektassistentin, während Lars IT-Entwickler ist. Letzterer besucht relativ regelmäßig (4 Mal im Jahr), seine Frau sehr regelmäßig (mehr als 10 Mal im Jahr) Theateraufführungen. Die beiden Teilnehmenden bleiben während ihres ca. 11-minütigen Gesprächs im Theatersaal.

Gruppe 3

Dina (17) und ihre Mutter Susanne (Ende 40) bilden Gruppe drei. Susanne arbeitet als Dozentin. Sie geht 4–6 Mal pro Jahr ins Theater und hat schon einmal im Rahmen der Erhebung eine Vorstellung besucht. Dina ist Schülerin und macht zur Zahl ihrer Theaterbesuche keine Angaben. Mutter und Tochter halten sich während des über 11-minütigen Gesprächs im Theaterfoyer auf.

---

[32] Zur Personenbeschreibung von Adelheid, Rita und Gisela vgl. Kapitel 2.4.3, Termin 2, Gruppe 1 und 2.

2.1.4.6 „Der gute Mensch von Sezuan"

Das Stück

Das Stück feierte am 28. September 2013 Premiere am Schauspiel Köln unter der Regie von Moritz Sostmann und der Dramaturgin Nina Rühmeier. Die Spieldauer beträgt ca. drei Stunden inklusive einer Pause. Bertolt Brecht verfasste das Stück, das alle Elemente des epischen Theaters aufweist, hauptsächlich zwischen 1938 und 1940. Ruth Berlau und Margarete Steffins arbeiteten daran mit. Uraufgeführt wurde es am 04. Februar 1943 in einer Inszenierung von Leonard Steckel am Schauspielhaus Zürich.[33] Die Musik wurde von Paul Dessau komponiert. Die Handlung spielt in der chinesischen Provinz Sezuan (verbreitetere Schreibweise: Sichuan). Hauptfigur ist die Prostituierte Shen Te. Drei Götter kehren auf die Welt zurück, um die Fehler auszugleichen, die während der Schöpfung passiert sind. Sie finden Asyl bei Shen Te, der sie als Dank etwas Geld geben. Mit diesem Geld eröffnet Shen Te einen Tabakladen und verspricht den Göttern, fortan nur noch gut zu handeln. Doch schnell spricht sich Shen Tes Wohlstand herum und Sezuans Bürger beginnen, ihre Hilfsbereitschaft auszunutzen. So verliebt sich Shen Te in den Piloten Yang Sun. Dieser braucht Geld um eine Stellung als Postflieger in Peking anzutreten. Shen Te gibt ihm einen Teil des Geldes und verspricht, ihren Laden zu verkaufen, um den Rest zu finanzieren. Doch Shen Te erfährt, dass Yang Sun sie nur heiraten will, um das Geld zu bekommen. Daraufhin lässt sie die Hochzeit platzen. Enttäuscht entwickelt die sanftmütige Shen Te ein Alter Ego: Ihren Vetter Shui Ta, in dessen Rolle sie ein Tabakimperium aufbaut, in dem sie die Arbeiter ausbeutet. Als Shen Te erfährt, dass sie schwanger ist, schwört sie, nur noch für ihren Sohn gut zu sein. Am Schluss der Inszenierung bringt Shen Te ein Kind zur Welt, das das Publikum dazu anregt, selbst eine Antwort auf die Frage zu finden, wie es einem Menschen gelingen kann, nur gut zu sein. Die Götter lassen Shen Te mit diesem Problem allein.

Die Inszenierung

Als Schauspieler(innen) wirkten unter anderem Magda Lena Schlott (Shen Te/Shui Ta), Mohamed Achour (Yang Sun) und Annika Schilling (Witwe Shin/Mi

---

33 Vgl. http://www.schauspielhaus.ch/haus-service/heute-und-damals/geschichte/die-geschichte-des-schauspielhauses-in-kurze, zuletzt abgerufen am 25.07.2016.

Tzü) mit. Als ausgebildeter Puppenspieler verbindet der Regisseur Moritz Sostmann in seinen Inszenierungen das Schauspiel mit dem Puppenspiel.[34] So wurden Shen Te/Shui Ta, der Wasserverkäufer Wang und Frau Yang, die Mutter von Yang Sun, teilweise auch von recht fein modellierten Puppen verkörpert, ebenso wie der Teppichhändler und seine Frau. Die Puppen wurden alle von den Schauspieler(inne)n selbst bewegt. So spielte beispielsweise Magda Lena Schott Shen Te selbst und auch ihre Puppe. Die Schauspieler(innen) spielten verschiedene Rollen, viele eine Doppelrolle als Mensch und als eine(n) der Götter. Sie zogen sich in den meisten Fällen für die Zuschauer(innen) sichtbar auf der Bühne um. An der der Zuschauertribüne gegenüberliegenden Wand waren chinesische Schriftzeichen aus roten Leuchtstoffröhren angebracht. Der zweite Teil des Stücks begann noch in der Pause. Im Foyer auf und vor der Garderobe wurde die geplante Hochzeit zwischen Shen Te und Yang Sun gespielt. Auf der Garderobe lagen dabei große Köpfe der in China typischen Figuren für den Löwentanz. Nach der geplatzten Hochzeit gingen die Besucher(innen) wieder in den Theatersaal und die Inszenierung wurde dort fortgesetzt.

Charakteristik der Gruppen und Gespräche

Für die Aufnahmen wurden zwei Vorstellungen ausgewählt. Während der Pause zwischen dem ersten und zweiten Teil der Aufführung wurden insgesamt 13 Personen in vier Gruppen aufgenommen.

Termin 1

An diesem Abend im September 2014 wurden sechs Personen in einer Vierer- und einer Zweiergruppe aufgenommen.

Gruppe 1

Cecilia (30) und ihre Mutter Gabriele (60) bilden Gruppe 1. Beide gehen relativ regelmäßig ins Theater (3 Mal pro Jahr). Gabriele leitet eine Institution im Bildungsbereich und ist Dozentin, Cecilia ist Wissenschaftlerin. Die Gruppe hält sich während des ca. 18-minütigen Gesprächs im Foyer auf.

---

34 Vgl. http://www.schauspielkoeln.de/spielplan/monatsuebersicht/der-gute-mensch-von-sezuan/534/moritz-sostmann/, zuletzt aufgerufen am 26.07.16.

Gruppe 2

Die zweite Gruppe besteht aus den Freundinnen Bianca (Ende 40) und Dagmar (50) sowie der Nachbarin von Bianca, Lydia (Anfang 50) und deren Tochter Karla (15). Bianca ist Pädagogin und Künstlerin, Lydia Restauratorin, während Dagmar als freie Texterin arbeitet und Karla zur Schule geht. Bis auf Dagmar besuchen alle hin und wieder Theateraufführungen (1–2 Mal im Jahr). Dagmar hingegen geht zwei bis fünf Mal im Jahr ins Theater. Die Gruppe führte das ca. 29-minütige Gespräch im Foyer. Dadurch, dass die Hochzeitsszene in der Pause im Foyer gespielt wurde, war nicht eindeutig, ob die Pause als beendet zu erklären ist oder nicht. Gruppe 2 ließ ihre Geräte daher bis zur Fortsetzung des Stücks im Theatersaal eingeschaltet.

Termin 2

Beim zweiten Termin im Oktober 2014 wurden sieben Personen in einer Vierer- und einer Dreiergruppe aufgenommen. Beide Gruppen entschieden sich dafür, die Geräte während der Hochzeitsszene im Foyer eingeschaltet zu lassen.

Gruppe 1

Diese Gruppe besteht aus dem Paar Lola und Timo (beide Anfang 30) sowie Timos Mutter Victoria und ihrem Ehemann Ulrich (beide Anfang 60). Lola arbeitet als Redakteurin, Timo als Wissenschaftler, Ulrich ist in einer leitenden Position im Finanzsektor und Victoria Steuerberaterin. Das junge Paar besucht hin und wieder Theateraufführungen (1–3 Mal im Jahr), während das ältere Paar sehr regelmäßig ins Theater geht (12 Mal im Jahr). Die Gruppe verbringt die ca. 28-minütige Theaterpause im Foyer.

Gruppe 2

Diese Gruppe besteht aus den Freundinnen Britta und Marie sowie Nadja (alle Mitte 20). Nadja lernt Britta und Zoe erst am Theaterabend kennen. Der Kontakt war über eine gemeinsame Freundin entstanden, die jedoch nicht anwesend war. Britta arbeitet als Krankenschwester, Nadja ist Wissenschaftlerin und Marie studiert. Alle Sprecherinnen gehen hin und wieder ins Theater (1–2 Mal im Jahr). Sie unterhalten sich ca. 29 Minuten lang größtenteils im Foyer.

2.2 Datenerhebung in Siegen

2.2.1 Die Spielstätte

Das „Apollo-Theater Siegen" ist ein Bespieltheater ohne eigenes Ensemble, das aber pro Jahr zwei bis drei Eigenproduktionen aufführt.[35] Seit den 1930er-Jahren bis 1957 hielt noch das Kino der Stadt Siegen in seiner Doppelfunktion als Licht- und Schauspielhaus ein breites kulturelles Angebot (u.a. Konzerte, Opern, Musiktheater, Varieté und Boulevard-Veranstaltungen) für das Publikum bereit. Das heutige Apollo-Theater begann 1957 als provisorische ‚Bühne der Stadt' in der Aula eines Gymnasiums. Aufgrund einer Bürgerinitiative sowie einer 1998 von Magnus Reitschuster, dem damaligen Geschäftsführer des Kulturkreises und jetzigen Intendanten des Theaters, initiierten Abo-Reihe namens „out of Aula" und mehrerer Spenden ortsansässiger Firmen, Initiativen und der Sparkasse Siegen, wurde 2005 der Grundstein für den Neubau des Apollo-Theaters gelegt. Der Neubau wurde hinter der historischen Fassade des Apollo-Kinos errichtet.[36] Das Theater befindet sich in zentraler Lage direkt an der Haupteinkaufsstraße der Innenstadt. Getragen vom Trägerverein „Apollo-Theater Siegen e.V." und unter der Leitung von Magnus Reitschuster ist das Selbstverständnis des Apollo-Theaters das eines Bürgertheaters[37]. Dies soll auch in der Anordnung der Sitzplätze im Zuschauerraum, unter denen es keine Logenplätze gibt, zum Ausdruck kommen. Durch das ansteigende Gestühl soll – so die Selbstbeschreibung des Apollo-Theaters – eine besondere Nähe zwischen Bühne und Publikum geschaffen werden.[38] Das Programm deckt unterschiedliche Sparten von Schauspiel über Konzert und Musiktheater ab, das typische Produktionsspektrum rangiert von Klassikern wie Shakespeare (z.B. „Hamlet" oder „Der Kaufmann von Venedig") bis zu Produktionen mit aktuellem politischem Bezug (z.B. „Verrücktes Blut"), Dramatisierungen aktueller Film- oder Buchvorlagen (z.B. „Der Hundertjährige, der aus dem Fenster stieg und verschwand"), Produktionen mit populärer Musik (z.B. „Let's spend the night together – Die Stones Show") und Inszenierungen von Kinderliteratur (z.B. „Ronja Räubertochter").[39]

---

35 Vgl. http://www.apollosiegen.de/spielplan/newsletter/37/, zuletzt abgerufen am 25.08.16.
36 Vgl. http://www.apollosiegen.de/haus/fakten/geschichte-des-apollo-kinos/, zuletzt aufgerufen am 26.07.16.
37 Vgl. http://www.apollosiegen.de/haus/fakten/spielstaette/, zuletzt abgerufen am 25.08.16.
38 Vgl. http://www.apollosiegen.de/haus/fakten/geschichte-des-apollo-theaters/, zuletzt aufgerufen am 26.07.16.
39 Vgl. http://www.apollosiegen.de/spielplan/veranstaltungen/, zuletzt aufgerufen am 26.07.16.

2.2.2 Die Räumlichkeiten

Das Apollo-Theater grenzt über einen ca. 100 Quadratmeter großen Vorplatz (vgl. Abb. 7), der außerdem von Geschäften, der Sieg und einer großen Sparkassenfiliale gerahmt wird, direkt an die Haupteinkaufsstraße der Siegener Innenstadt. Der gepflasterte Platz kann während der Theaterpausen direkt durch den sechstürigen Haupteingang des Theatergebäudes sowie durch zwei Nebeneingänge betreten werden. Diese Möglichkeit haben einige Theaterbesucher(innen), vor allem Raucher(innen), während der Erhebung wahrgenommen. Akustisch ist an diesem Standort – je nach Position der Sprecher und Lautstärke der Hintergrundgeräusche – das leise Rauschen der Sieg zu vernehmen. Während die alte Fassade des Apollo-Kinos erhalten wurde, wirkt das dahinter gebaute Theater sehr modern und offen, u.a. aufgrund zahlreicher Glaswände, Stahlkonstruktionen und einer offenen Architektur.

Der Beginn aller Gespräche findet in der Regel im Theatersaal selbst statt, den die einzelnen Sprechergruppen nach dem Ende des Applauses, der die Pause einleitet, (größtenteils gemeinsam) verlassen. Der Hauptsaal bietet für Theateraufführungen 521 Plätze, die in leichter Steigung angeordnet sind. Die Bühne verfügt über 15 Meter Bühnentiefe und 14 Meter Portalbreite und weist die Besonderheit eines ‚eisernen Vorhangs' auf. Dieser ermöglicht die Nutzung der Bühne bis zum vordersten Bühnenrand, so dass eine große Nähe zu den Zuschauer(inne)n (vor allem in den ersten Reihen) entsteht. Um den Theatersaal zu verlassen, gehen die Theaterbesucher(innen) durch den Ausgang im vorderen Bereich links von der Bühne oder durch einen der zwei Ausgänge hinter den Stuhlreihen auf der rechten und linken Seite des Raums.[40]

Beim Verlassen des Theatersaals durch die Hinterausgänge gelangen die Zuschauer(innen) zunächst in das obere Foyer (vgl. Abb. 8). Dieses führt an der Rückwand des Theatersaals entlang wie eine Art Galerie und mündet auf beiden Seiten in einem erweiterten Bereich, von dem aus jeweils eine Treppe ins Hauptfoyer führt.

Seitlich des oberen Foyers und des Theatersaals befinden sich zwei weitere Räume, die über die seitlichen Enden des oberen Foyers zu erreichen sind: der Diskussionsraum auf der linken Seite und die Lounge auf der rechten Seite. In Letzterer (vgl. Abb. 9) befanden sich während der Erhebung einige farbige gruppierte Sessel und Couchtische sowie ein Klavier. Auf der gegenüberliegenden Seite des oberen Foyers führt ein Durchgang in den Diskussionsraum (vgl. Abb. 10), in dem die Publikumsdiskussion im Anschluss an das Stück „Verrücktes

---

40 Vgl. http://www.apollosiegen.de/haus/fakten/spielstaette/, zuletzt aufgerufen am 26.07.16.

Blut" stattfand. Dieser Raum ist mit einer kleinen Bühne im hinteren Bereich sowie mit zehn roten Stuhlreihen mit jeweils fünf bzw. sechs Stühlen ausgestattet. Seitlich der Stuhlreihen ist ein schmaler Durchgang, der von der Seitenwand abgeschlossen wird, welche von weiteren, in den Raum gedrehten Stühlen gesäumt wird.

Die inwärts geschwungenen Treppen an den Seiten des oberen Foyers führen die Zuschauer(innen) direkt in das untere Foyer (vgl. Abb. 11 und 13), das mit ca. 100 Quadratmetern und einer Deckenhöhe von ca. 15 Metern neben dem Theatersaal der größte Raum des Theaters ist. Hier hielt sich die Mehrheit der Proband(inn)en nach dem Durchqueren des oberen Foyers und dem Hinabsteigen über eine der beiden Verbindungstreppen die längste Zeit auf. Die Vorderseite des Foyers besteht fast vollständig aus fünf gläsernen Bögen. Die mittleren drei Bögen werden als doppeltürige Haupteingänge genutzt. Im hinteren Bereich wird das Foyer durch eine Balustrade sowie zwei kurze seitliche Treppen begrenzt, die in eine etwas tiefer gelegene Ebene führen. Auf der rechten Seite des Raumes finden die Zuschauer(innen) neben der Verbindungstreppe eine Getränkeausgabe und den Durchgang zum Theaterrestaurant Bariton (vgl. Abb. 11). Im Theaterrestaurant haben die Theaterbesucher(innen) die Möglichkeit, an einer geräumigen Bar während der Pause Getränke und Brezeln zu bestellen. Außerdem befindet sich in der rechten hinteren Ecke des Foyers die Theaterkasse. Auf der gegenüberliegenden Seite des Raumes führt ein Durchgang rechts neben der zweiten Verbindungstreppe zum Nebenausgang und einer zweiten Getränkeausgabe. Mittig im Raum und zwischen den Teilen der Balustrade unterteilen sieben deckenhohe, weiße, quadratische Pfeiler das untere Foyer. Zwischen diesen Pfeilern sowie an den beiden Treppenaufgängen wurden sieben dunkle Stehtische positioniert. Diese sind farblich abgestimmt auf einen großen länglichen roten Teppich, der den Raum quer durchläuft.

Ein Durchgang endet an der linken Seite des unteren Foyers neben der Verbindungstreppe in einem kleinen länglichen Raum, der seitlich am Foyer und Theatersaal entlang führt (vgl. Abb. 12). An seinem Ende befindet sich der vordere Eingang zum Theatersaal. Etwas vorgelagert haben die Theaterbesucher(innen) die Möglichkeit, sich an einer weiteren Getränkeausgabe mit Getränken zu versorgen. Die äußere Wand des Raumes, in deren Mitte sich der doppeltürige Nebenausgang befindet, besteht gänzlich aus Glas. Der Nebenausgang führt in einen schmalen gepflasterten Außenbereich direkt an der Sieg.

Vom unteren Foyer aus haben die Proband(inn)en, wie bereits angedeutet, außerdem die Möglichkeit, über zwei kurze Treppen im hinteren Bereich in eine etwas tiefer gelagerte Etage zu gelangen, die sich gewissermaßen unter der ansteigenden Bestuhlung des Theatersaals befindet (vgl. Abb. 11). Hier liegt auf der rechten Seite der Eingang zu den Herren-WCs und auf der linken Seite der Eingang zu den Damen-WCs. An der langen Wand vor Kopf befindet sich die Garderobe des Theaters.

2.2.3 Aufnahmebeschreibungen

Die Datenerhebung im Apollo-Theater Siegen wurde an 7 verschiedenen Terminen im Zeitraum von Oktober 2014 bis März 2015 durchgeführt, an denen jeweils ein anderes Stück präsentiert wurde. Die besuchten Stücke sind: „Verrücktes Blut", „Hamlet", „Let's spend the night together – Die Stones Show", „Alle sieben Wellen", „Ziemlich beste Freunde", „The Merchant of Venice" und „Der Hundertjährige, der aus dem Fenster stieg und verschwand". Bis auf „Ziemlich beste Freunde", das vom Apollo-Theater in Zusammenarbeit mit dem „Turmtheater Regensburg" inszeniert wurde, sind alle Stücke Gastspiele. An den 7 Aufnahmeterminen nahmen insgesamt 43 Proband(inn)en in 16 Gruppen von 2 bis 4 Personen teil. Davon beteiligten sich 5 Personen (Annalena, Alexander, Kirsten, Michael und Marina) jeweils an 2 Terminen in unterschiedlichen Gruppenkonstellationen (vgl. Tabelle 2). Insgesamt wurden in Siegen Gesprächsdaten im Umfang von ca. 4,5 Stunden erhoben. Im Folgenden wird auch für die Siegener Daten ein Überblick über die einzelnen Aufnahmetermine, das jeweilige Stück und die jeweilige Charakteristik der einzelnen Gruppen und Gespräche gegeben. Alle Gespräche – bis auf die Aufnahmen zu „Verrücktes Blut" – sind Pausengespräche, finden also zwischen dem ersten und zweiten Teil der jeweiligen Theateraufführung statt. Lediglich die Unterhaltungen im Rahmen von „Verrücktes Blut" erfolgten im Anschluss an das Stück bis zum Beginn der Publikumsdiskussion. Es handelt sich bei allen Aufführungen um Abendinszenierungen.

Abb. 7: Frontansicht Apollo-Theater und Vorplatz

Abb. 8: Oberes Foyer und Treppe

Abb. 9: Lounge

Abb. 10: Diskussionsraum

Abb. 11: Unteres Foyer, Durchgang zum Theaterrestaurant Bariton, Getränkeausgabe 1 (Foyer) und Treppe zur Garderobe und zum WC

Abb. 12: Nebenausgang und Getränkeausgabe 2 (Nebenausgang)

Abb. 13: Überblick: Oberes und unteres Foyer mit Getränkeausgabe 1 (Foyer) und Verbindungstreppe

Tab. 2: Erhebungen im Apollo-Theater Siegen (Spielzeit 2014/15)

Produktion	Zahl der Vorstellungen	Zahl der Paare/Gruppen (insgesamt)	Zahl der Proband(inn)en (insgesamt)
Verrücktes Blut	1	2	6
Hamlet (auf Englisch)	1	3	7
Let's spend the night together – Die Stones Show	1	1	2
Alle sieben Wellen	1	2	6
Ziemlich beste Freunde	1	2	6
The Merchant of Venice (auf Englisch)	1	3	8
Der Hundertjährige, der aus dem Fenster stieg und verschwand	1	3	8
Insgesamt	7	16	43

2.2.3.1 „Verrücktes Blut"

Das Stück

Das Stück „Verrücktes Blut" von Regisseur Nurkan Erpulat, dessen Uraufführung am 09.09.2010 im „Ballhaus Naunynstraße Berlin" stattfand, wurde im Oktober 2014 im Apollo-Theater aufgeführt.[41] Die 90-minütige Inszenierung basiert auf dem Film „La journee de la jupe" („Heute trage ich Rock!") von Jean-Paul Lilienfeld. Von Dramaturg Jens Hillje in Szene gesetzt, beschäftigt sich das Stück mit den Themen Integration, Migration und Bildung.[42] Hauptfigur ist Sonia, eine Lehrerin einer Brennpunktschule, die ihre renitenten Schüler, von denen viele einen Migrationshintergrund haben, dazu motivieren will, sich mit Schiller zu beschäftigen. Ziel dieser Beschäftigung soll ein Projekttag sein, der von Schillers Stücken

---

[41] Vgl. http://www.apollosiegen.de/spielplan/veranstaltungen/1739-verruecktes-blut/, zuletzt aufgerufen am 26.07.16.
[42] Vgl. http://www.deutschlandradiokultur.de/mit-revolver-und-reclamheft.1013.de.html?dram:article_id=170909, zuletzt aufgerufen am 26.07.16.

„Die Räuber" und „Kabale und Liebe" handelt. Doch die Schüler lassen sich weder für Schiller und seine Werke begeistern noch respektieren sie die Lehrerin als Autoritätsperson. Die Situation ändert sich schlagartig, als einem Schüler während einer Rangelei eine Schusswaffe aus dem Rucksack rutscht, welche die Lehrerin ergreift. Von diesem Moment an nutzt die Lehrerin mit der Waffe in der Hand den neu gewonnenen Respekt, um die Schülerinnen und Schüler zu zwingen, sich mit Schillers Texten und Themen zu beschäftigen. Das Stück endet damit, dass diese von Angst und Absurdität geprägte Situation durch ein brisantes Handyvideo eines Schülers, das in die falschen Hände gerät, eskaliert. Als Sonia zuletzt eröffnet, selbst Türkin zu sein, verschwimmt der Unterschied zwischen Realität und Spiel gänzlich.[44]

Die Inszenierung

Das Ensemble des Theaters „Ballhaus Naunynstraße" aus Sesede Terziyan (als Sonia), Nora Rim Abdel-Maksoud, Erol Afşin, Emre Aksızoğlu, Tamer Arslan, Sohel Altan Gol, Rahel Johanna Jankowski und Gregor Löbel[43] (als Schüler) agierte auf einer schlicht gehaltenen Bühne, bestehend aus einfachen Schulbänken und -tischen, die den Klassenraum darstellten, in dem sich die gesamte Handlung abspielte. Gekleidet in einer Mischung aus jugendlicher, modebewusster, sportlicher und teilweise freizügiger Freizeitkleidung und aus religiös begründeten Kleidungsstücken wie Kopftüchern, standen die Schüler auch äußerlich im Kontrast zur konservativen Aufmachung der Lehrerin. Der Wendepunkt der Handlung wurde akustisch untermalt durch ein sehr lautes Schussgeräusch in dem Moment, als die Lehrerin die Waffe an sich nahm und einen Schuss in die Luft abfeuerte. Im Anschluss an die Aufführung gab es eine Pause, die mit dem Beginn der anschließenden Publikumsdiskussion endete.

Charakteristik der Gruppen und Gespräche

An der Erhebung während dieses Stücks im Oktober 2014 nahmen zwei Gruppen teil, die aus zwei bzw. vier Personen bestanden, so dass insgesamt sechs Proband(inn)en beteiligt waren. Die Gespräche fanden im Anschluss an das Stück vor dem Beginn des anschließenden Publikumsgesprächs statt.

---

43 Vgl. http://www.nachtkritik.de/index.php?option=com_content&view=article&id=4634:-verruecktes-blut-nurkan-erpulat-erzaehlt-qla-journee-de-la-jupeq-mithilfe-schillers-dramen-als-aesthetische-erziehung&catid=38&Itemid=40, zuletzt aufgerufen am 26.07.16.

Gruppe 1
Die erste Gruppe besteht aus einem Studentenpaar: Anita und Adam (beide Ende 20). Beide besuchen relativ regelmäßig (4–6 Mal im Jahr) Theateraufführungen. Während des ca. 11-minütigen Gesprächs befinden sich beide im unteren Foyer, durchqueren dieses, betreten den Theatervorplatz zum Rauchen und kehren gegen Ende der Pause wieder ins Foyer zurück. Im Laufe der Pause interagieren sie sowohl mit der zweiten Teilnehmer(innen)gruppe als auch mit mehreren, nicht an der Erhebung beteiligten Bekannten, die sie im Theater treffen. Grund für die Kontaktaufnahmen zu den anderen Personen ist dabei hauptsächlich die Frage nach einem Feuerzeug, um Zigaretten anzuzünden. Die Aufnahmen von Anita und Adam sind 6 Minuten kürzer als die der zweiten Gruppe, da das Paar seine Aufnahmegeräte erst im unteren Foyer einschaltet.

Gruppe 2
Bei der zweiten Gruppe handelt es sich um vier Freunde und Bekannte: Annalena, Jasmin, Anna und Pascal (alle Anfang bis Mitte 20). Annalena, Jasmin und Anna studieren, Pascal leistet seinen Bundesfreiwilligendienst ab. Anna und Jasmin sind außerdem Mitbewohnerinnen in einer Wohngemeinschaft. Der Großteil von ihnen besucht (sehr) regelmäßig (6–10 Mal im Jahr) Theatervorstellungen, Jasmin geht dem eher gelegentlich nach (2 Mal im Jahr). Sie unterhalten sich ca. 17 Minuten lang und begeben sich dabei vom Theatersaal ins untere Foyer, um vor dem Publikumsgespräch in den Diskussionsraum zu gelangen, wo sie das Gespräch und die Aufnahme beenden.

2.2.3.2 „Hamlet"

Das Stück

Das englischsprachige Stück „Hamlet" von Regisseur Klaus Schumacher basiert auf dem Shakespeare-Theaterstück „Die Tragödie von Hamlet, Prinz von Dänemark" aus dem Jahre 1603.[44] Die Uraufführung des Stücks von Klaus Schumacher fand 2009 statt. Das Theaterstück hat eine Spieldauer von 2 Stunden und 15 Minuten inklusive einer Pause. Die erhobenen Gespräche fanden im Rahmen der

---

44 Vgl. http://www.nachtkritik.de/index.php?option=com_content&view=article&id=3271:-hamlet-klaus-schumacher-bietet-schnoerkellosen-shakespeare&catid=56&Itemid=60, zuletzt aufgerufen am 26.07.16.

Aufführung vom „Jungen Schauspielhaus Hamburg" mit Lea Dietrich als Bühnenleitung im November 2014 im Apollo-Theater statt. Das Ensemble bestehend aus Thorsten Hierse (als Hamlet), Christine Ochsenhofer (als Mutter Gertrud), Konradin Kunze (als Claudius), Nadine Schwitter (als Ophelia), Erik Schäffler, Tobias Pflug, Martin Wolf, Thomas Esser und Tobias Vethake spielt die Geschichte um die Liebe von Hamlet, dem Sohn des Königs, und Ophelia, die von politischen und familiären Intrigen bedroht wird. Claudius, der Bruder des Königs, ermordet seinen eigenen Bruder und heiratet dessen Witwe, um selbst den Thron zu besteigen. Die Situation beeinflusst Hamlets und Ophelias Liebe so stark, dass Hamlet einen Wahnsinnigen spielt und Ophelia schließlich wirklich verrückt wird. Sie kämpfen um ihre Liebe und versuchen, den Hindernissen durch die Elterngeneration zu trotzen. Am Ende flüchten sich die Liebenden gemeinsam in den Freitod. Das Stück behandelt thematisch das Ringen um Rache und Wahrheit, das politische Erwachen Hamlets und die Frage, wie eine Generation mit den Fehlern der Elterngeneration umgehen kann.

Die Inszenierung

Die Aufführung wurde auf einer schlicht gehaltenen Bühne inszeniert, die mit mehreren umbaubaren Ebenen arbeitete. Die Schauspieler(innen) trugen dem 17. Jahrhundert nachempfundene, schlicht gehaltene Kostüme (z.B. Strumpfhosen) und ein Großteil der Aufführung wurde musikalisch untermalt. Dazu begleiteten die Schauspieler(innen) selbst die Szenen durch das Spielen und Singen der Musik von Thomas Jonson im Hintergrund der Handlung. Dazu saßen sie mit einigen Instrumenten sichtbar am Bühnenrand. In einer Szene wurde ‚Theater im Theater' gespielt, indem das Publikum als Hof-Publikum involviert wurde. Hamlets Kindheitsfreunde Rosencrantz und Guildenstern sorgten zwischen den anderen Szenen immer wieder für kurze humoristische, slapstickartige Einlagen. An vereinzelten Stellen wurden lebensgroße Marionetten eingesetzt und in einer Szene sprach im Hintergrund der Geist von Hamlets Vater, während Hamlet dazu die Lippen bewegte.

Charakteristik der Gruppen und Gespräche

An dieser Erhebung im November 2014 nahmen drei Gruppen mit jeweils zwei bzw. drei Personen teil, so dass es sich insgesamt um sieben Proband(inn)en handelt. Alle Gespräche finden in der Pause zwischen dem ersten und zweiten Teil der Aufführung statt.

Gruppe 1

Die erste Gruppe besteht aus dem Paar Kirsten und Alexander (beide Anfang 30). Alexander studiert, Kirsten hat ihr Studium bereits beendet und ist zum Zeitpunkt der Erhebung Aushilfskraft im Einzelhandel. Beide besuchen relativ regelmäßig (3–4 Mal im Jahr) Theateraufführungen. Während ihres 16-minütigen Gesprächs steigen sie ins untere Foyer hinab und halten sich eine Zeit lang dort auf, bis sie den Außenbereich des Theaters betreten, um zu rauchen. Im unteren Foyer gibt es eine kurze Interaktion mit Johann, einem Probanden der dritten Teilnehmergruppe, den Kirsten und Alexander kennen.

Gruppe 2

In diesem Gespräch unterhalten sich die Freunde Marco und Moritz (Anfang und Mitte 20), die beide studieren und nach eigener Auskunft häufig (8 Mal im Jahr) bis äußerst häufig (20 Mal im Jahr) Theaterstücke besuchen. Weiterhin gehen beide jeweils Nebentätigkeiten nach: Marco ist Programmierer, Moritz gestaltet u.a. Websites. Während ihres 19-minütigen Gesprächs suchen sie die sanitären Anlagen auf und legen eine zweieinhalbminütige Gesprächspause ein. Den Rest der Pause verbringen die beiden Freunde im unteren Foyer. Nachdem sie gegen Ende der Theaterpause wieder ihre Sitzplätze eingenommen haben, gibt es eine kurze Interaktion mit der Forscherin bezüglich des Abschaltens der Aufnahmegeräte.

Gruppe 3

Bei Gruppe drei handelt es sich um drei Studenten und Bewohner einer Wohngemeinschaft: Christian, Johann und Michael (alle Ende 20). Sie besuchen hin und wieder bis relativ regelmäßig Theateraufführungen (2–5 Mal im Jahr) und führen ein ca. 18-minütiges Gespräch, im Laufe dessen sie sich in den Außenbereich begeben. Im Außenbereich interagieren sie mit Kirsten und Alexander aus der ersten Gruppe, die sie kennen, sowie mit einem Bekannten, der nicht an der Erhebung teilnimmt.

2.2.3.3 "Let's spend the night together – Die Stones Show"

Das Stück

„Music is a language that doesn't speak in particular words, it speaks in emotions. And it's in the bones. It's in the bones!" zitiert das „Westfälische Landestheater" Keith Richards, um die Inszenierung „Let's spend the night together –

Die Stones Show" zu beschreiben.[45] Die musikalisch-theatrale Inszenierung des Westfälischen Landestheaters unter der Leitung von Tankred Schleinschock mit dem Lippe-Saiten-Orchester wurde am 13.06.2014 uraufgeführt und im Dezember 2014 im Apollo-Theater aufgeführt.[46] Die Spieldauer beträgt ca. zweieinhalb Stunden inklusive einer Pause, in der die Aufnahmen gemacht wurden. Mit Dramaturg Christian Scholze und Choreographin Barbara Manegold entwickelte Schleinschock eine Mischung aus den beliebtesten frühen Stones-Liedern bis Mitte der siebziger Jahre (z.B. „Satisfaction", „Paint it black" oder „Angie") und persönlichen Geschichten, die Menschen mit ihnen verbinden. Diese Geschichten sammelte er u.a. durch Interviews und das Buch „Die Stones 1965–1967" (Olaf Boehme & Gerd Coordes 2013).[47]

Die Inszenierung

Das Ensemble bestand aus Thomas Tiberius Meikl, Thomas Zimmer, Guido Thurk, Bülent Özdil, Samira Hempel und Vesna Buljevic.[48] Passend zum Zeitgeist der sechziger und siebziger Jahre wurde das Stück auf einer bunten, vollen, psychedelisch angehauchten Bühne mit zwei erhöhten Ebenen, bunten Drehscheiben, blinkenden Leuchtbögen und blitzenden CD-Mobiles aufgeführt, auf der es in vereinzelten Szenen goldenes Konfetti oder große Seifenblasen regnete. Ebenso trugen die Darsteller Kostüme, die von rockig-wilden Lederoutfits über glamourösen, schrillen Sixties-Style bis hin zu dunklen, verruchten Rockstaroutfits und absurden Verkleidungen reichten. Im Anschluss an die Aufführung fand eine Silvesterfeier für alle Theaterbesucher(innen) in den Räumlichkeiten des Theaters statt.

---

45 Vgl. http://westfaelisches-landestheater.de/repertoire/++/produktion_id/384/, zuletzt abgerufen am 26.07.16.
46 Vgl. http://www.apollosiegen.de/spielplan/veranstaltungen/1778-lets-spend-the-night-together/, zuletzt aufgerufen am 26.07.16.
47 Vgl. http://www.rollingstonesarchive.com/Fruit%20Book.html, zuletzt aufgerufen am 22.09.17.
48 Vgl. http://www.landestheater-nrw.de/stueck/let-s-spend-the-night-together-die-rolling.-969323, zuletzt aufgerufen am 22.09.17.

Charakteristik der Gruppen und Gespräche

An dieser Erhebung im Dezember 2014 nahm eine Gruppe aus zwei Proband(inn)en teil. Ihr Gespräch ereignet sich in der Pause zwischen dem ersten und zweiten Teil der Aufführung.

Gruppe 1

Theresa (Anfang 30) und Michael (Ende 20) bilden die Teilnehmendengruppe dieser Aufführung. Michael nimmt zum zweiten Mal an der Erhebung teil. Das studentische Paar besucht relativ regelmäßig Theateraufführungen (4–6 Mal im Jahr) und hält sich während seines Gesprächs größtenteils im unteren Foyer sowie dem seitlichen Außenbereich zum Rauchen auf. Im seitlichen Außenbereich befinden sie sich direkt neben der Sieg, so dass das Rauschen des Flusses auf den Aufnahmen im Hintergrund zu hören ist. Das ca. 17-minütige Gespräch wird von einem Toilettenbesuch Theresas unterbrochen. In dieser Zeit gibt es eine kurze Interaktion zwischen Michael und einem Theatermitarbeiter, die auf Michaels Aufnahme erfasst ist.

2.2.3.4 „Alle sieben Wellen"

Das Stück

Im Januar 2015 wurde die Komödie „Alle sieben Wellen", deren Uraufführung ein Jahr zuvor im „Bayerischen Hof München" stattfand, im Apollo-Theater aufgeführt. Der Regisseur Wolfgang Kaus inszeniert in 1 Stunde und 45 Minuten die Liebesgeschichte um Emmi und Leo (gespielt von den renommierten Schauspieler(inne)n Ann-Cathrin Sudhoff und Ralf Bauer). Als Basis dient dabei der gleichnamige Roman von Daniel Glatthauer (2009), der die Fortsetzung des Romans „Gut gegen Nordwind" erzählt. Im ersten Buch entsteht durch Zufall über E-Mail-Kontakt eine Liebesbeziehung zwischen den beiden Protagonisten, doch die Handlung endet offen. An diesem Punkt setzt die Theaterinszenierung ein. Zu Beginn der Aufführung ist der Kontakt zwischen beiden Hauptcharakteren neun Monate zuvor abgebrochen. Emmi ist inzwischen eine verheiratete Mutter und Leo lebt in Boston in einer Partnerschaft. Trotzdem nehmen sie den Kontakt wieder auf und kommen sich (rein virtuell) immer näher, bis es zu einem ersten Treffen kommt. Letztendlich überwiegen die Gefühle füreinander, Emmi lässt sich scheiden, Leo trennt sich, so dass die beiden schließlich zusammen sein können.[49]

Die Inszenierung

Die Besonderheit des Bühnenbildes bestand darin, dass die Bühne in zwei Hälften geteilt wurde, die parallel Einblick in Leos und Emmis simpel dargestellte Schlaf-/Arbeitszimmer ermöglichten. Aus diesen Zimmern schrieben und sprachen die Schauspieler ihre E-Mails zueinander und zum Publikum wie Dialoge. So wurde die gesamte Handlung lediglich von den zwei Hauptdarstellern gespielt. Außerdem wurde eine Leinwand im Hintergrund für die Projektion von SMS-Nachrichten genutzt und einige Szenen wurden durch moderne Musik untermalt. Ralf Bauer als Leo machte während vieler Szenen immer wieder Klimmzüge, Yogaübungen oder andere Kräftigungsübungen.

Charakteristik der Gruppen und Gespräche

Bei dieser Erhebung im Januar 2015 wurden die Gespräche zweier Gruppen während der Pause zwischen dem ersten und zweiten Teil des Stücks aufgezeichnet. Beide Gruppen bestehen aus jeweils drei Proband(inn)en, so dass insgesamt sechs Personen aufgenommen wurden.

Gruppe 1
Teilnehmer(innen) der ersten Gruppe sind das Paar Sven und Christine und ihre gemeinsame Freundin Marina, alle Ende 20. Die Ärztin Christine und der Informatiker Sven besuchen sehr regelmäßig (10 Mal im Jahr) Theateraufführungen, ebenso wie die Studentin Marina (5–7 Mal im Jahr). Während ihres ca. 20-minütigen Gesprächs gehen die Sprecher vom Theatersaal ins untere Foyer und in das Theaterrestaurant Bariton, um dort Getränke und Brezeln zu bestellen.

Gruppe 2
Die zweite Gruppe setzt sich aus Elfriede (Mitte 70), ihrer Tochter Imke (Ende 40) und ihrer Schwiegertochter Mandy (Ende 20) zusammen. Elfriede macht keine Angaben zu ihrem Beruf, Imke ist Vorstandsassistentin, Mandy arbeitet im Gesundheitswesen. Imke besucht sehr regelmäßig Theaterinszenierungen (10–12

---

49 Vgl. http://www.apollosiegen.de/spielplan/veranstaltungen/1536-alle-sieben-wellen/, zuletzt aufgerufen am 26.07.16.

Mal im Jahr), Elfriede und Mandy gehen relativ regelmäßig ins Theater (4–5 Mal). Ebenso wie die erste Gruppe suchen die Frauen während des über 17-minütigen Gesprächs das Theaterrestaurant „Bariton" auf, wo sie bei einer Barkeeperin Getränke bestellen.

2.2.3.5 „Ziemlich beste Freunde"

Das Stück

„Ziemlich beste Freunde", eine Eigenproduktion des Apollo-Theaters in Zusammenarbeit mit dem „Turmtheater Regensburg", wurde von Michael Bleiziffer (Regie) und Magnus Reitschuster (Dramaturgie) im Februar 2015 inszeniert.[50] Das Stück basiert auf dem Film „Intouchables" (dt. „Ziemlich beste Freunde") aus dem Jahr 2011 von Olivier Nakache und Éric Toledano. Dieser erzählt die Autobiographie des ehemaligen Pommery-Geschäftsführers Philippe Pozzo di Borgo, der nach einem Paragliding-Unfall querschnittsgelähmt ist und einen neuen Pfleger sucht. Basierend auf der Bühnenfassung von Gunnar Dreßler erwecken lediglich vier Schauspieler die Geschichte zum Leben. Simon Pearce stellt sich als Kleinkrimineller, soeben aus dem Gefängnis entlassener Driss bei dem reichen, gebildeten Philippe (Martin Hofer) vor und möchte eigentlich nur dessen Unterschrift, um Sozialhilfe zu bekommen. Doch Philippe gefällt die freche, respektlose und keineswegs mitleidige Art des jungen Mannes, so dass er ihn tatsächlich einstellt. Trotz aller Gegensätze der beiden Männer entwickelt sich allmählich eine tiefe Freundschaft zwischen ihnen, die Einfluss auf ihre beiden Leben hat. Gemeinsam machen sie Ausflüge, rauchen Marihuana und engagieren eine Prostituierte für Philippe. Komplettiert wird das Ensemble durch Undine Schneider als strenge Haushälterin Magalie und János Kapitány als Philippes Bruder Antoine.[51]

Die Inszenierung

Fast die gesamte Handlung wurde in 2 Stunden und 20 Minuten im schlicht gehaltenen Wohnzimmer von Philippes Wohnung inszeniert, in dem lediglich eine umfangreiche Fabergé-Eiersammlung auffiel. Martin Hofer nutzte selbst den

---

50 Vgl. http://www.siegener-zeitung.de/siegener-zeitung/Ziemlich-beste-Freunde-764ba968-dd68-4832-b66f-d523a6f5a48d-ds, zuletzt aufgerufen am 26.07.16.
51 Vgl. http://www.apollosiegen.de/spielplan/veranstaltungen/1827-ziemlich-beste-freunde/, zuletzt abgerufen am 26.07.16.

elektrischen Rollstuhl als schauspielerisches Ausdrucksmittel (z.B. durch abruptes Bremsen, das Fahren sanfter Schleifen oder wildes Lichtblinken bei Aufregung). Untermalt wurde die Aufführung musikalisch durch klassische Stücke von Vivaldi oder Bach, die funkigen Beats von „Earth, Wind & Fire" oder französischen ‚Gangsta-Rap'.

Charakteristik der Gruppen und Gespräche

Zwei Gruppen bestehend aus zwei bzw. vier Personen beteiligten sich an dieser Erhebung im Februar 2015, so dass es insgesamt sechs Teilnehmer(innen) gibt. Sie zeichneten ihre Gespräche während der Pause zwischen dem ersten und zweiten Teil des Stücks auf.

Gruppe 1

Das Paar Julian und Marie (Anfang und Mitte 20) bildet die erste Gruppe. Der Auszubildende im Gesundheitswesen und die Studentin besuchen hin und wieder Theaterinszenierungen (1–2 Mal im Jahr). Ihre 20-minütige Unterhaltung beginnt im Theatersaal und wird auf dem Weg ins untere Foyer und zur ersten Getränkeausgabe weitergeführt. Bei der dortigen Getränkebestellung interagieren die beiden mit einer Barkeeperin und später, in Minute 17, bei der Rückkehr zu ihren Sitzplätzen, mit zwei Teilnehmern aus Gruppe 2 (Christian und Alexander) sowie in Minute 18 mit der Forscherin bezüglich einer technischen Frage.

Gruppe 2

Die zweite Gruppe besteht aus einer Familie, nämlich dem Ehepaar Christian und Jutta (beide Anfang 60), ihrem Sohn Alexander und seiner Freundin Kirsten (beide Anfang 30). Christian ist Pädagoge, Jutta Sozialarbeiterin, Alexander studiert und Kirsten hat ihr Masterstudium gerade beendet und ist arbeitssuchend. Alexander und Kirsten nehmen zum zweiten Mal an der Erhebung teil. Alle besuchen regelmäßig (5–6 Mal im Jahr) Theateraufführungen. Ihre Aufenthaltsorte während der ca. 18-minütigen Unterhaltung sind der Theatersaal, in dem es zu einer kurzen Unterhaltung mit einem weiteren interessierten Theatergast kommt, der neben ihnen sitzt, und das untere Foyer. Nach der Rückkehr in den Theatersaal kommt es zu einer weiteren minimalen Interaktion mit dem nicht an der Erhebung beteiligten interessierten Theatergast.

2.2.3.6 „The Merchant of Venice"

Das Stück

Das „TNT Theatre Britain" inszenierte unter der Regie von Paul Stebbings im Februar 2015 das englischsprachige Stück „The Merchant of Venice", das auf der gleichnamigen Komödie von William Shakespeare basiert.[52]

Die Inszenierung

Die Siegener Aufführung wurde von einer minimalistischen, puristischen Bühnenausstattung und zeitgemäßen, teilweise karikierend überzeichneten Kostümen geprägt. Eine Besonderheit stellten die drei Kästchen aus Blei, Silber und Gold dar. Im goldenen Kästchen befand sich eine Schriftrolle, die mit dem berühmten Spruch: „Nicht alles, was glänzt, ist Gold..." beginnt. Die Besetzung bestand aus Gareth Davies (als Shylock), Andrew Goddard (als Kaufmann Antonio), Caroline Colonei (als Portia), Max Roberson (als Bassanio), Joel Sams (als Grationo) und Holly Hinton (als Jessica, Shylocks Tochter/Nerissa, Dienerin und Freundin von Portia).

Charakteristik der Gruppen und Gespräche

Drei Gruppen nahmen an diesem Erhebungstermin im Februar 2015 teil, von denen zwei jeweils aus zwei Personen bestanden und eine aus vier Personen. Insgesamt unterhielten sich acht Proband(inn)en während der Pause des Stücks zwischen dem ersten und zweiten Teil der Aufführung.

Gruppe 1

Das Ehepaar Greta und Richard (Anfang 60) bildet die erste Gruppe. Beide sind Dozent(inn)en und besuchen sehr regelmäßig Theaterinszenierungen (10–12 Mal im Jahr). Sie unterhalten sich 16 Minuten lang und gelangen dabei aus dem Theatersaal ins untere Foyer, wo sie an der Getränkeausgabe mit einer Barkeeperin sprechen. Außerdem treffen sie im Foyer zwei weibliche Bekannte, mit denen sie sich insgesamt 12 Minuten lang unterhalten.

---

52 Zur weiteren Stückbeschreibung vgl. Kapitel 2.4.3.

Gruppe 2

Die zweite Teilnehmer(innen)gruppe besteht aus den vier Arbeitskolleg(inn)en bzw. Freund(inn)en Lorena, Chiara, Cornelius und Rocío (zwischen Ende 20 und Anfang 30). Rocío ist Lehrerin, Cornelius und Chiara sind Wissenschaftler(innen) und Lorena macht keine Angaben zu ihrem Beruf. Chiara und Rocío besuchen sehr regelmäßig Theateraufführungen (8–12 Mal im Jahr), wohingegen Cornelius eher gelegentlich ins Theater geht (3 Mal im Jahr) und Lorena dazu keine Angaben macht. Die vier Sprecher(innen) unterhalten sich ca. 16 Minuten lang und bewegen sich dabei ins untere Foyer. Auf dem Weg dorthin treffen sie auf zwei männliche Bekannte, mit denen sie sich zweieinhalb Minuten unterhalten. Da Chiara aus Italien, Lorena und Rocío aus Lateinamerika stammen, finden Teile des Gesprächs auf Englisch und Italienisch statt.

Gruppe 3

Die letzte Teilnehmergruppe besteht aus dem Studentenpaar Marina und Thomas (Ende 20 und Anfang 30). Thomas besucht hin und wieder Theaterinszenierungen (2–4 Mal im Jahr), Marina geht regelmäßig (5–7 Mal im Jahr) ins Theater. Ihr Gespräch dauert ca. 17 Minuten. Im unteren Foyer kommt es an der Getränkeausgabe zur Interaktion mit einer Barkeeperin. Als sich die beiden wieder in den Theatersaal begeben, treffen sie zwei Bekannte (männlich und weiblich), mit denen sie sich während der letzten Minute des Gesprächs unterhalten.

2.2.3.7 „Der Hundertjährige, der aus dem Fenster stieg und verschwand"

Das Stück

Das Theaterstück „Der Hundertjährige, der aus dem Fenster stieg und verschwand", das seine Uraufführung im Oktober 2013 feierte, wurde vom „Altonaer Theater" im März 2015 in Siegen aufgeführt.[53] Während der 2 Stunden und 50 Minuten langen Inszenierung fand eine Pause statt. Das Stück von Regisseurin Eva Hosemann basiert auf dem gleichnamigen Bestseller von Jonas Jonasson (2009), der mit dem hundertsten Geburtstag des Rentners Allan Karlsson (Jörg Schüttauf) beginnt. Statt jedoch im Altersheim auf Presse, Bürgermeister und die offizielle Geburtstagsfeier zu warten, steigt Allan einfach aus dem Fenster. So beginnt seine abenteuerliche Reise voller kurioser Begegnungen und skurriler Erlebnisse.

---

53 Vgl. http://www.apollosiegen.de/spielplan/veranstaltungen/1591-der-hundertjaehrige-der-aus-dem-fenster-stieg-und-verschwand/, zuletzt abgerufen am 26.07.16.

Dazu gehören der zufällige Fund eines Koffers, gefüllt mit 50 Millionen schwedischen Kronen, sowie die Bekanntschaften mit Kriminellen, einem ewigen Studenten, einer schönen Frau und einer Elefantendame namens Sonja. Allan kann nichts mehr schockieren, denn in seinen hundert Lebensjahren hat er die gesamte Welt bereist und war immer rein zufällig bei allen wichtigen historischen und politischen Ereignissen dabei (sei es bei der Rettung General Francos in Spanien oder beim entscheidenden Tipp zum Bau der Atombombe).[54]

Die Inszenierung

Das Bühnenbild bestand aus häufig wechselnden Zusammenstellungen simpler Gebrauchsgegenstände und Möbel, die je nach Verwendung mit Beschriftungen versehen wurden. So wurde ein Allzweck-Tisch z.B. in einer Szene mit der Beschriftung ‚Frühstückstisch' als solcher genutzt, während er in einer anderen als Esszimmertisch mit der entsprechenden Aufschrift diente. Ein Elefant wurde durch einen Menschen dargestellt, der mit einem grauen Sitzsack beladen wurde und dem Schwanz und Ohren angepinnt wurden. Die Handlung wechselte in Zeitsprüngen szenenweise zwischen gegenwärtigen Erlebnissen während Allans Flucht durch Schweden und vergangenen Ereignissen aus seinem bewegten Leben in der ganzen Welt.

Charakteristik der Gruppen und Gespräche

Insgesamt nahmen acht Proband(inn)en an diesem Erhebungstermin im März 2015 teil: zwei Gruppen von jeweils drei Personen und eine Gruppe von zwei Personen. Sie führten ihre Gespräche in der Pause zwischen dem ersten und zweiten Teil des Stücks.

Gruppe 1
Eine Familie, bestehend aus einem Ehepaar und ihrem erwachsenen Sohn, bildet die erste Gruppe. Der Vater Karl (Anfang 70) arbeitet im Gesundheitswesen, sein Sohn Björn (Ende 40) ebenfalls, und die Mutter Margarete (Anfang 70) macht keine Angaben zu ihrer Tätigkeit. Vater und Sohn besuchen gelegentlich Theatervorstellungen (2–5 Mal im Jahr), Margarete machte dazu keine Angaben. Während ihrer ca. 18-minütigen Unterhaltung begibt sich die Gruppe vom Theatersaal

---

54 Vgl. http://www.altonaer-theater.de/programm/der-hundertjaehrige/, zuletzt abgerufen am 26.07.16.

ins untere Foyer, von dort aus in den vorderen Außenbereich des Theaters und später wieder zurück. Beim Verlassen des Theatersaals beginnt Karl ein Gespräch mit Annalena, einer Probandin der zweiten Gruppe, die neben ihm saß. Dieses führt er parallel zum Gespräch von Margarete und Björn, bis beide Gruppen in Minute fünf im Außenbereich aufeinander treffen. Dort unterhalten sich beide Gruppen eineinhalb Minuten lang miteinander, bis Gruppe 1 wieder das untere Foyer betritt.

Gruppe 2
Die zweite Gruppe besteht aus Mutter, Tochter und einer Freundin der Tochter. Die Mutter Elvira (Anfang 50) arbeitet als Tagesmutter und besucht relativ regelmäßig Theateraufführungen (5 Mal im Jahr). Die Studentinnen Hanna und Annalena (beide Mitte 20) gehen sehr regelmäßig (10 Mal im Jahr) ins Theater. Annalena nimmt zum zweiten Mal an der Erhebung teil. Die Gruppe durchquert während ihres ca. 14-minütigen Gesprächs das obere und untere Foyer, um schließlich kurz im vorderen Außenbereich zu verweilen. Annalena beginnt bereits beim Verlassen des Theatersaals ein Gespräch mit ihrem Sitznachbarn Karl aus Gruppe 1. Dieses führt sie parallel zum Gespräch von Hanna und Elvira, bis die beiden Gruppen in Minute 5 im Außenbereich aufeinander treffen. Nach einem eineinhalbminütigen Gespräch beider Gruppen führt Gruppe 1 ihr Gespräch zu dritt im Außenbereich weiter.

Gruppe 3
Die Freundinnen Elisabeth und Renate (Anfang und Mitte 50) bilden die letzte Gruppe. Beide sind medizinische Fachangestellte. Renate geht hin und wieder ins Theater (4 Mal im Jahr), Elisabeth besucht sehr regelmäßig (8–10 Mal im Jahr) Theateraufführungen. 18 Minuten lang unterhalten sich die beiden, während sie vom Theatersaal ins untere Foyer gehen. Dort treffen sie nach neun Minuten auf einen Bekannten und eine Bekannte, mit denen sie sich 6 Minuten lang unterhalten.

2.3 Anhang

Tab. 3: Überblick über die Gespräche[55]

Gesprächs-Nr.	Ort	Stück	Stückgrundlage	Termin	Aufenthaltsorte	Gesprächslänge ca. (Min.)	Gruppen-Nr.	Gruppengröße
1	Köln	Brain and Beauty	Interviews & Recherchen	1	Theatersaal, Bar, Platz vor dem Theater	20	1	2
2	Köln	Brain and Beauty	Interviews & Recherchen	1	Theatersaal, Bar	30	2	2
3	Köln	Brain and Beauty	Interviews & Recherchen	1	Theatersaal, Bar, Platz vor dem Theater	10	3	2
4	Köln	Der Streik	Roman: Atlas Shrugged (Rand)		Theatersaal, Foyer, Platz vor dem Theater	20	1	2
5	Köln	Brain and Beauty	Interviews & Recherchen	2	Theatersaal, Bar	14	1	3
6	Köln	Brain and Beauty	Interviews & Recherchen	2	Theatersaal, Bar, Platz vor dem Theater	15	2	2 (+2)

---

[55] Anmerkungen zur Tabelle:
Spalte Stückgrundlage: Wenn der zugrunde liegende Roman oder das zugrunde liegende Theaterstück denselben Namen wie das Stück trägt, wird dieser nicht noch einmal genannt.
Spalte Termin: Nur eingetragen, wenn zu einer Inszenierung an mehreren Terminen Erhebungen stattfanden
Spalte Gruppengröße: (+2)= längere Interaktion mit Theaterbesuchern, die nicht zur eigenen Proband(inn)engruppe gehören (z.B. Proband(inn)en aus anderen Gruppen oder zufällig getroffene Bekannte)
Letzte Zeile: Gesamtmenge (falls möglich)
KÖ= Datenerhebung am Schauspiel Köln
SI= Datenerhebung im Apollo-Theater Siegen

Gesprächs-Nr.	Ort	Stück	Stückgrundlage	Termin	Aufenthaltsorte	Gesprächslänge ca. (Min.)	Gruppen-Nr.	Gruppengröße
7	Köln	Brain and Beauty	Interviews & Recherchen	2	Theatersaal, Bar, Platz vor dem Theater	15	3	2 (+2)
8	Köln	Der Kaufmann von Venedig	Dramentext (Shakespeare)	1	Theatersaal, Foyer	19	1	3
9	Köln	Der Kaufmann von Venedig	Dramentext (Shakespeare)	1	Theatersaal, Foyer	22	2	2
10	Köln	Der Kaufmann von Venedig	Dramentext (Shakespeare)	1	Theatersaal, Foyer, Platz vor dem Theater	22	3	2
11	Köln	Der Kaufmann von Venedig	Dramentext (Shakespeare)	2	Theatersaal, Foyer	21	1	4 (+3)
12	Köln	Der Kaufmann von Venedig	Dramentext (Shakespeare)	2	Theatersaal, Foyer	21	2	3 (+4)
13	Köln	Habe die Ehre			Theatersaal, Foyer, Platz vor dem Theater	17	1	2 (+3)
14	Köln	Habe die Ehre			Theatersaal, Foyer	17	2	3 (+2)
15	Köln	Der Kaufmann von Venedig	Dramentext (Shakespeare)	3	Theatersaal, Foyer, Platz vor dem Theater	23	1	3
16	Köln	Der Kaufmann von Venedig	Dramentext (Shakespeare)	3	Theatersaal, Foyer, Platz vor dem Theater	14	2	2

Gesprächs-Nr.	Ort	Stück	Stückgrundlage	Termin	Aufenthaltsorte	Gesprächslänge ca. (Min.)	Gruppen-Nr.	Gruppengröße
17	Köln	Der Kaufmann von Venedig	Dramentext (Shakespeare)	3	Theatersaal, Foyer, Platz vor dem Theater	24	3	2
18	Köln	Die Lücke	Zeugengespräche (Nagelbombenanschlag)	1	Theatersaal, Foyer, Platz vor dem Theater	12	1	2
19	Köln	Die Lücke	Zeugengespräche (Nagelbombenanschlag)	1	Theatersaal, Foyer, Platz vor dem Theater	9	2	2
20	Köln	Die Lücke	Zeugengespräche (Nagelbombenanschlag)	1	Theatersaal, Foyer, Platz vor dem Theater	14	3	3
21	Köln	Der gute Mensch von Sezuan	Dramentext (Brecht)	1	Theatersaal, Foyer	18	1	2
22	Köln	Der gute Mensch von Sezuan	Dramentext (Brecht)	1	Theatersaal, Foyer	29	2	4
23	Köln	Die Lücke	Zeugengespräche (Nagelbombenanschlag)	2	Theatersaal, Foyer	10	1	3
24	Köln	Die Lücke	Zeugengespräche (Nagelbombenanschlag)	2	Theatersaal	11	2	2
25	Köln	Die Lücke	Zeugengespräche (Nagelbombenanschlag)	2	Theatersaal, Foyer	11	3	2

Ge-sprächs-Nr.	Ort	Stück	Stückgrund-lage	Ter-min	Aufenthalts-orte	Ge-sprächs-länge ca. (Min.)	Grup-pen-Nr.	Grup-pen-größe
26	Köln	Der gute Mensch von Sezuan	Dramentext (Brecht)	2	Theatersaal, Foyer	28	1	4
27	Köln	Der gute Mensch von Sezuan	Dramentext (Brecht)	2	Theatersaal, Foyer	29	2	3
28	Siegen	Verrücktes Blut	Film: La journée de la jupe (Lilienfeld)		Unteres Foyer, Außenbereich vor dem Theater	11	1	2 (+3)
29	Siegen	Verrücktes Blut	Film: La journée de la jupe (Lilienfeld)		Theatersaal, unteres Foyer, oberes Foyer, Diskussionsraum	17	2	4 (+2)
30	Siegen	Hamlet	Dramentext (Shakespeare)		Theatersaal, unteres Foyer, Außenbereich vor dem Theater	16	1	2 (+3)
31	Siegen	Hamlet	Dramentext (Shakespeare)		Theatersaal, unteres Foyer	19	2	2 (+1)
32	Siegen	Hamlet	Dramentext (Shakespeare)		Theatersaal, unteres Foyer, Außenbereich vor dem Theater	18	3	3 (+3)
33	Siegen	Die Stones Show	Lieder, Interviews und Buch: Die Stones 1965–1967 (Böhme/Coordes)		Theatersaal, unteres Foyer, Außenbereich neben dem Theater	17	1	2 (+1)

Gesprächs-Nr.	Ort	Stück	Stückgrundlage	Termin	Aufenthaltsorte	Gesprächslänge ca. (Min.)	Gruppen-Nr.	Gruppengröße
34	Siegen	Alle sieben Wellen	Roman (Glattauer)		Unteres Foyer, Theaterrestaurant	20	1	3
35	Siegen	Alle sieben Wellen	Roman (Glattauer)		Theatersaal, unteres Foyer, Theaterrestaurant	17	2	3
36	Siegen	Ziemlich beste Freunde	Film: Intouchables (Nakache/Toledano)		Theatersaal, unteres Foyer	20	1	2
37	Siegen	Ziemlich beste Freunde	Film: Intouchables (Nakache/Toledano)		Theatersaal, unteres Foyer	18	2	5
38	Siegen	The Merchant of Venice	Dramentext (Shakespeare)		Theatersaal, unteres Foyer	16	1	2 (+2)
39	Siegen	The Merchant of Venice	Dramentext (Shakespeare)		Theatersaal, unteres Foyer	16	2	4 (+2)
40	Siegen	The Merchant of Venice	Dramentext (Shakespeare)		Theatersaal, unteres Foyer, Außenbreich um das Theater	17	3	2
41	Siegen	Der Hundertjährige, der aus dem Fenster stieg und verschwand	Roman (Jonasson)		Theatersaal, unteres Foyer, Außenbereich vor dem Theater	18	1	3 (+1)

Gesprächs-Nr.	Ort	Stück	Stückgrundlage	Termin	Aufenthaltsorte	Gesprächslänge ca. (Min.)	Gruppen-Nr.	Gruppengröße
42	Siegen	Der Hundertjährige, der aus dem Fenster stieg und verschwand	Roman (Jonasson)		Theatersaal, unteres Foyer, Außenbereich vor dem Theater	14	2	3 (+1)
43	Siegen	Der Hundertjährige, der aus dem Fenster stieg und verschwand	Roman (Jonasson)		Theatersaal, unteres Foyer	18	3	2 (+2)

Marit Besthorn, Jan Gerwinski, Stephan Habscheid
3 Methodik I: Erhebung, Aufbereitung, Archivierung, Datenschutz, gesprächslinguistische Auswertung und praxeologische Theoriebildung

3.1 Einleitung

Den Ausgangspunkt der Projektentwicklung bildete die Frage, ob und wie in Pausengesprächen im Theater die ästhetischen Erfahrungen während der Aufführung in der sprachlichen Interaktion aufgegriffen werden und welche kommunikativen Zwecke damit verbunden sind. Den (mangels Daten anfangs noch stark von der Theorielektüre her inspirierten) Hintergrund bildete die Annahme, wonach die tradierten Besonderheiten der einzelnen Künste in den spezifischen materialen Dispositiven begründet liegen, in denen sie die Wahrnehmungsroutinen und eingespielten kommunikativen Gewohnheiten des Publikums ästhetisch verhandeln und/oder in Frage stellen (Baecker 2013, 17): „Denn", so die systemtheoretische Diktion, „das Theater, in etwas schwächerer Form auch das Kino, ist der Ort schlechthin, an dem die Kommunikation der Gesellschaft sich der Kommunikation der Gesellschaft präsentiert" (Baecker 2013, 28). Durch ästhetische Störungen kommunikativer Erfahrungsroutinen, so eine darauf aufbauende Hypothese, kann das Publikum dazu angeregt werden, alltägliche Wahrnehmungsgewohnheiten und Sinnstrukturen diskursiv zu reflektieren. Vor diesem Hintergrund zielte das Forschungsprojekt darauf ab, die durch das Theater angeregten Gesprächspraktiken während der Pause empirisch zu rekonstruieren.

Um solchen Fragen nachgehen zu können, wurde ein passendes methodisches Design benötigt, das überhaupt die Erhebung von für die Forschungsfragen relevanten Daten erlaubt. Vor diesem Hintergrund ging dem Projekt 2011/2012 eine Pilotstudie voraus. Orte der Aufnahmen waren, in Abstimmung mit den dort Verantwortlichen, das „Theater am Halleschen Ufer" (HAU 2), heute „HAU Hebbel am Ufer", in Berlin und das „Apollo-Theater" in Siegen. Durch die Pilotstudie sollten die in Eckpunkten konzipierte Methodik auf ihre praktische Durchführbarkeit sowie die im Vorfeld entwickelten Forschungsfragen daraufhin überprüft werden, ob sie auf der Basis der zu gewinnenden Daten ertragreich zu bearbeiten sein würden. Beides konnte grundsätzlich bestätigt werden. Auf der Grundlage der Erfahrungen mit der Pilotstudie wurden aber auch methodische und theoretische Anpassungen des Forschungsdesigns vorgenommen, u.a. im

Blick auf die Akquise der Proband(inn)en, deren technische Einweisung, die Erhebung von Metadaten und die (gestaffelten) Einverständniserklärungen zur Verwendung der Daten. Auch kamen erst in der Beschäftigung mit den Daten diverse Gesprächsphänomene ins Blickfeld, die sich nicht vorab von einer theoretischen Basis her ableiten, sondern nur empirisch entdecken lassen. Zu welchen Gegenstandsbereichen diese Dynamik im Lauf des Projekts schließlich führte, ist der thematischen Struktur dieses Bandes zu entnehmen (vgl. auch Kapitel 1, i.d.B.).

Die Methodik, die im Verlauf des Projekts weiter detailliert wurde, wird in diesem Kapitel dargestellt. In der Annahme, dass in ähnlichen Projekten ähnliche Probleme zu lösen, forschungspraktische Beiträge aber vergleichsweise selten sind, gehen wir auch auf ganz praktische Aspekte und technische Details detaillierter ein. Dabei sind auch Verfahrensweisen, die von erfahrenen Forscherinnen und Forschern routiniert beherrscht, aber nur selten schriftlich kodifiziert werden und daher nur mit Mühe weitergegeben werden können, im Zweifelsfall explizit dargestellt. Da das Problem einer (selbst-)kritischen Reflexion der gewonnenen Daten im Hinblick auf das sog. „Beobachterparadoxon", also mögliche Einflüsse der Erhebungs- und Aufnahmesituation auf die dokumentierte Interaktion, unseres Erachtens einer ausführlicheren und grundlegenderen Diskussion bedarf, ist diesem Punkt ein separates Kapitel (vgl. Kapitel 4, i.d.B.) gewidmet. Im vorliegenden Kapitel wird zunächst die Vorgehensweise bei der Datenerhebung dargestellt (vgl. Abschnitt 3.2). Im Anschluss daran mussten die Daten für die Analysen aufbereitet und – unter Berücksichtigung des Datenschutzes – nachhaltig archiviert und erschlossen werden (vgl. Abschnitt 3.3). So konnte schließlich eine Datenauswertung gewährleistet werden, die ihrerseits an den einschlägigen methodischen Prinzipien orientiert war, notwendig aber auch eine explizierte sprach- und sozialtheoretische Positionierung vor dem Hintergrund der Debatten um eine linguistische Praxeologie erforderte (vgl. Abschnitt 3.4). Was mit den Daten im Anschluss an die finanzierte Projektlaufzeit geschah (und noch geschehen soll), wird in Abschnitt 3.5 knapp aufgezeigt.

3.2 Datenerhebung

Der Erhebung der Pausen-/Foyergespräche gingen die Eingrenzung des Datenerhebungszeitraums, die Auswahl der Theater und Produktionen und die Akquise der Proband(inn)en voraus (vgl. im Einzelnen Kapitel 2; es folgt hier ein knapper Überblick).

3.2.1 Theater, Aufführungen, Datenumfang

Im Interesse „einer reichhaltigen Datenbasis, die die angestrebte breite Phänomenologie der Formen der Anschlusskommunikation zu erschließen erlaubt" (Stellungnahme des DFG-Fachkollegiums), wurden im Rahmen unserer finanziellen Möglichkeiten zwei dem soziokulturellen Kontext und Programmspektrum nach unterschiedliche Theater, das Schauspiel Köln (K) und das Apollo-Theater in Siegen (SI), ausgewählt. Um hinsichtlich der Aufführungen ein möglichst variantenreiches Spektrum abzudecken und ausschließlich Aufführungen mit einer Pause resp. einem im Anschluss an die Aufführung stattfindenden Publikumsgespräch (bis zu dem es vorausgehend eine Pause gab)[1] zu berücksichtigen, fanden mit den Intendant(inn)en und Mitarbeiter(inne)n der Theater im Vorfeld Informationsgespräche statt. Auf dieser Basis wurden geeignete Aufführungen ausgewählt, für die dann im Anschluss Besucher(innen) gesucht und gewonnen wurden. Zu den nachfolgenden Theateraufführungen wurden Pausengespräche erhoben.

Köln (April bis Oktober 2014):
- „Brain and Beauty" (6 Gespräche in 2er- und 3er-Gruppen; insgesamt 13 Sprecher(innen) und ca. 1 Stunde und 43 Minuten Gesamtumfang an Gesprächen);
- „Der Streik" (1 Gespräch in einer 2er-Gruppe; ca. 20 Minuten Gesprächsumfang);
- „Der Kaufmann von Venedig" (8 Gespräche in 2er-, 3er- und 4er-Gruppen sowie in einer teilweisen Gruppenvermischung mit 7 Besucher(inne)n; insgesamt 21 Sprecher(inne)n und ca. 2 Stunden und 40 Minuten Gesamtumfang an Gesprächen);
- „Habe die Ehre" (2 Gespräche in einer 2er- und einer 3er-Gruppe sowie einer teilweisen Vermischung der beiden Gruppen; ca. 34 Minuten Gesamtumfang an Gesprächen);
- „Die Lücke" (6 Gespräche in 2er- und 3er-Gruppen; insgesamt 14 Sprecher(innen) und ca. 1 Stunde und 8 Minuten Gesamtumfang an Gesprächen);

---

[1] Ein entscheidender Unterschied der beiden Erhebungszeitpunkte ist u.a., dass im Falle einer regulären Pause noch nicht die ganze Aufführung abschließend diskutiert werden kann und so z.B. Bewertungen noch als vorläufig markiert werden können. In der Pilotstudie gab es z.B. den Turn: „also ich muss mich da noch EINkucken ich bin no_NICH so begEIstert bis jetz" (Siegen-12-01-07-Gr.2-Pause-Bühnenbild: 09:42).

- „Der gute Mensch von Sezuan" (4 Gespräche in 2er-, 3er- und 4er-Gruppen; insgesamt 13 Sprecher(innen) und ca. 1 Stunde und 43 Minuten Gesamtumfang an Gesprächen).

Siegen (Oktober 2014 bis März 2015):
- „Verrücktes Blut" (2 Gespräche in einer 2er- und einer 4er-Gruppe sowie teilweise weiteren Personen bei beiden Gruppen; insgesamt 6 Hauptsprecher(innen) und 27,5 Minuten Gesamtumfang an Gesprächen);
- „Hamlet" (3 Gespräche in 2er- und 3er-Gruppen sowie teilweise weiteren Personen bei allen Gruppen; insgesamt 7 Hauptsprecher(innen) und ca. 50 Minuten Gesamtumfang an Gesprächen);
- „Let's spend the night together" (Silvester-Musical mit Hits der Rolling Stones) (1 Gespräch in einer 2er-Gruppe mit teilweise einer weiteren Person; insgesamt 2 Hauptsprecher(innen) und ca. 13 Minuten Gesprächsumfang);
- „Alle sieben Wellen" (2 Gespräche in 3er-Gruppen; ca. 38 Minuten Gesamtumfang an Gesprächen);
- „Ziemlich beste Freunde" (2 Gespräche in einer 2er- und einer 4er-Gruppe; ca. 38 Minuten Gesamtumfang an Gesprächen);
- „The Merchant of Venice" (3 Gespräche in 2er- und 4er-Gruppen; insgesamt 8 Sprecher(innen) und ca. 49 Minuten Gesamtumfang an Gesprächen);
- „Der Hundertjährige, der aus dem Fenster stieg und verschwand" (3 Gespräche in 2er- und 3er-Gruppen; insgesamt 8 Sprecher(innen) und ca. 50 Minuten Gesamtumfang an Gesprächen).

Damit wurden insgesamt 43 Gespräche in 2 Theatern im Gesamtumfang von ca. 12,5 Stunden mit insgesamt 111 Proband(inn)en erhoben, und zwar zu 6 Theaterinszenierungen in Köln (27 Gespräche mit ca. 8 Stunden Gesamtumfang und durchschnittlich etwa 18 Minuten Gesprächsdauer) und zu 7 Theaterinszenierungen in Siegen (16 Gespräche mit ca. 4,5 Stunden Gesamtumfang und durchschnittlich etwa 16,5 Minuten Gesprächsdauer). Pro Abend wurden Gespräche von maximal 3 Gruppen mit (ursprünglich) je 2 bis 4[2] Personen aufgezeichnet. Davon wurden 37 Gespräche vollständig – mindestens als Minimaltranskripte nach GAT2 (vgl. Selting et al. 2009) – transkribiert. 23 der Transkripte konnten als detailreichere Basistranskripte nach GAT2 aufbereitet werden.

---

[2] Teilweise vermischten sich die Gruppen oder man traf auf weitere Bekannte, so dass es ungeplant zeitweise zu größeren Gruppen kam. Zu Gesprächsbeteiligten ohne Einverständniserklärung s.u. unter „Technikeinsatz".

3.2.2 Auswahl der Proband(inn)en

Da sich eine Kaltakquise – das spontane Ansprechen von Besucher(inne)n unmittelbar vor der Theateraufführung – im Rahmen der Pilotstudie als schwierig und v.a. unwägbar herausgestellt hat, wurden die persönlichen Netzwerke von Projektmitarbeiter(inne)n und Kolleg(inn)en genutzt (vergleichbar mit dem Vorgehen im DFG-Projekt „Über Fernsehen sprechen", vgl. Holly & Püschel 1993). Das heißt, dass Projektmitarbeiter(innen) und Kolleg(innen) in ihren Freundes- und Bekanntenkreisen und anderen sozialen Umfeldern erfragt haben, wer regelmäßig (mit anderen) ins Theater geht und wer davon ggf. Interesse hätte, im Rahmen eines sprachwissenschaftlichen Forschungsprojektes seine Pausengespräche aufzuzeichnen und uns für Auswertungen zur Verfügung zu stellen. Dabei wurde auch das sog. ‚Schneeballsystem' genutzt, das heißt auch Bekannte von Bekannten wurden gefragt und akquiriert (vgl. Kapitel 2, i.d.B.).

3.2.3 Unterweisung der Proband(inn)en

Am Abend der jeweiligen Aufführung erfolgte durch die Projektmitarbeiter(innen) die Einweisung der Proband(inn)en in die Nutzung der Aufnahmetechnik, da diese sich selbst aufzeichneten. Hierdurch konnte die Beeinflussung der Gespräche durch die Forscher(innen) deutlich verringert werden (vgl. Abschnitt 3.4). In den Vorgesprächen wurden auch die Formulare zu Einverständniserklärungen, Sprecherinformationen und Metadaten[3] erläutert und ausgefüllt.

Um die Einweisungen in Ruhe vornehmen zu können, wurde mit den Proband(inn)en im Regelfall ca. 45 Minuten vor Vorstellungsbeginn ein Treffen vor dem Theater oder in unmittelbarer Nähe des Theaters (z.B. in der Gastronomie) vereinbart. Dort wurden die Teilnehmer(innen) mit Audioaufzeichnungsgeräten und einigermaßen unauffälligen, kleinen Lavaliermikrofonen ausgestattet und angewiesen, die Geräte während des Pausen- resp. des Abschlussapplauses ein- und am Ende der Pause (erst, wenn sie wieder Platz genommen hatten) wieder auszuschalten. Die Lavaliermikrofone sollten in der Nähe des Schulterbeins resp. der Brust angebracht werden, um eine qualitativ hochwertige Sprachaufzeichnung zu gewährleisten. Anschließend wurden die Proband(inn)en in die Bedienung der Technik eingewiesen und über den anschließenden Umgang mit den Daten aufgeklärt. Die Teilnehmenden unterschrieben daraufhin eine abgestufte

---

3 Die Blankobögen befinden sich im Anhang des Kapitels.

Einverständniserklärung, mit der sie sich entweder nur mit einer Veröffentlichung anonymisierter Gesprächsausschnitte in Schriftform einverstanden erklärten oder zusätzlich mit einer Veröffentlichung anonymisierter Gesprächsausschnitte in Schriftform (Transkripte) und einer namentlich anonymisierten Verwendung kurzer Audio- und Transkript-Ausschnitte in Vorträgen. Zusätzlich konnten sich die Teilnehmer(innen) noch mit einer Veröffentlichung anonymisierter Gespräche als Audiodatum und in Schriftform (Transkripte) für wissenschaftliche Forschung und Lehre im Rahmen des „Forschungs- und Lehrkorpus gesprochenes Deutsch" (FOLK)[4] einverstanden erklären. Im Rahmen dieses Korpus, das am „Institut für Deutsche Sprache" (IDS) in Mannheim aufgebaut wird, werden vielfältige Gespräche als Video- und Audiodaten sowie in Form von Transkripten via das übergeordnete Archiv für Gesprochenes Deutsch (AGD)[5] in Form einer Datenbank verfügbar gemacht. Die Proband(inn)en wurden im Verlauf der Einweisung auch über ihr jederzeit wahrnehmbares Recht zum Widerruf der Einverständniserklärungen aufgeklärt. Abschließend wurde ein Treffpunkt vereinbart, an dem sich die Teilnehmenden und die Forschenden nach der Aufführung resp. dem Publikumsgespräch treffen sollten, um die Aufzeichnungsgeräte wieder zurückzugeben und anschließend ggf. weitere Fragen zu klären.

3.2.4 Feldbeobachtungen und weitere Erhebungen von Hintergrundinformationen

Zusätzlich zur Gesprächsdatenerhebung erfolgte eine den Forschungsfragen angemessene ergänzende Ethnografie in einem weiteren Sinne[6], um bei den nachfolgenden Datenaufbereitungen und -auswertungen Verständnis- und Erkenntnislücken schließen zu können.[7] Diese durch die Projektmitarbeiter(innen)

---

4 Vgl. http://agd.ids-mannheim.de/folk.shtml.
5 Vgl. http://dgd.ids-mannheim.de:8080/dgd/pragdb.dgd_extern.welcome.
6 Vgl. dazu Deppermann (2000; 2013). Da sich Ethnografie nach Amann & Hirschauer (1997, 21) durch „anhaltende Kopräsenz von Beobachter und Geschehen" auszeichnet, kann man unsere Feldbeobachtungen als Ethnografie in einem weiteren Sinne bezeichnen. Wir beabsichtigen damit nicht der von Ayaß (2016, 340) beklagten Aufweichung des Ethnografiebegriffs Vorschub zu leisten, halten aber ‚ethnografisch erhobene Daten' für die angemessene Umschreibung für die Art der Erhebung von Hintergrundinformationen in unserem Projekt und lehnen uns damit an einen weiteren Ethnografie-Begriff an, wie ihn auch Deppermann (2000; 2013) vertritt.
7 So wurden z.B. in den Gruppendiskussionen und Einzelanalysen immer wieder grundlegende Sprecherinformationen etc. im Rahmen von Interpretationen und Auswertungen herangezogen

erhobenen Hintergrundinformationen im Rahmen der Orts- und Aufführungsbesuche inkl. Gesprächen mit den Proband(inn)en sowie der Fragenbogenauswertungen reicherten dann im Rahmen der Datenaufbereitung als Metadaten die Gesprächsdaten und Transkriptionen an. Zu den rahmenden Hintergrundinformationen zählen u.a. Informationen zu den Sprecher(inne)n, zum Aufnahmeort und zur Aufnahmezeit sowie zum gesamten Aufnahmesetting, zum jeweiligen Theaterstück und zu technischen Aspekten bzgl. der Aufnahmen.[8]

Zu den soziodemografischen Daten, die von den Sprecher(inne)n erhoben wurden, zählen Angaben zum Alter, zum Geschlecht, zum höchsten Bildungsabschluss, zur Berufsausbildung, zum aktuell ausgeübten Beruf, zur sozialen Zugehörigkeit (wenn sich jemand explizit eine solche zuschrieb und sie damit als vermeintlichen Teil seiner Identität präsentiert), zur Beziehung zu den anderen Gruppenmitgliedern und zur durchschnittlichen Anzahl von Theaterbesuchen pro Jahr.

Die höchsten Bildungsabschlüsse der Sprecher(innen) weisen dabei folgende Bandbreite auf (unter den Studienabschlüssen und Ausbildungen sowie unter den aktuell ausgeübten Berufen und Erwerbstätigkeiten gibt es zusätzlich noch einmal eine sehr hohe Bandbreite an unterschiedlichsten Fächern und Disziplinen[9]):
– Mittlere Reife (Realschulabschluss);
– Ausbildung;
– Fachabitur und Abitur;
– Bachelor;
– Magister/Master/Diplom;
– Promotion und Habilitation.

Unter den (sozialen) Beziehungen der Gruppenmitglieder untereinander findet sich folgende Bandbreite im Korpus:
– einander vor dem Abend Unbekannte;
– Nachbar(inne)n und Mitbewohner(innen), aktuelle und ehemalige;
– Kommiliton(inn)en;
– Kolleg(inn)en, seit kurzer Zeit bis langjährig;

(z.B. zum Alter, zur sozialen Position der Teilnehmer(innen) untereinander, zur Theaterbesuchsfrequenz etc.).
8 Vgl. zu einer Auflistung von Metadaten im Rahmen gesprächslinguistischer Korpora auch Schwitalla 2010 und Schütte 2013.
9 Aus Gründen des Datenschutzes werden an dieser Stelle weder die konkreten aktuell ausgeübten Berufe und Fachdisziplinen noch die selbst zugeschriebenen sozialen Zugehörigkeiten (z.B. zu Parteien, Vereinen, Religionen und anderen Gruppierungen) aufgegriffen.

- Bekannte, seit kurzer und längerer Zeit bis zu langjährigen Freund(inn)en;
- in einer gemeinsamen Beziehung, seit kurzer Zeit bis seit vielen Jahren verheiratet;
- Eltern – Tochter/Sohn;
- allgemein verwandt;
- Schwiegereltern – Schwiegertochter/-sohn (sowie in spe);
- Schwager/Schwägerin.

Insgesamt waren 80 weibliche und 31 männliche Teilnehmer(innen)[10] beteiligt, deren jährliche Theaterbesuche (laut Selbstauskunft) von 1 bis 20 pro Jahr variieren.

Bezüglich des Aufnahmeortes und der -zeit wurden Angaben zu den etwaigen Wechseln der Aufenthaltsorte sowie zu den räumlichen und sozialen Gesprächsbedingungen und zu den Tagen sowie Uhrzeiten erhoben und vermerkt. Die Gespräche fanden frühestens um ca. 17:30 Uhr und spätestens gegen 22:30 Uhr statt. Entweder wurden sie im Foyer des Theaters, in der Nähe der Bar oder außerhalb des Theaters geführt. Die Nähe zu anderen Theaterbesucher(inne)n variierte dabei von sehr nahe bis weitgehend räumlich isoliert. In der Regel befanden sich aber weitere Besucher(innen) zumindest in prinzipieller Hörweite.

Hinsichtlich des allgemeinen Settings und der Theaterstücke wurden zusätzlich umfangreiche Informationen zum Spielort (Geschichte, institutionelle und räumliche Situierung, Spielstätten inkl. allgemeiner Innenarchitektur, Ensemble), zu ergänzenden Aufnahmebedingungen und zu den Stücken, ggf. zu Text- oder anderen Grundlagen[11], zu Mitwirkenden und zum Bühnenbild sowie zu anderen Besonderheiten der Inszenierung erhoben und protokolliert.[12]

---

[10] Von männlichen und weiblichen Geschlecht-Selbstzuweisungen abweichende Zuordnungen gab es unter den Teilnehmenden nicht.

[11] So beruhten manche der Aufführungen auf einer Roman- oder Filmvorlage (vgl. Kapitel 2, i.d.B.).

[12] Aufgrund des Datenumfangs können die Informationen an dieser Stelle nicht weiter expliziert werden. Die Daten sind aber zugänglich über die Projekt-Webseite: http://www.uni-siegen.de/phil/lissie/theater_im_gespraech.

3.2.5 Technikeinsatz

Bezüglich der technischen Aspekte wurden u.a. genaue Angaben zu den verwendeten Aufnahmegeräten und Mikrofonen[13], Aufnahmestörungen und -besonderheiten sowie Angaben zur Aufnahmevollständigkeit und -qualität vermerkt. Zu den Aufnahmestörungen und -besonderheiten gehörten u.a. Unterbrechungen, Lautstärke- oder Aufnahmefehler, Gesprächsbeteiligte ohne Einverständniserklärung[14] und abweichende Gruppenausrüstungen mit Technik.

3.3 Datenaufbereitung, -archivierung und Datenschutz

Der erste Schritt der Datenaufbereitung bestand in der kurzfristigen Datensicherung und systematischen Benennung der Daten. Anschließend wurden alle Daten strukturiert archiviert und den Projektmitarbeiter(inne)n zugänglich gemacht. Dazu musste ein möglichst sicheres (versus: Störungsanfälligkeit und Fehler, pro: Redundanz und Ortsunabhängigkeit) System der langfristigen Datensicherung implementiert werden. Im Anschluss erfolgte die systematische Inventarisierung und Transkription ausgewählter Gesprächsdaten mit einem für die jeweiligen Forschungsfragen angemessenen Detaillierungsgrad (Minimal- oder Basistranskript). All diese Einzelschritte wurden unter Berücksichtigung der aktuellen in der deutschsprachigen Gesprächslinguistik konsensuell vereinbarten Datenschutzrichtlinien durchgeführt (vgl. Teil 1 der Datenschutzrichtlinien der DFG 2015).

3.3.1 Datensicherung und -archivierung

Im Rahmen der Datensicherung wurden die ersten ‚Rohdaten'[15] direkt nach der jeweiligen Aufnahme zunächst auf einem passwortgeschützten Rechner und ei-

---

13 Um keine öffentliche Werbung zu machen, wird an dieser Stelle darauf verzichtet, nähere Angaben zu den Gerätenamen und -herstellern anzugeben. Bei Interesse geben wir darüber aber auf Nachfrage Auskunft.
14 Gesprächspassagen mit Personen, die keine Einverständniserklärungen unterzeichnet haben, wurden vollständig aus den Auswertungen herausgenommen und in den Audioaufnahmen verrauscht.
15 Dass es sich bei den hier als ‚Rohdaten' bezeichneten Daten selbst bereits um produzierte Daten handelt, stellt unseres Erachtens kein begriffliches Problem dar. Mit dem Präfix *Roh-* wird

ner mit (dem OpenSource-Programm) TrueCrypt verschlüsselten Festplatte gespeichert, bevor sie auf ein geschütztes, vom „Zentrum für Informations- und Medientechnologie" (ZIMT) im internen Netz der Universität Siegen bereitgestellten Netzlaufwerk gespeichert und vom Rechner sicher (mit dem Open-Source-Programm Eraser[16]) entfernt werden konnten. Allen Projektmitarbeiter(inne)n wurde ein Zugang zum Netzlaufwerk bereitgestellt, der via VPN-Client auch außerhalb des universitätsinternen Netzes nutzbar war. In regelmäßigen (und je Festplatte zeitlich versetzten) Abständen wurden vom Netzlaufwerk vollständige Abbilder des Netzlaufwerks auf drei verschlüsselten Festplatten erstellt, die an unterschiedlichen Orten aufbewahrt wurden. Als Hauptvorteil des gemeinsamen Netzlaufwerks stellte sich die intuitive Nutzbarkeit heraus. Um die größte Gefahr im Umgang mit dem System zu vermeiden, und zwar, dass Daten einfach von allen Zugriffsberechtigen (versehentlich) gelöscht werden können, wurde ein unterschiedlich zyklischer Datensicherungsprozess auf den Festplatten vereinbart, wobei jede einzelne dieser Datensicherungen noch einmal kritisch geprüft wurde. Zusätzlich wurde im späteren Verlauf des Forschungsprojekts noch auf jeder der externen Festplatten eine weitere Abbildung des Netzlaufwerks vorgenommen, die anschließend nicht mehr aktualisiert/synchronisiert wurde.

Um eine für alle Mitarbeiter(innen) praktikable Zugänglichkeit zu den Daten des Forschungsprojekts zu gewährleisten, musste nach dem Erheben und der kurzfristigen Sicherung der Daten zunächst eine möglichst übersichtliche, intersubjektiv nachvollziehbare, systematische und eineindeutige Ordnerstruktur entwickelt werden.[17] Dafür boten sich eine geringe Anzahl von Unterverzeichnissen pro Ordner sowie eindeutige, vereinheitlichte und transparente Bezeichnungen und Strukturen der Unterordner an, die den Nutzer(inne)n konkrete und einfach nachvollziehbare Hinweise zu der Art von Daten und Informationen in den jeweiligen (Unter-)Ordnern geben. Gleichzeitig war aber auch zu beachten, dass die Ordnerstruktur nicht zu ‚tief' wurde, damit sich die Nutzer(innen) nicht bei jedem Zugriff durch sehr viele Ebenen klicken müssen, wodurch das Arbeiten mit

---

lediglich darauf hingewiesen, dass es sich um die seitens der Proband(inn)en produzierten Daten handelt, die kopiert, aber zunächst nicht weiter bearbeitet wurden (z.B. mittels Anonymisierungen oder Datenformat-Umwandlungen).

16 Vgl. http://sourceforge.net/projects/eraser.

17 Dies ist der Lösung via Netzlaufwerk geschuldet. Andere Repositorien bieten (auch) andere als ordnerbasierte Strukturierungslösungen an. Siehe dazu die Hinweise zur Implementierung von Islandora, einer alternativen Archivierungs- und Datenbereitstellungsbasis, gegen Ende des Forschungsprojekts (vgl. auch den Ausblick in diesem Kapitel).

den Projektdaten erschwert worden wäre. Diese beiden Anforderungen sind gegenläufig und mussten gegeneinander abgewogen und ausbalanciert werden.[18]

Für den Ordner „Daten zur Hauptstudie" fiel z.B. die Entscheidung, zunächst nach ‚Spielorten', dann nach ‚Terminen', dann nach ‚Gruppen' und dann nach ‚Art der Daten' (Transkripte und Audiodateien, Sprecherinformationen und sprecherunabhängige Metadaten) zu differenzieren. Um gleichwohl eine umfassende Gesamtübersicht zu ermöglichen, wurde zusätzlich eine (Excel-basierte) Datenbank erstellt, bei der Audioaufnahmen-bezogen alle ethnografisch erhobenen Rahmen-Informationen zugeordnet und digitale Links zu allen zugehörigen Dateien hinterlegt wurden.

3.3.2 Datenbenennung und -typen

Um sich auch in den Ordnern unterschiedlichster Ebenen schnell zurecht zu finden und die Dateien schnell zuordnen zu können, empfahl sich zudem eine möglichst einheitliche, intersubjektiv nachvollziehbare und eineindeutige Benennung der Dateien. Parallel zur Ordnerstruktur wurden so z.B. alle Dateien nach Ort, Datum, Titelstichwort, Gruppe und ggf. Personenpseudonym benannt (z.B. „Köln_JJ-MM-TT[19]_BrainAndBeauty_Gr.1_Helena.MP3"), bei zusätzlichen Dokumenten wurde darüber hinaus je ein Hinweis auf die Funktion mit angegeben (z.B. „Sprecherinformation_Köln_ JJ-MM-TT_BrainAndBeauty_Gr.1_Helena").

Insgesamt kamen im Verlauf des Projektes eine ganze Reihe unterschiedlichster Daten und Dateien zusammen, die ihrerseits im Rahmen der Datenaufbereitung wieder weitere nach sich zogen. Deshalb folgt an dieser Stelle ein Kurzüberblick über alle produzierten Daten.[20]

---

18 Die Datenstrukturierung war nicht nach einem einmaligen Vorschlag abgeschlossen, sondern wurde gerade in der Anfangsphase nach Erfahrungsberichten der einzelnen Nutzer(innen) immer wieder an die Bedürfnisse angepasst.
19 „JJ", „MM" und „TT" stehen für je zwei-ziffrige Jahres- Monats- und Tagesangaben.
20 Auf die problematische Differenzierung hinsichtlich des Erstellungsgrades von Daten wird in diesem Kapitel nicht eingegangen und damit eine kritische Auseinandersetzung mit dem umstrittenen Datenbegriff ausgeblendet (vgl. Latour 1999; Hausendorf & Kesselheim 2008; Kalthoff 2010; Burdick et al. 2012; Hockey 2004 und http://www.medialekontrolle.de/ausgaben/3-12014-datenkritik, vgl. zur Einführung Gießmann & Burkhardt 2014). Alle Daten des Forschungsprojekts sind unseres Erachtens als produzierte Daten zu betrachten – unabhängig davon, ob sie mit Audioaufzeichnungsgeräten erhoben oder mittels Transkriptions- oder Textverarbeitungsprogrammen oder Audiobearbeitungsprogrammen erstellt wurden.

Die erhobenen Audiodaten liegen uns als WAV- und mp3-Dateien vor. Zudem wurden zu den Gesprächen, bei denen nicht eine der Audiodateien zur Auswertung aller Gesprächspassagen ausreichte, für die entsprechenden Gespräche synchronisierte Containerdateien mit dem (Open-Source-)Programm Audacity[21] erstellt und daraus wiederum mp3- und WAV-Dateien erzeugt. Da ein Teil der Gespräche vom IDS im Rahmen einer Kooperationsvereinbarung[22] in Form von Minimaltranskripten verschriftlicht wurden, liegen uns als Transkript-Dateien neben den selbst erstellten EXMARaLDA-Dateien (exb) teilweise auch FOLKER-Dateien (flk) vor. Ein Großteil dieser Minimaltranskripte sowie ein großer Teil der Gespräche ohne Einwilligung aller Beteiligten zur öffentlich zugänglichen Bereitstellung der Daten über das IDS wurde dann von studentischen Hilfskräften[23] im Forschungsprojekt mit EXMARaLDA in Form von etwas detailreicheren Basistranskripten verschriftlicht. Anschließend wurden alle Transkripte von Projektmitarbeiter(inne)n kontrolliert und ggf. korrigiert und Zweifelsfälle sowie Transkriptionsprobleme in den regelmäßigen Projekttreffen besprochen. Für Publikationen und Vorträge wurden die Transkripte anschließend zusätzlich in Word-basierte rtf- oder txt-Dateien konvertiert (vgl. zu den Transkripten auch weiter unten).

Alle ethnografisch erhobenen Hintergrundinformationen liegen verschriftlicht als eingescannte pdf-Dateien und nachträglich ausgefüllte Word-Dateien (doc) vor oder wurden direkt in Word erstellt und zudem – wie oben angegeben – in eine Excel-basierte Datenbank (xls) überführt. Auch alle erstellten Bedienungsanleitungen, Leitfäden, Vordrucke, Arbeitspläne, Besprechungsprotokolle, nicht im klassischen Sinne ethnografisch erhobenen Hintergrundinformationen (z.B. Theaterstückbeschreibungen von den Webseiten der Theater, Spielpläne, Theaterbesprechungen etc.) u.v.m. befinden sich systematisch zugeordnet und benannt auf dem allen zugänglichen Netzlaufwerk (v.a. in Form von pdf-, Word- und Excel-Dateien), um die Projektmitarbeiter(innen) bei der Arbeit zu unterstützen.

---

21 Vgl. http://sourceforge.net/projects/audacity.
22 Wir danken Arnulf Deppermann, Thomas Schmidt und Jenny Winterscheid vom IDS für die kollegiale Zusammenarbeit und für viele hilfreiche Hinweise zur Datenerhebung und Transkription.
23 Wir danken an der Stelle unseren akribischen und zuverlässigen Transkribentinnen Katharina Adams, Alina Podolski, Yalem Parlak, Anne Seibel und Sarah-Christin Peter.

3.3.3 Transkription und Transkriptvariabilität

Da die Transkription selbst und v.a. die Arbeit mit den Transkripten im Rahmen der Datenauswertung einen bedeutenden Anteil an einem empirisch ausgerichteten gesprächslinguistischen Forschungsprojekt hat, folgt an dieser Stelle eine Präzisierung, Detaillierung und Problematisierung resp. kritische Reflexion des oben nur kurz skizzierten allgemeinen Transkriptionsprozesses.

Für eine umfassende, detaillierte und an der sprachlichen Oberfläche orientierte (Sprach-)Analyse mussten neben den flüchtigen (wenn auch wiederholt abspielbaren) Audioaufnahmen unseren Fragestellungen angemessene Gesprächsinventare[24] und Schriftformen, also Transkripte, der Gespräche erzeugt werden. Diese bildeten dann als sog. „Tertiärdaten" zusammen mit den Audiodateien als „Sekundärdaten"[25] (Sager 2001, 1028 f.) eine geeignete Grundlage für unsere gesprächsanalytischen Verfahren. Lorenza Mondada hebt zum Verhältnis von Transkripten und Aufnahmen die Bedeutung von Transkripten folgendermaßen hervor:

> Transcripts facilitate access to the recordings and highlight detailed features for the analysis; reciprocally, recordings give to transcripts their evidence and substance, they allow and warrant an enriched and contextual interpretation of tiny conventional notations (Mondada 2007a, 811).

Um sprachliche und parasprachliche Phänomene als relevante Indikatoren im Rahmen unserer Forschungsfragen im Detail untersuchen zu können, mussten diese Details zugänglich gemacht werden. Dafür bieten Transkripte insbesondere in Verknüpfung mit Audiodateien einen idealen Zugang. Denn es handelt sich bei einer Transkription

> nicht nur um das bloße Aufschreiben von dem, was gesagt wird, wie zum Beispiel bei einem Interview für eine Zeitung, sondern auch darum, wie es gesagt wird. Also um das systematische Herausarbeiten von Erscheinungen der Mündlichkeit (Mroczynski 2014, 52).

---

24 „Ein Gesprächsinventar besteht [nach Deppermann] aus zwei Teilen: einem Deckblatt des jeweiligen Gesprächs und dem Inventar des Gesprächsablaufs. Das Deckblatt ist die Identitätskarte der Gesprächsaufnahme [...]: Es informiert über die wichtigsten Rahmendaten der Gesprächsaufnahme und über ihren Bearbeitungsstand" (Deppermann 2008, 32). Im Inventar des Gesprächsablaufs wird die (vornehmlich inhaltsbezogene) Gesprächsstruktur dargestellt.
25 „Primärdaten" sind dieser Klassifizierung folgend die originären Gespräche vor Ort (vgl. Sager 2001, 1028).

Auch wenn mit Transkripten der Anspruch verfolgt wird, die Gespräche möglichst neutral auf andere mediale Weise zugänglich zu machen, stellt sich aber die Frage, wie interpretationsarm die Transkripte überhaupt sein können. Bailey, Tillery & Andres sprechen deshalb von sog. „Transcriber Effects" und bezeichnen damit die Effekte, die Transkribent(inn)en auf Daten haben können (Bailey, Tillery & Andres 2005, 3). Eine unveränderte Übertragung ist schon deshalb unmöglich, da das Transkribieren „in einem linguistischen Sinn einen Transfer von Mündlichkeit in Schriftlichkeit zu Zwecken empirischer Sprachanalyse dar[stellt]" (Redder 2002, 115), der grundsätzlich nicht ‚sinnneutral' vollzogen werden kann. Daraus ergibt sich folgendes grundlegendes Dilemma (Redder 2002, 120, ohne Hervorh.):

> Das Produkt des Transkribierens, das Transkript, dient der Situations-Entbindung und Überlieferung im Wissenschaftsprozess und trägt daher Züge eines Textes. Dies gilt insbesondere in der wissenschaftlichen Kommunikation darüber. Der Gegenstand des Transkribierens, also der fixierte Diskurs selbst, soll jedoch zugleich in seinen originalen, situations-gebundenen Mündlichkeitsmerkmalen so vollständig wie möglich durchsichtig bleiben. Präsentationsform und Inhalt treten auseinander und sind in eben diesem Auseinandertreten auf qualitativ höherer Stufe in eine ganzheitlich rezipierbare Einheit zu bringen.

Selbst deutungsarme Transkripte sind somit immer ein erster Deutungsschritt, auf dessen Basis jedoch weitere Analyseschritte vereinfacht werden, da durch die mediale Transformation erst Details sichtbar werden, die selbst geübte Hörer(innen) ohne Transkript nur schwer analysieren beziehungsweise deuten könnten. Insofern ist unseres Erachtens auch Transkription im engeren Sinne[26] „als eine basale Strategie der Prozessierung kultureller Semantik" zu verstehen (Jäger 2012, 307), die im Rahmen des Zugänglichmachens und der Aneignung der uns umgebenden Welt zwingend notwendig ist (Stöckl 2011, 46; in Anlehnung an Jäger 2002). Stöckl (2011, 46 f.; in Anlehnung an Jäger 2002, 35) fasst die Begründung für intermediale Transkriptionen folgendermaßen zusammen:

---

26 Jägers Transkriptionskonzept/-theorie bezieht sich nicht (nur) auf linguistische Transkriptionen für gesprächsanalytische Zwecke, sondern auf alle kommunikativen intra- und intermedialen Bearbeitungen und Bezugnahmen, womit „die Hervorbringung, die Fort- und Umschreibung sowie die Überschreibung, Arkanisierung oder Löschung von Bedeutung organisiert wird" (Jäger 2012, 306; bezugnehmend auf Jäger 2002 und 2008; vgl. Kapitel 6, i.d.B.). Somit liegen transkriptive Verfahren ganz allgemein „der Bedeutungsgenerierung in der kulturellen Semantik wesentlich" zugrunde (Jäger 2012, 306). Damit weist Jäger mit dem Konzept der Transkriptivität auch auf einen „natürlichen Zustand der inhärenten quasi unvermeidbaren und zwingenden Multimodalität" (Stöckl 2011, 46) in der Kommunikation hin.

Der Grund für diese transkribierend semantisierende Tätigkeit liegt offensichtlich in der Beschränktheit einer einzelnen semiotischen Ressource. Sinn lässt sich unserer Umwelt und unseren sozialen Praktiken offenbar nur dann geben, wenn in einer Zeichenmodalität kodierte Inhalte in einer anderen kommentiert, expliziert und paraphrasiert werden.

Auch für intersubjektiv nachvollziehbare Analysen werden prinzipiell les- und vergleichbare Transkripte im engeren Sinne benötigt. Dafür und zur Minimierung von Transcriber Effects haben sich seit den 70er Jahren – angestoßen durch Jefferson (u.a. 1972; vgl. auch Kowal & O'Connel 2000) – im Rahmen von Standardisierungen verschiedene Transkriptionskonventionen entwickelt (z.b. HIAT[27], GAT/GAT2[28], CHAT[29] und DIDA[30])[31]. Die Mitarbeiter(innen) in unserem Projekt haben minimal modifizierte Minimal- oder Basistranskripte nach GAT2 angefertigt.[32] Außerdem haben im Rahmen weiterer Konventionalisierungen und Fehlerbeseitigungen alle Transkripte mehrere Korrekturschleifen bei unterschiedlichen Projektmitarbeiter(inne)n durchlaufen. Sowohl in Einzel- als auch Gruppenanalysen wurde dann stets auf die Transkripte und die Audiodateien zurückgegriffen, um Interpretationen an die sprachliche Oberfläche rückzubinden.

Als Transkriptionssoftware wurde im Projekt – wie oben bereits angeführt – EXMARaLDA von unseren Projektmitarbeiter(inne)n für Basistranskripte und FOLKER von den Mitarbeiter(inne)n des IDS für Minimaltranskripte verwendet. FOLKER ist – neben weiteren kleineren Vorteilen – etwas benutzerfreundlicher designt und dadurch für Transkribent(inn)en etwas leichter zu erlernen. Dennoch fiel im Projekt die Entscheidung für EXMARaLDA als Transkriptionssoftware, weil einige seiner Funktionen die Projektarbeit deutlich erleichtern. Beispielsweise können in EXMARaLDA Metadaten und Sprecherdaten direkt

---

27 Vgl. Rehbein et al. 2004 und Ehlich & Rehbein 1976.
28 Vgl. Selting et al. 1998 und 2009.
29 Vgl. Dittmar 2009.
30 Vgl. http://agd.ids-mannheim.de/download/dida-trl.pdf.
31 Eine Kurzdarstellung vieler gängiger Transkriptionssysteme findet sich bei Dittmar 2009.
32 Die Mitarbeiter(innen) des IDS haben sog. Minimaltranskripte nach GAT2 angefertigt. Dabei handelt es sich um gegenüber den von uns angefertigten Basistranskripten um vereinfachte, um einige Informationen reduzierte Transkripte, die aber als Basis für Basistranskripte dienen können, weil das GAT-Transkriptionssystem nach dem sog. „Zwiebelprinzip" (Selting et al. 2009, 356) aufgebaut ist. So kann ein Transkript stets von anfangs eher grob/rudimentär bis sehr fein und detailliert ausgebaut/erweitert werden, ohne dass die reduziertere Variante aus Sicht des feineren Transkripts falsch wäre. Da grundlegende Ausführungen zu Transkriptionssystemen im Allgemeinen oder zur Wahl von GAT2 als Transkriptionssystem den Rahmen dieses Methodenkapitels sprengen würden, soll an dieser Stelle nur auf ausgewählte grundlegende Literatur zum Thema verwiesen werden: Kowal & O'Connel 2000, Selting et al. 2009, Deppermann 2008 und Dittmar 2009.

eingegeben werden. Die einzelnen Spuren können unterschiedlich formatiert, Bearbeitungsschritte zurückgenommen, Leerzeichen und Fehler bzgl. des verwendeten GAT2-Transkriptionssystems angezeigt und Transkripte als Wordkompatible Texte ausgegeben werden. Beide Transkriptionsprogramme bieten einen für die analytische Arbeit unersetzlichen Vorteil.[33] So können Aufnahmen und Transkripte in einer Datei verknüpft werden, so dass einzelne Intonationsphrasen oder Ausschnitte im Transkript angeklickt werden und das dazugehörige Segment der Aufnahme abgespielt werden kann und vice versa. Das Transkript wird durch die Aufnahme auch während der Analyse überprüfbar und die Aufnahme gewinnt durch das Transkript an Verständlichkeit und Interpretierbarkeit (vgl. Mondada 2007a, 811).

3.3.4 Datenschutz

Quer zu allen Fragen der Daten-Prozessierung liegen Fragen zum Datenschutz. Der Datenschutz spielt bereits im Rahmen der methodischen Entwicklung eines Forschungsprojekts eine wesentliche Rolle und muss auch über die Förderungsdauer von Forschungsprojekten hinaus berücksichtigt werden.

Der Schutz personenbezogener Daten ist aus ethischer Perspektive wichtig und auch aufgrund gesetzlicher Vorschriften unumgänglich (vgl. u.a. Bortz & Döring 2003; Fraas, Meier & Pentzold 2012, 188). Die datenschutzrechtlichen Bestimmungen „sind im europäischen Recht (Richtlinie 95/45/EG und Richtlinie 2002/58/EG) sowie in nationalen (Bundesdatenschutzgesetz, BDSG) und Landesgesetzen (Landesdatenschutzgesetze, z.B. Hamburgisches DSG) zu finden" (DFG 2015a, 4) und dienen dem Zweck, „den Einzelnen davor zu schützen, dass er durch Behörden und sonstige Stellen bei der Verarbeitung personenbezogener Daten in seinem Recht auf informationelle Selbstbestimmung beeinträchtigt wird" (DFG 2015a, 5). „Für mündliche Korpora fallen darunter das Erheben, Speichern, Verarbeiten und Veröffentlichen der betreffenden Daten [... wobei] für das Verarbeiten personenbezogener Daten das Einverständnis des Betroffenen eingeholt werden muss (Richtlinie 95/46EG Art. 8 Abs. 1)" (DFG 2015a, 5).

Daraus ergibt sich zum einen, dass vor der Datenerhebung Einwilligungserklärungen der Proband(inn)en in schriftlicher Form eingeholt werden müssen (vgl. oben). Zum anderen müssen die Forscher(innen) ihrerseits in Form von Datenschutzerklärungen deutlich machen, wie die Daten genutzt und geschützt

---

[33] Beide Programme werden im Übrigen – wie auch das Transkriptionssystem GAT/GAT2 – von der DFG empfohlen (DFG 2015, 8).

werden, damit die Proband(inn)en eine informierte Entscheidung treffen können (vgl. DFG 2015a, 5). Die DFG fordert, dass dem Einwilligenden mindestens die folgenden Daten mitzuteilen sind:

- Name des Forschungsprojektes
- Kontaktinformationen einer für das Projekt verantwortlichen Person
- Ziele des Forschungsprojekts
- Angaben darüber, warum und auf welche Weise personenbezogene Daten erhoben, verarbeitet, genutzt und für wie lange sie gespeichert werden. Dabei ist ggf. auf die je nach Datentyp (Audio-, Videoaufnahmen, Transkripte, etc.) unterschiedlichen Verarbeitungs- und Nutzungsweisen einzugehen (DFG 2015a, 6).

Diesen Anforderungen wurde mit unseren Aufklärungs- und Einweisungsgesprächen sowie den Einverständniserklärungen nachgekommen (vgl. Abschnitt 3.4). Darüber hinaus haben alle Proband(inn)en ihre Aufnahmegeräte selbst bedient und damit auch technisch jederzeit die Möglichkeit, die Aufnahmen zu begrenzen. So hatten sie die Möglichkeit, die Aufnahme zwischendurch z.B. für Toilettenbesuche während der Theaterpause zu pausieren oder im Falle von unvorhersehbaren psychischen Belastungen auch gänzlich abzubrechen.

Der geforderten Anonymisierung wurde bereits von der Datenarchivierung an durch Pseudonymisieren nachgekommen. Pseudonymisieren ist im Bundesdatenschutzgesetz definiert als „das Ersetzen des Namens und anderer Identifikationsmerkmale durch ein Kennzeichen zu dem Zweck, die Bestimmung des Betroffenen auszuschließen oder wesentlich zu erschweren" (§ 3 Abs. 6 BDSG). Das beinhaltet, dass Namen der Teilnehmer(innen), Orte, auf die sie sich beziehen, Berufe der Teilnehmer(innen) etc. entsprechend der von Deppermann (2008, 31 f.) empfohlenen Faustregeln so maskiert werden, dass Rückschlüsse auf die Identität der teilnehmenden Person nicht mehr möglich sind, aber andere Aspekte, die für die Untersuchung von Bedeutung sein könnten, nicht verloren gehen:

- Um die prosodischen, insbesondere die rhythmischen Eigenschaften von Beiträgen zu erhalten, sollte die Maskierung ebenso viele Silben wie das chiffrierte Wort haben.
- Merkmale wie ethnische oder regionale Zugehörigkeit (z.B. türkische Namen), Kosenamen, Abkürzungen, „telling names" sollten in die Ersetzung übernommen werden.
- Soziologisch relevante Merkmale wie z.B. Prestige, Status und Bildungsstand, die mit Berufen verbunden sind, sollten in der Maskierung bewahrt bleiben.

Der erste Teil dieser Maskierung wurde im Rahmen der Datenarchivierung schon durch die Benennung der Dateien vorgenommen. Die Klarnamen resp. Namenszuordnungen wurden auf einer händisch geführten Liste festgehalten, um eventuellen nachträglichen Widerrufen nachkommen zu können.[34] Die dort eingeführten Pseudonyme wurden anschließend auch in den Transkripten verwendet, und die Stellen in den Audiodateien, in denen Namen im weiteren Sinne genannt wurden, die Rückschlüsse auf die Identität beteiligter oder besprochener Personen zugelassen hätten, wurden maskiert (verrauscht).[35] Bereits in den frühsten Daten- und Projektsitzungen wurden demgemäß ausschließlich anonymisierte Daten verwendet, sodass die Anonymität der Teilnehmer nicht nur in späteren Publikationen, sondern bereits während der Forschungsarbeit gewährleistet war.

Nichtsdestotrotz bleibt eine vollständige Anonymisierung von Audiodaten grundsätzlich problematisch. Selbst wenn die Transkripte pseudonymisiert und die Tonaufnahmen an Stellen mit Namen, Orten etc. verrauscht werden, kann die Stimme von mit den Personen bekannten Personen meistens noch zugeordnet werden. Eine Verfremdung des Audiosignals wäre zwar prinzipiell möglich, würde jedoch die Tonqualität und damit die Nutzbarkeit der Daten im Rahmen von Auswertungen erheblich einschränken, sodass an dieser Stelle „das öffentliche Interesse an der Durchführung des Forschungsvorhabens die schutzwürdigen Belange des Betroffenen überwiegt und der Zweck der Forschung nicht auf andere Weise erreicht werden kann" (DFG 2015a, 9). Da die Teilnehmer(innen) über die Verwendung der Gesprächsdaten umfassend informiert wurden, die Verwendung auf wissenschaftliche Zwecke beschränkt ist, die Teilnehmer(innen) selbst darüber entscheiden konnten, wer welche Daten wie nutzen darf,[36] sie die Aufnahme jederzeit abbrechen konnten und ihre Einverständniserklärung jederzeit widerrufen konnten und können, ist die von uns gewählte Anonymisierungs- und Pseudonymisierungspraxis, die strengen fachlichen Standards und den Datenschutzrichtlinien der DFG folgt, verhältnismäßig.

---

34 Sollte ein Proband/eine Probandin von ihrem Recht auf Widerspruch Gebrauch machen (worauf alle Proband(inn)en mündlich und schriftlich hingewiesen wurden), muss auch im Nachhinein noch ermittelbar sein, um welches Gespräch es sich handelte, das nun gelöscht resp. niemandem mehr zugänglich gemacht werden soll und darf.
35 Bei den Audiodateien, die ans IDS geleitet wurden, übernahmen das Pseudonymisieren in Transkripten und das Verrauschen der Audiodateien Mitarbeiter(innen) vom IDS und stellten uns wiederum diese Dateien zur weiteren Datenauswertung zur Verfügung.
36 So konnten die Teilnehmer(innen) in unseren Einverständniserklärungen entweder nur einer „Veröffentlichung anonymisierter Ausschnitte in Schriftform (Transkripte)" oder einer „Veröffentlichung anonymisierter Ausschnitte in Schriftform (Transkripte) und namentlich anonymisierte[r] Verwendung kurzer Audio- und Transkript-Ausschnitte in Vorträgen" zustimmen.

3.4 Datenauswertung

3.4.1 Analyseprozess

Die Datenauswertung erfolgte auf der Basis qualitativ-hermeneutischer Analysen[37] anhand der Audiodaten, der Transkripte und der ethnografisch erhobenen Hintergrundinformationen. Neben der individuellen Analyse des Datenmaterials durch die Projektmitarbeiter(innen) fanden regelmäßige Gruppenanalyse-Sitzungen statt, in denen – entweder völlig offen oder Aspekt-fokussiert – eine dezidierte Auseinandersetzung aller Projektmitarbeiter(innen) (und teilweise mit Fachkolleg(inn)en) mit den Gesprächsdaten erfolgte. Auch wissenschaftliche Tagungs- und Workshop-Besuche von Projektmitarbeiter(inne)n wurden dazu genutzt, Interpretationsvorschläge zur Diskussion zu stellen und gemeinsam mit der Fachcommunity zu diskutieren.[38]

Im Rahmen der (Einzel- und Gruppen-)Analysen[39] wurden die notwendigen Rahmenbedingungen und Hintergrundinformationen expliziert resp. zusammengetragen und anschließend das gesamte (anonymisierte) Gespräch mindestens einmal vollständig angehört. Schließlich wurden sprachliche und parasprachliche Phänomene ermittelt, die mit den jeweiligen enggeführten heuristischen Fragestellungen zusammenhängen, und sequenzanalytisch[40] untersucht.

---

37 In Anlehnung an Dittmann (1979, 20) beziehen wir uns hier nicht auf eine Gadamersche Lesart von hermeneutisch, sondern „auf ein ‚Vermögen', das wir in dem Maße erwerben, als wir eine natürliche Sprache ‚beherrschen' lernen: auf die Kunst, sprachlich kommunizierbaren Sinn zu verstehen und, im Falle gestörter Kommunikationen, verständlich zu machen (Habermas 1971: 120)" (nach Dittmann 1979, 20).
38 Vgl. zu den Vorträgen und Workshop-Beiträgen der Projektmitarbeiter(innen) die Webseite des Projekts: http://www.uni-siegen.de/phil/lissie/theater_im_gespraech/vortraege.html?lang=de.
39 Dass hier Gruppen- und Einzelanalysen zusammengenommen werden, soll nicht die grundsätzlichen Differenzen übergehen. So haben Einzelanalysen z.B. den großen Vorteil, dass eine viel intensivere Auseinandersetzung mit dem Datenmaterial und in Abgleich zu literarischen Grundlagen erfolgen kann. Gruppenanalysen hingegen bieten den Vorteil, Thesen auf intersubjektive Plausibilität prüfen zu lassen, und durch Einbezug unterschiedlicher Analysierender andere Perspektivierungen und Beobachtungen aufgrund diverser Erfahrungen, Wissenshintergründe etc. aufgezeigt zu bekommen.
40 Im Rahmen konversationsanalytischer und gesprächslinguistischer Sequenzanalysen werden bei der Analyse sprachlicher und nicht-sprachlicher Formen stets die vorangehenden und nachfolgenden Redezüge aller Sprecher(innen) mit in die Analyse einbezogen und die Deutung selbst erfolgt chronologisch Schritt für Schritt linear entlang an den kommunikativen Ereignissen (vgl. Deppermann 2008, 53 ff.). „Im Unterschied zu anderen diskursanalytischen Richtungen ist die Grundlage [konversationsanalytischer und gesprächslinguistischer Analysen...] immer

Den Stellenwert dieser Fragen im Analyseprozess expliziert Deppermann (2008, 53 f.) wie folgt:

> Die Arbeit am Material stützt sich auf Analysegesichtspunkte, die ich als heuristische Fragen formuliere. Heuristisch sind sie, weil es offene Fragen sind, die keine theoriegeleiteten Zuordnungskategorien vorgeben, sondern die materialgestützte Suche nach Gesprächseigenschaften und -zusammenhängen anregen und systematisieren sollen. Somit sollen sie auch nicht die Ergebnisse einer Gesprächsanalyse determinieren, wie dies von standardisierten Verfahrensregeln zu erwarten wäre. Sie dienen vielmehr dazu, die analytische Sensibilität zu steigern, Beschreibungsinstrumente bereitzustellen und grundlegende Interaktionseigenschaften zum Gewinn, zur Fundierung und zur Prüfung von Aussagen über Gespräche zu nutzen. Die Analysegesichtspunkte sind keine Untersuchungsfragestellungen, sondern methodische Hilfsmittel, die für nahezu jede Untersuchungsfragestellung nützlich bzw. unerläßlich sind und die auf jeden beliebigen Gesprächsausschnitt bezogen werden können.

Die sequenzanalytisch aufgefundenen sprachlichen und nicht-sprachlichen Mittel wurden systematisiert und – zusätzlich abgesichert durch ethnografisch erhobene Hintergrundinformationen – hinsichtlich möglicher Funktionen im Gespräch interpretiert (und bei Gruppen-Analysen kritisch diskutiert). Die hohe Bedeutung des Sequenzialitätsprinzips während der Analyse erläutert Deppermann (2008, 54) folgendermaßen:

> Das Sequenzialitätsprinzip bedeutet für den Gesprächsanalytiker, daß er sich stets auf einer Höhe mit den Gesprächsteilnehmern bewegt und nicht vorgreift, um Früheres durch Späteres zu erklären, da dieses den Gesprächsbeteiligten im Moment ihres Handelns auch nicht als Interpretationshilfe zur Verfügung steht (z.B. Schmitt 1992, 73). Vielmehr geht es darum nachzuzeichnen, welche Handlungs- und Interpretationsoptionen den Interaktanten in einem Gesprächsmoment offenstanden und wie mit diesen Möglichkeiten im weiteren Verlauf verfahren wird (Oevermann 1983; 6.4., II). Auf diese Weise wird rekonstruiert, nach welchen Prinzipien das Gespräch als Abfolge von Aktivitäten zustandekommt, aus denen eine Prozeßgestalt entsteht.

Während der Sequenzanalysen wurden auch alternative Deutungsweisen und Interpretationen auf ihre Plausibilität hinsichtlich der semiotischen Belege mitsamt den zur Verfügung stehenden zugänglichen Ko- und Kontextinformationen überprüft. Vorübergehende Deutungsmuster und Schlussfolgerungen wurden

---

die Gesprächssequenz bzw. der Gesprächsprozeß, nicht die isolierte Äußerung. Wenn Aktivitäten einzelner Sprecher im Zentrum des Interesses stehen, werden diese als relationale Aktivitäten untersucht, d.h. in Beziehung zu vorausgehenden und nachfolgenden Aktivitäten" (Deppermann 2008, 54). Für weitere (Teil-)Schritte bei der konkreten Gesprächsanalyse sei auf Deppermann (2013, 55 ff.) verwiesen.

dann anschließend mit Ergebnissen und theoretischen Überlegungen aus der Fachliteratur ab- und verglichen und damit in Beziehung gesetzt. Damit wurden die heuristischen Ergebnisse theoretisch weiter fundiert resp. für Synthesen oder Verwerfungen von Hypothesen etc. genutzt, um fachlich angemessene Antworten auf die aufgeworfenen Fragestellungen zu produzieren und intersubjektiv nachvollziehbar zu machen.[41]

3.4.2 Linguistische und sozialwissenschaftliche Hermeneutik: Typen / Typisierungen / Praktiken

Bei der empirischen Untersuchung von Phänomenen und Fragestellungen im Paradigma der qualitativen (sozialwissenschaftlichen) Forschung[42] stellt sich u.a. die Frage, wie man von Individualbeobachtungen zu überindividuellen Schlussfolgerungen kommt. Dies betrifft auch die ontologische Konstitution des Gegenstandsbereichs, denn Typen sind in unserem Untersuchungsbereich nicht nur gedankliche („ideale') Konstrukte, u.U. „gewonnen durch einseitige *Steigerung eines* oder *einiger* Gesichtspunkte und durch Zusammenschluß einer Fülle von diffus und diskret, hier mehr, dort weniger, stellenweise gar nicht vorhandenen *Einzel*erscheinungen, die sich [...] einseitig hervorgehobenen Gesichtspunkten fügen" (Weber 1904/2002, 126, Hervorh. im Original); solche Gesichtspunkte sind eingebettet in Erklärungen, die im Blick auf die „empirisch gegebenen Tatsachen" der sozialen Welt entdeckte Zusammenhänge „pragmatisch *veranschaulichen* und verständlich machen können" (Weber 1904/2002, 125, Hervorh. im Original). Vielmehr gehen wir, wenn von Typisierung die Rede ist, auch davon aus, dass in den rekonstruierbaren „Erwartungserwartungen sozialer Akteure" (Deppermann, Feilke & Linke 2016a, 8; Ehlich & Rehbein 1972/1975, 104) vertraute Lösungen für (ähnlich) wiederkehrende „Probleme" – nicht zuletzt kommunikativer Art (vgl. Berger & Luckmann 1969/2004, 27; Bergmann 1988, 37; Bergmann 2001, 923) – verankert sind. Individuell handelt es sich um Routinen, sozial um konventionelle Gepflogenheiten, wobei nicht alle individuellen Routinen sozialen Gepflogenheiten entsprechen (vgl. Schulz-Schaeffer 2010, 334; Habscheid

---

[41] Mit der Plausibilisierung der Ergebnisse und der Herstellung intersubjektiver Nachvollziehbarkeit von Schlussfolgerungen und Ergebnissen sind wesentliche Gütekriterien qualitativer Sozialforschung erfüllt.
[42] Vgl. Scholl (2016) zu einer Kurzeinführung in „die eher induktiv und explorativ[e]" (Scholl 2016, 16) „Logik qualitativer Methoden in der Kommunikationswissenschaft" (Scholl 2016, Titel) in Abgrenzung zum quantitativen, „eher deduktiv-nomologisch[en]" (Scholl 2016, 16) Forschungsparadigma und den jeweiligen erkenntnistheoretischen Axiomen.

2016, 134). Wesentlich durch Sprache realisierte kommunikative Gepflogenheiten können in Anlehnung an Wittgenstein (1958/1971) und Cassirer (1965) für spezifische „Sprachspiele" als Ausschnitte aus dem „kommunikativen Haushalt" einer Gesellschaft (Luckmann 1988) beschrieben und dabei auch im Blick auf die im Alltag zumeist implizit bleibenden „Probleme" neu lesbar gemacht werden. Dabei können bestimmte sprachliche Ausdrucksformen (korpusbasiert) als charakteristisch für bestimmte kommunikative Praktiken einbezogen sein, ein notwendiger Zusammenhang besteht bei vielen, formal variationsreichen und für Veränderungen stets offenen Gattungen jedoch nicht (vgl. Deppermann, Feilke & Linke 2016a, 8 ; 18).

Überhaupt beruhen Praktiken in einem derartigen Verständnis nicht einfach auf der Wiederholung von strukturellen Mustern und streng genommen auch nicht auf deren situationssensitiver ‚Anpassung' (Deppermann, Feilke & Linke 2016a, 9), sondern sie sind ihrem Charakter nach stets *zugleich* reproduktiv und dynamisch, auf der Basis einer beweglichen, reflexiven „Infrastruktur" der Interaktion (vgl. Schegloff 2006/2012; Habscheid 2016). Konsequenterweise spricht Schatzki (2016, vgl. Schäfer 2016) von einer „flachen Ontologie", die sozialtheoretisch die Polarität von „Makroebene" (langfristig stabile soziale Strukturen, Technologien, Systeme von Werten, Normen, Symbolen etc.) und „Mikroebene" (individuelles Handeln, idealtypisch zu weiten Teilen geleitet von rationalen Zwecken und Kalkülen) überwindet (vgl. auch Schulz-Schaeffer 2010, 334; Hörning & Reuter 2004, 13; Ayaß & Meyer 2012): Dementsprechend werden Praktiken erachtet als „the central social phenomenon by reference to which other social entities such as actions, institutions, and structures are to be understood" (Schatzki 1996, 11):

> By virtue of the understandings and intelligibilities they carry, practices are where the realms of sociality and individual mentality/activity are at once organized and linked. Both social order and individuality, in other words, result from practices (Schatzki 1996, 13).

An die Stelle von individueller Kognition einerseits, Gesellschaften als „large-scale, unified totalities" andererseits, tritt ein „pluralistic and flexible picture of the constitution of social life" (Schatzki 1996, 12), sogar technologische Infrastrukturen werden als „beträchtlich formbar" (Schatzki 2016, 38) erachtet. Praktiken

> (1) help institute which mental states and actions humans are and can be in and (2) are the contexts in which humans acquire the wherewithal to be in these states and to perform the actions that compose practices (Schatzki 1996, 12 f.).

,Handlungen' als Sinnheiten resultieren einer solchen Ontologie nach aus Praktiken, Praktiken selbst können dagegen theoretisch besser als ‚Betragen' charakterisiert werden.[43] Während Handlungen mit kulturellen Wissenshintergründen verwoben sind (vgl. Habscheid 2016), gilt die interaktionale Infrastruktur als in ihrem Kern vorvertraglich (vgl. Ayaß & Meyer 2012, 14 f.), gebunden an Körperlichkeit, materielle Umgebungen und wechselseitige Wahrnehmung. Diese Komplexität bleibt auch in konkreten kulturellen und sprachlichen Praktiken erhalten, die über weite Strecken mehr als ein durch Sozialisation bzw. Übung erworbenes „leibliches Können" und „implizites Wissen darüber, wie etwas gemacht wird" (Deppermann, Feilke & Linke 2016a, 8), konzeptualisiert sind und nur zu einem geringen Teil als verankert „in bewusster und begrifflich repräsentierter Form" (Schulz-Schaeffer 2010, 326; Garfinkel 1960/2012, 56 f.).

Vor diesem ontologischen Hintergrund liegt es auf der Hand, dass Praktiken nur, freilich ausgehend von den situierten „materiellen Formen" einschließlich der sprachlichen, interpretativ rekonstruiert werden können (Deppermann, Feilke & Linke 2016a, 15). An dieser Stelle überschneidet sich die Ontologie der Praxistheorie mit den methodologischen Überlegungen Webers zur verstehenden Sozialforschung, die hier nicht im Einzelnen entfaltet werden können (vgl. dazu in linguistischer Perspektive Auer 1999, 103–114). Nach Reichertz kommt bei solchen Rekonstruktionshandlungen eine sozialwissenschaftliche Hermeneutik zum Tragen, die „das Vergangene in die Gegenwart bringt", indem sie ausgehend vom beobachteten kommunikativen Handeln fragt, „was war das Problem?" (Reichertz 2016, 35). Dabei kann – wie es Reichertz für die Objektive Hermeneutik skizziert – „[e]ine einmal rekonstruierte Fallstruktur [...] bei der Interpretation von weiteren Exemplaren des gleichen Typs als zu falsifizierende Heuristik genutzt werden" (Reichertz 2016, 39). In Untersuchungen, die eine solche Betrachtungsweise und Konzeption zu Grunde legen und ernst nehmen, sind sprach-/sozialwissenschaftliche auch immer zugleich kulturwissenschaftliche Untersuchungen und vice versa. Untersucht werden „Sprache als Ressource und sprachliche Handlungen als kulturelle Praktiken" (bzw. als deren bedeutsamer

---

43 Der Ausdruck Betragen (der sicherlich auch unerwünschte Konnotationen hat) wird in Arbeiten aus der deutschsprachigen ethnomethodologischen Forschung als Übersetzung für englisch *conduct* vorgeschlagen (so von Christian Meyer in seiner Übersetzung eines Textes von Harold Garfinkel, vgl. Garfinkel 1960/2012, 41, Anm. 2). Wir schließen uns dem an – zum einen, um im Sinne der Erläuterung Meyers der Dichotomie von ‚Handeln' vs. ‚Verhalten' zu entgehen, zum anderen, weil uns der Verweis auf die sozialisatorische Fundierung von Praktiken durchaus gelegen kommt. Vgl. auch Habscheid 2016, 132. In den Worten Jack Sidnells (2017): „Action in interaction is conduct under a description".

Bestandteil, s.o.), „die zur Konstruktion sozialer Wirklichkeiten beitragen" (Günthner 2013, 348).

Die Notwendigkeit des ergänzenden Einsatzes von ethnografischen zu konversationsanalytischen Methoden begründet Günthner (2013, 353) folgendermaßen:

> Diese methodische Kopplung setzt die lokale Produktion von Bedeutung in konkreten Gesprächssituationen in Beziehung zu gesellschaftlich-kulturellen Erwartungen und Konventionen, die die Interaktionsteilnehmer(innen) in die Kommunikationssituation mitbringen.

Diese sind nicht immer alleine aufgrund der Interaktionsdaten inferierbar. Deppermann (2013, 47) expliziert diesen Zusammenhang wie folgt:

> Ethnographisches Wissen über das Teilnehmerwissen, also darüber, was den Teilnehmern als Wirklichkeit gilt und welche Praktiken welche Aspekte sozialer Wirklichkeit kontextualisieren, ist oftmals notwendig, um die Indizierung, die Reproduktion, die Modifikation oder die Kritik an makrosozialen Geltungen zu erkennen. [...] Makrosoziale Strukturen sind wesentlich in Teilnehmerwissen verankert und hängen von diesem ab, da die prozessuale Enaktierung und Reproduktion sozialer Wirklichkeit auf dem Einsatz dieses Wissens im Kontext von Interaktionspraktiken beruht.

Das heißt analysepraktisch, dass der Einbezug von ethnografisch ermittelten Hintergrundinformationen (z.B. zu den Personen und Gruppenkonstellationen, zur außersprachlichen Situation oder zur Aufführung) an einigen Stellen sinnvoll oder sogar notwendig sein kann. Neben dem Einbezug von Kotext, Kontext-, Situations- und weiterem ethnografischem Wissen kann auch der Vergleich von möglichst unterschiedlichen Gesprächskonstellationen für eine überindividuelle Typenbildung notwendig sein.[44] Dem wurde im Projekt versucht Rechnung zu tragen, indem zwei unterschiedliche Theater in unterschiedlichen Städten sowie möglichst unterschiedliche Theateraufführungen und Teilnehmer(innen) mit unterschiedlichen Beziehungen innerhalb der Teilnehmergruppen berücksichtigt (vgl. Abschnitt 3.2 und Kapitel 2, i.d.B.) und Beobachtungen sowie Schlussfolgerungen jeweils nach Möglichkeit an anderem Datenmaterial überprüft wurden. Dabei kann es allerdings bei empirischen gesprächslinguistischen Forschungsprojekten nicht um Repräsentativität wie in quantitativen Forschungsparadigmen gehen. Dies betont Scholl (2016, 28; in Anlehnung an Flick 2007, 124 und Lamnek 2010, 167), indem sie schreibt, dass die „Relevanz der gefundenen Strukturen" (in der qualitativen Sozialforschung) das „entscheidende Kriterium" ist

---

[44] Daran wird deutlich, dass auch eine „qualitativ angelegte Studie [...] nicht ohne zumindest implizite Quantifizierungen oder Standardisierungen aus[kommt]" (Scholl 2016, 19).

und „nicht Repräsentativität (einer Stichprobe für die Grundgesamtheit)" im Rahmen einer anvisierten (im weiteren Sinne) „Generalisierung der Ergebnisse", was unter anderem durch eine heterogene Stichprobe und kontextsensitive Auswertungen ermöglicht wird (vgl. Scholl 2016, 29).

3.5 Fazit und Ausblick

Die im Anschluss an die Pilotstudie entwickelten Fragestellungen und vorläufigen Grundannahmen konnten mit dem Forschungsdesign angemessen bearbeitet und untersucht werden. Außerdem konnte – Regeln, Konventionen und Best-Practice-Empfehlungen aufgreifend und teilweise erweiternd – ein bzgl. Datenschutzrichtlinien und bzgl. des wissenschaftspraktischen Umgangs mit Gesprächsdaten zielführendes Vorgehen etabliert werden, das sich auf andere – im weitesten Sinne vergleichbare – Forschungsprojekte übertragen lässt.

Während und nach dem Ende des Forschungsprojekts wurden im Rahmen des Pilotprojekts „Technische Unterstützung von Forschung und Lehre im Bereich Germanistik/Angewandte Sprachwissenschaft"[45] praktische Lösungen für den Umgang mit unterschiedlichen Datentypen aus diesem und weiteren Forschungsprojekten erarbeitet, um die Daten auch für nachfolgende, sekundäre Erforschungen und unterschiedliche Lehrszenarien aufzubereiten.

In technischer Hinsicht ging es konkret um die Entwicklung einer kooperativen Forschungs- und Arbeitsumgebung für die Erhebung, Aufbereitung und Analyse akustischer und audiovisueller Gesprächsdaten. Neben Fragen der Datenzugänglichkeit wurden dabei auch (praktische, technische, methodische) Fragen zur Datenerhebung, Datensicherheit und -sicherung sowie Datenaufbereitung in den Blick genommen, um ein nachhaltiges umfangreiches Datenkorpus aufzubauen, das sich für die Erforschung möglicher Anschlussfragen sowie für die (wenigstens teilweise) Nutzung in unterschiedlichen Lehr- und Lernkontexten eignet und unterschiedlichen Nutzer(inne)n mit abgestuften Nutzungsrechten – je angemessen bzgl. Datensicherheit und -schutz – zur Verfügung gestellt werden kann. Da ein Netzlaufwerk für diese Zwecke zu kurz greift, setzt das künftig wei-

---

45 Dabei handelte es sich um das Siegener eHumanities-Teilprojekt „Technische Unterstützung von Forschung und Lehre im Bereich Germanistik/Angewandte Sprachwissenschaft" von Stephan Habscheid und Jan Gerwinski im Rahmen des Siegener eHumanities-Forschungsverbunds (vgl. http://ehumanities.uni-siegen.de). An dieser Stelle möchten wir uns auch bei den Siegener Kolleg(inn)en vom Zentrum für Informations- und Medientechnologie (ZIMT), Sabine Roller, Volker Hess und Christian Trapp für die gute Zusammenarbeit bedanken.

ter zu entwickelnde Datenarchiv auf der Open-Source-Repositorien-Software Islandora[46] auf. Diese Software bietet u.a. eine Verknüpfung unterschiedlicher Daten in Form sog. Compound-Objekte, mehr Sicherheit durch ein komplexes Versionen- (statt Überschreibungs-) und Logfilesystem und eine automatisierte Backup-Lösung sowie durch ein umfassendes Zugriffs- und Rechtemanagementsystem, um ausgewählte Teile des Korpus unterschiedlichen Nutzergruppen zur Verfügung stellen zu können.

---

46 Vgl. http://islandora.ca (Islandora selbst ist wiederum Drupal-basiert (vgl. http://www.drupal.de)).

3.6 Anhang

Fakultät I: Philosophische Fakultät
Germanistik / Angewandte Sprachwissenschaft

UNIVERSITÄT SIEGEN • D-57068 Siegen

Prof. Dr. Stephan Habscheid
XXX
XXX
Telefon: XXX
Telefon: XXX (Sekretariat)
Telefax: XXX
XXX@uni-siegen.de

01.03.2018

Liebe Teilnehmerinnen und Teilnehmer,

in einem gemeinsamen Projekt an den Universitäten Siegen und Bonn unter der Leitung von Prof. Dr. Stephan Habscheid und Dr. Erika Linz, das von der Deutschen Forschungsgemeinschaft (DFG) in den Jahren 2014/15 gefördert wird, werden zur Zeit Pausengespräche unter Theaterbesuchern aus der Perspektive der Germanistischen Sprachwissenschaft erforscht. Unter anderem soll untersucht werden, wie Pausengespräche sprachlich gestaltet sind und wie in solchen Gesprächen die ästhetischen Erfahrungen während der Aufführung sprachlich aufgegriffen und weiterverarbeitet werden.

Das Datenmaterial des Projekts stellen informelle Gespräche in kleinen Zuschauergruppen dar, die in den Pausen während der Aufführung bzw. zwischen der Aufführung und öffentlichen Publikumsgesprächen aufgenommen werden. Jede/r der Teilnehmer/innen wird ein Aufnahmegerät mit Ansteck-Mikrofon erhalten, das er/sie zu Beginn der jeweiligen Pause anstellen und mit Beginn des 2. Teils bzw. des öffentlichen Publikumsgesprächs wieder ausschalten soll.

Die Gesprächsaufnahmen werden zur Auswertung in anonymisierter Form verschriftet. In den Veröffentlichungen zum Projekt werden Ausschnitte aus den Transkripten in anonymisierter Form publiziert. Zu den Aufnahmen haben nur die Mitarbeiterinnen und Mitarbeiter des Projekts Zugang. Wenn Sie es möchten, können Sie den Projektleitern und -mitarbeitern darüber hinaus gestatten, kurze Audio- und Transkript-Ausschnitte – namentlich anonymisiert – in Vorträgen zu verwenden.

Ihre Einwilligung ist freiwillig und kann jederzeit mit Wirkung für die Zukunft widerrufen werden. Sie haben das Recht, die Sie betreffenden Daten einzusehen und ihre Richtigstellung, Löschung oder Ergänzung zu verlangen. Wenn Sie die Einwilligung zu den Audioaufnahmen verweigern, entstehen Ihnen daraus keinerlei Nachteile.

Ich habe mich mit den oben genannten Verwendungszwecken vertraut gemacht. Ich bin mit der Aufnahme, projektbezogenen Archivierung und Nutzung meiner Aufnahmen zu den erwähnten wissenschaftlichen Zwecken einverstanden (Zutreffendes bitte ankreuzen):

O Veröffentlichung anonymisierter Ausschnitte in Schriftform (Transkripte)

O Veröffentlichung anonymisierter Ausschnitte in Schriftform (Transkripte) und namentlich anonymisierte Verwendung kurzer Audio- und Transkript-Ausschnitte in Vorträgen.

_____   _____   _____
Ort, Datum   Unterschrift   Name (in Blockschrift)

Abb. 14: Einverständniserklärung

Metadaten

Rot: werden später / zentral ausgefüllt

Bitte bei der Erhebung den Punkt <u>Zusatzmaterial</u> beachten!

1. Basisdaten (Kennung / Zeit / Ort / Teilnehmer)

Nummer der Aufnahme (Die Nummer wird vom Erheber vergeben, sie ist nur vorläufig und dient der eindeutigen Identifikation bei der Erhebung, es handelt sich nicht um eine Inventar-Nummer des Archivs.)	
Kurzbezeichnung der Aufnahme (Zur besseren Unterscheidung der Aufnahmen bei der Erhebung werden zusätzlich zu den Nummern auch Kurzbezeichnungen vergeben wie "Urlaubsplanung", "Spieleabend", "WG-Streit".)	
Aufnahmedatum	
Uhrzeit von / bis	
Aufnahmedauer	
Ort (PLZ)	
Räumlichkeit (Beispiel: Büro, Klassenzimmer, Küche)	
Institution (wenn zutreffend Institution, in der die Aufnahme gemacht wurde.)	
Gesprächsteilnehmer (Klarnamen aller anwesenden Teilnehmer inklusive Forscher (unabhängig von tatsächlicher Gesprächsbeteiligung))	

Abb. 15: Metadatenformular

Datenschutz (Formular Siegen)	
(Unterschriebene Standard-Erklärung von jedem einzelnen Teilnehmer mit individuellen Einschränkungen und Abreden, die erst im Archiv ausgewertet wird, um die Nutzungsrechte für die Aufnahme festzulegen.)	
Datenschutz (Formular IDS)	
(Unterschriebene Standard-Erklärung von jedem einzelnen Teilnehmer mit individuellen Einschränkungen und Abreden, die erst im Archiv ausgewertet wird, um die Nutzungsrechte für die Aufnahme festzulegen.)	

2. Aufnahmebedingungen (Wer / Wie?)

Verantwortliche/r für die Aufnahme	
Aufnahmegerät/e (Typ von Videokamera / Audiorekorder)	
Mikrofon (Typ)	
Position (Schaubild in Aufsicht mit der Position der Aufnahmegeräte und der Gesprächsteilnehmer)	
Besondere Aufnahmebedingungen / Aufnahmestörungen (Informationen z.B. zum Einsatz mehrerer Geräte und ihrem Verhältnis zueinander. Beispiel: Es wurden parallel eine Video- und eine Audioaufnahme gemacht, die Geräte wurden gleichzeitig gestartet. Störungen: z.B. Radiomusik, Straßenlärm, schlechte Lichtverhältnisse wie z.B. Gegenlicht, Dunkelheit, verrauschte Aufnahme)	
Vollständigkeit der Aufnahme (Verhältnis der Aufnahme zum sozialen Ereignis: wurde die Interaktion vollständig aufgezeichnet oder fehlen Anfang oder Ende oder Zwischenphasen (z.B. wegen Bandwechsel oder Pause / Unterbrechung der Interaktion)? Wurden auch Vor- oder Nachgespräch aufgezeichnet?)	

Abb. 15: Metadatenformular (fortgesetzt)

Datenträger (Anzahl, Typ und Beschriftung der erstellten Datenträger. Beispiel: 4 Mini-DV-Cassetten, Beschriftung "Abendessen 1.1.2009 1-4" / 1 Flashcard, Beschriftung "Abendessen 1.1.2009 ")	
Mediendateien (Anzahl, Typ, Benennung und Speicherort der erstellten Mediendateien. Beispiel: 2 WAVE-Dateien "Abendessen 1" und "Abendessen 2" auf Flashcard)	

3. Interaktionsmerkmale ("Beschreibung")

Anzahl Teilnehmer (Anzahl aller Teilnehmer an der Interaktion (nicht nur Sprecher!). Nicht gezählt wird Publikum ohne Rederecht. Gezählt werden hier auch anwesende Forscher, auch wenn sie nicht interagieren. Beispiel: 6 Teilnehmer, davon ein Forscher ohne Redebeitrag, Lehrer mit 27 Schülern = 28, Arbeitsbesprechung mit 5 Mitarbeitern, von denen einer keinen Redebeitrag liefert = 5.)	
Mediale Realisierung (Face-to-Face, Telefongespräch)	
Gesprächstyp (Anlass oder Zweck des Gesprächs. Beispiele: Abendessen in Familie / Studenten-WG, Urlaubsplanung in der Familie, Mitarbeiterbesprechung, Kundenberatung.)	
In der Interaktion verwendete Sprachen (Beispiel: Deutsch, Türkisch, Russisch)	
Sprachmischung (einsprachig: es wird nur eine Sprache verwendet. zweisprachig: mindestens eine Äußerung wird in einer anderen als der Basissprache gemacht (Ausnahmen: Benutzung einzelner Fachbegriffe, Fremdworte, Zitate, Redewiedergaben zählen nicht als zweite Sprache)	
Gesprächszusammenfassung (Zusammenfassung der wichtigsten Gesprächsmerkmale in einem Satz.)	

Abb. 15: Metadatenformular (fortgesetzt)

"Familie mit drei Kindern plant den nächsten Sommerurlaub in Italien." "Studenten-WG trifft sich in der Küche zum gemeinsamen Abendessen.")	
Gesprächsthemen (Die wichtigsten Themen in (wenigen) Stichworten (offene Liste). Beispiele: Wahlen in Hessen, Bundesliga, Magisterprüfung, Videokameras, Schuhe usw.)	
Gesprächsverlauf (Grobe zeitliche Abfolge von Gesprächsphasen / Gesprächsereignissen mit Zeitangabe (wird beim Kontrollabhören nach der Aufnahme erstellt). Nur Stichworte, nicht mehr als eine Seite. Änderungen im Gesprächsrahmen müssen erfasst werden (Teilnehmerzahl, Gesprächsmodus usw.). Beispiel: 00-09: Gemeinsame Kataloglektüre 09-31: Vor- und Nachteile der ausgewählten Angebote werden diskutiert 31-37: Sohn ärgert Tochter)	
Relevante Zusatz-Informationen / Sonstige Umstände (Informationen, die zum Verständnis der Aufnahme notwendig sind: beteiligte Haustiere, Verweis auf verwendete Gegenstände wie Kataloge, Zeitungen, Bilder, Briefe, Fernbedienungen, Handys usw., Angaben zum Essen)	
Zusatzmaterial (Material, das bei der Aufnahme eine Rolle gespielt hat und verfügbar ist (z.B. Zeitungsartikel, Brief, Foto). Das Material soll nach Möglichkeit mitarchiviert werden.)	

4. Forscherbeteiligung	
An Interaktion beteiligte Forscher (Namen aller Forscher (Techniker usw.), die an der Interaktion (nicht am Projekt!) teilgenommen haben, auch wenn sie keinen Redebeitrag geleistet haben. Werte: Klarnamen "keine": wenn Aufnahme von Feld in Eigenregie gemacht wird)	
Forscherinvolviertheit (Wenn Forscher an Interaktion beteiligt waren, muss für jeden Forscher angegeben werden, ob er nur	

Abb. 15: Metadatenformular (fortgesetzt)

anwesend ist oder wie er sich an der Interaktion beteiligt (verbal / non-verbal) und ob er das in einer authentischen sozialen Rolle ("echter Teilnehmer") oder als Forscher tut. Werte: - anwesend (nur Beobachter) - beteiligt (ratifizierter Partizipant: z.B. Moderator) - soziale Rolle: Forscher oder Feldrolle: z.B. Jugendhelfer, Teammitglied, Mutter)	
Elizitierung (Angabe, ob die Interaktion zum Zweck der Forschung durchgeführt wird (z.B. Interview, Rollenspiel, Map Task) oder auch ohne Forscherbeteiligung stattgefunden hätte ("authentisch"). Werte: elizitiert – nicht elizitiert)	
Vorgaben (Wurde die Interaktion elizitiert, werden hier die Vorgaben angegeben, die die Forscher gemacht haben, und die gesamten Rahmenbedingungen beschrieben (z.B. Laborsetting). Beispiel: Interview-Leitfaden, Leseliste, Rollenspiel-Szenario, Arbeitsanweisung mit Arbeitsmaterial)	

5. Sprecherinformationen: separat

Abb. 15: Metadatenformular (fortgesetzt)

Sprecher(in)informationen

Mit *: nur erforderlich bei Aufnahme in das FOLK-Korpus

Name (wird später durch Sigle ersetzt)	
Alter (nicht Geburtsdatum)	
Geschlecht (m/w)	
Muttersprache/n (Sprache, Dialekt)	
Sprachkenntnisse* (Erfassung der Fremdsprachenkenntnisse in den Kategorien Hören/Sprechen/Lesen/Schreiben)	
Beeinträchtigungen des Ausdrucks* (Schwerhörigkeit, Zungenpiercing, etc.)	
Sprachbiographie* In welchen Regionen haben Sie im Lauf ihres Lebens gelebt (von der Geburt bis heute)? Beispiel: 1971-1975 Bielefeld, 1975-1985 Mannheim, etc.)	
Höchster Bildungsabschluss (Bsp.: Realschulabschluss)	
Berufsausbildung (Bsp.: Einzelhandelskauffrau)	
aktuell ausgeübter Beruf (Bsp.: Web-Designerin)	
Soziale Zugehörigkeit (für das Gespräch relevante Zugehörigkeit zu sozialen Gruppen wie SPD-Mitglied, Katholik, etc.)	

Abb. 16: Sprecher(in)informationen

Soziale Position/Rolle in der Aufnahme In welcher kommunikativ relevanten Beziehung stehen Sie zu den anderen am Gespräch beteiligten Personen und zu Personen, über die gesprochen wurde, und wie lange? Beispiel: Arbeitskollegen seit 6 Monaten / meine Familie (Eltern, Bruder, Schwester) / Studienkollegen seit 3 Jahren / WG-Mitglieder seit 2 Wochen / Moderator / Chef seit 3 Jahren / usw.	
Gruppe	
Theaterbesuche pro Jahr	
Anmerkungen	

Abb. 16: Sprecher(in)informationen (fortgesetzt)

Jan Gerwinski, Erika Linz
4 Methodik II: Beobachterparadoxon – die Aufnahmesituation im Gespräch

unter Mitarbeit von Marit Besthorn

4.1 Einleitung

Eines der grundlegenden Probleme bei der sozial- und sprachwissenschaftlichen Analyse von Gesprächen, das nicht nur im wissenschaftlichen Diskurs kritisch diskutiert, sondern auch von Proband(inn)en und einer interessierten Öffentlichkeit immer wieder thematisiert wird, ist die Frage nach der ‚Natürlichkeit' resp. ‚Authentizität' der Daten in offenen Aufnahmesituationen.

Aufgrund ethischer Grundsätze und gesetzlicher Vorschriften ist es unumgänglich, die Probanden(innen) vorab über eine Aufzeichnung und deren weitere Verwendung zu informieren (vgl. Kapitel 3, i.d.B.). Für gesprächsanalytische Untersuchungen ergibt sich daraus die generelle Frage, inwiefern das Wissen um die Aufnahmesituation Einfluss auf das Gesprächsverhalten der Probanden(innen) nehmen kann und inwieweit dadurch auch der Natürlichkeits- resp. Authentizitätsanpruch der Gesprächsanalyse tangiert wird. Um dieser Frage nachzugehen, soll im Folgenden in kritischer Auseinandersetzung mit dem Natürlichkeitspostulat[1] und damit der Frage nach der ökologischen Validität der Daten (vgl. Deppermann 2008, 25 und Deppermann & Spranz-Fogasy 2001, 1155 und Abschnitt 4.2, i.d.B.), diskutiert werden, in welcher Weise sich Gestaltung und Kenntnis der Aufnahmesituation auf die Gesprächsdaten auswirken können und welche Konsequenzen sich daraus mit Blick auf ihre Auswertung ableiten lassen.[2]

---

[1] Da die Authentizitätsdebatten ein sehr viel breiteres Themenspektrum umspannen, das auch alltagssprachliche Verwendungen einschließt, werden wir uns in diesem Beitrag v.a. auf die Aspekte der ökologischen Validität und Natürlichkeit fokussieren und den Authentizitätsbegriff höchstens dort aufgreifen, wo er im Kontext des Natürlichkeitspostulats Erwähnung findet.

[2] Auf die vermeintliche Natürlichkeit von Daten aus aufgezeichneten narrativen Interviews wird im Weiteren nicht näher eingegangen (außer indirekt über die Bezüge zu Labov). Es soll aber zumindest darauf hingewiesen werden, dass das Problem in der sozialwissenschaftlichen Interviewforschung ebenfalls kontrovers diskutiert wird (vgl. z.B. Lee 2004, v.a. ab S. 880, De Fina & Perrino 2011 und Deppermann 2013a).

Open Access. © 2018 J. Gerwinski, E. Linz, M. Besthorn, publiziert von De Gruyter. Dieses Werk ist lizenziert unter der Creative Commons Attribution-NonCommercial-NoDerivatives 4.0 Lizenz.
https://doi.org/10.1515/9783110527094-005

Dazu werden wir in einem ersten Schritt skizzieren/rekapitulieren, was in der konversationsanalytisch geprägten Gesprächslinguistik unter Natürlichkeit von Daten verstanden wird und inwiefern das Kriterium Natürlichkeit in Bezug auf die von uns untersuchten ‚Sprachspiele' differenziert werden muss.[3] Unter Bezug auf die bisherige Debatte um das Beobachterparadoxon diskutieren wir in einem zweiten Schritt die Implikationen, die sich aus dem forschungsethisch unumgänglichen Wissen der Proband(innen) um die Beobachtung für das Datenerhebungsdesign, die Formulierung der Forschungsfragen und die Datenauswertung in unserem Forschungsprojekt ergeben haben. In einem dritten Schritt werden wir anhand unseres Datenkorpus Möglichkeiten eines konstruktiven Umgangs mit den Auswirkungen der Aufnahmesituation auf die Gespräche ausloten. Als theoretische (und methodologische) Grundlage wird dabei der Bezug auf Goffmans Rahmenkonzept dienen.

Wir wenden uns mit dieser Diskussion zugleich gegen Untersuchungen, die dem Natürlichkeitspostulat der Gesprächsanalyse nachzukommen versuchen, indem sie Probleme, die aus der (graduell abzustufenden) Notwendigkeit des Arrangierens einer Datenerhebung und einer Vorab-Unterrichtung der Proband(innen) über die Aufnahme resultieren, marginalisieren und entsprechende Gesprächshinweise eher auszublenden versuchen. Außen vor bleibt bei der häufig zu beobachtenden Ausklammerung solcher Gesprächsausschnitte, in denen die Aufnahmesituation o.Ä. thematisiert wird, auch der kreative Umgang mit dem Wissen um die Beobachtungssituation, der in vielen dieser Thematisierungen zum Ausdruck kommt.

4.2 Natürlichkeit der Daten

Die Forderung nach einer ‚natürlichen' Datengrundlage gehört zu den elementaren Grundsätzen gesprächsanalytischer Forschung. Was aber unter der ‚Natürlichkeit' von Daten zu verstehen ist, wird je nach Forschungsansatz sehr unterschiedlich beantwortet. Grundlegend für den Begriff der Natürlichkeit ist seine Bedeutung als Abgrenzungsbegriff zu anderen Forschungsmethoden.[4] In

---

[3] Zu berücksichtigen sind dabei die unterschiedlichen Beziehungen und Gesprächssituationen (vgl. Vertrautheit, kommunikative Gattungen, Öffentlichkeiten, Bystander etc.).

[4] Monahan & Fisher (2010, 357 in Anlehnung an Agar 1980 und Forsythe 1999) sehen in der Kritik an ethnographischen Methoden die implizite Annahme, „that other methods, particularly quantitative methods, are more objective or less prone to bias", und verbinden damit eine dem zu Grunde liegende Hierarchisierung und unterschiedliche Wertschätzung verschiedener Forschungsansätze und Fächer (vgl. Monahan & Fisher 2010, 359).

sprachwissenschaftlicher Tradition richtet sich die Forderung nach natürlichen Daten zunächst vor allem gegen strukturalistische Ansätze einer kontextfreien Sprachbetrachtung und stellt diesen die Untersuchung der Sprachperformanz, d.h. eines situierten Sprachgebrauchs entgegen. In sozialwissenschaftlicher Tradition wendet sich die Forderung primär gegen experimentelle Untersuchungsdesigns und stellt diesen ein registrierendes Verfahren der Datenerhebung entgegen, das „data drawn from ‚real life' situations of action" (Goodwin & Heritage 1990, 289) nutzt.

Mit Blick auf gesprächsanalytische Untersuchungen lassen sich damit zwei grundlegende methodische Probleme unterscheiden, die für die Frage nach der Natürlichkeit der Datenbasis relevant sind: 1. bezogen auf das Problem der Datengenerierung (a) die Frage nach der Legitimität (mehr oder weniger) arrangierter Aufnahmesettings und elizitierter Daten sowie (b) die Frage nach einem angemessenen, möglichst wenig invasiven Aufnahmeverfahren einschließlich der verwendeten Aufnahmetechnik, sowie 2. bezogen auf das Problem der Datenauswertung die Frage nach dem aufnahmesituationalen Einfluss auf die Daten und seiner Berücksichtigung bei den Datenanalysen. Letzteres Problem wird im Allgemeinen unter dem durch Labov geprägten Stichwort des Beobachterparadoxons diskutiert. Auch wenn beide Probleme in der gesprächsanalytischen Methodendebatte nicht immer deutlich getrennt werden, sollen sie hier separat behandelt werden, da es sich u.E. um qualitativ zu differenzierende Aspekte handelt, die teilweise auch auf unterschiedliche Theoriediskurse rekurrieren. In der deutschsprachigen Literatur wird mit dem Begriff der Natürlichkeit vor allem das erstgenannte Problem der Datenerhebung adressiert, Fragen der Datenauswertung werden häufig eher implizit angesprochen.

Die gesprächsanalytische Maxime einer Untersuchung ‚natürlicher' Daten entspringt primär der – wesentlich auf Garfinkel (1967) zurückgehenden – Kernannahme der ethnomethodologischen Konversationsanalyse, dass soziale Tatsachen von den Mitgliedern einer Gesellschaft in ihrem alltäglichen Handeln erst hervorgebracht und „intersubjektiv ratifiziert" werden (Bergmann 2010, 261). Verbunden damit ist die Forderung, den Forschungsfokus auf „the most commonplace activities of daily life" (Garfinkel 1967, 1) zu richten und die ‚Vollzugswirklichkeit' in der sozialen Interaktion zu untersuchen. In Abgrenzung etwa zur Dialoganalyse und zur sozialwissenschaftlichen Tradition experimenteller Settings leitet die Konversationsanalyse daraus die methodische Maxime ab,

> [...] nicht Erinnerungen, imaginierte Beispiele oder experimentell induziertes Verhalten, sondern Aufzeichnungen von real ablaufenden, **natürlichen'** Interaktionen zum Gegenstand der Analyse zu machen. Dahinter steckt das Bemühen, die Analyse darauf zu ver-

pflichten, sich auf den dokumentierten Ablauf dieser Vorgänge selbst zu stützen, anstatt idealisierte Versionen von sozialen Vorgängen als Daten zu benutzen. (Bergmann 2010, 266; Hervorhebung im Orig.)

Während die ethnomethodologisch motivierte Einschränkung der Analyseobjekte auf „ordinary conversational interaction" (Goodwin & Heritage 1990, 289) schon seit den 1980er Jahren aufgegeben wurde, wirkt die Abgrenzung zu Untersuchungen von „idealisierte[n] Versionen von sozialen Vorgängen" in der gesprächsanalytischen Debatte um die Natürlichkeit der Datenbasis bis heute fort.[5] In den methodischen Reflexionen um das Natürlichkeitspostulat manifestiert sich weiterhin der konversationsanalytische Anspruch, „ausschließlich Aufzeichnungen real ablaufender natürlicher Interaktionen" zum Untersuchungsgegenstand zu machen. Die Interaktionen müssen dabei „in ihrem ursprünglichen real-zeitlichen Ablauf fixiert und dürfen nicht erst im Nachhinein rekonstruiert werden" (Keppler 2006, 301). Ten Have formuliert entsprechend für die Konversationsanalyse (=CA) das methodische Ideal:

> The general CA recommendation for making recordings is that these should catch ‚natural interaction' as fully and faithfully as is practically possible. The term ‚natural' in this expression refers to the ideal that the interactions recorded should be ‚naturally occurring', that is ‚non-experimental', not co-produced with or provoked by the researcher. (Ten Have 2007, 68)

‚Ideal' suggeriert in diesem Zitat bereits die Unmöglichkeit des Handlungsziels. Strittig bleibt jedoch, was genauer unter „‚real life' situations of action" und „real ablaufenden, ‚natürlichen' Interaktionen" zu fassen ist. Schließt eine solche Definition Gespräche aus, die eigens zum Zweck der Aufnahme arrangiert wurden? Folgt man etwa der methodischen Vorgabe ten Haves, dann scheinen solche Gespräche in der Tat nicht in den Bereich „natürlicher" Gesprächsdaten zu fallen. Allerdings signalisiert seine Charakterisierung der methodischen Empfehlung als „Ideal" bereits, dass der Anspruch nicht-provozierter Daten zwar als Ziel im Forschungsprozess anvisiert werden sollte, in der Regel aber in dieser Form nicht einlösbar ist. Auch bei anderen Versuchen, das Kriterium der Natürlichkeit näher zu bestimmen, ist das Argument vorherrschend, dass – wie etwa Sager (2001, 1023) formuliert – „das Gespräch, das dokumentiert wurde, auch dann stattgefunden hätte, wenn keine Aufnahme durchgeführt worden wäre." Natürliche Gespräche können für Sager daher nur solche sein, „die spontan entstehen" (Sager 2001, 1023). Allerdings schränkt auch Sager diese enge

---

[5] Vgl. für eine kritische Position zu dieser Ausgrenzung u.a. Deppermann (2008, 25).

Definition über die Unterscheidung zwischen elizitierten und nicht elizitierten Gesprächen insofern wieder ein, als für ihn neben den genannten nicht elizitierten Gesprächen auch elizitierte Gespräche, d.h. „solche, die durch den Beobachter provoziert und hervorgelockt (eben elizitiert) worden sind" (Sager 2001, 1023; vgl. auch Schu 2001, 1018), durchaus „natürliche Gespräche" sein können:

> Werden nur solche Gespräche dokumentiert, die ohnehin auch ohne den Aufnahmevorgang stattgefunden hätten, so handelt es sich um nicht elizitierte Gespräche. Elizitierte Gespräche dagegen sind solche, die durch den Beobachter provoziert und hervorgelockt (eben elizitiert) worden sind. Elizitierte Gespräche können durchaus natürliche Gespräche sein, insofern sie zum typischen Repertoire kommunikativer Ereignisse einer bestimmten Lebenswelt gehören. Hier organisiert oder provoziert der Beobachter lediglich das, was ohne ihn – nur eben zu einem anderen Zeitpunkt oder an anderem Ort – stattgefunden hätte. (Sager 2001, 1023)

Analog grenzt auch Schu das „Natürlichkeitspostulat" auf all diejenigen Interaktionen ein, „die auch außerhalb einer Erhebungssituation vorkommen, und sie sind so aufzuzeichnen, wie sie außerhalb einer Erhebungssituation vorkommen" (Schu 2001, 1015). Schwitalla spezifiziert die damit erfassten Situationen in Anlehnung an Schu dahingehend, „dass das aufgenommene Gespräch in seiner normalen sozial-räumlichen Umgebung, mit den entsprechenden Rollenvertretern als Beteiligten und mit einem realen, institutionellen oder alltäglichen Sprechanlass durchgeführt wurde, ohne extra für wissenschaftliche Zwecke arrangiert worden zu sein" (Schwitalla 2010, 68; in Anlehnung an Schu 2001, 1015 ff.).

Allen Definitionen mit ihren unterschiedlichen Bestimmungsmerkmalen ist dabei gemein, dass sie die Frage, bis zu welchem Grad die Motivierung des Gesprächsanlasses durch die Forscher(innen) noch als zulässig erachtet werden kann, um als natürlich zu gelten, nicht eindeutig beantworten. Auch ten Have kommt zu dem Schluss, dass „in many cases, there does not seem to be a sharp line separating ‚naturally occurring' from ‚experimental' data (in the broad sense of ‚researcher-produced')" (ten Have 1999, 49; zitiert nach Speer 2002, 516). Eine Reihe von Forscher(inne)n versuchen diesem Dilemma zu entgehen, indem sie das Kriterium der Natürlichkeit von den Gesprächen selbst auf die Sprechanlässe und -situationen verlagern. So heißt es etwa bei Henne (1977, 69; zitiert nach Dittmann 1979, 7): „Natürliche Gespräche sind solche, die real in gesellschaftliche Funktionsabläufe eingelassen sind". Schank (1979, 74 f.) spricht in dem Zusammenhang von „extrakommunikativen Sprechanlässen" und führt aus:

Von natürlichen Gesprächen im angedeuteten Sinn kann man sprechen, wenn für das Gespräch echte Sprechanlässe in der Alltagswelt vorliegen, die von den Teilnehmern wahrgenommen und bewältigt werden müssen. Echte Sprechanlässe in der Alltagswelt sind z.B. ‚etwas kaufen gehen', ‚sich nach dem Weg erkundigen', ‚einen Rat einholen'. Gespräche, die aus echten Sprechanlässen entstehen, werden nicht um ihrer selbst willen geführt, sondern zum Zwecke der Verfolgung von Handlungszielen in der Alltagswelt.[6]

Wie uneindeutig die Definitionen für die konkrete Anwendung oft bleiben, lässt sich an unseren Gesprächsdaten verdeutlichen. Im Sinne Sagers sind unsere Gesprächsdaten partiell[7] elizitiert und zwar insofern, als wir dem für das Projekt in Frage kommenden Personenkreis (Theaterbesucher(innen) in Gruppen) Theaterkarten für bestimmte Vorstellungen zur Wahl angeboten und damit den konkreten Theaterbesuch unterstützt haben.[8] Die Entscheidung über die Wahl des Stückes aus dem regulären Angebot und die Teilnehmerkonstellation (inkl. Gruppenzusammensetzung und Vertrautheit unter den Beteiligten) lag aber bei den Proband(inn)en selbst. Bei den Gesprächen wurden die Teilnehmer(innen) zudem zwar im Vorfeld instruiert, wann sie ihre Aufnahmegeräte an- und ausschalten sollten (parallel zur regulären Pause im Stück), erhielten aber weder thematische noch räumlich weitere Anweisungen (d.h. es sind keine durch Forscher(innen) gesteuerte Gespräche). Unabhängig von der Aufnahme sind also Ort, Zeit, Theateraufführung und Teilnehmerkonstellation. Da die Theaterbesuche einschließlich der Pausengespräche allerdings durch unsere Datenerhebung gerahmt sind, sind sie in Anlehnung an Schwitalla und Schu (s.o.) hinsichtlich der Aufnahme arrangiert, hinsichtlich Gesprächsverlauf, Rollen und Sprechanlass, der Zeitstruktur (Pause) dem Umgebungsgeschehen und der Lokalisierung sowie Bewegung vor Ort (Foyer) dagegen nicht. Einerseits handelt es sich um durch die Forscher(innen) provozierte und damit nicht spontan entstandene, sondern eigens für wissenschaftliche Zwecke arrangierte Gespräche[9], andererseits wurden sie in einer „normalen sozial-räumlichen Umgebung, mit

---

[6] Daraus entwickelt Schank (1979) eine „Dreiteilung von Gesprächen nach dem Grad der Natürlichkeit" (S. 75 f.) in Abhängigkeit von der Anzahl der extrakommunikativen Sprechanlässe bei den Teilnehmer(inne)n eines Gesprächs und führt „metakommunikative Aufmerksamkeit" als Maß für die Sichtbarmachung des Natürlichkeits- und Spontaneitätsgrads von Gesprächen an (S. 81).
[7] Nämlich dann, wenn die Teilnehmer(innen) angeregt durch die Forscher(innen) zu dem ausgewählten Termin und Stück gegangen sind und nicht unabhängig von der Aufnahmesituation ohnehin genau zu dieser Vorstellung gegangen wären.
[8] Zu den organisatorischen Gründen für diese Vorgehensweise vgl. Kapitel 3.2, i.d.B.
[9] Die erst von den Teilnehmenden hervorgebrachten ‚Situationen' sind damit nicht vorgegeben.

den entsprechenden Rollenvertretern als Beteiligten und mit einem realen, institutionellen oder alltäglichen Sprechanlass" realisiert. Schanks (1979, 74 f.) Versuch, das Kriterium des „echten Sprechanlasses" einzuführen für Gespräche, „die nicht um ihrer selbst willen geführt [werden], sondern zum Zweck der Verfolgung von Handlungszielen in der Alltagswelt", erweist sich hier als wenig hilfreich, lässt es in Bezug auf unsere Gespräche doch auch keine eindeutige Charakterisierung zu. Offen bleibt, inwiefern allein der Umstand, dass das Gesprächsereignis als solches durch die Untersuchung veranlasst wurde, weitergehende qualitative Differenzen zu Gesprächssituationen aufweist, die zwar unabhängig von solch einem Arrangement, aber gleichwohl mit Kenntnis der Beteiligten über die Aufnahmesituation stattfinden (sofern dies praktisch möglich ist).

Dass der Natürlichkeitsbegriff in dem Gros der Bestimmungsversuche eher diffus bleibt, resultiert nicht zuletzt aus einer häufigen Zirkularität der Definitionen. Immer wieder wird „natürlich" mit Begriffen wie „real", „normal" oder „echt" erläutert, ohne dass allerdings näher spezifiziert würde, was darunter jeweils zu verstehen sei. Einen zusätzlichen Hinweis darauf, wie prekär der Natürlichkeitsanspruch ist, liefern auch die Anführungszeichen, mit denen die Rede von „,natürlichen' Interaktionen" zumeist markiert wird.

Auffällig an den Definitionen ist zudem, dass sie abgesehen von der Abgrenzung zu experimentellen Settings kaum Begründungen für eine Einschränkung des Datenmaterials auf weitgehend nicht-arrangierte Gesprächssituationen liefern. Dies mag auch darin begründet liegen, dass das zweite mit dem Natürlichkeitspostulat verbundene Problem, die Frage nach dem Einfluss der Aufnahmesituation auf die Daten empirischer Untersuchungen, in den Erläuterungen zum Begriff der Natürlichkeit zwar implizit mit adressiert, jedoch nur selten ausführlicher thematisiert wird, obwohl es für die Frage der Datenauswertung von besonderer Relevanz ist. Dieses in der Folge von Labov gemeinhin unter dem Begriff des „Beobachterparadoxons"[10] diskutierte Problem lässt sich mit seinen Worten wie folgt pointieren: „To obtain the data most important for linguistic theory, we have to observe how people speak when they are not being observed" (Labov 1972a, 113). Das grundlegende Paradoxon empirischer Beobachtung besteht – um mit Ehlich zu sprechen – also darin, „daß der ‚Beobachter', eben um das ihm Unbekannte sich zugänglich zu machen, sich selbst sozusagen als einen Außenposten des Forschungsprozesses in das zu beobach-

---

10 Wagener (1986, 320) führt neben dem Terminus noch die in den Sozialwissenschaften ebenfalls gebräuchlichen partiellen Synonyme „Kluger-Hans-Phänomen" sowie „Beobachter- oder Interviewersyndrom" an.

tende Feld hineinbringen muß und daß er eben dadurch das Fremde, dem sein Interesse gilt, zu etwas anderem als dem macht, was es ohne ihn wäre" (Ehlich 2007, 230). Sobald man das Ideal anstrebt, unbeeinflusste zu Daten erheben, stellt sich das unumgängliche Problem, dass die Proband(inn)en möglicherweise aber andere Daten produzieren, wenn sie wissen, dass sie beobachtet werden. Jede gesprächsanalytische Untersuchung sieht sich deshalb mit dem grundsätzlichen Dilemma konfrontiert, keine Gespräche beobachten und/oder aufzeichnen zu können, ohne durch den Beobachtungs- und/oder Aufzeichnungsvorgang Einfluss auf das Gespräch zu nehmen. Bezüglich empirischer Analysen ergibt sich daraus zum einen die Frage, ob und wie sich durch die Wahl des Untersuchungsdesigns der Einfluss des Beobachters auf die Datengenerierung möglichst gering halten lässt. Zum zweiten ist mit Blick auf die Datenauswertung und die Validität der Daten damit zugleich die weitergehende Frage verbunden, in welcher Weise die Beobachtungssituation das Gespräch beeinflusst und woran solch ein Einfluss – v.a. für die Forscher(innen) – sichtbar wird.

Hinsichtlich der ersten Frage zu den Konsequenzen des Beobachterparadoxons für die Datenerhebung gehen radikale Positionen wie die von Potter & Wetherell (1987, 162) so weit, nur Daten als zulässig zu erachten, an deren Entstehung die Forscher(innen) in keiner Weise beteiligt waren, wie z.B. Nachrichtenberichte und wissenschaftliche Aufsätze. Überspitzt lässt sich ihre Antwort auf das Beobachterparadoxon so lesen, dass damit nur solche Daten zu verwenden sind, die auch entstanden wären, wenn die Forscher(innen) nie geboren worden wäre (Speer & Hutchby 2003, 318; vgl. auch Sager 2001, 1023). Es ist höchst fraglich, ob dies angesichts der diversen Gestaltungsentscheidungen bei der Konstitution von Korpora – von deren Zusammensetzung über die Materialität der Dokumentation bis hin zur digitalen Aufbereitung – überhaupt möglich ist. Zumindest könnten grundsätzlich keine Alltagsgespräche untersucht werden, jedenfalls nicht unter Berücksichtigung moralisch-ethischer Standards, die zwingend fordern, die Beobachteten vorab über die Beobachtung in Kenntnis zu setzen.

In der Gesprächsforschung wird deshalb versucht, die Sichtbarkeit der Aufnahmesituation durch ein möglichst wenig invasives Datenerhebungsdesign zumindest zu minimieren. In unserem Projekt wurde die Aufnahmesituation insofern möglichst wenig invasiv gestaltet, als sich die Forscher(innen) während der Foyergespräche in der Regel räumlich nicht in unmittelbarer hörbarer Nähe der Teilnehmer(innen) aufhielten. Des Weiteren wurden – entsprechend der Genehmigung der Theater – nicht Video-, sondern nur unauffälligere Audioaufnahmen erhoben. Die Aufnahmegeräte mussten nicht in der Hand gehalten werden, sondern befanden sich in den Taschen der Teilnehmer(innen) (verbunden mit einem kleinen Lavaliermikrofon, das in Höhe des Schlüssel- resp. Brustbeins angebracht wurde). So hatten die Teilnehmer(innen) die Hände frei und die Aufzeichnung stand weniger im Fokus der Aufmerksamkeit, als wenn sie sich während des Gesprächs auf die Handhabung eines Handmikrofons hätten konzentrieren müssen. Nichtsdestotrotz finden sich auch in unseren Daten viele Verweise auf die technische Aufnahmesituation, etwa auf das Tonbandgerät und den Aufnahmeprozess. Vereinzelt thematisieren Proband(inn)en zudem explizit Annahmen über die mit der Aufnahme verbundenen Erwartungen an ihre Kommunikation.

Trotz solcher Bemühungen, die Sichtbarkeit und den Einfluss der Aufnahmesituation zu minimieren, lässt sich der Einfluss der Beobachtungssituation auf die untersuchten Gespräche nicht vollständig umgehen. Damit wird aber – selbst bei gar nicht arrangierten Gesprächen – das erklärte Ziel der Konversationsanalyse, „soziale Ereignisse in ihrem ‚natürlichen' Kontext zu dokumentieren" (Bergmann 2006, 25), grundsätzlich in Frage gestellt – sofern „natürlich" im Sinne von Potter & Wetherell als „unbeeinflusst" interpretiert wird. Wie u.a. Ehlich hervorgehoben hat, ist hinter solchen positivistischen Auffassungen von Natürlichkeit

> [...] unschwer die Folie der Diskussion des ‚Dings an sich' zu erkennen, deren schwacher Widerschein in den engen Grenzen der Methodologie das ‚Beobachterparadox' ist. Wie beim ‚Ding an sich' ist freilich ohne die apperzipierende Tätigkeit Erkenntnis nicht zu haben. [...]. Die paradoxale Qualität gewinnt der Prozeß der Erforschung von Kommunikation nicht so sehr aus dessen Eigenschaften selbst, sondern aus den positivistischen Erwartungen, die die Verdinglichung des Forschungsobjektes zur ersten und notwendigen Voraussetzung des Forschungsprozesses erklären. (Ehlich 2007, 230 f.)

Geht man jedoch von der erkenntnistheoretischen Annahme aus, dass jede Beobachtung immer schon perspektivisch und konstruierend verfährt und jedes registrierende Verfahren – wie oben ausgeführt – notwendig selektiv ist,[11] wirft dies die Frage auf, inwiefern das Kriterium der Natürlichkeit generell geeignet ist, die mit dem Beobachterparadoxon verbundenen Probleme methodisch zu

---

11 Dies kritisiert auch Deppermann (1997, 22) im Hinblick auf eine vielfach wenig selbstreflexive Haltung innerhalb der Konversationsanalyse: „Die ethnomethodologische Konversationsanalyse ist auf halbem Wege stehen geblieben: Während sie die von ihr untersuchte soziale Welt als von Interaktanten konstituierte, flexible, offene und nicht-substanzielle Konstruktion begreift, verstehen sich ethnomethodologische Forscher(innen) als passiv registrierende Beobachter, die eine soziale Realität isomorph rekonstruieren, welche sich unabhängig von analytischen Beschreibungen je schon selbst beschrieben hat."

bearbeiten. Als Alternative für eine differenziertere Betrachtung könnte sich u.E. hier das Kriterium der ‚ökologischen Validität' anbieten.

Mit Validität im Allgemeinen wird das Gütekriterium bezeichnet, dass „gewährleistet sein [soll], daß der Test das erfaßt und mißt, was erfaßt und gemessen werden soll" (Glück 2000, 728). Das heißt, dass die Fragen dem Datenerhebungsdesign angemessen sein müssen. In Bezug auf Gesprächsdaten bedeutet ökologische Validität[12], „daß der Typus von Gesprächsphänomenen, über den anhand der Untersuchungsmaterialien Aussagen gemacht werden sollen, durch die aufgenommenen Gespräche (‚ökologisch') valide repräsentiert sein muß" (Deppermann 2008, 24 f.): „Statt generell ‚natürliche Daten' zu fordern, ist es deshalb zutreffender, wenn man verlangt, daß das Datenmaterial und die Art seiner Erhebung und Auswertung geeignet sein müssen, die Forschungsfragen in bestmöglicher Weise zu beantworten." (Deppermann 2008, 24 f.).

Angesichts der Unumgänglichkeit des Beobachterparadoxons kann damit allerdings die auch bei Deppermann noch zu findende Forderung, dass „Existenz und Ausformung des interessierenden Phänomens von der Aufnahme nicht beeinflusst werden" (Deppermann 2008, 24 f.; vgl. auch Deppermann 1997, 30), u.E. nicht mehr aufrechterhalten werden. Vielmehr bedarf es einer jeweils kritischen Reflexion durch die Analysierenden, welche Untersuchungsfragen von den Aufnahmeeinflüssen tangiert werden, inwiefern sich darauf zurückzuführende Effekte in den Daten zeigen könnten und für welche Fragestellungen ein eventueller Einfluss durch die Aufnahme unproblematisch oder ggf. sogar förderlich sein könnte. Eine Orientierung an dem Kriterium der ökologischen Validität ermöglicht es auch – so unsere These – von der noch verbreiteten Auffassung einer ‚Kontamination' der Daten durch die Aufnahmesituation Abstand zu nehmen (vgl. dazu ausführlicher Hazel 2016), wie sie im Kontext gesprächsanalytischer Natürlichkeitsbestimmungen – bei aller methodischen Reflexion – etwa noch in pejorativen Bezugnahmen auf vermeintliche Abweichungen von der Normalität zum Ausdruck kommen. So spricht etwa Schu davon, dass „das bloße Bewußtsein von der Beobachtung den natürlichen [...] Zusammenhang zwischen Situation-Sprachanlaß-Handlungsmittel *verfälschen* [kann]" (Schu 2001, 1016; Hervorhebung v. d. V.). Deppermann (2008, 26, Hervorhebung v. d. V.) fordert, dass „*Anomalien*, die sich auf die Aufzeichnung richten, bei der

---

[12] Obwohl hier mit Validität eine der drei grundlegenden Gütekriterien (neben Objektivität und Reliabilität) quantitativer Forschung angesprochen wird, kann an dieser Stelle nicht die viele weitere Aspekte umfassende Diskussion um Gütekriterien in der qualitativen Forschung aufgegriffen werden. Dafür sei insbesondere auf Steinke (2000), Flick (2010) und Lüders (2000) verwiesen.

Gesprächsanalyse mitberücksichtigt werden". Die Selbstverständlichkeit, mit der hier eine natürliche Normalität unterstellt wird, soll im Folgenden als Ausgangspunkt für eine kritische Reflexion des Natürlichkeitsanspruchs genutzt und auf mögliche alternative Umgangsweisen mit den Einflüssen der Aufnahmesituation bei der Datenauswertung hinterfragt werden.

Labov hat im Rahmen seiner „Untersuchung der Alltagssprache" (Labov 1982, 218) neben dem Beobachterparadoxon (s.u.) als fünftem Prinzip vier weitere Prinzipien abgeleitet, mit denen er unterschiedliche Auswirkungen der Beobachtungssituation auf die erhobenen Daten aufzuschlüsseln versucht, um daran mögliche Interventionen durch die Forscher(innen) aufzuzeigen: (1) Das „Prinzip des Stilwechsels" geht von der Annahme aus, dass „es [...] keine Sprecher [gibt], die nur einen einzigen Stil benutzen. Wann immer wir zum ersten Mal mit einem fremden Sprecher in einer Situation zusammentreffen, müssen wir annehmen, daß wir nur einen begrenzten Teil seines gesamten sprachlichen Repertoires beobachten" (Labov 1982, 218). (2) Dem „Prinzip der Aufmerksamkeit" (Labov 1982, 219) zufolge nutzen Sprecher tendenziell eher ritualisierte, verfestigte Stile, wenn sie der Sprachproduktion viel Aufmerksamkeit widmen und eher ungezwungene und intime Stile, wenn sie der Produktion wenig bis keine Aufmerksamkeit schenken (vgl. Labov 1972a, 112). (3) Das „Vernacular-Prinzip" „besagt, daß der Stil, der seiner Struktur nach und in seinem Verhältnis zur Entwicklung der Sprache der regelmäßigste ist, das Vernacular ist, in dem dem Sprechen die geringste Aufmerksamkeit geschenkt wird" (Labov 1982, 219). (4) Das „Prinzip der Formalität" bezieht sich schließlich darauf, „daß jede systematische Beobachtung eines Sprechers einen formalen Kontext festlegt, in dem dem Sprechen mehr als das Minimum an Aufmerksamkeit gewidmet wird (Labov 1982, 219). Unter „systematischer Beobachtung" versteht Labov dabei „mehr als Anwesenheit oder Abwesenheit eines menschlichen Beobachters. Vom Tonbandgerät selbst geht eine unterschiedliche, aber anhaltende Wirkung dahingehend aus, daß das Sprechen zum formalen Ende des Spektrums verschoben wird" (Labov 1982, 219).

Durch Aufnahmegeräte ausgelöste „performance speech"[13], also eine von den Probanden(innen) bewusst für die Aufnahme produzierte Rede, sieht sich grundsätzlich diesen Einflussprinzipien ausgesetzt. Dennoch kann solch ein Datenmaterial insofern aufschlussreich sein, als es zeigt, welche Aspekte der

---

13 Wertheim (2002, 511) spricht von „‚performed' or ‚self-conscious' speech produced for the fieldworker".

sprachlichen Produktion für die Sprecher selbst am auffälligsten sind (vgl. Schilling-Estes 1998, 64)[14]:

> [T]he very data which has been affected is also sociolinguistically interesting in its own right, in that it can provide a number of insights into how participants adapt their speech patterns in the light of the observational context. (Wilson 1994, 286)

Gerade das Formalitätsprinzip scheint wesentlich auch auf andere Fragestellungen außerhalb des von Labov untersuchten Bereichs der Phonetik übertragen werden zu können. Wenn Datenerhebungssituationen notwendigerweise einen tendenziell eher formellen Rahmen für die Kommunikation vorgeben sollten, dann könnten analoge Formalisierungseffekte auch für andere kommunikative Phänomene, etwa für die von uns untersuchten Daten, zu erwarten sein.

Allerdings sind Gesprächssituationen mit einander bekannten Gruppenmitgliedern, die für Projekte wie unseres aufgezeichnet werden, keineswegs in dem Maße elizitiert wie die Interviewsituationen, die Labov seinen Überlegungen zugrundelegt: Es sind keine Forscher(innen) am Gespräch beteiligt und die Gesprächskonstellationen und -situationen sind von uns (abgesehen von der Ausstattung mit Aufnahmegeräten) nicht vorgegeben, sondern durch die Teilnehmer(innen) selbst gewählt (das betrifft sowohl die Gruppenzusammensetzung als auch die besuchten Aufführungen). Zu vergleichbaren Konstellationen konstatiert Labov in Anlehnung an Gumperz' Forschungspraxis:

> Ein systematischerer Ansatz, das Vernacular des Alltagslebens aufzuzeichnen, besteht darin, es der Interaktion der natürlichen Peer-Group selbst zu überlassen, die Stilebene der produzierten Sprache zu kontrollieren. [...]. Die Forscher geben die Ausgangssituation vor, ziehen sich aber allmählich aus der Situation zurück; die Einwirkung der Tonbandaufnahme verschwindet nie ganz – wie unsere Prinzipien voraussagen, aber sie wird zum großen Teil von anderen Faktoren aufgehoben – von den gleichen, die im Alltag wirksam sind. (Labov 1982, 223)

Demzufolge wirkten also dieselben Faktoren, die in unbeobachteter Kommunikation die Aufmerksamkeit der Sprecher(innen) von der Sprachproduktion ab-

---

14 Auch dies unterstreicht Wertheim (2002, 511), indem sie schreibt, „,performed' [...] speech [...] can be useful in systematic linguistic analysis, and in gaining insights into local language ideologies and linguistic norms".

lenken, auch in beobachteten Situationen. Dies betrifft insbesondere die Anwendung von Routinen[15], mit denen

> Akteure die Sinnhaftigkeit und Geordnetheit ihrer sozialen Welt in ihrem Handeln als gegeben voraussetzen und zugleich in ihrem Tun immer erst hervorbringen und reproduzieren (vgl. Garfinkel 1967). Jemand, der sich unauffällig und gewöhnlich verhält, verhält sich eben nicht einfach gewöhnlich, sondern praktiziert in seinem Handeln das, was Harvey Sacks (1984) als ‚doing being ordinary' bezeichnet hat: Er verhält sich so, dass sein Tun für die Anderen als ‚gewöhnlich' wahrnehmbar wir. (Bergmann 2006, 24)

In diesem Sinne praktizieren unsere Proband(inn)en je im Rahmen ihrer Möglichkeiten und Vorstellungen u.a. ‚doing being a theatregoer', das auch für außenstehende Beobachter(innen)/Analytiker(innen) sichtbar und damit analysierbar wird und zugleich aufgrund der Routinen nur bedingt der bewussten Kontrolle der Akteure unterliegt, da ihnen – wenn überhaupt – nur begrenzt andere (sprachliche, para- und nonverbale) Ressourcen als die routinierten zur Verfügung stehen.

Um der Frage nachzugehen, an welchen Stellen und in welcher Weise sich die Aufnahmesituation auf die Gespräche auswirkt und wann davon auszugehen ist, dass die Einwirkung der Tonbandaufnahme von anderen Faktoren aufgehoben wird, erscheint es uns hilfreich, statt – wie häufig praktiziert – solche Bezugnahmen auszublenden, sich explizit auch der Frage zu widmen, was die Proband(inn)en tun, wenn sie sich (für uns erkennbar) an der Aufnahme beziehungsweise dem Aufnahmegerät orientieren (vgl. dazu Speer & Hutchby 2003, 317, Hazel 2016).[16] In den Publikationen zu gesprächsanalytischen Studien wird die Frage, inwieweit sich in den erhobenen Daten Hinweise der Proband(inn)en auf die Aufnahmesituation finden, eher selten thematisiert oder gar anhand von Datenbeispielen erörtert. Demgegenüber steht der Befund aus unserem Datenkorpus über eine Vielzahl von Belegen, in denen auf unterschiedliche Weise auf die Aufnahmesituation Bezug genommen wird.

---

15 Zu Routinen gehören im weiteren Sinne auch unterstützende Phänomene, wie z.B. kommunikative Gattungen (vgl. dazu auch ausführlicher Kapitel 8, i.d.B.). Nach Günthner & Knoblauch (1994, 693) ist es eine „grundlegende [...] Funktion kommunikativer Gattungen zur Entlastung von Routineproblemen kommunikativen Handelns" beizutragen.
16 Vgl. dazu auch die Kontroverse zwischen Speer & Hutchby (2003) und Hammersley (2003) in der Zeitschrift „Sociology". Zur Kritik von Hammersley am Vorrang der Konversationsanalyse als primäres methodologisches Forschungsparadigma vgl. Deppermann (2013a; 2000).

4.3 Gesprächs- und Aufnahmerahmen

Eine Möglichkeit, dem Rückgriff auf einen diffusen Natürlichkeitsbegriff und den damit implizierten, erkenntnistheoretisch problematischen Annahmen unterschiedlicher Realitätsebenen zu entgehen, könnte – so unsere These – Goffmans Rahmen-Theorie liefern. Neben den von Labov diskutierten Prinzipien, bei denen es sich eher um implizite Einflüsse auf die Daten handelt, richtet sich der Blick damit auch auf diejenigen Gesprächsausschnitte, in denen die Aufnahmesituation (explizit oder implizit) thematisch wird. Wie wir im Folgenden anhand von Befunden aus unserem Datenkorpus zeigen möchten, ist Goffmans Rahmen-Konzept für die Analyse von aufgezeichneten Gesprächen insofern hilfreich, als es von der Notwendigkeit entbindet, die Aufnahmesituation aus dem Bereich der vermeintlich realen Interaktionssituationen auszugrenzen, wie dies in den Definitionen des Natürlichkeitspostulats immer wieder durchscheint.

Auch Goffman (1977) greift mit seinem Begriff des Rahmens (*frame*) das Problem des Wirklichkeitsstatus sozialer Situationen auf, betrachtet es aber aus der Perspektive der Beteiligten. Eine Pointe seines Konzeptes besteht darin, dass er die Beobachtungsdimension bereits in der sozialen Situation selbst verortet und sie als konstitutives Moment einer jeden Interaktion ausweist. Ausgangspunkt seiner Rahmen-Analyse ist die Annahme, dass sich nicht nur für externe Beobachter, sondern gleichermaßen auch für die an der Situation Beteiligten selbst die grundlegende Frage stellt „Was geht hier eigentlich vor?" (Goffman 1977, 16). Zur Beantwortung dieser Frage wenden die Beteiligten ihr Wissen über kulturell tradierte Rahmen an, die in einer „Gesellschaft für das Verstehen von Ereignissen zur Verfügung stehen" (Goffman 1977, 16; vgl. auch 35) und das Agieren und Deuten in einer Situation leiten. In jeder beliebigen Situation sehen sich die Beteiligten vor die Aufgabe gestellt zu bestimmen, um welche Art von Situation es sich handelt und das heißt, welche Rahmen hier zur Anwendung kommen. Nach Goffman (1977, 31; vgl. auch 36) verleiht erst die – meist unbewusst und unreflektiert vollzogene – Anwendung von einem (oder mehreren) Rahmen „sonst sinnlosen" Situationen und Handlungen einen Sinn. Rahmen „liefern einen Verständnishintergrund für soziale Ereignisse" (Goffman 1977, 32), sie bieten Interpretations- und Handlungsschemata, um sich in sozialen Situationen zu orientieren. Anders als der Begriff nahelegen könnte, handelt es sich bei Rahmen im Goffman'schen Sinne nicht nur um kontextuelle Klammern, sondern um kulturelle „Organisationsprinzipien für Ereignisse" (Goffman 1977, 19), die mit ihren Auslegungshinweisen und Regieanweisungen die sozial ‚objektiven', dem Einzelnen historisch und sozialisatorisch vorgelagerte Wirklichkeitskonstruktionen bereit[stellen], welche dann in den sozialen Prozessen der ‚Rahmung' für das jeweilige szenische Arrangement und auf dessen konkrete Bedeutung hin situativ angepasst und zugeschnitten werden. (Raab 2008, 91 f.)[17]

In Anlehnung an Bateson geht Goffman davon aus, dass die Identifizierung einer Situation mittels Rahmen die Basis für das Empfinden von Normalität und Wirklichkeit bildet, diese jedoch keineswegs eindeutig ist, vielmehr stellt sich für die sich in einer Situation Befindenden das grundlegende Problem,

> dass vom Standpunkt eines bestimmten Menschen aus etwas als das erscheinen kann, was tatsächlich vor sich gehe, während es sich in Wirklichkeit einfach um einen Scherz oder einen Traum oder einen Zufall oder einen Fehler oder ein Mißverständnis oder eine Täuschung oder eine Theateraufführung usw. handeln kann. (Goffman 1977, 18 f.)

Neben den primären (physischen und sozialen Rahmen) nimmt Goffman deshalb darüber hinaus die Existenz von weiteren Rahmen, sogenannte „Modulationen", wie „So-Tun-als-ob", Spiele, Wettkämpfe, Zeremonien oder Theateraufführungen etc. an, die zwar an die Interpretations- und Handlungsmuster primärer Rahmen angelehnt sind, aber das, was für die Beteiligten „vor sich geht", grundlegend transformieren (vgl. Goffman 1977, 57).[18] Entscheidend für unseren Kontext der Gesprächsaufzeichnungen ist dabei die mit dem Rahmenkonzept verbundene Annahme, dass Modulationen kein grundsätzlich anderer Realitätsstatus zukommt als primären Rahmen:

> Die Behauptung, das Alltagshandeln sei ein Original, von dem aus man Kopien verschiedener Art herstellen könne, setzte ja voraus, daß das Vorbild etwas Wirkliches sein könne und, wenn es das ist, enger mit der übrigen Welt verzahnt sei als alles, was ihm nachgebildet ist. (Goffman 1977, 604)

Bezieht man jedoch die Tatsache mit ein, dass auch das alltägliche Handeln allzu oft an Vorbildern, Idealvorstellungen, kulturellen Normen etc. ausgerichtet ist, „[s]o erscheint das Alltagsleben, so wirklich es an sich ist, oft als geschichteter Abglanz eines Urbildes, das selbst einen völlig ungewissen Wirk-

---

17 Deshalb greift u.E. auch Soeffners (2004, 160 ff.) Kritik an Goffmans angeblich zu statischem/nicht-prozessualem Rahmenkonzept nur begrenzt (etwa an der Rahmen-Metapher, die in der Tat eine solche Betrachtung nahelegt).
18 Goffman (1977, 98 ff.) diskutiert darüber hinaus auch den – mit Blick auf unser Datenkorpus weniger relevanten – Fall von „Täuschungsmanövern", bei denen eine Transformation von Rahmen gerade nicht angezeigt, sondern zu verbergen versucht wird.

lichkeitsstatus hat." (Goffman 1977, 604 mit Bezug auf Schütz 1971a, Bd.1, 379). Insofern „ist das Alltagsleben kein Sondergebiet, das den anderen gegenüberzustellen wäre, sondern bloß ein weiteres Reich." (Goffman 1977, 606). Die Beteiligten selbst entscheiden damit darüber, welchen Wirklichkeitsstatus sie einer Situation zuweisen.

In einer Situation können sich unterschiedliche primäre Rahmen und Modulationen auf vielfältige Weise überlappen und parallel zur Anwendung kommen.[19] Für die Beteiligten bedeutet die prinzipielle Mehrdeutigkeit jeder sozialen Situation,

> einerseits zur eigenen Wahrnehmungs- und Handlungsorientierung nach Anzeichen für den aktuell gültigen Wirklichkeitsstatus [zu] suchen und andererseits zugleich „ihren Interaktionspartnern mittels Anzeigehandlungen zu vermitteln, in welchen Deutungs- und Handlungszusammenhängen sie sich gemeinsam mit ihnen zu befinden glauben. (Raab 2008, 88 f.)

Diese zweifache Aufgabe lässt die Interaktionspartner „in einer Doppelrolle als Akteur und gleichzeitig als Beobachtender und Interpret eigener und fremder Handlungen" agieren (Raab 2008, 91).

Angewendet auf den Fall der Aufzeichnung von Gesprächen lässt sich das Rahmenkonzept – so unsere These – als Grundlage nutzen, um die Aufnahme als Teil der Gesprächssituation einzubeziehen, ohne auf zirkuläre Definitionen von Natürlichkeit und Annahmen unterschiedlicher Realitätsgrade zurückgreifen zu müssen. Wir schlagen entsprechend mit Blick auf unser Datenkorpus tentativ vor, die soziale Situation des Pausengesprächs im Theater als *Frame$_1$*[20] von der Aufnahmesituation der Pausengespräche als *Frame$_2$* zu unterscheiden. Frame$_1$ und Frame$_2$ schließen sich nicht aus, sondern können für die Beteiligten gleichermaßen Realitätsstatus besitzen und sowohl parallel als auch wechselnd in den Fokus treten. Es ist deshalb keineswegs als ‚Anomalie' (Deppermann 2008, 26), mangelnde ‚Echtheit' oder gar ‚Verfälschung' (Schu 2001, 1016) anzusehen, wenn die Gesprächsteilnehmer in den Gesprächen auf die Aufnahmesituation Bezug nehmen. In Anlehnung an Goffman gehen wir vielmehr davon aus, dass sich die Beteiligten zur Vergewisserung der Situation, in der sie sich

---

19 Goffman (1977, 17) selbst weist bereits zu Beginn darauf hin, dass in der Regel von den Beteiligten sehr unterschiedliche Rahmungen angewendet werden können; daher ist die Frage „*Was* [welches *eine*] geht hier eigentlich vor?" zu kurz gegriffen, weil sie „einseitig auf eine einheitliche und einfache Darstellung" zielt.

20 Wobei der Theaterbesuch nach Goffman seinerseits bereits aus zwei Rahmen, dem äußeren des Theaterbesuchs und dem inneren der Aufführung besteht, vgl. dazu ausführlicher Linz, Hrncal & Schlinkmann (2016) sowie Kapitel 6, i.d.B.

befinden, und zur Herstellung eines geteilten Deutungs- und Handlungszusammenhangs wechselseitig ihr gemeinsames Wissen über die Wirksamkeit von Frame$_1$ und Frame$_2$ anzeigen und sich interaktiv darüber verständigen, welcher Rahmen wann wie zur Anwendung kommt und relevant gesetzt wird. Neben sprachlichen Handlungen können dabei auch räumlich-zeitliche Gegebenheiten und materielle Gegenstände als Anzeichen für die aktuelle Wirksamkeit der Rahmen fungieren. Des Weiteren können Hinweise sowohl explizit als auch implizit gegeben werden. Einen Typologisierungsvorschlag als erste systematisierende Heuristik nach der Sichtung unseres Datenmaterials geben wir in Abschnitt 4.4.

Die Unterscheidung der beiden Rahmen Frame$_1$ und Frame$_2$ ermöglicht, so unsere These, eine Neuperspektivierung des Beobachterparadoxons. Mit Speer & Hutchby (2003, 318) gehen wir dabei von der Annahme aus, dass die bloße Anwesenheit von Forscher(innen) oder einem Aufnahmegerät noch keinen eigenständigen Gesprächstyp sui generis erzeugt und dass Orientierungen am Aufnahmegerät oder an den Forscher(innen) nicht per se ‚unnatürlich' sind: „Instead" – so lässt sich mit Speer und Hutchby argumentieren – „the interaction itself should be seen in its own terms: as ‚natural interaction involving a tape recorder'" (Speer & Hutchby 2003, 318). Unabhängig von der Frage, inwiefern die Aufnahmesituation das kommunikative Verhalten in Bezug auf Stil- und Themenwahl prägt, rücken damit auch solche Gesprächsanteile in den Blick, die unter dem Natürlichkeitsanspruch als Störungen aus der Untersuchung ausgeklammert werden.

Vor diesem Hintergrund geben wir im Folgenden einen an unseren Forschungsdaten (in Kombination mit der Forschungsliteratur) orientierten systematischen Überblick über die unterschiedlichen Phänomene von sog. „tape-affected speech", die nach Wilson definiert ist als „speech which results directly (or indirectly) from the recording, or observational, context (,researcher as an audience')" (Wilson 1987, 169). Dabei sind nach Wilson in Anlehnung an Bell im Rahmen eines „audience design"[21] „differences within the speech of a single Speaker [...] accountable as the influence of the second person and some third persons who together compose the audience to the Speaker's utterances (Bell

---

21 Wertheim präzisiert Bells Ansatz, der sich von Labov abgrenzt, folgendermaßen: „Bell, following Brown and Levinson (1979), dismissed Labov's attention-to-speech continuum as an ‚impoverished' view. He proposed an alternate explanation, that of audience design, which holds as a basic tenet that ,at all levels of language variability, people are responding primarily to other people. Speakers are designing their style for their audience'". (Wertheim 2002, 512 unter Bezug auf Bell 1984: 197).

1984: 159, nach Wilson 1994, 286): „These other persons need not be present in the context of any interaction, or even be real individuals, but may simply be abstract reference points (groups, models, beliefs) by which the Speaker selects a particular style." (Wilson 1994, 286). Nach Wilson (1994, 289) offenbart ein fokussierter Blick auf

> tape affected speech [...] where data are a construction of the methodology, and equally where they are a construction (potentially) of the natural context. [...] It brings into focus the concept of the sociolinguistic paradox by challenging the analyst to reflect on the data that have been generated as not simply ‚natural' in some a priori sense, but rather as a shifting creation of both the research context and the natural context. Further, these examples indicate something about the way informants view the researcher, and they show the kinds of speech forms and content which informants believe acceptable in one context and not in another, and this is also a sociolinguistic phenomenon. Attention given to methodological effects can prove valuable, therefore, in two directions at once: it can help the analyst assess the success of particular methodologies, and as an outcome provide data on how certain groups sociolinguistically adjust their speech in relation to perceived audience types.

Im Sinne Wilsons rücken mit einer Analyse von „tape affected" bzw. „performance speech" die Fragen in den Vordergrund, an welchen Stellen der Aufnahme-Frame$_2$ sichtbaren Einfluss auf die Gespräche in unserem Korpus hat, woran man solch einen Einfluss erkennen kann und inwiefern sich die Wirksamkeit von Frame$_2$ in Verbindung mit sprachlichen Manifestationen im Korpus charakterisieren und systematisieren lässt. Welche Funktionen lassen sich daraus für die Beteiligten selbst („primäre Sinnschicht" nach Bergmann 1993, 290) und für uns als Auswertende (auf einer sekundären Sinnschicht) schlussfolgern? Und welche Auswirkungen hat dies auf mögliche Forschungsfragen und die (ökologische) Validität der Ergebnisse?

Zur Differenzierung der aufnahmesituationalen Einflüsse unterscheiden wir im Folgenden auf einer übergeordneten Ebene *implizite Indizes* (A), die Erwartungen folgen (darunter fällt v.a. die weiter oben angeführte ‚performance speech' nach Labov), von *expliziten (sprachlichen) Thematisierungen* (B). Bei den *impliziten Indizes* gibt es mindestens sprachliche und parasprachliche Stilwechsel, Abbrüche von Interaktionen und Unterlassen von Interaktionen sowie Themenwechsel und -entfaltung. Weil implizite Indizes für Frame$_2$ nur interpretiert, aber nicht beobachtet werden können, greifen wir im Folgenden zur Exemplifizierung der impliziten Indizes auf metakommunikative Verfahren und damit auf explizite Bezugnahmen der Sprecher(innen) auf ihr eigenes Sprechverhalten zurück und ordnen es entsprechend dort ein.

Bei unserer Kategorisierung expliziter Bezugnahmen schließen wir u.a. an Gordon (2012) an, die ebenfalls Orientierungen von Teilnehmer(innen) auf die Aufnahmesituation in den Fokus rückt: „An audio-recorder can serve as a resource for participants to accomplish identity work, and for researchers, who can glean insights into how participants conceptualize research study participation and the experience of being recorded" (Gordon 2012, 300). Gordon (2012) unterscheidet – etwas anders als in dem von uns vorgeschlagenen Differenzierungsschema – mit Bezug auf die expliziten Thematisierungen der Aufnahmesituationen vier interaktive Frames. Sie differenziert einerseits zwischen ‚literal' und ‚nonliteral frames' und andererseits zwischen Frames, in denen das Aufnahmeequipment als Objekt („*du musst gucken dass des mikrofon nach Oben geht.=ne?*"[22]), und solchen, in denen das Aufnahmegerät als Stellvertreter für Personen behandelt wird. ‚Literal frames' sind solche, die sich – um mit unserer Unterscheidung zu sprechen – auf Ereignisse des Frame$_1$ beziehen, während ‚nonliteral frames' durch einen spielerischen, darstellenden Umgang mit dem Aufnahmegerät charakterisiert und damit in Frame$_2$ situiert sind (vgl. z.B. „*jetzt geht_s [...] gesprächspartner hallo? ((lacht))*"[23]). (Vgl. auch Wilson 1987; Speer & Hutchby 2003; Rellstab 2016; Mondada 2012, 61 f.).

Etwas detaillierter, aber ohne die diskussionswürdige Unterscheidung zwischen „literal" und „non-literal" zu übernehmen, differenzieren wir bei den *expliziten Thematisierungen* Bezugnahmen auf Aufnahmegeräte resp. die technische Aufnahmesituation (B1), Bezugnahmen auf die allgemeine Aufnahmesituation (B2), Bezugnahmen auf allgemeine Normen und Erwartungen (B3)[24], Bezugnahmen auf Gattungserwartungen (B4), Bezugnahmen auf (vermutete) Forschererwartungen (B5), Bezugnahmen auf Forscher(innen) (B6) und Bezugnahmen auf die Auswertung durch die Forscher(innen) (B7).[25]

---

22 Köln_14-05-10_DerStreik_Gr.1.
23 Köln_14-06-15_Kaufmann_Gr.1.
24 Insbesondere dies hebt Wertheim in Bezug auf ihre soziolinguistischen Untersuchungen als einen Vorteil von „performance speech" hervor: „Tatar on-stage style, particularly when combined with metacommentary and speaker evaluations by members of the speech community, was absolutely indispensible in my understanding of a variety of local norms and practices" (Wertheim 2002, 519).
25 Da die Forscher(innen) i.d.R. nicht an den aufgenommenen Interaktionen teilgenommen haben, greifen wir an dieser Stelle nicht die (an anderer Stelle u.E. sowohl plausible als auch systematische) Differenzierung von Bell (1984, 158 ff.) auf, die sich in Anlehnung an Goffman (1981a) an den Teilnehmerkategorien „Speaker, Addressee, Auditor, Overhearer" und „Eavesdropper" orientiert (vgl. für eine Übersicht auch Wertheim 2002, 513). Wertheim (2002, 515 ff.) weist z.B. in ihrer Arbeit empirisch den „[e]ffect of changing participant roles of fieldworker on Galima's speech" durch unterschiedliche Beteiligungskonstellationen, die sie als Forscherin einschließen, nach.

Sollten in einem (nicht verdeckt aufgenommenen) Gesprächsdatum insgesamt weder implizite Realisierungen noch irgendwelche expliziten Bezugnahmen nachweisbar sein, tendieren wir mit Bergmann dazu, im Hinblick auf eine vermeintlich originär unbeobachtete Interaktionssituation desselben Typs dieser Interaktion (möglicherweise kontraintuitiv) Unnatürlichkeit zu unterstellen:

> I would argue that if recordings of naturally occurring informal interactions do not contain any part during which the participants make reference to the fact that they are being recorded, then this absence is conspicuous and can be taken to be a reliable sign of the ‚unnaturalness' of the documented interaction. (Bergmann 1990, 219 f.)

4.4 Explizite Thematisierungen des Aufnahme-Frames

Im Folgenden werden wir die genannten Ebenen von ‚tape-affected speech' hinsichtlich ihrer Vorkommen im Gespräch (inkl. Beispielen), möglicher Funktionen und Auswirkungen auf die Qualität als Forschungsdatum diskutieren. Dabei werden in unseren Gesprächsdaten mehrfach Aspekte explizit thematisiert, die möglicherweise an anderer Stelle nur als implizite Indizes indirekt beobachtbar sind (wenn z.B. mit Blick auf den Aufnahme-Frame, d.h. Frame$_2$, über einen unangemessenen Stil, über zu unterlassene Interaktionen oder angemessene Themenwechsel gesprochen wird). Wir betrachten die hier vorgestellte Typologie weder als strikt und monotypologisch noch als exhaustiv. Dieselben Beispiele können (und werden) teilweise zur Illustration unterschiedlicher Typen herangezogen werden, auch wenn wir sie nur unter einem Typ anführen.[26]

Bezugnahmen auf Aufnahmegeräte resp. die technische Aufnahmesituation (B1) gibt es in unserem Datenmaterial insbesondere zu Beginn und zum Ende der Aufnahmen. Sie dienen v.a. als Interaktionseinstieg, zur Bearbeitung der wahrgenommenen Irritation anderer, zur Bearbeitung technischer Probleme sowie als Vorlaufelement zur Beendigung eines Gesprächs und stellen damit eine interaktionale Ressource zur Initiierung und Beendigung eines Gesprächs sowie zur Einleitung von Themenwechseln dar. In unserem Korpus finden sich mehrfach solche Bezüge wie z.B. *„geh mal auf die seite. da ist mein mikrofon"*[27].

---

26 Zu den wissenschaftlichen Typologisierungsprinzipien Exhaustivität, Homogenität, Monotypie und Striktheit vgl. Isenberg (1978 und 1983). Zu einer Übersicht in Bezug auf textlinguistische Typologisierungsansätze vgl. auch Heinemann (2011, 265) und Gansel (2011, 10 f.).
27 Köln_14-05-17_Kaufmann_Gr.2.

Daneben gibt es auch Bezugnahmen im Rahmen eines spielerischen Umgangs mit der Technik (dem „nonliteral frame" nach Gordon) „*seid ihr auf sendung?*"[28], „*jetzt geht_s [...] gesprächspartner hallo? ((lacht))*"[29].

In den folgenden beiden Gesprächsausschnitten (Ausschnitt 1 und 2) wird die technische Aufnahme zweimal zu Beginn des Gesprächs und einmal während des Gesprächs thematisiert (Titus Z. 002 ff., Z. 072 ff.), wobei durch Titus in Z. 072 ff. zusätzlich eine Bezugnahme auf die erwartete Auswertung durch die Forscher(innen) erfolgt und deren Perspektive eingenommen wird.

Ausschnitt 1: „jou es KLAPPT"[30]

```
001              ((Sprechen im Hintergrund, 2.6))
002   Titus:     jou es KLAPPT;
003   Vanessa:   (alles/es) LÄUFT;
004              (1.5)
005   Vanessa:   und?
006   Titus:     ja es  [war schon KRASS also hehehe]
007   Vanessa:          [(sagste) als äh am SCHLUSS,]
```

Ausschnitt 2: „nich dass das n bisschen stört wegen der muSIK"[31]

```
072   Titus:     wolln wa vielleicht n bisschen weiter da
                 HINten Hin dann-
073              nich dass das n bisschen stört wegen der
                 muSIK-
074              dass man uns gar nich verSTEHT-
075              durch die LAUTstärke;
076              äh um uns heRUM;
077   Vanessa:   ja
078   Titus:     ähm
079              ja äh also
080              ich äh ((lacht))
081              ich fands auch ziemlich KRASS-
```

---

28 Köln_14-10-02_Sezuan_Gr.2.
29 Köln_14-06-15_Kaufmann_Gr.1.
30 Köln 14-07-03 DieLücke Gr.2.
31 Köln 14-07-03 DieLücke Gr.2.

Die beiden Gesprächsausschnitte liefern Beispiele für einen – in unserem Datenkorpus häufig zu beobachtenden – unvermittelten Wechsel vom Aufnahme-Frame$_2$ zu Frame$_1$ und veranschaulichen zugleich, wie über diese Wechsel Gattungserwartungen der Beteiligten sichtbar werden können (in diesen und vielen weiteren Fällen die Relevanz von Bewertungen; vgl. Vanessa in Ausschnitt 1, Z. 005 ff. sowie Titus in Ausschnitt 2, Z. 079 ff.). Der erste Ausschnitt weist zudem darauf hin, dass das Aufnahmegerät auch als Gesprächsvermittler/-unterstützer („Facilitator of Talk"; Speer & Hutchby 2003, 330) dienen kann. In unserem Korpus finden sich eine ganze Reihe von Belegen, bei denen ersten (Bewertungsinitiierungs- und oder Erwartungsabgleich-)Sequenzen unmittelbar Absicherungen über die laufende Aufnahme (ganz zu Beginn des Gesprächs) vorausgehen, die den Gesprächsbeginn zu erleichtern scheinen und damit die Funktion einer Gesprächsaufnahme unterstützen.

Deutlich wird solch eine Funktion der Gesprächseröffnung auch in den nachfolgenden Ausschnitten, bei denen sich an die einleitende Bezugnahme auf die Aufnahmetechnik ein unmittelbarer Übergang zu einer Bewertungssequenz anschließt (Z. 012 und Z. 008). Der unvermittelte Wechsel von Frame$_2$ zu Frame$_1$ mit dem Einstieg über eine Bewertung lässt auch hier darauf schließen, dass die Bewertungs(aus)handlung als (wenigstens eine) wesentliche sprachliche Handlung in der Theaterpause (Frame$_2$) erwartet wird:

Ausschnitt 3: „habt ihr schon AN"[32]

```
009    Marina:      habt ihr schon AN?
010    Christine:   (ja_JA-) (je) (.) (jetzt JETZT).
011                 (1.1)
012    Marina:      also ich fands RICHtig gut und_ef-
013                 ich hätte nich erwartet dass es nur zu
                    ZWEIT also-
014                 komPLETT durchgehend ist.=ne-
```

Ausschnitt 4: „ah jetz nimmt_s AUF"[33]

```
002    Monika:      ah jetz nimmt_s AUF.
003                 (0.56)
```

---

[32] Siegen_15-01-14_7Wellen_Gr.1.
[33] Köln_14-04-22_BrainAndBeauty_Gr.3.

```
004   Monika:    ä:hm-
005   Emma:      [wie-]
006   Monika:    [ja:?]
007              (1.68)
008   Monika:    ich fand die (.) AUFteilung en bisschen
                 komisch-
```

Im nachfolgenden Ausschnitt stehen zunächst die Handlungen des Frame₂ (Aufnahme) im Fokus. Erst nach der erfolgreichen Abklärung der technischen Rahmenbedingungen in Frame₂ (bis Z. 019) handeln die Beteiligten Raumfragen für ihre Pauseninteraktion aus (was in unseren Gesprächen ebenfalls vielfach als Teil des Frame₁ eine Rolle spielt und sicherlich vielen Theaterbesucher(innen) aus ihrem eigenen Pausenverhalten bekannt vorkommen wird):

Ausschnitt 5: „JETZ geht_s schon los"[34]

```
001   Michael:   ZWEImal.
002              (1.22)
003   Theresa:   JETZ geht_s schon lo[s.=ja? ]
004   Michael:                       [NOCHma.]
005              nee NOCHma drücken.
006              (1.59)
007   Theresa:   [JETZ geht_s schon los.]
008   Michael:   [und JETZT nach     o]ben.
009              hold.
010              (3.36)
011   Theresa:   gu:t.
012              (1.77)
013   Michael:   geNAU.
014              (0.11)
015   Theresa:   [gu:t.      ]
016   Michael:   [un jetz LÄUF]T_s.
017              (2.32)
018   Michael:   PRIma-
019   Kommentar:((Hintergrundgespräch))
020              (3.98)
```

---

[34] Siegen_14-12-31_Stones_Gr.1.

```
021   Theresa:    dann gehn wa jetz mal RAUS.=hm?
022               (1.95)
023   Michael:    mh dann gehen wa jetz ma RAUS.
```

Es lässt sich also bereits bis hierhin vorläufig festhalten (und viele weitere Gesprächsausschnitte aus unserem Korpus stützen diese These), dass die technische Klärung der Aufnahmesituation (Frame$_2$) vielfach als Gesprächseinstieg/Eröffnungssequenz genutzt wird und darauf entweder Fragen zur (vornehmlich räumlichen) Interaktionsweiterführung geklärt werden oder unmittelbar in eine Bewertungssequenz o.ä. innerhalb des Frame$_1$ übergegangen wird.

Bezugnahmen auf die allgemeine Aufnahmesituation (B2) werden – wie Bezugnahmen auf Aufnahmegeräte resp. die technische Aufnahmesituation und alle folgenden Bezugnahmen – ebenfalls als eine interaktionale Ressource für den Gesprächsverlauf genutzt. Mit dieser Form von Bezugnahmen werden zudem Erwartungen (z.B. bei „dürfen wir alkohol trinken"[35]) oder der Umgang mit der Aufnahmesituation offengelegt, so etwa in dem folgenden Ausschnitt, bei dem das Ausfüllen der papiernen Dokumente im Anschluss an das Pausengespräch und somit ein Teil des rahmenden Aufnahmesettings (Frame$_2$) thematisiert wird (vgl. Z. 0528 ff.):

Ausschnitt 6: „da IS ja noch was zum !AUS!füllen"[36]

```
0521  Nadja:         je nachdem wann wir FERtig sind-
0522                 nehm ich dann die ES bahn.
0523  Kommentar:     ((Hintergrundgespräch))
0524  Marie:         ja:-
0525                 (0.59)
0526  Britta:        (das WAR dat.)
0527                 (5.58)
0528  Nadja:         kommt drauf an wie lang das mit dem
                     <<lachend>paPIERkram noch dauert (.)
                     gleich->
0529  Marie:         °h
0530                 (0.13)
```

---

35 Köln_14-10-02_Sezuan_Gr.2.
36 Köln_14-10-02_Sezuan_Gr.2.

```
0531  Marie:         sti:m[mt.          ]
0532  Nadja:              [((lacht))] ((lacht))
0533  Marie:         da IST ja noch was zum !AUS!füllen.
0534  Nadja:         ja-
```

Auch im folgenden Gesprächsausschnitt wird – neben einer Bezugnahme auf technische Aspekte (Z. 451 ff.) – Bezug auch auf die allgemeine Aufnahme(situation) (Z. 445 ff.) und die vermutete Erwartung an die Interaktanten, wann sie die Geräte ausschalten sollen, genommen (die Anweisung lautete, dass zu Beginn des anschließenden Publikumsgesprächs, auf das in Z. 440 ff. Bezug genommen wird, die Geräte wieder ausgeschaltet werden sollten):

Ausschnitt 7: „soll_n wa_s AUSmachen dann"[37]

```
440  Titus:          ne: ich mein jetz WOLLT_S du noch-
441                  äh beim gespräch MITmachn;[38]
442  Vanessa:        ach SO ne: ich würd (.) gern nur kurz
                     ZUhörn glaub ich;
443  Titus:          oke:
444  Vanessa:        kurz
445  Titus:          soll_n wa_s AUSmachen dann,
446  Vanessa:        ja?
447  Titus:          [oke:           ]
448  Vanessa:        [(glaub) SCHON;]
449  Titus:          hast du schon AUSgemacht,
450  Vanessa:        ne:
451  Titus:          (sa ma) WIE geht das (zu machn),
452  Vanessa:        also du musst erst HOLD runterdrücken?
453  Titus:          ne: ne: bei mir NICH;
454                  warte ma [KURZ;   ]
455  Vanessa:                 [ach SO;]
456                  [((lacht))]
457  Titus:          [((lacht))] EINschalten;
458                  STOPP;
```

---

[37] Köln_14-07-03_DieLücke_Gr.2.
[38] Gemeint ist hier das im Anschluss an diese Pause (nach dem Theaterstück) stattfindende Publikumsgespräch.

```
459                 ((murmelt vor sich hin))
460                 ach SO;
461                 ja DOCH;
462                 naTÜRlich muss ich das erstma machen;
463                 [tut mir LEID;      ]
464   Vanessa:      [die TASTENsperre;]
```

Die Tatsache, dass Sequenzen, die die Aufnahme thematisieren, während des gesamten Gesprächsverlaufs auftreten können, deutet hier[39] darauf hin, dass die Aufnahmesituation nicht generell vergessen wird (vgl. Hazel 2016, 463; Labov 1982, 223), sondern immer wieder im Gespräch relevant werden kann (ggf. ausgelöst durch die Wahrnehmung eines Geräts, durch einen Hinweis auf die Geräte, z.B. durch andere Personen, oder durch kurzzeitig fehlenden Gesprächsinhalt) und damit ein Rahmen-Wechsel von $Frame_1$ zu $Frame_2$ erfolgt, der genauso schnell und teilweise übergangslos wieder zurück von $Frame_2$ zu $Frame_1$ vorgenommen werden kann.

In den folgenden, teilweise etwas längeren Ausschnitten desselben Gesprächs (Ausschnitt 8) wird mehrfach Bezug genommen auf die allgemeine Aufnahmesituation (Z. 034, Z. 062 ff., Z. 364, Z. 415 ff.), auf die technische Aufnahmesituation (Z. 021[40], Z. 420 ff.), auf vermeintliche Normen und Regeln (Z. 069–071, in Z. 071 wird damit auch spielerisch mittels vermeintlichem Regelbruch umgegangen und in Z. 080 aufgelöst, vgl. auch Z. 116, Z. 364), auf vermutete Erwartungen seitens der Forscher(innen) (Z. 037, Z. 108 ff.) und auf die Auswertungssituation durch die Forscher(innen) mittels Perspektivenübernahme (Z. 064, Z. 111).

Ausschnitt 8: „jetzt <<lachend> ist so wichtig dass wir uns unterhalten"[41]

```
017   Cornelia:    ((lacht))
018                (17.15)
019   Kommentar:   ((nicht zuzuordnen))
020                (3.25)
021   Cornelia:    ja die zeit läuft ja um
```

---

[39] Vgl. auch Köln_14-06-15_Kaufmann_Gr.3.
[40] Zur Erklärung: Die Aufnahmegeräte verfügen über ein Display, in dem eine digitale Zeitanzeige die laufende Aufnahmezeit anzeigt und damit als Beleg für ein korrektes/erfolgreiches Anschalten der Geräte herangezogen werden kann.
[41] Köln_14-07-03_DieLücke_Gr.3.

Explizite Thematisierungen des Aufnahme-Frames — 131

```
022                    (21.63)
023   Cornelia:        okay he
024                    (23.2)
025   Cornelia:        e he <<lachend> die leute hören einfach
                       nicht auf;>
026                    (3.57)
027   Cornelia:        ahhhhhh
028   Kommentar:       [((Klatschen endet))]
029                    [(26.28)            ] (2.92)
030   Cornelia:        na okay
031                    (0.59)
032   Cornelia:        nicht so lange
033                    (1.85)
034   Cornelia:        björn (.) du musst ja noch deine
                       formulare bis zum ende ausfüllen oder?
035   Björn:           genau-
036                    (10.11)
037   Cornelia:        aber vielleicht ist das jetzt ja gerade
                       die heiße phase-
038                    dann sagen die jetzt besser nich-
039   Björn:           ₁[ja klar (--) wir müssen es]
040   Cornelia:        ₁[weil jetzt ist es wichtig dass wir uns
                       unterhalten ((lacht))]
041                    (5.41)
042   Cornelia:        ((stöhnt)) <<Zähne zusammen>boah meine
                       hose hat die ganze zeit auf meine blase
                       gedrückt->
043                    und auf meinen magen <<lachend>jetzt hab
                       ich noch mehr hunger>
044                    (1.34)
045   Cornelia:        °hh ((stöhnt))
046                    [(17.21)                    ]
047   Kommentar:       [((Hintergrundstimme))]
048   Björn:           es war richtig warm in diesen stühlen
049   Cornelia:        oh ja
050                    (0.81)
051   Cornelia:        oah jetzt ärgere ich mich noch mehr
                       einmal dass ich die lange hose angezogen
                       hab
```

```
052                     (6.49)
053  Cornelia:          ((kichert))
054                     (3.55)
055  Cornelia:          e hehe
056                     (16.46)
057  Björn:             jetzt geht mehr gar nicht
058                     (1.06)
059  Björn:             ärgert sich nachher
060  Cornelia:          ja
061                     (0.37)
062  Cornelia:          aber das ist ja das ist ja auch das
                        problem an dem projekt dass sie durch
                        die leute verkabeln sind sie irgendwie
063                     (0.54)
064  Cornelia:          is dann doch die sprache verschlägt
                        [oder]°h eh man gewöhnt sich auch
065  Björn:             [mmh ]
066  Cornelia:          schnell da dran also (1.05)
067  Cornelia:          wir laufen jetzt ja schon mit der zeit
                        <<lachend>rum> hat die verschlägt
                        <<lachend> zeit auch
                        di[e sprach>]((lacht))
068  Björn:                [ja ge     ]nau
069  Peter:             was soll ich sagen
070  Björn:             ((unverständlich)) [modera mit konver]s
071  Peter:                                [ich bin batman   ]
072                     (0.37)
073  Cornelia:          ((lacht)) [°hh        ]
074  Peter:                       [sind fuß] kaputt oder warum
075                     (0.51)
076  Björn:             [ne  ]
077  Peter:             [musst] du hier so aufstützen
078                     (2.0)
079  Cornelia:          °hh er wollt halt nur mal cool sein er
                        wollte ein fach mal
                        ₁[zu uns dazu gehören            ]
080  Peter:             ₁[das heißt mir verschlägts die]
```

Explizite Thematisierungen des Aufnahme-Frames — 133

081	Björn:	₂[sprache (durch einfach nur intellektuelle sachen] ₂[hey ich hab (.) ich habe zwei leute]
082	Peter:	₃[von mir gegen leisten)]
083	Björn:	₃[den kann ich auch schätzen]
084	Peter:	₄[also]
085	Cornelia:	₄[°h aber] was ich richtig krass fand ich finde wenn wennn man so ein stück gesehen hat dann glaubt man dass auch was da vermittelt wurde also von wegen
086	Peter:	ja
087	Björn:	[lass dich nicht so leicht beeinflussen]
088	Cornelia:	[dass so viel vernichtet wurde]
089	Peter:	die hat dann
090	Cornelia:	nein aber ich hab sowieso das alles so_n bisschen kritisch gesehen mit en es u ehm
091		(1.15)
092	Cornelia:	aufklärungsprozess und so und ₁[wenn man dann (-) und ich hab auch gehört]
093	Björn:	₁[ich weiß da nicht genung drüber um da +++ +++]
094	Cornelia:	mit diesen protokollen mit diesen schreddern das hab ich auch schon wo anders gehört
095		(0.96)
096	Cornelia:	und ehm ich fand das auch ziemlich authentisch rüber gebracht (der[zw]ung)
097	Björn:	[ja] ((lacht)) selb schauspieler
098	Cornelia:	ja ne wobei ich glaube die türkischen warn keine schauspieler
099	Björn:	keine ahnung
100		(0.31)
101	Cornelia:	also ne glaub ich auch nicht die wurden einfach gefragt wer das machen möchte
102		(0.59)
103	Cornelia:	genauso gewesen wie bei mir mit hundert

```
                         prozent erlin als ich das gemacht habe
104                      (0.54)
105   Peter:             ja
106                      (0.44)
107   Peter:             [ja aber die konn][ten schon spielen  ]
108   Cornelia:          [da vorne ist sie][ah ne warscheinlich]
                         wollen sie jetzt nicht dass wir dahin
                         gehen sonst
                         ruinier[en wir das ge ]spräch
109   Björn:                    [so (.) is egal]
110                      (0.62)
111   Cornelia:          nein wenn die sich jetzt mit uns
                         unterhalten dann ist ja die ganze
                         dynamik von unserer gruppe weg wir
                         dürfen uns ja auch nur in unserer gruppe
                         unterhalten
112                      (0.54)
113   Kommentar:         ((Jemand niest))
114   Björn:             weiter
115                      (0.65)
116   Cornelia:          du darfst jetzt niemanden aufreißen
                         björn heißt das
117                      (0.48)
118   Cornelia:          ((lacht))
119   Björn:             wen würde ich denn aufreißen
120   Peter:             [die cornelia               ]
121   Cornelia:          [<<lachend> aha keine ahnung>]
122   Björn:             nee
123   Cornelia:          °h ja ich bin ja in der gruppe ich
                         meinte das ist immer
124   Björn:             ja das ist ja kein problem
125                      (1.07)
126   Cornelia:          ja es wäre jetzt kein problem
127                      (0.71)
128   Cornelia:          kannst du auch den peter nehmen
129                      (0.66)
130   Cornelia:          wo soll ich jetzt meine ta karte hintun
131                      (0.35)
132   Björn:             ich hab keine jacke dabei he he
```

```
133                (0.52)
134  Cornelia:     ich hab zwei jacken dabei
135                (1.15)
136  Björn:        [die passt mir bestimmt super]
137  Cornelia:     [kannst den stylischen bla   ]zer von
                   mir leih ja du kommt
[...]
362  Cornelia:     setzt er sich jetzt hinter uns in die
                   reihe
363                (0.59)
364  Cornelia:     peter du bist unsere gesprächsgruppe du
                   musst dich mit uns unterhalten komm her
                   heh
365                [(1.19)]
366  Björn:        [was   ][mach ich denn jetzt]
367  Cornelia:           [heh                  ]
368                (2.76)
369  Cornelia:     er hat seine katharine
                   <<lachend>verloren>
370                (0.43)
371  Björn:        seine brille
372                (0.45)
373  Björn:        [ja deine wurde gefunden]
374  Cornelia:     [((stöhnt))             ]
375  Peter:        das ist nicht meine ich bring die gleich
                   mal zu
376                (1.51)
377  Björn:        nein
378  Cornelia:     du bist auch so so_n so_n spitzfinger
                   riger eh els ter oder was wse °h wse häh
                   eh eh °hh
[...]
415  Cornelia:     jetzt können wir gehen
416                (0.53)
417  Cornelia:     cheech
418  Björn:        jetzt können wir mal gehen oder auch
419                (3.79)
420  Cornelia:     ehh stopp
421  Björn:        wie macht man das so (.) auf was
```

```
422                     (0.63)
423     Peter:          hier auf stopp
424                     (0.55)
425     Cornelia:       stopp
426                     (0.51)
427     Björn:          ah ja
428                     (2.34)
429     Björn:          okay
430     Cornelia:       bei mir läuft das weiter scheiße
431                     (1.36)
432     Cornelia:       aber vielleicht +++ +++ +++ +++
433                     (3.33)
434     Björn:          hm (.) komm mal her
435                     (1.15)
436     Björn:          könnte es könnte
437                     (1.57)
438     Björn:          vielleicht
439                     (0.87)
440     Cornelia:       ach ich hab mein hold drinn e heh
441     Björn:          eh he he
442     Kommentar:      ((Gerät wird ausgeschaltet))
```

Auch im nachfolgenden Gesprächsausschnitt erfolgen mehrfache Bezugnahmen auf die technische („*aber WEISST du wie ma_des !AUS!macht?*", Z. 979) und die allgemeine Aufnahmesituation (Z. 975f. und „*geht jetz (.) erKENNbar weiter-*", Z. 1032) inklusive vermeintlicher Regeln der Aufnahmesituation, wobei in Z. 990 mit „*jetz reden wer schon WIEder über diese technik*" mit „*technik*" nicht nur auf den technischen Aspekt im engeren Sinne verwiesen, sondern *Technik* als metonymische Bezugnahme auf die Aufnahmesituation mit all ihren Facetten verwendet wird (vorher erfolgt kein Sprechen über die Technik im eigentlichen Sinne). D.h. die Gesprächsteilnehmer(innen) reflektieren über sich als angewiesene („*was muss ich denn jetz MAchen*", Z. 968, „*du musst ERST*", Z. 971) Proband(inn)en einer Studie und wechseln damit die Rolle (von „doing being a theatre goer" zu „doing being a recorded participant").

So diskutieren die Teilnehmer(innen) in Z. 992f. („*des muss ma wahrscheinlich ZEHNma machen- beim !ZEHN!ten mal hat ma_dann verGESsen- dass man SO was-*") selbst der Sache nach das Beobachterparadoxon und nehmen damit einen Frame- inkl. Perspektiven-Wechsel vor, indem sie aus der (imaginierten) Sicht der Forscher(innen) argumentieren und damit teilweise eine (Quasi-)Integration der Forscher(innen) ins ‚participation framework' (vgl. auch Hazel 2016 und Deppermann & Schmidt 2016) ihres Gesprächs vornehmen. Die Aufnahmesituation konstituiert also gewissermaßen eine Form von ‚absent presence' der Forscher(innen), die von den Gesprächsteilnehmer(innen) auch interaktional relevant gesetzt werden muss und wird. Die Aufnahme schafft in diesem Sinne ein „asynchronous participation framework" (Hazel 2016, 449), auf das die Teilnehmer(innen) Bezug nehmen und mit dem sie sie die Forscher(innen) interaktional einbeziehen und damit als ‚bystander' (Goffman 1981a) konstituieren. Mit der durch einen formelleren Stil gekennzeichneten Wiedergabe der Anweisung „*wenn wir SITzen? und es erKENNbar- WEItergeht*" und deren späterer Wiederaufnahme, dass es „*erKENNbar*" (Z. 975 und Z. 1032) weitergeht und die Aufnahmegeräte damit abgeschaltet werden können, greifen die Gesprächspartner(innen) wiederum den Aufnahme-Frame$_2$ auf und rekurrieren (mind. in Z. 1023 nach dem auffälligen und kommunikativen Singsang) in ironisierender Weise auf die Aufnahmesituation inkl. der Anweisung zur Aufzeichnung durch die Forscher(innen).

Ausschnitt 9: „jetz reden wer schon WIEder über diese technik"[42]

```
0963 Kommentar:   ((Gongschlag))
0964 Alexander:   so:.
0965              (.) es-
0966              jetz BIMmelts?
0967              (1.42)
0968 Alexander:   <<seufzend>was muss ich denn jetzt
                  M[Achen.>]
0969 Nicola:      [nee-    ]
0970 Alexander:   [h°      ]
0971 Nicola:      [du muss]t ERST we[nn wer ]
0972 Alexander:                     [ach SO.]
0973 Nicola:      [sitzen-           ]
0974 Alexander:   [wenn wir SITzen?]
0975 Nicola:      und es erKENNba:r-
0976              WEItergeht (.) dann-
0977              (1.32)
0978 Alexander:   oKAY.
```

---

42 Köln_14-06-15_Kaufmann_Gr.3.

```
0979                   aber WEISST du wie ma_des !AUS!macht?
0980                   (0.28)
0981 Nicola:           ((räuspert sich)) (.) auf AU[S-   ]
0982 Alexander:                                    [ach S]O.
0983                   (0.32)
0984 Alexander:        du (hast) den ZETtel.
0985                   =ne?
0986                   =bei DIR-
0987                   [°h jetz-]
0988 Nicola:           [hm_HM-  ]
0989 Alexander:        denks-
0990                   jetz reden wer schon WIEder über diese
                       technik-
0991                   (0.3)
0992 Alexander:        °hh des muss ma wahrscheinlich ZEHNma
                       machen-
0993                   beim !ZEHN!ten mal hat ma_dann
                       verGESsen-
0994                   dass man SO was-
0995                   (24.06)
0996 Nicola:           hh°
0997                   (17.45)
0998 Alexander:        FÜNFzehn uhr sechzehn.=ne-
0999 Nicola:           (.) HM_hm?
0100                   (0.93)
1001 Alexander:        ach.
1002                   (1.08)
1003 Nicola:           OP:sala.
1004                   (0.99)
1005 Nicola:           DANke schön.
1006                   (0.88)
1007 Alexander:        macht ja keinen SINN-
1008                   sich schon HINzusetzen?
1009                   (5.52)
1010 Alexander:        ((singt))
1011                   (2.99)
1012 Alexander:        ((singt))
1013                   (4.8)
1014 Alexander:        KANNST du mir-
```

```
1015                    (7.63)
1016 Alexander:         ((schnieft))
1017                    (3.91)
1018 Nicola:            hh°
1019                    (1.95)
1020 Alexander:         ((singt))
1021                    (0.81)
1022 Alexander:         ((singt))
1023 Nicola:            °hh die ham ihr maSCHINchen schon
                        ausgemacht.
1024                    (0.38)
1025 Nicola:            ((lacht))
1026                    (0.72)
1027 Alexander:         hasTE?
1028 Nicola:            (.) ((lacht)) (.) hh° °h ((lacht))
1029                    (0.9)
1030 Alexander:         s-
1031                    (0.27)
1032 Alexander:         geht jetz (.) erKENNbar weiter.
```

Zu den Bezugnahmen auf die allgemeine Aufnahmesituation zählen auch (scherzhafte) Äußerungen zur vermuteten Fremdwahrnehmung der Teilnehmer(innen) durch andere Theaterbesucher(innen) als Interviewer(innen) (Ausschnitt 10, Z. 108 ff.), als Security-Personal (Z. 118 f.) oder als Theater-Beschäftigte mit einer zugewiesenen (Sonder-)Aufgabe (Z. 201 ff.):

Ausschnitt 10: „erst hochSCHWANger- un dann auch noch (.) mikroFON am ohr"[43]

```
108 Ina:     °hh die LEUte werden denken-
109          dass WI:R-
110          äh HIE:R-
111          (0.38)
112 Ina:     INterviews machen wolln.
113          und DESwegen gehn sie auch-
114          (0.28)
115 Ina:     uns aus_m WEG.
```

---

43 Köln_14-05-10_DerStreik_Gr.1.

```
116              ((lacht)) °hh (.) °h h° °h h°°h h° !DU!
                 läufst (so) RUM-
117   Finn:      MEINste?
118   Ina:       wie so_n seCUritytyp.
119              ((lacht)) °h sieht_n BISschen so aus.
120              (0.22)
121   Finn:      ha JA:-
122              (0.39)
123   Ina:       ha HA-
124   Finn:      sehr seriÖS.
125   Ina:       ho HO.
[...]
201   Finn:      was das HIER für-
202              SPEcial-
203              (0.68)
204   Ina:       <<mit verstellter Stimme>special GÄSte>.
205              (1.04)
206   Ina:       erst hochSCHWANger-
207              un dann auch noch (.) mikroFON am ohr.
208              (3.94)
209   Ina:       oh.=lass uns weiter WEGgehn.=ne?
210              (0.23)
211   Finn:      ja.
```

Ausschnitt 11: „du kannst jetzt nicht mit ihr REden"[44]

```
121   Irmgard:   du has jemand beKANNten
                 getroff[en oder wie.]
122   Kristina:         [ja_JA.      ]
123              geNAU.
124              meine alte CHEfin vom ((Arbeitsplatz)).
125   Irmgard:   ach wie LUStig.
126              ((lacht)) da haste gesacht du bist im
                 DIENST-
127              du kannst jetzt nicht mit ihr RE[den-]
128   Kristina:                                  [ja. ]
```

---

[44] Köln_14-05-28_Ehre_Gr.2.

```
129  Irmgard:    [oder WAS- ]
130  Kristina:   [ich hab je]tzt +++ die ham jetzt HIE:R?
131              (0.32)
132  Kristina:   na_JA.
133              (.) <<lachend>vier miNUten noch.>
134  Hildegard:  ((lacht)) °hh oah.
135              (2.15)
136  Hildegard:  ach so RICHtig begeistert war ich aber
                 nicht.
```

Im letzten Ausschnitt findet sich der metakommunikative Hinweis auf eine abgebrochene Interaktion (Z. 121 f.), d.h. Frame₂ hat offensichtlich Frame₁ dergestalt überlagert, dass eine ohne die Aufnahmesituation möglicherweise geführte Interaktion nicht stattgefunden hat.

Auch wenn Bezugnahmen auf die technische Aufnahmesituation vielfach mit der Thematisierung der allgemeinen Aufnahmesituation einhergehen und nicht immer eine eindeutige Unterscheidung möglich ist, erscheint uns ihre prinzipielle typologische Differenzierung sinnvoll, da sie häufig auch isoliert auftreten und zudem unterschiedliche Funktionen erfüllen können. Anders als Bezugnahmen auf die Aufnahmetechnik sind Bezugnahmen auf die allgemeine Aufnahmesituation demnach dadurch charakterisiert, dass gewissermaßen der gesamte Frame₂ metakommunikativ bearbeitet wird.

Bezugnahmen auf allgemeine Normen und allgemeine Erwartungen (B3) dienen u.a. der Stilisierung als selbst- und situationsreflexiv (bezogen auf beide Frames), der Werteaushandlung und (sprach)spielerischen Funktionen im Rahmen von Scherzkommunikation (vgl. dazu u.a. Kotthoff 1996/2006). Mit den Bezugnahmen werden Normen und Erwartungen sowie Erwartungserwartungen offengelegt, etwa durch korrektive Hinweise auf zuvor erfolgte, angesichts der Aufnahmesituation nicht als zulässig erachtete Äußerungen (vgl. Z. 550 des nachfolgenden Gesprächsausschnitts). Speer & Hutchby (2003, 318 f.) sprechen diesbezüglich von situierter Moralität, bei der Teilnehmer(innen) thematisieren, was in angemessener Weise besprochen werden darf und was nicht. Im Sinne des Aufgezeichnetwerdens als interaktionale Ressource (vgl. Speer & Hutchby 2003, 318 f.) werden Verweise auf die Aufnahme genutzt, um zum Beispiel „retrospective orientations to the inappropriateness of taping certain topics" (Speer & Hutchby 2003, 325) zu diskutieren und damit spezifische Themen und Bewertungen im Gespräch offenzulegen. Beispielsweise fordert einer der Teilnehmer in Speer & Hutchbys Daten das Löschen einer Passage und kommuniziert dadurch nicht nur, dass er die Passage im Sinne der situierten Moralität als unangemessen versteht, sondern bezieht gleichzeitig auch Stellung zu der vorangegangenen Diskussion (Speer & Hutchby 2003, 326). Mit Agha (2004) und Spitzmüller (2013) lassen sich solche Äußerungen als „metapragmatische" Hinweise charakterisieren. In unserem Korpus gibt es z.B. Verweise auf allgemeine Verhaltensregeln wie „*verlier nicht deinen MÜLL-*"[45] und den Hinweis darauf, dass Fluchen nicht angemessen sei (Z. 0550) oder die Diskussion darüber, ob ein Gang auf die Toilette während des Aufnahmesettings erlaubt ist (Z. 619 ff.):

Ausschnitt 12: „ich darf ja gar nich FLUchen"[46]

```
0536 Marina:      !WOL!ltest du AUCH eine?
0537              (0.3)
0538 Christine:   [(ja-)]
0539 Sven:        [nä.  ]
0540              (0.2)
0541 Christine:   (verHEXT.)
0542              (0.2)
0543 Christine:   (nein SCH[EI-)   ]
0544 Marina:               [scheiß-]
0545 Kommentar:   ((beide mit extrem verstellter hoher
                  Stimme))
0546              (0.9)
0547 Marina:      oh mein GO[TT. ]
0548 Sven:                  [(bei]de) fünf seKUNden.
0549              (1.6)
0550 Marina:      ich darf ja gar nich FLUchen.
0551              ((lacht))
0552 Sven:        SEHR gu:t.
0553 Marina:      ((lacht))
0554 Christine:   oh mein GOTT.
0555              (0.9)
0556 Sven:        hm.
0557              (0.9)
0558 Marina:      °h ich hätte aber NICH gedacht dass es-
```

---

45 Köln_14-05-17_Kaufmann_Gr.3.
46 Siegen_15-01-14_7Wellen_Gr.1.

```
0559                (0.2)
0560 Marina:        !SO! voll ist.
```

Ausschnitt 13: „DARF_ich doch-=Oder"[47]

```
619  Tamara:   geh jetzt mal_auf die toiLETte.
620            (0.43)
621  Amélie:   ((Lachansatz))
622            (0.79)
623  Tamara:   DARF_ich doch-=Oder?
624            (0.75)
625  Linus:    klar.
```

Das gemeinsame Lachen während dieser Passagen erlaubt eine Einordnung der Gesprächssequenzen in eine Scherzkommunikation. Im Rahmen der Inkongruenz als eines der „drei hauptsächlichen Erklärungsmodelle des Komischen und Humoristischen"[48] (Kotthoff 2006/1996, 10) spricht Kotthoff hier in Anlehnung an Koestler (1964, 35) von „Bisoziation", d.h. von „einer simultanen Doppelassoziation", die durch „die gleichzeitige Wahrnehmung einer Situation oder Idee in zwei selbständigen, aber inkompatiblen Referenzrahmen" entsteht: „In der Rezipienz muß zur Wahrnehmung des Komischen der Bezugsrahmen gewechselt werden." (Kotthoff 1996/2006, 10 f.) In diesem Sinne ermöglicht das Spiel mit dem sprachlichen und Deutungs-Wechsel zwischen Frame$_1$ und Frame$_2$ eine „simultane Doppelassoziation", die durch den Bezugsrahmenwechsel zu einer „Wahrnehmung des Komischen" führen kann.

Bezugnahmen auf Gattungserwartungen (B4) erfolgen vielfach implizit, aber sie können auch im Rahmen einer spezifischen Selbststilisierung (wie bei B3) Erwartungserwartungen offenlegen und damit mindestens indirekt aufzeigen, welche Erwartungen vom aufgezeichneten Gesprächstyp die Proband(inn)en selbst mitbringen und zu erfüllen versuchen. Wie bereits erläutert, geben viele weiter oben angeführten Beispiele (v.a. unter B1 zur technischen Aufnahmesituation) einen Hinweis auf die Gattungserwartungen, wenn die Teilnehmer(innen) unmittelbar nach der Abklärung, dass die Technik funktio-

---

47 Köln_14-05-16_BrainAndBeauty_Gr.1.
48 „Die Haupterklärungslinien drehen sich um Inkongruenz, Aggression und Entspannung." (Kotthoff 1996/2006, 9)

niert, ohne Überleitung (wie selbstverständlich) z.B. zu Bewertungshandlungen übergehen.

Im nächsten – unter B5 subsumierten – Beispiel (Ausschnitt 14) zeigt sich in Z. 184 ein Hinweis nicht nur auf die (vermuteten) Forschererwartungen, sondern auch auf die Gattungserwartungen.

Bezugnahmen auf (vermutete) Forschererwartungen (B5) dienen den Beteiligten in unserem Korpus v.a. als Einstieg in spezifische Gesprächspassagen (und damit v.a. als Themenwechsel resp. Pausenfüller), können aber auch als Abschluss verwendet werden („(.) isch hätt aber doch noch so viel zu sagen ((lacht))"[49] und legen ebenfalls Erwartungserwartungen offen. Als Reflexionen des Rahmens (Frame$_2$) dienen sie u.a. auch spezifischen Selbststilisierungen.

So lassen sich u.E. auch die metapragmatischen Kommentare und spielerischen Formen „lass uns was wenigstens bisschen qualifiziertes abgeben"[50], „kein falsches wort"[51] und „didn't she say that any language is okay? [...] or she said we can (.) we (.) don_t need to speak at all. so we can either (.) talk about japanese porn or (.) about the eh (.) like ((lacht)) about her ((lacht))"[52] als Bezugnahmen auf Gattungs- und/oder Forschererwartungen und als Scherzkommunikation charakterisieren. Dabei werden häufig Perspektivenwechsel vorgenommen, die auch durch sprachliche Mittel wie etwa ‚code-switching' markiert werden, um Bezüge auf die (vermuteten) Forschererwartungen und somit Erwartungserwartungen herzustellen. Das Besondere dieser Bezugnahmen ist die Einbeziehung beider Frames (Frame$_1$ und Frame$_2$) in das Sprachspiel und der metakommunikative Blick von Aufnahme-Frame$_2$ auf den Pausengespräch-Frame$_1$.

Auch in den folgenden drei Gesprächssequenzen eines Gesprächs (alle Ausschnitt 14) greifen die Proband(inn)en metakommunikativ die vermuteten Erwartungen hinsichtlich ihres Kommunikationsverhaltens auf (Z. 012ff., Z. 0381) und nehmen einen Perspektivenwechsel hin zu einer Beobachtungsperspektive aus Sicht der Forscher(innen) während der nachfolgenden Auswertung der Gesprächsdaten vor (Z. 1094 ff.):

Ausschnitt 14: „hätten die UNS nicht- die !AUS!wertung wär total LANGweilig"[53]

---

49 Siegen_15-01-14_7Wellen_Gr.2.
50 Köln_14-05-17_Kaufmann_Gr.3.
51 Köln_14-07-03_DieLücke_Gr.1.
52 Siegen_15-02-18_Kaufmann_Gr.2.
53 Köln 14-05-17 Kaufmann Gr.3.

```
0012 Dunja:         (LUStig wär_s-)
0013                (wenn ich jetzt einfach die ganze
                    zeit nichts SAgen w-)
0014                (1.4)
0015 Yvonne:        wenn du WAS?
0016                (0.11)
0017 Dunja:         (wir-) (wir) können die ganze zeit
                    NICHTS <<lachend>sagen>
                    ₁[((lacht))          ] <<lachend> he
0018 Yvonne:        ₁[<<lachend> he->]
0019 Dunja:         ₂[(so)->]
0020 Yvonne:        ₂[+++    ]
0021 Yvonne:        ₃[((unverständlich))] heute bin ich
0022 Dunja:         ₃[((lacht))          ]
0023 Yvonne:        STUMM.
[...]
0376                FUSSball_wollt i_no _googeln.
0377                <<lachend> hmpf> ((lacht))
0378 Yvonne:        ja (.) google noch FUSSball.
0379                (9.13)
0380 Yvonne:        ich ha[b auch UM-     ]
0381 Dunja:               [(dann können wir)] endlich uns
                    NorMAL unterhalten.
0382 Yvonne:        ist äh (.) gar kein THEma_aber-
0383                (0.34)
0384 Yvonne:        ich hab auf_m WEG hierhin schon zwei äh-
0385                JUNGS-
0386                in be fau BE:-
0387                trikots geSEHen.
0388                (4.27)
0389 Dunja:         COO_ool.
0390                (0.26)
0391 Yvonne:        fand ich voll COO_ool-
[...]
1094 Dunja:         hätten die UNS nicht-
1095                die !AUS!wertung wär total LANGweilig.
1096 Yvonne:        <<hohe Stimme> ja-
1097 Kommentar:     ((Gongschlag))
1098 Yvonne:        glaub ich AUCH.>
```

```
1099 Dunja:         sollen wir noch GRÜße-
1100                <<lachend> nach SIEgen->
1101 Yvonne:        ((lacht)) ((hickst)) ((lacht)) SCHÖne
                    [grüße     ] [nach siegen-]
1102 Dunja:         [((lacht))] [nach siegen-]
                    ((lacht)) (<<lachend> SCHICken?>)
1103 Kommentar:     ((Gongschlag))
1104 Yvonne:        !AN!.
1105                ((lacht))
1106 Dunja:         ((lacht))
1107 Yvonne:        °h das LUStige ist doch
                    [(ma)-           ]
1108 Dunja:         [<<lachend> SI]NG was->
1109 Yvonne:        DASS ich-
1110                ((lacht)) [(s) <<lachend> SIN][gen?>]
1111 Dunja:                   [+++              ][+++  ]
                    [e      CHAN]ce.
1112 Yvonne:        [+++ SINgen.]
1113                ((lacht)) °h dann werd ich entDECKT-
1114                °h aber was LUStig ist-
1115 Dunja:         ((kichert))
1116 Yvonne:        DASS ich doch ma(l)-
1117                °h DIEsen-
1118                LEHrer aus siegen-
1119                KENnen gelernt hab-
1120                was ja kein WITZ is(t).
```

Es erfolgen hier (v.a. in Z. 0012 ff. und Z. 0381) wieder, wie unter B3 erläutert, Bezugnahmen auf die Praxis des Theaterbesuchs und die Pauseninteraktion inkl. Frame-Differenz-Thematisierung (Frame₁ vs. Frame₂). Außerdem spielen die Teilnehmer(innen) noch mit der direkten Adressierung der Forscher(innen) (Z. 1099 ff.) sowie mit der Imagination alternativer Kommunikationssituationen, in denen Proband(inn)en aufgezeichnet werden, hier: Casting-Shows (Z. 1108 ff.).

In den folgenden Gesprächsausschnitten (Ausschnitt 15) werden die Forschererwartungen indirekt über die Bezugnahme auf andere Besucher(innen), über Fragen nach dem üblichen Gesprächsverhalten bei Theaterbesuchen (Z. 215 ff.) und über vermeintliche, durch die Forscher(innen) aufgestellte Verhaltensregeln im Rahmen der Aufnahmesituation (Z 139 ff., Z. 202 f.) thematisiert.

In Z. 145 wird dabei direkt über eine Forscherin gesprochen. Des Weiteren ist ein sehr artikuliertes Nicht-Dialektsprechen von Elisabeth (mit Stilwechseln, die als Beleg für diese These dienen) im gesamten Gespräch zu beobachten. Außerdem lässt sich teilweise eine Sprechhemmung erkennen, die sich durch viel Lachen und Kichern parasprachlich manifestiert.

Ausschnitt 15: „ja (.) was SOLL_N wa reden"[54]

```
121   Renate:      hier die (.) meine NACHbarn.
122                (1.04)
123   Renate:      die unterhalten sich auch VIEL
                   <<lachend>+++ +++->
124                (2.22)
125   Renate:      soll ich das ding mal DA so
                   <<lachend>rein:halten?>
126                ((lacht))
[...]
139   Renate:      es bleiben diesmal viele hier DRIN in
                   der pause.
140                °h SOLLten wir jetzt-
141                (0.81)
142                müssen wir RAUSgehen-
143                nö.=
144                [ne?]
145   Elisabeth:   [wir] könnten ja zu ihr ins foYER gehen.
146   Kommentar:   ((meint eine Forscherin))
147                (1.45)
148   Renate:      ((lacht)) sachste das wär LEIder
                   kaPUTTgegangen-
149                °hhh
150   Kommentar:   ((Hintergrundgespräch))
151                (6.24)
152   Renate:      WOMma?
153                (2.57)
154   Elisabeth:   KÖNNwa-
155                MÜSse_wa nicht-
```

---

54 Siegen_15-03-07_Hundertjährige_Gr.3.

```
156                KÖNNwa-
157                KÖNnen ma-
158  Renate:       wir MÜSsen das (.) äh (.) dann wieder
                   austecken.
159                (ja?)
160                (1.71)
161  Elisabeth:    nur wemma (.) auf toiLETte
                   <<lachend>gehn.>
162  Renate:       ja:.
163                (0.4)
164  Renate:       nein AUCH wenn wa-
165                (0.38)
166  Renate:       ach WENN-
167  Elisabeth:    wenn dat jetzt [wieder beGINNT jaja-]
168  Renate:                      [((unverständlich))   ]
                   ((unverständlich))
169                (2.08)
170  Elisabeth:    ja:.
171                (6.45)
172  Renate:       die sieht von hinten aus wie meine
                   MUTter.
173                die FRAU-
174                mit diesen ganz WEIßen kleinen löckchen.
175                ne?
176                (0.37)
177  Elisabeth:    DA jetzt.
178                [HM_hm-    ] [HM_hm.            ]
179  Renate:       [KANNST jetzt] [glaub ich +++ +++]
                   gucken.
180                (1.14)
181  Elisabeth:    HM-hm?
182                (1.66)
183  Kommentar:    ((Hintergrundgespräch))
184                (9.9)
185  Renate:       ja.
186                (0.57)
187  Renate:       was SOLL_N wa reden?
188                ((lacht))
189  Elisabeth:    <<flüsternd>SCHWÄTzen.>
```

```
190                      (1.11)
191   Renate            ((kichert))
192   Elisabeth:        also wat die müssen ja wahne TEXte.
193                     also AUSwendig können-
194   Renate:           <<lachend>ja.>
195                     (3.95)
196   Kommentar:        ((Hintergrundgespräch))
197   Renate:           aber dat beWUNder ich jedes mal.
198                     wie die das alles beHALten können (und
                        dann)-
199                     °hh
200                     (11.69)
201   Elisabeth:        wollst du mal AUFstehen?
202   Renate:           ich MUSS nicht unbedingt aufstehn.
203                     ich denk nur irgendwie wolln die
                        wahrscheinlich BISSchen-
204                     (0.55)
205   Renate:           bisschen mehr HÖren.
206                     ((lacht))
207                     (8.61)
208   Renate:           °hh <<lachend> dat SCHA->
209                     ((lacht)) <<lachend>(da) schaffen wa ja
                        kaum WAS->
210                     wenn wir jetzt gehen dat (LOHNT ja net.)
211                     h° °hh hh°
212                     (1.93)
213   Kommentar:        ((Hintergrundgespräch))
214                     (3.33)
215   Elisabeth:        ich mein du bist ja sehr o (.) oder
                        ÖFter im theater.
216   Renate:           ja:.
217   Elisabeth:        unterhälst du dich dann immer über das
                        STÜCK?
218                     oder unterhälst du dich in der PAUse
                        über-=
219                     =SAgen wa [ma-]
220   Renate:                     [ich] GEH [ich-   ]
221   Elisabeth:                            [belang]lose
                        <<lachend>Sachen>
```

```
                       [über (.) oder-]
222   Renate:          [ich geh eig   ]entlich NIE raus.
223                    ich hab ja so_n Abo ne?
224                    un dann hab ich LINKS neben mir-
225                    °hh auch_n Abo.=
226                    =also immer die (.) IMmer die gleiche-
227                    (0.76)
228   Renate:          äh:-
229                    patiENtin wollte << lachend>ich gerad
230                    sagen->
231                    <<lachend>die gleiche FRAU->
232                    °h nä mit DER unterhalten wir uns so-
233                    auch über das STÜCK.
234                    ob uns das geFÄLLT-
235   Elisabeth:       [ja?]
236   Renate:          [und] SO:- [also]
237   Elisabeth:                  [hm- ]
238   Renate:          NICHT über.=
239                    =also scho[n  ] Darüber.
240   Elisabeth:                 [mh.]
241                    HM-hm?
```

In den Zeilen 121–126 nimmt Elisabeth offensichtlich die extradiegetische Perspektive der Forscher(innen) in Frame₂ ein. Dieser Perspektiven- und Rahmenwechsel lässt sich – auch belegbar durch das begleitende Lachen – als Scherzkommunikation charakterisieren. Auch in Zeile 148 spielt Renate mit den Rahmen und konterkariert die Forschererwartungen scherzhaft, indem sie ein die Aufnahme unterminierendes Vorgehen vorschlägt und damit auf die Aufnahmesituation im Allgemeinen Bezug nimmt. In den Zeilen 158–167 nimmt Elisabeth sowohl Bezug auf die technische als auch die allgemeine Aufnahmesituation und thematisiert zugleich vermeintliche Normen und Forschererwartungen.

In Zeile 187 kommentiert Renate selbstreflexiv den fehlenden Redeinhalt, womit sie ihre Unbeholfenheit bzw. ihr Fremdeln mit der Aufnahmesituation zum Ausdruck bringt und implizit extradiegetisch als Agent der Forscher(innen) auftritt. In den Zeilen 215ff. wird dies noch deutlicher. Elisabeth macht dabei einen expliziten Kontrast zwischen Aufnahmesituation (Frame₂) und üblichen Theaterbesuchen (Frame₁) auf, indem sie versucht, von Renate situationsübliche Frame₁-Sprechhandlungen zu erfragen (vgl. „*ich mein du bist ja sehr o (.)*

oder ÖFter im theater. [...] unterhälst du dich dann immer über das STÜCK? oder unterhälst du dich in der PAUse über-=SAgen wa [ma-] [belang]lose <<lachend>Sachen>", Z. 215–221). Dies folgt der Bezugnahme Renates auf die vermeintlichen Forschererwartungen (*„ich MUSS nicht unbedingt aufstehn. ich denk nur irgendwie wolln die wahrscheinlich BISSchen- (0.55) bisschen mehr HÖren. ((lacht))"*, Z. 202–206).

Auch im nachfolgenden Gesprächsausschnitt (Ausschnitt 16) werden die vermeintlichen Forschererwartungen mehrfach thematisiert (Z. 038 ff.), zusätzlich die technische Aufnahmesituation (Z. 057 ff.) und die allgemeine Aufnahmesituation (Z. 079 f.) hinsichtlich der Fremdwahrnehmung durch andere Theaterbesucher(innen):

Ausschnitt 16: „jetzt müssen wir irgendetwas gescheites reden"[55]

```
038   Jutta:         gewertet °hhh und jetzt müssen wir
                     irgendetwas gescheites red[en]
039   Christian:                                 [ei]ne
                     wissenschaftlich[e studie           ]
040   Alexander:                     [(sie) schweigen]
041   Jutta:         [((lacht))]
042   Alexander:     [(schwei) ]
043   Christian:     [schwe    ][igen]
044   Jutta:                    [°h  ]
                     schw[eigen °hh                       ]
045   Alexander:         [+++ schweigen ist das be]ste
                     gespräch
046                  (0.11)
047   Jutta:         h° <<lachend>ja> °hh
048                  (0.37)
049   Alexander:     mit den ohren ich habs euch
050   Jutta:         °h wie mit den ohren (.) °hh
051                  (0.74)
052   Jutta:         ((lacht)) (.) °h
053   Kommentar:     ((gekürzt))
054                  (0.31)
055   Jutta:         wie mit den ohren
```

---

[55] Siegen_15-02-07_Freunde_Gr.2.

```
056                     (3.14)
057   Jutta:             und das läuft jetz
                         [und nimmt das jetzt so      ]
058   Christian:         [+++ das läuft (.) (läuft)]
059   Alexander:         [ja ]
060   Jutta:             [auf]=oder hab ich das denn überhaupt
                         die hier richt[ig=oder      ]
061   Christian:                       [ja das alle]s (ea [sy)]
062   Jutta:                                              [ja ]
063                      nicht dass das nachher nicht
064   Kirsten:           auf[nimmt]
065   Jutta:                [nimmt]
066                      (0.24)
067   Jutta:             ((lach[t))]
068   Alexander:               [na ] nein das (.) oke
069   Kirsten:           un(brauchbar)
070                      (1.22)
071   Kirsten:           [++++++na]
072   Jutta:             [und_je ]tz (.) n[a ihr           ]
073   Kirsten:                            [((lacht)) °h]
074                      (0.49)
075   Jutta:             ((lacht))
076                      (1.69)
077   Jutta:             ich habe schon aufmerksamkeit bekommen
                         mit diesem gerät
078   Kirsten:           hast d[u ja (.) ((lac][ht))       ]
079   Jutta:                   [((la          ][cht)) ja ]
080   Alexander:                                [((lacht))]
081   Christian:         ja ja
082   Jutta:             °h h°
083                      (0.57)
084   Christian:         interessierte sich auch sehr dafür
085                      (1.05)
086   Kirsten:           tja dann kann er ja mit[machen]
087   Jutta:                                    [was   ] ich da
                         machte
088   Christian:         (wirkte) dynamisch
089   Kirsten:           ((lacht))
```

Bezugnahmen auf Forscher(innen) (B6) sowie **Bezugnahmen auf die Auswertung durch die Forscher(innen) (B7)** dienen v.a. der Selbststilisierung (z.B. durch implizite Beziehungsangaben zu den Forscher(inne)n), sprach- und situationsspielerischen Zwecken u.a. im Rahmen von Scherzkommunikation und zur interaktionalen Bearbeitung der Aufnahmesituation, und sie legen wie alle expliziten Bezugnahmen den Umgang mit dem Wissen um die Beobachtung(ssituation) offen. Das lässt sich z.B. an „*didn't she say that any language is okay? [...] or she said we can (.) we (.) don_t need to speak at all. so we can either (.) talk about japanese porn or (.) about the eh (.) like ((lacht)) about her ((lacht))*"[56] und den folgenden beiden Transkript-Ausschnitten erkennen, in denen in einem Falle eine der Projektforscherinnen (Marleen) indirekt adressiert wird (Z. 0065 ff.) bzw. die spätere Auswertung spielerisch und selbstironisch imaginiert wird (Z. 0842 ff. und Z. 028 ff.):

Ausschnitt 17: „(wir können) jetzt über marLEEN lästern"[57]

```
0065 Dunja:    °h (wir können) jetzt über marLEEN lästern.
0066           hmpf-
0067           (0.16)
0068 Yvonne:   <<lachend> JAha.>
0069 Dunja:    ((unverständlich))
0070 Yvonne:   <<lachend> geNAU->
0071           °h ((lacht)) °h
0072 Dunja:    °h die ha_uns do die KARten-
0073           schließlich beSORGT-
0074           jetzt können wir auch EINfach-
0075           ((schmatzt)) böse WORte-
0076           WORte über sie verloren.
0077           (0.32)
0078 Dunja:    LIEren.
[...]
0842 Dunja:    ((lacht)) °h also ich weiß schon bei wem
               die am MEIsten spaß haben-
```

---

56 Siegen_15-02-18_Kaufmann_Gr.2.
57 Köln_14-05-17_Kaufmann_Gr.3.

```
0843                [bei der       AUSwer][tung.]
0844 Yvonne:        [<<mit hoher Stimme>j][a     ] HOFF ich
                    doch-
0845                °h ((lacht))
0846 Dunja:         ((lacht))
```

Ausschnitt 18: „tja un jetz müssen da irgendwelche ARmen menschen sitzen"[58]

```
0020 Nicola:        soll_mer !GU!cken ob wa was zu TRINken
                    finden?
0021 Alexander:     HM_hm-
0022                (19.28)
0023 Alexander:     !COOL! (.) das heißt man könnte auch mal
                    hier zum (.) PUBlic viewing hinkommen.
0024                (0.89)
0025 Nicola:        das STIMMT.
0026                ((Lachansatz))
0027                (3.14)
0028 Alexander:     tja un jetz müssen da irgendwelche ARmen
                    menschen sitzen-
0029                (0.52)
0030 Nicola:        und uns AUFschrei-
0031 Alexander:     und das AUSwerten <<lachend> was wir
                    jetz sagen.>
0032 Nicola:        ((lacht)) °h (.) also MIR-
0033                ICH finde-
0034                mir-
0035                <<abhehackt>is des ECHT.>
0036                so_n BISSchen-
0037                (.) °hh
0038                (0.22)
0039 Nicola:        diese ganzen emotionalen AUSbrüche-
0040                ich kann die überhaupt nich
                    NACHvollziehen.
0041                (.) ich FIND_S.
0042                nee !DA:! gibt_s was zu TRINK-
```

---

[58] Köln_14-06-15_Kaufmann_Gr.3.

In den Zeilen 028–031 finden sich explizite ko-konstruierte Bezugnahmen auf den Auswertungsprozess (und damit die Forscher(innen)) sowie metapragmatische Bezugnahmen auf das eigene Handeln. In Z. 031 findet sich zudem eine Selbstironisierung (vgl. zu selbstironischen Äußerungen jugendlicher Sprecher(innen) in Aufnahmesituationen auch Deppermann 2013), der unmittelbar eine Bewertungshandlung als Kommentierung des Stücks durch eine andere Gesprächsteilnehmerin folgt, was als implizite Bezugnahme auf eine Gattungserwartung interpretiert werden kann.

Ein weiteres Beispiel für metapragmatische Kommunikation und Selbstironisierung liefert der folgende Ausschnitt, in dem auch eine Bezugnahme auf das Aufnahmegerät/die technische Aufnahmesituation (Z. 535 ff.) erfolgt:

Ausschnitt 19: „wenn de das AUFgenommen hättest-so wie UNser gespräch jetz"[59]

```
0525 Alexander:   °h un DANN-
0526              !SPIE! das da aus diesem MUND-
0527              das war echt FIES.
0528              (1.13)
0529 Alexander:   Aber-
0530              (0.52)
0531 Nicola:      [((lacht))              ]
0532 Alexander:   [der konnte SEHR arti]kuliert-
0533              SPREchen_also:.
0534              (0.93)
0535 Alexander:   ((schmatzt)) °h wenn de das AUFgenommen
                  hättest-
0536              so wie UNser gespräch jetzt?
0537              dann (.) wär das beSTIMMT-
0538              !DEUT!lich BESser als-
0539              (0.62)
0540 Alexander:   MEIne aussprache.
0541              (12.41)
0542 Alexander:   ((schmatzt)) ah KOMM die-
0543              esther war doch oKEE.
0544              (1.31)
0545 Nicola:      sehr HÜBSCH?
```

---

59 Köln_14-06-15_Kaufmann_Gr.3.

Im nachfolgenden Gesprächsausschnitt gibt es ebenfalls Gesprächssequenzen in Frame₂, in denen mit der eigenen Rolle im Aufnahme-Frame₂ spielend eine explizite Bezugnahme auf die Auswertungssituation durch die Forscher(innen) imaginiert und thematisiert wird. So wird hier die Möglichkeit diskutiert, durch Dialektsprechen[60] zur Arkanisierung des Gesprochenen beizutragen (vgl. Z. 199 ff.):

Ausschnitt 20: „jetz muss ich WIRklich- so_n diaLEKT sprechen"[61]

```
0194 Nicola:      na PRO:ST.
0195              (0.4)
0196 Kommentar:   ((Nicola und Alexander stoßen an))
0197              (9.57)
0198 Nicola:      ((schmatzt)) °h
                  ab[er JETZT mal so:.          ]
0199 Alexander:     [jetzt muss ich WIRKlich-]
0200              so_n diaLEKT sprechen.
0201              mh und_DANN-
0202 Nicola:      (.) <<mit verstellter Stimme>damit die
                  nich verSTEhen (mit) was->
0203              nee is ja QUATSCH-
0204              (0.25)
0205 Nicola:      aber ma ganz EHRlich-
0206              so unbedingt NACHvollziehbar-
0207              find ich_s NICH.
0208              (1.0)
0209 Alexander:   [weil-]
0210 Nicola:      [warum] will der jetz unbedingt das HERZ
                  haben?
0211              von dem TOten?
0212              (0.2)
0213 Nicola:      versteh ich überHAUPT nich.
```

---

60 Die Diskussion, ob Dialektsprechen auch unter einen (weiten) Stilbegriff gefasst werden kann, blenden wir an dieser Stelle aus.
61 Köln_14-06-15_Kaufmann_Gr.3.

Es findet sich hier neben dem genannten metakommunikativen Hinweis, mit dem metapragmatisches Bewusstsein über Stil angezeigt wird (Z. 199 f.), eine ko-konstruierte Bezugnahme auf die Auswertungssituation (Z. 199–203), ein abrupter Themen- und Rahmenwechsel (Z. 202 f.), ein Wechsel zum Praktikenvollzug in Frame$_1$ (Z. 205 ff.) und ein Wechsel von der ‚extradiegetischen' Perspektive der Forscher(innen) auf das Gespräch (Z. 199 ff.), über eine ‚metadiegetische' Perspektive auf die Forscher(innen) (Z. 202 f.)[62] hin zu Frame$_1$ (ab Z. 205 zur Bewertung des Theaterstücks) statt. Diese unterschiedlichen Perspektivierungen können mit Rahmenwechseln im oben angeführten Sinne zusammenfallen, müssen es aber nicht. So stellen sie eine weitere Ressource für Selbststilisierungen und Scherzkommunikation (durch die o.a. Bisoziation) dar.

Auch im nachfolgenden Gesprächsausschnitt ermöglicht die Bezugnahme auf die Auswertungssituation durch die Forscher(innen) inklusive Perspektivenübernahme und Selbstironisierung (Z. 0578 ff.) einen Blick auf Gattungserwartungen, imaginierte Forschererwartungen, (für unsere Gesprächsdaten) angenommene Aufgaben der Theaterpausenkommunikation und deren Realisierung. Sie gibt damit Aufschluss über angenommene Routinen und Erwartungserwartungen. Im Anschluss an diese eingeschobene Sequenz wird die bereits vorangehende Bewertungskommunikation weitergeführt (Z. 0583 ff.).

Ausschnitt 21: „also die ARme uni siegen"[63]

```
0542 Yvonne:   silber hatte keinen BUsen.
0543          silber hat ihr [en BUsen] [echt- ]
0544 Dunja:                   [ja:-    ] [aber da]
             für hat sie nicht so !HÜF!ten-
0545         °h geHABT-
0546         (und) n_EIN-
0547         schneidenden TANga-
0548         wie GOLD.
```

---

[62] Wir schließen uns hier nicht der erzähltheoretischen Definition von „metadiegetisch" nach Martínez & Scheffel (2016, 80) an, derzufolge von einer „metadiegetischen Erzählung" gesprochen werden kann, wenn die erzählenden Figuren selbst von anderen Figuren Erzähltes wiedergeben („erzähltes erzähltes Erzählen", Martínez & Scheffel 2016, 80), sondern wir fassen darunter die Besprechung der Perspektive auf die Beobachter (in unserem Falle die Forscher(innen)), im Gegensatz zu einer Perspektivenübernahme der Forscher(innen), die wir hier als extradiegetisch bezeichnen.
[63] Köln_14-05-17_Kaufmann_Gr.3.

```
0549                (0.99)
0550 Yvonne:   (ALder)   [dafür hatte    ] gold-
0551 Dunja:              [((hustet leise))]
0552                (0.19)
0553 Yvonne:   n_GOLD echt-
0554                (0.32)
0555 Yvonne:   norMA-
0556                (0.09)
0557 Yvonne:   eh MH-
0558           [(ja-) ]
0559 Dunja:    [ja   ]a [a:.    ]
0560 Yvonne:           [(no) ni]cht mal GROße
               [brüste-]
0561 Dunja:    [ja.   ]
0562 Yvonne:   aber BRÜSte-
0563           °h ey silber hatte KEIne.
0564                (0.07)
0565 Dunja:    [m_JA-  ]
0566 Yvonne:   [wirklich] KEIn [e-]
0567 Dunja:                    [a ]
               [ber die kann man MA]CHen lassen.
0568 Yvonne:   [DAS war schon-     ]
0569                (0.97)
0570 Yvonne:   JA_aber-
0571           SILber is bestimmt-
0572           NICH in-
0573           (die) WILL das gar [nich. ]
0574 Dunja:                       [ich hab]
               EIgentlich gedacht wir spr-
               <<lachend> ECHen (.) vo vo->
0575           <<lachend> von irgendwas
               qualifiZIERtem.>
0576           h° °h
0577                (0.77)
0578 Dunja:    also die ARme uni siegen.
0579           die VÖLligen-
0580           SCHEISS aus<<lachend> werten muss.>
0581 Yvonne:   ((lacht)) °h h°
0582 Dunja:    !JA!-
```

```
0583              wen ich am BESten finde-
0584              (0.87)
0585 Dunja:       das SCHWIErig-=ne?
0586              SCHWIErig.
```

Im gleichen Gespräch gibt es nach einer indirekten (und einer erneuten Bezugnahme auf die Auswertungssituation durch die Forscher(innen) inklusive Perspektivenübernahme) erst eine direkte Adressierung der Forscher(innen) („*hätten die UNS nicht- die !AUS!wertung wär total LANGweilig*" [...] „*sollen wir noch GRÜße <<lachend>nach SIEgen-> [...] <<lachend>SCHICken?>*", Z. 1094 ff.) und dann einen Themenwechsel zu einer Person, die eine der Teilnehmerinnen einmal kennengelernt hatte (vgl. Z. 1116 ff.). Damit lassen sich in dem Gespräch viele Wechsel konstatieren: Es gibt Rekonstruktions- und Bewertungshandlungen im Rahmen von Kunstkommunikation, ludische Gesprächssequenzen bzw. Scherzkommunikation rund um die Aufnahmesituation (auch der Framewechsel selbst lässt sich als (sprach)spielerisch bzw. als Teil der Scherzkommunikation im oben beschriebenen Sinne beschreiben) sowie allgemeinen Smalltalk. Und dabei wird vielfach zwischen beiden Frames (Frame$_1$ und Frame$_2$) hin- und hergewechselt.

4.5 Fazit und Ausblick

Abschließend lässt sich mit Blick auf das Kriterium der ökologischen Validität festhalten, dass die Frage, auf welche Weise das Beobachterparadoxon für eine Datenauswertung relevant ist, wesentlich von der Forschungsfrage abhängt, die man an das erhobene Datenmaterial richtet. Wie wir am Beispiel der Typologisierung expliziter Bezugnahmen mittels der Rahmendifferenzierung zu veranschaulichen versucht haben, kann die Einflussnahme der Beobachtung (in unserem Falle der Aufnahmesituation, d.h. Frame$_2$) in Datenauswertungsprozessen durchaus sogar produktiv gewendet werden. Für unsere Fragestellungen (vgl. u.a. Kapitel 1, i.d.B.), die sich hauptsächlich mit dem Theater zweiter Ordnung beschäftigen, erscheint es uns vielfach als wenig problematisch bis hin zu förderlich, wenn durch die Beobachtung die oben angegebenen Effekte auftreten. Auch Monahan & Fisher (2010, 357) betonen: „Informants' performances – however staged for or influenced by the observer – often reveal profound truths about social and/or cultural phenomena." Und sie heben mit Blick die interaktionale Konstruktion von Bedeutung hervor, die auch die Beteiligung der ethnografischen Beobachter(innen) mit einbezieht: „Meaning is not out there to be found by the researcher; it is continuously made and remade through social practice and the give-and-take of social interaction, including interaction with the researcher" (Monahan & Fisher 2010, 363).

Kritisch-polemisch ließe sich fragen, ob nicht jedes Gespräch, das prinzipiell durch andere abgehört werden kann (z.B. weil man sich an einem öffentlichen Ort befindet) oder an dem ‚Fremde' (also z.B. lediglich Bekannte eines Gesprächspartners) beteiligt sind, in gewisser Weise unnatürlich oder nicht authentisch ist. Auch eine mögliche Abstufung unterschiedlicher Natürlichkeits- resp. Authentizitätsgrade erscheint uns hier wenig sinnvoll und plausibel. Allerdings sollten die angeführten möglichen Effekte idealiter im Gespräch durch spezifische sprachliche und parasprachliche Indikatoren ermittelt werden können (vgl. oben), um sie angemessen in die Analyse einbeziehen zu können. Dies betonen auch Monahan & Fisher (2010, 366): „What is important is that ethnographers interpret their data in light of the possibility that their informants are engaging in staged performances."[64] Mögliche Indikatoren bzw. ‚displays' (Garfinkel 1974; vgl. auch Warfield Rawls 2008, 701; Deppermann 2008, 106 und Sager 2001a, 1069) geben uns als Beobachter(innen) explizite Verstehens- und Einordnungshinweise. Diese haben wir anhand unserer Gesprächsdaten mit einem Typologisierungsvorschlag zu systematisieren versucht. Dabei lässt sich nicht ausschließen, dass manche ‚displays' nicht erkannt werden, weil sie z.B. visuell vermittelt werden und via Audioaufnahmen nicht aufgezeichnet wurden, oder weil sie z.B. aufgrund eines hohen Vertrautheitsgrades der Teilnehmer(innen) zu subtil unterhalb der Wahrnehmungsschwelle für außenstehende Beobachter(innen) non-, paraverbal oder sprachlich erfolgen.

Für welche der möglichen Forschungsinteressen im Rahmen unseres Forschungsprojekts lässt sich nun unter dem Gesichtspunkt der ökologischen Validität ein geringer oder ggf. sogar produktiver Effekt aus dem Einfluss der (offenen) Aufnahmesituation annehmen? Diese werden im Folgenden in Frageform aufgelistet:

– Welche Vorstellungen über Theater bringen die Besucher(innen) kommunikativ zum Ausdruck?
– Welche Vorstellungen der Besucher(innen) über (typische) Theaterkommunikation und über Verhalten in der Theaterpause resp. im Anschluss an eine Aufführung im Theater manifestieren sich in den Gesprächen?[65]

---

64 Auch Hammersley betont diesen Aspekt in seiner kritischen Replik auf Speer & Hutchby (2003): „empirical investigation of the way in which people orient to their talk being recorded cannot substitute for a methodological concern with reactive effects" (Hammersley 2003, 346).
65 Monahan & Fisher (2010, 363) betonen diesen Punkt, indem sie schreiben: „Staged per-

- Was kann darüber hinaus über bildungssprachliche Erwartungen seitens der Gesprächsteilnehmer(innen) abgeleitet werden und wie ist das Verhältnis zu Smalltalk?
- Welche ästhetischen Theatererfahrungen werden wie rekonstruiert und diskutiert? D.h. welche Muster des Sprechens über Kunst lassen sich in Foyergesprächen im Theater beobachten?
- Wie wird das Theaterstück (gemeinsam) bewertet und auf welcher Basis erfolgt die Bewertung?
- Wie erfolgen Rekonstruktionen des wahrgenommenen Geschehens und welche Formen (welche rekonstruktiven bzw. transkriptiven Gattungen) lassen sich differenzieren?
- Welche Kunstaneignungs- und Selbstdarstellungspraktiken (Imagearbeit und Beziehungsmanagement) lassen sich beobachten?
- Wie sind die Gesprächsdaten zwischen Gesprächsteilnehmer(innen), Forscher(innen) und Aufnahmegeräten ko-konstituiert?[66]

Auf welche möglichen Forschungsfragen kann ein Forschungsdesign mit einer offenen Aufnahmesituation hinsichtlich unserer Gesprächsdaten hingegen keine befriedigende Antwort geben?
- Wie wird ein unbeobachtetes (ansonsten situationsadäquates) Foyer-/Pausengespräch durch die spezifischen Beteiligten im Theater typischerweise eröffnet und beendet?[67]
- Welche intimen Inhalte und Lästersequenzen enthalten Foyergespräche im Theater typischerweise? (Dass sich in den Daten trotzdem einzelne Läster- und Klatschsequenzen finden lassen, zeigt u.E. entweder, dass die Aufnahmesituation auch – wie Labov es bereits beschrieben hat – mit der Zeit häufig ausgeblendet wird oder dass Monahan & Fisher (2010; 366 ff.) mit ih-

---

formances' are important because they are deeply revealing of how individuals perceive themselves and would like to be perceived."

66 Vgl. Hazel (2016, 446): „Investigating how observational research is oriented to and constituted by the observed allows for a better understanding of what at that moment and in that setting is deemed recording-appropriate or -inappropriate conduct, and offers a more nuanced perspective on how data are co-constituted."

67 Vgl. dazu die überdurchschnittlich häufigen Verweise auf die Aufnahmegeräte zu Beginn und Ende der Aufzeichnungen. Die Theaterpause (ob während der Aufführung oder zwischen Aufführung und anschließendem Theatergespräch) wird schließlich noch einmal zusätzlich gerahmt durch das selbständige Ein- und Ausschalten der Aufnahmegeräte durch die Besucher(innen).

rer Kritik an dem vermeintlichen Vorurteil der stets propagierten Selbstzensur im Angesicht der Beobachtung Recht haben.[68]
– Wie hoch ist der Anteil bestimmter Sequenzen und Passagen (z.B. zu vermeintlich idealer Kunst- und/oder Theaterkommunikation) in Frame$_1$ vs. Frame$_2$?

Um die vorangegangene Diskussion zu resümieren, sei hier noch einmal auf den Ausgangspunkt unserer Diskussion nach der Natürlichkeit der Daten zurückgekommen. Die zwei wesentlichen Kritikpunkte an ethnografisch basierter qualitativer Sozial- und Sprachforschung, wie sie unser Projekt darstellt, lassen sich mit den folgenden zwei Annahmen pointieren: (a) Es gibt authentische Gespräche in natürlichen Gesprächssituationen, die durch Beobachtungen und Aufzeichnungen gestört werden und dadurch zu verzerrten Beobachtungsergebnissen führen. (b) Mit der Beeinflussung der Gespräche durch Aufnahmegeräte verlieren diese ihren Natürlichkeitsstatus. Aufnahmesituationale Einflüsse sollten daher möglichst aus dem Untersuchungsbereich ausgeklammert werden.[69]
Wir haben in unseren Ausführungen zu zeigen versucht, dass die Bestimmung von „natürlichen" resp. „authentischen" Gesprächen erstens sehr problematisch und zweitens häufig wenig bis unbrauchbar ist. Demgegenüber erscheint uns das Rahmenkonzept in Anlehnung an Goffman geeignet zu sein, die Aufnahmesituation als Bestandteil der Interaktion mit zu thematisieren (statt auszublenden oder ausschließlich zu problematisieren), ohne von unterschiedlichen Realitätsebenen ausgehen zu müssen und damit die Produktivität und Kreativität der Bezugnahmen auf Frame$_2$ als interaktionale Ressource aus dem Blick zu verlieren. Außerdem bieten die expliziten Bezugnahmen auf Frame$_2$ innerhalb der Gespräche neben einigen Einschränkungen für bestimmte Fragestellungen auch spezifische Potentiale für andere Fragestellungen. Das heißt, dass es sehr von den Fragestellungen und Forschungsinteressen sowie den Situationen und Kontexten abhängt, wie sich der Einfluss der Beobachtung und/oder (offenen) Aufzeichnung auf das Gespräch und die Auswertung der

---

[68] Das *oder* ist hier nicht exkludierend zu verstehen. Selbstverständlich kann je Gespräch einer der beiden Erklärungsansätze plausibler oder auch beide gleichzeitig zutreffend sein.

[69] In Bezug auf Interviews fassen De Fina & Perrino (2011, 1) diese beiden Kritiken (indirekt) zu einer Position zusammen und differenzieren innerhalb dieser auf die folgende Weise: „On one side there are those who try to erase the interactional context of the interview, believing that it is both possible and desirable to make participants forget about the event so that interviewers can access their ‚natural' behavior. On the opposite side there are those who argue that interviews are ‚inauthentic' and ‚artificial' contexts for data collection and therefore it is best to avoid them completely."

Gesprächsdaten auswirkt. Die Herausforderung kann unseres Erachtens deshalb zwar für manche Fragestellungen darin bestehen, (Forschungsdesign-) Strategien zur Reduzierung des Beobachterparadoxons (ganz in der Tradition Labovs, wie wir es oben gezeigt haben) zu entwickeln, in vielen Forschungskontexten sehen wir sie aber eher darin, Forschungsfragen zu formulieren, die sich auch unter Berücksichtigung des Beobachterparadoxons ökologisch valide beantworten lassen und ein verstärktes Augenmerk auf mögliche Strategien zu lenken, mit denen sich die Einflüsse und Thematisierungen der Beobachtungssituation produktiv nutzen/auswerten lassen.

Unabhängig von diesen Fragen bleibt zukünftig auch zu beobachten, inwiefern sich das Interaktionsverhalten durch die allgegenwärtige Präsenz von Kameras und Aufnahmen in vielen Alltagssituationen möglicherweise grundsätzlich ändern wird und die (technische) Beobachtungssituation stärker noch als bisher zum alltäglichen Normalfall werden lässt, aber das wäre Bestandteil anderer Untersuchungsdesigns und -ansätze.

Stephan Habscheid
5 Konversation, Small Talk, ‚Bildungssprache'

5.1 Einleitung: Ambivalente Phänomene

Konversation und *Small Talk* sind zunächst gemeinsprachliche Wörter und vortheoretische, meta-kommunikative Begriffe (*folk concepts*) (vgl. Schneider 2010, 79), die mit ambivalenten Einstellungen verbunden sind. Der Ausdruck *Konversation* im Deutschen konnotiert, in Verbindung mit bürgerlicher Geselligkeit (vgl. Abschnitt 5.6), oftmals das Bemühen der Kommunikationspartner um „Harmonisierung" (Linke 1988, 140) und Distinktion, was im gängigen Bild „einer sowohl elitären als auch inhaltsleeren, von Kaviarbrötchen und Rosésekt eingerahmten Gesprächsform" resultiert haben mag (Linke 1988, 141).[1] Im Fall von *Small Talk* stellt bereits das Bestimmungswort *small* im Englischen einen (ideologischen) Gegensatz her zu vermeintlich bedeutend(er)en Interaktionstypen, die – zum Teil wohl in Verbindung mit stereotypen Vorstellungen von ‚Männlichkeit' vs. ‚Weiblichkeit' – als „'real' or 'full' or 'serious' or 'useful' or 'powerful' talk", als „talk that 'gets stuff done'" charakterisiert werden (Coupland 2000/2014a, 7). Bedeutende wissenschaftliche Traditionen der Theoriebildung waren dazu geeignet, derartige Gegensätze zu befestigen (vgl. Abschnitt 5.3). Im Unterschied zu *Konversation* haftet dem gemeinsprachlichen Ausdruck *Small Talk* im Deutschen zwar nicht der Hauch des Elitären an, aber doch häufig der des gleichermaßen Irrelevanten, eigentlich Obsoleten (Linke 1988, 141).

In der Gegenwart zeichnet sich allerdings eine Tendenz zur positiveren Neubewertung ab, wie Schneider (2008, 100) anhand von Wörterbüchern des Englischen und linguistischer Fachliteratur belegt. Diese Neubewertung kann an ältere historische Traditionen anknüpfen, die eine Blütezeit im 18. Jahrhundert erlebten (vgl. Kapitel 1, i.d.B.). Auch in ökonomischen/ökonomisierten Kontexten geraten mit Sprache und Kommunikation auch deren scheinbar nebensächliche Erscheinungsformen als mögliche Wettbewerbsvorteile bzw. individuell relevante „Soft Skills" verstärkt in den Fokus organisationaler Rationalisierung und ökonomischer ‚Verzweckung' (vgl. Schneider 2008, 100 f., auch zu kulturellen Differenzen; in organisationslinguistischer Perspektive: Habscheid 2012).

---

[1] Linke (1988, 141) sieht in diesem gemeinsprachlichen Sachverhalt den Grund für eine Vermeidung des Fachausdrucks *Konversationsanalyse* zugunsten von *Gesprächsanalyse* im deutschsprachigen Wissenschaftsdiskurs. Im Zuge einer Internationalisierung der Wissenschaftskommunikation wurde der – zunehmend demotivierte – Terminus mittlerweile aber auch in der deutschsprachigen Fachliteratur üblich.

Darüber hinaus werden heute in den öffentlichen Bildungsinstitutionen die gesellschaftliche ebenso wie die kognitive Relevanz eines ‚kultivierten' Sprachgebrauchs einschließlich seiner geselligen Formen (vgl. Neuland 2001a, 4)[2] wieder verstärkt thematisiert (vgl. dazu Abschnitt 5.5):

> Bildungssprachliches Handeln wird dabei einerseits als ein kommunikativ funktionales Sprachverhalten gesehen, das für Bildungsprozesse förderlich ist, andererseits als ein Mittel, mit dem man Bildung signalisieren kann, um Einfluss und Prestige zu erlangen. (Steinig 2016, 69)

Vor dem Hintergrund des Ringens um Status und Prestige erfreuen sich, bei aller Ambivalenz, auf dem populären Buch- und Medienmarkt einschlägige Ratgeber und Orientierungshilfen in der Tradition der „Anstandsbücher" (vgl. z.B. Linke 1996) heute wieder großer Beliebtheit. „Bildung. Alles, was man wissen muss", lautet der Titel eines Genre-„Klassikers" (Schwanitz 1999), der „überraschend zum Top- und Longseller" avancierte, „aber auch viel Kritik einstecken mußte".[3] Die Taschenbuchausgabe ist bis heute lieferbar – „bei rund einer Million verkaufter Exemplare".[4] Als Grund für diesen Erfolg bescheinigt der SPIEGEL dem Autor neben stilistischen Tugenden – „Spaß [...] am intellektuellen Schnellschuss und der gewagten Diagnose" – „ein überragendes Gespür für die Bedürfnisse des Publikums".[5] Bildungssprachlicher Konversation wird also – ihrer augenscheinlichen Bedeutungs- und Funktionslosigkeit zum Trotz – für die soziale Praxis eine beträchtliche Relevanz beigemessen. Der soziale Sinn derartiger kommunikativer Praktiken ist damit freilich noch keineswegs erklärt.

In unserem Kontext bemerkenswert, behandelt Schwanitz' Buch neben diversen Bildungsdomänen im Sinne eines kanonischen ‚Wissens über' in der Einleitung zu einem zweiten Teil über ‚Können' auch „die Regeln, nach denen man

---

2 In einem Themenheft über „Gesprächskultur" (Neuland 2001) werden in der Zeitschrift „Der Deutschunterricht" als exemplarische Kontexte „Unterhaltungskultur, Streitkultur und Lehr-Lern-Kultur" (Neuland 2001a, 4) behandelt, wobei entgegen einem elitären und konservativen Kulturbegriff programmatisch auch die „Unterhaltungskultur Jugendlicher" (Deppermann & Schmidt 2001) einbezogen wird.
3 „Bestsellerautor Dietrich Schwanitz ist tot". In: FAZ.NET 22.12.2004, http://www.faz.net/aktuell/feuilleton/literatur-bestsellerautor-dietrich-schwanitz-ist-tot-1195636.html, abgerufen am 06.11.2016.
4 E-Mail-Auskunft des Goldmann-Verlags (Verlagsgruppe Random House) vom 25.01.2016.
5 Haas, Daniel: „Der professionelle Besserwisser". In: Spiegel online, 22.12.2004, http://www.-spiegel.de/kultur/literatur/zum-tod-von-dietrich-schwanitz-der-professionelle-besserwisser-a-334073.html, abgerufen am 06.11.2016.

unter Gebildeten kommuniziert; ein Kapitel, das man auf keinen Fall überspringen sollte" (Schwanitz 1999, 394). Den Hintergrund bildet ein Bildungsbegriff, der in angelsächsischer Tradition die pragmatisch-politische Dimension in den Mittelpunkt stellt (vgl. Schwanitz 1999, 394). Insgesamt fasst Schwanitz ‚Bildung' als ein kommunikativ relevantes, „durchgearbeitetes Verständnis der eigenen Zivilisation" (vgl. Schwanitz 1999, 394).[6] Der pragmatisch-politischen Perspektive gleichsam auf der sozialen Mikroebene entsprechend, ist Bildung für Schwanitz „auch ein soziales Spiel" (Schwanitz 1999, 395), nämlich „die Fähigkeit, bei der Konversation mit kultivierten Leuten mitzuhalten, ohne unangenehm aufzufallen" (Schwanitz 1999, 394). Diese Aufgabe werde durch eine kooperative Haltung begünstigt, die für Teilnehmende mit dem Status des Insiders einen Vertrauensvorschuss gewährt und Bloßstellungen vermeidet (vgl. Schwanitz 1999, 396; vgl. auch Steinig 2016, 72), aber auch erhebliche rhetorische Fähigkeiten erfordert (vgl. Schwanitz 1999, 396; vgl. auch Steinig 2016, 70). Auch hier wird einerseits der (nach außen hin) exklusive, andererseits der (nach innen) integrative Charakter herausgestellt, tritt – bezogen auf die Beziehungen der Dazu-Gehörenden – der kooperative gegenüber dem kompetitiven Aspekt in den Vordergrund. Sein pragmatisches Bildungsverständnis in Verbindung mit der Anlage seines Buches trug Schwanitz den Vorwurf ein, lediglich „als Bildung getarntes Wissen" zu verbreiten,[7] während für Schwanitz selbst Bildungskonversation trotz ihres auch strategischen Charakters keineswegs „als pure Heuchelei" missachtet (Schwanitz 1999, 401), also nicht zu ‚wahrer', innerer Bildung in einen Gegensatz gesetzt werden sollte.

---

[6] Eine ähnliche Position vertritt im Kontext der aktuellen Debatten um die Rolle einer „Bildungssprache" auch Wolfgang Steinig: „Wenn man das Wort und den Begriff Bildung von seinem neuhumanistischen Ursprung abstrahieren und genereller fassen möchte, dann wird man auf den sprachlichen Umgang mit kulturellem Wissen rekurrieren müssen, das zu allen Zeiten und in allen Gesellschaften bedeutsam und mit bestimmten Verfahren und Modalitäten des Repräsentierens, Bewahrens und Tradierens verbunden ist" (Steinig 2016, 72). Weniger pragmatisch habe das deutsche Bürgertum sich seit der Aufklärung an einem neuhumanistischen Bildungsbegriff orientiert, der in Verbindung mit einem weithin alltagsfernen Studium der antiken Sprachen eine durch ‚Innerlichkeit', ‚Empfindsamkeit' und ‚gutes Benehmen' gekennzeichnete ‚Haltung' der Welt gegenüber als Fundament der Charakterbildung in den Mittelpunkt stellte (Steinig 2016, 72, 74). Nach Schwanitz versagte dieses deutsche „Zivilisationskonzept" in der NS-Zeit und wurde aus diesem Grund verstärkt seit 1968 abgelehnt (Schwanitz 1999, 394).
[7] In ähnlicher Weise wird in der Reflexion kunstbezogener Kommunikation im Kontext von Kunst und Kunstkritik mitunter „Gerede" oder „Geschwätz" von seriösen Diskursformen abgegrenzt (vgl. Hausendorf 2007a, 36). Vgl. hierzu auch Bourdieu (1979/2013, 284), der den sozial erfolgreichen *Stil* alltäglicher bürgerlicher Konversation zu den inhaltlichen „Trivialitäten über Kunst, Literatur oder Film" in Kontrast setzt.

Foyergespräche im Theater gehören zu denjenigen sozialen Situationen, in denen traditionell mit bildungssprachlicher Konversation zu rechnen ist (vgl. Steinig 2016, 69). Daneben sind heute, nicht nur unter Jugendlichen, dort auch andere Formen der „Unterhaltungskultur" (Neuland 2001a, 4) zu erwarten, die gemeinsprachlich etwa als *Small Talk* charakterisiert werden. Was ist für derartige Interaktionstypen charakteristisch, und welche gesellschaftliche Relevanz kommt ihnen zu? – Im Folgenden betrachte ich zunächst, im Sinne einer noch vortheoretischen Annäherung, einen längeren charakteristischen Gesprächsausschnitt, der augenscheinlich als Small Talk bzw. Konversation kategorisiert werden kann, und versuche, dessen Auffälligkeiten phänomenorientiert zu beschreiben (Abschnitt 5.2). Im Anschluss frage ich (in Abschnitt 5.3) nach tradierten wissenschaftlichen Begriffen und Theorien, die (hoffentlich) zu einem tieferen Verständnis von Konversation und Small Talk beitragen können:

- das Konzept ‚Phatic communion' (Malinowski 1923);
- der Begriff des ‚kommunikativen Kontakts' bzw. des ‚kommunikativen Kanals' in Jakobsons (1960) Modell der Sprachfunktionen;
- ein erweitertes Verständnis von Small Talk als die Kooperation tragende Beziehungsgestaltung (v.a. Höflichkeit) an den Gesprächsrändern und im laufenden Kommunikationsprozess (Laver 1975; Coupland 2000/2014a);
- das benachbarte, aber systematisch etwas anders gelagerte Konzept ‚homilëischer Diskurs' in der Tradition der Funktionalen Pragmatik (Ehlich & Rehbein 1980; Rehbein 2012).

Danach erörtere ich im Blick auf Konversation kurz die Problematik von sprachabhängiger Inklusion/Exklusion als zwei Seiten einer Medaille; in diesem Zusammenhang werden das Konzept des ‚Gehobenen Stils' sowie der aktuelle sprachdidaktische Diskurs über eine ‚Bildungssprache' aufgegriffen (Abschnitt 5.4). Vor diesem Hintergrund gehe ich am Beispiel von zwei längeren Gesprächsausschnitten der Frage nach, welche gesprächsrhetorischen *Skills* – in Verbindung mit Bildungswissen – benötigt werden, um an bildungssprachlicher Konversation, z.B. im Theaterfoyer, sozial erfolgreich mitzuwirken (Abschnitt 5.5). Dabei stützt sich das Kapitel auf die hier im Detail untersuchten Daten und greift zur Verallgemeinerung darüber hinaus Ergebnisse der Kapitel 4, 7 und 8 auf. Zum Schluss frage ich – mit einem kurzen geschichtlichen Exkurs – danach, welche gesellschaftliche Relevanz Konversation und Small Talk für die Konstitution eines (Kunst-)Publikums zukam und zukommt (Abschnitt 5.6); während die Konzepte in Abschnitt 3 eher auf einer sozialanthropologischen, universellen Ebene angesiedelt sind – freilich kulturelle und einzelsprachliche Variation ebenso erfassen können –, wird hier eine historisch spezifische Entwicklung in den Blick genommen, die für die Situation der Pausengespräche einschlägig ist.

5.2 Eine alltägliche Szene

Betrachten wir dazu eine kleine Szene aus dem Datenmaterial des Projekts (vgl. Kapitel 2.1.4.3, i.d.B.): Wir befinden uns in einem Theater in einer deutschen Großstadt. An diesem Abend wird das Stück „Der Kaufmann von Venedig" von William Shakespeare gegeben. Die Spieldauer beträgt ca. drei Stunden. In dem Moment, in dem unsere Beobachtung einsetzt, hat gerade eine *Pause* zwischen der ersten und der zweiten Hälfte der Vorstellung begonnen. Wir begleiten eine Gruppe von drei Theaterbesucher(inne)n, die sich im Rahmen unseres Forschungsprojekts bereit erklärt haben, ihr Pausengespräch selbst aufzuzeichnen: Zu dieser Gruppe gehört zum einen ein Ehepaar, Agnes und Fabian, beide Anfang/Mitte 40, sowie deren Nachbarin Jasmin, Anfang 30. Agnes arbeitet als Dozentin, Jasmin ist Lehrerin von Beruf und Fabian arbeitet als Jurist. Das Ehepaar besucht nach eigenen Angaben recht häufig Theatervorstellungen, nämlich etwa zehnmal im Jahr, im Unterschied zu Jasmin, die nur etwa zweimal im Jahr ins Theater geht.

Sehen wir uns näher an, was Fabian, Agnes und Jasmin in dieser Situation miteinander zu besprechen haben:

Ausschnitt 1: „geSPRÄCHSpartner– HALlo?"[8]

```
001    Fabian:    ah.
002               (0.55)
003    Agnes:     ähm.
004               (0.56)
005    Fabian:    jetz GEHT_S-
006    Agnes:     geSPRÄCHSpartner-
007               HALlo?
008    Fabian:    ((Lachansatz))
009    Agnes:     ((lacht))
010    Fabian:    gehen wa RAUS?
011    Agnes:     °h
```

---

8 Köln_14-06-15_Kaufmann_Gr.1.

```
012  Fabian:   oder wollt ihr was [TRIN]ken.
013  Agnes:                       [mh? ]
014            (1.55)
015  Jasmin:   wie lange IS pause.
016            fünfzehn miNUten?
017            (0.68)
018  Fabian:   WEISS gar nich-
019            (0.61)
020  Fabian:   ich MUSS auf jeden fall mal raus.
021            ((Imitation von englischem 'r' in 'raus'))
022            (0.58)
023  Agnes:    oKEE.
024            DANN: gehen wir raus.
025            (7.79)
026  Fabian:   aber is LUStig-
027            WENN man die äh.
028            (0.22)
029  Fabian:   also mir macht das zunehmend SPASS-
030            (0.53)
031  Fabian:   die SCHAUspieler ähm-
032            (0.33)
033  Agnes:    WIE[derzusehen.=ne? ((lacht))         ]
034  Fabian:      [scho_ma geSEHen zu haben.=WEISSte?]
035  Jasmin:   ja_JA-
036            [ich AUCH.    ]
037  Fabian:   [dadurch dass w]ir jetz in dem JAHR-
038            schon so vier fünf mal DA waren-
039            (0.46)
040  Jasmin:   versch[iedenen] charakTEre.
041  Fabian:         [ähm-   ]
042            (0.38)
043  Fabian:   ja:-
044            aber GLEICHzeitig is es halt auch so-
045            zum beispiel SIE-
046            DIE du jetz eben mit der nici-
047            ₁[du möchst jetz NICHT.]
048  Jasmin:   ₁[barbara BUTler.      ]
049            ₂[hab ich JA:-]
050  Fabian:   ₂[((lacht))    ]
```

```
051   Jasmin:   find die STIMme is halt sehr männ[lich.]
052   Fabian:                                    [ja-   ]
053             un vor allem diese
                LOCkenpra[cht. ]
054   Jasmin:            [ja ge][NAU.          ]
055   Fabian:                   [die FIND ich]
056   Agnes:                    [JA_ja.       ]
057   Jasmin:   ja das MUSS wohl [so sein.]
058   Fabian:                    [die !RO!]te LOckenpracht.
059   Jasmin:   j[a-]
060   Fabian:    [A ]ber ähm-
061             !DIE! zum BEIspiel-
062             die ham wer geSEHen beim-
063             beim theAterfestival-
064             (0.3)
065   Fabian:   da hat die so ne INprovisierte-
066             VÖLlig überdrehte-
067             ähm-
068             (.) pippi LANGstrumpf gespielt.
069   Agnes:    achSO.
070             ja-
071             h°
072   Fabian:   un hat aber GANZ viel von dem-
073             was sie jetz HIER in ihre rolle geworfen
                hat-
074             <<lachend> auch bei der (.) pippi
                LANGstrumpf gehabt>.
075   Agnes:    ((lacht))
076   Fabian:   un des is so WITzig.
077             des dann WIEderzusehen.
078   Jasmin:   musst du wieder an deine staTIStenrollen
                denken?
079             ((Lachansatz))
080   Fabian:   ja geNAU.
081   Agnes:    h° JA_ja.
082   Fabian:   ((lacht))
083             (0.21)
084   Jasmin:   SPIEL doch mal n !KAS!ten.
085             ((lacht))
```

```
086  Agnes:    WARS_du-
087            <<kichernd>gold>-
088            BLEI[oder.]
089  Jasmin:       [°h   ] (.) hm?
090            (0.2)
091  Jasmin:   LASS dich doch ma:l-
092            SILber-
093            ANmalen-
094            un dann SPIELste [den ka-  ]
095  Fabian:                    [rufst den] ronny ma AN?
096            ((soll Agnes' und Fabians Sohn von einem
                Turnier nach Hause bringen))
097            (0.48)
098  Agnes:    ähm-
099            (3.16)
100  Agnes:    ach.
101            er würde schon da ANrufen
              [wenn was is.][=Oder?]
102  Fabian:  [wer WEISS    ][des- ]
103            (0.23)
104  Fabian:   des (.) is doch unterHALTsam.=ne?
105            (0.21)
106  Fabian:   ALso-
107  Jasmin:   JA_a-
108            (0.4)
109  Jasmin:   ich FIND auch so-
110            dieses LAUFsch-
111            LAUFsteggefühl-
112            irgendwie ganz LUSti[g. ]
113  Fabian:                       [ja.]
114  Jasmin:   also DAdurch-
115            dass die bühne so ex!TREM! BREIT is.=ne?
116            (1.25)
117  Jasmin:   UND äh-
118            (0.54)
119  Jasmin:   SPANnend is auch immer-
120            wenn (.) rechts auf der BÜHne irgendwas-
121            (0.21)
122  Jasmin:   GANZ turbulentes passiert-
```

```
123                un wemma na LINKS guckt-
124                dann passiert da IMmer irgendwie was so
                   [was so-]
125   Fabian:      [stimmt-]
126                ja.
127                (0.36)
128   Jasmin:      verSCHWINden sol[l. ]
129   Fabian:                     [ja.]
130                (1.49)
131   Jasmin:      henry is aber (.) bei SOwas immer der held-
132                ((Sohn von Agnes und Fabian))
133                der guckt immer DAhin wo-
134                also ALle gucken nach da-
135                henry wählt die [andere RICH]tu₁[ng?]
136   Agnes:                      [((lacht))  ]
137   Fabian:                                   ₁[ja ] aber
                   es LÄDT ja [hier auch daz]u ei₂[n.]
138   Agnes:                  [°hh           ]
139   Jasmin:                                  ₂[ja] na KLAR.
140                [+++ +++.    ]
141   Fabian:      [un du hast to]TAL bock-
142                irgendwie den andern ZUzugucken-
143                wie sie da [RUM][tanzen ode]r sowas-
144   Agnes:                  [ja.]
145   Jasmin:                      [ja_JA:-   ]
146   Fabian:      un so was MAchen.
147                [+++ +++-]
148   Jasmin:      [diese   ] beiden MUrat verschnitte.=ne?
149                ((lacht))
150   Fabian:      aber sacht ma wie lang GEHT das denn-
151                wenn jetz erst PAU[se is. ]
152   Jasmin:                        [das HAB] ich mich auch
                   gefragt.
```

Dieser Gesprächsausschnitt, weist – so möchte ich vortheoretisch annehmen – Züge von Small Talk und Konversation auf.[9] Was sich zunächst einmal *beobachten* lässt, ist eine gewisse Ungezwungenheit, Leichtigkeit und Heiterkeit, die sich an verschiedenen Phänomenen im Gespräch festmachen lässt:

Zu Beginn des Gesprächsausschnitts stellen Fabian und Agnes zunächst interaktiv das Funktionieren der Aufnahmetechnik sicher („*jetz GEHT_S-*", Z. 005). Neben der sachlichen Relevanz in der Situation stellt dies, wie bereits in Kapitel 4 gezeigt wurde, eine gerne genutzte Ressource für den Einstieg in die – mit technischer Hilfe beobachteten – Pausengespräche dar. Unabhängig von der Beobachtungssituation handelt es sich um einen Spezialfall der allgemeinen ‚lokalen Sensitivität der Interaktion' (Bergmann 1990), insofern allen zugängliche materielle Umstände als Ressource für die Herstellung bzw. Aufrechterhaltung einer Interaktion herangezogen werden.

Im Anschluss zieht Agnes den Kontext der *Gesprächsaufnahme* bzw. *Beobachtungssituation* heran, um die Situation – spielerisch! – als eine Art ‚wissenschaftliche' Selbst-Beobachtung zu inszenieren: Sie adressiert Fabian technisch-terminologisch als „*Gesprächspartner*" (Z. 006) und begrüßt ihn als solchen erneut („*HALlo*", Z. 007), obwohl sie während des gemeinsamen Theaterbesuchs bereits miteinander in Kontakt stehen. Auch derartige Bezugnahmen auf die Aufnahmesituation, bei denen die Beteiligten spielerisch die Perspektive der wissenschaftlichen Analysierenden einnehmen, wurden in Kapitel 4 bereits beschrieben. Neben der sozialen Kontaktfunktion und der ästhetischen Unterhaltungsqualität dürfte in Fällen wie dem hier betrachteten auch die komplementär zur institutionellen Praxis (Forschungsprojekt) relevante ‚homilëische' Erfahrungsverarbeitung zum Tragen kommen (wir kommen in Abschnitt 5.3 darauf zurück).

Agnes' ästhetisches Verfahren sorgt erkennbar für Heiterkeit, wird jedoch sequenziell nicht fortgeführt: Vielmehr setzt Fabian, einen anderen Aspekt der räumlichen und zeitlichen Situation aufgreifend, den Kontext der *Pause* relevant, indem er eine (ganz und gar übliche) Klärung der Frage initiiert, wo sich die Gruppe während der Pause aufhalten und was sie in diesem Rahmen praktisch tun wird („*gehen wa RAUS? oder wollt ihr was TRINken.*", Z. 012).

Sequenzen wie die folgenden, die sich auf die Gestaltung der Pause als Pause – auch in körperlich-praktischer und räumlicher Hinsicht[10] – beziehen, durchziehen Interaktionen während der Pause: Die Beteiligten haben, an den Rändern der

---

9 Für eine knappe Zusammenfassung wesentlicher Eckpunkte vgl. Habscheid i.Dr., Abschnitt 3.
10 Vgl. zeichentheoretisch-grundlegend Bühler 1934/1982, 154 ff.; zu einer ähnlichen Situierung in der Peer Group-Kommunikation Jugendlicher vgl. Deppermann & Schmidt 2001, 29.

Pause und immer wieder in deren Verlauf, miteinander zu klären, wie sie die verfügbare ‚freie' Zeit einteilen und erholsam miteinander verbringen wollen, wohin sie sich bewegen und wo sie sich aufhalten werden, ob und wie für das „leibliche Wohl" gesorgt werden soll usw. Die Einbettung der Interaktion in praktische Aktivitäten im Raum (Miteinander-Gehen; Zusammen-Stehen; sich in eine Schlange Einreihen; Essen und Trinken etc.) und der von außen gesetzte (enge) zeitliche Rahmen mögen von manchen als zu überwindendes Hindernis für eine fokussierte Interaktion (vgl. Goffman 1963, 24[11]), etwa ein konzentriertes Kunst-Gespräch oder eine ästhetisch anspruchsvolle Scherz-Kommunikation, empfunden und behandelt werden; andererseits eröffnen sie aber auch, wie hier, die Möglichkeit, von Zugzwängen entlastet die sequenzielle Organisation und die thematische Entwicklung der Interaktion in einer aus der – empraktischen –Situation heraus *motivierten* Weise auflockernd zu durchbrechen.

Ohnehin scheinen im Small Talk die Erwartungen einer fokussierten Interaktion nur eingeschränkt zu gelten, wie sich im vorliegenden Gesprächsausschnitt an verschiedenen Stellen zeigt: Abrupt treffen Passagen der – hier theaterbezogenen – „Kunstkommunikation" (Filk & Simon 2010: vgl. ausführlich Kapitel 6, i.d.B.) auf Interaktionstypen, die sich alltagsnah als „Unterhaltung" und „Spaß" (Deppermann & Schmidt 2001) charakterisieren lassen. Derartige Praktiken erinnern in gewisser Hinsicht an die Peer Group-Kommunikation Jugendlicher (vgl. Deppermann & Schmidt 2001), unterscheiden sich von dieser aber dadurch, dass im (bildungssprachlichen) Pausengespräch Höflichkeit und Kooperation vorherrschen, während die sozialen Beziehungen in der Jugendkommunikation oft, gerade im Gegenteil, auf eine massive Belastungsprobe gestellt werden (vgl. Deppermann & Schmidt 2001, 30). – Im vorliegenden Beispiel initiiert Fabian relativ zu Beginn des Ausschnitts eine Art von Publikums- oder Kunstgespräch über das zuvor Gesehene: Er erörtert sachlich und bezogen auf den institutionellen Kontext des Theaters die Darbietung einer Schauspielerin (Z. 026–077). Vielleicht angeregt durch die lockere Rahmung – Fabian verweist zu Beginn und am Ende des Segments auf das Vergnügen, das ihm die Performance bereitet („*also mir macht das zunehmend SPASS-*", Z. 029; „*un des is so WITzig. des dann WIEderzusehen.*", Z. 076 f.) –, greift Jasmin diesen Gesprächsfaden der Kunstkommunikation *nicht* auf, sondern initiiert – wie der weitere Gesprächsverlauf zeigt – einen relativ abrupten Kontextwechsel:

---

[11] Den „Übergang von nicht-fokussierter in fokussierte Interaktion" behandelt mit diesem Theoriebezug Ruoss 2014, am Beispiel eines Empfangs.

```
076   Fabian:   un des is so WITzig.
077             des dann WIEderzusehen.
078   Jasmin:   musst du wieder an deine staTIStenrollen
                denken?
079             ((Lachansatz))
080   Fabian:   ja geNAU.
081   Agnes:    h° JA_ja.
082   Fabian:   ((lacht))
083             (0.21)
084   Jasmin:   SPIEL doch mal n !KAS!ten.
085             ((lacht))
086   Agnes:    WARS_du-
087             <<kichernd>gold>-
088             BLEI[oder.]
089   Jasmin:       [°h   ] (.) hm?
090             (0.2)
091   Jasmin:   LASS dich doch ma:l-
092             SILber-
093             ANmalen-
094             un dann SPIELste [den ka-   ]
095   Fabian:                    [rufst den] ronny ma AN?
```

Im Kontrast zu der ernsthaften Kunstkommunikation, die Fabian vorher initiiert hatte, haben wir es bei Jasmins Äußerungen mit einer Aktivität ganz anderer Art zu tun: Sie bringt eine amüsante Anekdote über Fabian in Erinnerung, die allen bekannt ist, zum ‚kommunikativen Gedächtnis' der Gruppe gehört.[12] Obwohl alle diese Anekdote bereits kennen, wird sie erneut – durch die Form, in der Jasmin sie inszeniert[13] – zum Anlass von Vergnügen: Sie macht daraus ein kleines Theaterstück, indem sie die Episode als eine absurde kleine Szene aufführt, in der ein(e) fiktive(r) Regisseur(in) den Statisten Fabian in der Form direkter Rede dazu auffordert, einen leblosen Kasten zu „spielen".

Das fiktive Beispiel ‚einen goldenen Kasten spielen' ist der Inszenierung entnommen, in der die drei Kästchen, aus denen die Bewerber um Portias Hand wählen müssen, von Schauspielerinnen verkörpert werden (vgl. Kapitel 2.1.4.3, i.d.B.); dies lässt den Themenwechsel nicht ganz so abrupt erscheinen. Wie in

---

12 Vgl. im Blick auf Familien Keppler 1995, Kapitel III.
13 Vgl. zu derartigen Praktiken im Einzelnen Kapitel 6, i.d.B.

Kapitel 8 an anderen Beispielen herausgearbeitet wird, kommen solche Rekonstruktionen von Elementen des Theaterspiels nicht nur im Kontext von Aufgaben der Kunstkommunikation (Bewerten, Deuten usw.) zum Tragen, sondern stellen auch eine wichtige Ressource der Gemeinschaftsstiftung, Unterhaltung und Aufrechterhaltung der Interaktion dar. So kann man Agnes' scherzhafte Aktivität auch als eine harmlose Art von Neckerei verstehen, die Fabians nicht gerade spektakuläre Theatererfahrungen bloßstellt. Wie man am Kichern der Beteiligten erkennt, wird das Mini-Theaterstück, das Agnes aufführt, als durchaus amüsant erlebt. Der Wechsel von der Kunstkommunikation zur geselligen Scherz-Kommunikation wird von allen Beteiligten problemlos mitvollzogen, entspricht also offensichtlich dem ungezwungenen Charakter der Situation, wie sie von den Beteiligten interpretiert wird. Die gesellige Scherz-Kommunikation wird ihrerseits durch den „Betroffenen", Fabian, abrupt beendet, der das parallel zu leistende telefonische Management einer Familienangelegenheit – der Sohn muss durch einen Bekannten oder Freund von einem Turnier abgeholt werden – an dieser Stelle ins Spiel bringt.

In ganz ähnlicher Weise initiiert Jasmin später noch einmal einen Wechsel auf der Handlungsebene. Sie spricht zunächst *selbst* im Sinne von Kunstkommunikation über die Nutzung des Bühnenraumes im Rahmen der Vorstellung (auch hier eingeleitet durch einen Bezug auf das eigene Vergnügen):

```
109    Jasmin:    ich FIND auch so-
110               dieses LAUFsch-
111               LAUFsteggefühl-
112               irgendwie ganz LUSti[g.  ]
113    Fabian:                        [ja.]
114    Jasmin:    also DAdurch-
115               dass die bühne so ex!TREM! BREIT is.=ne?
116               (1.25)
117    Jasmin:    UND äh-
118               (0.54)
119    Jasmin:    SPANnend is auch immer-
120               wenn (.) rechts auf der BÜHne irgendwas-
121               (0.21)
122    Jasmin:    GANZ turbulentes passiert-
123               un wemma na LINKS guckt-
124               dann passiert da IMmer irgendwie was so
                  [was so-]
125    Fabian:    [stimmt-]
```

```
126                ja.
127                (0.36)
128     Jasmin:    verSCHWINden sol[l. ]
129     Fabian:                   [ja.]
130                (1.49)
```

Es kommt – wiederholt – zu einer Situation, in der niemand anderes das Rederecht übernimmt, offensichtlich hat auch Jasmin keine Idee, wie sie von diesem Thema aus das Rederecht an einen Gesprächspartner weitergeben könnte – so entsteht zum dritten Mal eine längere Pause (Z. 116; Z. 118; Z. 130), die Jasmin zuzurechnen ist. Zur „Lösung" dieses Problems wechselt Jasmin, thematisch kohärent, auf die Ebene der geselligen Kommunikation, indem sie einen Scherz macht über Henry, den Sohn von Agnes und Fabian. Sie leitet dies mit einer harmlos-ironischen Bewertung ein („*henry is aber (.) bei SOwas immer der held-*", Z. 131), bevor sie den skurrilen Sachverhalt selbst präsentiert („*der guckt immer DAhin wo- also ALle gucken nach da- henry wählt die andere RICHtung?*", Z. 133 ff.). Agnes zeigt sich darüber amüsiert und lacht, während Fabian das Gespräch wieder auf die ernsthafte Erörterung der aktuellen Vorstellung (mit der Henry nichts zu tun hat) zurückführt:

```
131     Jasmin:    henry is aber (.) bei SOwas immer der held-
132                ((Sohn von Agnes und Fabian))
133                der guckt immer DAhin wo-
134                also ALle gucken nach da-
135                henry wählt die [andere RICH]tu₁[ng?]
136     Agnes:                     [((lacht))  ]
137     Fabian:                                  ₁[ja ] aber
                   es LÄDT ja [hier auch daz]u ei₂[n.]
138     Agnes:                [°hh           ]
139     Jasmin:                                  ₂[ja] na KLAR.
```

Derartige Phänomene – lokale Sensitivität, empraktische Entlastung von Zugzwängen, parallele Nutzung technischer Medien, die Gestaltung der Pause als Pause, spielerische Umdeutungen, abrupte Kontext- und Themenwechsel, Betonung des vergnüglichen Charakters, Scherzkommunikation, theatrale Inszenierungen – verweisen auf den (vergleichsweise) ungezwungenen, leichten und (partiell) heiteren Charakter der hier betrachteten Sozialformen, die sich in dieser Hinsicht von strengeren Kontexten, etwa einem öffentlichen Theatergespräch, – teils grundsätzlich, teils zumindest tendenziell – unterscheiden.

5.3 Small Talk und Konversation: Theoriehintergründe und Begriffsklärungen

Im Folgenden frage ich nun nach *theoretischen* Konzepten, die auf ein tieferes Verständnis von Konversation und Small Talk zielen. In diesem Zusammenhang mag einem zunächst der Begriff ‚Phatic communion' (dt. ‚Phatische Kommunikation', auch ‚Phatische Kommunion') in den Sinn kommen, der in der neueren Literatur oft auch explizit mit Small Talk in Verbindung gebracht wird (vgl. z.B. Senft 2009, 228; Coupland 2000/2014a, 2f.). Dieser Begriff geht ursprünglich auf einen Beitrag zur Linguistischen Anthropologie von Bronisław Malinowski zurück, er erschien unter dem Titel „The Problem of Meaning in Primitive Languages"[14] erstmals 1923 als Supplement zu dem Band „The Meaning of Meaning" von Ogden und Richards und wurde in der Linguistik vielfach rezipiert (vgl. dazu Senft 2009).

Im Mittelpunkt von Malinowskis Betrachtung stehen sprachliche Praktiken, die augenscheinlich zweckfrei und unter dem Aspekt der Bedeutung irrelevant sind wie z.B. formelhafte Grüße, Fragen nach dem gesundheitlichen Befinden, belangloser Schwatz (engl. *gossip*), Bemerkungen über das Offensichtliche (wie das aktuelle Wetter), über Vorlieben und Abneigungen (mit der Möglichkeit schneller Einigung, vgl. auch Schneider 1988, 26) und für den Hörer sachlich irrelevante Ereignisse im Leben des Sprechers (Malinowski 1923, 313f.; vgl. dazu Senft 2009, 226f.). Malinowski beschreibt einen derartigen sprachlichen Austausch, der formal einen völlig belanglosen Eindruck macht, im Blick auf seine soziale Relevanz als durchaus fundamental – als ein Mittel, gleichsam ‚das Eis zu brechen', als bedrohlich empfundenes Schweigen zu überwinden und eine elementare soziale Verbundenheit zu begründen:

> To the primitive mind [...] taciturnity means not only unfriendliness but directly a bad character. [...]. The breaking of silence, the communion of words is the first act to establish links of fellowship, which is consummated only by the breaking of bread and the communion of food. The modern English expression, 'Nice day to-day' or the Melanesian phrase, 'Whence comest thou?' are needed to get over the strange and unpleasant tension which men feel when facing each other in silence. (Malinowski 1923, 314)

Malinowski nennt diese sprachlich-kommunikative Praxis *Phatic communion*, zu gr. griechisch *phátis* = Rede (Bußmann 2002, 509), es geht ihm also um eine vergemeinschaftende Praxis, eine Kommunion, die nicht durch das Teilen von Brot, sondern gleichsam durch das Teilen von Sprache hergestellt wird.

---

14 Termini wie *primitve languages*, *primitive mind* etc. sind aus heutiger Sicht überholt.

Denken wir noch einmal an das Eingangsbeispiel, so tritt jetzt deutlicher hervor, wie das, was die Beteiligten da miteinander tun, sich nicht nur auf eine bestimmte Sachaufgabe – etwa Kunstkommunikation – richtet, sondern auch darauf, alle Beteiligten in eine gesellige soziale Aktivität einzubinden. Technischer ausgedrückt, geht es darum, einen tragfähigen sozialen Kontakt untereinander zu etablieren und für die Dauer der Interaktion aufrecht zu erhalten. Zwar begegnen sich im Rahmen von Pausengesprächen oftmals keine Fremden,[15] vielmehr können die Beteiligten nicht selten auf eine längere soziale Beziehung (als Paare, Familienangehörige, Freunde, Kolleginnen, Bekannte usw.) zurückblicken; gleichwohl müssen die Interaktionssituationen immer wieder neu hergestellt werden, zudem an einem öffentlichen Ort und im potenziell anspruchsvollen Kontext einer Kunstinstitution, in der mit der Kunst auch die sozialen Identitäten und das Ansehen der Beteiligten zur Verhandlung stehen (vgl. Müller & Kluwe 2012a, 5; Kapitel 7, i.d.B.).

Unter dem Begriff des kommunikativen Kontakts bzw. des kommunikativen Kanals – ich folge hier der Darstellung von Gunter Senft (2009) – nahm Roman Jakobson (1960) in seinem Modell der Sprachfunktionen Malinowskis Konzept auf.[16] Das durch Jakobson erweiterte Verständnis phatischer Kommunikation fasst Senft wie folgt zusammen (Senft 2009, 227):

> [T]he terms 'phatic communion (and 'phatic communication') are generally used to refer to utterances that are said to have exclusively social, bonding functions like establishing and maintaining a friendly and harmonious atmosphere in interpersonal relations, especially during the opening and closing stages of social – verbal – encounters. These utterances are understood as a means for keeping the communication channel open. It is generally claimed that phatic communion is characterized by not conveying meaning, by not importing information; thus, phatic utterances are described as procedures without prepositional [sic] contents. Greeting formulae, comments on the weather, passing enquiries about someone's health, and other small talk topics have been characterized as prototypical examples for phatic communion ever since Malinowski's coining of the term. (Senft 2009, 228)

Über die bloße Etablierung eines kommunikativen Kontakts hinaus kamen in der Weiterentwicklung des Konzepts u.a. durch John Laver (1975 u.ö., vgl. auch Senft

---

15 Dem Publikum einer öffentlichen Vortragsveranstaltung im Rahmen von „Forum Siegen" verdanke ich Anregungen in dieser Hinsicht.
16 Kritisch hierzu Coseriu (1981, 63), der diese Sprachfunktion für begrifflich nicht notwendig hält, da sie „nichts anderes als die minimale Form der Auslösungs- oder Appellfunktion" sei. Spezifische Aufgaben der sprachlichen Sicherstellung des Kontakts bestünden allerdings im Fall der technisch vermittelten Kommunikation, etwa am Telefon (Coseriu 1981, 57, 63). – Den Hinweis auf Coseriu verdanke ich Clemens Knobloch.

2009, 230 f.; Coupland 2000/2014a, 5 f.; Schneider 2008, 104) differenzierte Aspekte des „Beziehungsmanagements" (vgl. systematisierend Holly 2001a) ins Blickfeld, insbesondere Höflichkeitsrituale unter Bezug auf Brown & Levinson (1978) (vgl. Senft 2009, 230 f.). Hierbei kommen auch kulturelle Regularitäten für die Themenwahl, -abfolge und -formulierung zum Tragen, wie sie Schneider (u.a. 1988) u.a. auf der Basis der *Dialogue production task*-Methode rekonstruiert. Phatische Kommunion stellt nicht nur die sozialen Voraussetzungen für die aktuelle Begegnung her, sondern ermöglicht auch eine Fortführung der Beziehung in künftigen Interaktionen.

Das erweiterte Verständnis von phatischer Kommunikation (vgl. Schneider 2008, 102 f.) als beziehungsorientierter Kommunikation fließt in die Bestimmung von ‚Small Talk' als ‚Relational Talk' (Candlin 2000/2014, p. xx) ein, wie sie von Justine Coupland (2000/2014a) vertreten wird: Die Relevanz derartiger Praktiken ist nicht auf die Ränder einer Interaktion – also deren Anfang und Ende – beschränkt, sondern betrifft das Management von Beziehungen während des *gesamten* Interaktionsverlaufs (Coupland 2000/2014a, 5). Diese Sicht ermöglicht eine weitere Ausweitung der Perspektive: Hatte Malinowski phatische Kommunion in einen Gegensatz zu zweckgebundenen, inhaltlich gehaltvollen Interaktionstypen gesetzt, betonen Justine Coupland und andere programmatisch, dass nicht zuletzt auch der Sprachgebrauch in geschäftlichen und anderen institutionellen Kontexten auf die grundlegenden Praktiken des Beziehungsmanagements und deren atmosphärische Wirkungen notwendig angewiesen ist (Coupland 2000/2014a, 4; Holmes 2000/2014, 49). Kommunikationsethisch betrachtet, kann Small Talk im Geschäftsleben einen rein instrumentellen, mitunter strategisch-politischen Charakter annehmen und als nur oberflächlich, wenn nicht gar als heuchlerisch empfunden werden (Coupland 2000/2014a, 7). In der ästhetischen Dimension sind konventionelle, nicht ambitionierte Formen zu unterscheiden von kreativen, individuellen, manchmal selbstreflexiven Gestaltungen (Coupland 2000/2014a, 15), wie wir sie in unserem Eingangsbeispiel gesehen haben. Im Blick auf das Verhältnis von Small Talk zu institutioneller Kommunikation wird vorgeschlagen, modellhaft ein *Kontinuum* anzunehmen (vgl. Coupland 2000/2014b, 29, unter Bezug auf Holmes 2000/2014), auf dem verschiedene Interaktionstypen angesiedelt sind (vgl. auch Schneider 2008, 102 f.): Small Talk kann im Mittelpunkt der Interaktion stehen (etwa in Form formelhaft-phatischer oder komplexer geselliger Kommunikation); er kann sich als der Kooperation förderliche Bearbeitung des Beziehungsaspekts mit institutioneller Kommunikation mehr oder weniger gleichberechtigt „mischen", oder er kann nur am Rande und über weite Strecken implizit *mit* bearbeitet werden, während die sachbezogene, institutionelle Kommunikation im Vordergrund steht. (Letzteres ist für Pausengespräche, soweit ich sehe, eher nicht typisch, widerspricht es doch dem Charakter der Pause als Pause.)

Bevor ich zu einer kurzen Zusammenfassung des theoretisch-begrifflichen Überblicks komme, möchte ich noch kurz auf ein Konzept eingehen, das den bisherigen verwandt ist, den Gegenstandsbereich allerdings etwas anders abgrenzt und charakterisiert. Die Rede ist von dem Konzept ‚homilëischer Diskurs' (zu altgriechisch *homilein* ‚sich unterredend versammeln'), wie es in der Forschungsrichtung der „Funktionalen Pragmatik" entwickelt wurde.

In den Blick genommen werden hier Interaktionstypen, etwa am Arbeitsplatz, die sich außerhalb institutioneller Zwecke, formeller und professioneller Rollen vollziehen (vgl. etwa Rehbein 2012, 85), z.B. „Spott, Ironie [...], Anekdoten, Neckerei und Geplänkel, Frotzeleien, ja sogar Streitereien [...]" (Rehbein 2012, 86). Obwohl homilëische Diskurse zum Vollzug der Institutionen keinen unmittelbaren Beitrag leisten, sind diese im Sinne funktionaler Komplementarität auf sie angewiesen: In homilëischen Diskursen wird spielerisch-kreativ „verhandelt [...], was ,in der Welt [der Institution] nicht aufgeht'" (Rehbein 2012, 89). So können beispielsweise beim Lästern oder Klatsch über den Vorgesetzten Themen verarbeitet werden, die in der offiziellen organisationalen Kommunikation keinen Ort haben. Homilëische Diskurse ermöglichen so psychische Erholung und Entlastung (Rehbein 2012, 88). Sie sind typischerweise charakterisiert durch „Ausgelassenheit und Heiterkeit" (Rehbein 2012, 86), „ein kommunikatives Geben und Nehmen, Schlagfertigkeit und Zuhörerpräsenz" (Rehbein 2012, 86) sowie vordergründig „zweckfreie Gemeinschaftlichkeit" (Rehbein 2012, 89).

Als typische Situationen, die den reproduktiven Charakter dieser Art von Kommunikation erkennen lassen, werden Pausengespräche am Arbeitsplatz oder in der Schule[17] genannt, die an eigens von der Institution dafür bereit gestellten Orten stattfinden (Pausenhof, Lehrerzimmer usw.); in solchen Situationen, so Rehbein, steckt die zur Verfügung stehende Zeit einen Rahmen, „aber nicht das inhaltliche Maß" ab (Rehbein 2012., 88). Im Unterschied zu formelhaft phatischer Kommunikation einerseits, einem weiten Begriff von Small Talk als Relational Talk andererseits werden unter dem Begriff ‚homilëischer Diskurs' speziell ästhetisch anspruchsvollere, komplexere kommunikative Formen fokussiert, mit denen eine entlastende, hypothetische Umstrukturierung der Realität verbunden ist (Rehbein 2012, 88).

---

17 Vgl. auch Könning 2015.

Obwohl, so Rehbein (Rehbein 2012, 88), zwischen Small Talk und homilëischem Diskurs fließende Übergänge bestehen, bleibt „der ‚small talk' in der Realität und" macht „sie soziabler", während der ‚homilëische Diskurs' die Realität durch sprachliches Handeln" phantasievoll erweitert, vielleicht konterkariert. Fassen wir am Ende des theoretischen Überblicks kurz zusammen, welche Erkenntnisse über Small Talk (und verwandte Interaktionstypen) gewonnen werden konnten:

(1) Small Talk erscheint auf den ersten Blick zweckfrei und unter dem Aspekt der Bedeutung eher irrelevant: formelhafte Grüße, Fragen nach dem gesundheitlichen Befinden, bangloser Schwatz, Bemerkungen über das Offensichtliche, über Vorlieben und Abneigungen etc.

(2) Andererseits – und hier wird die ambivalente Bewertung im Alltag bzw. in der Gemeinsprache verständlich (vgl. Abschnitt 5.1) – ist er im Blick auf seine soziale Relevanz denkbar fundamental und ubiquitär.

(3) Zu Beginn einer Interaktion kommt Small Talk – vor allem in seinen formelhaften Ausprägungen – die Aufgabe zu, Schweigen zu brechen und über das „Teilen" von Wörtern Gemeinschaft herzustellen. Am Ende einer Interaktion kann durch Small Talk die Möglichkeit künftiger Kontaktaufnahmen sozial sichergestellt werden. Während der gesamten Interaktion kann durch Small Talk – im Sinne von Höflichkeitsritualen – eine freundliche und harmonische Atmosphäre hergestellt werden, die Kooperation ermöglicht bzw. begünstigt.

(4) Small Talk kann im Mittelpunkt stehen: Dann richtet er sich darauf, alle Beteiligten in eine (gesellige) soziale Aktivität einzubinden. Er kann sich mit institutioneller Kommunikation mehr oder weniger „vermischen", oder er kann auch nur im Hintergrund mit laufen, während die sachbezogene Kommunikation im Vordergrund steht.

(5) Dem Small Talk (mit fließenden Übergängen) begrifflich benachbart sind ‚homilëische Diskurse': Hierbei handelt es sich typischerweise um ästhetisch anspruchsvolle, komplexere kommunikative Formen, mit denen eine erholsame und entlastende, hypothetische Umstrukturierung der Realität verbunden ist: Klatsch, Lästern, Frotzeln, Scherze, Anekdoten etc.

(6) Small Talk kann durch emotionale Tiefe gekennzeichnet sein oder einen rein instrumentellen, mitunter strategisch-politischen Charakter annehmen und als nur oberflächlich, wenn nicht gar als heuchlerisch empfunden werden.

Ergänzend zu den stärker gesprächsorganisatorischen Merkmalen von Small Talk, wie sie im ersten, empirisch fundierten Durchgang beschrieben wurden (vgl. Abschnitt 5.2), kommen damit vor allem Aspekte der Kontaktherstellung und Beziehungspflege ins Blickfeld. Darüber hinaus wurden in beiden Durchgängen Gesichtspunkte der Erholung und Entlastung thematisiert, die Small Talk gerade für Pausen-Situationen angemessen erscheinen lassen.

Wenden wir uns nun dem Fall der Konversation zu, die – wie eingangs bereits erwähnt – nicht nur durch „Harmonisierung", sondern, im Unterschied zum Small Talk, durch ‚Bildungssprachlichkeit' und Distinktion gekennzeichnet ist. Vor dem Hintergrund der Beobachtungen in Abschnitt 5.2, die fließende Übergänge zwischen Small Talk und Konversation auf der Grundlage gesprächsorganisatorischer Gemeinsamkeiten erkennen ließen, lasst sich Konversation auch als ein durch ‚Bildungssprachlichkeit' gekennzeichneter Spezialfall von Small Talk verstehen.

5.4 Konversation und ‚Bildungssprache': Inklusion/Exklusion

Die Theoriebildung, die wir uns bisher angeschaut haben, betonte im Blick auf Small Talk und Konversation die verbindenden, inklusiven Wirkungen – Stichworte waren das Herstellen von Gemeinschaft, eine freundliche und harmonische Atmosphäre, Respekt und Anerkennung, das höfliche Vermeiden von Gesichtsbedrohungen, Geselligkeit. Wenn es um konkrete gesellschaftliche Verhältnisse geht, gehört zum Gesamtbild allerdings auch, dass Small Talk und, viel mehr noch, Konversation auch einen exklusiven, ausschließenden Charakter haben können. Der Grund hierfür ist, salopp gesagt, dass nur derjenige mitmachen kann, der weiß, wie es geht. Anders gesagt: die Partizipation an einer Praxis der Vergemeinschaftung setzt entsprechende Skills voraus.[18]

Das gilt bekanntlich bereits für die Schule: Auch wenn, so Steinig, „schulsprachliches Handeln noch kein bildungssprachliches Handeln ist, sondern ein didaktisches Verfahren, dies einzuüben" (Steinig 2016, 95, unter Bezug auf Feilke 2013, vgl. auch Redder 2016, 304), kann die Differenz des schulischen Sprachgebrauchs zum Sprachgebrauch im Elternhaus eine erhebliche Barriere für kommunikativ vermittelte Bildungsprozesse darstellen (vgl. Gogolin & Duarte 2016, 483).

---

18 Dies gilt generell, ist aber im Blick auf den Statusaspekt von Bildung in diesem Fall besonders brisant. – Dies gilt auch für den Kontext der Politik: Wie Partizipation interaktional, etwa durch die multimodale Organisation des Sprecherwechsels, kollaborative Formulierungsarbeit und die sequenzübergreifende Positionierung von Themen und Handlungen hergestellt werden kann, zeigen Mondada (u.a. 2012a, 2013) und Mondada, Svensson & van Schepen (u.a. 2015) im Blick auf die spezifische institutionelle und mediale Situation moderierter öffentlicher Versammlungen mit vielen Beteiligten.

Auch außerhalb der Schule weist ‚bildungssprachliche' Kommunikation auch einen exklusiven Charakter auf, weil man, so pointiert Dietrich Schwanitz, deren Regeln „schon kennen muß, um üben zu dürfen" (Schwanitz 1999, 395). In Wohlfahrtsstaaten, die programmatisch allen Bürgerinnen und Bürgern die umfassende Teilhabe an öffentlichen Institutionen ermöglichen sollen, stellt eine derartige ‚Exklusion' ein beträchtliches Legitimationsproblem dar (Burzan et al. 2008, 27). So ist es nicht verwunderlich, wenn sich vor allem die Bildungseinrichtungen mit der Erwartung konfrontiert sehen, den Individuen eine Überwindung dieser Schranke und den Erwerb eines entsprechenden „kulturellen Kapitals" (Gogolin & Duarte 2016, 483, unter Bezug auf Bourdieu 1992) zu ermöglichen.

Auch wenn die zur Rede stehende „Sprache in der Bildung" (Überblick: Kilian 2016) und erst recht die „Bildungssprache" außerhalb der Bildungsinstitutionen im Blick auf unterschiedliche Situationen und Kontexte pragmatisch differenzierter und dynamischer zu erfassen ist, in allgemeiner Form also ein – je nach theoretischer Grundlage unterschiedliches – *linguistisch-didaktisches Konstrukt* darstellt (Steinig 2016, 69; vgl. auch Redder 2016, 304; Gogolin & Duarte 2016, 490), kann ihre Beschreibung diverse relevante Aspekte erfassen, die im Konzept ‚konzeptioneller Schriftlichkeit', im Blick auf den Sprachgebrauch im Elternhaus auch als ‚Home literacy' (Gogolin & Duarte 2016, 491), zu bündeln sind:

> Unabhängig davon, ob man dies nun wie Bernstein (1972) als ‚elaborierter Code', wie Cummins (1979) als ‚CALP' (cognitive academic language proficiency) oder wie Ortner (2009) nach Habermas (1977) als ‚Bildungssprache' bezeichnet, wurden mehr oder weniger zuverlässig anhand empirischer Studien diesem Sprachverhalten bestimmte sprachliche Merkmale zugeschrieben: auf lexikalisch-semantischer Ebene ein umfangreicher, differenzierter und abstrahierender Wortschatz mit einem höheren Anteil an Komposita, Fachbegriffen und niedrigfrequenten Verben, auf syntaktischer Ebene mehr Satzgefüge, unpersönliche Konstruktionen, Kohäsionsmittel und Funktionsverbgefüge und auf diskursiver Ebene eine stärkere Orientierung an Formen der Rede und Textsorten (Vortrag, Bericht, Statement) sowie an schriftsprachlichen Konventionen wie Gliederung, Prägnanz und Kohärenz – also auf allen Ebenen der gesprochenen und geschriebenen Sprache ein höheres Maß an konzeptioneller Schriftlichkeit [...]. (Steinig 2016, 87 f., mit weiteren Literaturangaben)

Bildungssprachliche Kommunikation ist demnach eng verbunden mit spezifischen kognitiven Kompetenzen: Gogolin & Duarte (2016, 483) heben mit Bezug auf Morek & Heller 2012 die „abstrakten, kognitiven Leistungen" hervor; Wolfgang Steinig (2016, 71) charakterisiert sie unter anderem als „ein problemlösendes und kritisches Denken, mit dem Erkenntnisse in Frage gestellt und begründbare Einschätzungen und Wertungen abgegeben werden können", einschließlich „Distanz zur eigenen Rolle und Biographie" (Steinig 2016, 71); Angelika Redder (2016, 304) fokussiert „die Befähigung zur Nutzung wissensmethodischer

Qualitäten bestimmter sprachlicher Handlungsmittel, also ein spezifisch die gnoseologische Funktion von Sprache betreffendes Sprachwissen", das sich in Fähigkeiten zur „Verallgemeinerung, Perspektivenwechsel, Negation, Abstraktion, Systematisierung" (Redder 2016, 304) manifestiert.

Derartige Kompetenzen nützen nicht nur dem Sprecher, sondern „[a]ltruistisch gewendet können" auch „Zuhörer oder Leser kognitiv angeregt werden, diese gesponnenen Fäden aufzunehmen, um eigenständig zu Erkenntnissen zu kommen" (Steinig 2016, 71). Auch im Kontext eines tief greifenden Medienwandels, der als Ausdifferenzierung gestaltet werden kann, aber auch mit den bereits angesprochenen Verfallserscheinungen bildungssprachlicher Fähigkeiten assoziiert wird, bleiben vor dem Hintergrund der kognitiven Dimension die an strukturiertes Textwissen gebundenen Fähigkeiten als Bildungsvoraussetzungen wohl unabdingbar relevant (vgl. Steinig 2016, 77 ff.).

In modifizierter Form kommen derartige Überlegungen auch für die Mündlichkeit zum Tragen. So stellt nach Steinig die Fähigkeit zu bildungssprachlicher Konversation („doing gebildet", Steinig 2016, 75) nach wie vor eine Voraussetzung für die erfolgreiche Teilnahme an exklusiven sozialen Veranstaltungen dar, die sich je nach Einzelsprache und Kultur noch einmal unterscheiden (vgl. Steinig 2016, 75):[19]

> In bestimmten sozialen Situationen (Vernissage, Party) mit bestimmten Gesprächsteilnehmern (Akademiker und Künstler) und in bestimmten Räumen (Museum, Theater) wird erwartet, in einem gebildeten Duktus zu interagieren. (Steinig 2016, 75)

Umgekehrt bietet die Kommunikation mit teilweise fremden Gesprächspartnern in derartigen öffentlichen Situationen ein Praxisfeld, auf dem entsprechende kommunikative Kompetenzen eingeübt werden können:

> Sich in den Kenntnisstand eines Fremden hineinzuversetzen und sprachlich damit adäquat umzugehen, ist offenbar eine Fähigkeit, die von Menschen besser beherrscht wird, die es gewohnt sind, öfter mit Fremden zusammenkommen, eine größere kommunikative Reichweite haben und sich in der Öffentlichkeit artikulieren müssen. (Steinig 2016, 70)

Typische derartige Situationen und Themen entsprechen, wie bereits im 19. Jahrhundert, „Lebensformen und Freizeitbeschäftigungen" des Bürgertums (Linke 1988, 134), zu denken ist nach Steinig etwa

---

[19] Unter anderem an dieser Stelle kann die oft im Mittelpunkt stehende Frage nach den *spezifischen* Bildungsvoraussetzungen von Schülerinnen und Schülern mit Migrationshintergrund (vgl. Gogolin & Duarte 2016, 478) sinnvoll ansetzen.

> an Gespräche unter Touristen auf einer Bildungsreise, die sich über die Fundstücke einer Ausgrabung unterhalten, vielleicht an Gäste auf einer Vernissage, die sich über die ausgestellte Kunst äußern, oder an Smalltalk auf einer Party, in denen es um Theater, Film, Museen, Literatur oder um ‚anspruchsvolle' Fernsehsendungen geht, aber eher nicht über Politik, Technik oder Fußball. (Steinig 2016, 69)

Wie für Schwanitz (vgl. Abschnitt 5.1) schließt bildungssprachliches Handeln auch für Steinig eine ausgeprägte Kooperationsbereitschaft gegenüber Insidern ebenso mit ein wie individuelle strategische Fähigkeiten auf konversationeller Ebene (Steinig 2016, 69 f.). In einem gewissen Gegensatz zu der von Linke für das 19. Jahrhundert konstatierten Tendenz zur Harmonisierung gehört jedoch nach Steinig

> zum westlichen Bildungsideal, besonders in Deutschland, der scharfsinnige Dialog, das Ringen um Wahrheit in der Debatte, aber auch im Streit [...], also das Ideal einer Streitkultur, wie sie in der griechischen Antike in rhetorisch geschulten Formen entwickelt wurde. (Steinig 2016, 75)

Auch Werner Holly arbeitet als Merkmal eines ‚gehobenen Stils' (in der geschriebenen Sprache) unter Bezug auf Bourdieu die Demonstration von „Besser- und Anderswissen" gegenüber „Alltagstheorien und ewigen Wahrheiten" sowie „den orthodoxen Ansichten der Mittelschichten" heraus (Holly 2001, 433), etwa durch den Ausdruck von Liberalität und Toleranz (Holly 2001, 433; 429); als einschlägige Sprechakte werden URTEILEN, WIDERSPRECHEN und RICHTIGSTELLEN beschrieben (Holly 2001, 432 f.). Im Fall der *Konversation* – die eine typische, aber keineswegs die einzige Form bildungssprachlicher Kommunikation darstellt – dürften sachliche Differenzen freilich auf der Beziehungsebene durch das allgegenwärtige Prinzip der Gesichtswahrung (vgl. auch Steinig 2016, 72, und Abschnitt 5.1) typischerweise überbrückt oder zumindest abgemildert werden.

Bei näherem Hinsehen haben Versuche, die sogenannte „Bildungssprache" theoretisch präziser zu fassen, eine doppelte begriffliche Schwierigkeit zu überwinden: Zum einen muss das soziale Gebilde, das die Bildungssprache trägt, genauer bestimmt werden, zum anderen muss das sprachliche Gebilde, das mit dem Label „-sprache" nur diffus bezeichnet ist, linguistisch präziser gefasst werden. Im Blick auf das erste Problem werden in Verbindung mit einer Metaphorik von ‚oben' und ‚unten' oft Bezüge zu sozialen Schichten oder Klassen hergestellt, obwohl im Blick auf die *Zusammensetzung* der Gruppe der Gebildeten bereits für die Entstehungs- und Konsolidierungsphase des Bürgertums starre sozialhistorische Kategorien unangemessen sind (vgl. Bosse 2015, dazu näher Abschnitt 5.6).[20]

Auch für die Gegenwart bereiten derartige Korrelationen erhebliche Probleme, wie Werner Holly (2001, 426 ff.) im Blick auf das Konzept ‚Gehobener Stil' aus der Tradition der Rhetorik und Lexikographie aufzeigt. In *empirischer* Hinsicht lassen sich am Beispiel der Textsammlung „Das neue Notizbuch 1985-1990" vielfältige Phänomene herausarbeiten, die vor dem Hintergrund der historischen Tradition (vgl. oben) mit ‚bürgerlicher Bildungssprache' – im Bereich der Schriftlichkeit – assoziiert werden können:[21]

– eine Mischung bestimmter Gattungen: „Aphorismen, sprachkritische Anmerkungen, sogenannte ‚Lesefrüchte', Reisebeobachtungen, Anekdoten (selbsterlebte und berichtete), mit Esprit überhöhte Alltagsbeobachtungen und -erlebnisse, Klatsch und Lästereien [...], Kommentare zu politischen und Lebensstilphänomenen, Geschmacksurteile, Lebensweisheiten" (Holly 2001, 423 f.);
– ein vorherrschender „Grundton", der sich als „ironisch, geistreich, provozierend [...]" (424) und „ein bisschen kokett bescheiden" (431) charakterisieren lässt;
– bestimmte Sprechakte (vgl. oben);
– auf der Ebene der Sachverhaltsdarstellung: indirekte Selbstpositionierungen (Holly 2001, 428 ff.) als „Mann von Welt (natürlich, mondän, vornehm, dezent)" (Holly 2001, 435) durch Schauplätze, Personen von Rang und Namen, professionelle journalistische Kontexte, Belege für Geschmack und Bildung (teils aus dem Kanon, teils Originelles) sowie indirekte Fremdpositionierungen (Holly 2001, 434) zur Abgrenzung zu Spießern, Gelehrten und deutschen Hochschullehrern;
– eine gewählte, z.T. archaisierende Lexik, auch im unauffälligeren Bereich der Funktionswörter wie Orts- und Zeitadverbien (*allenthalben, zuweilen*), Gradpartikeln (*vornehmlich*) oder Satzadverbien (*gewiss, gewisslich*) (vgl. Holly 2001, 431);

---

20 Auf einem anderen Blatt steht die Frage nach den jeweils *ideologisch* dominierenden Akteuren (Hinweis Angelika Redder).
21 Nach Wolfgang Steinig ist es „[w]ahrscheinlich [...] kognitiv besonders stimulierend, wenn es in einem Gespräch zu einem raschen Code-Switching zwischen bildungssprachlichen, fachsprachlichen, alltagssprachlichen, jargonhaften und auch jugendsprachlichen Formulierungen kommt, wie man es in Diskussionen unter (jungen) Wissenschaftlern aus unterschiedlichen Disziplinen beobachten kann" (Steinig 2016, 95).

- morphologische und syntaktische Archaismen: *ward, des Konfuzius Erinnerung* (Holly 2001, 431), mitunter im betonten Kontrast dazu: Umgangssprache und Jargon (*Staatsknete*) und gehobene regionale Umgangssprache (*dusslig, Schnickschnack*);
- mehrsprachige Kompetenz: lateinische und andere fremdsprachliche Zitate (vgl. Holly 2001, 431).

Derartige Mittel lassen sich im Blick auf ihren ‚stilistischen Sinn' (vgl. Holly 2001, 423, unter Bezug auf Sandig 1986) im Gesamtbild als Verfahren der individuellen und kollektiven Selbstdarstellung und Adressierung verstehen:

> Mit der erworbenen Position und beträchtlichem sprachlichen Können kann er sich dann für seine Zielgruppe, die gehobene konservative Geschäfts- und Finanzwelt mit kulturellem Anspruch als Stilvorbild profilieren. Er ist ihr Sitten- und Geschmacksrichter, kann seismographisch Veränderungen wahrnehmen und einordnen, und wie dies früher Anstandsbücher in einem geschlossenen Kanon taten, Anleitungen geben, aber eben in der zeitgemäßeren Form eines offenen und flexiblen Kaleidoskops, das unauffällig und nebenbei wirkt, während es amüsiert und bildet. (Holly 2001, 439)

Der *theoretische* Status eines derartig ‚gehobenen Stils' bleibt dennoch unklar, zumal eine Korrelation von Sprachschicht und Sozialschicht entsprechend der rhetorischen Drei- oder Vierstillehre vor allem Fragen aufwirft (Holly 2001, 424). Als alternative soziale Gebilde, denen die entsprechenden linguistischen Phänomene zugeordnet werden können, kommen eine von sozioökonomischer Stratifikation unabhängige *Statusgruppe* der Gebildeten, entsprechende *Praxisgemeinschaften* oder bestimmte *Situationen* in Betracht, die einen entsprechenden Sprachgebrauch erfordern. In linguistischer Hinsicht werden dementsprechend Soziolekte, kommunikative soziale Stile und funktionale Register als theoretische Konzepte in Betracht gezogen (vgl. Holly 2001, 426 ff.).

Entsprechend der praxeologischen Orientierung unseres Projekts (vgl. Kapitel 3, i.d.B.) gehen wir davon aus, dass sich im Sinne einer „flachen Ontologie" (Schatzki 2016) sprachlich-kommunikative *Praktiken* kleinerer und größerer Reichweite beobachten lassen, die den jeweils relevanten sozialen Kontext – verstanden als Hintergrundwissen der Beteiligten – situativ und situationsübergreifend präsupponieren. Wie sich dies im Bereich der Mündlichkeit darstellen kann, soll im Folgenden näher untersucht werden.

5.5 Konversation im Theaterfoyer: Skills und Wissen

Betrachten wir dazu ein weiteres Beispiel aus unserem Material (vgl. Kapitel 2.1.4.6, i.d.B.): Ort der Handlung ist wiederum ein Theater in einer deutschen Großstadt. An diesem Abend wird das Stück „Der gute Mensch von Sezuan" von Bertolt Brecht aufgeführt. Unsere Beobachtung setzt wieder in dem Moment ein, in dem gerade eine Pause zwischen dem ersten und dem zweiten Teil der Vorstellung begonnen hat. Wir begleiten eine Gruppe, die sich aus vier Personen zusammensetzt: den Freundinnen Dagmar und Bianca, der Nachbarin von Bianca, Lydia (alle drei im Alter von Ende 40, Anfang 50), sowie der Tochter von Lydia, Karla, die 15 Jahre alt ist. Dagmar arbeitet als freie Texterin, Bianca ist diplomierte Pädagogin und Künstlerin, Lydia Restauratorin, Karla Schülerin. Dagmar besucht nach eigenen Angaben bis zu fünf Mal im Jahr ein Theater, die anderen 1–2 Mal im Jahr.

Ausschnitt 2: „klamaukich"[22]

```
001                 (1.14)
002     Dagmar:     oKAY.
003                 (1.21)
004     Bianca:     so.
005     Dagmar:     LÄUFT.
006                 (0.37)
007     Karla:      ja-
008     Dagmar:     ((schnieft))
009     Karla:      (Oder?)
010     Dagmar:     läuft-
011                 (0.41)
012     Dagmar:     ((schnieft))
013                 (0.37)
014     Dagmar:     hold.
015     Karla:      (oh JA.)
016     Dagmar:     ((lacht))
017                 (1.84)
018     Dagmar:     gut.
019                 (9.65)
```

---

[22] Köln_14-09-23_Sezuan_Gr.2. Vgl. auch Habscheid i.Dr., Abschnitt 3.

```
020  Dagmar:   ((lacht))
021            (1.45)
022  Lydia:    (BLINKT das nich eigentlich?)
023  Dagmar:   DEINS läuft auch.
024            Oder?
025  Karla:    ja-
[…]
062  Dagmar:   und was SAGST du-
063            (0.18)
064  Bianca:   [hm-]
065  Karla:    [m  ]h-
066  Dagmar:   als JUgendliche-
067            macht_s SPASS-
068            oder LANGweilst du dich?
069            (1.4)
070  Karla:    es IS es is-
071            (1.79)
072  Dagmar:   [GEHT so?]
073  Karla:    [so_ne   ] MIschung.
074            (0.16)
075  Dagmar:   ja-
076            oKEE-
077            (1.81)
078  Karla:    also ich WAR ja schon im-
079            (0.49)
080  Karla:    theAter.
081            (0.11)
082  Dagmar:   ja-
083            (0.23)
084  Karla:    PAARmal also-
085            (0.85)
086  Karla:    find_s teilweise so_n BISSchen-
087            (1.69)
088  Karla:    äh:m-
089            (1.13)
090  Karla:    nich ERNSTzunehmend.
091            (0.49)
092  Dagmar:   ECHT?
093            (0.43)
```

```
094  Karla:    ja::-
095            (1.01)
096  Karla:    ja.
097            (3.85)
098  Karla:    aber das wär jetz so die einzige kriTIK-
099  Dagmar:   im sinne von nich überZEUgend-
100            oder irgend[wie ALbern?        ]
101  Karla:               [die sind doch AL]bern.
102            (1.16)
103  Dagmar:   so so klaMAUkich-
104  Karla:    ja.
105  Dagmar:   mit den PUPpen:-
106            [und dem GANzen-]
107  Karla:    [ja.            ]
108            (0.28)
109  Dagmar:   oKAY-
110            (1.59)
111  Lydia:    ((lacht))
112  Bianca:   (hab dasSELbe [gedacht-)]
113  Dagmar:                 [ECHT?    ]
114            (0.35)
115  Lydia:    was?
116  Dagmar:   ((lacht)) echt?
117            ((lacht)) das hätt ich jetz nich
                geDACH[T-]
118  Karla:          [wa]RUM?
119            (0.21)
120  Lydia:    WAS denn?
121            (0.47)
122  Dagmar:   dass du das so SIEHST-
123            sie (.) sie sacht sie findet das_n
                BISSchen:-
124            (0.27)
125  Karla:    ALbern.
126  Dagmar:   ALbern.
127            (1.11)
```

```
128   Lydia:    [ich find AUCH-]
129   Dagmar:   [mit den PUPpen][und so.   ]
130   Lydia:                   [ich find_s] auch n
                !BISS!chen (.) zu VIEL.
[...]
187   Bianca:   da hab ich mir AUCH gedacht-
188             is vielleicht n BISSchen::-
189             (0.55)
190   Bianca:   ((schnalzt))
191             (0.55)
192   Bianca:   viel.
193             (0.13)
194   Bianca:   wie du SACHST.
195   Lydia:    mh_MH.
196             ja:.
197             (0.35)
198   Bianca:   aber find_s du alles GAR
                ni[ch?          ]
199   Dagmar:     [<<lachend>n]ee.>
200             ((lacht)) NEE.
201             (0.19)
202   Dagmar:   ((lacht)) °h nee aber (.) der hat GUT w-
203             (0.29)
204   Dagmar:   ich nehm brecht ohnehin nich so ERNST-
205             irgendWIE und ähm-
206   Lydia:    waRUM?
207             (1.6)
208   Dagmar:   äh:m.
209             (0.47)
210   Dagmar:   weil DER-
211             (0.15)
212   Dagmar:   äh (.) also ich find (.) äh seine STÜCke-
213             die eignen sich hundertproZENtich für
                klamauk.
214             (0.55)
215   Bianca:   hm-
216   Dagmar:   weil der auch SELber-
217             °h aber DA-
218             (0.33)
```

```
219  Dagmar:   da (.) das KANN man nich hm hm-
220            das KANN man nich so nich wissen irgendwie-
221            der hat sich alles zuSAMmengeklaubt.
222            (0.36)
223  Dagmar:   und bei DEM stück-
224            da hat der irgendwie (.) JAHrelang dran
                rumoperiert-
225  Bianca:   mh_[HM.    ]
226  Dagmar:      [und sei]ne frauen ham ihm natürlich
                wieder geHOLfen-
```

Bemerkenswert ist hier zunächst, wie die Jugendliche, Karla, hier in einem privaten, also nicht-schulischen Kontext durch die Erwachsenen mit den Anforderungen bildungssprachlicher Konversation vertraut gemacht wird (Z. 067). Man könnte das Verfahren, das speziell Dagmar hier einsetzt, als eine pädagogische Kombination aus „Fordern und Unterstützen" charakterisieren.[23] Dagmar fordert Karla dazu auf, einen Kommentar über das erlebte Kunstereignis abzugeben: „und was SAGST du-" (Z. 062). Sie stellt Karla damit eine durchaus anspruchsvolle konversationelle Aufgabe; zugleich erleichtert sie ihr die Aufgabe dadurch, dass sie ihr durch die Entscheidungsfrage „macht_s SPASS- oder LANGweilst du dich?" (Z. 067 f.) zwei Antwortmöglichkeiten anbietet, die sie adressatenorientiert als ‚entsprechend der Perspektive von Jugendlichen' rahmt: „was SAGST du als JUgendliche-" (Z. 066). Zugleich positioniert sie durch die Wahl einer lehreruntypischen Frage[24] sich selbst gegenüber Karla vorteilhaft.

Karla zeigt durch ihre Antwort, dass sie über wesentliche Fähigkeiten bildungssprachlicher Konversation bereits verfügt, lässt aber auch noch einen gewissen „Entwicklungsbedarf" erkennen: Sie antwortet (mit längeren Pausen) differenziert („es is- [...] so_ne mischung", Z. 70 ff.; „find_s teilweise so_n BISSchen-[...]", Z. 086; „aber das wär jetz so die einzige kriTIK-", Z. 098). Von der in Bewertungsinteraktionen strategisch eingesetzten Vagheit (vgl. Kapitel 7, i.d.B.) macht sie dabei Gebrauch, zugleich begründet sie ihre Bewertung durch eine sachbezogene Charakterisierung und wählt dazu eine auch sprachlich anspruchsvolle, wenn auch nicht ganz korrekte Konstruktion („find_s [...] nich ERNSTzunehmend", Z. 090); der explizite Hinweis auf vorherige Theatererfahrungen (Z. 078 ff.) wirkt in der pragmatischen Stildimension noch ein wenig ungelenk.

---

23 Vgl. Quasthoff 2012, 223, mit weiteren Literaturangaben.
24 Einen Hinweis darauf verdanke ich Wolfgang Steinig.

Dagmar gibt daraufhin – wie bereits in Z. 072 – Formulierungshilfe,[25] wobei sie selbst durch mehrere Selbstverbesserungen nach der treffendsten Formulierung ‚sucht' („*im sinne von nich überZEUgend- oder irgendwie ALbern?*", Z. 099 f.; „*so so klaMAUkich-*"; Z. 103). – Anhand dieses Beispiels kann man sich gut vorstellen, wie Jugendliche, die in ihrem familiären Alltag in einer solchen Weise sprachlich gefördert werden, zunächst in der Schule und später als Erwachsene den Anforderungen bildungssprachlicher Konversation gewachsen sind – und mit welchen Barrieren sich diejenigen konfrontiert sehen, denen solche Erfahrungen versagt blieben.

Der exklusive Charakter bildungssprachlicher Konversation ist allerdings – wie schon gesagt – nur die eine Seite der Medaille. Ebenso deutlich zeigt sich anhand dieses Beispiels (und überhaupt unseres Materials, vgl. unten), dass für diejenigen, die das Spiel (mehr oder weniger) beherrschen, die Ermöglichung von Partizipation im Vordergrund steht: Sie zielt auf das Herstellen von Gemeinschaft, eine freundliche und harmonische Atmosphäre, wechselseitigen Respekt und Anerkennung, das höfliche Vermeiden von Gesichtsbedrohungen, unterhaltsame Geselligkeit – allgemein: ein Höchstmaß an Kooperativität. Pointiert gesagt: In dem Maße, in dem bildungssprachliche Konversation Menschen ausschließt, denen die Voraussetzungen für eine Beteiligung daran fehlen, festigt sie als eine gemeinschaftsstiftende Praxis die sozialen Bande zwischen den „Insidern". So zeigen auch die Erkenntnisse zu Bewertungsinteraktionen in unserem Datenmaterial (vgl. Kapitel 7, i.d.B., mit ausführlichem Literaturbericht), dass eine Orientierung auf mehr oder weniger ausgeprägten Dissens in der Pausen-Konversation zwar (phasenweise) vorkommen kann, dass (letztlich) aber zumeist die Tendenz zur Harmonisierung überwiegt. Dies schließt nicht aus, dass, wie auch in unserem Beispiel, Chancen für und ‚Rechte' auf die (autoritative) Beteiligung an Bewertungsinteraktionen je nach Rollenkonstellation unterschiedlich verteilt sind. Ob vor diesem Hintergrund das Recht auf eine (Erst-)Bewertung eher eine Chance zur Partizipation, eine mit (mehr oder weniger großen) Face-Risiken behaftete Last oder beides zugleich darstellt, hängt ebenfalls von den Rollenkonstellationen sowie den je spezifischen Wissens- und Kompetenzverhältnissen ab. Auch die mit Bewertungen oftmals verbundene Vagheit kann vor diesem Hintergrund Beteiligungsmöglichkeiten erweitern oder einschränken.

Bevor ich auf Ausschnitt 2 gleich noch einmal zurückkomme, möchte ich zunächst noch auf einen weiteren Ausschnitt aus diesem Gespräch zwischen Dagmar, Bianca, Lydia und Karla eingehen:

---

25 Vgl. zu interaktiver Formulierungsarbeit als Verfahren der Partizipation Mondada 2012a, 108 f. u.ö.

Ausschnitt 3: „vom handwerklichen"[26]

```
363   Dagmar:   un was sacht ihr denn als KUNST-
364             künstlerinnen zu den PUPpen-
365             (1.93)
366   Lydia:    also ich FIND die-
367             (0.53)
368   Dagmar:   also jetz von von (.) vom HANDwerklichen.
369   Lydia:    [TOLL.    ]
370   Karla:    [die (.) ] die im [ROLL ][stuhl-]
371   Bianca:                     [toll.]
372   Dagmar:                            [JA    ] [ne?]
373   Lydia:                                      [ja_J][A.]
374   Karla:                                            [die
              fand ich] [toTA    ]L [toll. ]
375   Dagmar:           [(w)oll?]
376   Lydia:                         [ja_JA.]
377             (0.16)
378   Lydia:    ja.
379             ich FIND das äh-
380             ich find das ja au interesSANT wenn-
381             (0.25)
382   Lydia:    nur allein so KOPFbewegungen reichen-
383             oder so KLEIne bewegungen der hände-
384             DASS dann-
385             dass sie leBENdich wer[den.]
386   Dagmar:                         [ja_J][A.]
387   Bianca:                         [mh]MH.
388   Lydia:    das-
389   Dagmar:   ja.
390   Lydia:    das find ich schon TOLL.
391   Bianca:   j₁[a.       ]
392   Dagmar:    ₁[und die] müssen präZIse sein.
393   Lydia:    ₂[ja_JA.]
394   Dagmar:   ₂[das    ] heißt die müssen sich ECHT-
395             (0.33)
396   Dagmar:   auch-
```

---

[26] Köln_14-09-23_Sezuan_Gr.2.

```
397              (0.29)
398  Dagmar:     auf alles konzen[TRIERN.]
399  Bianca:                    [mh_MH.  ]
400  Dagmar:     aufs SPREchen-
401              !UND! auf-
402              (0.37)
403  Dagmar:     auf die: [beWEgung und s ]o.
404  Bianca:              [mh_MH (.) mh_mh.]
405              (0.9)
406  Lydia:      [ja:.            ]
407  Dagmar:     [(find ich) sch]on TOLL.
408              (0.79)
409  Bianca:     ja aber auch zu AUFmerksamkeit-
410              ich hab auch geMERKT so (.) ähm-
411              (0.35)
412  Bianca:     bei dieser einen (.) äh SZEne-
413              wo DIE-
414              (0.76)
415  Bianca:     äh-
416              (0.27)
417  Bianca:     wie HEIßen so-
418              die erLEUCHteten-
419  Karla:      mh_[MH-]
420  Bianca:         [so ] die ganzen PUPpen-
421              von den (.) geMÄLden nachstelln-
422              un da hab ich mir auch die ganze zeit überLEGT-
423              IS das jetz-
424              °h was weiß ICH-
425              RAphael-
426              diese PUP[pen- o] der michelANgelo?
427  Lydia:               [ECHT? ]
428  Bianca:     sie ham doch die ganze zeit diese POsen
                ₁[nach   ] [gemacht.            ]
429  Dagmar:     ₁[siehste] [das hab ich NICH-]
430              ₂[<<lachend>das hab ich]
431  Bianca:     ₂[und dann hab ich (.) ]
```

```
432  Dagmar:   ₃[au nich geMERKT.>                    ]
433  Bianca:   ₃[überHAUPT ((unverständlich)) te]
               ₄[xt +++ raum-                    ]
434  Karla:    ₄[((Lachansatz))                  ]
435  Lydia:    ₄[nee ich dachte immer wa]rum MAchen die
               denn das-
436  Bianca:   [ja_A.          ]
437  Lydia:    [diese POsen.]
438  Bianca:   ja.
439            (0.27)
440  Bianca:   das WAR-
441            warn alles die ENgelchen-
442            aber v[on irgendwelchen (.) geMÄL]den.
443  Dagmar:         [ach!SO:::!.                ]
444            (0.27)
445  Bianca:   so.
446  Dagmar:   !AH! siehste-
447            das hab ich gar nich erKAN[NT.]
448  Bianca:                             [ahJ]A.
449            (2.15)
450  Bianca:   [a_ALso-        ]
451  Dagmar:   [das ja interes]SA-
452            ja [das] das WAR so.
453  Bianca:      [ja-]
454  Dagmar:   beSTIMMT.
455            ja.
```

Bemerkenswert ist hier, dass Dagmar zu Beginn dieses Ausschnitts, ganz analog zur der vorherigen Aufforderung an Karla, nun Lydia und Bianca zu einem Kommentar einlädt und ihnen gleichzeitig als Unterstützung ein Thema („*zu den PUPpen-*", Z. 364) und einen Aspekt der Betrachtung („*vom HANDwerklichen*", Z. 368) vorschlägt. Dies tut sie, wie im Fall von Karla, unter Bezug auf eine soziale Fremd-Kategorisierung: „*was sacht ihr denn als KUNST-künstlerinnen [...]*" (Z. 363 f.). Lydia und Bianca nutzen diese Chance zur Beteiligung auf unterschiedliche Weise, jeweils sozial ‚erfolgreich': Lydia durch eine Analyse der subtilen Ausdrucksmittel im Spiel mit den Puppen, Bianca durch Bezüge zu kunsthistorischen Vorläufern. Damit verdienen sie sich die emphatische Zustimmung Dagmars („*ja_JA.*", Z. 368) bzw. deren Anerkennung, neue relevante Erkenntnisse zum Kunstgespräch beigetragen zu haben (z.B. „*!AH! siehste- das hab ich* *gar nich erKANNT. [...] das ja interesSA-"*, Z. 446 ff.), die sich auch in der Fortführung von Lydias Gesprächsthema manifestiert (Z. 392 ff.). Dass Dagmar eine Sequenz initiiert, die den Wahrheitswert von Biancas Beobachtung noch mehrfach bekräftigt, unterstreicht den nicht bloß rituellen Charakter der Interessebekundung demonstrativ (möglicherweise mit paradoxem Effekt):

```
452    Dagmar:     ja [das] das WAR so.
453    Bianca:        [ja-]
454    Dagmar:     beSTIMMT.
455                ja.
```

In bildungssprachlicher Konversation besteht also offenbar ein rhetorisches Verfahren darin, die Themenentwicklung (vgl. dazu Linke 1988, 135 f.) so zu steuern, dass sich – sei es für einen selbst, sei es für den anderen – Möglichkeiten der Beteiligung eröffnen; man könnte hier in konversationsanalytischer Manier von ‚selbst-' und ‚fremdinitiierter Partizipation' sprechen.[27] In ähnlicher Weise verfügen routinierte Beteiligte über Methoden, mit unvermeidlichen Wissenslücken rhetorisch umzugehen:

> Wem es an fachlichem Wissen mangelt, um inhaltlich mithalten zu können, verfügt doch meist, wenn er zur Gruppe der Gebildeten gehören möchte, über kommunikative Strategien, mit denen Wissenslücken geschickt überspielt werden können, sei es durch Hinweise auf ein ähnliches Thema, durch Themenwechsel, durch interessiertes Nachfragen oder einen anspruchsvollen Scherz. (Steinig 2016, 69 f.)

Derartige Verfahren sind freilich nur möglich, weil es sich eben nicht um strenge Kunstkommunikation, sondern um eine recht „lockere" Mischung von Kunstkommunikation und Small Talk/Konversation handelt (vgl. Abschnitt 5.2 zu den gesprächsorganisatorischen Charakteristika derartiger Interaktionen).

Kommen wir vor diesem Hintergrund noch einmal auf Beispiel 2 zurück: Ausgehend von Karlas Kommentar, sie finde die Darbietung teilweise *„nich ERNSTzunehmend"* (Z. 90), lenkt Dagmar das Thema des Gesprächs erfolgreich so, dass der Aspekt der ‚Albernheit' weiterhin fokussiert bleibt. Vor diesem Hintergrund

---

27 Vgl. oben Anmerkung 18.

eröffnet sich ihr im weiteren Gesprächsverlauf[28] die Möglichkeit, ihre allgemeinen Ansichten zu Brecht und ihr Wissen über das dargebotene Stück effektvoll zu platzieren:

```
116    Dagmar:   ((lacht)) echt?
117              ((lacht)) das hätt ich jetz nich
                 geDACH[T-]
[...]
122    Dagmar:   dass du das so SIEHST-
123              sie (.) sie sacht sie findet das_n
                 BISSchen:-
124              (0.27)
125    Karla:    ALbern.
[...]
198    Bianca:   aber find_s du alles GAR
                 ni[ch?          ]
199    Dagmar:      [<<lachend>n]ee.>
200              ((lacht)) NEE.
201              (0.19)
[...]
204    Dagmar:   ich nehm brecht ohnehin nich so ERNST-
205              irgendWIE und ähm-
206    Lydia:    waRUM?
[...]
212    Dagmar:   äh (.) also ich find (.) äh seine STÜCke-
213              die eignen sich hundertproZENtich für
                 klamauk.
[...]
220    Dagmar:   das KANN man nich so nich wissen irgendwie-
221              der hat sich alles zuSAMmengeklaubt.
222              (0.36)
223    Dagmar:   und bei DEM stück-
224              da hat der irgendwie (.) JAHrelang dran
                 rumoperiert-
```

---

28 Dass bei der Gestaltung bzw. Interpretation von Handlungen die zeitliche Orientierung von Interagierenden den Rahmen von Sequenzen im Blick auf weiträumigere Schichten überschreiten kann, erörtern – an einem spezifischen Fall moderierter institutioneller Kommunikation – Mondada, Svensson & van Schepen 2015.

```
225  Bianca:   mh_[HM.    ]
226  Dagmar:      [und sei]ne frauen ham ihm natürlich
                  wieder geHOLfen-
```

Wie auch Dietrich Schwanitz (1999) herausarbeitet, sind in derartigen Konversationen also Bildung als Wissen und Bildung als kommunikatives Können (Skills) nicht scharf gegen einander abzugrenzen, weil derjenige, der „das Bildungsspiel spielen will", durchaus über ein gewisses Bildungswissen verfügen müsse (Schwanitz 1999, 399) – um den mit Bildung erhobenen Anspruch, wenn es zur Erlangung von Glaubwürdigkeit erforderlich wird, exemplarisch einlösen zu können (Schwanitz 1999, 407).

Die Einsatzstellen für Bildungswissen bleiben dabei, wie wir gesehen hatten, nicht dem Zufall überlassen. Vielmehr unterliegen sie der interaktionalen Themensteuerung, auf die rhetorisch geschickte Beteiligte durch Praktiken selbst- und fremdinitiierter Partizipation Einfluss zu nehmen versuchen. In diesem Zusammenhang benötigt der Gebildete, um mit seinen Wissenslücken strategisch umgehen zu können, auch in ganz praktischer Hinsicht einen Überblick über das unhinterfragt akzeptierte (Schwanitz 1999, 397) „Bildungsterrain" im Ganzen (Schwanitz 1999, 401),[29] denn erst vor diesem Hintergrund können die rhetorischen Skills für Konversation erfolgreich zum Tragen kommen.

5.6 Schluss: Konversation, Kooperation, Lernen

Die kommunikativen Praktiken, wie wir sie in diesem Kapitel gesehen haben, stehen – wie eingangs bereits erwähnt – in einer Tradition bürgerlicher, gebildeter Geselligkeit. Diese entwickelte sich – gemäß der klassischen Untersuchung von Jürgen Habermas über den „Strukturwandel der Öffentlichkeit" (1962/1990; vgl. Kammerer 2012a; Werber 2016) – im 17. und 18. Jahrhundert zunächst als Praxis einer literarischen Öffentlichkeit. Kunstkommunikation im Theaterfoyer steht in dieser Tradition. Derartige Sozialformen bildeten nach Habermas schließlich die Voraussetzung dafür, dass sich die Öffentlichkeit „vom Adressaten obrigkeitsstaatlicher Rechtsakte zur gebildeten bürgerlichen Gesellschaft" wandeln konnte (Hölscher 1978/2004, 434, zitiert nach Kammerer 2012a, 7).

---

[29] In diesem Zusammenhang müsse er auch wissen, was man, wenn man als gebildet gelten will, besser nicht ‚wissen' sollte (Schwanitz 1999, 476 ff.; vgl. hierzu auch Bourdieu 1979/2013, 597). Auch sei der Bildungskanon historisch fortwährend in Bewegung.

In der neueren Literatur wird eine Herausforderung für die Erklärung der Genese dieser gebildeten bürgerlichen Öffentlichkeit darin gesehen, dass sich das Bürgertum aus sozialhistorisch heterogenen Gruppen rekrutierte, für die Bildung zu Beginn nicht allgemein vorausgesetzt werden konnte. Die Frage, wie diese heterogenen Gruppen zu den erforderlichen Bildungsvoraussetzungen gelangten, stellt nach Heinrich Bosse (2015) eine Lücke in der klassischen Theoriebildung dar, insofern Habermas die „räsonierenden Bürger [...] mit Besitz und Bildung" ausstatte, „mit Besitz von Seiten der Wirtschaftsgeschichte, mit Bildung allerdings aus dem Nichts" (Bosse 2015, 81).

Daher müsse, so Heinrich Bosse, für eine Erklärung ihrer Entstehung und Konsolidierung eine sozialhistorisch-statische zugunsten einer kommunikations- und medientheoretisch-dynamischen Perspektive überwunden werden, die v.a. informelle Lernprozesse in den Mittelpunkt stellt:

> Die Genese der Gebildeten ist [...] besser nach dem Modell der Kooperation zu begreifen, als eine Summe von Lernprozessen. Damit die neue Schicht sich bilden kann, müssen ständische Unterschiede eingeebnet oder gemildert werden, vor allem die zwischen Gelehrten und Bürgern [...]. (Bosse 2015, 90)

Hier nun kommen nicht zuletzt jene *konversationellen* Praktiken ins Blickfeld, bei denen die bürgerliche Sprachbeherrschung gegenüber der adligen Repräsentationskultur des Körpers im Mittelpunkt stand (vgl. Holly 2001, unter Bezug auf Linke 1996, 63 ff.). Noch für das 19. Jahrhundert konstatiert Angelika Linke als Modus der bürgerlichen Vergesellschaftung die „integrierende Kraft der Gesprächskultur" (Linke 1996, 139):

> Wir können bei der Frage nach bürgerlichen Verhaltensnormen [...] nicht von wohldefinierten realen Lebensbedingungen ausgehen, die ihrerseits bestimmte Verhaltensformen ermöglichen bzw. nach sich ziehen, sondern wir haben es mit einem Spektrum von sozial äußerst unterschiedlich charakterisierten Gruppierungen zu tun, die ihre Gemeinsamkeit erst darin finden, daß sie sich an denselben Wertsystemen und Normen orientieren und [...] ähnliche symbolische Interaktionsformen ausbilden. (Linke 1988, 140)

Obwohl – so Linke – derartige Praktiken einer angenehmen Unterhaltung von konkreten beruflichen Zwecken entbunden waren (Linke 1988, 138 f.) und zumindest *symbolisch* eine der Adelswelt vergleichbare Kultur der ‚Muße' repräsentierten (Linke 1988, 139), konnte ihnen erhebliche praktische Relevanz zukommen: Demnach wurde bürgerliche Konversation u.a. gepflegt als Kompensation fehlender Verbindungen durch Geburt und „aus Gründen der gesellschaftlichen Vernetzung, zwecks Karrieresteuerung, beruflicher Absicherung und Einflussnahme" (Linke 1988, 141). Die auf verschiedenen Ebenen der Interaktion zu beobachtende Tendenz der Konversation zur „Leichtigkeit" (Linke 1988, 135) und

„Harmonisierung" (Linke 1988, 140) kann – im Sinne einer Ermöglichungsbedingung für Kooperation – dazu gedient haben, soziale „Spannungen" zu überbrücken und eine Partizipation an Konversation zu ermöglichen.

Die Praktiken, die wir im vorliegenden Kapitel beobachtet haben, sprechen dafür, dass sich – allen medialen Veränderungen zum Trotz – in der alltäglichen Interaktion derartige Sozialformen bis heute gehalten haben.

Erika Linz
6 Transkriptive Praktiken der Kunstkommunikation

6.1 Einleitung: Pausengespräche als Anschlusskommunikation

Pausen- bzw. Foyergespräche gehören zum Theater ebenso konstitutiv wie die Aufführung selbst. Anders als bei anderen Medienangeboten, etwa denen der Massenmedien, ist die Anschlusskommunikation in der Gruppe im Theater institutionalisierte Praxis, sie ist bereits in das Dispositiv Theater als Rahmen eingeschrieben. Dieser Rahmen manifestiert sich gewöhnlich sowohl räumlich als auch zeitlich (vgl. Kapitel 1, i.d.B.). In räumlicher Hinsicht zeigt er sich in einer Architektonik des Theaterbaus, die neben Bühne und Zuschauerraum mit dem Foyer, der Garderobe etc. einen separaten „zwischen Außen- und Spielwelt angesiedelten **Zwischenraum**" (Balme 2014, 156; Hervorh. im Original) vorsieht, in dem sich die Zuschauer(innen) vor und nach der Aufführung sowie insbesondere in der Theaterpause aufhalten können. In zeitlicher Hinsicht sind Gong und Vorhang gängige Mittel, um den Wechsel zwischen Aufführung und publikumsinterner Kommunikation zu markieren und eine eigens für die Anschlusskommunikation vorgesehene Pause zu rahmen.

Die besondere Relevanz der Publikumskommunikation für den Theaterbesuch tritt insbesondere dann hervor, wenn man sich die Differenzen zwischen Theater und anderen performativen Medien- und Bühnenereignissen vor Augen führt. Wie in der massenmedialen Rezeptionsforschung (vgl. Ayaß 2012) hat sich auch in der Theaterwissenschaft die Auffassung durchgesetzt, dass die Zuschauer(innen) nicht nur passiv rezipieren, sondern sich Theateraufführungen in einem konstruktiven (interaktiven) Aneignungsprozess erschließen (Freshwater 2009, 11–17; Balme 2014, 140–143; Fischer-Lichte 2004). Konversationsanalytisch orientierte Studien (Atkinson 1984; Broth 2011) haben darüber hinaus zeigen können, wie durch die räumliche Kopräsenz und die Performativität der Aufführung Interaktionen innerhalb des Publikums sowie zwischen Schauspieler(inne)n und Publikum entstehen, die weit über die traditionellen Vorstellungen eines rein rezipierenden Publikums hinausreichen (vgl. zu Präsenzpublika auch Knoblauch 2016). So koordinieren Akteure und Publikum ihre Handlungen wechselseitig und stimmen ihre Reaktionen nicht nur im Falle von Lachen und Klatschen, sondern selbst bei störenden Äußerungen wie Husten oder Räuspern aufeinander ab (Broth 2011; vgl. dazu Linz 2016). Gleichwohl ist aufgrund der in der westlichen Theaterpraxis vorherrschenden Konvention, die Theateraufführung – mit Ausnahme weniger legitimierter Handlungen wie Lachen, Klatschen oder Buhen – weitgehend schweigend zu verfolgen, während der Aufführung unter den Besucher(inne)n keine ausführlichere sprachliche Verständigung über das Erlebte möglich. Rezeptionsbegleitende Interaktionen, wie sie etwa für den Ausstellungs- und Museumsbesuch, das Fernsehen oder für Sportveranstaltungen charakteristisch sind, sind damit weitgehend ausgeschlossen. Dadurch gewinnt das Gespräch im Anschluss an die Aufführung als Möglichkeit der kommunikativen Bearbeitung und des Abgleichs von Deutungen besondere Bedeutung für die Aneignung des Gesehenen und Gehörten.

Im Kontext von Goffmans Rahmentheorie lässt sich die institutionalisierte Bedeutung der Pausenkommunikation über die Unterscheidung eines inneren und äußeren Theaterrahmens pointieren. Mit dem Begriff des Rahmens verweist Goffman generell auf die soziokulturell erworbenen Strukturierungsprinzipien, mit denen wir Situationen einen Sinn zuweisen (vgl. dazu ausführlicher Kapitel 4, i.d.B.). Rahmen bilden nicht nur die Grundlage unserer Interpretationen sozialer Situationen, sondern liefern auch das Orientierungswissen für unsere Handlungen in bestimmten Situationen. Goffman zufolge ist der Theaterbesuch durch einen zweifachen Rahmen strukturiert, den inneren „Aufführungs-Rahmen" (Goffman 1977, 97) und den äußeren Rahmen des Theaterbesuchs. Die Aufführung selbst, das „Spiel", wie Goffman es unter Rekurs auf Pike (1954) nennt, ist nur ein Teil des „Spektakulums", also des Theaterbesuchs als sozialer Veranstaltung (Goffman 1977, 289). „Der innere Rahmen der Aufführung (das ‚Spiel') ist zwar Voraussetzung für die Existenz des äußeren Rahmens, doch zugleich ist der innere Aufführungsrahmen an den äußeren Rahmen des Theaterbesuchs (das ‚Spektakulum') gekoppelt, der durch ‚ein gewisses Maß standardisierter Vor- und Nach-Aktivität' gekennzeichnet ist." (Linz, Hrncal & Schlinkmann 2016, 525 mit Bezug auf Goffman 1977, 289). Beide, Spiel wie Spektakulum, sind „von dem umgebenden Fluß der Ereignisse durch bestimmte konventionelle Grenzzeichen abgesetzt" (Goffman 1977, 278), die einen Vorgang einfassen und damit wahrnehmbar einen Rahmenwechsel markieren.

Das Ende der Aufführung bedeutet damit keineswegs das Ende der sozialen Veranstaltung, sondern leitet nur einen Rahmenwechsel ein, der allerdings mit unterschiedlichen Partizipationsrollen, Rezeptions- und Kommunikationsweisen und Erwartungen der Theaterbesucher(innen) einhergeht. Wesentlich ist dieser Rahmenwechsel sowohl für den breiteren Fokus des Theaterbesuchs als geselliges Ereignis (vgl. Kapitel 5, i.d.B.) als auch im Hinblick auf die spezifischen kunstbezogenen Fragen einer kommunikativen Aneignung künstlerischer Produktionen. Bezogen auf die Rezeption der Theaterproduktion ist er insbesondere mit einer Änderung der Publikumsrolle und daran geknüpften unterschiedlichen Aneignungspraktiken verbunden. Während das Publikum innerhalb des inneren Rahmens der Aufführung primär in seiner Funktion als Zuschauer agiert, tritt es innerhalb des äußeren Rahmens als Theaterbesucher in Erscheinung, zu dessen üblichen Aktivitäten die Anschlusskommunikation in der gemeinsamen Besuchergruppe gehört.

Aufschluss über die Bedeutung der doppelten Rahmung des Theaterbesuchs geben u.a. Gesprächsaufnahmen aus unserem Datenkorpus zu einer Inszenierung, bei der die konventionelle Abgrenzung von Aufführung und Pausengespräch (zwischen innerem und äußerem Rahmen, zwischen Spiel und Spektakulum) durchbrochen und das Spiel bereits während der Pause im Theaterfoyer wieder aufgenommen und in das Pausengeschehen integriert wird. Ähnlich wie bei Krisenexperimenten erlauben die Reaktionen der Beteiligten auf die nicht markierte, weder räumlich noch zeitlich den Konventionen entsprechende Fortsetzung des Bühnengeschehens in der Pause Rückschlüsse auf die Erwartungen, die mit den institutionalisierten doppelten Rahmungen eines Theaterbesuchs verbunden sind. So löst die Realisierung, dass die Aufführung schon in der Pause fortgesetzt wird, Unmutsäußerungen aus:

Ausschnitt 1: „oh !NEIN! es geht WEIter-"[1]

```
0972 Schauspieler 1:   die me: die me:nschen sin geKOMmen-
0973                   um-
0974 Schauspieler 1:   [um auf    ]der
0975 Timo:             [oh NEIN.]
0976 Schauspieler 1:   (WE:LT ++++++ zu sein.)
0977 Lola:             oh !NEIN! es     [geht WEIter- ]
0978 Victoria:                          [es geht schon]
0979 Schauspieler 1:                    [(willKOMmen.)]
0980 Victoria:         [LO:S.            ]
0981 Schauspieler 1:   [((unverständlich))]
0982 Kommentar:        ((Schauspieler 1 spricht weiter:
                       unverständlich))
0983 Lola:             ey[das GEHT nich leu]te. ]
0984 Victoria:           [also des GEHT ja ]net.]
```

---

1 Köln_14-10-02_Sezuan_Gr.1.

Die fehlende Abgrenzung zwischen Spiel und Spektakulum führt zudem zu Irritationen hinsichtlich der Einordnung unerwarteter Handlungen („*was war des für_n SCHREI?*"[2]) und kann eine Aushandlung angemessener eigener Handlungen notwendig erscheinen lassen. Unsicherheiten hinsichtlich der Rahmung zeigen sich teilweise auch in Gesprächen, die nicht in einer regulären Pause während der Aufführung, sondern in einer Pause zwischen der beendeten Theateraufführung und einem anschließenden Publikumsgespräch mit Dramaturg(in) und Schauspieler(inne)n stattfinden wie in dem folgenden Ausschnitt aus einem Gespräch, das zwischen beendeter Aufführung und anschließendem Publikumsgespräch stattfand:

Ausschnitt 2: „aber meinst du nich die GONgen?"[3]

```
648    Anna:      äh JA.=
649               =wollen wir mal GUcken wo das is?=
650               =weil keine AHnung-
651               ob wir son[st MI]Tkriegen-
652    Jasmin:              [ja-  ]
653    Anna:      wann das ANfängt-
654    Pause:     (1.64)
655    Pascal:    aber meinst du nich die GONgen?
656    Pause:     (1.92)
657    Anna:      hm?
```

Aufgrund der mangelnden Konventionalisierung des Formats „Publikumsgespräch" müssen die Gesprächsbeteiligten hier erst interaktional zu klären versuchen, durch welche räumlichen und zeitlichen Grenzzeichen ein Rahmenwechsel angezeigt wird.[4]

Interaktional aufgegriffen und ausgehandelt werden auch Vorkommnisse während regulär gerahmter Aufführungen, bei denen eine Unsicherheit besteht, inwiefern sie zum inneren Rahmen des Spiels gehören. Dies betrifft etwa den Lärm von Flugzeugen, der einerseits bisweilen von außen zu hören ist, weil die Spielstätte in einer Einflugschneise liegt, andererseits aber auch als Bestandteil

---

[2] Köln_14-10-02_Sezuan_Gr.1.
[3] Siegen_14-10-26_Blut_Gr.2.
[4] Mit Androutsopoulos & Weidenhöffer (2015, 35) lassen sich solche Äußerungen der Handlungskategorie „Rezeptionsereignis rahmen" zuordnen.

der Aufführung aus Lautsprechern eingespielt wird. Analog wird das auffällige Verhalten einer Person während der Aufführung thematisiert:

Ausschnitt 3: „musste der auf toilette oder gehörte der mit zum stück"[5]

```
028  Cecilia:     sag mal der mensch der eigentlich vorhin
                  hier runtergerannt is musste der auf
                  toilette oder gehörte der mit zum stück
029  Pause:       (0.45)
030  Gabriele :   äh (.) ich glaube es war was hinter der
                  ähm ((schnalzt)) hinter der bühne
                  passiert was er klariern musste °h
031  Pause:       (0.27)
032  Cecilia:     verstehe
033  Pause:       (1.86) (0.43)
034  Cecilia:     weil der so trampelte wie
                  [die schaus]pieler h°
035  Gabriele :   [ja         ]
036               der is ganz ganz schnell ich glaub es
                  war irgend irgendwas hat gebrannt es hat
                  auch komisch gerochen zwischen[durch]
037  Cecilia:                                  [ah o ]kay
```

In allen diesen Fällen weisen die Gesprächssequenzen darauf hin, dass der Theaterbesuch mit festen Erwartungen an eine eindeutige Abgrenzung von Spiel und Spektakulum einhergeht, die zugleich mit bestimmten Handlungserwartungen verbunden sind.

Die weiteren Ausführungen richten sich nun auf die Frage, wie die Theaterbesucher in der Anschlusskommunikation der Theaterpause auf den inneren Rahmen und die damit verbundene Rolle als Zuschauer Bezug nehmen. Wie unter Rückgriff auf unser Datenkorpus gezeigt wird, geben die Pausengespräche sowohl Aufschluss über die Aneignungspraktiken der Theaterbesucher in der Anschlusskommunikation der Theaterpause als auch über die Zuschauererfahrungen und -erwartungen während der Aufführung.

---

5 Köln_14-09-23_Sezuan_Gr.1.

6.2 Praktiken der Kunstkommunikation

Im Mittelpunkt des Kapitels stehen diejenigen Aspekte der Anschlusskommunikation, die sich im weiteren Sinne dem Bereich der Kunstkommunikation als einem spezifischen funktionalen Kommunikationsbereich der Gesellschaft zurechnen lassen (vgl. Hausendorf 2011, 509 f.). Betrachtet man das Theater in diesem Sinne als Teil des Kunstbetriebs, so rücken die Pausengespräche neben ihrer sozialen Funktion als geselliges Ereignis auch als eine typische Form der alltagsnahen Kunstkommunikation in den Blick. In Analogie zum Bereich der bildenden Kunst lassen sich die Differenzen in den Aneignungsformen zwischen innerem und äußerem Rahmen dann über die Unterscheidung zwischen Kommunikation *durch* Kunst und Kommunikation *über* Kunst charakterisieren. Die Rezeptionssituation während der Aufführung und die dabei stattfindende Interaktion zwischen Bühnendarstellern und Zuschauern fällt demnach in den Kontext einer Kommunikation *durch* Kunst, die Knape (2016, 155 f.) auch als „primordiale Kunstkommunikation" bezeichnet hat. Im Gegensatz zu dem immersiven ästhetischen Erlebnis während der Aufführung handelt es sich bei dem Reden *über* Kunst im anschließenden Pausengespräch als „Besprechen von Kunst" um eine „konversationale Kunstkommunikation" (Knape 2016, 156).[6]

Anders als es der Begriff der primordialen Kommunikation nahelegt, folgen wir im Weiteren aber nicht der konsekutiven Logik einer vorgängigen und ursprünglichen Kommunikationserfahrung mit dem Kunstwerk und einer nachträglichen Rede über die Primärerfahrung. Bezogen auf den Bereich der bildenden Kunst erscheint solch eine Logik von vorgängiger Kommunikation *durch* und nachträglicher Kommunikation *über* Kunst spätestens dann problematisch, wenn man den Museums- oder Ausstellungsbesuch als Exempel wählt. Wie entsprechende Studien gezeigt haben (u.a. vom Lehn, Heath & Knoblauch 2001; vom Lehn & Heath 2016; Hausendorf 2007), beeinflusst die Kommunikation vor dem Kunstwerk bereits unmittelbar den Akt der Wahrnehmung des Kunstwerks und damit die vermeintlich primordiale Kommunikation mit dem Kunstwerk. Die ästhetische Aneignung der Kunstwerke stellt hier von Beginn an einen sozialen, interaktiven Prozess dar, der durch die konversationale Kunstkommunikation geprägt wird. Demgegenüber scheint die Theatererfahrung eher einer konsekutiven Logik der Kunstkommunikation zu entsprechen, vollzieht sich die Rezeption einer Theateraufführung doch zunächst weit mehr als individueller Aneignungsprozess, der erst im Anschluss kommunikativ bearbeitet wird. An-

---

6 Vgl. zum „wichtige[n] Unterschied von Kommunikation durch Kunst und Kommunikation über Kunst" auch Luhmann (1997/2015), hier 40, Anm. 40.

ders als beim Museumsbesuch ist hier eine sprachliche Verständigung über die Erfahrungen als Zuschauer erst im Anschluss an das Wahrnehmungserlebnis möglich.[7] Trotz dieser chronologischen Aufeinanderfolge lässt sich, so die These, jedoch auch für das Theater zeigen, inwiefern „die Kommunikation mit und durch Kunst [...] letztlich auf die Kommunikation *über* Kunst angewiesen ist" (Hausendorf 2005, 103, Anm. 2; vgl. dazu unten insb. Abschnitt 6.3 und 6.5).

Hausendorf hat als einer der ersten darauf hingewiesen, dass es sich bei alltagsnahen Formen des Sprechens über Kunst, „wie sie sich typischerweise nach einer Ausstellung von Kunstwerken oder in der Pause nach dem ersten Akt im Theaterfoyer ergeben" (Hausendorf 2005, 99) um „eine Kommunikationspraxis eigener Art handelt, mit typischen kommunikativen Aufgaben, typischen Strategien zur Bewältigung dieser Aufgaben und – nicht zuletzt – typischen sprachlichen Formen, in denen sich diese Strategien an der Oberfläche des Gesprochenen manifestieren" (Hausendorf 2005, 99).[8] Dabei unterscheidet er analytisch zunächst vier (Hausendorf 2005), in späteren Arbeiten fünf (Hausendorf 2011; 2016) „zentrale kommunikative Aufgaben", die für ihn das „Grundgerüst" des Sprechens über Kunst ausmachen: *Bezugnehmen, Beschreiben, Erläutern, Deuten* und *Bewerten* (Hausendorf 2005, 108; 2011, 518–524). Voraussetzung für letztere vier Aufgaben ist die – von Hausendorf allerdings erst in späteren Arbeiten als eigenständige Kategorie hinzugefügte – Aufgabe des Bezugnehmens. Die darauf aufbauenden kommunikativen Prozeduren des Beschreibens, Erläuterns und Deutens grenzt Hausendorf über Differenzen zwischen den epistemischen Status, die er jeweils mit den einzelnen Aufgaben verbunden sieht, voneinander ab. Beschreibungen heben nach Hausendorf insbesondere hervor, dass beim Reden über Kunst etwas sinnlich Wahrnehmbares im Fokus steht. Gegenstand der Beschreibung können dabei sowohl das Wahrgenommene als auch der Wahrnehmungsprozess selbst sein. (Hausendorf 2005, 108 f., 114 f.) Während für das Beschreiben die „prima-facie-Evidenz des Erkennens" typisch sei, basiere das Erläutern auf der „epistemologischen Gewissheit des Wissens" (Hausendorf 2005, 110). In den Erläuterungen zu einem Kunstwerk zeigen die Sprechenden ihr Vorwissen und ihre Bildung. Die Sicherheit des ‚Wissens', die

---

[7] Allerdings bleiben auch hier die kollektiven Reaktionen des Publikums nicht ohne Auswirkung auf das Wahrnehmungserlebnis und machen es – über die Interaktionen mit den Darsteller(inne)n hinaus – bereits zu einer sozialen Erfahrung (vgl. dazu näher Linz 2016).

[8] Vgl. zuvor bereits Kindt (1982, 404), der in einer der ersten konversationsanalytisch orientierten Untersuchungen alltagsnaher Kunstkommunikation auch schon „a socially standardized communication pattern" mit den wesentlichen Komponenten Beschreiben und Bewerten herausgefunden hat. Später hat er fakultativ auch das Deuten (bei ihm Interpretieren) als wesentliche Aufgabe der Kommunikation über Kunst hinzugefügt (Kindt 2007, 59).

in Erläuterungen zum Ausdruck komme, markiert für Hausendorf zugleich den Unterschied zum Handlungsmuster des Deutens. Anders als das mit Wissen und Expertise verbundene Erläutern zeichne sich das Deuten durch die „epistemische Modalität eines ‚unsicheren Für-Wahr-Haltens'" aus (Hausendorf 2011, 52, unter Rekurs auf von Polenz 1988, 214 f.). Deutungshandlungen setzen demnach dann ein, wenn die Kommunikation die Ebene des Wahrnehmbaren verlässt und an die Stelle der Sicherheit des Wissens eine „‚Unsicherheit' des Verstehens" (Hausendorf 2005, 110) tritt.

Ein anderer Versuch der Typologisierung von sprachlichen Handlungskategorien in der Aneignungskommunikation kommt aus dem Bereich der Medienaneignung, genauer gesagt aus dem Bereich der Fernsehrezeption. In ähnlicher Weise wie Hausendorf mit seiner Kategorisierung unterschiedlicher Aufgaben der Kunstkommunikation hat Klemm (2001) eine funktional motivierte Handlungstypologie für die sprachliche Aneignung von Fernsehangeboten aufgestellt.[9] Während Hausendorfs Kategorisierung als allgemeine, kontext- und medienunabhängige Typologie der sprachlichen Kunstaneignung konzipiert ist, die gleichermaßen auf schriftliche wie auf mündliche Kommunikationsformen anwendbar sein soll, bezieht sich Klemms Typologie zunächst allein auf den Kontext des rezeptionsbegleitenden Sprechens beim Fernsehen. Er unterscheidet als fernsehbezogene[10] Handlungskategorien *Organisieren, Verarbeiten, Verständnissichern, Deuten, Bewerten, Übertragen und Einordnen* sowie *Vergnügen*. Unter der Kategorie *Organisieren* fasst Klemm Sprechhandlungen, die die situative Rahmung der Medienrezeption betreffen, *Verarbeiten* bezieht sich auf die emotionale Verarbeitung von Fernsehangeboten und beinhaltet expressive Sprechhandlungen, aber auch Äußerungstypen, die Involviertheit oder Distanz bekunden. Die Hausendorfsche Kategorie des Erläuterns fällt bei Klemm unter die Kategorie *Verständnissichern*, in die er darüber hinaus auch unterschiedliche Fragetypen wie Identifikations-, Nach- und Orientierungsfragen sowie Medienverweise und -rekonstruktionen (vgl. Kapitel 8, i.d.B.) einordnet. Abweichend zu Hausendorf zählt Klemm zur Kategorie *Deuten* neben Spekulationen und Umdeutungen auch Beurteilungen und solche Interpretationen, die auf einem fundierten Wissen basieren, wobei er selbst darauf hinweist, „[w]ie fließend die Grenzen zwischen verständnissichernden und interpretierenden Sprachhandlungen sind" (Klemm 2001, 91). Seine Kategorie des *Bewertens*

---

9 Vgl. ähnlich auch Holly (2002) sowie Androutsopoulos & Weidenhöffer (2015), die Klemms Kategorien in abgewandelter Form auf die fernsehbegleitende Kommunikation im Social Web übertragen.
10 Zu den ‚fernsehunabhängigen Sprachhandlungen' vgl. Klemm (2001, 108).

deckt sich weitgehend mit Hausendorfs Definition. Eigene Kategorien bilden bei Klemm das *Übertragen und Einordnen* und das *Sich Vergnügen*. Unter das *Übertragen und Einordnen* fallen für ihn diejenigen Sprachhandlungen, die eine Verbindung zwischen Gesehenem und der eigenen Erfahrungswelt herstellen. Dazu gehören nicht nur ‚Integrationen' des Gesehenen in den gesellschaftlichen oder privaten Lebenskontext, sondern auch ‚Projektionen', bei denen sich die Rezipienten in eine Fernsehfigur versetzen, also die eigene Lebenswelt auf das Medienangebot übertragen. Die Kategorie des *Sich Vergnügens* schließlich umfasst alle Formen von Scherzkommunikation und spielerischer Aneignung wie Parodien etc.

Wie wenig trennscharf solche Kategorisierungsversuche bleiben (müssen), zeigt sich u.a. darin, dass bei Klemm Sprachhandlungen teilweise mehrfach unter verschiedenen Kategorien diskutiert werden (z.B. Lästern, Bewerten, Beurteilen). Androutsopoulos & Weidenhöffer (2015) sehen darüber hinaus insbesondere das Bewerten als einen ubiquitären Handlungstypus an, der in allen Kategorien der rezeptionsbegleitenden Aneignungskommunikation zu finden ist und daher ihnen zufolge nicht als separate Kategorie ausgewiesen werden sollte. Zudem betrachten sie das Sich Vergnügen eher als ein übergeordnetes Kommunikationsziel denn als eine eigenständige Analysekategorie. In ähnlicher Weise stellt sich auch hinsichtlich der Hausendorfschen Kategorie des Bezugnehmens die Frage, inwiefern hierfür sinnvollerweise eine separate Kategorie anzunehmen ist oder ob es sich dabei nicht vielmehr um ein grundlegendes Verfahren handelt, das als integraler Bestandteil der übrigen vier Aufgaben betrachtet werden sollte, denn keine Beschreibung, keine Erläuterung, keine Deutung und keine Bewertung kommt ohne Bezugnahme auf etwas Vorhandenes aus, das beschrieben, erläutert, gedeutet oder bewertet wird. Auch mit Blick auf die eindeutige Abgrenzbarkeit der Kategorien ergeben sich vergleichbare Probleme. So fallen etwa für Klotz (2013, 73 f.) Bezugnahmen unter die Kategorie des Beschreibens.

Für die von uns untersuchte Form der Aneignungskommunikation in der Theaterpause ist zunächst entscheidend, dass sie sich in einigen wesentlichen medialen Aspekten sowohl von Hausendorfs als auch von Klemms untersuchten Kommunikationsformen unterscheidet. Zum einen erfolgt sie nicht rezeptionsbegleitend und zum zweiten wird sie als zeitlich eingegrenztes mündliches Gespräch vollzogen. Es fehlen damit sowohl monologische Textformen als auch all jene Einzeläußerungen vor dem Fernseher, die entweder als kurze schriftliche Beiträge über Twitter oder mündlich in einem open-state-of-talk als „blurtings" (Goffman 1981, 121; Püschel 1993, 121–124) oder andere „freistehende Äußerungen" (Baldauf 2001, 65) zwar an Mitrezipienten adressiert sind, aber nicht zwingend in eine interaktionale Sequenz eingebettet sein müssen. Die Differenzen lassen darüber hinaus auch die Hausendorfsche Bestimmung der Aufgaben entlang unterschiedlicher epistemischer Zustände nicht problemlos übertragbar erscheinen. Anders als die Interaktion vor dem Kunstwerk bezieht sich die Kunstkommunikation in der Theaterpause nicht auf statische Bilder, sondern auf multimediale, transitorische Darbietungen, die vielfältige audiovisuelle, nicht selten auch olfaktorische Performanzen umfassen. Zudem handelt es sich nicht um eine Kommunikation in der Präsenz des Exponats, sondern um eine nachträgliche und damit notwendig rekonstruktive Form der kommunikativen Aneignung (vgl. Kapitel 8, i.d.B.). Anstelle einer „prima-facie-Evidenz" und wahrnehmungsgebundener Bezugnahmen kann damit nur eine Rekonstruktion vergangener Wahrnehmungen treten, die aufgrund ihrer Depräsenz notwendig an den hypothetischen Status der Erinnerung gebunden bleiben muss.

Als Redezüge und interaktionale Sequenzen informeller Gespräche folgen die Beiträge kaum einem so elaborierten Muster, wie es Hausendorf in der Exemplifizierung seiner Aufgaben etwa am Beispiel der Bildbeschreibung oder des Audioguides vorführt. Stattdessen zeichnet sich die Themenbehandlung im Kontext der Pausengespräche eher durch kurze, schnell wechselnde Themen- und Sprechhandlungsfolgen aus. Zudem ist die bei Hausendorf generell nur ungenügend berücksichtigte (vgl. Linz, Hrncal & Schlinkmann 2016, 530), bei Klemm unter der Kategorie der Verständnissicherung gesondert ausgewiesene interaktionale Ausrichtung einschließlich der Formulierung von Fragen ein grundlegendes Kriterium von Gesprächen, das die Realisierung sämtlicher Praktiken bestimmt. Die ebenso dieser Kategorie zugerechneten informierenden, erklärenden und belehrenden Sprachhandlungen lassen sich Hausendorfs Kategorie des Erläuterns zuordnen. Bei den Medienverweisen und -rekonstruktionen handelt es sich schließlich, wie Schlinkmann in Kapitel 8 herausarbeitet, um grundlegende sprachliche Verfahren, die auch im Kontext unterschiedlichster anderer Handlungstypen gebraucht werden können bzw. müssen.

In einer Zusammenführung der beiden Kategoriensysteme und ihrer Anpassung an die spezifische Situation der interaktionalen Kunstkommunikation in der Theaterpause erscheint uns – bei allen Problemen einer mangelnden Trennschärfe – insbesondere eine Ergänzung der Hausendorfschen Kategorien um die Praktik des *Übertragens* sinnvoll (vgl. Linz, Hrncal & Schlinkmann 2016, 530). Die von Klemm unter *Organisieren* gefassten sprachlichen Handlungen sind zwar in analoger Weise auch für das Pausengespräch charakteristisch, sie fallen aber ähnlich wie die übrigen, primär geselligen Gesprächsanteile (vgl. Kapitel 5, i.d.B.) nicht in den genuinen Bereich der Kunstkommunikation, sondern lassen sich eher als situationsbezogene Interaktionen bestimmen. Im Gegensatz zu

Hausendorfs Formulierung von Aufgaben und damit verbundener Strategien zu ihrer Bearbeitung ziehen wir jedoch den Begriff der Praktik (vgl. dazu näher Kapitel 1 und Kapitel 3.4, i.d.B.) vor, weil er – wie bereits in der Einleitung ausgeführt – stärker noch die Kopplung von Musterhaftigkeit und gleichzeitiger Prozessualität betont (vgl. auch Androutsopoulos 2016, 341). Auch der Praktikenbegriff hebt auf Routinisierung und Erwartbarkeiten ab, schließt aber zugleich Flexibilität und Unabgeschlossenheit (Habscheid 2016; Scollon 2001, 5) ein, die mit dem Vollzug von Praktiken verbunden sind. Zudem vermeidet er ein teleologisches, zielgerichtetes Moment, wie es im Begriff der Aufgabe angelegt bleibt, und bezieht komplexe kulturelle Verstehenshintergründe von vornherein mit ein.

Bezugnehmen, Beschreiben, Erläutern, Deuten, Bewerten und Übertragen sind demnach alles (Bestandteile von) Praktiken, die sich – wenn auch in unterschiedlichen Gewichtungen – in unseren Pausengesprächen wiederfinden. Die Gesprächsanalysen zeigen allerdings, dass sie in der Regel kombiniert auftreten und sich häufig nicht eindeutig isolieren lassen (ähnlich auch Klemm 2001, 108–111). So können etwa, um nur ein Beispiel zu nennen, Bewertungen ebenso Einstieg in eine Deutungs- oder Erläuterungssequenz sein wie das Ergebnis einer Deutung oder Erläuterung bilden (vgl. dazu ausführlicher Kapitel 7, i.d.B.). Hilfreicher als der Versuch, eine umfassende und erschöpfende Typologie aufzustellen, scheint uns daher, im Anschluss an Scollon (2001, 98, 148) vom Konzept eines *„nexus of practice"* auszugehen. Ein „nexus of practice", von Androutsopoulos (2016, 341) mit „Praktikengefüge" übersetzt, zeichnet sich durch eine Verknüpfung unterschiedlicher Praktiken aus, die aber nicht notwendig alle zusammen und simultan ausgeführt werden müssen: „What forms the nexus is the multiple linkages among these different practices and the recurring production of such links in ever new and different combinations." (Scollon 2001, 148).

6.3 Transkriptivität der Kunstkommunikation

Eines der Konzepte, mit denen sich die Spezifika einer rekonstruktionsbasierten Aneignung in der zeitversetzten Anschlusskommunikation eines Pausengesprächs erfassen lassen, ist das von Bergmann und Luckmann entwickelte Konzept der rekonstruktiven Gattungen (vgl. dazu näher Kapitel 8, i.d.B.). Mit Jäger lassen sich solche rekonstruktiven Gattungen näherhin auch als transkriptive Verfahren charakterisieren. Während unter dem Begriff der rekonstruktiven Gattung vor allem die sozialen und interaktionalen Funktionen in den Blick genommen werden, rückt der Begriff der Transkriptivität stärker die semantische, sinngenerierende Dimension der Anschlusskommunikation in den Fokus. Zudem ermöglicht er es, die Bedeutung der Kommunikation über Kunst für die Kommunikation mit und durch Kunst zu pointieren und damit eben jene konsekutive Logik aufzubrechen, wie sie etwa in Knapes Unterscheidung von primordialer und konversationaler Kommunikation noch durchscheint.

Grundlegend für das Transkriptivitätskonzept (Jäger 2008; 2012) ist die Annahme, dass Sinn wesentlich über Verfahren der rekursiven Bezugnahme wie Paraphrasen, Zitate, Kommentare, Visualisierungen und Explikationen erzeugt wird, mittels derer Ausschnitte aus Texten und multimodalen Produkten – in unserem Fall aus einer Theateraufführung – herausgegriffen und einer aktualisierten resemantisierenden Deutung unterzogen werden. Durch solche „Praktiken des Sekundären" (Fehrmann et al. 2004) werden sprachliche, bildliche, musikalische oder andere mediale Produkte oder Produktausschnitte aus ihrem ursprünglichen Kontext herausgelöst und einer adressaten- und situationsbezogenen Rekontextualisierung unterzogen, d.h. mit Blick auf den jeweiligen Nutzungskontext ausgewählt, interpretiert und neu situiert. Der Begriff der Transkription beinhaltet dabei zum einen die These, dass es sich bei allen diesen Formen des sprachlichen Rekurses auf das Erlebte um bedeutungs*erzeugende* Rekonstruktionen handelt: „Praktiken der Bezugnahme sind nämlich keine reproduzierenden und unidirektionalen, sondern produktive und multidirektionale Prozesse, die im Zuge der inter- und intramedialen Bewegung semantische Effekte erzeugen. Sie sind Generierungsverfahren, durch die das mediale Ereignis bzw. das mediale Artefakt, auf das sie Bezug nehmen, in einem gewissen Sinne erst konstituiert wird." (Jäger, Fehrmann & Adam 2012, 7). Bezugnahmen sind demzufolge nie nur iterativ oder reproduktiv, sondern grundsätzlich generativ und resemantisierend. Selbst in Fällen von Wiederholungen oder Wiederaufnahmen findet allein durch die Situierung in einem anderen Kontext eine Umdeutung statt. Zum zweiten ist mit dem Transkriptionsbegriff die Annahme verknüpft, dass die Transkriptionen, also die resemantisierenden Bezugnahmen, rekursiv auf die Wahrnehmung der transkribierten Objekte zurückwirken und damit den Blick auf deren ursprüngliche Rezeption unwiderruflich verstellen. Die medialen Objekte werden durch die Transkriptionen nicht nur neu „lesbar" gemacht, sondern zugleich „unaufhebbar semantisch kontaminiert", so daß ihr „Zustand quo ante [...] nicht mehr restituierbar ist" (Jäger 2008, 111; vgl. Linz & Fehrmann 2005, 93).

Das Sprechen über die Theateraufführung lässt sich vor diesem Hintergrund zunächst als eine Form der sprachlichen Transkription verstehen, bei der einzelne Aspekte der Aufführung vergegenwärtigt und damit erst einer interaktionalen Deutung zugänglich gemacht werden: „Die Transkription stellt im

Hinblick auf die Lesbarkeit, Interpretierbarkeit bzw. Analysierbarkeit des transkribierten Objektes eine Verfügbarkeit her, die ohne sie nicht problemlos gegeben wäre." (Jäger 2012, 306) Zugleich ist damit die Annahme impliziert, dass die Art und Weise, in der auf das Gesehene Bezug genommen wird, auch auf die Erinnerung an die ästhetische Erfahrung zurückwirkt, sie prägt und verändert. In Sinne dieser rekursiven Logik kann eine Analyse der kunstbezogenen Gesprächsausschnitte in der Theaterpause dazu beitragen „nachzuzeichnen, wie im Reden und Schreiben *über* Kunst Gesehenes bzw. Gehörtes *als* Kunst immer wieder ‚hervorgebracht' und aktualisiert wird" (Hausendorf 2007a, 19). Veranschaulicht werden soll das anhand zweier Beispiele, der sprachlichen Bezugnahme und der sprachlichen Iteration, die exemplarisch verdeutlichen können, inwiefern sich all die Praktiken der kunstbezogenen Anschlusskommunikation mit Jäger als transkriptive Verfahren der Sinnkonstitution verstehen lassen.

6.4 Bezugnahmen und Thematisierungen

Wie Hausendorf (2005, 112; ähnlich bereits Kindt 1982, 396) hervorgehoben hat, sind die von ihm angeführten Aufgaben keineswegs spezifisch für den Bereich der Kunstkommunikation, es handelt sich vielmehr um allgemeine kommunikative Praktiken, die in den unterschiedlichsten Bereichen der mündlichen und schriftlichen Kommunikation anzutreffen sind. Entscheidend für die Charakterisierung der Kunstkommunikation in Pausengesprächen ist daher nicht nur die Frage, welche Praktiken vollzogen, sondern ebenso die Frage, welche Elemente des Kunstereignisses, also der Aufführung, in der Anschlusskommunikation herausgegriffen und zum Gegenstand des Gesprächs erhoben werden. Hinsichtlich der elementaren Aufgabe des Bezugnehmens sind damit drei unterschiedliche Probleme zu untersuchen: (1) auf welche Aspekte des Theaterereignisses nehmen die Sprecher Bezug, (2) wie nehmen sie auf etwas Bezug, d.h. mit welchen sprachlich-kommunikativen Mitteln, und (3) welche der Themenimpulse (Klemm 2001a) greifen die übrigen Gesprächspartner auf, was wird interaktional bearbeitet? Im Folgenden wird diesen Fragen an einigen typischen Aspekten der Pausenkommunikation im Theater nachgegangen.

Allgemeine Bezugnahmen auf das Stück oder die Aufführung als Ganzes werden häufig im Kontext von Bewertungen oder Bewertungsaufforderungen vorgenommen (vgl. Kapitel 7, i.d.B.). Auch solche zunächst eher allgemein gehaltenen Aufforderungen oder Urteile werden jedoch in der Regel interaktional nicht weiter in der Allgemeinheit verhandelt, sondern im Interaktionsverlauf spontan in Detailfragen überführt. Dabei scheint es keineswegs nur von künstlerischen Aspekten der Inszenierung und der Aufführung abzuhängen, welche

Details thematisiert werden. Ähnlich wie vom Lehn, Heath & Knoblauch (2001, 293) dies bezüglich der selektiven Betrachtung und kommunikativen Thematisierung von Exponaten im Museum konstatieren, entscheidet sich auch in der Anschlusskommunikation im Theater über den Verlauf der Interaktion häufig ad hoc, welche einzelnen Aspekte der Aufführung herausgegriffen und interaktiv relevant gesetzt werden. Die Gespräche scheinen hier dem von Sacks für Alltagsgespräche formulierten Prinzip eines „*stepwise move*" (Sacks 1992, Bd. II, 566) zu folgen, bei dem der Themenverlauf *turn-by-turn* organisiert wird (vgl. Klemm 2001a, 117).

Grundsätzlich weisen die theaterbezogenen Themen, die zum Gegenstand der kommunikativen Aneignung gemacht werden, eine große Variationsbreite auf. In dem erhobenen Korpus zeigt sich diese thematische Varianz in den Gesprächen nicht nur bezogen auf die unterschiedlichen Produktionen beider Theater, sondern auch bezogen auf die verschiedenen Gesprächsgruppen zur gleichen Aufführung. Daneben sind aber auch spezifische Tendenzen zu erkennen über charakteristische Gegenstände der Kunstkommunikation in der Theaterpause. Zu den wiederkehrenden Gesprächsthemen und präferierten Gesprächsgegenständen gehören Bezugnahmen auf die Performanz der Aufführung (a-d), die Ästhetik der Inszenierung (e-h), das Hintergrundwissen (i-k) und die Verbindung zur eigenen und gesellschaftlichen Lebenswelt (l-m):

(a) auffällige Wahrnehmungen und Handlungen der Schauspieler(innen), die ihre Körperlichkeit betreffen,
(b) Rahmenzuordnung auffälliger Wahrnehmungen und Störungen während der Aufführung,
(c) eigene Wahrnehmungen und physisches Empfinden während der Aufführung,
(d) Zuschauerverhalten und -interaktionen mit den Bühnendarsteller(inne)n,
(e) Bühnenbild, Ausleuchtung und Kostüme,
(f) intermediale Inszenierungselemente wie Gesangs-, Tanz-, und Videoeinlagen, Puppeneinsatz,
(g) allgemeine schauspielerische Leistungen und spezifische Fertigkeiten von Schauspieler(inne)n,
(h) Inszenierungsintention, Aktualität der Inszenierung,
(i) Hintergrundwissen über Autor(in), Entstehungszeit etc. des Stücks,
(j) Identifizierung von Schauspieler(inne)n,
(k) Theatererwartungen und -theorien,
(l) intertextuelle und intermediale Bezüge/Verweise,
(m) eigene und gesellschaftliche Erfahrungswelt.

Auffällig ist die vielfache Thematisierung von Beobachtungen, die die *Körperlichkeit der Schauspieler(innen)* betreffen, teilweise auch mit Verweisen auf andere Erlebnisse ähnlicher Art. Es handelt sich hierbei insbesondere um solche Momente, in denen der Körper der schauspielernden Person – mit Fischer-Lichte (2010, 38) gesprochen der „phänomenale Leib" – in den Fokus der Aufmerksamkeit tritt und Vorrang über die Darstellung einer Figur gewinnt.[11] Diese Momente können sich u.a. auf körperliche Reaktionen wie Schwitzen oder Spucken beim Sprechen, auf körperliche Ausdruckshandlungen wie lautes Sprechen, Schreien, emotionale Ausbrüche oder die körperliche Erscheinung beziehen, einschließlich einer – intentional zur Schau gestellten – Nacktheit.

Ausschnitt 4: „das einzige womit ich gar nich klarkomme"[12]

```
059   Isabel:     hamma alles ja ne
060   Melanie:    jo
061   Pause:      (2.59)
062   Isabel:     ich muss_ja sagen ich find das äh total
                  faszinierend das einzige womit ich gar
                  nich klarkomme ist diese ständige
063   Melanie:    spucke[rei      ]
064   Isabel:           [spucke]rei [alter     ]
065   Melanie:                      [((lacht))]
                  [°h             ][ich wollt gerad] meine
066   Pina:       [(das geht ja g][ar nicht)      ]
067   Melanie:    sin echt °hh
068   Pause:      (0.24)
069   Melanie:    wie man_s machen [möchte              ]
070   Pina:                        [sind doch nicht auf_m]
                  fußballplatz
071   Melanie:    ((lacht))
```

Isabell eröffnet in diesem Ausschnitt aus einer Gesprächssequenz nach einer kurzen Thematisierung von Fußballergebnissen und einer Klärung der Frage, an welchen Ort sich die drei Gesprächsteilnehmerinnen begeben wollen, das

---

11 Fischer-Lichte (2004, 130–159) unterscheidet zwischen dem „phänomenalen Leib" und dem „semiotischen Körper" der Schauspieler und diskutiert diese Unterscheidung als unaufhebbare Spannung zwischen einem ‚Leib-sein' und ‚Körper-haben'.
12 Köln_14-05-17_Kaufmann_Gr.1.

Gespräch über die Aufführung mit einer allgemeinen, sehr positiven Bewertung, um daran sofort die Einschränkung anzuschließen, dass sie das (durch das Scheinwerferlicht gut erkennbare) Spucken einzelner Darsteller beim Sprechen gestört hat. Dass Melanie Isabells Aussage „*das einzige womit ich gar nich klarkomme ist diese ständige*" mit „*spuckerei*" vollendet, bevor Isabell selbst verlautbart, was sie stört, und Melanies Vorwegnahme von Isabell unmittelbar durch die Wortwiederholung ratifiziert wird, zeigt, wie herausstechend dieser Eindruck für beide gewesen sein muss. Auch die dritte Gesprächsteilnehmerin, Pina, schließt sogleich eine Bestätigung an und hebt die subjektive Empfindung mit einem „*(das geht ja gar nicht)* [...] *sind doch nicht auf_m fußballplatz*" zugleich von der subjektiven Wahrnehmungs- auf die Ebene intersubjektiver Normen. Das Muster von Isabells Einführung des Themas findet sich auch in einem anderen Gespräch zur gleichen Aufführung („*öh öh ES öh- je- umso länger es GEHT- umso besser WIRD_S. t °h nur DIEse- SPUCKerei- find ich ABgefahren. °h (<<lachend> BOah ey->)*") (Z. 24–31)[13] und auch hier wird, wie im oben zitierten Beispiel, das Thema weiter fortgeführt sowie im späteren Verlauf noch einmal aufgegriffen (Z. 224–231).

Bezugnahmen auf solche körperlichen Aspekte werden, wie auch in diesen Beispielen, nicht rein beschreibend, sondern mit einem Ausdruck der eigenen Einstellung zum Erlebten vollzogen. Typische pragmatisch-stilistische Mittel zur Anzeige der eigenen Wahrnehmungserfahrung sind expressive und affektive Sprechakte („*also von dem gesabbere mal abgesehen das find ich echt schon das find ich find ich find das wirklich störend*"[14]; „*echt widerlich*"[15]) sowie der Wechsel in einen saloppen Stil mit der Verwendung pejorativ konnotierter Wörter („*dieses gesabbere*" (Z. 316), „*rumspuckeREI*"[16], „*ge!PLÄR!re*"[17]).

Bezugnahmen auf die Physis der Akteure können ebenso Aspekte betreffen, die sich auf die Verkörperung der Figur, also nicht auf den „Leib", sondern auf den „semiotischen Körper" (Fischer-Lichte 2010, 38; 2012, 61–62) beziehen. Positiv hervorgehoben werden besondere Fertigkeiten der Schauspieler und Schauspielerinnen, etwa artikuliertes Sprechen, synchrones Sprechen, Akzent, langes unbewegliches Stehen etc. Daneben bildet vor allem das „Schreien" von Akteuren ein wiederkehrendes Gesprächsthema, das von ganz unterschiedlichen Gruppen zu sehr verschiedenen Inszenierungen interaktional relevant

---

13 Köln_14-05-17_Kaufmann_Gr.3.
14 Köln_14-05-17_Kaufmann_Gr.1 (Z. 316).
15 Köln_14-05-17_Kaufmann_Gr.1 (Z. 481).
16 Köln_14-05-17_Kaufmann_Gr.2 (Z. 341).
17 Köln_14-06-15_Kaufmann_Gr.2 (Z. 341 ff.).

gesetzt wird. Ähnlich wie bezüglich des oben diskutierten Spuckens dominiert hierbei zunächst der Ausdruck eines Unbehagens, das sprachlich neben dem Gebrauch der bereits erwähnten pragmatisch-stilistischen Mittel u.a. auch über die Rekonstruktion (vgl. Kapitel 8, i.d.B.) eines mentalen kommunikativen Akts (Butterworth 2015) inszeniert wird („*wo !SIE! eben RUMgeschrien hat? (0.37) boah da HAB ich gedacht.=hu- bis JETZT ma !RU!hig.*")[18] Solcherart thematisierte, negativ bewertete Wahrnehmungserfahrungen in der Zuschauerrolle scheinen nicht selten Reaktionen auf Handlungen (Spucken, Schreien) zu sein, die in alltäglichen Interaktionen fernab des Bühnengeschehens als face-verletzend gelten. Ein Indiz dafür liefert etwa die wiederholte Selbstzuschreibung von Titus „*ich bin nich so n TYP dafür*" im Gespräch mit einer Freundin:

Ausschnitt 5: „BIN ich nich so der typ dafür;"[19]

```
033   Vanessa:              [irgendwie auch KRASS;]
034   Titus:       ((lacht)) [es gab         ] es GAB
                   so n paar stelln da hab ich echt gedacht-
035                muss das jetz SEIN,
036                ((lacht)) [so ]
037   Vanessa:               [bei] WELchen?
038   Titus:       weil das so-
039   Titus:       ja (.) wo der richtig LAUT geworden is;
040                richtig LAUT geschrien hat so-
041                weil ich di mir so DACHte-
042                so ich b ich bin nich so n TYP dafür;
043                auch wenn im FERNsehn so was ähm-
044   Vanessa:     hm_hm
045   Titus:       s auch wenn es berechtigt beRECHtigung
                   hat-
046                BIN ich nich so der typ dafür;
047                BIN einfach so (n) eher so
048                WEISS ich nich;
049                ((lacht))
```

---

18 Köln_14-10-02_Sezuan_Gr.2 (Z. 199 ff.).
19 Köln_14-07-03_DieLücke_Gr.2.

Thematisiert wird hier wie in den vorangegangenen Beispielen eine Rezeptionserfahrung, bei der die Zuschauerrolle ungeachtet des Aufführungsrahmens eher als die eines *bystanders* (Goffman 1981a) einer facebedrohenden oder faceverletzenden Interaktion erlebt wird, der er oder sie sich als Zuschauer(in) nicht zu entziehen vermag. Kommunikativ bearbeitet werden – sei es mit positiver oder negativer Bewertung – demzufolge gerade auch solche Erlebnisse, die als Störungen der alltäglichen Interaktionsordnung erlebt werden (dazu später mehr). Hierunter lassen sich auch die Thematisierungen einer während der Aufführung zur Schau gestellten Nacktheit fassen. Nacktheit auf der Bühne scheint zwar nicht mehr als Tabubruch angesehen zu werden, wird bei den Inszenierungen, in der sich Akteure nackt oder halbnackt präsentieren, aber gleichwohl von allen Gesprächsgruppen zum Thema gemacht.

In eine ähnliche Richtung weisen auch Bezugnahmen auf Irritationen, die durch (vermeintliche) Versprecher (*„und hatte nur ich das gefühl oder waren da so_n paar (.) öh (.) paar mehr versprecher drinne"*[20]) und falsche Texteinsätze (*„un dann (.) merkte ah nee er wollt gar nicht fremd sagen er wollte irgendwie freundlich sagen un dann halt umschwenkte un das noch mal dann noch mal den satzanfang sagte"*[21]) ausgelöst wurden. Hier sind es Störungen der Wahrnehmungsroutinen als Zuschauer im Theater, die die Aufmerksamkeit von der schauspielerischen Verkörperung einer Figur auf die schauspielernde Person lenken und in der Anschlusskommunikation einen kommunikativen Abgleich der Deutungen initiieren.

Das Pausengespräch gibt auch Aufschluss über die Erwartungen an das Verhalten des *Publikum*s oder einzelner ihrer Vertreter sowie auf die Interaktion zwischen Publikum und Akteuren auf der Bühne. Thematisiert werden einerseits Handlungen, die nicht den generellen Erwartungen an die Zuschauerrolle entsprechen wie kichernde Schülergruppen oder subjektive Einschätzungen vermeintlich inadäquater Publikumsreaktionen, insbesondere unpassendes Gelächter. Daneben zeigen entsprechende Gesprächssequenzen aber auch, dass die Zuschauerrolle nicht nur als die passiver Rezipienten verstanden wird, sondern durchaus eine interaktionale Beziehung zu den Akteuren auf der Bühne hergestellt oder erwartet wird, wie u.a. entsprechende positive Bewertungen deutlich machen („ja (.) WIE die auch das !RÜ!berbringen. und (.) immer dieser konTAKT ähm- (0.2) mit dem PUBlikum-=dass sie sich nicht immer die ganze zeit nur GEgenseitig angucken- sondern auch UNS angucken. (0.7) das f(a/i)nd ich

---

20 Köln_14-05-17_Kaufmann_Gr.1 (Z. 386 ff.).
21 Köln_14-09-23_Sezuan_Gr.1 (Z. 219).

sehr GUT."[22]), aber auch Thematisierungen der Wahrnehmung des eigenen Verhaltens anzeigen:

Ausschnitt 6: „da hab ich so GANZ ausgiebig gegähnt-"[23]

```
793  Susanne:    ich bin aber trotzdem auch MÜde-
794  Kommentar:  ((Hintergrundgespräch))
795  Susanne:    ich bin sogar so erSCHÖPFT.
796  Gudrun:     °hhh ja das war mir einmal so PEINlich-
797              da hab ich so GANZ ausgiebig gegähnt-
798              und da_hat ich das geFÜHL-
799              dass der eine schauspieler gerade HER
                 guckt.
800              (da) DACHT ich-
801              oh [GO:TT.          ]
802  Susanne:       [das find ich A]UCH.=
803              =das_ist mir auch_immer PEINlich-
804              [(ja-)]
805  Gudrun:     [ja:. ]
806              nee dann DENK_ich_äh-
807  Susanne:    [+++ +++ dann ja:-             ]
808  Gudrun:     [das ist für DIE ja auch so]
                 demoti[vierung.]
809  Susanne:          [aber die]
                 [SEhen nichts:-       ]
810  Gudrun:     [wobei ich GÄH:N ja ni]ch.
811              DEShalb.
812              meinste SEhen die einen
                 [so +++ nicht?        ]
813  Susanne:    [die SEhen glaub ich] nich viel-
814  Pause:      (0.57)
815  Gudrun:     aber in DEM moment dacht ich-
816              oh GOTT.
817              <<lachend>[des: guckt] er mir in
818  Susanne:              [ja-       ]
```

---

22 Siegen_15-01-14_7Wellen_Gr.1.
23 Köln_14-05-17_Kaufmann_Gr.2.

```
819    Gudrun:      [den GÄHnenden mund->]
820    Susanne:     [aber norMAL is_e    ]
```

Susannes und Gudruns Deutungen der Situation als peinlich und demotivierend weisen darauf hin, dass sie die Prinzipien einer fokussierten Interaktion hier auch auf die Beziehung zwischen Bühnenakteuren und Zuschauern beziehen und damit einen Perspektivwechsel verbinden, bei dem sie ihr Verhalten aus der Position des Bühnendarstellers als *backchannel behavior* reflektieren.

Zu den typischen *Thematisierungen ästhetischer Aspekte der Inszenierung* gehören visuelle und akustische Beobachtungen. Die prozessuale, handlungsorientierte Kunstform führt keineswegs dazu, dass Handlung und Bühnengeschehen auch im Mittelpunkt der Kunstkommunikation stehen. Vielmehr richtet sich der Fokus – ähnlich wie Holly (2007, 232) dies für die Filmbeschreibungen in Filmkritiken hervorhebt – häufig gerade auf Sichtbares, aber auch auf Hörbares. Neben Bühnenbild, (fehlenden) Requisiten, Kostümen und Beleuchtung sind mediale Wechsel, die von den reinen Sprechtheaterroutinen abweichen, wie Tanz, Musik, Gesangseinlagen, Videoeinspielungen oder der Einsatz von Puppen wesentliche Elemente, die im Pausengespräch aufgegriffen werden. Beschreibungen werden dabei – sofern sie nicht nur einer identifizierenden Bezugnahme dienen – ebenso wie Bewertungen mit einem Bezug auf die eigene Wahrnehmungserfahrung gekoppelt, also vorrangig aus einer dezidiert subjektiven Perspektive, der Perspektive des eigenen Erlebens rekonstruiert und in der Interaktion mit den Wahrnehmungserfahrungen der anderen abgeglichen. Charakteristisch für den Bezug auf den Aspekt des Künstlerischen ist der Verweis auf das „Gemachte" des Gesehenen (vgl. auch Holly 2007, 232), d.h. der Inszenierung. Typisches sprachliches Muster zur Hervorhebung dieses Aspektes sind Phrasen wie „*ich find die ham das gut gemacht*"[24]; „*das find ich auch super gut gemacht*"[25] oder „°h *aber isch gut geMACHT- gell*"[26] etc., wobei eine vage bleibende Referenz mittels der Pronomen *das, die* oder *es* häufig auch im weiteren Verlauf des Gesprächs nicht näher spezifiziert wird (vgl. Hrncal & Gerwinski 2015; Linz 2016). Sofern im Gespräch auch ein Bezug zu einem Dramentext einer anderen medialen Vorlage (Roman, Film) hergestellt wird, sind auch Variationen des Topos „wie die das umgesetzt haben" mit ähnlich unbestimmten Referenzen („*kann können_se schon SEHR gut umsetzen.*"[27]; „*ja. also die UMsetzung*

---

[24] Köln_14-09-23_Sezuan_Gr.1 (Z. 352, vgl. auch Z. 12).
[25] Köln_14-05-17_Kaufmann_Gr.1 (Z. 620).
[26] Köln_14-10-02_Sezuan_Gr.1 (Z. 219 f.).
[27] Siegen_15-03-07_DerHundertjährige_Gr.3 (Z. 66).

finde ich- (0.56) in- wirklich sehr interesSANT. wie die das MAchen."[28]) ein typisches sprachliches Mittel zur ästhetischen Bewertung.

Zu den typischen Gesprächsgegenständen gehören zudem *Bewertungen schauspielerischer Leistungen* – sei es die Gesamtleistung des Ensembles oder die einzelner Akteure. Es scheint sich hier um einen der „Zugzwänge" zu handeln, die es für die Beteiligten „irgendwie kommunikativ zu bearbeiten gilt" (Hausendorf & Müller 2016a, 6), wenn sie sich im Pausengespräch im Theater befinden (vgl. dazu ausführlicher Kapitel 7, i.d.B.).

Nähere *Erläuterungen zu Hintergrundwissen* über Autor(in), Entstehungszeit etc. finden sich abgesehen von intermedialen Bezugnahmen auf Text- und Filmvorlagen vorrangig in Gesprächen zu Aufführungen von Dramen, die traditionell dem Bildungskanon zugerechnet werden, in unserem Fall von Shakespeare oder Brecht. Dass die Beteiligten ein entsprechendes Wissen zu solchen Dramen als allgemeines Bildungswissen verstehen, das als geteiltes Wissen unterstellt werden kann (oder muss), zeigt sich etwa darin, dass sie es ohne Bezug auf eine Quelle anführen, während bei aktuelleren Stücken die Herkunft der angeführten Informationen nicht selten mit einem Verweis auf Internet, Programmheft oder eine Rezension belegt wird. Diese Unterstellung eines voraussetzbaren gemeinsamen Wissens wird auch sprachlich markiert, z.B. in der Verwendung der Modalpartikel *ja* wie in der folgenden, mit einer Bewertung verbundenen Erläuterung von Ingrid zu einer Aufführung von Brechts „Der gute Mensch von Sezuan": *„was ich unglaublich toll finde (0.6) °hh (.) is dass die: (0.4) die idee von der verFREMdung die brecht **ja** immer auf die BÜHne bringen wollte mit diesen PUPpen gemacht ham"*[29] oder in der Erläuterung von Gudrun zu einer Aufführung von Shakespeares „Der Kaufmann von Venedig": *„diese ROLle.=ne? die (.) hat im GRUNde- auch die_mei (.) das meiste potenziAL- von der ROLle her. (.) wobei das **ja** nicht die HAUPTfigur ist. von SHAKEspeare aus-"*[30] In beiden Fällen zeigt die Partikel *ja* an, dass die Sprecherin mit der Erläuterung „keinen prioritären Wissensanspruch erhebt" (Deppermann 2015, 14, unter Bezug auf Reineke 2015), oder dass sie zumindest den Verzicht auf solch einen Anspruch inszeniert und das selbst dann, wenn mit der Äußerung genau ein spezifisches Bildungswissen zur Schau gestellt werden sollte (vgl. Kapitel 5, i.d.B.). Eine vergleichbare Funktion kann auch die Fragepartikel *ne* übernehmen, so etwa in dem Kommentar zu einem Monolog von Shakespeares Figur des Shylock aus einem weiteren Pausengespräch zur Inszenierung von „Der Kauf-

---

28 Siegen_15-03-07_DerHundertjährige_Gr.1 (Z. 514 ff.).
29 Köln_14-09-23_Sezuan_Gr.1 (Z. 122–124).
30 Köln_14-05-17_Kaufmann_Gr.2 (Z. 371–373).

mann von Venedig" „*ja_ja dieser monolog vom shylock der ist eigentlich total bekannt ne*"[31]. *Ne* fungiert hier weniger als verständnissichernde Fragepartikel denn als Evidenzmarker (Hagemann 2009), mit dem ein geteiltes Wissen angezeigt wird.

Charakteristisch für die Pausengespräche im Theater sind auch *Übertragungen* des Gesehenen auf die eigene Lebenswelt und den aktuellen gesellschaftspolitischen Kontext. Dabei kann das Bühnengeschehen selbstverständlich und unhinterfragt als Spiegel oder Präsentation privater oder gesellschaftlicher Verhältnisse betrachtet oder eher als Anregung wahrgenommen werden, um in der Interaktion mögliche Bezüge des Bühnengeschehens zur eigenen und/oder gesellschaftlichen Lebenswelt herzustellen. Ein typisches Muster der Übertragung besteht darin, Bezugnahmen auf die Aufführung als Anlass für eine anekdotische Erzählung („*also mich hat das ja sehr erinnert an ne geschichte die ich in KUba erlebt habe.=als wir da geLEBT haben...*"[32]) zu nutzen oder für die Schilderung eigener Erfahrungen im Kontext einer argumentativen Positionierung („*es gab so n paar STELLN wo ich ähm- dem ich vielleicht nich so ZUstimmen würde; wo es um die reliGIOnen ging und so was; weil ich hatte da auch schon mal EIgene erfahrungen gemacht- [...]*"[33]). Bezugnahmen auf die Aufführung können aber ebenso eine argumentative Aushandlung sozialer und politischer Themen oder eine interaktionale Reflexion über eigene Einstellungen initiieren:

Ausschnitt 7: „die ganzen VORurteile-"[34]

```
100   Annalena:   ja ich fand_s auch interesSANT-=
101               =dass die mit diesen ganzen stereoTYpen
                  gespielt haben.
102   Anna:       [ja:.]
103   Annalena:   [als ]o: die ganzen VORurteile-
104               die man halt vielleicht auch SELber
                  besitzt?
105   Pause:      (0.63)
106   Annalena:   dass dass die !DIE! auch ANgesprochen
                  haben-
107   Pause:      (0.37)
```

---

31 Siegen_15-02-18_Kaufmann_Gr.3 (Z. 243).
32 Köln_14-04-22_BrainAndBeauty_Gr.1 (Z. 257).
33 Köln_14-07-03_DieLücke_Gr.2 (Z. 165 ff.).
34 Siegen_14-10-26_Blut_Gr.2. Für weitere Beispiele vgl. Kapitel 7 und 8, i.d.B.

Festhalten lässt sich, dass sich – anders als etwa bei Theaterkritiken und oder auch bei Online-Kommentaren (vgl. Kapitel 9, i.d.B.) – viele Themen der Kunstkommunikation im Pausengespräch auf die Performativität des Theatererlebnisses, also die Aufführung als singuläre Performanz beziehen: insbesondere auf a) das anwesende Publikum, b) eigene Empfindungen und Wahrnehmungserlebnisse, c) die Körperlichkeit und den körperlichen Vollzug der Handlungen auf der Bühne, d) die Räumlichkeiten sowie e) Störungen der aufgeführten Inszenierung. Zu den kommunikativ aufgegriffenen Aspekten gehören gerade auch solche Momente sowohl der Inszenierung als auch der Aufführungsperformanz, die die mit der Zuschauerrolle verbundenen Wahrnehmungsroutinen und Rahmenerwartungen irritieren oder durchbrechen. In diesem Sinne können sowohl nicht-intendierte als auch intendierte ästhetische Störungen von Wahrnehmungsgewohnheiten und Rahmenerwartungen als Anlässe für kommunikationsreflexive Prozesse fungieren, als Prozesse, in denen die routinierte, vertraute Kommunikation gestört wird und dadurch der Blick auf die Kommunikation selbst und ihre Mechanismen gerichtet wird (Habscheid 2014, 82). In den Gesprächen wird hier exemplarisch sichtbar, wie das Theater durch Abweichungen von den alltäglichen Kommunikationsmustern und ästhetische Durchkreuzungen der Erwartungen an das Sprechtheater dazu anregt – um mit Schütz (1971, 54) zu sprechen –„die Weise des passiven oder automatisierten habituellen Wissens" zu verlassen und vom „Modus der Vertrautheit" in den „Modus der Relevanz" zu wechseln (vgl. Fehrmann & Linz 2004, 96–104; Jäger 2004, insb. 62–64). Die Zuschauerrolle wird dabei – auch darauf weisen Reflexionen der Rezeptionserfahrungen und der Interaktionen zwischen Akteuren und Publikum in den Gesprächen hin – zwar als die eines Beobachters wahrgenommen (Indiz dafür sind etwa die abgrenzenden sprachlichen Fremdpositionierungen über die generalisierenden Verwendungen der Pronomen *sie* und *die*), jedoch nicht als die eines Unbeteiligten. Die „vierte Wand" zwischen Bühne und Publikum scheint vielmehr – wie Baecker (2005, 10) als wesentliches Charakteristikum des Theaters hervorhebt – „hochgradig durchlässig" zu sein.

Alle der genannten theater- oder aufführungsbezogenen Thematisierungen lassen sich, unabhängig davon, ob sie im Kontext von Bewertungen, Deutungen, Übertragungen o.ä. erfolgen, im Sinne des oben skizzierten Konzepts der Transkriptivität als transkriptive Praktiken verstehen, die das, worauf sie Bezug nehmen, zugleich einer spezifischen Deutung unterziehen. Bereits auf der elementaren Ebene des Bezugnehmens mittels Referenzierungen oder Beschreibungen werden nicht nur Bezüge zur außersprachlichen Wirklichkeit hergestellt. Sprachliche Referenzen sind vielmehr grundsätzlich mit der darüber hinausgehenden kommunikativen Handlung verbunden, aus dem Ganzen des

Zuschauererlebnisses etwas herauszugreifen, d.h. eine Selektion zu treffen und damit etwas in einer spezifischen Weise relevant zu setzen. Unter Rückgriff auf Gerhardt (2012, 50) lässt sich dieser Selektionsvorgang als eine Erzeugung von „notability" charakterisieren. Gerhardt verwendet den Begriff in Anlehnung an das konversationsanalytische Konzept der „tellability" um damit deutlich zu machen, dass Ereignisse oder einzelne Aspekte von Ereignissen nicht per se beachtenswert sind, sondern kommunikativ erst zu etwas Beachtenswertem gemacht werden.[35] In diesem Sinne meint „notability" also keine inhärente Qualität der Aufführung, sondern ein Produkt der Interaktion, eine kommunikative Konstruktion der Rezipienten, die erst in der Interaktion hergestellt wird. Referenzierungen sind grundsätzlich Selektionen, die einen bestimmten kommunikativen Fokus setzen.

Im Falle der Pausengespräche sind die Bezugnahmen auf das Aufführungserlebnis zudem durch das Moment der Nachträglichkeit bestimmt. Daraus resultiert die Notwendigkeit, sprachlich zu rekonstruieren (vgl. Kapitel 8, i.d.B.), „worüber etwas ausgesagt werden soll" (Hausendorf 2011, 518). Das für die Museums- und Ausstellungskommunikation zentrale Verfahren des Zeigens „als dem spezifischen Mittel des wahrnehmenden Bezugnehmens" (Hausendorf & Müller 2016a, 37) ist in der Theaterkommunikation, sofern sie sich nicht auf Räumlichkeiten oder anwesende Personen bezieht, damit kaum anwendbar. Zugleich kann aber, anders als bei vielen anderen Formen des Referierens auf De-Präsentes, die gemeinsame Erfahrung vorausgesetzt werden. Dieser gemeinsame Erfahrungsrahmen spiegelt sich u.a. in oft vagen und elliptischen Bezugnahmen, die keiner Präzisierung bedürfen und auch im Gesprächsverlauf häufig nicht weiter spezifiziert werden. Auch solche vagen Referenzierungen enthalten, wie jede Form der sprachlichen Bezugnahme, immer schon eine bestimmte Analyse und eine spezifische Interpretation der Situation (Enfield 2013, 433, 437). Bereits eine bloße Benennung zeigt zugleich eine spezifische Betrachtungsweise des Bezugsobjekts und des damit verbundenen Kontextes an. So unterscheiden sich beispielsweise die Perspektivierungen eines Aufführungsaspektes je nachdem, ob im Sinne einer *membership categorization* mittels einer Funktionsbezeichnung wie Regisseur(in), Dramaturg(in) oder – wie in den Pausengesprächen häufig zu beobachten – nur mit einem nicht näher bestimmten pronominalen *sie* oder *die* darauf referiert wird. Analog sind mit den unter-

---

[35] Gerhardt (2012, insb. 72f.) bezieht den Begriff allerdings auf die spezifische Situation des rezeptionsbegleitenden Sprechens beim Fernsehen und nutzt ihn zur Erklärung von „sudden shifts" in der Interaktion, die häufig durch Interjektionen eingeleitet werden und trotz Verletzung der turn-taking-Konventionen nicht sanktioniert werden.

schiedlichen Benennungen der Akteure auf der Bühne, die in den Gesprächen wahlweise über den Namen des Schauspielers, der Schauspielerin, den Namen der Figur, die Funktionsbezeichnung der Figur, eine ihrer Eigenschaften oder die äußere Erscheinung etc. erfolgt, jeweils auch unterschiedliche Sichtweisen auf das Erlebte verbunden. Insofern werden selbst mit den basalen Verfahren des Bezugnehmens nicht nur Aspekte und Gegenstände der Aufführung, die im Gespräch thematisiert werden, identifiziert, sondern immer schon transkriptive Prozesse der perspektivischen Bedeutungskonstruktion vollzogen.

6.5 Lexikalische Rekurrenz als rezeptionsprägende Kohäsionsbildung

Die Behandlung der einzelnen Themen erfolgt häufig sprunghaft und ohne engeren Zusammenhang. Es gibt aber auch Beispiele dafür, wie mittels bestimmter sprachlicher Muster über den Gesprächsverlauf hinweg eine Verklammerung hergestellt wird. Dazu gehören insbesondere Wiederaufnahmen, Variationen und Iterationen eines Topos (z.B. dass die Geschichte keine 3 Stunden trägt[36]) oder einzelner Wörter, die das Gespräch durchziehen und abwechselnd von unterschiedlichen Teilnehmern und Teilnehmerinnen aufgegriffen werden.

An solchen ad-hoc gebildeten lexikalischen Kohäsionsmitteln lässt sich besonders anschaulich machen, wie in der nachträglichen Anschlusskommunikation des Pausengesprächs die vorherigen individuellen Rezeptionserfahrungen interaktional synchronisiert und zu einer gemeinsamen Gruppenerfahrung transkribiert werden. Ein Beispiel für solch eine kohäsionsbildende Synchronisierung (hier mittels der iterativen Verwendung der Partizipien *verwirrend* bzw. *verwirrt*) liefert das Gespräch zwischen vier Freund(inn)en bzw. Bekannten im Anschluss an die Aufführung des Stückes „Verrücktes Blut" über eine Lehrerin an einer Brennpunktschule und ihre Versuche, den Schülerinnen und Schülern Schillers Dramen näher zu bringen.[37] Das Gespräch fand in der Pause zwischen der beendeten Aufführung und einer anschließenden Publikumsdiskussion statt. Nach einem kurzen Austausch über das Funktionieren der Aufnahmegeräte initiiert Jasmin einen Themenwechsel mit den Worten:

---

36 Köln_14-06-15_Kaufmann_Gr.2 (Z. 44 ff., 207 ff., 318 ff., 411 ff.).
37 Siegen_14-10-26_Blut-Gr.2.

Ausschnitt 8a: „(BIN verwirrt)"[38]

```
010    Jasmin:      (BIN verwirrt).
011    Anna:        ((lacht))
012                 h° h°
```

Ohne dass auf dieses Statement weiter eingegangen wird, richtet sich das Gespräch zunächst auf organisatorische Aspekte, bis Anna nach einem Ortswechsel und einer kurzen Pause versucht, das Gespräch auf die Aufführung zu lenken mit der Frage:

Ausschnitt 8b: „das ENde war- verWIRrend."

```
038    Anna:        hat_s euch geFALlen?
039    Jasmin:      JA_a:-
040    Pascal:      JOA_a-
041    Annalena:    [+++.       ]
042    Pascal:      [das ENde] war-
043                 verWIRrend.
044    Annalena:    ja::-
045                 aber ich glaub das war schon EXtra so.=
046                 =dass DAS äh_äh-
047                 °h verwirrend geMACHT war-
048                 h° °h h°
049    Annalena:    ich fand_s geneRELL-
050    Anna:        ₁[((raschelt am Mikrofon))              ]
051    Annalena:    ₁[irgendwie zwischendurch so_n bisschen]
                    ₂[(+++ verWIRRT?)]
052    Pascal:      ₂[ZIEMlich-      ]
053    Annalena:    Aber-
054    Anna:        ((raschelt am Mikrofon))
055    Annalena:    so im ENDeffekt-
056                 eigentlich ganz (.) GUT-
057                 ALso-
```

---

38 Dieser und die folgenden Ausschnitte (8a-8e) entstammen dem Gesprächsdatum Siegen_14-10-26_Blut-Gr.2. Hervorhebungen v. mir, E.L.

Nach einer Reihe von eher positiven Bewertungen und Deutungsversuchen zu verschiedenen Figuren und Inszenierungsdetails, insbesondere zu der Frage, inwiefern eine doppelte Ebene eines Theaterstücks im Theaterstück inszeniert wurde, greift Anna einen neuen Aspekt auf:

Ausschnitt 8c: „das war irgendwie bisschen verWIRrend."

```
175  Pascal:     [wam (.) war Abzusehen.]
176  Anna:       [aber ich fand dies    ] e:n diesen TANZ
                 auch zwischendurch voll komisch.=
177              =ne?
178  Pascal:     dass sie das MACHT.
179  Anna:       also DIE[ses  ] ä:h-
180  Pascal:             [ja JA.]
181  Anna:       °h keine AHnung.=
182              =auft auf einmal gehen die da voll AB.
183              ((Lachansatz)) °h
184  Pascal:     ja geNAU.
185  Anna:       das war irgendwie bisschen verWIRre[nd.]
186  Pascal:                                       [ja.]
187  Jasmin:     ich (.) also ich fand AUCH alles sehr
                 er!ZWUN!gen-
188              und die TÄN[ze die ha]b ich auch-=
189  Pascal:                [das-     ]
190  Jasmin:     =die LIEder auch manchmal so:-=
191              =hab ich gedacht oKA:Y?
192  Pause:      (0.25)
193  Jasmin:     das letzte hab ich dann mal verSTANden-
194              der tag war zu ENde?
195              Aber-
196  Anna:       ((lacht))
197  Pause:      (0.63)
198  Anna:       °hh ja:-
199  Pause:      (0.28)
200  Annalena:   ja.
201              ich fand_s auch immer interesSANT?
202              wie das publikum reaGIERT hat.
203              ich find oft haben auch leute geLACHT-
204              wo ich so DACHte-
```

```
205                     das ist total UNpassend?
206   Pause:            (0.82)
207   Anna:             [ja:-      ]
208   Annalena:         [w AB un]d zu (.) ähm-
209                     fand ich die thematik sehr
                        ERNSTzu[nehmend.]
210   Anna:                    [ja:.    ]
211   Annalena:         und dann haben: leute geLACHT-
212                     das: das hat mich_n bisschen
                        verW[IRRT.      ]
213   Anna:                 [also ich] hab auch eigentlich nich:
                        (.) [geLACHT.       ] [alSO:-         ]
214   Annalena:             [nee ich fand_s] [au nich !SO:!]
                        WITzig.
```

Es folgen weitere Aushandlungen u.a. zur Bewertung des Publikumsverhaltens, der dargestellten Charaktere und zur Deutung der Lichteffekte und der Wahrnehmung unterschiedlicher Theater- und Realitätsebenen, an die sich der folgende Ausschnitt anschließt, in dem Pascal auf seine eingangs geäußerte Einschätzung des Endes zurückkommt:

Ausschnitt 8d: „auch auf einmal mit diese:m VI ALso (.) VIdeo verwirrend"

```
406   Pascal:   wenn du überLEGST-
407             dass sie die ROLlen ja eigentlich-
408   Pause:    (0.29)
409   Pascal:   wenn ich_s RICHtig verstanden hab.=
410             =nur geSPIELT haben?
411   Pause:    (1.83)
412   Anna:     hm.
413   Pascal:   ALso au.=
414             =die auch die !GANZ! am ANfang-
415   Anna:     [JA ja:. (.) JA_ja:.                 ]
416   Pascal:   [die doch EIgentlich dann in diese:r-]
417             Ebene waren-
418             wo sie AUCH schon nur ge (.) das (.) +++-
419             KEIne ahnung.
420             das ENde war verwirrend.
421   Pause:    (0.23)
```

```
422  Anna:     ja:-
423  Pascal:   und zu VIEL.
424  Pause:    (0.67)
425  Jasmin:   ich find das auch auf einmal mit diese:m
                 VI?
426            ALso-
427            (.) VIdeo **verwirrend** wei:l-
428  Pause     (0.69)
429  Jasmin:   das [AL  ]so:.
430  Pascal:       [ja.]
431  Jasmin:   ich fand das hat irgendwie so GAR nich
                 reingepasst.=
432            =ich hab ei (.) EIgentlich gedacht-=
433            =dass der junge sowas von anfang an schon
                 so SCHÜCHtern is-
434            und (ah) und HALT so.
435  Pause:    (0.48)
436  Jasmin:   wenig SELBSTbewusstsein und sowa[s-]
437  Anna:                                     [h°]
438  Jasmin:   und das VIdeo-
439            das fand ich irgendwie dann nochmal
                 verSTÖren[der.]=
440  Pascal:            [ja:-]
441            =um EHRlich zu sein-
```

Im Zuge der weiteren Deutung und Bewertung der Videopräsentation entwirft Pascal eine alternative Inszenierungsoption, die Anna wieder zum Schluss des Theaterstücks zurückbringt:

Ausschnitt 8e: „das ENde versuch ich glaub ich nich zu verstehen."

```
461  Pascal:   [ja.]
462  Anna:     [°h ] ja und (.) geNAU.
463            am ende HATte er ja dann irgendwie ne-=
464            =ALso.
465            °h [am ENde hab i]ch das !ECHT! nich
466  Pascal:      [ja geNAU.    ]
467  **Anna:**     **verstan[den.]=**
468  Pascal:              [ja. ]
```

```
469   Anna:       =weil !DANN! war_s auf einmal DOCH kein
                  schauspiel w [mehr.]
470   Pascal:                    [hm-  ]
471   Anna:       oder WIE-
472               °h[h  ] [also als ER dann-]
473   Pascal:       [hm.] [dann (wollt)     ] er doch WEIter
                  spielen.
474   Anna:       JA_ja.
475               weil er wahrscheinlich SO s eh eh irgendwie
                  sich in (.) seiner !ROL!le-
476               WOHLgefühlt-
477               oder IRgendwie.
478               °h die ROLle schon zus-
479               zu ihm SELBST geworden is?=
480               =O[der- ]
481   Pascal:      [das E]Nde versuch ich glaub ich nich zu
                  [verstehen.]
482   Anna:       [((lacht))  ]
483   Pause:      (0.46)
484   Anna:       °hh ja:.
485   Pause:      (0.6)
486   Anna:       °h (.) ä:h-
487               wo is denn eigentlich dieses
                  theATtergespräch.
```

Mit dem Wechsel von Anna zu einer situationsbezogenen organisationalen Frage (Z. 487) endet zugleich das kunstbezogene Gespräch über die Aufführung. Eingeleitet von Annas Themenwechsel widmet sich der restliche Teil organisatorischen und privaten Themen.

Die Ausschnitte zeigen, wie die von Jasmin gleich zu Beginn als mentale Zustandsbeschreibung eingeführte Prädikation „bin verwirrt", teilweise in der abgewandelten präsentischen Partizipform „verwirrend", im Verlauf des Gesprächs immer wieder aufgegriffen und wechselnd von allen Gesprächsbeteiligten verwendet, dabei aber auf unterschiedliche Gegenstände bezogen wird. Sie gewinnt dadurch die Funktion eines kohäsiven Ankerworts für die Rede über die Aufführung. Zunächst übernimmt Pascal die Prädikation als Antwort auf Annas Aufforderung zu einer allgemeinen Bewertung des Gesehenen, grenzt sie dabei aber zugleich auf einen spezifischen Aspekt, das Ende der Inszenierung, ein (Z. 42f.). In dem daran anschließenden bestätigenden Deutungsversuch greift Annalena das adjektivische Partizip *verwirrend* gleich zweimal auf, zunächst zur Deutung eines intendierten Inszenierungseffekts und anschließend zu einer allgemeinen, aber durch Heckenausdrücke relativierten Charakterisierung ihrer Rezeptionserfahrung. Im weiteren Verlauf ist es erst Anna, die *verwirrend* verwendet (Z. 185), dieses Mal bezogen auf ihre Bewertung eines Tanzes innerhalb der Inszenierung als Spezifizierung von „*voll komisch*" (Z. 176), danach Annalena, die es nun in der Form „*das hat mich_n bisschen verWIRRT.*" (Z. 212) als Ausdruck ihrer Reaktion auf das ihrer Ansicht nach inadäquate Publikumsverhalten gebraucht. Einige Sequenzen später nimmt Pascal die von ihm zu Beginn geäußerte Einschätzung („*das ENde war verwirrend*", Z. 42 f., Z. 420) wortgetreu wieder auf. Kurz darauf ist es noch einmal Jasmin, die das Wort zu Beginn in das Gespräch eingebracht hat und es nun auch in der präsentischen Form verwendet, um damit den Einsatz eines Videos zu bewerten, es also auf einen neuen, bislang nicht thematisierten Inszenierungsaspekt bezieht. In einer semantischen Paraphrase greifen wenig später zuerst Anna („*am ENde hab ich das !ECHT! nich verstanden*", Z. 465) und einige Turns danach Pascal („*das ENde versuch ich glaub ich nich zu verstehen.*", Z. 481) die von ihm zweimal wiederholte Feststellung *das Ende war verwirrend* als Beschreibung ihrer Rezeptionserfahrung noch einmal auf.

Die Art, wie in diesem Gespräch das Partizip *verwirrend* (bzw. *verwirrt*) von den Beteiligten ad hoc zu einem Ankerwort[39] für das Sprechen über die Theateraufführung gemacht wird, lässt den transkriptiven Charakter der Kunstkommunikation besonders deutlich hervortreten. Die Prädikation mittels *verwirrt* bzw. *verwirrend* wird hier durchgängig dazu verwendet, eigene Rezeptionserfahrungen als Zuschauer während der Aufführung zu beschreiben. Sie wird dabei nach und nach von allen Beteiligten übernommen und zugleich sukzessive auf unterschiedliche Aspekte der Aufführung ausgedehnt, von ästhetischen Aspekten der Inszenierung wie der Schlussszene, einer Tanz- und einer Videoeinlage bis hin zu den Publikumsreaktionen. Die Rezeptionserfahrungen als Zuschauer werden dadurch in der Anschlusskommunikation von den Beteiligten in ihrer Rolle als Theaterbesucher nicht nur vergegenwärtigt, sondern zugleich interak-

---

[39] Auch wenn die Verwendung von „verwirrt/verwirrend" in diesem Gespräch Analogien zu den von Nothdurft, Mroczynski u.a. diskutierten Kriterien von Schlüsselwörtern aufweist (vgl. Nothdurft 1996; Mroczynski 2014, 209–219), ziehe ich hier den Begriff des Ankerworts vor, da es sich weder um ein diskurskonstitutives oder -leitendes Wort handelt noch das Wort eine komplexere „semantische Ladung" (Mroczynski 2014, 214) erfährt. Es teilt in diesem Gespräch zwar einige der von Mroczynski (2014, 214–216) angeführten Kontextualisierungsaspekte, übernimmt aber nur eine lokale, auf das Einzelgespräch beschränkte Orientierungsfunktion, die mit dem Begriff des Schlüsselwortes m.E. nicht angemessen erfasst wird.

tional transkribiert, d.h. in einer neuen Weise gedeutet. Durch die Übernahme der Prädikation homogenisieren die Beteiligten zum einen ihre unterschiedlichen Erfahrungen und subsumieren sie unter ein Leitmotiv, zum anderen überführen sie damit ihre individuellen Rezeptionserfahrungen interaktional in eine gemeinsame Gruppenerfahrung. Das Gespräch kann insofern exemplifizieren, wie eine Anschlusskommunikation Einfluss auf die vermeintlich primordiale Kunsterfahrung nehmen und sie nachträglich prägen kann.

Wenn Kindt (2007, 65) die Frage aufwirft, ob es bei ästhetischen Wertungen in der informellen Kunstkommunikation um rational begründbare Urteile oder nicht eher darum geht, die Interaktionspartner am eigenen (emotionalen) Erleben teilhaben zu lassen, so lässt sich vor dem Hintergrund dieser Befunde noch ein gegensätzlicher Prozess hinzufügen. Möglicherweise steht demnach nicht der Wunsch im Vordergrund, die eigene Wertung mitzuteilen und damit andere an den individuellen Erfahrungen partizipieren zu lassen, sondern über die Interaktion mit den anderen erst eine genauere und klarere Deutung der eigenen Erfahrung zu entwickeln. Die anderen sind damit nicht nur als Adressaten der eigenen Mitteilungen relevant, sondern mindestens ebenso sehr als Erprobungsinstanz und Koproduzenten der eigenen Kunsterfahrung. Wie die Untersuchungen der Kommunikation beim Museums- und Ausstellungsbesuch weisen somit auch die Analysen der Pausengespräche darauf hin,

> that aesthetic experience may not simply derive from the direct relations between the object and the viewer/reader, but may be manufactured then and there in, and through, the interaction with others. (vom Lehn, Heath & Knoblauch 2001, 295).

Christine Hrncal
7 Bewertungsinteraktionen

7.1 Einleitung

Bewertungen sind als Teil vielfältiger sozialer Aktivitäten ein weit verbreiteter Bestandteil des alltäglichen Lebens (vgl. Auer & Uhmann 1982, 2; Pomerantz 1984, 57; Goodwin & Goodwin 1992, 163) und finden sich in öffentlichen, organisationalen und privaten Kontexten sowohl in mündlicher als auch in schriftlich vermittelter Form. Bewertet werden dabei unter anderem Personen, Objekte, Handlungen, Äußerungen, Informationen, Ereignisse, Ideologien, Einstellungen und nicht zuletzt ästhetische Wahrnehmungen und Erfahrungen auf der (oft implizit bleibenden) Grundlage bestimmter Wertmaßstäbe (vgl. Bayer 1982, 15–16.; Hartung 2000, 119, 121; Hrncal & Gerwinski 2015, 46).

Die Untersuchung von Bewertungsinteraktionen in diesem Beitrag erfolgt geleitet von der Frage, welche situations- und kontextspezifischen Ausprägungen Bewertungen in Pausengesprächen unter Theaterbesucherinnen und -besuchern aufweisen. Ausgangspunkt des Beitrags ist die Betrachtung vor allem konversationsanalytischer Untersuchungen zu Bewertungen und Strukturierungen der Bewertungsinteraktion in Alltagsgesprächen (vgl. Abschnitt 7.2). Im Hinblick auf die Kontextspezifik der Gespräche, in denen ein kommunikativer Austausch über eine künstlerische Performance in Form eines Theaterstücks stattfindet, rücken zudem Untersuchungen von Kunst- und anderen Formen der Publikumskommunikation, vor allem mündlicher Kommunikation über Kunstwerke im Museum, in den Fokus (vgl. Abschnitt 7.3). An die Untersuchungen zu Bewertungen in Alltagsgesprächen und im Rahmen der Publikums- und Kunstkommunikation anknüpfend erfolgt eine Analyse der Bewertungsinteraktionen in unserem Datenkorpus zu Pausengesprächen im Theater(foyer) (vgl. Abschnitt 7.4) mit Blick auf die folgenden Fragen: Wie werden Bewertungsinteraktionen initiiert (vgl. Abschnitt 7.4.1), welche (thematischen und sequentiellen) Verläufe weisen Bewertungen auf und wie werden Bewertungen von den am Gespräch Beteiligten produziert, interaktiv ausgehandelt und gegebenenfalls transformiert (vgl. Abschnitt 7.4.2), wie gehen die Sprecher mit Dissens um (vgl. Abschnitt 7.4.3), wie wird der Ausstieg aus Bewertungsinteraktionen gestaltet (vgl. Abschnitt 7.4.4) und welche Funktionen sowie welchen Stellenwert haben Bewertungen im Kontext von Gesprächen in der Pause eines Theaterstücks oder in dessen Anschluss (vgl. Abschnitt 7.5)?

Zur Illustration der Analyseergebnisse wurden für den vorliegenden Beitrag insgesamt 14 Gespräche ausgewählt, die in 18 Ausschnitten präsentiert werden.

Die ausgewählten Gespräche sind zum einen im Hinblick auf die in ihnen auftretenden Bewertungsinteraktionen reichhaltig, zum anderen weisen sie Bewertungspraktiken auf, die mit Blick auf das gesamte Datenkorpus[1] für den besonderen Kontext des Pausengesprächs im Theater(foyer) im Rahmen der Publikums- und Kunstkommunikation als exemplarisch erscheinen.

7.2 Bewertungen im Allgemeinen

Wenden wir uns zunächst der Frage zu, was eine Bewertung ist. Der Blick auf Forschungsliteratur zum Bewerten zeigt, dass sich eine eindeutige Bestimmung des Terminus ‚Bewertung' schwierig gestaltet. Darauf verweisen aus konversationsanalytischer Perspektive auch Goodwin & Goodwin (1987, 6) und führen an, dass der Terminus ‚Bewertung' („assessment") ein Spektrum verschiedener Aktivitäten auf analytisch zu differenzierenden Ebenen der Gesprächsorganisation umfasst. Goodwin & Goodwin (1987, 6–10) unterscheiden zwischen „assessment segment", „assessment signal", „assessment action" und „assessment activity". Bewertungen können demnach von kleineren Einheiten wie zum Beispiel evaluierenden Adjektiven („assessment segments") über größere Einheiten, die eine evaluative Aufladung auf der prosodischen oder non-vokalen Ebene anzeigen („assessment signals"), bis hin zu sprachlichen Handlungen („assessment actions") einzelner Sprecher reichen, bei denen die Bewertung den kommunikativen Sinn wesentlich konstituiert. Interaktionale Bewertungshandlungen, an denen mehrere Sprecher beteiligt sind, können wiederum prozessual als Bewertungsaktivität („assessment activity") zusammengefasst werden. Im Zuge einer Bewertungsaktivität produzieren die an ihr beteiligten Sprecher nicht nur einzelne Bewertungen („assessments"), sondern sie beobachten auch die im Rahmen der Bewertung relevanten Handlungen anderer (vgl. Goodwin & Goodwin 1987, 9). Angelehnt an diese Handlungen anderer Sprecher und die Struktur der vollzogenen Bewertungsaktivität („assessment activity") verändern sie dynamisch ihre eigenen Handlungen (vgl. Goodwin & Goodwin 1987, 9–10).[2]

---

[1] Vgl. zur ausführlichen Beschreibung der Erhebung und des Korpus Kapitel 2 und 3, i.d.B.
[2] Eine über die Differenzierung der im Rahmen einer Bewertung auftretenden Elemente hinausgehende eindeutige Bestimmung, was unter dem Terminus ‚Bewertung' zu verstehen ist, bleibt bei Goodwin & Goodwin (1987; 1992) jedoch aus.

Keller (2008) differenziert im Hinblick auf Bewertungen Geschmacksurteile[3] und evaluative Urteile: Indem Sprecher „einem Gegenstand (im weitesten Sinne) gegenüber eine billigende oder missbilligende Haltung einnehmen nach Maßgabe bestimmter Eigenschaften", fällen sie ein „evaluatives Urteil" (2008, 3, 10). Dieses evaluative Urteil ist für Keller (2008, 3) das „Ergebnis einer reflektierenden Abwägung".[4] Von solcherlei evaluativen Urteilen sind „Geschmacksurteile" abzugrenzen, die „weder den Anspruch [erheben], rational diskutierbar noch auf irgendeine Weise begründbar zu sein" und zu deren „Wahrheitsbedingungen nur der Sprecher Zugang hat" (Keller 2008, 11).

Bewertungen – entweder in Form von Geschmacksurteilen oder reflektierten, begründeten Urteilen – liegen nach Hartung (2000, 128) (Wert-)Maßstäbe zugrunde, die einen bedeutenden „Teil der sozialen Persönlichkeit" ausmachen. „Sie bestimmen das individuelle Weltbild und leiten das persönliche Handeln und bringen dadurch auch zum Ausdruck, zu welcher sozialen Gemeinschaft eine Person gehört" (Hartung 2000, 128). Diese Maßstäbe, die nicht zwangsläufig bereits im Vorhinein existieren, sondern die zum Teil erst durch gemeinsame Bewertungsaktivitäten ausgebildet werden, werden im Zuge des Bewertens nicht notwendigerweise von den an der Bewertungsinteraktion beteiligten Personen expliziert (vgl. Baldauf-Quilliatre 2012 211; Hartung 2000, 120) bzw. sind diesen oftmals nicht einmal bewusst: Alltägliche Bewertungen beruhen über weite Strecken auf gesellschaftlichen Gepflogenheiten und/oder individuellen Routinen, ihre normativen und epistemischen (Kultur-)Hintergründe sind Teil entsprechender kommunikativer Praktiken (vgl. Habscheid 2016; Kapi-

---

3 Vgl. dazu auch Knape (2016, 195, unter Berufung auf Kant).
4 Diese Auffassung von zweckrationalem Handeln (wie von Keller dargelegt) wird im Folgenden nicht geteilt. Stattdessen wird, in Anlehnung an Garfinkel (1960/2012, 56–57; Herv. im Original), davon ausgegangen, dass „die Fähigkeit von jemandem, ‚rational' zu handeln – d.h. die Fähigkeit von jemandem, *während er seine Alltagsangelegenheiten betreibt*, alternative Handlungspläne zu berechnen, zu projizieren, die Bedingungen, unter denen er den einen oder den anderen Plan verfolgt, vor dem tatsächlichen Ereignisverlauf auszuwählen, aus einer Auswahl von Mitteln aufgrund seiner technischen Effektivität einem den Vorzug zu geben und so weiter, – von der Tatsache abhängt, dass er dazu fähig sein muss, eine große Bandbreite von Merkmalen der sozialen Ordnung buchstäblich als selbstverständlich anzusehen und in sie zu vertrauen. Um das eine Zehntel seiner Situation, das wie ein Eisberg über dem Wasser liegt, rational zu behandeln, muss er fähig sein, die neun Zehntel, die darunter liegen, als unfraglich und, interessanter noch, als einen unbezweifelbaren Hintergrund von Dingen, die nachweislich relevant für seine Kalkulation sind, aber die erscheinen, ohne bemerkt zu werden, zu behandeln."

tel 3.4, i.d.B.). Da Bewertungen subjektive „Stellungnahmen" enthalten, „können sie nicht wie Tatsachenbehauptungen wahr oder falsch, sondern höchstens mehr oder weniger plausibel bzw. für bestimmte Menschen und Gruppen mehr oder weniger akzeptabel sein" (Bayer 1982, 16).

Zudem ist das, was den jeweiligen Wertzuweisungen im Rahmen des Bewertungsprozesses als Maßstab von den Bewertenden (implizit oder explizit) zugrunde gelegt wird, keineswegs starr und unwiderruflich festgelegt, sondern wird vielmehr im Rahmen von Bewertungen sowie von deren Aushandlungen aktiv hervorgebracht, beansprucht und infrage gestellt (vgl. Lindström & Mondada 2009a, 304). Bewertungen stellen also, so Goodwin & Goodwin (1992, 182), eine Möglichkeit dar, „where participants negotiate and display to each other a congruent view of the events that they encounter in their phenomenal world". In diesem Zusammenhang spielen auch das Anzeigen und Aushandeln der Gesprächsteilnehmerinnen und -teilnehmer von (an soziale Identität gebundenem) Wissen, Kompetenz und nicht zuletzt des Rechts auf Erstbewertung eine wichtige Rolle (vgl. u.a. Deppermann 2015; Goodwin & Goodwin 1987; Heritage & Raymond 2005).

Wie Bewertungen in der alltäglichen mündlichen Face-to-face-Interaktion zwischen Freunden und Familienmitgliedern produziert und ausgehandelt werden, zeigen u.a. konversationsanalytische Untersuchungen von Pomerantz (1975; 1984) und Goodwin & Goodwin (1987; 1992), die auf Daten aus dem amerikanischen Englisch[5] basieren, sowie die Untersuchung von Auer & Uhmann (1982), die sich auf deutsche Daten[6] stützt. Auf Grundlage ihres englischsprachigen Korpus stellt Pomerantz fest, dass eine Erstbewertung in vielen Fällen eine Zweitbewertung nach sich zieht. Sie unterscheidet drei Arten von gleichlaufenden Zweitbewertungen, nämlich „upgrade", „same evaluation" und

---

5 Bei ihren Ausführungen beziehen sich Goodwin & Goodwin auf Audio- und Videoaufnahmen, die bei einem Familienessen, einem Garten-Picknick und einem Telefongespräch zwischen zwei College-Studenten aufgezeichnet wurden (vgl. Goodwin & Goodwin 1987, 4–5), sowie auf Audio- und Videoaufnahmen, die bei Gesprächen zwischen zwei Frauen auf einer Nachbarschaftsparty, bei einem Telefongespräch zwischen zwei Mädchen und in einer Gruppe afroamerikanischer Kinder beim Spielen auf der Straße erhoben wurden (vgl. Goodwin & Goodwin 1992, 153). Den Datenbeispielen bei Pomerantz (1984) ist zu entnehmen, dass diese ebenfalls aus alltäglichen Interaktionssituationen („unspecified context", Kotthoff 1993, 194) stammen, allerdings wird nicht explizit auf die Datengrundlage verwiesen.
6 Vgl. Auer & Uhmann (1982, 2, Fußnote 2) für Hinweise zur Datengrundlage ihrer Untersuchung.

"downgrade" (1984, 65–70). "Upgrades" können gegenüber dem evaluierenden Ausdruck in der Erstbewertung stärker evaluierende Elemente oder einen den evaluativen Ausdruck modifizierenden Intensivierer (Pomerantz 1984, 65) umfassen. Mit einer "same evaluation" als Zweitbewertung schließt sich die Rezipientin dem Erstbewertenden an, indem der vorausgehende evaluative Ausdruck beispielsweise wiederholt oder als "second in a like series" gekennzeichnet wird (Pomerantz 1984, 66). Niveaugleiche Bewertungen ("same evaluations") können, so Pomerantz (1984, 67) – im Gegensatz zu eskalierten Bewertungen ("upgrades") – sowohl bei Übereinstimmung als auch bei Nichtübereinstimmung (z.B. als Einleitung derselben) auftreten. "Downgrades" zeichnen sich durch im Vergleich zur vorangehenden Bewertung abgeschwächte evaluative Elemente aus, werden zumeist von Verzögerungselementen begleitet und können zu einer Modifikation der Erstbewertung führen (vgl. Pomerantz 1984, 68, 70; Auer & Uhmann 1982, 4–5, 10–15). Nach Auer & Uhmann (1982, 21–24) können sich Modifikationen von Erstbewertungen sowohl durch die "Veränderung von Bewertungen" in Form einer Relativierung als auch durch die "Veränderung des zu bewertenden Referenten" äußern. In letzterem Fall werden "nur Teilaspekte des ursprünglichen Evaluandums" angesprochen, wodurch eine Veränderung des Geltungsbereichs "der beanstandeten Bewertung" erfolgt (Auer & Uhmann 1982, 22). Eine weitere Möglichkeit der Modifikation bietet das Hervorbringen von Argumenten, um die Erstbewertung zu untermauern und die Gesprächspartnerinnen und -partner doch noch zur Zustimmung zu bewegen. Nichtübereinstimmung kann laut Pomerantz (1984, 74) entweder in direktem Kontrast zur vorhergehenden Äußerung realisiert werden und beinhaltet dann "exclusively disagreement components", oder als schwache Nichtübereinstimmung[7], die der vorangegangenen Äußerung teilweise zustimmt und teilweise widerspricht. Goodwin & Goodwin (1992) stellen fest, dass Bewertungen eine wiedererkennbare, 3-schrittige Struktur aufweisen: (1) einen "peak of involvement", dem (2) "visible precursors of that peak" vorausgehen, welche von den Gesprächsteilnehmerinnen und -teilnehmern genutzt werden können, um das Erreichen des "peak of involvement" zu koordinieren, sowie (3) "procedures", die es ermöglichen, sich von diesem Zustand erhöhter gemeinsamer Beteiligung zurückzuziehen (vgl. Goodwin & Goodwin 1992, 181–182). Diese Struktur ist laut Goodwin & Goodwin (1992, 182) ausschlaggebend dafür, wie am Gespräch Beteiligte mit Äußerungen umgehen:

---

7 Wird in diesem Beitrag als "partielle Übereinstimmung" bezeichnet.

> In order to co-participate in an appropriate fashion at an appropriate moment, recipients track in fine detail the unfolding structure of the speaker's utterance, paying close attention to not only the projective possibilities made available by its emerging syntactic structure (e.g. the type of unit that is **about** to occur), but also the precise way in which it is spoken (e.g. lengthening of sounds within words and intonation changes). The detailed organization of the talk occurring within a turn thus constitutes a most important aspect of the context that participants are attending to, both to make sense out of what is happening at the moment, and as a resource for the organization of their subsequent action. (Goodwin & Goodwin 1992, 182; Herv. im Original)

So ermöglicht die Orientierung an Bewertungen als „projected social actions" (Lindström & Mondada 2009a, 300) den Beteiligten, ihre Zweitbewertung beispielsweise bereits vor der Finalisierung der noch laufenden Erstbewertung bzw. parallel zu dieser abzugeben (vgl. Goodwin & Goodwin 1992, 162–164).[8]

Auer & Uhmann (1982, 4) unterscheiden in Anlehnung an die von Pomerantz (1984) getroffene dreigliedrige Differenzierung zwei Gruppen von gleichlaufenden Zweitbewertungen, nämlich „Eskalierungen (scaling up), die die ‚Intensität' der ersten Bewertung steigern" und „Deskalierungen (scaling down), die die ‚Intensität' der ersten Bewertung verringern". Eskalierte Bewertungen „sind optimale Reaktionen auf Erste Bewertungen", indem sie „sequenzterminierend sein [...] können", Deskalierungen können, wie bereits ausgeführt, im Gegensatz dazu „als Nichtübereinstimmung bzw. Ankündigung einer Nichtübereinstimmung interpretiert werden und zum Aushandeln einer für alle Teilnehmer akzeptableren Einschätzung des Evaluandums führen, also sequenzexpandierend sein" (Auer & Uhmann 1982, 4). Zwischen Eskalierungen und Deskalierungen ordnen Auer & Uhman (1982, 4, 8) die „semantisch niveaugleichen" Zweitbewertungen ein, die sich „manchmal wie Eskalierungen" und „manchmal wie Deskalierungen [verhalten]", allerdings „die ‚Intensität' der Ersten Bewertung kaum merklich verändern". Im Gegensatz zu Pomerantz' (1984) dreigliedriger Gruppierung gleichlaufender Zweitbewertungen beschränken sich Auer & Uhmann (1982, 4–5) auf die „Zweiteilung in Eskalierung und

---

[8] Als Beispiel führen Goodwin & Goodwin (1992, 163) den folgenden Gesprächsausschnitt an:
(4) Dianne: **Jeff** made en asparagus pie
              it wz s : :**so** : **goo**:d
→ Clacia: I love it.
Zu „strategischen Vorteilen" einer zur Erstbewertung in Überlappung geäußerten Gegenbewertung vgl. Auer & Uhmann (1982, 7). Zu „anticipatory completion" vgl. Lerner (1996).

Deskalierung".⁹ Sowohl Pomerantz (1984, 63–64) als auch Auer & Uhmann (1982) stellen auf Basis ihres jeweiligen Korpus fest, dass bei einer großen Zahl von Erstbewertungen diesen zustimmende Zweitbewertungen von den Sprechern als präferiert behandelt werden. Daraus schließen Auer & Uhmann (1982, 5), dass das Vermeiden von Nichtübereinstimmung und die Präferenz[10] für Übereinstimmung „ein durchgängiges konversationelles Prinzip" darstellt. Da den Sprechern beim Abgeben einer ersten Bewertung „nur geringe Ressourcen" (Auer & Uhmann 1982, 5) zur Verfügung stehen, um einschätzen zu können, ob sich ihr Gegenüber der Erstbewertung anschließen wird oder nicht, besteht die Gefahr, dass die Erstbewertung „nicht mit einer gleichlaufenden Zweiten Bewertung quittiert wird" (Auer & Uhmann 1982, 5). Eine daraus folgende potenzielle „Diskrepanz der Meinungen" (Auer & Uhmann 1982, 5) kann zu einer Expansion der Bewertungssequenz führen.

Die vorangehend aufgeführten Studien konzentrieren sich hauptsächlich auf Bewertungssequenzen in privaten Alltagsgesprächen[11]. Wie Lindström & Mondada (2009, 302) feststellen, spielen Bewertungen jedoch auch in institutionellen Kontexten eine zentrale Rolle. Jüngere, auf Videodaten basierende und multimodale Ressourcen berücksichtigende Analysen mit Fokus auf institutionelle Settings zeigen, welche Ausprägungen Bewertungsinteraktionen im beruflichen Kontext, beispielsweise in der häuslichen Altenpflege (Lindström & Heinemann 2009), beim Autokauf (Mondada 2009) und bei der Begutachtung von Kleidungsstücken in einem Modeatelier (Fasulo & Monzoni 2009) aufweisen.

---

9 Zur ausführlichen Begründung dieser Zweiteilung sowie den Einwänden hinsichtlich der von Pomerantz vorgenommenen Dreiteilung vgl. Auer & Uhmann (1982, 29).
10 Vgl. zu Präferenzstrukturen auch Kotthoff (1993, 196), die ausführt: „[...] preference structures are preshaped by institutional requirements, which are not necessarily shared by everybody, and in turn help to create the institutional setting". Vgl. auch Ayaß (2012, 30-33), die für das ihren Untersuchungen zugrunde liegende Datenkorpus (Gespräche von Zuschauern bei der Rezeption von Fernsehsendungen) feststellt, dass – im Gegensatz zu Pomerantz' Ausführungen mit Bezug zu Alltagsgesprächen – bei der Fernsehrezeption eine Präferenz für Nichtübereinstimmung zu beobachten ist. Diese Nichtübereinstimmung bezieht sich jedoch nicht auf die Äußerung eines ko-präsenten Sprechers, sondern richtet sich an das im Fernsehen Präsentierte. Starke und direkte Nichtübereinstimmung mit dem Medientext bleibt somit ohne (soziale) Konsequenzen. In der Kommunikation unter den ko-präsenten Zuschauerinnen und Zuschauern innerhalb der jeweiligen Rezeptionsgruppe besteht hingegen, so Ayaß (2012, 32), „a dominance of concordant (agreeing) assessment sequences."
11 Vgl. Fußnoten 5 und 6 zur Datengrundlage von Goodwin & Goodwin (1987, 1992), Pomerantz (1984) sowie Auer & Uhmann (1982).

Dabei wird deutlich, dass Bewertungen sowohl den jeweiligen institutionellen Kontext mit konstituieren als auch an diesen angepasst werden (vgl. Lindström & Mondada 2009a, 304). Für Lindström & Mondada (2009a, 304, in Anlehnung an Sacks 1972) hängen damit die institutionellen Identitäten der Sprecher und die sozialen epistemischen Positionen zusammen: „In work settings, the rights to assess, as well as the epistemic authority of the assessors, are often related to professional expertise and to institutional membership categories". Kategorien und Identitäten existieren jedoch nicht von vornherein, sondern werden durch die Produktion und Aushandlung von Bewertungen von den Gesprächspartnerinnen und -partnern aktiv etabliert, beansprucht, zugeschrieben und infrage gestellt, wobei gleichermaßen Übereinstimmung und Nichtübereinstimmung angestrebt werden kann (Lindström & Mondada 2009a, 304). Sowohl auf Basis der vorangehend angeführten Untersuchungen von Bewertungen in institutionellen Kontexten als auch mit Blick auf konversationsanalytische Studien zur Fernsehrezeption (vgl. u.a. Ayaß 2012; Holly, Püschel & Bergmann 2001; Holly & Püschel 1993) sowie unter Berücksichtigung der in Abschnitt 7.4 dieses Beitrags präsentierten Ergebnisse von Bewertungen im Kontext von halböffentlichen Pausengesprächen im Raum des Theaterfoyers zeichnet sich ab, dass die von Pomerantz (1975; 1984), Auer & Uhmann (1982) sowie Goodwin & Goodwin (1987; 1992) konstatierten Bewertungsstrukturen vielmehr dem Kontext und Setting, in dem die Gespräche stattfinden, geschuldet sind, als dass von allgemeingültigen sequentiellen Strukturen der Bewertungsinteraktion die Rede sein könnte. Dass eine Präferenz für Übereinstimmung „ein durchgängiges konversationelles Prinzip" (Auer & Uhmann 1982, 5) darstellt und Nichtübereinstimmung vermieden wird, ist vor dem Hintergrund des Kontextes als ein Phänomen alltäglicher, privater, geselliger Konversation[12] zu betrachten. Auch in unserem Datenkorpus wird deutlich, dass sich die in frühen konversationsanalytischen Arbeiten dargestellten Bewertungsregularitäten je nach Kontext dynamisch verändern, und – wie Lindström & Mondada (2009a) anführen – von den am jeweiligen Gespräch Beteiligten sowohl Übereinstimmung als auch Nichtübereinstimmung präferiert werden kann (vgl. Abschnitt 7.4.3).

Wie im Zuge von Bewertungsinteraktionen das Recht auf Bewertung und epistemische Autorität von den Teilnehmerinnen und Teilnehmern im Gespräch

---

[12] Vgl. Kapitel 5, i.d.B., zu Small Talk, homileïschem Diskurs und „phatic communion" im Rahmen geselliger Interaktion.

indiziert wird und welche Auswirkungen die Berücksichtigung des Face[13] der Beteiligten im Hinblick auf das Management von Wissen und Information hat, untersuchen Heritage & Raymond (2005) auf Basis von Gesprächsdaten aus dem amerikanischen Englisch.[14]

7.3 Bewertungen im Kontext der Publikums- und Kunstkommunikation

Welche Rolle spielen nun die in Abschnitt 7.2 dargelegten Bewertungsverläufe im Kontext der Publikums-[15] und Kunstkommunikation? Greifen wir die Kommunikation über Kunst[16] als einen Teil der Publikumskommunikation[17] heraus, so zeigt sich – zumindest für die bisher primär untersuchten Gespräche vor Kunstwerken im Museum –, dass die an ihr beteiligten Personen im Zuge der Interpretation von Kunstwerken scheinbar gewissen Zugzwängen bzw. kommunikativen Aufgaben unterliegen, die von Hausendorf (2005; 2007a; 2011; vgl. auch Thim-Mabrey 2007, 105–106; Hausendorf & Müller 2016a und Kapitel 6, i.d.B.) in das Bezugnehmen, Erläutern, Beschreiben, Deuten und Bewerten aufgefächert werden. Dabei erscheint, so Hausendorf (2012, 95), vor allem das Bewerten im Kontext der Kunstkommunikation oftmals als bestimmender „Zugzwang", sich „zur Frage des Gefallens [...] irgendwie zu verhalten"[18]. Solch ein

---

13 Vgl. Goffmann (1967) sowie Lerner (1996) zum face-Konzept.
14 Für eine differenzierte Erläuterung der Ressourcen, die den Sprechern im Rahmen von Erst- und Zweitbewertungen bei Übereinstimmung zur Verfügung stehen, um epistemische Autorität anzuzeigen und auszuhandeln, vgl. Heritage & Raymond (2005, 17–22). Für den Umgang mit Wissensasymmetrien beim Management von Dissens in den Pausengesprächen im Theater(foyer) vgl. Abschnitt 7.4.3.
15 Zum Publikumsbegriff sowie zum Umgang des Publikums mit Kunst und Populärkultur vgl. Habscheid et al. (2016a).
16 Da die diesem Beitrag zugrunde liegenden Daten sowie deren Analysen die Kommunikation der Zuschauer über das Theaterstück als Kunst(produkt) fokussieren, wird im Rahmen der weiteren Ausführungen nicht auf die Kommunikation mit und durch Kunst eingegangen. Vgl. zu diesen beiden weiteren Bereichen der Kunstkommunikation u.a. Knape (2016), Filk & Simon (2010) sowie Lüddemann (2009).
17 Dass das Bewerten auch in anderen Kontexten der Publikumskommunikation eine Rolle spielt, zeigt zum Beispiel Ayaß (2012) anhand von Zuschauergesprächen bei der Fernsehrezeption.
18 Kindt (2007, 59) hält dazu fest: „Allen Gattungsvarianten [der Kommunikation über Kunst, C.H.] ist jedoch ein Aufgabenkatalog gemeinsam, der aus den drei Aufgabenkomplexen Sach-

Zugzwang ist, so Kindt (2007, 57), auch daran erkennbar, dass „Kommunikationen über Kunst häufig mit einer pauschalen Vorwegbewertung beginnen und mit einer zusammenfassenden Abschlussbewertung enden" (vgl. auch Bruder & Ucok 2000, 341). Die Bewertungen können jedoch als Produkte eines gemeinsam hervorgebrachten Aushandlungsprozesses „schnell an Festigkeit verlieren [...], wenn sie auf andere, vielleicht gegründeter erscheinende Urteile treffen" (Klotz 2007, 77, in Anlehnung an Hausendorf 2005). So kann es beim gemeinsamen Bewertungsprozess zu zwischen den Rezipientinnen und Rezipienten divergierenden Bewertungen kommen, die deutlich machen, „dass unterschiedliche Erwartungen an Kunst gerichtet" und „unterschiedliche Bewertungsstrategien" angewendet werden; „je nach Vorerfahrungen und persönlichen Interessen" werden „jeweils andere Bewertungsdimensionen relevant", „in unterschiedlichem Maße Emotionalisierungstechniken" eingesetzt und „Bewertungen durch mehr oder weniger plausible Argumentationen" begründet (Kindt 2007, 57). Inwieweit Bewertungen überhaupt begründet werden, ist laut Kindt (2016, 214) davon abhängig, ob die am Gespräch Beteiligten eine „rationale Diskussion über Kunst" oder „eine emotionale Exaltation" anstreben, bei der eine explizite Begründung der Bewertung von den Gesprächsteilnehmerinnen und -teilnehmern nicht beabsichtigt ist.[19] Vor dem Hintergrund des „hohen Imagewert[s] von Kunst" (Kindt 2007, 68; vgl. auch Hrncal & Gerwinski 2015, 58 und Müller & Kluwe 2012a, 5) ist mit der Divergenz „persönliche[r] Geschmacksurteile unter den Beteiligten" zudem die Gefahr verbunden, sich „ge-

---

verhaltensdarstellung, fakultative Interpretation und Bewertung besteht [...]. Dabei bildet die Darstellung bzw. die Kenntnis einschlägiger Sachverhalte über die jeweiligen Kunstgegenstände und/oder über zugehörige Verarbeitungsprozesse eine sachlogisch kanonische Voraussetzung für Interpretation und Bewertung. Außerdem bauen Bewertungen häufig auf vorausgehende Interpretationen auf." Thim-Mabrey (2007, 104) kommt auf der Basis von Analysen schriftlicher Konzertkritiken zu dem Ergebnis, „dass vielfach in einer gewählten Benennung oder in dem Versuch einer Beschreibung Bewertungen mehr oder weniger gewollt mitschwingen". Vgl. auch Hausendorf (2007a, 34).
19 Vgl. dazu auch Kindt (2007, 65): „Bei der Bewertungsaufgabe ist die Problematik unzulänglicher Begründungen noch gravierender [als bei Interpretationen, C.H.]. Dies hängt mit der Uneinheitlichkeit der Bewertungsresultate und ihrer negativen Konsequenzen zusammen. Vor einer kritischen Analyse der Bewertungen für einen Kunstgegenstand muss jedoch gefragt werden, ob und inwieweit die betrachtete Kommunikation überhaupt das Ziel hat, rational begründbare Urteile zu fällen, oder ob es nur darum geht, Kommunikationspartner am eigenen emotionalen Erleben teilhaben zu lassen und sich an der Gemeinsamkeit von Gefühlen zu begeistern."

sellschaftlich [zu] blamieren [...] als jemand, der nicht ‚dazu gehört'" (Hausendorf 2005, 101; vgl. auch Filk & Simon 2010a, 29). Das bedeutet, dass Kunstkommunikation, so Hausendorf (2012, 95), stets auch mit dem „Einnehmen einer bestimmten sozialen Position" verbunden ist, und „diese Positionierung typischerweise im Rahmen des Bewertens" von den Beteiligten vorgenommen wird.

Festzuhalten bleibt, dass die gemeinsame Kommunikation „vor Kunstwerken durch eine Vielfalt an Perspektiven gekennzeichnet [ist], die die Teilnehmer durch ihre Handlungen und Interaktionen miteinander in Einklang zu bringen versuchen" (vom Lehn & Heath 2007, 165). Die Perspektivenvielfalt „bleibt [aber] keineswegs für die Dauer einer Interaktionssequenz fixiert", sondern unterliegt im Zuge der „Interaktion vor den Werken fortlaufend[er]" Veränderung (vom Lehn & Heath 2007, 165). Die Aneignung von Kunst (im Museum) vollzieht sich also nicht etwa, wie Schwanitz (1999) es behauptet[20], schweigend vor dem betrachteten Objekt, sondern wird „auch im Rahmen anwesenheitsgebundener Kommunikation mit anderen" (Hausendorf & Müller 2016a, 27) als „joint production" (vgl. Schwitalla 1993, 68) gemeinsam aktiv vor dem Kunstwerk hervorgebracht.[21]

Die gemeinsame interaktive Aneignung von Kunst(werken) geschieht allerdings nicht nur im Zuge der vorangehend vorgestellten Kommunikation vor (statischen) Kunstwerken (wie z.B. einem Gemälde), sondern ebenso auch im Rahmen von Gesprächen unter Rezipientinnen und Rezipienten performativer Kunst – in diesem Fall im Theater, dem „Ort schlechthin, an dem die Kommunikation der Gesellschaft sich der Kommunikation der Gesellschaft präsentiert" (Baecker 2005, 14)[22]. Dabei wird, wie Hrncal & Gerwinski (2015) zeigen, im Anschluss an die Rezeption eines Theaterstücks dieses nicht nur hinsichtlich der performativen Kunst bewertet. Anknüpfend an und angestoßen durch das ästhetisch Vorgestellte werden Bewertungen von Einzelaspekten und des Theaterstücks in Gänze auch auf die Ebene gesellschaftlicher Sachverhalte außerhalb

---

20 „Der Diskurs der Kunst ist für den Bildungsbeflissenen am leichtesten zu erlernen. Man schweigt. Der Ort dieses Schweigens ist das Museum. [...] Das Schweigen signalisiert Ergriffenheit. Im Grunde verhält man sich so wie in der Kirche: Man versinkt in Andacht vor den heiligen Bildern" (Schwanitz 1999, 405).
21 Vgl. Knape (2016, 221–222) zur sozialen Funktion von Kunst und dem „Aushandeln von Werteordnungen" im Rahmen der Kommunikation über Kunst, die er als „konversationale Kunstkommunikation" bezeichnet.
22 Vgl. auch Hausendorf & Müller (2016a, 14, in Anlehnung an Habermas 1962/2006).

des Theaters übertragen (vgl. auch Linz, Hrncal & Schlinkmann 2016).[23] Welche Rolle Rekonstruktionen spielen, um Bewertungen und deren Übertragung auf die Ebene gesellschaftlicher Sachverhalte zu ermöglichen, zeigt Schlinkmann (vgl. Kapitel 8, i.d.B.).

7.4 Bewertungen in Pausengesprächen im Theater(foyer)

Wie bereits angeführt, ist das Bewerten eine zentrale kommunikative Aufgabe bei der gemeinsamen Interpretation von Kunst(werken) in Gesprächen zwischen Kunstrezipientinnen und -rezipienten. Auch das Datenkorpus zu Pausengesprächen unter Theaterzuschauerinnen und -zuschauern zeigt, dass Bewertungen ebenso in der Kommunikation im Anschluss an die Rezeption eines Theaterstücks in hohem Maße von den am Gespräch Beteiligten relevant gesetzt werden. An diese Beobachtung anknüpfend wird im folgenden Abschnitt den Fragen nachgegangen, zu welchem Zeitpunkt im Gespräch die erste Bewertungsinteraktion von den Beteiligten initiiert und auf welche Arten der Initiierung dabei zurückgegriffen wird.

7.4.1 „und?" – Einstiege in die Bewertungsinteraktion

Bezüglich der Frage, wann der Einstieg in die erste Bewertungsinteraktion erfolgt, können mit Blick auf das Datenkorpus typischerweise zwei Zeitpunkte festgehalten werden: Die Initiierung einer Bewertungssequenz kann zum einen mit dem Gesprächsbeginn zusammenfallen oder unmittelbar, nachdem die Aufnahmegeräte eingeschaltet wurden, erfolgen. Zum anderen kann sie an eine (Vorlauf-)Phase anschließen, in der die Voraussetzungen für das Gespräch sowie Aspekte des Settings thematisiert werden (beispielsweise die Aufnahmesituation[24], die Verständigung über den Ort, an dem das Gespräch fortgesetzt werden soll, das Wiedererkennen von Schauspielerinnen und -schauspielern, der Verweis auf räumliche Gegebenheiten der Spielstätte usw.). Unabhängig vom Zeitpunkt der Initiierung werden die Einstiege in eine Bewertungssequenz

---

[23] In den Gesprächen treten neben Bewertungen des Theaterstücks auch Bewertungen auf, die sich auf die Situation des Pausengesprächs im Foyer, zum Beispiel andere Besucher, beziehen. Zu „setting talk" vgl. Maynard (1980).
[24] Vgl. Kapitel 4, i.d.B.

von den am Gespräch Beteiligten realisiert, indem sie selbstinitiativ eine erste Bewertung abgeben (Ausschnitt 5 bis 7) oder indem sie von ihrem Gegenüber explizit eine erste Bewertung oder Stellungnahme einfordern (Ausschnitt 1 bis 4), wobei der Grad der Spezifizierung variieren kann (z.B. „und?" vs. „und? wie findes_du_s" usw.). Die nachfolgend angeführten Ausschnitte 1 bis 4 zeigen beispielhaft, wie jeweils ein Sprecher die Bewertungsinteraktion initiiert, indem er die anderen Sprecher zu einer Stellungnahme auffordert.

Das folgende Gespräch (Ausschnitt 1) zwischen Ina und Finn, einem Ehepaar, findet in der Pause des Theaterstücks „Der Streik"[25] statt, in dem es um die wirtschaftliche Entwicklung der USA in den 1950er Jahren geht. Ina ist zum Zeitpunkt der Aufnahme im neunten Monat schwanger. Das Gespräch beginnt, indem Ina auf ihre besondere Situation und damit verbunden auf ihren aktuellen körperlichen Zustand[26] verweist, was wiederum von Finn kommentiert wird. Ina und Finn verlassen den Theatersaal, klären auf dem Weg ins Theaterfoyer, ob Finns Aufnahmegerät läuft und beschließen, sich ein Getränk zu holen. Ina initiiert im Anschluss daran die Bewertungsinteraktion:

Ausschnitt 1: „und? wie FINdes_du_s"[27]

```
069   Ina:    und?
070           (3.8)
071   Ina:    wie FINdes_du_s-
072           (0.3)
073   Finn:   °hh äh:m_ja GUT.
074           (1.3)
075   Ina:    ((Lachansatz))
076           ((laute Hintergrundgeräusche))
077   Finn:   ab und zu ein bisschen SCHWIErig zu-
078           (1.1)
079   Finn:   so richtig zu verSTEHN find ich.
080           (0.3)
```

---

25 Vgl. Kapitel 2, i.d.B.
26 Vgl. zu Verweisen von Sprechern auf Aspekte des lokalen Kontexts („local sensitivity") in Konversationen Erickson (1982) sowie Bergmann (1990).
27 Köln_14-05-10_DerStreik_Gr.1.

Ina fordert Finn mit ihrer nicht näher spezifizierten (Ein-Wort-)Frage „*und?*" (Z. 69) zu einer Stellungnahme auf, die jedoch vorerst ausbleibt. Mit der spezifischeren Formulierung „*wie FINdes_du_s-*" (Z. 71) fordert Ina daraufhin explizit eine Bewertung von Finn ein, ohne den Bewertungsgegenstand („*es*") näher auszuführen. Nach kurzem Zögern („*°hh äh:m*") und dem Vorlaufelement „*ja*" liefert Finn dann mit dem evaluierenden Adjektiv „*GUT*" ohne weitere Beschreibungen oder Begründungen in Zeile 73 die von Ina eingeforderte Bewertung, die von dieser mit Lachen[28] (Z. 75) quittiert wird. Im Anschluss daran schränkt Finn seine positive Bewertung mit einer dreifach gehedgten Äußerung („*ab und zu ein bisschen SCHWIErig zu- (1.1) so richtig zu verSTEHN*"), die er zudem explizit subjektiv perspektiviert („*find ich*", Z. 77–79), vorsichtig ein und verweist damit auf entweder akustisch oder kognitiv bedingte Verständnisschwierigkeiten, ohne eine (explizite) Bewertung hinsichtlich der Qualität zu liefern.

Das Gespräch (Ausschnitt 2) zwischen Titus und Vanessa ereignet sich im Anschluss an das Theaterstück „Die Lücke"[29], in dem es um den Nagelbombenanschlag der rechtsextremen terroristischen Vereinigung „Nationalsozialistischer Untergrund" (NSU) in der Kölner Keupstraße im Jahr 2004 geht. Das Gespräch beginnt mit der Vergewisserung, ob das Aufnahmegerät tatsächlich eingeschaltet ist. Der Einstieg in die erste Bewertungssequenz erfolgt nach einer minimalen Vorlaufphase, in der die Aufnahmesituation thematisiert wird:

Ausschnitt 2: „war schon KRASS"[30]

```
002   Titus:      jou es KLAPPT;
003   Vanessa:    (alles/es) LÄUFT;
004               (1.5)
005   Vanessa:    und?
006   Titus:      ja es [war schon KRASS also hehehe]
007   Vanessa:          [(sagste) als äh am SCHLUSS,]
```

Wie bereits im vorherigen Beispiel wird auch in diesem Ausschnitt die erste Bewertungssequenz des Gesprächs mit einer nicht näher spezifizierten (Ein-

---

[28] Der Audioaufnahme ist nicht eindeutig zu entnehmen, ob es sich um einen Lachansatz oder um ein Husten handelt.
[29] Vgl. Kapitel 2, i.d.B.
[30] Köln_14-07-03_DieLücke_Gr.2.

Wort-)Frage („*und?*", Z. 5) initiiert, die Titus dann auch, gefolgt von einem Lachen, in Form einer Bewertung beantwortet („*ja es war schon KRASS also hehehe*", Z. 6), ohne dass Vanessa nochmals nachhaken muss. Bei Titus' Erstbewertung bleibt uneindeutig, worauf er sich mit „*es*" bezieht und in welcher Art und Weise er etwas als „*KRASS*"[31] empfunden hat. Auffällig ist zudem, dass Vanessa Titus zwar zuerst zu einer Stellungnahme auffordert, zugleich aber in Überlappung mit Titus' Bewertung ihre Aufforderung mit „*(sagste) als äh am SCHLUSS*" (Z. 7) spezifiziert und somit den Fokus auf den Schluss des Theaterstücks richtet.

Im folgenden Ausschnitt (3) unterhalten sich Anna, Pascal, Annalena und Jasmin im Anschluss an das Theaterstück „Verrücktes Blut"[32], das Migration, Bildung und Integration thematisiert. Der Gesprächsausschnitt beginnt, nachdem die Gruppe beschlossen hat, den Theatersaal zu verlassen und sicherstellt, dass die Aufnahmegeräte laufen:

Ausschnitt 3: „das Ende war (.) verwirrend"[33]

```
027   Anna:        hat_s euch geFAL[len?]
028   Pascal:                     [mh- ]
029                warum durfte lena denn ihre JAcke
                   behalten.
030   Annalena:    ((lacht))
031   Pascal:      (.) hm?
032   Anna:        ja weiß ich AU
                 ₁[nich.==lena hatte die ja]
033   Annalena:  ₁[(weil ich) SCHLAU war.  ]
034   Anna:      ₂[<<lachend>cke in der TA>sche drin.]
035   Jasmin:    ₂[(aber) deine große TAsch         ]e
                   mitgenommen hast?
```

---

31 Die Uneindeutigkeit der Bewertung hängt in diesem Fall damit zusammen, dass „krass" nicht eindeutig negativ oder positiv konnotiert ist. Vgl. dazu auch den Duden-Eintrag (Bedeutungsübersicht) zu „krass": „1. in seiner Art besonders extrem; 2.a. (besonders Jugendsprache) in begeisternder Weise gut, schön; 2.b. (besonders Jugendsprache) schlecht, furchtbar" (http://www.duden.de/rechtschreibung/krass, 22.07.2016).
32 Vgl. Kapitel 2, i.d.B.
33 Siegen_14-10-26_VerrücktesBlut_Gr.2.

```
036                    (1.0)
037   Kommentar:       ((Alle gehen in das untere Foyer))
038   Anna:            hat_s euch geFALlen?
039   Jasmin:          JA_a:-
040   Pascal:          JOA_a-
041   Annalena:        [+++.     ]
042   Pascal:          [das ENde] war-
043                    verWIRrend.
044   Anna:            ja::-
045                    aber ich glaub das war schon EXtra so.=
046                    =dass DAS äh_äh-
047                    °h verwirrend geMACHT war-
048                    h° °h h°
049   Annalena:        ich fand_s geneRELL-
050   Anna:            ₁[((raschelt am Mikrofon))                    ]
051   Annalena:        ₁[irgendwie zwischendurch so_n bisschen]
                       ₂[(+++ verWIRRT)?]
052   Pascal:          ₂[ZIEMlich-     ]
053   Annalena:        Aber-
054   Anna:            ((raschelt am Mikrofon))
055   Annalena:        so im ENDeffekt-
056                    eigentlich ganz (.) GUT-
```

Anna initiiert in Zeile 27 die Bewertungsinteraktion, indem sie die anderen Gruppenmitglieder mit der geschlossenen, Übereinstimmung präferierenden Frage „*hat_s euch geFALlen?*" explizit zu einer Bewertung auffordert. Pascal reagiert darauf mit einem Zögern (Z. 28) und vollzieht einen Themenwechsel, indem er fragt, warum „*lena denn ihre JAcke behalten*" (Z. 29) durfte.[34] In den darauf folgenden Turns (Z. 32-36) gehen die Beteiligten weiter auf Lenas Tasche und die sich darin befindende Jacke ein. Nachdem die Gruppe das Theaterfoyer erreicht hat, erneuert Anna mit der Wiederholung ihrer Frage „*hat_s euch ge-FALlen?*" (Z. 38) ihre Aufforderung zu einer Bewertung und markiert die von ihr zu Beginn des Ausschnitts erfragte Bewertung somit als von den anderen Betei-

---

[34] Vermutlich nimmt Pascal an dieser Stelle die Namensgleichheit einer im Stück dargestellten Figur und seiner Gesprächspartnerin zum Anlass, um eine scherzhafte Sequenz zu initiieren.

ligten in nicht ausreichendem Maße geliefert (vgl. Goodwin & Goodwin 1987, 17). Im Gegensatz zu Annas erstem Initiierungsversuch, der von den am Gespräch Teilnehmenden genutzt wurde, über eine spezielle Situation zu scherzen[35], hat ihr zweiter Versuch mehr Erfolg: Pascal, Annalena und Jasmin kommen der wiederholten Aufforderung zur Bewertung nach. Auf Jasmins und Pascals zustimmendes „JA_a:" (Z. 39) bzw. „JOA_a" (Z. 40) folgt Pascals kurze Einschätzung zum Ende des Theaterstücks („das ENde war- verWIRrend", Z. 42/43). Anna stimmt Pascal zu (Z. 44), schränkt ihre Zustimmung durch ihre Vermutung (Z. 45) jedoch nachfolgend ein, indem sie die Absicht der Beteiligten ins Spiel bringt und damit erstens eine implizite positive Bewertung abgibt und zweitens Pascals Einschätzung als negative Bewertung behandelt („aber ich glaub das war schon EXtra so", Z. 45)[36]. Annalena beginnt in Zeile 49 eine vermeintliche Globalbewertung, fährt dann aber einschränkend mit „irgendwie zwischendurch so_n bisschen" (Z. 51) fort und kommt schließlich zu dem wiederum allgemeineren Geschmacksurteil, dass das Theaterstück „so im ENDeffekt eigentlich ganz (.) GUT" (Z. 55/56) war.

Als letztes Beispiel für einen Einstieg in die erste Bewertungssequenz durch eine explizite Einforderung soll der folgende Ausschnitt (4) zwischen Elfriede, Imke, und Mandy dienen. Die drei Gesprächsteilnehmerinnen unterhalten sich in der Pause zwischen den beiden Teilen des Theaterstücks „Alle sieben Wellen"[37], in dem die E-Mail-Beziehung eines Paares thematisiert wird. In diesem Beispiel ist der Einstieg in die erste Bewertungssequenz gleichzeitig der Beginn des Gesprächs:

Ausschnitt 4: „vom sit hocker gehaun"[38]

```
001    Elfriede:   Okay.
002                na (.) HAT_S euch vom sit-
003                (0.4)
004                HOcker gehaun?
005                (0.3)
```

---

35 Vgl. zu scherzhaften Sequenzen in den Pausengesprächen im Theater(foyer) im Rahmen von Small Talk Kapitel 5, i.d.B.
36 Diese Deutung liegt auch aufgrund der vorangegangenen expliziten Bewertungsaufforderung durch Anna nahe.
37 Vgl. Kapitel 2, i.d.B.
38 Siegen_15-01-14_AlleSiebenWellen_Gr.2.

```
006                 ne?
007                 (1.0)
008                 hmhm?
009                 (0.4)
010                 ja?
011                 (0.3)
012   Mandy:        HA !O:AH!.
013   Elfriede:     (.) ha ha h° (.) war schon
014                 (0.2)
015                 interesSANT=ne?
```

Unmittelbar zu Beginn des Gesprächs initiiert Elfriede durch ihre ironische Nachfrage „*na (.) HAT_S euch vom sit- (0.4) HOcker gehaun?*" (Z. 2–4) eine Bewertungssequenz. Auf eine nonverbale Reaktion ihrer Gesprächspartnerinnen als Antwort auf ihre Nachfrage könnte die nach einer kurzen Pause angeschlossene Fragepartikel „*ne?*" (Z. 6) hindeuten. Nach einer weiteren Pause fordert Elfriede durch ihre Nachfragen „*hmhm?*" (Z. 8) und „*ja?*" (Z. 10) weitere Bestätigungen der vermutlich nonverbalen Reaktionen ihrer Gesprächspartnerinnen ein. Im Anschluss an Mandys affektive Vokalisation (vgl. Hartung 2000, 124, in Anlehnung an Scherer 1977, 203) in Zeile 12 äußert Elfriede selbst eine Stellungnahme (Z. 13), die durch das Adjektiv „*interesSANT*" hinsichtlich der Qualität des Theaterstücks offen bleibt. Die durch die Fragepartikel „*ne*" (Z. 13) relevant gesetzte Reaktion der anderen Beteiligten bleibt allerdings aus. Stattdessen schließt sich an die von Elfriede eingeleitete Bewertungssequenz eine Sequenz an, in der die Beteiligten über das Bedienen der Aufnahmegeräte sprechen.

Anders als in den vorangegangenen Ausschnitten (1 bis 4), die mit einer Aufforderung zu einer Bewertung beginnen, erfolgen die Einstiege in die erste Bewertungssequenz des Gesprächs in den folgenden Ausschnitten (5 bis 7) mit dem Vollzug einer Bewertung. Betrachten wir dazu zunächst das Gespräch (Ausschnitt 5) zwischen Marina, Christine und Sven, das sich ebenfalls in der Pause des Theaterstücks „Alle sieben Wellen" ereignet. Auch in diesem Beispiel fällt der Einstieg in die Bewertungsinteraktion mit dem Gesprächsbeginn zusammen:

Ausschnitt 5: „VOLL die gute !LEI!stung"[39]

```
001   Marina:      oh VOLL gu:t-
002                ((Musik der letzten Szene des ersten
                   Teils läuft weiter))
003   Marina:      die inszeNIErung.
004                (1.1)
005   Marina:      ja:-
006                (0.6)
007   Marina:      Aber_ich-
008                (1.1)
009   Marina:      habt ihr schon AN?
010   Christine:   (ja_JA-) (je) (.) (jetzt JETZT).
011                (1.1)
012   Marina:      also ich fands RICHtig gut und_ef-
013                ich hätte nich erwartet dass es nur zu
                   ZWEIT also-
014                komPLETT durchgehend ist.=ne-
015   Sven:        <<lachend> ja> das hatten wir AUCH nich-
016                also ICH nich er[(wartet.)]
017   Marina:                      [ja:-     ]
018   Christine:   (ERSTmal nich-)
019   Marina:      Aber_äh-
020                VOLL die gute !LEI!stung.
```

Das Gespräch beginnt mit einer expliziten Bewertung Marinas in Zeile 1. Auffällig ist, dass Marina zuerst den Intensivierer *„VOLL"*, gefolgt vom evaluierenden Adjektiv *„gu:t"* äußert, bevor sie mit der nachgeschobenen Spezifizierung *„die inszeNIErung"* (Z. 3) das Objekt und den Bezugsrahmen ihrer Bewertung verdeutlicht. In Zeile 7 scheint Marina mit *„Aber_ich-"* ihre vorangehend positive Globalbewertung einschränken zu wollen, bricht ihre Ausführungen jedoch ab und fragt die anderen Beteiligten, ob sie ihre Aufnahmegeräte bereits eingeschaltet haben. Als Christine dies bejaht, fährt Marina in Zeile 12 mit ihrer positiven Bewertung fort (*„also ich fands RICHtig gut und_ef-"*) und verbalisiert durch *„ich hätte nich erwartet dass es nur zu ZWEIT also- komPLETT durchge-*

---

[39] Siegen_15-01-14_AlleSiebenWellen_Gr.1.

hend ist.=ne-" (Z. 13–14) implizit ihre (nicht erfüllten, aber dadurch nicht zu einer negativen Bewertung führenden) Erwartungen an das Theaterstück. Sven stimmt Marinas Ausführungen zu, indem er für sich und Christine als Paar (*„wir"*, Z. 15) spricht, seine Äußerung jedoch im weiteren Verlauf als klar subjektiv perspektiviert und einzig auf sich als Kommentierenden einschränkt (*„also ICH nich"*, Z. 16)[40]. Marina quittiert dies mit einem *„ja:"* (Z. 17) und auch Christine schließt sich Svens Äußerung an (*„ERSTmal nich"*, Z. 18). In Zeile 19–20 initiiert Marina einen Fokuswechsel von der Qualität der Inszenierung hin zur Qualität der schauspielerischen Leistung und bewertet auch letztere explizit positiv (*„Aber_äh- VOLL die gute !LEI!stung."*).

Der folgende Gesprächsausschnitt (6) (vgl. Habscheid 2016, 128–130) zwischen Viktoria und Donata findet im Anschluss an das von ihnen besuchte Theaterstück „Brain and Beauty"[41] statt, in dem es um Schönheitsoperationen geht. Nach dem Schlussapplaus fordert Viktoria Donata zum Verlassen des Theatersaals auf, woraufhin Donata Viktoria fragt, ob sie *„noch mal RAUSgehn"* (Z. 5) sollen. Im Anschluss daran initiiert Donata die Bewertungsinteraktion, indem sie eine erste Bewertung äußert.

Ausschnitt 6: „ich hätt ja gern noch EINzelapplaus. geHABT."[42]

```
001    Viktoria:     so.
002                  (0.3)
003    Viktoria:     jetz KOMM.
004                  (5.1)
005    Donata:       sollen wir noch mal RAUSgehn?
006                  (0.4)
007    Donata:       KOMM.
008                  (1.9)
```

---

40 Vgl. dazu auch Lerner (1996, 305, Herv. im Original): „For example, speaking for oneself (as animator *and* as author/owner of an utterance) seems to be preferred over speaking for another participant (as animator but *not* as author/owner of an utterance), in the sense that voicing a coparticipant's experiences, actions or viewpoints is recognizably a second alternative to that coparticipant's speaking on his or her own behalf, whereas voicing one's own experiences and the like is not ordinarily an alternative to anything."
41 Vgl. Kapitel 2, i.d.B.
42 Köln_14-04-22_BrainAndBeauty_Gr.1.

```
009   Viktoria:   °hh OH mann- °hh
010               (5.3)
011   Viktoria:   uah-
012               (0.3)
013   Donata:     ich hätt ja gern noch EINzelapplaus.
014               geHABT.
015               (0.9)
016   Donata:     für diese einzelnen DARsteller?=da warn
                  ja so_n paar wirklich S[Uper    ] ne?
017   Viktoria:                          [ja_JA.]
```

Donata nimmt mit ihrer Äußerung, dass sie „gern noch EINzelapplaus" (Z. 13) gehabt hätte „für diese einzelnen DARsteller", von denen „so_n paar wirklich SUper" (Z. 16) waren, die Leistung der Darsteller in den Blick und bewertet diese explizit als positiv, ohne weiter auszuführen, welche einzelnen Darsteller sie meint. Viktoria reagiert auf Donatas Erstbewertung mit einer Zweitbewertung in Form einer Zustimmung („ja_JA", Z. 17), die sie in Überlappung mit Donatas evaluierendem Adjektiv „SUper" (Z. 16) äußert, bevor Donata ihre Bewertung mit der geteiltes Wissen unterstellenden Partikel „ja" (Z. 16) sowie mit der eine Rezipientenreaktion einfordernden Fragepartikel „ne?" (Z. 16) (vgl. Heritage & Raymond 2005; Fetzer 2000; Goodwin & Goodwin 1992, 162–164) abgeschlossen hat. Sowohl die in Überlappung mit Donata produzierte Zweitbewertung Viktorias als auch die Tatsache, dass sie keine Konkretisierung der in Donatas Bewertung auftretenden Uneindeutigkeit der Referenzen[43] („diese einzelnen DARsteller", „so_n paar", Z. 16) einfordert, lässt darauf schließen, dass Viktoria entweder Donatas Bewertung bereits projiziert hat (vgl. Goodwin & Goodwin 1987, 25) oder dass in der vorliegenden geselligen Konversation im Rahmen des Pausengesprächs eine Konkretisierung der angedeuteten Referenzen nicht nötig ist (vgl. Linz, Hrncal & Schlinkmann 2016). Die durch Donata initiierte Bewertungssequenz, die die schauspielerische Leistung als Teilaspekt des Theaterstücks zum Gegenstand der Bewertung macht, wird von Viktoria durch eine Zweitbewertung in Form von Zustimmung abgeschlossen.

Im nachfolgenden Ausschnitt (7) aus einem Gespräch zwischen Gudrun und Susanne in der Pause des Theaterstücks „Der Kaufmann von Venedig"[44] erfolgt

---

[43] Vgl. Deppermann (2015, 8) zur Wahl von Referenzformen im Rahmen des *recipient design*.
[44] Vgl. Kapitel 2, i.d.B.

der Einstieg in die Bewertungsinteraktion, nachdem eine der Gesprächspartnerinnen die Größe der Bühne und das Bühnenbild kommentiert hat.

Ausschnitt 7: „im grunde KEIne requisiten"[45]

```
103   Gudrun:    hast du son theaterstück schonmal gesehen
                 mit so ner RIEsigen [langen] [bühne-    ]
104   Susanne:                       [nä:   ] [mit so ner]
                 LANGen hab ich noch nie [(gesehen)]
105   Gudrun:                            [und      ] im
                 grunde KEIne requisiten außer zwei-
106   Susanne:   ja-
107   Gudrun:    SOfas-
108              (3.4)
109   Susanne:   ja ich finds auch COOL dass_es_so::.
110              (0.6)
111   Susanne:   mit MUsical:.
112              (0.4)
113   Susanne:   QUA:si (.) elementen ist.
114              (des_ist) SCHON:-
115              (0.7)
```

Susanne gibt in Zeile 109 mit „*ja ich finds auch COOL dass_es_so::. (0.6) mit MUsical:. (0.4) QUA:si (.) elementen ist.*" (Z. 109–113) eine erste Bewertung ab, die sie zusätzlich durch „*ich finds*" als subjektiv kennzeichnet. Die Bewertung Susannes ist ein Indiz dafür, dass sie Gudruns Frage in Zeile 103 als Aufforderung zur Bewertung bzw. ihre Beschreibung der Bühne nachträglich als Bewertung deutet. Mit ihrer Bewertung wendet sich Susanne von dem von Gudrun in den Blick genommenen Aspekt des Bühnenbilds ab und fokussiert die Inszenierung des Theaterstücks („*dass_es_so::. (0.59) mit MUsical:. (0.41) QUA:si (.) elementen ist.*", Z. 109–113). Ihr nachgesetztes „*(des_ist) SCHON:*" (Z. 114) projiziert zwar eine Expansion ihrer Bewertung, Susanne führt diese allerdings nicht weiter aus.

---

45 Köln_14-05-17_DerKaufmann_Gr.2.

Die in diesem Abschnitt exemplarisch für das Gesamtkorpus angeführten Gesprächsausschnitte (1 bis 7) zeigen, dass Einstiege in initiale Bewertungssequenzen von den Gesprächsbeteiligten im bereits angeführten Kontext entweder als Ein-Wort-Frage („*und?*"), als näher spezifizierte offene Frage („*und? wie FINdes_du_s-*"), als geschlossene Frage („*hat_s euch geFALlen?*") oder als ironisierte geschlossene Frage („*na (.) HAT_S euch vom sit- (0.38) HOcker gehaun?*") sowie durch eine selbstinitiative Erstbewertung realisiert werden und an verschiedenen Zeitpunkten im Gespräch erfolgen können. Ebenso sind die Ausschnitte Beispiele für die Beobachtung, dass in den Pausengesprächen im Theater(foyer) das Bewerten des Theaterstücks von den Sprechern als eine zentrale Aufgabe behandelt und von ihnen offensichtlich als geteilte Praxis vorausgesetzt wird.[46] Dies ist unter anderem daran festzumachen, dass der Einstieg in die Bewertungsinteraktion bei einem Großteil der Gespräche mit dem Einstieg in das Pausengespräch zusammenfällt (oder zumindest im Anschluss an die – der Aufnahmesituation geschuldeten – gegenseitige Absicherung der funktionierenden Aufnahmegeräte und/oder im Anschluss an die Aushandlung des anvisierten Zielortes beim Verlassen des Theatersaals). Dass dem Bewerten im vorliegenden Kontext in der Perspektive der Beteiligten ein hoher Stellenwert zukommt, zeigt sich nicht nur an der Art des Einstiegs, sondern auch an den Reaktionen der Gesprächspartnerinnen und -partner (beispielsweise mit einer ersten Bewertung als Antwort auf die offene Ein-Wort-Frage „*und?*" oder mit einer Zweitbewertung als Reaktion auf eine Erstbewertung).

7.4.2 „ja das STIMMT. ganz OHne ist (das !NICH!)." – Verläufe der Bewertungsinteraktionen

Im vorangehenden Abschnitt (7.4.1) wurde der Stellenwert von Bewertungen als eine den Pausengesprächen im Theater(foyer) durch die an ihnen Beteiligten zugeschriebene zentrale Aufgabe aufgezeigt. Anknüpfend an die Betrachtung von Einstiegen in die Bewertungsinteraktion stehen in diesem Abschnitt (7.4.2) der weitere Verlauf von Bewertungsinteraktionen sowie dessen spezifische Ausprägungen im Mittelpunkt. Es wird vor dem Hintergrund der in Abschnitt 7.2 angeführten konversationsanalytischen Studien den Fragen nachgegangen,

---

46 Und zwar unabhängig davon, ob die Aufnahmesituation an der Stelle für die Beteiligten eine Rolle spielt oder nicht (vgl. auch Kapitel 4, i.d.B.).

welche thematischen sowie sequenziellen Verläufe die in diesem Beitrag präsentierten Bewertungsinteraktionen aufweisen und wie die am Gespräch Beteiligten im Zuge der Bewertungsinteraktion Bewertungen gemeinsam produzieren, aushandeln und gegebenenfalls transformieren, indem sie Bewertungsgegenstände durch intradiegetische[47] Verweise auf der ästhetisch-performativen Ebene („*das äh (.) BÜHnenbild find ich hier SUper klasse*", vgl. Ausschnitt 9) und auf der globalen Ebene des Theaterstücks („*aber isch gut geMACHT gell*", vgl. Ausschnitt 10) oder durch extradiegetische Verweise auf einer allgemeinen, gesellschaftlichen Ebene („*also ich habe in gewissen BILdern- (0.7) leute der GEgenwart- (0.7) geSEhen. (0.5) im verHALtensmuster. (1.0) geNAU so:- (0.5) arroGANT. =überHEBlich.*", vgl. Ausschnitt 12) in den Fokus ihrer Bewertungen rücken (vgl. auch Hrncal & Gerwinski 2015, 57–59). Vor allem im Zuge erster Bewertungen spielen auch damit beanspruchte epistemische Rechte der Beteiligten sowie die ihnen zur Verfügung stehenden Ressourcen für die Aushandlung dieser Rechte durch Zuweisung oder Zurückweisung (vgl. Heritage & Raymond 2005) eine Rolle.

Kommen wir dazu auf das Gespräch zwischen Donata und Viktoria im Anschluss an das Theaterstück „Brain and Beauty" zurück (vgl. Habscheid 2016, 128–130). In Abschnitt 7.4.1 wurde bereits dargestellt, wie die beiden Gesprächspartnerinnen unmittelbar nach dem Schlussapplaus am Ende des Theaterstücks in die Bewertungsinteraktion einsteigen (vgl. Ausschnitt 6): Donata thematisiert ein sich an den Applaus anschließendes Bedürfnis, die gute schauspielerische Leistung durch Einzelapplaus honorieren zu können, was ihr jedoch verwehrt blieb. Nachdem die Bewertungssequenz mit Viktorias, parallel zu Donatas Erstbewertung und als Zustimmung realisierter Zweitbewertung abgeschlossen ist, entsteht eine kurze Pause, die Viktoria zum Anlass nimmt, eine neue Bewertungssequenz zu initiieren, die im Vergleich zur Bewertungssequenz in Ausschnitt 6 eine Zweitbewertung mit nur eingeschränkter Zustimmung aufweist:

---

47 Vgl. zu intra- und extradiegetischen Bezügen in den Foyergesprächen Hrncal & Gerwinski (2015, 49, in Anlehnung an Burger 2005, 403–404): „Intradiegente Bezüge verweisen auf die inhaltliche ‚Welt' des Stücks, wohingegen mit extradiegenten Bezügen auf die Verortung eines Stücks in der realen Welt verwiesen wird."

Ausschnitt 8: „ja aber so blaSIERt sind sie nun mal"[48]

```
019   Viktoria:   aber weißte WAS- das thema hat mich_n
                  bisschen geLANGweilt.
020               (0.6)
021   Viktoria:   °h also DIEse (.) diese (.) ähm- (.)
                  ((schmatzt))
022               (0.3)
023   Viktoria:   wo der eine <<len> ARZT> dann immer
                  wieder anf[ing.]
024   Donata:              [WAS?]
025   Viktoria:   weißte der eine a (.) arzt mit seim
                  monoLOG da.
026               (0.3)
027   Viktoria:   °hh mhoh-
028               (0.3)
029   Viktoria:   das fand ich_n bisschen LANGweilig.
030               (1.1)
031   Donata:     ja aber so blaSIERt sind sie nun mal.
032   Viktoria:   ja <<lachend> wahrSCHEINlich.>
033   Donata:     ((lacht))
034               (7.2)
```

Viktoria projiziert mit „*aber weißte WAS*" ihre dann folgende Bewertung mit dem intradiegetischen Verweis, dass sie das Thema „*n bisschen geLANGweilt*" (Z. 19) habe. Als eine sofortige Reaktion Donatas auf ihre Erstbewertung ausbleibt, führt Viktoria ihre Bewertung weiter aus, indem sie durch die entsprechende prosodische Imitation der Sprechweise eines der im Stück dargestellten Ärzte Donatas Aufmerksamkeit auf eine bestimmte Stelle im Theaterstück lenkt, nämlich „*°h also DIEse (.) diese (.) ähm– (.) ((schmatzt)) (0.3) wo der eine <<len> ARZT> dann immer wieder anf[ing.]*" (Z. 21–23). Dabei fällt auf, dass Viktoria – entgegen ihrer Ankündigung, das Thema habe sie gelangweilt – in der Spezifizierung ihrer Bewertung nicht etwa das Thema des Theaterstücks auf der globalen Ebene, sondern eine der im Stück agierenden Figuren oder den diese Figur verkörpernden Schauspieler auf der ästhetisch-performativen Ebene in den

---

48 Köln_14-04-22_BrainAndBeauty_Gr.1.

Fokus nimmt. Kurz bevor Viktoria zum Abschluss ihrer Erläuterung kommt, hakt Donata mit einem „WAS?" (Z. 24) nach, woraufhin Viktoria ihre vorherige Spezifizierung um „weißte der eine a (.) arzt mit seim monoLOG da." (Z. 25) expandiert und in Zeile 29 ihre Explikation mit einem zusammenfassenden, ihre Erstbewertung aufgreifenden „das fand ich_n bisschen LANGweilig" als abgeschlossen rahmt. Viktoria spezifiziert weder, welches Thema sie meint, auf welchen Charakter und welchen Monolog sie mit „der eine a (.) arzt mit seim monoLOG da" (Z. 25) referiert, noch worauf sich das zusammenfassende „das fand ich_n bisschen LANGweilig." (Z. 29) bezieht, was von Donata allerdings keineswegs moniert wird.

Dieser Ausschnitt illustriert mit Blick auf den thematischen Verlauf, wie die beiden Gesprächspartnerinnen den Bewertungsgegenstand von der globalen („das thema") über die ästhetisch-performative („der eine a (.) arzt mit seim monoLOG da") bis hin zur allgemeinen, gesellschaftlichen Ebene („aber so blaSIERt sind sie nun mal") wechseln und damit ein Übertragen (vgl. Linz, Hrncal & Schlinkmann 2016) der im Stück präsentierten Verhältnisse auf gesellschaftliche Verhältnisse vollziehen. Hinsichtlich des sequenziellen Verlaufs ist zu beobachten, dass eine Zweitbewertung durch Donata auf Viktorias Erstbewertung ausbleibt, woraufhin Viktoria den Bewertungsgegenstand wechselt und diesen einer erneuten (Erst-)Bewertung unterzieht. Donata reagiert darauf mit einer nur partiell zustimmenden Zweitbewertung („ja aber so blaSIERt sind sie nun mal.", Z. 31). Viktoria quittiert Donatas Bewertung mit einem lachend realisierten „wahrSCHEINlich" (Z. 32), woraufhin Donata ebenfalls zu lachen beginnt. Die Bewertungssequenz wird im Weiteren von keiner der beiden Sprecherinnen expandiert, sondern von ihnen als abgeschlossen behandelt.

Im nachfolgenden Ausschnitt (9) wird deutlich, wie die am Gespräch Beteiligten Nichtübereinstimmung[49] im Verlauf der Bewertungssequenz bearbeiten. Holger und Adelheid unterhalten sich in der Pause des Theaterstücks „Der Kaufmann von Venedig"[50]. Bevor die Bewertungssequenz von Holger initiiert wird, sind Probleme mit dem Einschalten des Aufnahmegeräts von Hildegard sowie private familiäre Aktivitäten Thema des Gesprächs. Während des im Folgenden referierten Gesprächsausschnitts verlassen die Sprecher den Theater-

---

[49] Vgl. auch Abschnitt 7.4.3 dieses Beitrags, in dem eine detailliertere Betrachtung von Dissensmanagement in den Foyer-Gesprächen erfolgt.
[50] Vgl. Kapitel 2, i.d.B.

saal. Holgers Einstieg in die Bewertungssequenz schließt unmittelbar an Adelheids Äußerung an, sie würde „hier[51] immer den LEUten in die HAcken" treten:

Ausschnitt 9: „super klasse find ich jetzt en bisschen übertrieben"[52]

```
088   Holger:     also das äh [(.)] BÜHnenbild find ich
089   Adelheid:                [ja ]
090   Holger:     hier SUper klasse.
091               ach ↑ECHT↑?
092   Holger:     du ↑NICH↑?
093   Adelheid:   (öh öh pf) also SUper KLASse find ich
                  jetzt en BISschen überTRIEben aber (äh)-
094   Holger:     also für das was ich [SONST so:] hier
095   Adelheid:                        [ja       ]
096   Holger:     schon geSEhen [habe ich find]
097   Adelheid:                 [ach SO       ]
098   Holger:     ₁[das (irgendwie) TOLL]
099   Adelheid:   ₁[ok im verGLEICH     ]
100   Holger:     ₂[(mit DIEser)]-
101   Adelheid:   ₂[ich find das] AUCH gut JA.
102   Holger:     auch mit dem LICHT-
103               das hat mir AUCH gut geFALlen.
104   Irmgard:    gehn wa RAUS?
105               ja ne?
106               bei dem schönen WETter gehn wa RAUS
                  [oder]?
107   Holger:     [ja  ] oke:.
104   Adelheid:   könn wa MAchen ja-
105   Holger:     gehn wa RAUS ja.
106               (0.8)
```

---

51 Bezieht sich auf die aktuelle Gesprächssituation, nämlich das Verlassen des Theatersaals.
52 Köln_14-05-24_DerKaufmann_Gr.1.

Holger nimmt durch den intradiegetischen Verweis „*also das äh (.) BÜHnenbild find ich hier SUper klasse*" (Z. 88ff.) den Bewertungsgegenstand Bühnenbild auf der ästhetisch-performativen Ebene in den Fokus und bewertet dieses mit der Gradpartikel „*SUper*" und dem evaluierenden Adjektiv „*klasse*" explizit positiv. Mit Blick auf den thematischen Verlauf der Bewertungssequenz fällt auf, dass erst „*mit dem LICHT*" ein expliziter Wechsel des Bewertungsgegenstands von Holger in Zeile 102 vorgenommen wird, dieser Wechsel – im Gegensatz zu Ausschnitt 8 – jedoch keinen Wechsel der Ebenen zur Folge hat. Irmgard initiiert daraufhin mit „*gehn wa RAUS?*" (Z. 104) einen Wechsel des Gesprächsthemas. Hinsichtlich des sequenziellen Verlaufs wird Folgendes deutlich: Adelheids Reaktion auf Holgers subjektivierte („*find ich*", Z. 88) Erstbewertung mit der extrem steigend intonierten Nachfrage „*ach /ECHT/?*" (Z. 91), mit der sie, mittels der Interjektion „*ach*" und des Adjektivs „*ECHT*", ihre Verwunderung zum Ausdruck bringt und eine Erläuterung Holgers relevant setzt, führt zu einer Sequenzexpansion. An Holgers, sich Adelheids Nachfrage anschließender, ebenfalls extrem steigend intonierter, geschlossener Nachfrage „*du /NICH/?*" (Z. 92) zeigt sich, dass er Adelheids Äußerung in Zeile 91 als Nichtübereinstimmung projizierendes Vorlaufelement deutet und gleichzeitig die Beantwortung seiner Frage durch Adelheid relevant setzt. In Zeile 93 liefert Adelheid nach kurzem Zögern („*(öh öh pf)*") die Antwort, indem sie Holgers Bewertung „*SUper KLASse*" aufgreift und diese subjektiviert („*find ich*") sowie, durch die Gradpartikel „*en BISschen*" abgemildert, als „*überTRIEben*" einstuft. Mit „*aber (äh)*" projiziert sie weitere Ausführungen, die sie allerdings nicht abschließt. Initiiert durch die von Adelheid geäußerte Nichtübereinstimmung rechtfertigt Holger seine Erstbewertung, indem er in Zeile 94, in Form eines Vergleichs zu anderen Theaterstücken, die er „*SONST so:*" am aktuellen Spielort „*schon geSEhen*" hat, implizit und andeutend auf Wertmaßstäbe verweist, die seiner Bewertung zugrunde liegen und eine Veränderung des Geltungsbereichs der von Adelheid beanstandeten Bewertung vornimmt (vgl. zur Veränderung des Geltungsbereichs von Bewertungen auch Auer & Uhmann 1982, 22). Im direkten Anschluss scheint er, mit einer weiteren, subjektivierten („*find ich*") und gehedgten[53] („*irgendwie*"),

---

53 Dass Holger – im Gegensatz zu seiner sehr stark positiven, ohne Abschwächungen produzierten Erstbewertung – seine Anschlussbewertung, ausgelöst durch die von Adelheid Dissens implizierende negative Bewertung von Holgers Erstbewertung, mit „*irgendwie*" (Z. 94) hedgt, gibt einen Hinweis auf die bereits in Abschnitt 7.2 angesprochene, mit dem Bewerten im vorliegenden Kontext verbundene Face-Bedrohung.

explizit positiven Bewertung („*TOLL*") einen weiteren Gegenstand („*mit DIEser*") auf der ästhetisch-performativen Ebene in den Fokus zu nehmen, ohne allerdings seine Äußerung weiter auszuführen. Adelheid äußert in Zeile 97, in Überlappung mit Holgers Ausführungen, den Erkenntnisprozessmarker (vgl. Imo 2009) „*ach SO*" und verbalisiert daran anschließend, ebenfalls in Überlappung mit Holgers weiterer Bewertung, den von Holger dieser implizit zugrunde gelegten Wertmaßstab mit der Reziprozitätsdemonstration (vgl. Kallmeyer 1979, 93) „*ok im verGLEICH*". Adelheid konzediert in Zeile 101 und schließt sich mit „*ich find das AUCH gut JA*" Holgers Erstbewertung an. Holger fährt daraufhin mit einer neuen, explizit positiven Erstbewertung („*auch mit dem LICHT- das hat mir AUCH gut geFALlen*", Z. 102/103) fort, die von den anderen Gesprächsteilnehmerinnen jedoch (vorerst)[54] nicht aufgegriffen wird. Stattdessen initiiert Irmgard mit „*gehn wa RAUS?*" (Z. 105) einen Wechsel des Gesprächsorts.

Das folgende Gespräch (Ausschnitt 10) zwischen Victoria und Ulrich findet in der Pause des Theaterstücks „Der gute Mensch von Sezuan"[55] statt. Dem vorliegenden Ausschnitt geht eine Gesprächsphase voran, in der sich die beiden, zusammen mit der auch zur Besuchergruppe gehörenden Lola zuerst über die vielen Raucher unter den Theaterbesucherinnen und in der ganzen Stadt echauffieren und daran anschließend ihre Getränkewünsche äußern, bevor Victoria die Bewertungssequenz mit einer Bewertung hinsichtlich der Länge des Stücks auf der globalen Ebene initiiert:

Ausschnitt 10: „die kuLISsen sind originell"[56]

```
210   Victoria:   für !MICH! war_s natürlich wieder_s
                  <<lachend< GLEIche.
211               weisch>?
212               war BISSL-
```

---

[54] Nach der minimalen Pause in Zeile 106 (vgl. Ausschnitt 9) greift Adelheid den von Holger angesprochenen Einzelaspekt auf („*das mit dem LICHT*"), ohne diesen einer Bewertung zu unterziehen. Stattdessen nimmt sie mit „*aber wer doch SUper ist sind diese beiden VÖgel oder*" einen anderen Einzelaspekt, nämlich im Stück agierende Figuren, in den Blick, die sie dann explizit positiv („*SUper*") bewertet. Auf diese Bewertungssequenz wird hier allerdings nicht weiter eingegangen.
[55] Vgl. Kapitel 2, i.d.B.
[56] Köln_14-10-02_Sezuan_Gr.1.

```
213                    (0.2)
214   Victoria:        zu LANG-
215                    (2.1)
216   Victoria:        °h aber isch gut geMACHT gell?
217                    (0.7)
218   Ulrich:          joa?
219                    (0.5)
220   Ulrich:          ich find vor ALlem so diese:.
221                    (0.4)
222   Ulrich:          die kuLISsen sind originell.
223   Victoria:        JA_a-
224                    deo zuschauer KONNT_S +++.
225   Ulrich:          ALso äh äh-
226                    taBAKladen-
227                    au[s- ]
228   Victoria:        [JA_]ja-
229                    [((lacht))]
230   Ulrich:          [aus müllc]onTAIner?
231                    (0.6)
232   Victoria:        doch-
233                    das HAT was.
234                    ja-
235                    (0.2)
236                    IS orginell.
237                    (2.2)
```

Victoria unterstellt zu Beginn der Bewertungssequenz mit „für !MICH! war_s natürlich wieder_s <<lachend<GLEIche weisch>?" (Z. 210) gemeinsames Hintergrundwissen und fährt dann fort, indem sie den ersten Teil des Theaterstücks mit „war BISSL- (0.2) zu LANG" (Z. 212–214) einer abgeschwächten, negativen Erstbewertung auf der Globalebene unterzieht. Eine Reaktion Ulrichs auf Victorias Erstbewertung bleibt aus, woraufhin Victoria nach einer kurzen Pause die Inszenierung des Stücks – in Kontrast zu ihrer negativen Erstbewertung – in Form einer deklarativen Bewertung, die keine Abschwächungs- oder Verstärkungsmarker enthält (vgl. Heritage & Raymond 2005, 19) positiv evaluiert („°h aber isch gut geMACHT", Z. 216). Mit der Fragepartikel „gell?" (Z. 216) setzt sie eine Stellungnahme Ulrichs relevant, stuft das von ihr durch die deklarative Bewertung beanspruchte epistemische Recht zurück und indiziert, dass Ulrich aufgrund seines Zugangs zum Bewertungsgegenstand über die gleichen Rechte zur Evaluation verfügt (vgl. Heritage & Raymond 2005, 23). Ulrich stimmt Viktoria zu („*joa?*", Z. 218)[57] und nimmt bei seiner darauf folgenden positiven und subjektivierten Erstbewertung („*ich find vor ALlem so diese:. (0.4) die kuLISsen sind originell.*", Z. 220–222) einen Aspekt der ästhetisch-performativen Ebene als Bewertungsgegenstand in den Fokus. Victoria stimmt in Zeile 223 („*JA_a*") Ulrich zu und dieser spezifiziert mit „*ALso äh äh- taBAKladen- aus aus müllconTAIner?*" (Z. 225–226) den zuvor benannten Bewertungsgegenstand („*die kuLISsen*"). Victoria finalisiert die von ihr initiierte Bewertungssequenz mit ihrer schlussfolgernden, gleichlaufenden Bewertung „*doch- das HAT was. ja- (0.2) IS orginell*" (Z. 232–236)[58], mit der sie sich Ulrichs Bewertung anschließt.

In diesem Ausschnitt erfolgt, durch den intradiegetischen Verweis Ulrichs, „*die kuLISsen*" seien „*originell*" (Z. 222), ein Wechsel der Bewertungsgegenstände und damit einhergehend, wie in Ausschnitt 8, auch ein Wechsel von der globalen hin zur ästhetisch-performativen Ebene. Mit Blick auf den sequenziellen Verlauf weist der Ausschnitt eine ähnliche Entwicklung wie Ausschnitt 8 auf, allerdings ohne Dissens: Die ausbleibende Zweitbewertung Ulrichs hat eine weitere Erstbewertung Victorias zur Folge, die eine Reaktion Ulrichs relevant setzt. Ulrich liefert diese als gleichlaufende Zweitbewertung in Form einer Zustimmung und nimmt daran anschließend eine neue Erstbewertung vor, die von Victoria ebenfalls mit gleichlaufender Zustimmung quittiert wird.

Kehren wir nun noch einmal zum Gespräch zwischen Marina, Christine und Sven in der Pause des Theaterstücks „Alle sieben Wellen" zurück. Nachdem Marina mit einer selbstinitiativen Erstbewertung des Stücks (vgl. Ausschnitt 5) das Gespräch eröffnet hatte und nachdem die Gruppe über die Buchvorlage zum Theaterstück gesprochen hat, initiiert Sven eine neue Bewertungssequenz, indem er das Theaterstück global bewertet:

---

57 Ulrichs steigend intoniertes „*joa?*" könnte auch als Nichtübereinstimmung ankündigendes Vorlaufelement gedeutet werden. Vor dem Hintergrund seiner Folgeäußerung erscheint eine Deutung als Zustimmung implizierende, gleichlaufende Zweitbewertung naheliegend.
58 Vgl. Heritage & Raymond (2005, 26): „speakers achieve epistemic alignment by downgrading rights to assess in first position and upgrading them in second position. The [confirmation + agreement] format is most commonly used in response to interrogatively formed assessments, particularly those deploying tag questions".

Ausschnitt 11: „is schon ne GLANZleistung"[59]

```
097   Sven:        aber es ist !SCHON!_n bisschen
                   ANstrengend.
098                also primär die gute FRAU.
099                (0.5)
100   Sven:        ACHtung-[60]
101                die ist sogar eher_en biss[chen MEHR]-
102   Marina:                                [nja:-    ][61]
103   Sven:        wie GUT anstrengend.
104                (1.3)
105   Marina:      JA::_also-
106                [is schon ne GLANZleistung      ]-
107   Christine:   [(BEIde ein bisschen anstrengend.)]
108   Marina:      wenn man die GANze zeit-
109                ähm den TEXT hat-
110                °h und vor ALlen dingen-
111                °h also ich fand es auch SPRACHlich sehr
                   gut.=weil-
112                (.) öhm.
113                (0.3)
114   Marina:      WIE die aufnander reagieren.
115                (4.8)
116   Sven:        hm.
117                (0.7)
118   Marina:      und AUCH ähm-
119                dass man so UMschaltet-
120                EINfach mal ähm-
121                beTRUNken zu spie:len-
```

---

[59] Siegen_15-01-14_AlleSiebenWellen_Gr.1.

[60] Aus der Audioaufnahme geht nicht deutlich hervor, ob diese Äußerung von Sven stammt. Da die Gruppe sich auf dem Weg vom Theatersaal ins Foyer befindet, ist davon auszugehen, dass sich die Äußerung auf die aktuelle Situation und nicht auf das aktuelle Gesprächsthema bezieht.

[61] Dieses Rückmelde- bzw. (Ver-)Zögerungssignal Marinas könnte vor dem Hintergrund ihrer Erläuterungen ab Zeile 105 bereits als Vorlaufelement auf ihre mit Svens Erstbewertung nicht übereinstimmende Zweitbewertung hinweisen.

```
122                     und.
123                     (0.3)
124     Marina:         ähm.
125                     (0.6)
126     Marina:         mal NÜCHte:rn_und-
127                     (0.6)
128     Sven:           ja das STIMMT.
129                     ganz OHne ist [(das !NICH!.)]
130     Marina:                       [ja::-         ]
131     Sven:           (keine FRA[ge.)]
132     Marina:                   [j  ]a.
133                     (1.4)
```

Mit „*aber es ist !SCHON!_n bisschen ANstrengend*" (Z. 97) gibt Sven eine abgemilderte, negative Erstbewertung des Theaterstücks auf der globalen Ebene ab, die er anschließend spezifiziert, indem er mit dem intradiegetischen Verweis auf eine im Stück agierende Figur („*also primär die gute FRAU*", Z. 98) einen Wechsel des Bewertungsgegenstands von der globalen zur ästhetisch-performativen Ebene vornimmt und mit einer weiteren, Abschwächungsmarker und das positiv evaluierende Adjektiv „*GUT*" als Intensivierer umfassenden Bewertung feststellt, dass die Frau im Stück „*sogar eher_en bisschen MEHR- wie GUT anstrengend*" (Z. 101–103) ist, ohne seine Bewertung zu begründen. Marina gibt daraufhin mit „*JA::_also- is schon*[62] *ne GLANZleistung- wenn man die GANze zeit- ähm den TEXT hat*" (Z. 105–109) eine positive Zweitbewertung ab, während Christine in Zeile 107 mit Marinas Zweitbewertung überlappend feststellt, dass „*BEIde*[63] *ein bisschen anstrengend*" waren. Mit „*und vor ALlen dingen- °h also ich fand es auch SPRACHlich sehr gut.*" (Z. 110–111) gibt Marina eine weitere positive und subjektivierte Bewertung ab, die sie nachfolgend begründet („*weil- (.) öhm. (0.3) WIE die aufnander reagieren. (4.8) und AUCH ähm- dass man so UMschaltet- EINfach mal ähm- beTRUNken zu spie:len- und. (0.3) ähm. (0.6) mal NÜCHte:rn_und*", Z. 111–126). Sven stimmt Marina in Zeile 128 zu („*ja das STIMMT*") und scheint – im Vergleich zu seiner Erstbewertung in Zeile 97–103, Marinas Perspektive übernehmend – einzulenken, indem er feststellt: „*ganz OHne ist*

---

[62] Die Partikel „*schon*" projiziert an dieser Stelle bereits Widerspruch zur Äußerung von Sven. Vgl. auch Abschnitt 7.4.3.
[63] „*BEIde*" bezieht sich hier auf die beiden einzigen im Stück agierenden Figuren.

(das !NICH!.) (keine FRAge.)" (Z. 128–131). Mit Marinas Rückmeldung in Zeile 132 wird die Bewertungssequenz von den am Gespräch Beteiligten als abgeschlossen behandelt.

Hinsichtlich des thematischen Verlaufs in Ausschnitt 11 ist ein Wechsel der Bewertungsgegenstände (vom Theaterstück über eine im Stück agierende Figur hin zur sprachlichen und darstellerischen Performance allgemein) zu beobachten, der mit einem Wechsel von der globalen zur ästhetisch-performativen Ebene einhergeht. Unter sequenziellen Gesichtspunkten zeichnet sich ein Verlauf ab, der in Abschnitt 7.4.3 (vgl. Ausschnitt 14 und 15) detaillierter untersucht wird: Die negative Erstbewertung Svens mit Bezug auf das Theaterstück und eine darin agierende Figur zieht eine Nichtübereinstimmung Marinas nach sich, die die darstellerische Performance explizit positiv bewertet. Marinas Argumentation aus der Perspektive der Darsteller führt zu einer Konzession Svens und zu Übereinstimmung am Ende der Bewertungssequenz.

Der nachfolgende Ausschnitt (12) ist einem Gespräch zwischen dem Ehepaar Margarete und Karl sowie ihrem Sohn Björn in der Pause des Theaterstücks „Der Hundertjährige, der aus dem Fenster stieg und verschwand"[64] entnommen und illustriert, wie die am Gespräch Beteiligten im Zuge der Interaktion von der ästhetisch-performativen über die globale Ebene des Stücks bis hin zur gesellschaftlichen Ebene wechseln. Nachdem sichergestellt ist, dass die Aufnahmegeräte laufen, die drei den Theatersaal verlassen haben und nach einem kurzen Aufenthalt im Außenbereich vor dem Theatergebäude wieder ins Foyer zurückgekehrt sind[65], leitet Karl, angestoßen durch seine Nachfragen in Zeile 383–388 eine Bewertungssequenz ein.

Ausschnitt 12: „wie im BUCH"[66]

```
383   Karl:        (und) wie is jetzt für EUCH so::-
```

---

64 Vgl. Kapitel 2, i.d.B.
65 Auf dem Weg vom Theatersaal ins Foyer unterhalten sich Margarete und Björn über den im Stück dargestellten Elefanten, über die räumlichen Gegebenheiten, über das Bühnenbild und über die Altersstruktur des Publikums. Karl ist währenddessen in ein Gespräch mit einer anderen Zuschauergruppe involviert und stößt etwas später wieder zu Margarete und Björn. Die drei verlassen dann das Theaterfoyer, gehen in den Außenbereich und stellen sich dort zu der anderen Zuschauergruppe, mit der Karl zuvor gesprochen hat. Da es Margarete dort zu kalt wird, gehen sie, Karl und Björn wieder ins Theaterfoyer zurück.
66 Siegen_15-03-07_DerHundertjährige_Gr.1.

```
384                    die: WAHRnehmung?
385                    =die emPFINdung?
386                    die: (.) erINnerung?
387                    buch-
388                    jetzt.
389                    (1.2)
390    Margarete:      JA:-
391                    (0.4)
392    Karl:           GIBT es überhaupt-
393                    (1.6)
394    Karl:           ANnäherungen-
395                    (0.7)
396    Karl:           ich hab das buch NICHT ge[lesen.    ]
397    Margarete:                                [du has das]
                       buch NICH geLEsen.
398                    ja also is SCHO:N au!THEN!tisch.
399                    also: WIE-
400    Björn:          wie im BUCH.
401    Margarete:      JA_a.
402    Karl:           wie im BUCH?=
403    Björn:          =wie im [BUCH.]
404    Margarete:             [JA_a.]
405                    (0.8)
406    Margarete:      is (es) SCHO:N.
407                    (2.1)
408    Margarete:      eh im buch is_es natürlich viel
                       AUSgeschmückter und so:.
409                    =und das ist ja hier vom BÜHnenbild-
410                    (1.0)
411    Margarete:      (eh) ZIE:Mlich eh:m:-
412                    (0.6)
413    Margarete:      ja reduZIERT.
414                    ne?
415                    has_ja die kulLISse-
416                    nur mit mit SCHILdern.
417                    (2.0)
418    Margarete:      ich find_s interesSANT.
419                    ((lacht))
420    Karl:           also ich habe in gewissen BILdern-
```

```
421                        (0.7)
422    Karl:               leute der GEgenwart-
423                        (0.7)
424    Karl:               geSEhen.
425                        (0.5)
426    Karl:               im verHALtensmuster.
427                        (1.0)
428    Karl:               geNAU so:-
429                        (0.5)
430    Karl:               arroGANT.
431                        =überHEBlich.
432                        (1.2)
433    Margarete:          [ja:-   ]
434    Karl:               [(mh:)-]
435                        genau so vie:les SPREchen-
436                        (1.8)
437    Karl:               aber wenig !SA!gen.
438                        (0.9)
439    Karl:               (die AUSweichen) ihrer gegenwart.
440                        (2.7)
```

Margarete liefert in Zeile 398 als Antwort auf Karls Nachfragen, inwieweit es überhaupt „*Annäherungen*" (Z. 394) zwischen der Literaturgrundlage (*„buch"*, Z. 387) und dem Theaterstück (*„jetzt"*, Z. 388) gibt, eine deklarative Erstbewertung auf der Globalebene („*ja also is SCHO:N au!THEN!tisch"*), die sie mit dem Folgerungsindikator „*also:"* (Kindt 2016, 205) und der Konjunktion „*WIE"* in Zeile 399 weiter erläutern zu wollen scheint. Ihre Erläuterung wird von Björn mit „*wie im BUCH"* (Z. 400) vervollständigt, was Margarete in Zeile 401 wiederum mit einem zustimmenden „*JA_a"* quittiert. Karl greift in Zeile 402 Björns Feststellung als Frage formuliert auf („*wie im BUCH?"*) und Björn liefert die von Karl eingeforderte Antwort, indem er seine vorherige Äußerung „*wie im BUCH"* wiederholt, die auch von Margarete in Überlappung nochmals durch ein weiteres „*JA_a"* (Z. 404) bestätigt wird. Im direkten Anschluss führt Margarete ihre Feststellung mit „*eh im buch is_es natürlich viel AUSgeschmückter und so:. =und das ist ja hier vom BÜHnenbild- (1.0) (eh) ZIE:Mlich eh:m:- (0.6) ja reduZIERT. ne? has_ja die kulLISse- nur mit mit SCHILdern"* (Z. 408–416) mit Fokus auf das „*BÜHnenbild"* auf der ästhetisch-performativen Ebene vergleichend weiter aus, bevor sie eine erneute, diesmal subjektivierte Globalbewertung („*ich find_s interesSANT"*, Z. 418) abgibt. Mit der in ihrer Bewertung enthaltenen Partikel „*ja"* verweist Margarete auf durch die gemeinsame Rezeption des Theaterstücks zugrunde liegendes, geteiltes Hintergrundwissen, indiziert durch die Fragepartikel „ne?", dass Karl aufgrund des gemeinsamen Wissens in Bezug auf den Bewertungsgegenstand über das gleiche Recht auf eine Evaluation dessen verfügt (vgl. Heritage & Raymond 2005, 23), und setzt gleichzeitig eine Reaktion seitens Karls relevant. Eine direkte Zweitbewertung als Reaktion auf Margaretes globale Erstbewertung bleibt aus. Stattdessen nimmt Karl, angestoßen durch die im Theaterstück rezipierten „BILder" (Z. 420), „leute der GEgenwart" (Z. 422) auf der gesellschaftlichen Ebene in den Fokus, bewertet diese mit „im verHALtensmuster. (1.0) geNAU so:- (0.5) arroGANT. =überHEBlich" (Z. 426–431) explizit negativ und erläutert anschließend: „genau so vie:les SPREchen- (1.8) aber wenig !SA!gen. (0.9) (die AUSweichen) ihrer gegenwart" (Z. 435–439).[67]

Sequenziell weist die Bewertungssequenz folgenden Verlauf auf: Auf Karls Nachfrage reagiert Margarete mit einer Erstbewertung, deren Erläuterung von Björn vervollständigt wird, was Margarete mit einer gleichlaufenden Zweitbewertung in Form einer Zustimmung ratifiziert. Mit dem intermedialen Bezug auf die Buchvorlage nimmt sie eine neue Erstbewertung eines weiteren Bewertungsgegenstands vor, erläutert ihre Bewertung und lässt eine weitere Erstbewertung auf der globalen Ebene folgen, an die Karl mit einer (negativen) Erstbewertung von Personen auf der allgemeinen, gesellschaftlichen Ebene anschließt.

Zum Abschluss soll noch einmal der Blick auf das Gespräch zwischen Viktoria und Donata im Anschluss an das Theaterstück „Brain and Beauty" erfolgen (vgl. Ausschnitt 6 und 8). Der Weg aus dem Theatersaal führt die beiden an der Bühne vorbei. Die sich darauf befindenden Schaufensterpuppen geben Anlass zu einem kommunikativen Austausch über das Bühnenbild[68]. Im Anschluss an diese Sequenz und scheinbar motiviert durch das Wahrgenommene initiiert Viktoria eine weitere Bewertungssequenz.

---

[67] Im Anschluss an diese Sequenz fährt Margarete mit „naja weißt du wenn man das BUCH kennt- dann hast du ja schon die handlung im KOPF. ne?" fort, lenkt die Aufmerksamkeit wieder auf die Buchvorlage und kontrastiert diese mit der Perspektive, „überhaupt kein VORwissen" zu haben und das Theaterstück „nur so auf sich WIRken" zu lassen. Im weiteren Gesprächsverlauf erfolgen weitere Bewertungen der Buchvorlage und der Umsetzung dieser im Theaterstück, auf die im Rahmen dieses Beitrags nicht weiter eingegangen wird.

[68] Das Bühnenbild des Theaterstücks besteht aus Schaufensterpuppen und Schauspielern, die sich zum Teil im Verlauf des Stücks nicht bewegen, sondern starr in einer Position verharren, sodass vom Zuschauerraum aus nicht immer zu erkennen ist, was eine Schaufensterpuppe und wer eine Schauspielerin oder ein Schauspieler ist (vgl. Kapitel 2, i.d.B.).

Ausschnitt 13: „sehr jUgendLAStig"[69]

```
047  Viktoria:  also des war ja echt gut geMACHT ne?
048             (0.3)
049  Donata:    °h ich (find_s/fand_s) schade dass nich
                en paar ÄLtere auch mitges[pielt habe]n.
050  Viktoria:                            [ja_ja.   ]
051             j[a.]
052  Donata:    [n ]e?
053  Viktoria:  das ST[IMMT.  ]
054  Donata:         [dass das] nur (.) IRgendwie-
055  Viktoria:  ja.
056             oder dass [die was dazu ge!SA    ]GT!
057  Donata:              [vier (.) fünf (.) JUNgen-]
058  Victoria:  [(ham/hat).]
059  Donata:    [ja_a.    ]
060  Viktoria:  °h geNAU.
061             des war °hh alles SEHR-
062             (0.2)
063  Donata:    sehr JUgend[lich.]
064  Viktoria:             [sehr ] jUgend[LAStig n ]e?
065  Donata:                              [((lacht))]
066             (0.3)
067  Viktoria:  ((stöhnt))
068             (0.3)
069  Viktoria:  das STIMMT.
070             (1.1)
071  Viktoria:  °h (.) aber wahrSCHEINlich-
072             (0.7)
073  Viktoria:  is das AUCH (.) ähm-
074             (0.7)
075  Viktoria:  die ten!DENZ!.
076             (0.9)
077  Viktoria:  dass es immer [mehr in die RICHtung]
                geht.
```

---

[69] Köln_14-04-22_BrainAndBeauty_Gr.1.

Viktoria gibt mit „*also des war ja echt gut geMACHT ne?*" (Z. 47) eine deklarative Globalbewertung mit Blick auf die Inszenierung des Theaterstücks ab und setzt mit der Fragepartikel „*ne?*" eine Reaktion Donatas relevant. Gleichzeitig spricht Viktoria Donata das mit ihrer Erstbewertung beanspruchte epistemische Recht zur Evaluation zu. Donata liefert allerdings keine Zustimmung, sondern verbalisiert durch „*°h ich (find_s/fand_s) schade dass nich en paar ÄLtere auch mitgespielt haben.*" (Z. 49), ähnlich wie zu Beginn des Gesprächs (vgl. Ausschnitt 6), implizit ihre Erwartungen an das Theaterstück. Viktoria stimmt Donata mehrfach zu (Z. 50–51), woraufhin Donata durch die Fragepartikel „*ne?*" (Z. 52) eine wiederholte Zustimmung Viktorias einfordert, die diese dann auch explizit („*das STIMMT.*", Z. 53) liefert. Trotz der Zustimmung Viktorias beginnt Donata mit einer Expansion ihrer Erläuterung („*dass das nur (.) IRgendwie-*", Z. 54), die abermals von Viktoria durch Zustimmung („*ja*", Z. 55) quittiert wird. Mit „*oder dass die was dazu ge!SAGT! (ham/hat)*" (Z. 56) bringt Viktoria eine alternative Perspektive ins Spiel, nämlich dass die Gruppe älterer Personen zumindest im Stück hätte genannt werden können, wenn sie schon nicht zu Wort gekommen ist, während Donata überlappend noch ihre in Zeile 54 begonnene Erläuterung abschließt („*vier (.) fünf (.) JUNgen*", Z. 57) und in direkt Anschluss Viktoria mit einem „*ja_a*" (Z. 59) zustimmt. Viktoria bestätigt dies mit einem „*°h geNAU*" (Z. 60) und beginnt eine neue Bewertung („*des war °hh alles SEHR*", Z. 61), die Donata antizipierend (vgl. Lerner 1996) mit „*sehr JUgendlich*" (Z. 63) zu Ende führt. An dieser Vervollständigung von Viktorias Bewertung durch Donata wird erkennbar, dass die Struktur von Viktorias Äußerung „*des war °hh alles SEHR*" für Donata bereits eine Bewertung projiziert (vgl. Goodwin & Goodwin 1992), die sie dann durch das Wiederaufgreifen des Intensivierers „*sehr*" und das Hinzufügen des Adjektivs „*JUgendlich*" gemäß ihrer Einschätzung ergänzt. Mit der in Überlappung mit Donatas Ergänzung produzierten Modifizierung „*sehr jUgendLAStig ne?*" (Z. 64), auf die Donata wiederum parallel mit einem Lachen reagiert, perspektiviert Viktoria Donatas Ergänzung neu mit negativer Tendenz und scheint sich mit der nachgeschobenen Fragepartikel „*ne?*" Donatas Zustimmung versichern zu wollen. Nach einem Stöhnen (Z. 67) pflichtet Viktoria Donatas Ausführungen durch „*das STIMMT*" (Z. 69) bei und resümiert kontrastierend mit Bezug zur gesellschaftlichen Ebene „*°h (.) aber wahrSCHEINlich- (0.7) is das AUCH (.) ähm- (0.7) die ten!DENZ!. (0.9) dass es immer mehr in die RICHtung geht.*" (Z. 71–77).

Auch in diesem Ausschnitt erfolgt – mit Blick auf die Themenentwicklung – ein Wechsel der Ebenen (von der globalen hin zur allgemeinen, gesellschaftlichen Ebene). Der sequenzielle Verlauf wird von den beiden Sprecherinnen wie folgt gestaltet: Auf Viktorias positive Erstbewertung reagiert Donata mit einer

Verbalisierung ihrer Erwartungen an das Theaterstück. Viktoria stimmt Donata zu und es erfolgt eine gemeinsame Erläuterung der Aspekte, die den beiden im Theaterstück gefehlt haben. Viktoria setzt zu einer Erstbewertung an, die von Donata vervollständigt und von Viktoria modifiziert wird. Nach einem Lachen Donatas verbalisiert Viktoria Zustimmung und kommt zu einer Schlussfolgerung mit Bezug zur allgemeinen, gesellschaftlichen Ebene.

Im Hinblick auf die zu Beginn des Abschnitts aufgeworfenen Fragen bezüglich des thematischen und sequenziellen Verlaufs der Bewertungsinteraktionen und der gemeinsamen Produktion, Aushandlung und Transformation der Bewertungen lässt sich anhand der angeführten Ausschnitte 8 bis 13 Folgendes festhalten: Die Bewertungssequenzen beginnen entweder mit einer Bewertung des Theaterstücks auf der globalen Ebene (vgl. Ausschnitt 10 *„aber isch gut geMACHT gell?"*, Ausschnitt 11 *„aber es ist !SCHON!_n bisschen ANstrengend"* und Ausschnitt 12 *„also des war ja echt gut geMACHT ne?"*) – was die Feststellung Kindts (2007, 57), dass Gespräche über Kunst oftmals mit einer „pauschalen Vorwegbewertung" begonnen werden, bestätigt – oder es werden Bewertungsgegenstände auf der ästhetisch-performativen Ebene fokussiert (vgl. Ausschnitt 9 *„also das äh (.) BÜHnenbild find ich hier SUper klasse"*). Im weiteren Verlauf der Bewertungssequenz kann es zu einem Wechsel der Bewertungsgegenstände und der Ebenen (von der ästhetisch-performativen über die globale hin zur allgemeinen, gesellschaftlichen Ebene) kommen, was von den Sprechern durch intra- und extradiegetische Verweise indiziert wird. Ein Wechsel der Bewertungsgegenstände muss dabei nicht notwendigerweise mit einem Wechsel der Ebenen einhergehen und vice versa.

Des Weiteren zeigt sich, dass auf eine Erstbewertung nicht immer mit einer eindeutig niveaugleichen, eskalierten oder deskalierten Zweitbewertung reagiert wird, sondern dass eine unmittelbare Reaktion auf eine Erstbewertung durchaus ausbleiben kann, was eine Spezifizierung der Erstbewertung und ein erneutes Wiederaufgreifen derselben (vgl. Ausschnitt 8) oder eine weitere Erstbewertung (vgl. Ausschnitt 10) nach sich zieht. Die Ausschnitte 10, 12 und 13 sind durch gleichlaufende Zweitbewertungen in Form von Zustimmung geprägt („*ja*", „*JA_a*", „*das STIMMT*", „*geNAU*") und zeichnen sich durch eine gemeinsame, konsensorientierte Produktion von Bewertungen und deren Erläuterungen aus. Zudem greifen die Erstbewertenden in allen drei Ausschnitten auf die Möglichkeit zurück, das mit ihrer deklarativen Erstbewertung beanspruchte epistemische Recht durch eine Fragepartikel („*gell*", „*ne*") abzustufen. Die Reaktionen auf diese Form der Erstbewertung (deklarative Bewertung und Fragepartikel) weisen allerdings in den drei Ausschnitten nicht die von Heritage & Raymond (2005, 30) angeführte Form (Bestätigung mit nachfolgender Zustimmung)[70] auf, sondern werden als Zustimmung mit anschließender neuer Erstbewertung, als neue Erstbewertung ohne Zustimmung oder als Erläuterung der Erstbewertung mit anschließender Globalbewertung des Theaterstücks realisiert. Die Ausschnitte 8, 9 und 11 weisen hingegen eingeschränkte Zustimmung bzw. Nichtübereinstimmung auf („ja aber so blaSIERt sind sie nun mal", „also SUper KLASse find ich jetzt en BISschen überTRIEben", „JA::_also- is schon ne GLANZleistung"). Diese eingeschränkte Zustimmung bzw. Nichtübereinstimmung wird von den Sprechern u.a. verbal durch lexikalische (Vorlauf-)Elemente wie „ja aber", „ach ECHT?" sowie Zögerungsmarker „öh öh" oder paraverbal durch Vokaldehnungen „nja:", „JA::" oder Pausen indiziert.

Auf die in Abschnitt 7.2 angesprochene Gesichtsbedrohung[71], der sich die Sprecher bei der Äußerung einer ersten Bewertung gerade im prestigeträchtigen Kontext der Kunst aussetzen und auf die daraus resultierenden sozialen Konsequenzen (vgl. Ayaß 2012, 33 und Hrncal & Gerwinski 2015, 58), geben die von ihnen zur Abschwächung (vgl. Deppermann 2015) genutzten Heckenausdrücke („n/en BISschen/BISSL", „irgendwie", „SCHO:N", „und so", „wahrSCHEINlich") sowie die explizite subjektive Perspektivierung (vgl. Deppermann 2015, 16) ihrer Bewertungen („find/fand ich", „für !MICH!", „mich", „ich") oder Lachen einen Hinweis.

7.4.3 „!SO! schlecht fand ich_s aber WIRKlich nich." – Dissensmanagement in Bewertungsinteraktionen

Die im vorangehenden Abschnitt (7.4.2) angeführten Gesprächsausschnitte (8, 9 und 11) haben gezeigt, dass Bewertungssequenzen in den in diesem Beitrag untersuchten Foyergesprächen nicht ausschließlich auf Konsens ausgerichtet sind, sondern ebenso dissente Sequenzen aufweisen. Die dissenten Sequenzen

---

70 Zu den von ihnen herausgestellten Praktiken, mit denen Sprecher die mit einer Zweitbewertung verbundenen epistemischen Ansprüche relativ zu den in Erstbewertungen enthaltenen Ansprüchen hochstufen können, führen Heritage & Raymond (2005, 30) aus: „Reviewing these practices, the first – [confirmation + agreement] – is relatively specialized to environments in which first assessments are downgraded by using tag questions. For these reasons, this practice is normally used in circumstances where the speakers achieve alignment concerning their relative rights to assess, and therefore is relatively ‚mild'".
71 Auch die Themenwahl kann auf die Gesichtsbedrohung hinweisen (vgl. Hrncal & Gerwinski 2015, 57–58).

können in ihrer Ausprägung u.a. hinsichtlich des Umfangs (ist die Nichtübereinstimmung z.B. auf eine Bewertungssequenz beschränkt oder reicht sie über mehrere Sequenzen hinaus?), aber auch hinsichtlich ihrer Intensität (handelt es sich um moderaten oder verschärften Dissens[72]?) variieren. Diesen Ausprägungen wird in diesem Abschnitt anhand der folgenden Fragen differenzierter nachgegangen: Wie kündigen die Sprecher Nichtübereinstimmung an und wie bearbeiten sie diese im weiteren Verlauf der Bewertungssequenz sowie ggf. darüber hinaus? Wird Dissens im Kontext von Publikums- und Kunstkommunikation sowie Geselligkeit im Rahmen der Pausengespräche im Theater(foyer) weniger vermieden und wird damit anders umgegangen als es für ausgesuchte private Alltagsgespräche gezeigt worden ist (vgl. Abschnitt 7.2)? Und welche Rolle spielt dabei die Situation, wie z.B. der begrenzte Zeitrahmen und die Tatsache, dass die Gespräche zwar unter Privatpersonen, aber im wenigstens (teil)öffentlichen Raum (des Theaters) stattfinden?

Dazu soll als erstes Beispiel für moderaten Dissens der folgende Gesprächsausschnitt (14) dienen. Cecilia und ihre Mutter Ingrid unterhalten sich in der Pause des Theaterstücks „Der gute Mensch von Sezuan"[73]. Nachdem die beiden den Theatersaal verlassen, über im Publikum anwesende Zuschauer gesprochen und sich im Foyer mit Getränken versorgt haben, initiiert Ingrid eine Bewertungssequenz mit Bezug auf die Inszenierung des Theaterstücks:

Ausschnitt 14: „die gesänge warn teilweise etwas schräg"[74]

```
120   Ingrid:     was ich UNglaublich TOLL finde?
121               (0.6)
```

---

[72] Vgl. dazu auch Kotthoff (1993). Als moderater Dissens wird im Folgenden Nichtübereinstimmung gefasst, die durch partielle Übereinstimmung („ja aber"), Vorlaufelemente wie Zögerungsmarker, Vokaldehnungen oder Pausen eingeleitet wird und lexikalische Elemente der Abschwächung, wie z.B. Heckenausdrücke („ein bisschen", „irgendwie" usw.) aufweist, innerhalb einer Sequenz auftritt und bearbeitet wird sowie „Aktivitäten der Renormalisierung" (vgl. Kallmeyer 1979, 90) enthält, die zu Übereinstimmung zurückführen. Unter verschärftem Dissens wird direkt hervorgebrachte Nichtübereinstimmung verstanden, die keine Vorlaufelemente sowie lexikalischen Marker zur Abschwächung umfasst, sich über mehrere Sequenzen bis hin zur gesamten Gesprächslänge erstreckt und keine „Aktivitäten der Renormalisierung" beinhaltet.
[73] Vgl. Kapitel 2, i.d.B.
[74] Köln_14-09-23_Sezuan_Gr.1.

```
122  Ingrid:    °hh (.) is dass die:
123             (0.4)
124  Ingrid:    die idee von der verFREMdung die brecht ja
                immer auf die BÜHne bringen wollte mit
                diesen PUPpen gemacht ham.
125             das hab ich überHAUPT noch nie gesehn.
126             (1.4)
127  Cecilia:   ja ich hab am ANfang ehrlich gesagt en
                bisschen überLEGT-
128             (0.5)
129  Cecilia:   waRUM sie diese puppen oder WANN sie die
                EINsetzen.
130             weil was ich jetz KOmisch fand war ja dass
                am ANfang dacht ich ERST-
131             °h das wär_ne TRENnung in die GUten un die
                SCHLECHten menschen.
132             weißt du weil [NUR] dieser-
133  Ingrid:                  [ja ]
134  Cecilia:   °h [WASserverkäu]fer un diese shen TE als
135  Ingrid:      [ah          ]
136  Cecilia:    Puppen darge[stellt] wurden.
137  Ingrid:                 [hmhm  ]
138  Cecilia:   und alle andern NICH?
139             °h aber JETZ hatten sie die shen te ja
                DOCH irgendwie als norMAle SCHAUspielerin.
140             ((schmatzt)) (.)
                [hattest du DAran irgendn sinn] geSEHN?
141  Ingrid:    [hmhm                         ]
142             (1.0)
143  Ingrid:    dass sie zum SCHLUSS-
144             (0.2)
145  Ingrid:    [al ] [s MENSCH kam ja-    ] °h
146  Cecilia:   [(ja)] [merkt man sich net] (was)-
147             (0.5)
148  Ingrid:    ähm
149             (4.9)
150  Ingrid:    ich WEISS noch nich geNAU-
151  Cecilia:   insgesamt war ich etwas UNsicher ob diese
                geSÄNge.
```

```
152                    (0.8)
153    Cecilia:        so geMEINT sind wie sie VORgetragen
                       wurden.
154                    (1.4)
155    Ingrid:         die geSÄ[Nge die-                    ]
156    Cecilia:           [warn teilweise etwas SCHRÄ]G.
157    Ingrid:         °h ja aber
158                    (0.3)
159    Ingrid:         bei BRECHT sind ALle gesänge SCHRÄ oder
                       FAST alle s gibt ganz ganz WEnige
                       (ge)sänge die NICHT SCHRÄG sind? °hh
160                    (0.3)
161    Ingrid:         und (.) die geSÄNge solln ja immer so_n
                       bisschen zuSAMmenfassen was er MEINT.
162                    (2.1)
163    Ingrid:         in seinen theAterstücken.
164                    (0.3)
165    Cecilia:        oKAY-
166                    (2.1)
167    Ingrid:         aber ich hab die zum TEIL auch aKUStisch
                       nich so RICHtig verstanden.
168    Cecilia:        ja
169                    (3.6)
170    Ingrid:         aber ich fand die idee TOLL mit den
                       PUPpen?
171                    (0.5)
```

Zu Beginn des Ausschnitts steigt Ingrid in Zeile 120 mit einer stark positiven Bewertung („*was ich UNglaublich TOLL finde?*") in die Bewertungssequenz ein und nennt mit „*is dass die: (0.4) die idee von der verFREMdung die brecht ja immer auf die BÜHne bringen wollte mit diesen PUPpen gemacht ham*", Z. 122– 124) nachträglich das Bezugsobjekt ihrer Bewertung. Cecilia stimmt Ingrid zu und führt anschließend ihre anfängliche Deutung, „*waRUM sie diese puppen oder WANN sie die EINsetzen*" (Z. 129) aus, bevor sie Ingrid fragt, ob diese „*DAran irgendn sinn geSEHN*" (Z. 140) habe. Ingrids Antwort „*ich WEISS noch nich geNAU*" (Z. 150) nimmt Cecilia zum Anlass, ihre Unsicherheit bezüglich des Stellenwerts eines weiteren Gegenstands auf der ästhetisch-performativen Ebene, nämlich der Gesänge im Theaterstück, zu äußern (Z.151–153). Ingrid greift den von Cecilia in den Fokus genommenen Aspekt der Gesänge in Zeile 155 auf, wird aber durch die von Cecilia in Überlappung produzierte, antizipierende Vervollständigung (vgl. Lerner 1996) in Form einer Bewertung („*warn teilweise etwas SCHRÄG*", Z. 156) an weiteren Ausführungen gehindert und reagiert auf Cecilias Bewertung der Gesänge mit partieller Übereinstimmung („*ja aber (0.3)*", Z. 157–159) (vgl. Auer & Uhmann 1982; Pomerantz 1984 und Kotthoff 1993). Ingrid untermauert ihre Ausführungen, indem sie sich auf ihr Hintergrundwissen bezieht und verallgemeinernd erläutert, dass bei Brecht „*ALle gesänge*" bzw. „*FAST alle*" (Z. 159) schräg seien. Weitere, durch die Partikel „*ja*"[75] gemeinsames Hintergrundwissen unterstellende Äußerungen Ingrids zur Bedeutung der Gesänge (Z. 161–163) quittiert Cecilia mit einem „*oKAY*" (Z. 165), bringt keine weiteren Gegenargumente und behandelt die Bewertungssequenz damit als beendet. Nach einer kurzen Pause (Z. 166) führt Ingrid mit Blick auf die Schauspieler/im Stück agierenden Figuren an, diese „*zum TEIL auch aKUStisch nich so RICHtig verstanden*" (Z. 167) zu haben, dem Cecilia mit einem „*ja*" (Z. 168) zustimmt. Nach einer weiteren Pause rahmt Ingrid die Bewertungssequenz, indem sie ihre einleitende Bewertung (Z. 120) nochmals resümierend aufgreift („*aber ich fand die idee TOLL mit den PUPpen?*", Z. 170).

Das im Folgenden in Ausschnitten präsentierte Gespräch zwischen Marco und Moritz in der Pause des Theaterstücks „Hamlet"[76] stellt in unserem Datenkorpus eine Ausnahme dar.[77] Das gesamte Gespräch ist von Nichtübereinstimmung geprägt: Marco bewertet das Stück zu Beginn des Gesprächs positiv („*bin tatsächlich gespannt worüber du dich AUFregen möchtest. ich fand_s nämlich (.) eigentlich äh durchaus GUT*"), während Moritz das Theaterstück und seine Einzelaspekte durchweg negativ einstuft. Dass die Bewertungen so stark divergieren, könnte u.a. damit zusammenhängen, dass Moritz als Regisseur tätig ist, worauf er im Rahmen des Gesprächs zumindest implizit verweist (vgl. Aus-

---

[75] Diese Äußerung lässt vermuten, dass Ingrid das epistemische „*ja*", entgegen seiner Funktion als Mittel zur Signalisierung/Unterstellung gemeinsamen Hintergrundwissens, einsetzt, um Cecilia das durch ihre Bewertung indizierte, fehlende Hintergrundwissen implizit vor Augen zu halten. Einen Hinweis darauf, dass Cecilia nicht über das Hintergrundwissen zur Bedeutung der Gesänge bei Brecht verfügt, könnte auch ihre Reaktion („*oKAY*", Z. 164) geben (vgl. auch Kapitel 6, i.d.B.).
[76] Vgl. Kapitel 2, i.d.B.
[77] Bereits zu Beginn des Gesprächs projiziert Moritz mit „*darf ich mich AUFregen?*" und „*nomalerweise würd ich jetzt nach HAUse gehn nach d ersten <<lachend> teil>*", was im weiteren Gesprächsverlauf folgt, nämlich die explizite Verbalisierung seines negativen Eindrucks im Hinblick auf das im Stück Dargebotene.

schnitt 16, Z. 124–126). Auch Marco setzt diese Tatsache im Gespräch an mehreren Stellen relevant, indem er sich als Laien und Moritz als Experten positioniert (vgl. Ausschnitt 15, Z. 169–182). Die Divergenz der Bewertungen zwischen Marco und Moritz wird bis zum Ende des Gesprächs aufrechterhalten.

Im Vorfeld des nachfolgenden Ausschnitts haben die beiden den Theatersaal verlassen. Im Theaterfoyer angekommen, kommt Moritz der Aufforderung Marcos nach zu erklären, warum er „*seit etwa (.) geFÜHLT drei stunden <<lachend> !KOPF!schmerzen>*" habe:

Ausschnitt 15: „das is SCHULtheaterniveau"[78]

```
117   Moritz:   ah_a:h.
118             ähm-
119             (1.3)
120   Moritz:   nich EIN ehrliches wort.
121             (0.9)
122   Moritz:   KEINS.
123             (0.5)
124   Moritz:   (inszeNIErungen) wie diese sind schuld-
125             warum ich (.) jeden meiner schauspieler
                ERSTmal °h n !MA!rathon laufen lasse-
126             damit sie_n ehrlichen TON rauskriegen.
127             (1.2)
128   Moritz:   <<mit tiefer Stimme imitierend> jetz mach
                ich theAter.
129             ha_HA-
130             (.) there shall you PASS-
131             (.) you shall not PASS wa[_a>.      ]
132   Marco:                             [ah oKEE:-]
133   Moritz:   o UNglaublich pathetisch-
134             °h sie KÖNN-
135   Marco:    find ich aber total GEIL-
136             weil i ich auf das BRItische stehe.
137             °h ((lacht))
```

---

[78] Siegen_14-11-14_Hamlet_Gr.2.

```
138  Moritz:    SPRACHlich isses gut?
139             (.) also v vo von dem ich hier die WORte
                sprech [benutz-]
140  Marco:            [ja-    ]
141             (0.5)
142  Moritz:    abba
                [es es is kein        ]e variANZ drin-
143  Marco:     [da steh ich toTAL drauf.]
144  Moritz:    es is (.) so gut wie keine ROLlenarbeit g
                geleistet worden-
145             (0.4)
146  Moritz:    also die ROLlen sin-
147             (.) das das is SCHULtheaterniveau.
148  Marco:     ja aber so stell ich mir <<lachend> theAter
                vor>.
149             (0.7)
151  Moritz:    d das das d d das sin keine rollen-=das sin
                AB[ziehbilder.]
152  Marco:       [oKE:-       ]
153             (1.9)
154  Marco:     ja es GEHT-
155  Moritz:    AUßer ++++++.
156  Marco:     also ich find HAMlet schon ä:h-
157             er selbst ist schon (.) ganz WITZi:ch.
158             (0.7)
159  Moritz:    NEIN nees mh-
160             (.) ich MEIne-
161  Marco:     GEHT schon (wieder).
162  Moritz:    guck do mal wie die leute reaGIEren.
163             s_is so <<imitierend> !OH! mein STICHwort
                kam.
164             ich komm jetz mal auf die BÜHne.
165             !OH! mein STICHwort kam.
166             ich muss jetz die HAND geben.
167             !OH! mein STICHwort kam.
168             ich muss auf den BOden gucken>>.
169  Marco:     °hh okee sowas fällt mir zum beispiel gar
                nich AUF.=aber du
                bist JA:-
```

```
170                 na DU:-
171                 als regisSEUR?
172    Moritz:      halt DANN is auch-
173    Marco:       MERKST es wahrscheinlich au einfach mehr-
174                 (0.4)
175    Moritz:      die gesamte inszeNIErung passt i ist nich
                    richtig.
176                 was was was was SOLL das-
177                 (0.8)
178    Moritz:      soll (.) ALso-
179                 hh°
180    Marco:       kann i AU nich beurteilen.
181                 hast du HAMlet schonma-
182                 du hasts wahrscheinlich hamlet
                    [TAUsendma gesehen.    ]
183    Moritz:      [ich hab hamlet schon_]n etwa f fünf
                    verschiedenen verSIOnen gesehen-
184                 und das is mit abstand die SCHLECHteste-
```

Zu Beginn des Ausschnitts führt Moritz – vermutlich mit Blick auf die Inszenierung des Theaterstücks, speziell die Schauspielerführung[79] – an, dass es für ihn „*nich EIN ehrliches wort*" (Z. 120) gab und verleiht diesem Eindruck mit der darauffolgenden Äußerung „*KEINS*" (Z. 122) wiederholt Nachdruck. Nach dieser implizit negativen Bewertung wechselt Moritz von der globalen Ebene des Stücks und angeregt durch das darin Dargestellte auf die Ebene seiner eigenen Alltagswelt außerhalb des Stücks („*(inszeNIErungen) wie diese sind schuld- warum ich (.) jeden meiner schauspieler ERSTmal °h n MA!rathon laufen lasse- damit sie_n ehrlichen TON rauskriegen.*", Z. 124–126), bringt erstmals seinen Hintergrund sowie seinen Wissensstatus als Regisseur einer Theatergruppe („*jeden meiner schauspieler*", Z. 125) ins Spiel und rechtfertigt damit verbunden die von ihm angebrachte Bewertung. Diese schmückt er zudem durch seine nachgeschobene Reinszenierung „*<<mit tiefer Stimme imitierend > jetz mach ich theAter. ha_HA- (.) there shall you PASS- (.) you shall not PASS wa_a>>*" (Z. 128–131) aus, die Marco mit dem Erkenntnisprozessmarker „*ah*" und einem nachfolgenden „*oKEE:*" (Z. 132) quittiert. In Zeile 133 gibt Moritz eine weitere Bewertung ab

---

[79] Vgl. dazu die im Folgenden analysierten weiteren Ausschnitte.

(„o UNglaublich pathetisch") und setzt dann mit „°h sie KÖNN-" (Z. 134) zu weiteren Ausführungen an, bevor Marco den Turn übernimmt und mit „find ich aber total GEIL- weil i ich auf das BRItische stehe" (Z. 135–136) eine Marcos Erstbewertung gegenläufige Zweitbewertung abgibt, die er mit einem Lachen (Z. 137) abschließt und die keinerlei Abschwächungsmarker aufweist. Moritz lenkt daraufhin erstmals im Gespräch ein und bewertet die sprachliche Performance der Darsteller als gut („SPRACHlich isses gut? (.) also v vo von dem ich hier die WORte sprech benutz", Z. 138–139), was Marco durch ein „ja" quittiert. In unmittelbarem Anschluss an seine positive Bewertung der sprachlichen Performance geht Moritz mit „abba es es is keine variANZ drin" (Z. 142) mittels einer Fokusverschiebung von der sprachlichen Qualität hin zur Varianz zu seiner nächsten Negativbewertung über, während Marco überlappend durch die partiell modifizierte, seine eigene Bewertung eskalierende Wiederholung „da steh ich toTAL drauf" (Z. 143) seiner vorangehenden Bewertung nochmals Nachdruck verleiht und explizit Nichtübereinstimmung verbalisiert.[80] Während Marco seine globale Positivbewertung zu Beginn des Stücks („ich fand_s nämlich (.) eigentlich äh durchaus GUT) durch Abschwächungsmarker noch vorsichtig formuliert, bringt er seine, Moritz' Argumenten gegenläufigen Bewertungen in den Zeilen 135 und 143 ohne jegliche Abschwächungsmarker hervor, was einen Hinweis darauf geben könnte, dass sich eine anfängliche Präferenz für Übereinstimmung hin zu einer Präferenz für Nichtübereinstimmung verschoben hat (vgl. Kotthoff 1993)[81] und sich die Intensität des Dissens verschärft.

Moritz geht im weiteren Gesprächsverlauf nicht auf Marcos wiederholte, eskalierte Bewertung (Z. 143) ein, sondern führt stattdessen seine Kritik[82] fort,

---

[80] Vgl. Kotthoff (1993, 204): „It seems that the more positive an initial assessment within a debate context is, the more negative its contextual meaning becomes, due to the downgrading of relevance that is attributed in that special context. This further indicates that preference order has already changed." Kotthoff stützt sich bei ihren Ausführungen auf Streitgespräche aus dem Deutschen sowie dem amerikanischen Englisch.
[81] Mit Blick auf ihr Datenkorpus stellt Kotthoff (1993, 199) fest: „The change of the participants' expectations is reflected and confirmed by their expressing dissent in an unmodulated or nearly unmodulated way. In my data, this does not occur in the first dissent turn, but in the second turn or later. The first exchange normally displays features of the dispreferred format", und führt des Weiteren aus: „When the context of argumentation is established, it is no longer preferred to agree. On the contrary, it seems to be very important to contradict quickly and in a coherent manner" (Kotthoff 1993, 203).
[82] Zum „Jargon der Kunstkritik" (vgl. Moritz Äußerungen und die darin enthaltenen Ausdrücke „variANZ", „ROLlenarbeit", „SCHULtheaterniveau" und „ABziehbilder" in Ausschnitt 16) als

indem er nun die Rollen in den Blick nimmt („*es is (.) so gut wie keine ROLlenarbeit g geleistet worden- (0.4) also die ROLlen sin-*", Z. 144–146) und diese mit der Feststellung „*das is SCHULtheaterniveau*" (Z. 147) negativ bewertet. Mit der partiellen Übereinstimmung „*ja aber*" (Z. 148) kündigt Marco seine Moritz' Kritik entgegenlaufende Folgeäußerung „*so stell ich mir <<lachend<theAter vor>*" (Z. 148) an, mittels derer er erstmals, wenn auch nur sehr vage und vorsichtig, implizit Maßstäbe kommuniziert, die seiner positiven Bewertung des Theaterstücks bzw. den von Moritz kritisierten Aspekten zugrunde liegen. Moritz fährt daran anschließend, ungeachtet Marcos Äußerung, mit der Bewertung der darstellerischen Performance fort („*d das das d d das sin keine rollen-=das sin ABziehbilder*", Z. 151), was Marco mit einem „*oKE:*" (Z. 152) quittiert. Nach einer kurzen Pause schiebt Marco ein „*ja es GEHT*" (Z. 154) nach und schließt an Moritz' teilweise unverständliche Äußerung in Zeile 155 eine weitere, subjektivierte und durch die Partikel „*schon*"[83] Nichtübereinstimmung indizierende Bewertung einer Figur im Stück („*also ich find HAMlet schon ä:h- er selbst ist schon (.) ganz WITZi:ch.*") ohne weitere Ausführungen an. Moritz kommuniziert mit „*NEIN nees mh- (.) ich MEIne*" (Z. 159–160) scheinbar vorerst nicht weiter spezifizierte Nichtübereinstimmung, worauf Marco mit „*GEHT schon (wieder)*" (Z. 161) reagiert.[84] Moritz lenkt Marcos Aufmerksamkeit vermutlich auf die schau-

---

Mittel der sozialen Positionierung im Rahmen des Bewertens von Kunst erläutert Hausendorf (2012, 95, Herv. im Original) unter Bezug auf eine Szene aus Woody Allens Film „Manhattan" aus dem Jahr 1979: „Einher mit dem Bewerten geht eine bestimmte Art der Selbstdarstellung, die dadurch geprägt ist, dass die Sprecherin ein vernichtendes Urteil über den ästhetischen Rang des Gesehenen fällt [...]. Es ist entsprechend eine Darstellung als Kunstrichter(in) bzw. -kritikerin, der es zukommt, über Rang und Wert von Kunst zu entscheiden. Wir wollen das als Ausdruck einer bestimmten sozialen Position und die Art und Weise der Inanspruchnahme dieser Position beim und durch das Reden als *soziale Positionierung* verstehen. Kunstkommunikation [...] ist neben allem, was es noch sein mag, auch und gerade ein Schauplatz für soziale Positionierungen, mit denen die Teilnehmenden sich wechselseitig aufzeigen, wer oder was sie sind bzw. als wer oder was sie betrachtet und verstanden werden wollen."

83 Vgl. den Eintrag zur Funktion von „schon" als Satzäquivalent (Métrich & Faucher 2009, 763) im Wörterbuch deutscher Partikeln: „drückt eine eher ungern gegebene Zustimmung aus, auf die oft eine Entgegnung folgt. Dem Sprecher geht es zumeist darum, etwas einzuräumen, um eine geplante Erwiderung vorzubereiten [...]." Nicht erfasst wird im zitierten Eintrag die Funktion von „schon" im hier aufgeführten Ausschnitt (15), nämlich die Indizierung von Nichtübereinstimmung als Reaktion auf die Äußerung des Vorgängers und zur Verstärkung der eigenen Position.

84 Der Bezugsrahmen dieser Äußerung bleibt unklar, da aus den Audiodaten nicht ersichtlich ist, worauf sich Marco bezieht.

spielerische Leistung der Darsteller („*guck do mal wie die leute reaGIEren*", Z. 162), übernimmt deren Perspektive und zieht ihre Performance durch seine Reinszenierung („*s_is so <<imitierend> !OH! mein STICHwort kam. ich komm jetz mal auf die BÜHne. !OH! mein STICHwort kam. ich muss jetz die HAND geben. !OH! mein STICHwort kam. ich muss auf den BOden gucken>*", Z. 163–168) ins Lächerliche. Anstatt sich an Moritz' Kritik des Theaterstücks zu beteiligen, positioniert Marco sich Moritz gegenüber als Laien, indem er deutlich macht, dass ihm der Blick bzw. das Wissen sowie die damit verbundene Kompetenz fehlt, um Moritz' Feststellungen zu teilen („*°hh okee sowas fällt mir zum beispiel gar nich AUF*", Z. 169) und schreibt mit „*aber du bist JA:- na DU:- als regisSEUR?*" (Z. 169–171) in direktem Anschluss Moritz die Expertenrolle zu. Daraufhin scheint Moritz mit der Abarbeitung seiner Kritikpunkte fortzufahren („*halt DANN is auch-*", Z. 172). Noch bevor er zum nächsten Punkt kommt, schließt Marco mit „*MERKST es wahrscheinlich au einfach mehr*", Z. 173) seine in Zeile 169 begonnene Zuschreibung ab, woraufhin Moritz mit seiner Kritik des Theaterstücks fortfährt. Dabei wechselt er den Fokus von der vorangehend bewerteten Performance der Darsteller zurück auf die Globalebene, hin zur Inszenierung des gesamten Stücks („*die gesamte inszeNIErung passt i ist nich richtig. was was was was SOLL das*", Z. 175–176). Auf Moritz aufgeworfene, metareflexive Frage, was das Ganze soll, kommuniziert Marco mit „*kann i AU nich beurteilen*" (Z. 180) fehlende Beurteilungskompetenz, spielt mit „*hast du HAMlet schonma- du hasts wahrscheinlich hamlet TAUsendma gesehen*" (Z. 181–182) auf das ihm fehlende Hintergrundwissen an, um, wie Moritz, das Theaterstück entsprechend beurteilen zu können, und thematisiert indirekt die damit einhergehende, dem Gespräch unterliegende und sich auf den unterschiedlichen Wissenszugang (vgl. Stivers, Mondada & Steensig 2011, 9) gründende Wissensasymmetrie. Moritz expliziert daraufhin sein Hintergrundwissen („*ich hab hamlet schon_n etwa f fünf verschiedenen verSIOnen gesehen*", Z. 183) und schließt die Bewertungssequenz mit einer stark negativen Globalbewertung des Theaterstücks („*und das is mit abstand die SCHLECHteste*", Z. 184) ab.

Die in diesem Abschnitt angeführten Gesprächsausschnitte (14 und 15) können im Rahmen des vorliegenden Beitrags nur begrenzt Aufschluss über die Ausprägungen von und den Umgang mit Nichtübereinstimmung in den Pausengesprächen im Theater(foyer) geben. Dennoch ermöglichen sie einen Einblick, wie Dissens entstehen kann, welche Verfahren die am Gespräch Beteiligten nutzen, um dissente Sequenzen zu bearbeiten und welche Dimensionen sie bei der Aushandlung ihres Wissensstatus relevant setzen. So kann zum einen eine Perspektivendivergenz der Gesprächsteilnehmerinnen und -teilnehmer hinsichtlich der ästhetischen Qualität von Einzelaspekten oder der gesamten

Inszenierung des Theaterstücks (Ausschnitt 14 und 15) Auslöser für Dissens sein. Die Art und Weise, wie Nichtübereinstimmung von den Beteiligten im Gespräch eingeleitet wird (z.B. begleitet von verbalen oder paraverbalen Abschwächungsmarkern oder ohne jegliche Form der Abschwächung), gibt Aufschluss darüber, ob im aktuellen Kontext Übereinstimmung oder Nichtübereinstimmung präferiert wird (vgl. dazu auch Kotthoff 1993 und Lerner 1996) und wie die Sprecher mit einer durch Dissens hervorgerufenen Face-Bedrohung umgehen.[85] Die Dynamik und Intensität von Nichtübereinstimmung kann sowohl im Laufe eines Gesprächs als auch im Laufe einer Sequenz zwischen moderatem und verschärftem Dissens changieren. Im Gespräch zwischen Ingrid und Cecilia (Ausschnitt 14) erstreckt sich die Nichtübereinstimmung über die Länge einer Bewertungssequenz und führt über eine Konzession („oKAY", „A:H okay") seitens der Sprecherin, die die Nichtübereinstimmung eingeleitet hat, zu Übereinstimmung („ja"). Das Gespräch zwischen Marco und Moritz (Ausschnitt 15) ist durch eine starke Perspektivendivergenz mit Bezug auf die Qualität des Stücks und dessen Einzelaspekte gekennzeichnet, die von den beiden Freunden im Gesprächsverlauf immer wieder durch Nichtübereinstimmung relevant gesetzt und von Marco explizit mit der dem Experten-Laien-Status zugrunde liegenden Wissensasymmetrie begründet wird. Moritz lenkt lediglich an einer Stelle im Gespräch ein (vgl. Ausschnitt 15, Z. 138–139), um Marcos Bewertung eines Einzelaspekts zuzustimmen, fährt dann aber mit weiterer Nichtübereinstimmung fort[86]. Obwohl das Gespräch Züge von verschärftem Dissens aufweist, ist dieser oftmals von Lachen begleitet und deshalb in einem scherzhaften Modus hervorgebracht, sodass Nichtübereinstimmung von beiden scheinbar ohne Probleme ausgehalten wird. Die Bewertungsdivergenz bleibt – ohne in einen Konflikt auszuarten – bis zum Ende des Gesprächs bestehen und wird keinesfalls zugunsten einer Konzession und/oder Übereinstimmung hinsichtlich der Bewertung des bisher im Theaterstück Dargestellten aufgegeben. Dass das Gespräch nicht eskaliert und es zu einem Streit kommt, ist vor dem Hintergrund der Situationsspezifik einleuchtend: Erstens steht den beiden Gesprächspart-

---

85 Einen Großteil zur Art und Weise, wie Dissens im Gespräch bearbeitet wird, trägt sicherlich auch die in den Gruppen vorherrschende Beziehungskonstellation der Sprecher (z.B. gute Freunde, Familie oder Ehepartner), die zeitliche Begrenzung der Gespräche und die Funktion, die die Sprecher dem Gespräch zuschreiben, bei, worauf im Rahmen dieses Beitrags allerdings nicht näher eingegangen werden kann, vgl. dazu aber Kapitel 5, i.d.B.).
86 Vgl. Kotthoff (1993) zum Stellenwert und zur Funktion von (vorübergehender) Übereinstimmung im Rahmen von Sequenzen, in denen die Sprecher Dissens als präferiert behandeln.

nern nur ein begrenzter Zeitrahmen, nämlich die Dauer der Pause zwischen den beiden Teilen des Theaterstücks, zur Verfügung. Zweitens findet ihr Gespräch in der (Teil-)Öffentlichkeit des Theaterfoyers statt. Ein Streit würde also nicht in der „Privatsphäre" der Gesprächsgruppe bleiben (vgl. Keppler 1994), sondern von den ebenfalls im Foyer anwesenden Theaterbesucherinnen und -besuchern beobachtet werden können und hätte unmittelbare soziale Konsequenzen. Drittens kann auch die soziale Beziehung zwischen den Sprechern einen Einfluss auf den Umgang mit Dissens haben.

Mit Blick auf die in Abschnitt 7.2 angeführten konversationsanalytischen Arbeiten kann festgehalten werden, dass es in den Foyergesprächen – genau wie in Alltagsgesprächen auch – zu Dissens bezüglich verschiedenster Aspekte kommen kann. Ein Unterschied zwischen den Foyer- und Alltagsgesprächen besteht allerdings zum einen in der Intensität von und im Umgang der Gesprächsteilnehmerinnen und -teilnehmer mit Dissens: Während es in privaten Alltagsgesprächen durchaus zu Streit und zur Eskalation kommen kann (vgl. Keppler 1994), ist dies in den Pausengesprächen im Theater(foyer), die zwar innerhalb einer privaten Gruppe, aber im (teil)öffentlichen Raum stattfinden, nicht der Fall. Dafür, dass sich, bis auf eine Ausnahme (vgl. Ausschnitt 15), die von Auer & Uhmann (1982 sowie von Pomerantz (1984) herausgestellte Präferenz für Übereinstimmung auch in den von Geselligkeit geprägten Pausengesprächen im Theater(foyer) abzeichnet, spricht der Umgang der Sprecher mit Dissens: Nichtübereinstimmung wird begleitet von Abschwächungsmarkern hervorgebracht und über eine Konzession in Übereinstimmung überführt. Geschieht dies nicht und wird Dissens direkt und ohne Abschwächung verbalisiert, so kann dies ein Indiz für einen Wechsel der Präferenz zugunsten von Nichtübereinstimmung sein.

Mit der Bearbeitung von und dem Umgang mit Dissens ist auch das Aushandeln des Wissensstatus der Interagierenden (vgl. Deppermann 2015) verbunden. Wie anhand der drei in diesem Abschnitt angeführten Gesprächsausschnitte illustriert wurde, spielen dabei unterschiedliche Dimensionen von Wissen eine Rolle. Von den von Stivers, Mondada & Steensig (2011, 9) genannten Wissensdimensionen[87] wird in den Pausengesprächen im Theater(foyer) vor allem die Dimension des Wissensvorrangs („epistemic primacy") von den Sprechern relevant gesetzt. In Ausschnitt 14 wird die Nichtübereinstimmung Ingrids

---

[87] Neben der Dimension „epistemic primacy" nennen Stivers, Mondada & Steensig (2011, 9) noch die Dimensionen „epistemic access" und „epistemic responsibility".

durch den Verweis auf ihren Wissensvorrang gegenüber Cecilia begründet. In Ausschnitt 15 basiert die Nichtübereinstimmung, wie in Ausschnitt 14, auf einem divergierenden Wissensvorrang, der von Marco und Moritz durch die Positionierungen als Experte und Laie bzw. durch Verweise auf Experten- und nicht vorhandenes Wissen indiziert wird.

7.4.4 „ä:h wo is denn eigentlich dieses theAtergespräch."[88] – Ausstiege aus den Bewertungsinteraktionen

In Ausschnitt 4.3 erfolgte anhand von Ausschnitten aus zwei Gesprächen ein Blick auf die Ausprägung von dissenten Sequenzen in den diesem Beitrag zugrunde liegenden Konversationen im Theater(foyer) und im Zuge dessen auch auf die zwei herausgestellten Möglichkeiten, mit Dissens umzugehen: Zum einen, dass beide am Gespräch Beteiligten im Rahmen einer interaktiven Aushandlung ihre Nichtübereinstimmung in Konsens umkehren, was die Bereitschaft zur Konzession einer der beiden Sprecher erfordert (Ausschnitt 14). Gleichzeitig zeigt die interaktive Aushandlung, dass Wertmaßstäbe nicht notwendigerweise – wie es etwa zweckrationale Ansätze (vgl. Keller 2008 und in Ansätzen auch Hartung 2000) suggerieren – im Vorhinein festgeschrieben sind, sondern dass im Zuge von Bewertungsprozessen gleichzeitig auch Wertmaßstäbe von den Beteiligten kontextsensitiv und dynamisch ausgehandelt oder überhaupt erst ausgebildet werden. Eine weitere Möglichkeit des Umgangs mit Dissens besteht darin, dass der während des gesamten Gesprächs vorherrschende Dissens bis zum Gesprächsende bestehen bleibt, keiner der Sprecher konzediert und somit auch kein Konsens angestrebt wird, das Gespräch jedoch nicht in einen Konflikt ausartet, sondern im geselligen, scherzhaften Modus verbleibt (Ausschnitt 15). Daran schließt sich abschließend die Frage an, wie von den Zuschauerinnen und Zuschauern generell Ausstiege aus Bewertungsinteraktionen vorgenommen werden und welche Rolle die durch den institutionellen Kontext gegebene zeitliche Beschränkung der Gespräche dabei spielt.

Die in Ausschnitt 16 präsentierte Bewertungssequenz findet am Ende des Gesprächs zwischen Emma und Monika im Anschluss an das Theaterstück „Brain und Beauty" statt. Nach einer kurzen Gesprächssequenz über andere

---

[88] Siegen_14-10-26_VerrücktesBlut_Gr.2.

anwesende Personen eröffnet Emma mit ihrer positiven Bewertung einer im Stück agierenden Figur (Z. 480) die Bewertungssequenz:

Ausschnitt 16: „des hat mich voll verSTÖ:RT"[89]

```
480  Emma:     ((schmatzt)) ich fand den PERser gut.
481            der in dem (.) in dem
              DUNk[elblauen kostüm.]
482  Monika:       [JA ne?         ]
483  Emma:     [der hat SCHÖN gesungen- ja.    ]
484  Monika:   [der konnte auch voll gut SINGen.]
485           (0.5)
486  Emma:     ich dachte zuE[RST?]
487  Monika:                 [j  ]a.
488  Emma:     (.) die giTARre die der umhatte-
489           dass er nich [WIR]Klich !SPI[ELT!?]
490  Monika:                [mh-]          [ja- ]
491  Emma:     aber DANN-
492           (.) weil der (.) den !GRIFF! die ganz
              z[eit GLEICH ge]halten hat.
493  Monika:   [JA_ja.       ]
494  Emma:     aber dann hat er auch akKORde
              gegr[iffen. un dann] dacht_ich DOCH-
495  Monika:      [HM_hm?         ]
496           °h war wahrsch[einlich SCHO]N-
497  Monika:                 [ja:-        ]
498  Emma:     schon LIVE eingespielt.
499           °h[hh           ]
500  Monika:    [aber ganz am] ANfang-
501           wo die alle VORne standen-
502           da WAR ein-
503           (0.3)
504  Monika:   MANN dabei-
505           den hab ich nie wieder geSEHen.
```

---

[89] Köln_14-04-22_BrainAndBeauty_Gr.3.

```
506             des hat mich voll verSTÖ:RT-
507             °h
508             (0.5)
509   Emma:     j[a:?]
510   Monika:   [ja ] der WAR so-
511             der war AUCH so.
512             (0.4)
513   Monika:   äh:.
514             (0.4)
515   Monika:   SÜDländischer typ-
516             und der HATte so_n.
517             (0.4)
518   Monika:   orangenen PULli an?
519             (0.2)
520   Monika:   und so_ne HOse?
521             (0.2)
522   Monika:   mit [ÄH:-]
523   Emma:         [tse.]
524             °h ja:[n DOCH de  ]r-
525   Monika:         [+++ DRÜber?]
526   Emma:     is nur EINmal [gekommen- z]um TANzen_ne?
527   Monika:                 [ja:.       ]
528   Emma:     [un DANN-]
529   Monika:   [ja:?    ] °h
530   Emma:     den hab ich aber auch ganz am ANfang gar
                nich wahrgenommen.
531             der [stand wahrschein]lich IRgendwo-
532   Monika:       [ich AU nich.    ]
533   Emma:     [°hh] HINten?
534   Monika:   [ja.]
535             ich hab die ganz zeit geGUCKT-
536             wo der denn jetzt (.)
                ₁[jetzt IS- <<lachend> aber IRgendwie> war
                er weg.]
537   Emma:     ₁[°h ((Lachansatz)) °h]
538   Emma:     vielLEICHT is-
```

Die Bewertungssequenz zwischen Emma und Monika ist von Übereinstimmung geprägt, was sich an lexikalischen Elementen wie „JA ne?", „JA_ja" und „HM_hm?" sowie an der von beiden Sprecherinnen in Überlappung produzierten, explizit positiven Bewertung „der hat SCHÖN gesungen" (Z. 483) und „der konnte auch voll gut SINGen" (Z. 484) zeigt. In Zeile 500–504 lenkt Monika die Aufmerksamkeit auf eine Figur auf der Bühne zu Beginn des Theaterstücks („da WAR ein- (0.25) MANN dabei") und äußert, dass sie „voll verSTÖ:RT" (Z. 506) habe, dass sie diesen Mann „nie wieder geSEHen" (Z. 505) hat. Emmas steigend intoniertes „ja:?" (Z. 509) nimmt Monika zum Anlass, die Figur näher zu beschreiben (Z. 510–525), woraufhin Emma in Zeile 524–526 mit „ja:_n DOCH der- is nur EINmal gekommen- zum TANzen_ne?" ein Identifikationsangebot gibt, was Monika in Zeile 529 und 534 ratifiziert. In Zeile 538 leitet Emma mit „vielLEICHT is" eine Mutmaßung hinsichtlich des Bezugsobjekts ein, die sie jedoch nicht ausführen kann, da durch eine Theatermitarbeiterin das Publikumsgespräch und damit auch das Ende der Pause angekündigt wird. Im weiteren Gesprächsverlauf nehmen Emma und Monika ihre Bewertungsinteraktion nicht wieder auf, sondern kehren zum Publikumsgespräch in den Theatersaal zurück. In diesem Beispiel wird der Ausstieg aus bzw. der Abbruch der laufenden Bewertungsinteraktion durch eine situations- und kontextbedingte Unterbrechung eingeleitet.

In Ausschnitt 17 erfolgt der Ausstieg aus der Bewertungsinteraktion, indem die Sprecherinnen diese als abgeschlossen rahmen und ein Themenwechsel eingeleitet wird. Das Gespräch zwischen Kristina, Hildegard und Irmgard findet im Anschluss an das Theaterstück „Habe die Ehre" statt. Nach der Bewertung des Bühnenbilds und nachdem auf ironische Art und Weise damit verbundene Klischees thematisiert wurden, erkundigt sich Kristina nach dem Namen eines Schauspielers:

Ausschnitt 17: „der poliZIST"[90]

```
275   Kristina:    ^h welcher is nochmal der poliZIST?
276                wie HEISST der nochmal,
277   Hildegard:   stephan DÖLLe?
278   Irmgard:     hm_hm.
```

---

90 Köln_14-05-28_HabeDieEhre_Gr.2.

```
279  Hildegard:    also STEphan bin ich mir nich sicher;
280                aber ich glaub DÖLle heisst_er mit
                   hausname.
281  Irmgard:      WEN meinste,
282                WELchen?
283  Kristina:     der p[oliZIST.    ]
284  Hildegard:       [n poliZIST.]
285  Irmgard:      achSO.
286  Kristina:     [der spielt (ja mal) ziemlich KLASse.]
287  Irmgard:      [ja den ham wir doch (hier) äh
                   VORgestern] erst gesehen.
288                oder?
289  Hildegard:    ich hab ihn NICH gesehen.
290                (2.5)
291  Kristina:     [hm_hm.      ]
292  Irmgard:      [war der nich] in dem stück (der)
                   kaufmann von venedig daBEI?
293  Hildegard:    ich glaube NICH.
294  Kristina:     nee [war_n ANde][rer;]
295  Hildegard:        [hm_     ][hm. ]
296  Irmgard:                    [war das nich] der
                   KAUFmann?=
297  Hildegard:    =nee.
298                da hat de:r TYP gespielt mit dem !BART!
                   gerade.=ne?
299                (0.2)
300  Hildegard:    der mann von der !POR!tia der hat jetzt
                   in BEIden stücken gespielt.
301                (.) ich weiß aber nich wie der HEISST.
302                (.) aber der DÖLle war !NICH! beim
                   kaufmann von venedig dabei.
303                (2.3)
304  Kristina:     hm_hm.
305                (3.5)
306  Irmgard:      JA.
307                was für_n restauRANT
                   su[chen wa denn (jetzt),          ]
308  Hildegard:       [da STEHT einer- da steht einer]
```

Nachdem Hildegard den Schauspieler vermutlich („*ich glaub DÖLle heisst_er*", Z. 280) namentlich identifiziert hat, bewertet Kristina dessen schauspielerische Leistung explizit positiv („*der spielt (ja mal) ziemlich KLASse*", Z. 286). Irmgards in Überlappung mit Kristinas Bewertung geäußertem Verweis „*ja den ham wir doch (hier) äh VORgestern erst gesehen. oder?*" (Z. 287–288) schließen sich Hildegard und Kristina (vgl. Z. 293–295) nicht an, was zu einer interaktiven Aushandlung der Sprecherinnen führt, welcher Schauspieler in welchem Stück gespielt hat. Hildegards Erläuterungen in Zeile 300–302 quittiert Kristina nach einer kurzen Pause in Zeile 304 mit einem zustimmenden „*hm_hm*", dem keine weiteren Äußerungen mehr folgen und womit die Bewertungs- und Aushandlungssequenz von den Gesprächspartnerinnen als abgeschlossen behandelt wird. Nach einer weiteren Pause leitet Irmgard einen Themenwechsel ein (Z. 306–307), während Hildegard auf eine im Theaterfoyer anwesende Person verweist (Z. 308), die dann in den Fokus des Gesprächs rückt.[91]

Mit dem nachfolgend angeführten Ausschnitt (18) kehren wir noch einmal zum Gespräch zwischen Pascal, Anna, Annalena und Jasmin im Anschluss an das Theaterstück „Verrücktes Blut"[92] zurück. Dem Gesprächsausschnitt geht eine Sequenz über die im Stück präsentierten Figuren voran:

Ausschnitt 18: „das ENde versuch ich glaub ich nich zu verstehen"[93]

```
373    Pascal:      das ENde war verwirrend.
374                 (0.2)
375    Anna:        ja:-
376    Pascal:      und zu VIEL.
377                 (0.7)
378    Jasmin:      ich find das auch auf einmal mit diese:m
                    VI?
379                 ALso-
380                 (.) VIdeo verwirrend wei:l-
381                 (0.7)
```

---

[91] In diesem Gespräch endet mit dem Ausstieg aus der vorliegenden Sequenz auch der kommunikative Austausch über das Theaterstück. Im weiteren Gesprächsverlauf werden nur noch private Themen (Auswahl eines Restaurants, Urlaubspläne usw.) besprochen.
[92] Vgl. Ausschnitt 3.
[93] Siegen_14-10-26_VerrücktesBlut_Gr.2.

```
382  Jasmin:      das [AL ]so:.
383  Pascal:          [ja.]
384  Jasmin:      ich fand das hat irgendwie so GAR nich
                  reingepasst.=
385               =ich hab ei (.) EIgentlich gedacht-=
386               =dass der junge sowas von anfang an schon
                  so SCHÜCHtern is-
387               und (ah) und HALT so.
388               (0.5)
389               wenig SELBSTbewusstsein und sowa[s-  ]
390  Anna:                                        [h°  ]
391  Jasmin:      und das VIdeo-
392               das fand ich irgendwie dann nochmal
                  verSTÖren[der.]=
393  Pascal:               [ja:-]
394  Jasmin       =um EHRlich zu sein-
395               (0.7)
396               aber DAS s haben die wahrscheinlich
                  gebraucht-
397               um (den) EInen da zu ver!UR!teilen.
398  Pascal:      [ja- ]
399  Jasmin:      [EINf][ach.]
400  Anna:             [ja- ]
401               (0.8)
402  Pascal:      also das hätten die vielleicht anders
                  RAUSbringen können.
403               =ich fand_s jetz n bisschen (.) KOmisch-
404               dass sie ei[nfach] nichts andres zu tun
405  Jasmin:                 [(ja)-]
406  Pascal:      hat als-
407               °h hey.=
408               =da liegt sein HANdy.
409               schau mal was er für !VI![deos hat.]
410  Annalena:                              [hh°     ]
                  [ja.           ]
411  Anna:        [<<lachend>ja:>>-]
412               (0.2)
413  Pascal:      er HÄTte ja-
414  Jasmin:      ja:.
```

```
415  Annalena:   ((lacht))
416  Pascal:     (fast) dann vielleicht einfach SELBST die-
417              WAFfe !KRIE!gen !KÖN!nen.
418              und das dann SELBST !AN!sprechen können als-
419  Anna:       ja-
420              (0.7)
421  Pascal:     [ja.]
422  Anna:       [°h ] ja und (.) geNAU.
423              am ende HATte er ja dann irgendwie ne-=
424              =Also.
425              °h [am ENde hab i]ch das !ECHT! nich
426  Pascal:        [ja geNAU.    ]
427  Anna:       verstan[den.]=
428  Pascal:           [ja. ]
429  Anna:       =weil !DANN! war_s auf einmal DOCH kein schauspiel w [mehr.]
430  Pascal:                                                         [hm-  ]
431  Anna:       oder WIE-
432              °h[h  ] [also als ER dann-]
433  Pascal:       [hm.] [dann (wollt)    ] er doch WEIter spielen.
434  Anna:       JA_ja.
435              weil er wahrscheinlich SO s eh eh irgendwie sich in (.) seiner !ROL!le-
436              WOHLgefühlt-
437              oder IRgendwie.
438              °h die ROLle schon zus-
439              zu ihm SELBST geworden is?=
440              =O[der- ]
441  Pascal:       [das E]Nde versuch ich glaub ich nich zu [verstehen.]
442  Anna:                                                 [((lacht))  ]
443              (0.5)
444  Anna:       °hh ja:.
445              (0.6)
446  Anna:       °h (.) ä:h-
```

447   wo is denn eigentlich dieses
           theAtergespräch.

In Zeile 373 verweist Pascal auf das für ihn verwirrende Ende des Theaterstücks und ergänzt nach Annas Zustimmung (Z. 375), dass es zudem „zu VIEL" (Z. 376) war, ohne dies näher auszuführen. Jasmin knüpft an Pascals Bewertung an, indem sie eine Stelle im Theaterstück fokussiert („ich find das auch auf einmal mit diese:m VI? ALso- (.) VIdeo verwirrend", Z. 378–380), ihren Eindruck mit der Bewertung „wei:l- (0.7) das ALso:. ich fand das hat irgendwie so GAR nich reingepasst.= =ich hab ei (.) EIgentlich gedacht-= =dass der junge sowas von anfang an schon so SCHÜCHtern is- und (ah) und HALT so. (0.5) wenig SELBSTbewusstsein und sowas- und das VIdeo- das fand ich irgendwie dann nochmal verSTÖrender.= =um EHRlich zu sein- (0.7) aber DAS s haben die wahrscheinlich gebraucht- um (den) EInen da zu ver!UR!teilen. EINfach." (Z. 381–399) erläutert. Im Anschluss an Jasmins Äußerung versuchen die Beteiligten, das Handeln einer im Stück auftretenden Figur zu rekonstruieren und zu deuten. Nach dem Deutungsvorschlag Annas (Z. 403–439) und dem eine Stellungnahme der anderen Sprecher relevant setzenden „Oder" (Z. 440) schließt Pascal die Sequenz mit „das ENde versuch ich glaub ich nich zu verstehen" (Z. 441) ab, Anna quittiert dies mit einem „ja:" (Z. 444) und rahmt die Sequenz nach einer kurzen Pause durch einen Themenwechsel (Z. 447) als beendet (vgl. zu diesem Ausschnitt auch Kapitel 6, i.d.B.).

Die drei vorangehend angeführten Ausschnitte (16 bis 18) zeigen exemplarisch die sich in unserem Datenkorpus abzeichnenden Möglichkeiten des Ausstiegs aus der Bewertungsinteraktion: Der Ausstieg kann durch die Sprecher selbst vorgenommen werden, indem sie die Bewertungssequenzen (Übereinstimmung verbalisierend) als abgeschlossen behandeln und einen Themenwechsel (u.a. mit Bezug auf private Aspekte oder auf das aktuelle Setting, z.B. das Versorgen mit Getränken, die Verortung im Theatergebäude, andere anwesende Personen) initiieren oder die Einleitung des Ausstiegs erfolgt durch externe, durch das Setting bedingte Faktoren, wie zum Beispiel das Einläuten des Endes der Theaterpause oder der Beginn des zweiten Teils der Theateraufführung im Foyer der Spielstätte.

7.5 Zusammenfassung der Ergebnisse und Ausblick

Zu Beginn dieses Beitrags erfolgte, vor allem mit Bezug zu konversationsanalytischer Forschung und mit einem kritischen Verweis auf Ansätze zweckrationaler Ausrichtung, zuerst ein Blick auf das Bewerten im Allgemeinen und daran anschließend – vor dem Hintergrund der in diesem Beitrag analysierten Daten – auf das Bewerten im Kontext der Publikumskommunikation und der Kommunikation über Kunst. Im Zuge der Analyse von Bewertungsinteraktionen in Pausengesprächen unter Theaterbesucherinnen und -besuchern wurde herausgestellt, welche spezifischen Ausprägungen diese hinsichtlich ihrer Initiierung, ihres thematischen und sequenziellen Verlaufs, des Umgangs der Beteiligten mit Dissens sowie hinsichtlich ihrer Ausstiege aufweisen.

Sowohl die Tatsache, dass zu Beginn der Gespräche die Beteiligten direkt und alleine durch die einen kohärenten Gesprächsbeitrag einfordernde Ein-Wort-Äußerung *„und?"* in eine Bewertungsinteraktion einsteigen können, als auch die Alternativen der expliziten Einforderung einer Stellungnahme oder Bewertung sowie die selbstinitiative Äußerung einer Bewertung zu Gesprächsbeginn und die jeweiligen Reaktionen der Gesprächspartnerinnen und -partner sprechen dafür, dass das Bewerten als kommunikative Aufgabe im Rahmen des vorliegenden Gesprächskontexts für sie als zentral und typisch erscheint (vgl. Abschnitt 7.4.1).

Im Hinblick auf den thematischen Verlauf der Bewertungsinteraktionen (vgl. Abschnitt 7.4.2) ist festzuhalten, dass sich die Dynamik der gemeinsamen Produktion und Aushandlung von Bewertungen im Wechsel der in den Fokus genommenen Bewertungsgegenstände und Ebenen (ästhetisch-performativ, global, allgemein-gesellschaftlich) zeigt (vgl. Hrncal & Gerwinski 2015), wobei die Reihenfolge der Ebenen im Rahmen der Transformation variieren kann[94] und mit einem Wechsel des Bewertungsgegenstands nicht notwendigerweise ein Wechsel der Ebene verbunden ist und vice versa. Hinsichtlich des sequenziellen Verlaufs der auf Konsens ausgerichteten Ausschnitte zeigt sich einerseits die von Pomerantz (1984) sowie von Auer & Uhmann (1982) herausgestellte Abfolge und Art der Erst- und Zweitbewertung (eskaliert, gleichlaufend oder deskaliert). Andererseits wird deutlich, dass auf eine erste Bewertung nicht immer eine Zweitbewertung eines anderen Sprechers folgt, was wiederum zu Erläuterungen der Erstbewertung oder zu einer neuen Erstbewertung führen kann. Des Weiteren nutzen die Sprecher die Möglichkeit, auf die Erstbewertung eines Gesprächspartners ebenfalls mit einer Erstbewertung zu reagieren, bei der sie einen Wechsel des Bewertungsgegenstands vornehmen.

---

[94] Es kann zum Beispiel mit einer Globalbewertung oder mit der Bewertung eines Einzelaspekts begonnen werden, die dann gegebenenfalls zu einer Bewertung gesellschaftlicher Aspekte führt.

Eine Betrachtung dissenter Sequenzen (vgl. Abschnitt 7.4.3) brachte die Erkenntnis, dass die Beteiligten in den Gesprächen mittels spezifischer verbaler sowie paraverbaler Signale indizieren, ob eine Präferenz für Konsens oder Dissens vorliegt. Nicht übereinstimmende Äußerungen können von den Sprechern in abgeschwächter Form verbalisiert werden und – je nach Umfang und Intensität – im Laufe der Bewertungssequenz an Direktheit gewinnen, was einen Hinweis auf die Verschiebung der Präferenz von Konsens hin zu Dissens gibt, ohne jedoch in einen Konflikt auszuarten. Bis auf das Gespräch zwischen Marco und Moritz (vgl. Ausschnitt 15), das in unserem Korpus eine Ausnahme darstellt, werden dissente Sequenzen in den vorangehend angeführten Ausschnitten abgeschwächt eingeleitet und enden mit einer Renormalisierung in Form einer Konzession mit nachfolgender Verbalisierung von Übereinstimmung, was darauf hinweist, dass Konsens in den vorliegenden Pausengesprächen im Theater(foyer) von den Teilnehmerinnen und Teilnehmern präferiert wird. Zugleich ist diese Form des Managements von Dissens ein Hinweis auf die interaktive und dynamische Anpassung von Bewertungen, da mit der gemeinsamen Bearbeitung von Dissens auch eine Aushandlung und gegebenenfalls Herausbildung von Wertmaßstäben einhergehen (vgl. Goodwin & Goodwin 1992; Lindström & Mondada 2009a). Dass es in keinem der erhobenen Gespräche zu einer Eskalation bzw. zum Streit kommt, lässt sich zum einen vor dem Hintergrund der Kontextspezifik erklären: Im Kontext der Publikums- und prestigeträchtigen Kunstkommunikation setzen sich die Gesprächsteilnehmerinnen und -teilnehmer beim Bewerten der Gefahr aus, dass ihr Urteil von den anderen am Gespräch beteiligten Personen nicht geteilt wird. Mit dieser Gefahr der Gesichtsbedrohung gehen sie um, indem sie auf die vorangehend angeführten sprachlichen „Vorsichtsmaßnahmen" zurückgreifen und sich, u.a. durch das Verweisen auf vorhandenes oder fehlendes Erfahrungs- und Hintergrundwissen und das Aushandeln des damit verbundenen Rechts auf Erstbewertung, als Experten oder Laien positionieren. Da es in den Pausengesprächen im Theater(foyer) auch darum geht, sich gemeinsam über das im Theaterstück Erlebte und die damit verbundenen Emotionen, aber auch über das anwesende Publikum oder private Themen auszutauschen, stellt der Faktor der Geselligkeit (vgl. Linz, Hrncal & Schlinkmann 2016; Kapitel 5, i.d.B.) ein weiteres Kontextspezifikum dar. Zum anderen sind mit der Situation zusammenhängende Aspekte relevant, auf die in den Gesprächen von den Sprechern explizit oder implizit Bezug genommen wird: Die Theaterpause bietet eine zeitlich nur begrenzte Möglichkeit, sich (über das im Stück Erfahrene) auszutauschen. Ein weiterer, nicht unerheblicher Aspekt ist die Tatsache, dass die Gespräche in der (Teil-)Öffentlichkeit des Theaters stattfinden und somit immer auch andere, nicht zur

Gesprächsgruppe gehörende Personen anwesend sind, ein Streit innerhalb der Gruppe also nicht unbeobachtet bleiben würde. Auch die Beziehungskonstellation[95] innerhalb der Gesprächsgruppe ist als Einflussfaktor zu berücksichtigen und schließlich kann ebenso die Aufnahmesituation selbst eine Rolle spielen (vgl. dazu Kapitel 3 und 4, i.d.B.).

Die Bewertungsinteraktionen werden von den Gesprächsteilnehmerinnen und Gesprächsteilnehmern beendet, indem sie die Bewertungssequenzen durch Zustimmung und einen Themenwechsel (gegebenenfalls mit Bezug zum aktuellen Setting) als abgeschlossen behandeln, oder indem externe, dem Setting geschuldete Faktoren (wie zum Beispiel das Einläuten des Pausenendes oder die Ankündigung des Publikumsgesprächs) sie zum Ausstieg aus der Bewertungsinteraktion „zwingen" (vgl. Abschnitt 7.4.4). Die „von außen" eingeleitete Beendigung der Bewertungsinteraktionen verdeutlicht zugleich den Aspekt der zeitlichen Begrenztheit, dem die Pausengespräche im Theater(foyer) – im Gegensatz zu den Gesprächen vor Kunstwerken im Museum – unterliegen.

An die vorangehend vorgestellten Ergebnisse schließen sich nun weitere Fragen an, die im Rahmen dieses Beitrags nicht in den Blick genommen werden konnten und weiterer Untersuchung bedürfen: Inwieweit unterscheiden sich die in der Pause zwischen den Akten eines Theaterstücks von den im Anschluss an die Aufführung stattfindenden Gesprächen? Wie schlägt sich die in den Zuschauergruppen vorherrschende Beziehungskonstellation auf die Bewertungsinteraktion nieder? Geht es in den Pausengesprächen im Theater(foyer) primär darum, im Kontext der Kunstkommunikation mehr oder weniger rational begründbare[96] Publikums-Urteile zu fällen (vgl. Keller 2008) oder stehen vielmehr das gesellige Beisammensein und, damit verbunden, die gemeinsame Teilhabe

---

[95] Vgl. zum Zusammenhang der Beziehung der Sprecher und der Ausprägung von Streit bei innerfamiliären Tischgesprächen Keppler (1994, 93): „Gerade im Kreis von Nahestehenden und Angehörigen, wo die Voraussetzung gemeinsamer Bande – die ja immer auch Bande des Wissens und Meinens sind – für alle wichtig ist, ist die Differenz wertbezogener Meinungen etwas, das man oft nicht einfach auf sich beruhen lassen kann. Die Differenz muss dann ausgetragen werden. Ein prominenter Modus dieses Austragens ist die Kommunikationsform des Streits." Der im Kontext der Pausengespräche im Theater(foyer) auftretende Dissens gründet sich, zumindest wenn es um den Wissensvorrang (Expertenwissen) geht, obwohl sich die Personen nahe stehen, nicht auf einen gemeinsamen Wissenshintergrund (wie bei Keppler), sondern im Gegenteil auf die Asymmetrie von Hintergrundwissen.
[96] Vgl. zum Stellenwert von Begründungen in den Foyer-Gesprächen auch Linz, Hrncal & Schlinkmann (2016).

an den Emotionen der anderen Gesprächspartnerinnen und Gesprächspartner (vgl. Kindt 2007; 2016) sowie die soziale Positionierung (vgl. Hausendorf 2012) in der (traditionell) als „bildungssprachlich" geltenden Situation des gehobenen Small Talks im Vordergrund (vgl. dazu Kapitel 5, i.d.B.)?

Eva Schlinkmann
8 Rekonstruktive Verfahren

8.1 Einleitung

Die kommunikative Vergegenwärtigung von Vergangenheit ist eine allgegenwärtige Praktik in unserer alltäglichen Lebenswelt (vgl. Bergmann & Luckmann 1995, 293–295)[1]. Dies betrifft öffentliche, institutionelle sowie private Bereiche wie z.B. die Rekonstruktion von Tathergängen vor Gericht (vgl. Meier zu Verl 2016), von Träumen in Therapiegesprächen (vgl. Gülich & Hausendorf 2012; Hausendorf 2012a) oder von Klatsch- oder Beschwerdegeschichten am Esstisch einer Familie (vgl. Keppler 1995; Bergmann 1987; Günthner 2000). In diesem Beitrag werden rekonstruktive Verfahren in Pausengesprächen unter Theaterbesucher(inne)n analysiert. Aufgrund der zeitlichen Nachträglichkeit der Kommunikationssituation besteht für die Zuschauer(innen) die Notwendigkeit, ihre Kunsterfahrung während der Theateraufführung zu rekonstruieren, um auszuhandeln, was sie wahrgenommen haben und worauf sie sich beziehen (vgl. Linz, Hrncal & Schlinkmann 2016, 536, 543). Der Beitrag geht der Frage nach, welche situations- und kontextspezifischen Merkmale und Verfahren Rekonstruktionen in Pausengesprächen im Theater auszeichnen. Gleichzeitig wird die „soziale Funktion" (Klein & Martínez 2009, 8; angelehnt an Gunkel 1906/2004) von Rekonstruktionen in Theaterpausengesprächen diskutiert.

Den theoretischen Rahmen der Untersuchung bilden die Konzepte des ‚kommunikativen Haushalts' und der ‚kommunikativen Gattung' nach Luckmann (1986) und Bergmann (1987) (vgl. Abschnitt 8.2.1). Zur spezifischeren Klassifizierung der kommunikativen rekonstruktiven Verfahren werden Arten und Subtypen der Rekonstruktion vorgestellt (vgl. Abschnitt 8.2.2). Anschließend verortet Abschnitt 8.2.3 die Pausengespräche in den situativen Kontexten der Kunst-/Publikums- und der geselligen Kommunikation. Auf der Basis der genannten Forschungsaspekte erfolgt dann eine Präsentation der Ergebnisse aus der Analyse des Datenkorpus zu Pausengesprächen im Theater, das im Hinblick auf folgende Fragen analysiert wurde:
- Welche Gegenstände rekonstruieren die Sprecher? Wie unterscheiden sich Subtypen von Rekonstruktionen? (vgl. Abschnitt 8.3.1)
- Wie steigen Sprecher in Rekonstruktionen ein? Wie betten sie dabei Rekonstruktionen in welche Kontexte ein? (vgl. Abschnitt 8.3.2)

---

1 Vgl. zum kommunikativen Gedächtnis Feilke (2014).

- Wie entfalten sich Rekonstruktionen in ihrem Verlauf? Welche Funktionen und Darstellungsmodi prägen sie dabei (vgl. Abschnitt 8.3.3)?
- Wie beenden Sprecher Rekonstruktionen (vgl. Abschnitt 8.3.4)?

Zum Schluss wird eine Zusammenfassung der rekonstruktiven Verfahren, Rekonstruktionsarten und -funktionen gegeben, die Pausengespräche im Theater auszeichnen (vgl. Abschnitt 8.5).

Um die Analyseergebnisse zu illustrieren, werden im vorliegenden Beitrag 11 ausgewählte Auszüge aus 6 Gesprächen vorgestellt. Die ausgewählten Gespräche zeichnen sich einerseits durch ihre Reichhaltigkeit an Rekonstruktionen aus. Andererseits beinhalten sie Rekonstruktionspraktiken, die als exemplarisch für das gesamte Datenkorpus im Hinblick auf die darin vorkommenden Rekonstruktionen im spezifischen Kontext der Theaterpausengespräche gelten können.

8.2 Rekonstruktive Verfahren im Kontext

Als theoretische Grundlage der Analyse in Abschnitt 8.4 dient der Bezugsrahmen der kommunikativen Gattungen, der grundlegend auf den Untersuchungen von Luckmann (1986) & Bergmann (1987) basiert. Innerhalb dieses Rahmens erläutert Abschnitt 8.2.1 die theoretischen Konzepte des kommunikativen Haushalts, der kommunikativen Gattung, des ‚sozialen Ereignisses' und der (Analyse-)Struktur kommunikativer Gattungen. Darauf aufbauend entwickelt Abschnitt 8.2.2 ein allgemeines Konzept von rekonstruktiven Verfahren und beschreibt einige für die anschließende Untersuchung relevante Subtypen. Die im Beitrag untersuchten rekonstruktiven Verfahren in Theaterpausengesprächen lassen sich kontextuell in die Bereiche der Publikumskommunikation, hier als Teil der Kunstkommunikation, sowie der geselligen Kommunikation einordnen (vgl. Abschnitt 8.2.3).

8.2.1 Kommunikative Gattungen im kommunikativen Haushalt

Das gesamte kommunikative Repertoire, das einer bestimmten Sprechergruppe zur Verfügung steht, bezeichnet Luckmann (1986, 1988) als den kommunikativen Haushalt einer Gesellschaft oder einer gesellschaftlichen Gruppierung (z.B. der Theaterbesucher(innen)) (vgl. auch Ayaß 2011). Luckmann (1988, 284) ergänzt, der kommunikative Haushalt sei „die Gesamtmenge der kommunikativen Vorgänge, die auf Bestand und Wandel einer Gesellschaft einwirken". Dieser beinhaltet einerseits musterhaft verfestigte kommunikative Formen und andererseits freie und ‚spontane' Formen (vgl. Ayaß 2011; Luckmann 1986). Letztere bringen die Sprecher je nach Situation, Intention und Kontext jeweils in situ vollkommen frei und flexibel spontan hervor (vgl. Bergmann 1987, 35–42, Günthner & Knoblauch 1994, 696–702). Keppler (1995, 52) nennt diese spontaneren Gesprächsabschnitte und -phasen die „Gelenkstellen" eines Gesprächs oder einer kommunikativen Gattung. Diese freieren Elemente ermöglichen oft den Übergang von einem Strukturelement eines Musters zum nächsten oder den Wechsel zwischen zwei verfestigten Mustern innerhalb eines Gesprächs. Anhand der kommunikativen Formen, die eine spezifische Gesellschaft zu einer bestimmten Zeit realisiert, lassen sich Rückschlüsse über das Relevanzsystem (Werte, Normen, Tabus etc.) dieser Gesellschaft ziehen (vgl. Ayaß 2011; Luckmann 1986). Demnach ist jeder kommunikative Haushalt höchst kultur- und epochenspezifisch und in seinen Elementen und Ausprägungen einem ständigen Wandel unterlegen (vgl. Ayaß 2011; Luckmann 1986). Die musterhaft verfestigten kommunikativen Formen innerhalb des kommunikativen Haushalts werden von Luckmann, Bergmann, Günthner & Knoblauch, Keppler und Ayaß als ‚kommunikative Gattungen' bezeichnet.

Bereits Bakhtin (1986, 79) entwickelte das Konzept der ‚speech genres', auf dem der Gattungsbegriff aufbaut. Zur dessen Relevanz schreibt er: „if speech genres did not exist [...], speech communication would be almost impossible". Günthner & König (2016, 177) definieren kommunikative Gattungen basierend auf den Gattungskonzepten von Gunkel (1906/2004), Hymes (1972), Vološinov (1929/1975), Bakhtin (1986), Luckmann (1986), sowie Günthner & Knoblauch (1994) als „[rekurrente kulturell verfestigte] alltägliche kommunikative Muster, an denen sich Sprecher/innen und Rezipient/innen bei der Produktion und Rezeption kommunikativen Handelns orientieren."[2] Ergänzend stellt Ayaß (2011, 278–279) heraus, dass kommunikative Gattungen kommunikative Vorgänge (z.B. einen Gesprächsausschnitt) bezeichnen, die „in ihrem Ablauf ein hohes Maß an Gleichförmigkeit" aufweisen und „als Routinen, Regeln oder Rituale" beschrieben werden können. Demnach gibt eine kommunikative Gattung durch gesellschaftlich verankerte Konventionen Formvorgaben, Leitlinien und Ordnungsschemata bezüglich der Frage vor, „wer wann [mit wem] wie" (vgl. Ayaß 2011, 279) kommuniziert. Konstitutiv für alle kommunikativen Gattungen sind, so Günthner & König (2016) sowie Ayaß (2011), als Teil der musterhaften Verfestigungen ein relativ klar erkennbarer Anfang und ein Ende. Weiterhin werden unterschiedliche Gattungen durch unterschiedliche Bestim-

---

2 Vgl. ausführlicher zum Gattungskonzept Günthner (2014).

mungsmerkmale im Sinne von Merkmalskombinationen charakterisiert, die auf allen sprachlichen Ebenen angesiedelt sein können – sei es beispielsweise eine spezifische Intonation, eine bestimmte Wortwahl, eine feste Sequenzabfolge oder eine spezielle Rollenverteilung der Kommunikationsteilnehmer. Nicht zuletzt unterscheiden sich unterschiedliche Gattungen im Verfestigungsgrad, der von sehr starr bis zu relativ unverbindlich reichen kann, sowie in ihrer Komplexität (vgl. Günthner & Knoblauch 1996; Keppler 1995; Abb. 17).

An den daraus entstehenden spezifischen Merkmalskombinationen orientieren sich die Mitglieder einer Gesellschaft in „wiederkehrende[n] soziale[n] Situationen" (Ayaß 2011, 279), wie z.B. beim Klatsch über einen gemeinsamen Nachbarn. Durch die prominente Gattung des Klatsches (vgl. Bergmann 1987) werden die Sprecher laut Ayaß (vgl. 2011, 278) in einer entsprechenden sozialen Situation von Entscheidungsdruck entlastet und empfinden Verhaltenssicherheit in der Interpretation des Hervorgebrachten und darin, was sie jeweils selbst hervorbringen. Diese „soziale Funktion" (Klein & Martínez 2009, 8) beschreibt schon Gunkel (1906/2004, 57) als „Sitz im Leben [...], aus dem Inhalt und Form erst verstanden werden können". Die so tradierten „gesellschaftliche[n] Wissensbestände" (Keppler 1995, 18) über Gattungen sind jedem Gesellschaftsmitglied in seiner Anwendung (nicht jedoch in seiner Theorie) bekannt, wie Keppler am Beispiel kommunikativer Gattungen bei Familientischgesprächen aufzeigt. Bakhtin (1986, 79) perspektiviert die Verwendung von ‚speech genres' aus der praktisch-konkreten Sprecher- und Hörerperspektive, indem er schreibt:

> We learn to cast our speech in generic forms and, when hearing others' speech, we guess its genre from the very first words; we predict a certain length [...] and a certain compositional structure; we foresee the end; that is, from the very beginning we have a sense of the speech whole [...].

Wissenssoziologisch betrachtet wird nach Luckmann (1986, 195–200) durch Gattungen die Struktur aufgezeigt, in der gesellschaftliches (alltagspraktisches) Wissen (Ereignisse, Sachverhalte, Erfahrungen) intersubjektiv vermittelt, thematisiert, bewältigt und tradiert und somit Wirklichkeit erzeugt wird. Dieser Sicht liegt die Grundannahme der ethnomethodologischen Konversationsanalyse einer „Vollzugswirklichkeit" (vgl. Bergmann 1981, 10–12; Berger & Luckmann 1969/2012) zugrunde.

Untersucht wurden bisher sowohl alltägliche, verbreitete Formen wie die Alltagserzählung (vgl. Gülich 2008[3]), die Belehrung, der Streit, die Diskussion (zu allen vgl. Keppler 1995), der Witz (vgl. Kotthoff 2011), das Frotzeln (vgl.

---

3 Vgl. dazu auch ausführlicher: Gülich (1980); Keppler (1995); Quasthoff (2001).

Keppler 1995; Günthner 2000) oder der Klatsch (vgl. Bergmann 1987) als auch sehr spezifische Ausprägungen wie die Konversionserzählung (vgl. Ulmer 1988) oder das Sich-Mokieren und Jammern in Umweltgruppen (vgl. Christmann 1999 und 1999a). Jede Gattung erfüllt eine bestimmte kommunikative Aufgabe bzw. einen Bedarf in einer spezifischen sozialen Situation. Ein Beispiel stellt der „Vergemeinschaftungsmechanismus" (Bergmann 1987a, 81[4]) von Klatsch dar.

Die Relevanz von kommunikativen Gattungen lässt sich auch an den Konsequenzen, die die Nichtbeachtung von Gattungskonventionen nach sich zieht, erkennen. So stellt Bergmann (1987, 36) fest, dass die Nichtbeachtung zu „schmerzhaften Karambolagen" im Sinne negativer sozialer Konsequenzen führe. Demnach könnte z.B. das Klatschen über eine Person ohne vorher die Klatschbereitschaft aller Gesprächsteilnehmer abzuklären (vgl. „Prä-Sequenz"; Bergmann 1987, 114) den Ruf des Klatschenden schädigen.

Unter den Überbegriff der kommunikativen Gattungen lassen sich sowohl große kommunikative Gattungen als auch ‚kleine' kommunikative Gattungen[5] fassen. Laut Ayaß (2011, 285) sind letztere weniger komplex, flexibler und weniger umfangreich als große kommunikative Gattungen. Außerdem unterscheiden sie sich von großen kommunikativen Gattungen durch ihren geringeren Komplexitäts- und Verfestigungsgrad sowie ihren geringeren Umfang und ihre größere Funktionsflexibilität. Darüber hinaus werden sie häufig in größere Muster und Gattungen eingebettet (vgl. Günthner & Knoblauch 1994). So werden beispielsweise Alltagserzählungen (vgl. Keppler 1995; Quasthoff 2001), Klatsch (vgl. Bergmann 1987) und Sich-Mokieren in Umweltgruppen (vgl. Christmann 1999a) als große kommunikative Gattungen eingeordnet, wohingegen Frotzeln, Vorwürfe, (zu beiden vgl. Günthner 2000), Sprichwörter, Komplimente (vgl. zu beiden Ayaß 2011) oder Belehrungen (vgl. Keppler 1995) als kleine kommunikative Gattungen klassifiziert werden. Allerdings gestaltet sich der Übergang zwischen großen und kleinen kommunikativen Gattungen fließend (vgl. Günthner 2000).

Bestimmte Gattungen lassen sich im Rahmen spezifischer sozialer Ereignisse und sozialer Milieus finden. Letztere werden von jeweils spezifischen kommunikativen Haushalten geprägt. Die konstituierenden Eigenschaften eines

---

4 Vgl. auch Ayaß (2011); Bergmann (1987); Günthner (2014); Günthner & König (2016).
5 Während Bakhtin (1986, 72) von „secondary speech genres" (im Kontrast zu „primary speech genres") spricht, heißen sie bei Luckmann (1988) und bei Bergmann (1987) „Kleinformen" oder „Minimalgenres" (vgl. Kotthoff 2011; Keppler 1995), bei Günthner & Knoblauch (1994) „Klein- und Kleinstformen" und bei Ayaß (2011) und Günthner (2000) „Kleine Formen". Da sie ein fast deckungsgleiches Konzept bezeichnen, wird im Folgenden zusammenfassend der Terminus ‚kleine Gattungen' verwendet.

sozialen Milieus bestehen laut Keppler (1995, 23, 51–52) in relativ festen Sozialbeziehungen, gewohnheitsmäßigen Orten, synchronisierten Zeitbudgets und typischen sozialen Veranstaltungen. Beispiele für soziale Milieus sind Familien, Stammtische, Freundeskreise, Frauengruppen, Studierendencliquen, Vereine oder Theatergruppen. Diese sozialen Gruppen werden in der Regel durch jeweils spezifische soziale Veranstaltungen oder Ereignisse charakterisiert, wie z.B. das Familientischgespräch, bestimmte Meetings, Sprechstunden (vgl. Keppler 1995) oder das Theaterpausengespräch, sowie durch spezifische Gruppenstile. Dabei stellt ein soziales Ereignis einen strukturierten und formalisierten Handlungszusammenhang dar, der durch einen fixen zeitlichen und räumlichen Rahmen sowie typische Gesprächsformen (z.B. kommunikative Gattungen), einen typischen Gesprächsverlauf und typische Teilnehmerrollen kulturell geprägt wird (vgl. Ayaß 2011).

In Abschnitt 8.4 werden 11 Ausschnitte aus Theaterpausengesprächen (im Sinne sozialer Ereignisse) diverser sozialer Milieus von Theaterbesucher(innen) analysiert. Um dem nachzugehen, soll zunächst erläutert werden, wie sich nun einzelne kommunikative Gattungen im Rahmen bestimmter sozialer Ereignisse (wie des Theaterpausengesprächs) und spezifischer sozialer Milieus analytisch beschreiben lassen.

Zur Beschreibung der Merkmale einzelner kommunikativer Gattungen (im Rahmen bestimmter sozialer Ereignisse wie dem Theaterpausengespräch und spezifischer sozialer Milieus) und der Analyse ihrer Funktion wurde die Gattungsanalyse entwickelt. Methodisch beruht die Gattungsanalyse auf den Konzepten zweier bzw. dreier synthetisch zusammenhängender Strukturebenen: Der ‚Binnenstruktur', der ‚Außenstruktur' und ggf. der ‚situativen Realisierungsebene'. Unter die Binnenstruktur fasst Luckmann (1986)[6] die konkreten kommunikativen Elemente, die Akteure verwenden, um die Basis für die kommunikative Gattung herzustellen. Diese materiale Basis kann aus sehr unterschiedlichen Elementen bestehen, die eine Vorauswahl aus allen möglichen kommunikativen ‚Codes' einer Gesellschaft darstellen. Sie betreffen sprachliche Bereiche wie Phonologie, Prosodie, Semantik, Syntax, aber auch textuelle sowie parasprachliche und nonverbale Aspekte. Konkret betrifft die Binnenstruktur nach Luckmann (1986) also Elemente wie „rhetorische Mittel, Stilmittel aber auch Lautmelodien und andere prosodische Elemente, Wortwahl, Register usf." (Ayaß 2011, 280). Die zweite gattungsanalytische Ebene bezeichnet Luckmann (1986) als Außenstruktur der Gattung, die den sozio-kulturellen Kontext be-

---

6 Vgl. auch Ayaß (2011); Bergmann (1987); Günthner (2006); Günthner & Knoblauch (1994); Günthner & König (2016); Keppler (2006) und Luckmann (1988; 2002).

schreibt, u.a. das kommunikative Milieu, die kommunikative Situation, die Sprecherrollen und die wechselseitigen Beziehungen der Handelnden. Konkrete Ausprägungen hängen beispielsweise mit Alter, Geschlecht und Status der Kommunizierenden zusammen (vgl. Günthner 2006).

Günthner & Knoblauch (1994) ergänzen das Gattungsanalysemodell von Luckmann um eine dritte durch die ethnomethodologische Konversationsanalyse beeinflusste Ebene: Die situative Realisierungsebene (vgl. „Dialogstruktur", Androutsopoulos & Schmidt 2002, 50; „Interaktionsebene", Günthner 2000, 16). Sie basiert auf dem realisierten strukturellen, interaktiven, sequenziellen Ablauf der jeweiligen Gattung und legt den Fokus auf die Dialogizität von Gattungen aufgrund der Beteiligung von mehreren Akteuren. Dabei werden Bereiche wie spezifische sequenzielle Muster, konversationelle Merkmale, interaktive Organisationsstrategien und Beteiligungsformate sequenzanalytisch untersucht. Beispiele für konversationelle Merkmale einer Gattung beziehen sich auf musterhafte Redezugabfolgen, Einschub-, Prä- und Postsequenzen sowie Paarsequenzen, aber auch auf die längerfristige Gesprächsorganisation (vgl. Günthner & Knoblauch 1994, 708; Keppler 2006). Zusammenfassend besteht das Ziel der Gattungsanalyse im Auffinden und Beschreiben von sprachlich-kommunikativen Mustern und Musterkombinationen auf den beschriebenen Ebenen. Eine Gruppe kommunikativer Verfahren (inklusive kommunikativer Gattungen), die im Kontext von Pausengesprächen im Theater besonders relevant ist, sind die rekonstruktiven Verfahren. Deshalb werden diese im Folgenden aus der Gesamtheit aller kommunikativen Formen, die den kommunikativen Haushalt ausmachen, herausgegriffen. In Abschnitt 8.2 werden rekonstruktive Verfahren zunächst beschrieben und anschließend anhand von Datenmaterial untersucht (Abschnitt 8.4).

8.2.2 Rekonstruktive Verfahren

> Social events are essentially transitory [...], i.e. they occur, they are gone and irrevocably become part of the past. [...] And so, past events, ‚gone forever', are reconstructed. (Bergmann & Luckmann 1995, 293)

Eine Art der kommunikativen Verfahren, die in jeder Gesellschaft existieren und hier als Subgruppe herausgegriffen werden sollen, sind die rekonstruktiven Verfahren. Diese bezeichnen die Gesamtheit an sprachlich-kommunikativen Verfahren, derer sich Sprecher einer Gesellschaft bedienen, um bereits vergangene Erfahrungen, Ereignisse und Handlungen im Gespräch zu vergegenwärtigen und zu reproduzieren (vgl. Günthner 2000, 203; 2007; Gülich 2007; Gülich,

Knerich & Lindemann 2009). Eingängige Beispiele dafür stellen der Klatsch, z.B. die Rekonstruktion des verwerflichen Verhaltens eines gemeinsamen Bekannten, dar (vgl. Bergmann 1987), das Erzählen einer selbst erlebten Alltagsgeschichte (vgl. Gülich 2008), die Schilderung eines erlittenen Anfalls im Therapiegespräch (vgl. Gülich, Knerich & Lindemann 2009) oder das Imitieren einer Person, z.B. eines als arrogant wahrgenommenen Arztes oder einer als einfältig empfundenen Verkäuferin (vgl. Günthner 2002).

Rekonstruktive Verfahren reichen von freien, spontanen kommunikativen Elementen, die aus wenigen Redezügen und Sequenzen bestehen, über musterhafte kleine kommunikative Gattungen bis zu den umfangreichen, komplexen rekonstruktiven Gattungen, die ganze Gesprächsabschnitte dominieren können. Somit repräsentieren rekonstruktive Verfahren einen Ausschnitt aus dem Gesamtkomplex des kommunikativen Haushalts, der alle kommunikativen Verfahren umfasst. Diejenigen rekonstruktiven Verfahren, die einen gewissen Grad an musterhafter Verfestigung und Komplexität aufweisen, lassen sich aus der Gesamtmenge der rekonstruktiven *Verfahren* als (kleine oder große) rekonstruktive *Gattungen* herausgreifen (vgl. Abb. 17).

Abbildung 17 stellt den Zusammenhang zwischen rekonstruktiven kommunikativen Verfahren und dem kommunikativen Haushalt einer Gesellschaft dar. Der Haushalt wird durch den äußeren Kreis dargestellt und beinhaltet alle möglichen kommunikativen Verfahren, derer sich die Sprecher einer Gesellschaft bedienen. Diese lassen sich in typische spontane kommunikative Formen (dargestellt durch den inneren dunkelgrauen Kreis), sowie kleine kommunikative Gattungen (dargestellt durch den mittleren hellgrauen Ring) und große kommunikative Gattungen (dargestellt durch den weißen äußeren Ring) gliedern. Wie die gestrichelten Linien symbolisieren, sind die Übergänge dabei fließend. Das prägnanteste Unterscheidungsmerkmal von spontanen Formen und kleinen und großen Gattungen besteht in ihrer Komplexität und Verfestigung, wie der schwarze Pfeil illustriert. Spontane kommunikative Formen sind weder musterhaft verfestigt noch komplex. Im Gegensatz dazu sind die Muster großer kommunikativer Gattungen stärker verfestigt und komplexer als die kleiner kommunikativer Gattungen. Rekonstruktive (kommunikative) Verfahren, als Gattungsfamilie, stellen nun einen Ausschnitt aus allen möglichen kommunikativen Verfahren des kommunikativen Haushalts dar. Entsprechend werden sie in der Abbildung als Keilform repräsentiert. Ebenso wie alle anderen kommunikativen Verfahren/ Formen lassen sie sich in spontane kommunikative Formen (innerer Kreis), verfestigte kleine kommunikative Gattungen (mittlerer Ring) und große kommunikative Gattungen (äußerer Ring) gliedern. Der Fokus dieses Kapitels liegt auf eben diesem Segment, also allen mehr oder weniger musterhaft verfestigten rekonstruktiven Verfahren (spontanen Formen, aber vor allem auch kleinen und großen kommunikativen Gattungen).

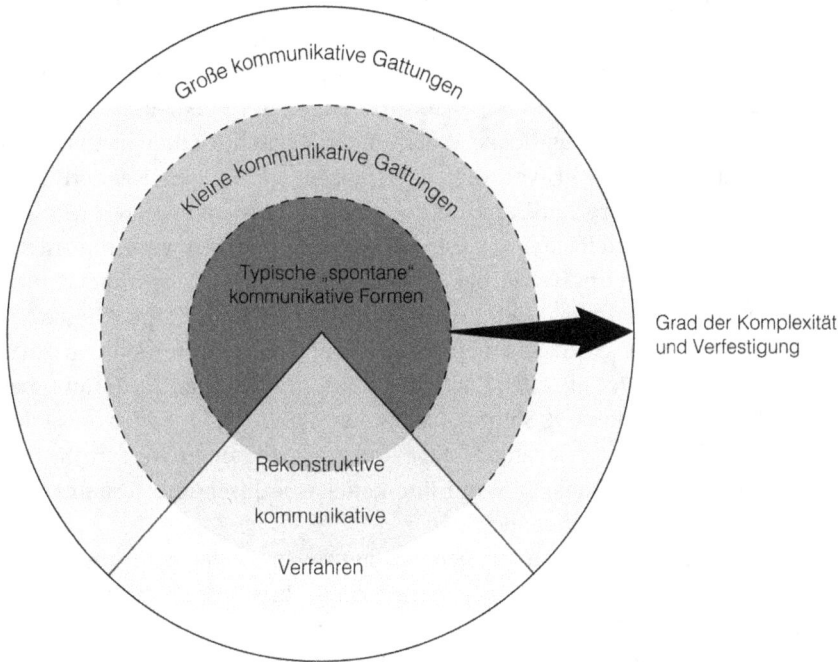

Abb. 17: Kommunikativer Haushalt und rekonstruktive Verfahren (eigene Darstellung angelehnt an Luckmann 1986)

Rekonstruktive Verfahren wurden bereits in diversen Kontexten untersucht. Dabei wurden einerseits relativ allgemeine, verbreitete Muster herausgearbeitet, wie z.B. die Erzählung/Geschichte (vgl. Ehlich 1980; Gülich 2008[7]; Günthner 2005[8]; Kern, Morek & Ohlhus 2012; Keppler 1995; Labov & Waletzky 1967; Quasthoff 2001[9]; Schumann et al. 2015) mit den Subtypen Alltagsgeschichte (vgl. Keppler 1995; Gülich 2008[10]), Beispielgeschichte (vgl. Keppler 1988); Beschwerdegeschichte (vgl. Günthner 2007[11]), Klatsch (vgl. Bergmann 1987; Kepp-

---

7 Vgl. mit Schwerpunkt auf Mustern und Funktionen auch Gülich (1980).
8 Vgl. zu kurzen Erzählungen („Small stories") auch Günthner (2012).
9 Vgl. ausführlicher auch Quasthoff (1980).
10 Vgl. mit Fokus auf narrative und szenische Rekonstruktion Gülich (2007).
11 Vgl. ausführlicher auch Günthner (2000).

ler 1995) und Witz (vgl. Kotthoff 2011). Ebenso untersucht wurden die allgegenwärtigen Verfahren: ‚Medienverweis'/‚Medienreferenz' und ‚Medienrekonstruktion' (vgl. Keppler 1995; Ulmer & Bergmann 1993), Verfahren der Vergangenheitsrekonstruktion im Familientischgespräch (vgl. Keppler 1995), Bericht (vgl. Kotthoff 2011) oder Lästern (vgl. Schubert 2009). Andererseits wurden eher (kontext-)spezifische rekonstruktive Verfahren beschrieben wie z.B. die Konversionserzählung (vgl. Ulmer 1988), Rekonstruktionen in Krankheitserzählungen (vgl. Deppermann & Lucius-Hoene 2005; Gülich, Knerich & Lindemann 2009[12]) und in Traumerzählungen (vgl. Gülich & Hausendorf 2012; Hausendorf 2012) sowie das Sich-Mokieren in Umweltgruppen (vgl. Christmann 1999a). Ein besonderer Fokus im Bereich der rekonstruktiven Verfahren liegt weiterhin auf der sprachlichen Darstellungsweise der ‚Reinszenierung'/des ‚Reenactment' (vgl. Bergmann 2000; Günthner 2000; Huynh 2016; Keppler 1995; Knipp 2016; Meier zu Verl 2016; Meiler 2016) und auf Redewiedergaben (vgl. Butterworth 2015; Buttny & Cohen 2007; Clift 2007; Coulmas 1986; Couper-Kuhlen 2007; Günthner 2005[13]; Holt 2007; Semino & Short 2004; Tannen 1989/2007[14]). Einige dieser für die Analyse besonders relevanten rekonstruktiven Verfahren werden im Folgenden vorgestellt und mit Blick auf ihre kontextspezifische Ausformung und Funktion ergänzt und weiterentwickelt.

Eine in der Erzählforschung bereits intensiv untersuchte rekonstruktive Gattungsfamilie besteht im Geschichten-Erzählen bzw. den Erzählungen. So weist Keppler (1995, 72–78) auf das kommunikative Verfahren des Geschichten-Erzählens in Familientischgesprächen hin. Basierend auf Stahls (1977) ‚personal narrative' definiert sie es durch folgende Merkmale: erzählt in der ersten Person; Erzähler ist Hauptakteur; Nacherzählen von Wissen aus erster Hand; persönlicher Charakter der Erzählung; idiosynkratische Erzählung. Des Weiteren beginnen Geschichten, laut Keppler, i.d.R. mit einer Einleitung (‚story preface') in Form eines Erzählangebots und einer Annahme/Ablehnung (vgl. Sacks 1971), gefolgt von den Elementen der Orientierung (Ort, Zeit, Personen), der Komplikation (des Handlungsverlaufes), der (globalen) Evaluation (Markierung der erzählenswerten Qualität des Ereignisses), der Auflösung (des Handlungsknotens) im Sinne des Höhepunkts und schließlich der Coda (Herstellung der Verbindung zur Erzählzeit) (vgl. Quasthoff 2001, 1293). Ergänzend werden in der

---

12 Vgl. auch ausführlicher mit Fokus auf Schmerz-, Anfalls- und Krankheitsdarstellung Gülich (2003; 2003a; 2002).
13 Vgl. ausführlicher auch (2000) und mit Fokus auf weitere Formen und Funktionen Günthner (2002).
14 Vgl. in Bezug auf griechische und amerikanische Erzählungen auch Tannen (1986).

weiteren Literatur, stark zusammengefasst, folgende konstitutive Merkmale für Erzählungen genannt: Das erzählte Ereignis muss in der Vergangenheit liegen, ‚erzählenswert' sein (also ein für den Erzähler (!) unerwartetes oder ungewöhnliches Element enthalten, das interaktiv als solches relevant gesetzt wird; vgl. Gülich 2008), von menschlichen Figuren handeln und bestimmte formale Merkmale aufweisen (z.B. eine narrative Makrostruktur, narrative Tempora, bestimmte Konnektiva, evaluative und expressive Merkmale, direkte Rede und einen hohen Detaillierungsgrad) (vgl. Ehlich 1980; Gülich 2008; Gülich & Lucius-Hoehne 2015; Günthner 2005; Kern, Morek & Ohlhus 2012; Quasthoff 2001; Schumann et al. 2015).

Die Unterscheidung von Erzählungen nach ihrer Funktion reicht von „funktional" oder „nicht-funktional" (Gülich 1980, 335) über „kommunikative[...] und interaktive[...] Funktionen" (Quasthoff 1980, 146) und „eher argumentativ-persuasive" oder „eher phatische Funktionen" (Günthner 2000, 211) bis hin zur Differenzierung je nach spezifischem Gesprächskontext. Dies verdeutlicht die „Vielfältigkeit der *narrativen Genres* (Hervorh. im Original)" (Quasthoff 2001, 1295) verdeutlicht.

Weiterhin charakterisiert Quasthoff (1980, 209–223) Erzählungen durch die Verwendung bestimmter Strukturierungsmittel, nämlich Verzögerungsphänomene (Wiederholungen; ‚Fehlstarts', (gefüllte) Pausen) und Verknüpfungs- und Gliederungssignale z.B. zur Einleitung der Geschichte: metanarrative Äußerungen, Aufmacher (vgl. Labov 1972 „abstracts"), Nennung von Zeit und Ort im Sinne einer Orientierung oder als Schlusssignal: zusammenfassende/abkürzende Schlussankündigung durch Partikeln indizierte Expansionssequenzen. Außerdem betont Quasthoff (2001, 1294) den Tempuswechsel zwischen narrativen Tempora und dem szenischen oder historischen Präsens als typisches Element mündlicher Alltagserzählungen. Gülich & Lucius-Hoene (2015) stellen weiterhin für die narrative Rekonstruktion von Kriegserlebnissen die Erinnerungsthematisierung (z.B. „ich erinnere mich äh dass:"; Gülich & Lucius-Hoene 2015, 144) zur Rahmung und Strukturierung der Geschichte, einen chronologischen Ablauf und eingebettete szenische Darstellungen fest.

Eine Unterart des Geschichten-Erzählens besteht im ‚alltäglichen Erzählen' bzw. in der ‚Alltagserzählung', in der „der normale Alltag Gegenstand von Erzählungen ist" (Gülich 2008, 403). Ergänzend zu den genannten Merkmalen von Erzählungen konstatiert die Autorin für Alltagserzählungen am Beispiel der Rekonstruktion einer Kriegsgeschichte u.a. die Verwendung von Anredeformen, Interjektionen und des ‚szenischen Präsens', das Imitieren von Stimme und Sprechweise (vgl. Reinszenierung), „eine sehr kleinschrittige und detaillierte Rekonstruktion von Handlungsabläufen" (Gülich 2008, 413), rhetorische Fragen und die „Reaktualisierung der deiktischen Erlebnisperspektive und der früheren Wahrnehmungs- und Wissensbasis" (Gülich 2008, 414), sowie die Evaluation der Pointe durch die Gesprächspartner.

Ein weiterer im Kontext von Pausengesprächen im Theater relevanter Subtyp von rekonstruktiven Verfahren besteht in sogenannten Medienrekonstruktionen (vgl. Ulmer & Bergmann 1993)[15]. Ulmer & Bergmann unterscheiden dabei unter diesem Überbegriff zwischen Medienrekonstruktionen und Medienverweisen. Demnach stellen Medienrekonstruktionen „eigenständige kommunikative Einheiten" (Ulmer & Bergmann 1993, 99) in einem Gespräch dar, in denen entweder ein gesamtes Medienereignis[16] oder gewisse Teile eines Ereignisses, die der Geselligkeit des Gesprächs dienen, rekonstruiert werden. Medienrekonstruktionen sind weitaus umfangreicher als Medienverweise und werden im Gesprächsverlauf deutlich abgegrenzt (z.B. durch eine Gesprächspause vor der Rekonstruktion und durch einen klaren Anfang und ein klares Ende) (vgl. Ulmer & Bergmann 1993, 88–90; 99).

Im Gegensatz dazu sind Medienverweise „kurze Bezugnahmen auf Medien oder Medienprodukte, die meist en passant erfolgen, oft ungenauer Art sind" (Ulmer & Bergmann 1993, 84) und in einen übergeordneten Gesprächszusammenhang (z.B. eine Diskussion oder Argumentation) eingebettet sind. Darüber hinaus grenzen sie sich dadurch von Medienrekonstruktionen ab, dass ein Medienverweis in der Regel nur von einem Sprecher vollzogen wird, während an einer Rekonstruktion meist alle Sprecher gemeinsam und weitgehend gleichberechtigt beteiligt sind. Nicht zuletzt erfolgt die Rekonstruktion im Rahmen eines Medienverweises zumeist fragmentarisch, selektiv und oft unpräzise. Denn hier wird nur der Teil/Aspekt eines Medienereignisses wiedergegeben, der für den übergeordneten Gesprächskontext (z.B. eine Diskussion oder Argumentation) und den weiteren Gesprächsverlauf relevant ist. Die allgemeine kommunikative Funktion von Medienverweisen (in Bezug auf die von Ulmer & Bergmann untersuchten (Massen-)Medien wie Fernsehen und Radio) besteht in der Präsentation von relevanten Informationen und Neuigkeiten aus einer externen Wissensquelle. Neben dieser Funktion erfüllt jeder Medienverweis jedoch auch eine je nach Situation variierende interaktive Funktion, die relevanter sein kann als die reine Wissensvermittlung. So kann er beispielsweise der Autorisierung eines gewissen Standpunkts, der Verantwortungsdelegation in Bezug auf eine spezifische

---

15 Vgl. auch Keppler (1995); Bergmann (2000); Günthner (2000).
16 Als Medienereignis wird das ganzheitliche Rezeptionserlebnis eines Medienprodukts z.B. einer Fernsehsendung verstanden, angelehnt an die Anwendung des Terminus bei Ulmer & Bergmann (1993) und die Definition eines sozialen Ereignisses nach Luckmann (1988).

Meinung oder als defensive Technik dienen, um z.B. Argumente zu verteidigen. Ulmer & Bergmann (1993) und Keppler (1995) ordnen dieses rekonstruktive Verfahren als kommunikative Kleinstform ein. Daraus ergibt sich folgende Gegenüberstellung:

Tab. 4: Gegenüberstellung von Medienverweis und -rekonstruktion (eigene Tabelle angelehnt an Ulmer & Bergmann 1993 und Keppler 1995)

Medienverweis	Medienrekonstruktion
kurze, beiläufige (fragmentarische), andeutungsweise Bezugnahme auf ein Medienereignis	umfangreiche, ausführliche (ganzheitliche) Rekonstruktion eines Medienereignisses
in übergeordnetem Gesprächszusammenhang	eigenständige kommunikative Einheit
ein Sprecher	mehrere weitgehend gleichberechtigte Sprecher

Doch kommen wir zurück zum komplexeren Verfahren der Medienrekonstruktion, die sich unter diversen Gesichtspunkten klassifizieren lässt. Eine Unterscheidung lässt sich an erster Stelle im Wissensstatus der Gesprächsteilnehmer festmachen. Um diesen interaktiv abzuklären, geht einer Medienrekonstruktion in der Regel eine Gesprächsphase der „Wissensabklärung" (Ulmer & Bergmann 1993, 90) voraus, in der ergründet wird, welchen Sprechern das zu rekonstruierende Medienereignis bekannt ist. Wird dabei eine Wissensasymmetrie festgestellt, so erfolgt eine Medienrekonstruktion, die die ‚unwissenden' Gesprächsteilnehmer über das Ereignis informieren soll („informierende Medienrekonstruktion", Ulmer & Bergmann 1993, 90–93). Konsequent rekonstruieren die ‚wissenden' Sprecher gemeinsam das gesamte Medienereignis in Form einer Nacherzählung, die die typischen Merkmale konversationeller Erzählungen aufweist (vgl. oben; z.B. ‚story preface', Erzählaufforderung, Initiierungssequenz, chronologische Rekonstruktion des Ereignisses, abschließender Kommentar und Bewertung, Ratifizierung durch Zuhörer). Inhaltlich beziehen sich informierende Medienrekonstruktionen, laut Ulmer & Bergmann, zumeist auf chronologisch ablaufende (fiktive oder reale) Ereignisse (vgl. bei Keppler 1995, 249: „wissensvermittelnde[...] Medienrekonstruktion").

Natürlich kann in der Phase der Wissensabklärung auch ermittelt werden, dass alle Gesprächsteilnehmer das angesprochene Medienereignis kennen. Kommt es daraufhin zu einer Rekonstruktion, so dient die Medienrekonstruktion hauptsächlich der ‚gemeinsamen Erinnerung' im Gespräch („kommemorierende Medienrekonstruktion", Ulmer & Bergmann 1993, 95). Dabei rekonstruieren alle Sprecher in gleichberechtigten Rollen selektiv Fragmente des Medienereignisses, die ihnen erwähnenswert erscheinen, z.b. weil sie besonders lustig, besonders provokant oder besonders aufwühlend sind. Diesbezüglich merkt Keppler (1995, 260) an,

> daß Medieninhalte dann, wenn sie als eigenständige Themen in Unterhaltungen Eingang finden, nicht nur nacherzählt oder rekonstruiert werden, sondern daß dabei stets auch kommentiert und erklärt, interpretiert und bewertet, in Frage gestellt und heiliggesprochen wird.

Häufig besteht die kommunikative Funktion einer Medienrekonstruktion also z.B. in einem Meinungsvergleich, einer gemeinsamen Deutung oder Kritik des Medienereignisses und seiner Aspekte. Auf diese Weise wird das rekonstruierte Ereignis in jedem Fall ein „Bestandteil der gemeinsamen Erfahrungswelt" (Ulmer & Bergmann 1993, 98), der den Vergleich von Wertmaßstäben und Weltdeutungen der Sprecher ermöglicht und somit hochgradig gemeinschaftsstiftend ist.[17] (Vgl. auch Keppler 1995, 242: „kommemorative Medienrekonstruktionen").

Ulmer & Bergmann weisen jedoch ausdrücklich darauf hin, dass die genannten rekonstruktiven Verfahren nicht ausschließlich bei der Rekonstruktion von *Medien*ereignissen angewandt werden, sondern ebenso für andere Inhalte wie z.B. die gemeinsame kommunikative Erinnerung an Urlaubserlebnisse oder Kindheitsepisoden (kommemorierende Rekonstruktion).

Abgesehen vom Umfang und der Art der Einbettung unterscheiden sich Rekonstruktionen auch in ihrer Darstellungsweise, die zwischen „szenischem Erzählen und Berichten" (Quasthoff 2001, 1294) variiert[18]. Keppler (1995) sowie Ulmer & Bergmann (1993) sprechen hier von Reinszenierungen im Kontrast zur berichtenden Darstellungsweise (vgl. Reinszenierung/Re-Enactments bei Bergmann 2000; Gülich 2007; Günthner 2000; Sidnell 2006; Replaying bei Goffman 1975; 1981). Bei Reinszenierungen geht es um eine „Wiederaufführung und Wiederbelebung" (Keppler 1995, 248) der vergangenen Ereignisse. Kennzeichnend für diesen Modus sind z.B. wörtliche Zitate (Redewiedergabe; vgl. unten), Imitation (z.B. von Sprechweisen, Stimme oder Tonfall aber auch von non-verbalen Handlungen, Geräuschen oder Gesang), Lebhaftigkeit und Anschaulichkeit. Anhand dieses Nachspielens der Ereignisse sollen die Zuhörer letztere „in ge-

---

17 Für einen differenzierteren Überblick der funktionalen Rahmung vgl. Abschnitt 8.6.4.
18 Vgl. auch zum szenischen und berichtenden Erzählen: Labov & Waletzky (1967); Rehbein (1984).

wisser Weise nacherleben können" (Bergmann 2000, 216). Häufig werden dabei komische Inhalte reinszeniert und von Lachen der Rezipienten begleitet sowie von seriellen Reinszenierungen gefolgt (vgl. Bergmann 2000, 216). Der Sinn solcher Reinszenierungen besteht, laut Bergmann (2000, 216), meist im gemeinsamen Vergnügen an einer „gemeinschaftsstiftenden Aktivität".

Im Gegensatz dazu steht die berichtende Darstellung einer Rekonstruktion, die i.d.R. umfangreicher und inhaltlich komplexer aufgebaut ist (vgl. Ulmer & Bergmann 1993, 94–95). Zentrale Merkmale des Berichtens, die im Kontext von Theaterpausengesprächen relevant sind und im Kontrast zur Reinszenierung stehen, umfassen die „Sachorientierung" (Kotthoff 2011, 394), die „systematische Rekonstruktion" von „relevanten Daten" und den „Wahrheitsanspruch unter einem spezifischen Blickpunkt" (Kotthoff 2011, 394). Strukturell äußert sich diese Orientierung z.B. in einem orientierenden „abstract" (Labov 1972 363–364; vgl. Labov & Waletzky 1967, 32) zu Beginn des Berichts und einer „Quintessenz" (Kotthoff 2011, 396) am Schluss. Die gesamte berichtende Darstellung ist dabei sprachlich-kommunikativ von fehlenden „Dramatisierungsstrategien (wie Redewiedergabe oder Vorführen von Szenen), wenig Detaillierung, [fehlendem] Spannungsaufbau, dafür aber Beschreibungen" (Kotthoff 2011, 395), sowie Knappheit (z.B. durch Ellipsen) und Informationsvermittlung mit Anspruch auf Neutralität und Faktizität geprägt (vgl. Rehbein 1984, 71).

Wie bereits angedeutet, ist ein typisches Merkmal der reinszenierenden Darstellungsweise von Rekonstruktionen die Redewiedergabe. Tannen (1989/2007, 102) definiert diese („reported speech") als „repeating one's own or another's words within a discourse". Ebenso beschreiben Engel (1988/1996), Götze, Hess-Lüttich & Wahrig (2002) und Helbig & Buscha (1972/2001) Redewiedergaben als „Wiedergabe tatsächlich stattgefundener Äußerungsakte" (Butterworth 2015, 60). Bei dieser Definition handelt es sich laut Butterworth (2015, 59) jedoch um einen „unscharfe[n] Begriff". Denn zahlreiche Untersuchungen belegen, dass eine enge Definition nicht zutreffend ist. So werden neben tatsächlich stattgefundenen Äußerungsakten z.B. auch erfundene, hypothetische, zukünftige oder mögliche Äußerungen ebenso wie Gedanken (vgl. Tannen 1989/2007, 112–128: „constructed dialogue") auf dieselbe Weise wiedergegeben. Butterworth (2015, 64) kommt deshalb zu dem Schluss, dass Redewiedergaben als ein kommunikatives Verfahren aufzufassen seien, „mit dessen Hilfe Sprecher/innen kommunikative Situationen entwerfen und diese (Re-)Konstruktionen für den aktuellen Interaktionszusammenhang nutzen können". Ohne hier auf die diversen Formen, Merkmale und Funktionen von Redewiedergaben im Detail einzugehen, lässt sich als weite Definition von Butterworth (2015, 108), die hier als Basis zugrunde gelegt wird, festhalten: „Der kommunikative Akt der

Redewiedergabe (KAO) ist eine als solche gekennzeichnete Bezugnahme auf einen nicht-gegenwärtigen kommunikativen Akt (KA1)". Relevant dabei sind die von den Sprechern vollzogene Dekontextualisierung vergangener kommunikativer Akte durch die Lösung aus ihrem ursprünglichen Kontext und ihre gleichzeitige Rekontextualisierung durch die Übertragung in die gesellschaftlichkommunikative Gegenwart, die die Sprecher vollziehen. Dabei lässt sich jede Redewiedergabe einordnen als Wiedergabe eines entweder mündlichen, schriftlichen oder mentalen sprachlichen Akts sowie eines Akts, der vollzogen wurde, noch zu vollziehen ist oder lediglich als vollziehbar dargestellt wird (kontrafaktisch oder virtuell) (Butterworth 2015, 102–109).

8.2.3 Rekonstruktion im Kontext der Kunstkommunikation bzw. der geselligen Kommunikation

Die vorangehend beschriebenen rekonstruktiven Verfahren werden zunächst von den Beteiligten in einen Kontext eingeordnet, z.B. den Kontext der Publikums- und Kunstkommunikation und/oder der geselligen Kommunikation. Zur Beantwortung der Frage, wie dies erfolgt, sollen im Folgenden diese beiden Kontexte von Rekonstruktionen vorgestellt werden, die sich jedoch nicht gegenseitig ausschließen, sondern als Pole eines Kontinuums mit einem Überschneidungsbereich zu betrachten sind (vgl. Kapitel 5, i.d.B.).

Eine mögliche Rahmung für rekonstruktive Verfahren in Pausengesprächen im Theater besteht in der Kunstkommunikation (vgl. auch Kapitel 6, i.d.B.). Hausendorf (2012[19]) beschreibt Kunstkommunikation als eigenständigen Kommunikationsbereich wie z.B. die Wirtschaftskommunikation oder die Gesundheitskommunikation. Diesen Bereich definieren Hausendorf & Müller (2015, 435) als „Kommunikation über und mit Kunst" (vgl. Hausendorf 2012; Filk & Simon 2010). Weiterhin beschreiben Hausendorf & Müller basierend auf Hausendorf (2011; 2012) die sprachlichen (oralen und literalen) Routinen und kommunikativen Muster, die Kunstkommunikation charakterisieren. Während Hausendorf dieses jedoch lediglich auf den „gesellschaftlichen Funktionsbereich der Bildenden Kunst" (Hausendorf & Müller 2015, 435) anwendet, bezieht die vorliegende Analyse das Schema auf die spezifische Kunstkommunikation der performativen Kunst des Theaters und entwickelt das Konzept dementsprechend weiter. Dabei wird Kunstkommunikation mit Hausendorf (2011; 2012) als Lösung bestimmter kommunikativer Aufgaben verstanden. Nimmt ein Sprecher

---

[19] Vgl. zur Kunstkommunikation auch Hausendorf (2007; 2011).

demnach ein potentielles Kunstwerk („Kunstverdacht", Hausendorf & Müller 2015, 436) wahr, so fühlt er sich einem Zugzwang ausgesetzt, auf dieses Bezug zu nehmen, es zu beschreiben, zu bewerten, zu erläutern oder zu deuten (vgl. Hausendorf 2011; 2012). Diese sprachlichen Handlungen beziehen sich nach Hausendorf & Müller (2015) modellhaft auf eine jeweils spezifische Frage, die es zu beantworten gilt.

Die Antworten auf die Frage: „Was gibt es zu sehen (hören, tasten, schmecken, riechen usw.)?" klassifiziert Hausendorf (2011; 2012, 101) im Kontext der bildenden Kunst als „Beschreiben", während „Bewerten" für den Autor das Beantworten der Frage: „Was ist davon zu halten?" betrifft, „Erläutern" die Antwort auf die Frage: „Was weiß man darüber?" darstellt und die Frage: „Was steckt dahinter?" den Fluchtpunkt des „Deuten[s]" bildet. Die Erfüllung dieser Aufgaben erfolgt durch die Anwendung spezifischer semantisch-pragmatischer Mittel, die bestimmten Bedeutungsfeldern zugeordnet werden können. So können Kunstbetrachter(innen) ihre Bewertung eines Kunstwerks ausdrücken, indem sie sich zu den Themen Gefallen/Geschmack, Rang/Wert, Wirkung/Eindruck oder Qualität in Bezug auf das Werk äußern. Dagegen betrifft das Beschreiben die Bedeutungsfelder Materialität, Format, Formen und Sichtbarkeit, während das Erläutern sich sprachlicher Mittel zur Darstellung von Werk, Biographischem, Tradition oder Geltung bedient und das Deuten ein Kunstwerk in Bezug auf Intention, Symbol, Bedeutung und Aussage charakterisiert.[20]

Rekonstruktive Verfahren können im Kontext der genannten Aufgaben der Kunstkommunikation verwendet werden und somit u.a. eine fachliche Kommunikationsfunktion erfüllen. Darüber hinaus können Rekonstruktionen von Theaterzuschauer(inne)n während der Pause ebenso in einen geselligen und/oder gemeinschaftsstiftenden Kontext eingebettet sein[21]. So beschreibt Keppler (1995, 242) kommemorierende Medienrekonstruktionen in Familientischgesprächen, „bei denen die Rekonstruktionen weniger der Wissensvermittlung als dem Vergnügen der gemeinsamen Erinnerung" und der „allgemeinen Erheiterung" und Unterhaltung (Keppler 1995, 247) dienen. Hier geht es vor allem darum, „alle an den erheiternden Episoden teilhaben und sie nunmehr gemeinsam auf sich wirken zu lassen" (Keppler 1995 250). Ebenso beobachten Ulmer & Bergmann

---

20 Hausendorf (2006; 2011; 2012) verbindet die Bearbeitung dieser Aufgaben und die dazugehörigen Mittel mit jeweils spezifischen sozialen Positionierungen, die hier jedoch aus Relevanzgründen nicht weiter ausgeführt werden.
21 Der gesellige Rahmen von Rekonstruktionen kann hier im Sinne eines ‚homileiischen Diskurses' bei Ehlich & Rehbein (1980), sowie der ‚phatischen Kommunikation' nach Malinowski (1923) und als ‚Face Work' nach Goffman (1967) verstanden werden.

(1993, 100) im selben Setting, dass kommemorierende Medienrekonstruktionen „weniger unter dem Zwang zu thematischer Relevanz" stehen, „sondern eher mit dem Ziel, den Geselligkeitswert des Gesprächs zu erhöhen" verbunden werden. Keppler (1995, 221) kommt daher zu dem Schluss, dass die Rekonstruktion von Medienressourcen „für gesellige Unterhaltungen besonders geeignet sei". Ähnlich stellen Ulmer & Bergmann das Vorkommen von Medienrekonstruktionen und -verweisen in gesprächserhaltenden Kontexten fest: Medien sind thematische Ressourcen, „auf die die Sprecher vorzugsweise dann zurückgreifen, wenn das Gespräch zu verebben droht oder bereits zum Erliegen gekommen ist" (Ulmer & Bergmann 1993, 89). Und nicht zuletzt weist Keppler (1995, 258) innerhalb von Familientischgesprächen auf einen gemeinschaftsstiftenden Kontext für Medienrekonstruktionen und -verweise hin: „die Rekonstruktion medialer Erzeugnisse steht im Dienst der Konstruktion gemeinsamer Einstellungen zu den betreffenden Produkten sowie den Themen, die sie exponieren".

Alle genannten Kontexte[22] von Rekonstruktionen schließen sich nicht gegenseitig aus, sondern können sich ergänzen und überschneiden. Im nächsten Abschnitt wird an authentischem Datenmaterial[23] aufgezeigt, wie die konkrete sprachliche Umsetzung von unterschiedlichen rekonstruktiven Verfahren (vgl. Abschnitt 8.2) und ihrer Einbettung in verschiedene Kontexte von Sprechern gestaltet wird. Dabei liegt der Fokus auf dem Kontext der Kunstkommunikation.

Auf der Grundlage der Gesprächsdaten und der in diesem Kapitel dargelegten literaturbasierten Merkmale lässt sich ein Schema zur Klassifizierung/Typologisierung von Medienrekonstruktionen und Medienverweisen (im Sinne von Ulmer & Bergmann 1993 und Keppler 1995) im spezifischen Kontext von Pausengesprächen im Theater (als soziales Ereignis im Sinne von Bergmann & Luckmann 1995) entwerfen (vgl. Abb. 18). Als Überbegriff für alle diese rekonstruktiven Verfahren (wie Medienrekonstruktionen und -verweise) mit den in der Analyse zu erarbeitenden spezifischen musterhaften Merkmalen wird im Folgenden der Terminus ‚Theaterrekonstruktionen' verwendet.

---

22 Vgl. die Ebene der Kontexte in Abbildung 18.
23 Vgl. zur kritischen Auseinandersetzung mit dem Begriff Kapitel 4, i.d.B.

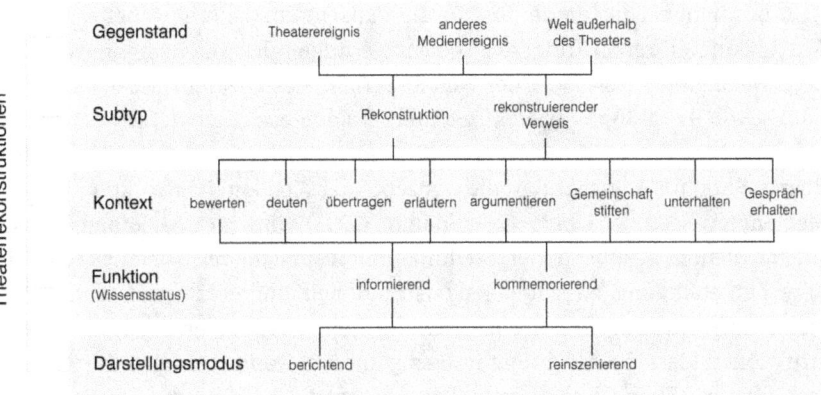

Abb. 18: Typologisierung von Theaterrekonstruktionen

Wie Abbildung 18 (eigene Abbildung) illustriert, unterscheiden sich Theaterrekonstruktionen zunächst hinsichtlich des Gegenstandes oder des Inhalts, den die Sprecher rekonstruieren (oberste Ebene: Gegenstand). Diese können sich auf das Theaterereignis, ein anderes Medienereignis oder auf die Welt außerhalb des Theaters beziehen. Das Theaterereignis soll dabei als Medienereignis (vgl. Abschnitt 8.2.1) im Sinne eines ganzheitlichen Rezeptionserlebnisses der Theaterinszenierung verstanden werden[24]. Es umfasst also nicht nur die eigentliche Theaterinszenierung auf der Bühne, sondern auch alle anderen Erlebnisse, die sich während des strukturierten und formalisierten Handlungszusammenhangs der Theateraufführung, der durch einen fixen zeitlichen Rahmen (Betreten des Theatersaals vor Inszenierungsbeginn und das Verlassen desselben nach dem Pausen- oder Schlussapplaus) begrenzt wird, ereignen. So werden z.B. auch Bezüge zu eigenen Gefühlen und Gedanken der Zuschauer(innen) während der Aufführung oder Beobachtungen zum Verhalten anderer Zuschauer(innen) oder zu sonstigen Geschehnissen im Theatersaal miteinbezogen. Von der Thematisierung des Theaterereignisses wird das Rekonstruieren anderer Medienprodukte und -ereignisse wie z.B. von Büchern, Filmen und Fernsehsendungen oder Opernaufführungen (und ggf. ihrer Rezeption im Sinne eines sozialen Ereignisses) differenziert. An dritter Stelle steht die Thematisierung der Welt außerhalb des Theaters, also z.B. von Alltagserlebnissen. Diese werden jedoch eingegrenzt auf Inhalte, die angeregt durch die Theaterinszenierung

---

24 Vgl. die Anwendung des Terminus bei Ulmer & Bergmann (1993) und die Definition eines sozialen Ereignisses nach Luckmann (1988).

(z.B. bestimmte Themen daraus) in die Pausengespräche eingebettet werden. Alle genannten rekonstruktiven Thematisierungen des Theaterereignisses, anderer Medienereignisse oder der Welt außerhalb des Theaters lassen sich unabhängig von ihrem Inhalt wiederum unterscheiden bezüglich der Art der sprachlich-kommunikativen Realisierung im Sinne verschiedener Subtypen (zweite Ebene: Subtyp). Angelehnt an die Konzepte der Medienrekonstruktion und des Medienverweises bei Ulmer & Bergmann (1993) wird hier basierend auf den Unterschieden bezüglich der Stellung im Gespräch, des Umfangs und der Sprecherbeteiligung zwischen Rekonstruktionen und rekonstruierenden Verweisen differenziert.[25] Weiterhin sollen die hier zu betrachtenden Theaterrekonstruktionen klassifiziert werden in Bezug auf den Kontext, in den die Sprecher sie einbetten (Ebene drei: Kontext; vgl. Abschnitt 8.2.3). So können Rekonstruktionen z.B. im Kontext von Bewertungen, Deutungen oder Übertragungen (vgl. Abschnitt 8.3.2.2) kontextualisiert werden. Außerdem unterscheiden sich die so klassifizierten Rekonstruktionen bezüglich des Wissensstatus der Sprecher und der damit verbundenen Funktion (Ebene vier: Funktion)[26]. Die Funktion kann einerseits darin bestehen, unwissende Sprecher zu informieren oder sich kommemorierend an der gemeinsamen Erinnerung zu erfreuen. Nicht zuletzt grenzen sich Rekonstruktionen durch die Art ihrer Darstellung voneinander ab (Ebene fünf: Darstellungsmodus), die entweder tendenziell berichtend oder tendenziell reinszenierend sein kann. Anhand dieser Parameter werden die Rekonstruktionen im Folgenden beschrieben. Dabei wird nicht jede Rekonstruktion zwingend auf jeder Ebene eingeordnet, so dass auch Ebenen von Abbildung 18 übergangen werden können. Außerdem können sich einzelne Parameter auch nur auf einzelne Sequenzen oder Teilrekonstruktionen beziehen, so dass vollständige Rekonstruktionen in ihren Beschreibungsparametern changieren können.

8.3 Rekonstruktion in Foyergesprächen im Theater

In Abschnitt 8.2 wurde der theoretische und methodische Rahmen für die Analyse des Datenmaterials im Hinblick auf rekonstruktive Verfahren dargelegt. Dabei wurde die Relevanz rekonstruktiver Gattungen im kommunikativen

---

[25] Da es sich bei allen hier behandelten Rekonstruktionen, um Rekonstruktionen in Bezug auf das Medium ‚Theater' handelt, wird an dieser Stelle und im Folgenden auf die Spezifizierung Theaterrekonstruktion und Theaterverweis verzichtet.
[26] Vgl. Kapitel 7, i.d.B.

Haushalt einer Gesellschaft aufgezeigt. Weiterhin gab Abschnitt 8.2 Aufschluss über die Forschungslücke, die im Bereich der Kunstkommunikation hinsichtlich des Bereichs der performativen Künste besteht. Wenden wir uns nun der Analyse ebendieser Daten zu, um die übergeordneten Fragen zu beantworten: Welcher rekonstruktiver Verfahren bedienen sich Theaterzuschauer(innen) im Pausengespräch? Und lassen sich dabei mehr oder weniger musterhafte Verfestigungen oder rekonstruktive Gattungen finden? Diese Fragen sollen anhand folgender Teilaspekte behandelt werden: Welche Inhalte rekonstruieren die Theaterbesucher(innen) in der Pause? Und welche rekonstruktiven Subtypen werden dabei verwendet? (8.1) Wie steigen die Sprecher in Rekonstruktionen ein? Und in welchem Kontext finden Rekonstruktionen statt? (8.2) Wie entfalten die Zuschauer(innen) die Rekonstruktionen? Welchen Funktionen dienen die Rekonstruktionen dabei? Und welche Darstellungsweisen nutzen die Sprecher? (8.3)

Als Datengrundlage für dieses Kapitel dienen 11 Ausschnitte aus 6 Pausengespräche aus dem Projekt-Korpus, anhand derer sich die spezifischen Eigenschaften von Rekonstruktionen in Foyergesprächen im Theater besonders gut aufzeigen lassen. Es handelt sich um Pausengespräche bei Aufführungen der Stücke „Der Streik" und „Brain and Beauty", die im Schauspiel Köln aufgeführt wurden, sowie während der Stücke „Hamlet" und „Der Hundertjährige, der aus dem Fenster stieg und verschwand", die im Apollo-Theater Siegen inszeniert wurden. Die Sprechergruppen bestehen aus zwei bis drei Personen, die bis auf eine Ausnahme in relativ vertrauter Beziehung zueinander stehen. Es unterhalten sich jeweils eine dreiköpfige Familie, Mutter und Tochter, zwei Studienfreunde und ein junges Paar. Da es zu einer Interaktion zwischen zwei Sprechergruppen kommt, kommunizieren außerdem in einem der Gespräche zwei Sprecher miteinander, die sich erst seit dem Abend der Datenerhebung kennen. Die Sprecher unterscheiden sich sowohl hinsichtlich Alter (16–73 Jahre), Geschlecht, Beruf (z.B. Schüler(in), Student(in), Physiotherapeut(in), Informatiker(in) oder Dozent(in)) und Bildungsstand (Realschulabschluss bis Promotion) als auch in der Regelmäßigkeit ihrer Theaterbesuche (1–20 pro Jahr).

8.3.1 „dann kommt aber einer in SOcken daher"[27] – Gegenstände und Subtypen der Rekonstruktion

Hinsichtlich der Frage, welche Inhalte die Sprecher während der Pause rekonstruieren, lassen sich in der Analyse des Datenkorpus drei grundsätzliche Tendenzen bezüglich der Rekonstruktionsgegenstände feststellen: Die Theaterbesucher(innen) beziehen sich in der Rekonstruktion auf die aktuelle Theatervorstellung, auf andere Medienerfahrungen (z.B. aus Oper, Fernsehen oder Büchern) oder auf die Welt außerhalb des Theaters. Im Folgenden werden die ersten beiden Fälle anhand zweier Gesprächsausschnitte (Ausschnitt 1 und 2) exemplifiziert.[28] Bei Betrachtung der Rekonstruktionen im Datenmaterial fallen außerdem zwei Typen der Rekonstruktion auf, die sich u.a. bezüglich ihres Umfangs, ihrer Stellung im Gesprächszusammenhang und der Sprecherbeteiligung unterscheiden: Medienverweis und -rekonstruktion (vgl. Ulmer & Bergmann 1993; Keppler 1995; Tabelle 4).

Der erste Ausschnitt stammt aus einem Pausengespräch während einer Aufführung der klassischen Shakespeare-Tragödie „Hamlet", die von Prinz Hamlet handelt, der den Mord und Thronraub an seinem Vater König Hamlet rächen will. Moritz und Marco unterhalten sich zunächst über organisatorische Aspekte (Aufsuchen des WCs) und bewerten die Rollen, schauspielerische Leistung, das Bühnenbild, die Kostüme und die Beleuchtung der Theateraufführung, bevor sich folgender Gesprächsausschnitt ereignet:

Ausschnitt 1: „ich hab ernsthaft KOPFschmerz."[29]

```
322   Moritz:   un dann_s (.) es is halt überHAUPT nich
                konsistent.
323             (0.45)
324   Moritz:   es IS-
325             auf der einen seite möchte_s irgendwie
                halt !ALT!modisch sein und irgendwie auf
                TRAditionell machen-
326             (0.65)
```

---

27 Siegen 14-11-14 Hamlet Gr.2.
28 Aus Relevanz- und Platzgründen wird auf die Rekonstruktion von Ereignissen außerhalb der Theatererfahrung nicht näher eingegangen.
29 Siegen 14-11-14 Hamlet Gr.2.

```
327  Moritz:  dann kommt aber einer [in SO]cken daher-
328  Marco:                          [ja-   ]
329  Moritz:  also AUCH-
330           (0.47)
331  Moritz:  de gute GEIST-
332  Marco:   oKEE ja:-
333           (0.22)
334  Moritz:  also !ICH! persönlich seh den geist halt
              nicht so LEIdend.
335           (0.62)
336  Moritz:  KANN man machen.
337           MUSS man aber nich.
338           und-
339           (2.95)
340  Moritz:  ja dann ham_wa ma bischn was aus_m
              HORrorfilm abgeguckt-=deswegen zittert
              der geist die ganze zeit SO?
341           (0.31)
342  Moritz:  dis dis s KLASsische dieses öh öh öh
              öh.
343           dieses BEATphasedings-
              ((spezielle Einstellung für DJ-Software,
              die Ton und Licht synchronisiert))
344           so PAbabababa:.
345  Marco:   das find ich AUCH-
346           DAS das fand ich auch komisch.
347           (0.2)
348  Moritz:  so !HO [:!.]
349  Marco:          [ja.]
350           (1.15)
351  Marco:   ohJEE:-
352           (0.64)
353  Marco:   so SCHLIMM fand_s du_s.
354  Moritz:  ich fand_s ICH o (ich) also ganz ehrch.
355           (0.39)
356  Moritz:  norMAlerweise-
357           würd_ich jetz GEHen.
```

```
358   Marco:     ah ich find_s no erTRÄGlich.
359              (0.71)
360   Moritz:    ich hab ernsthaft KOPFschmerz.
```

Moritz beginnt in Zeile 322, indem er die gesamte Inszenierung rekonstruiert: „*un dann_s (.) es is halt überHAUPT nich konsistent.*" Die identifizierende Bezugnahme (vgl. Hausendorf 2011; Kapitel 6, i.d.B.) auf das gesamte Stück erfolgt hier über das Relativpronomen „*es*". Durch den Aufzählungsmarker „*und dann*" (Z. 322) stellt der Sprecher den Zusammenhang zum übergeordneten argumentativen Gesprächsthema, nämlich der Bewertung der Aufführung her (vgl. Ulmer & Bergmann 1993, 99). Im Gegensatz zu Medienrekonstruktionen in Alltagsgesprächen von Familien bei Ulmer & Bergmann (1993) und Keppler (1995) wird das Medium, auf das sich der Sprecher bezieht, als externe Wissensquelle nicht explizit eingeführt. Moritz spezifiziert seine Gesamtrekonstruktion im Folgenden und exemplifiziert sie durch den rekonstruierenden Verweis auf ein Kostüm: „*es IS- auf der einen seite möchte_s irgendwie halt !ALT!modisch sein und irgendwie auf TRAditionell machen- (0.65) dann kommt aber einer [in SO]cken daher-*" (Z. 324–327). Durch die hyperbolische, umgangssprachlich-flapsige Reinszenierung[30] „*dann kommt aber einer [in SO]cken daher-*" ironisiert und stilisiert Moritz den Inszenierungsaspekt und die dargestellte Figur, wodurch der Unterhaltungswert der Rekonstruktion erhöht wird (vgl. Günthner 2012). Außerdem dient der Verweis auf die Kostümierung in Socken als Beispiel für die nicht ‚altmodische' und nicht ‚traditionelle' Inszenierung und somit als Autorisierung von Moritz' Standpunkt (vgl. Ulmer & Bergmann 1993, 88). Marco ratifiziert die Rekonstruktion überlappend in Zeile 328. Den simultan von Moritz geäußerten Verweis auf die Kostümierung behandeln beide Sprecher trotz seiner Ungenauigkeit („*einer*"; „*daher*") nicht als „explikationsbedürftig" (Ulmer & Bergmann 1993, 84).

Daraufhin (Z. 328–331) rekonstruiert Moritz indirekt die Inszenierung einer Rolle: „*also AUCH- (0.47) de gute GEIST- also !ICH! persönlich seh den geist halt nicht so LEIdend.*" Er gibt auf diese Weise ein Beispiel für seinen vorherigen rekonstruierenden Verweis auf die gesamte Inszenierung (Z. 322–327). Durch die einleitende Formulierung „*also AUCH- de gute GEIST-*" inklusive der anschließenden Minimalpause führt Moritz explizit das Thema seiner folgenden Ausführungen ein und grenzt die kommunikative Einheit so vom vorherigen Gesprächszusammenhang ab (vgl. Ulmer & Bergmann 1993, 88). Der Ausdruck „*de gute GEIST*", der den definiten Artikel *der* vermuten lässt, stellt den Bezug zur

---

30 Vgl. ausführlicher zu Reinszenierungen Abschnitt 8.3.3.2.

Theateraufführung im Sinne der identifizierenden Bezugnahme her. Die Verwendung des definiten Artikels legt nahe, dass Moritz bei seinem Rezipienten „ein Wissen vom betreffenden Medienereignis" (Ulmer & Bergmann 1993, 95) voraussetzt (vgl. ebenso im Verlauf der Rekonstruktion die Verwendung der Ausdrücke *so, die, dieses, das, es* durch Moritz und Marco).[31] Wie von Ulmer & Bergmann (1993, 95) für kommemorierende Medienrekonstruktionen festgehalten, äußert Moritz mit „*also !ICH! persönlich seh den geist halt nicht so LEIdend.*" (Z. 334) eine „erste individuelle Stellungnahme bereits in der Initiierungsphase". Marco ratifiziert die Rekonstruktion konzedierend: „*oKEE ja:-*" (Z. 332). Durch das deiktische „*so*" wird in der Rekonstruktion der Bezug zur Darstellung des Geistes in der im Fokus liegenden Inszenierung hergestellt. Moritz begründet seinen konträren Darstellungsvorschlag durch den Allgemeinplatz „*KANN man machen. MUSS man aber nich.*" (Z. 336–337). Anschließend fährt er mit der Rekonstruktion der Inszenierung des Geistes fort, indem er einen Inszenierungsaspekt bezüglich Musik und Beleuchtung thematisiert: „*und- (2.95) ja dann ham_wa ma bischn was aus_m HORrorfilm abgeguckt-=deswegen zittert der geist die ganze zeit SO? (0.31) dis dis s KLASsische dieses öh öh öh öh. dieses BEATphasedings- so PAbabababa:.*" (Z. 339–344). In der Rekonstruktion der Rolle des Geistes und seiner Inszenierung verwendet Moritz an dieser Stelle (2015) eine Redewiedergabe nach Butterworth im Sinne der Wiedergabe eines vergangenen hypothetischen mündlichen kommunikativen Akts („*ja dann ham_wa ma bischn was aus_m HORrorfilm abgeguckt-*"). Er vergegenwärtigt den fiktiven Gedankengang, den der Intendant oder Regisseur bei der Inszenierung des Geistes gehabt haben könnte.[32] In den Zeilen 338–344 verweist Moritz im Sinne eines (rekonstruierenden) Medienverweises indirekt kurz, beiläufig und fragmentarisch auf eine Praxis aus einem anderen Medium, nämlich aus dem Horrorfilm. Dabei nennt er in Zeile 338–340 explizit das Medium, auf das er verweist, und ordnet den Medienverweis dem übergeordneten argumentativen Gesprächsthema unter, indem er ihn durch die Aufzählungsmarker „*und- (2.95) ja dann*" einleitet: „*ja dann ham_wa ma bischn was aus_m HORrorfilm abgeguckt-*". Er spezifiziert und begründet den rekonstruierenden Medienverweis, indem er den exakten Inszenierungsaspekt rekonstruiert, der seiner Meinung nach „*abgeguckt*" wurde, nämlich eine Beleuchtungs- und Tontechnik aus dem Bereich des DJing: „*=deswegen zittert der geist die ganze zeit SO? (0.31) dis dis s KLASsische dieses öh öh öh öh. dieses BEATphasedings- so PAbababa:.*" Diese anschauliche Reinszenierung stellt durch die deiktischen Mittel „*SO?*", „*dis dis*

---

31 Vgl. im Detail zum komemmorierenden Darstellungsmodus Abschnitt 8.3.3.1.
32 Vgl. detaillierter zu Redewiedergaben Abschnitt 8.3.3.3.

[...] *dieses*" und „*so*" den Bezug zur Aufführung her, deren Höhepunkt die akustische (und vermutlich simultan gestisch-körperliche) Reproduktion von nonverbalen Handlungen (vgl. Ulmer & Bergmann 1993, 94): „*PAbabababa:*" darstellt.[33] Marco schließt die Rekonstruktion in Zeile 345–346 ab: „*das find ich AUCH- DAS das fand ich auch komisch.*" Trotz des von Moritz verwendeten Fachterminus „*BEATphase[...]*" stellt Marco keine Nachfragen, sondern behandelt den kurzen Medienverweis als nicht explikationsbedürftig und abgeschlossen. In Zeile 348 fährt Moritz fort, indem er ironisierend und parodistisch die (erwünschte) Publikumsreaktion auf die Inszenierung des Geistes onomatopoetisch reinszeniert: „*so !HO[:!.]*", was wiederum überlappend von Marco ratifiziert wird: „*[ja.]*" (Z. 349).

Nach einer kurzen Pause inszeniert Marco sein Bedauern durch die zusammenfassende Rekonstruktion von Moritz' Erleben der Inszenierung: „*ohJEE:- (0.64) so SCHLIMM fand_s du_s.*" (Z. 351–353) eingeleitet durch die Interjektion „*ohJEE*". Moritz antwortet, indem er zur Rekonstruktion seines Erlebens der Aufführung ansetzt: „*ich fand_s ICH o (ich) also ganz ehrch.*" (Z. 354). Nach mehreren Anakoluthen und Reformulierungen fasst er sein Erleben der Inszenierung zusammen, indem er konstatiert: „*norMAlerweise- würd_ich jetz GEHen.*" (Z. 356–357). Durch diese Aussage, eine solche Vorstellung unter anderen Umständen (als den Erhebungsumständen) in der Pause zu verlassen, rekonstruiert er indirekt seinen Eindruck während der Inszenierung. Als Marco daraufhin im Zuge eines „Meinungsvergleich[s]" (Ulmer & Bergmann 1993, 95) seine eigene abweichende Wahrnehmung des Stücks rekonstruiert („*ah ich find_s no erTRÄGlich.*", Z. 358), spezifiziert Moritz hyperbolisch seine indirekte Rekonstruktion um den Aspekt der körperlichen Auswirkungen der Aufführungsrezeption auf ihn selbst: „*ich hab ernsthaft KOPFschmerz.*" (Z. 360).

In diesem Ausschnitt werden verschiedene Aspekte der gerade besuchten ersten Hälfte der Theatervorstellung rekonstruiert. Moritz vergegenwärtigt zunächst die gesamte Inszenierung (Z. 322–327), exemplifiziert anhand der Kostümierung einer Rolle („*dann kommt aber einer in SOcken daher-*"). In direktem Anschluss (Z. 329–346) verschiebt sich der Rekonstruktionsfokus auf die Rolle und Inszenierung des Geistes („*de gute GEIST-*", Z. 331) bezüglich seiner emotionalen Darstellung und seiner Untermalung durch Licht und Ton, die ausführlich von beiden Sprechern rekonstruiert wird. Im Rahmen dieser Rekonstruktion verweist Moritz auf einen technischen Darstellungsaspekt, dessen Anwendung (laut Moritz) in einem anderen Medium verbreitet ist, nämlich die Beatphase-Einstellung in Horrorfilmen (Z. 340–344). Abschließend wechselt der Gegen-

---

33 Vgl. ausführlicher zu Reinszenierungen Abschnitt 8.3.3.2.

stand der Rekonstruktion in Zeile 348-360 zum eigenen Erleben des Theaterstücks, das Marco und Moritz jeweils darstellen („*ohJEE:- (0.64) so SCHLIMM fand_s du_s.*", Z. 351-353). Dabei wird der Bezug zum Hic et Nunc explizit wiederhergestellt, indem in Zeile 360 die (körperlichen) Konsequenzen des ‚Stückerlebens' thematisiert werden („*ich hab ernsthaft KOPFschmerz.*").

Der Ausschnitt verdeutlicht, wie die Sprecher im Kontext eines übergeordneten Gesprächszusammenhangs (hier eines Meinungsaustauschs über die Inszenierung) zwischen der Rekonstruktion verschiedener Aspekte des Theaterereignisses, die auf verschiedenen Ebenen angesiedelt sind, spielerisch wechseln. Der Übergang von der globalen Rekonstruktion der Inszenierung *(„es")* zu verschiedenen einzelnen Inszenierungsaspekten (Kostüme, Licht, Ton, schauspielerische Leistung) und schließlich zum eigenen Erleben der Aufführung wird nur minimal und teils implizit angezeigt durch „*dann*", „*also AUCH-*", „*ja dann*" und eine Pause gefolgt von „*ohJEE:-*" und trotzdem nicht als problematisch thematisiert (vgl. Hrncal & Gerwinski 2015; Kapitel 6 und 7, i.d.B.). Außerdem wird in die Rekonstruktion der Theaterinszenierung ein Verweis auf ein anderes Medienereignis eingewoben (Z. 340-343), das explizit benannt wird: „*HORrorfilm*" (Z. 340). Der Verweis fungiert hier als „Autorisierung" (Ulmer & Bergmann 1993, 88) von Moritz' (abwertender) Rekonstruktion, wie an Marcos zustimmender Reaktion ablesbar wird.

Bezüglich der Frage, welche Subtypen von Rekonstruktionen der Ausschnitt aufweist, handelt es sich bei diesem Ausschnitt um eine Rekonstruktion im Sinne von Ulmer & Bergmann (1993), die über einen längeren, klar abgegrenzten Gesprächsabschnitt das „alleinige Thema" (Ulmer & Bergmann 1993, 88) darstellt. Zunächst rekonstruiert Moritz die gesamte Inszenierung. Darin eingebettet erwähnt der Sprecher in Zeile 327 im Sinne eines rekonstruierenden Verweises (vgl. Ulmer & Bergmann 1993) das In-Socken-Laufen eines Darstellers. Dieses Detail zieht Moritz zur Begründung im Kontext der übergeordneten Argumentation bezüglich der Inkonsistenz der Inszenierung heran. In Zeile 329-347 verschiebt sich der Rekonstruktionsfokus auf die Darstellung des Geistes, die von beiden Sprechern im Sinne einer Rekonstruktion (vgl. Ulmer & Bergmann 1993) ausführlich und als eigenständige kommunikative Einheit vergegenwärtigt wird. Sie lässt sich ebenfalls als Argument der übergeordneten rekonstruktiven Argumentation für die ‚inkonsistente' Gesamtinszenierung unterordnen. In die Rekonstruktion des Geistes bettet Moritz in Zeile 340 einen Medienverweis auf ein Medium außerhalb des Theaters, nämlich das Genre des Horrorfilms, in Form einer Redewiedergabe ein: „*ja dann ham_wa ma bischn was aus_m HORrorfilm abgeguckt-*". Außerdem veranschaulicht er die Inszenierung des Geistes durch eine Reinszenierung in Zeile 344: „*so PAbabababa:.*" In der letzten Rekonstruktion thematisieren Marco und Moritz in Zeile 351–360 ausführlich und kooperativ das eigene Erleben der Inszenierung.

Zusammenfassend lässt sich anhand dieses Ausschnitts die ‚Verschachtelung' sowohl eines übergeordneten rekonstruktiven Zusammenhangs (Argumentation für die inkonsistente, unerträgliche Inszenierung) im Sinne einer zusammenhängenden kommunikativen Einheit sowie einzelner untergeordneter Rekonstruktionen von Einzelaspekten der Inszenierung (ein Kostüm: Socken, eine Rolle: Geist, eine technische Einstellung: Beatphase, das eigene Erleben: Kopfschmerzen), als auch darin eingebetteter rekonstruktiver Verweise (auf die Gesamtdarstellung und den Horrorfilm) und einer reinszenierenden Redewiedergabe (Gedanken des Regisseurs/Dramaturgen) festhalten. Der gesamte Ausschnitt wird demnach in einem ‚Modus' der Rekonstruktion mit fließenden Übergängen zwischen den einzelnen Phasen und Rekonstruktionstypen durchgeführt. Dieser rekonstruktive Modus erfüllt wiederum einen argumentativen (die Sprechermeinung stützenden, exemplifizierenden und autorisierenden) Sinn.

Zur Unterscheidung von Rekonstruktionen und rekonstruierenden Verweisen im Kontext von Theaterpausengesprächen ist festzuhalten, dass die übergeordnete Rekonstruktion „umfangreicher" (Ulmer & Bergmann 1993, 88) gestaltet ist. Bei näherer Betrachtung wird deutlich, dass diese sich in eine „Abfolge von kleinen Rekonstruktionsfragmenten" (Ulmer & Bergmann 1993, 97) gliedern lässt. Diese ‚kleinen' Rekonstruktionen unterscheiden sich in ihrer Einbettung in einen größeren rekonstruktiven Gesprächszusammenhang also nicht von rekonstruierenden Verweisen. Der Übergang von Rekonstruktionen zu Verweisen (in Bezug auf das Theaterereignis) gestaltet sich hier fließend. Weiterhin werden die Verweise, wie auch von Ulmer & Bergmann (1993) und Keppler (1995) konstatiert, nur von Moritz geäußert, wohingegen sich Marco an der übergeordneten Rekonstruktion und ihren thematisch gegliederten kleineren Rekonstruktionen beteiligt – wenn auch minimal. Überdies unterscheidet sich die übergeordnete Rekonstruktion von den eingebetteten Verweisen dadurch, dass sie „weniger unter dem Zwang zu thematischer Relevanz" steht, „sondern eher mit dem Ziel den Geselligkeitswert des Gesprächs zu erhöhen" (Ulmer & Bergmann 1993, 100) verbunden wird. Dementsprechend zeigen sich die Sprecher für beide Verweise den argumentativen Kontext klar an und die Rekonstruktion(en) werden von Reinszenierungen (z.B. einer Redewiedergabe), Übertreibungen, parodistischen Elementen und emotiven Ausdrücken („*so !HO:!.*"; „*ohJEE*"; „*KOPFschmerz*") geprägt.

Neben der Unterscheidung zwischen Rekonstruktion und Verweis in Theaterpausengesprächen zeigt dieser Ausschnitt die Relevanz einer weiteren Differenzierung innerhalb der Verweise auf. Der erste Verweis „*dann kommt aber einer in SOcken daher-*" (Z. 327) bezieht sich auf einen Aspekt innerhalb des Theaterereignisses. „*ja dann ham_wa ma bischn was aus_m HORrorfilm abgeguckt-* " (Z. 340–344) thematisiert demgegnüber ein anderes Medium. Aufgrund der situativ-örtlichen Einbettung des Gesprächs in das Foyer während der Pause des Theaterstücks sind die Bezugnahmen innerhalb des ersten Verweises sehr vage („*dann*"; „*einer*"; „*daher*"), die mediale Wissensquelle wird nicht explizit genannt und keiner der Sprecher geht explizierend darauf ein. Im zweiten Verweis wird die externe Wissensquelle hingegen genannt und die zunächst vage Beschreibung des Aspekts wird im Folgenden vom selben Sprecher rekonstruierend spezifiziert: „*=deswegen zittert der geist die ganze zeit SO? (0.31) dis dis s KLASsische dieses öh öh öh öh. dieses BEATphasedings- so PAbabababa:.*" (Z. 340–344). Aufgrund dieser Differenz soll im Folgenden zwischen ‚rekonstruierenden Theaterverweisen' im ersten Fall und ‚rekonstruierenden Medienverweisen' im zweiten Fall unterschieden werden.

In Ausschnitt 1 war hauptsächlich das Medienereignis der Theateraufführung das übergeordnete Objekt der Rekonstruktion. Betrachten wir nun einen Ausschnitt, in dem ein Aspekt eines anderen Mediums rekonstruiert wird in seiner Realisierung. Der folgende Ausschnitt (2) entstammt dem Pausengespräch zwischen Alexander und Nicola, das sich in der Pause des Shakespeare-Stücks „Der Kaufmann von Venedig" ereignet. Das Stück spielt im Venedig des 16. Jahrhundert und handelt hauptsächlich vom Kaufmann Antonio und seinem Freund Bassanio und den Themen Moral, Recht und Unrecht, dem Pochen auf das geschriebene Wort im Gesetz und der Doppelgesichtigkeit jeder Figur des Stücks. Dem Ausschnitt gehen einige Anmerkungen zur Umgebung und zur Getränkebeschaffung voraus sowie eine halbminütige kommemorierende bewertende Rekonstruktion der Inszenierung der Kästchen[34] als bleiern, silbern und golden angemalte, sonst fast unbekleidete Frauen. Zuletzt bewertet Alexander diese als „*INkonsequent*" und äußert die Meinung, diese Umsetzung mache „*überhaupt kein SINN.*"

---

34 Bassanio muss sich im Stück zwischen drei Kästchen – einem bleiernen, einem silbernen und einem goldenen – richtig entscheiden, um die Hand seiner Angebeteten Portia zu gewinnen.

Ausschnitt 2: „früher GAB_S wenigstens noch- n Obertitel- in der Oper-"[35]

```
085   Alexander:    mit diesem KÄSTchen.
086                 das is EINfach nur-
087                 damit die MÄNner-
088                 (0.5)
089   Nicola:       ja-
090                 (0.6)
091   Alexander:    bei der STANge bleib [en.]
092   Nicola:                            [j  ]a.
093                 (2.78)
094   Alexander:    ((schmatzt)) °h geNAUso wie !DASS!-
095                 die am anfang ENGlich gesungen ham.
096   Nicola:       hm-
097                 (1.41)
098   Alexander:    hast DU das verstanden?
099                 (0.21)
100   Nicola:       nee.
101                 (2.45)
102   Alexander:    früher GAB_S wenigstens noch-
103                 n Obertitel-
104                 in der Oper-
105                 (14.21)
106   Alexander:    aber anSONSten is_es nich (.)
                    schlecht gemacht-
107                 MUSS man schon sagen.
108                 gefällt mir ganz GUT.
109                 (0.32)
110   Nicola:       JAha?
111                 (0.27)
112   Alexander:    HM_hm?
113                 (24.68)
```

In Zeilen 85–93 fahren die Sprecher mit der bewertenden und deutenden Rekonstruktion der Inszenierung der Kästchen fort, indem Alexander über die Intention des Dramaturgen mutmaßt: „*mit diesem KÄSTchen. das is EINfach nur- damit die MÄNner- (0.5) (0.6) bei der STANge bleiben.*". Nicola quittiert diese

---

[35] Köln_14-06-15_Kaufmann_Gr.3.

Interpretation in Zeile 89 und 92 durch ein zweifach geäußertes „ja-" bzw. „ja." Nach einer längeren Pause rekonstruiert Alexander in Zeile 94 den Inszenierungsaspekt des englischsprachigen Gesangs zu Beginn des Stücks und fragt Nicola nach einer Pause, ob sie diese Entscheidung verstehen könne: „((schmatzt)) °h geNAUso wie !DASS!- die am anfang ENGlich gesungen ham. hast DU das verstanden?" (Z. 94–98), was von einem Hörersignal Nicolas begleitet wird („hm-"; Z. 96). Als Nicola verneint und es zu einer weiteren längeren Pause kommt, führt Alexander den rekonstruierenden komparativen Verweis auf die Oper an: „früher GAB_S wenigstens noch- n Obertitel[36]- in der Oper-". Dieser Verweis auf einen Inszenierungsaspekt eines anderen Mediums, der zur besseren Verständlichkeit der Handlung dient, ist hier in einen argumentativen Kontext eingebettet. Alexander zieht den Inszenierungsaspekt der Oper quasi als ‚best (oder better) practice' im Vergleich zur gerade besuchten Theateraufführung heran, um seine negativ bewertende Rekonstruktion zu autorisieren (vgl. Ulmer & Bergmann 1993, 84–88). Der Einstieg in den Verweis ist dabei klar gekennzeichnet durch die Vergangenheitsmarker „früher" und „GAB_S" (Z. 102). Im Anschluss an den rekonstruierenden Verweis entsteht eine Pause von 14 Sekunden, nach der Alexander in Zeile 106 die gesamte bisherige Inszenierung als „anSONSten" „nich (.) schlecht gemacht-" rekonstruiert. Dieser Ausschnitt dient stellvertretend für die Tendenz der Sprecher(innen), in den untersuchten Pausengesprächen Teilaspekte anderer Medienereignisse in einem argumentativen komparativen Kontext zu rekonstruieren.

Die beiden in diesem Kapitel untersuchten Gesprächsausschnitte illustrieren, wie in Pausengesprächen im Theater einerseits Elemente aus dem Erlebnis der Theaterinszenierung rekonstruiert werden. Dies erfolgt sowohl in Form ausführlicher, umfangreicher Rekonstruktionen durch beide Sprecher(innen) als auch in Form kurzer beiläufiger rekonstruierender Theaterverweise durch eine(n) Sprecher(in). Rekonstruktionen lassen sich wiederum in thematisch untergeordnete (Aspekt-)Rekonstruktionen gliedern und können den einbettenden Kontext für Verweise bilden. Rekonstruierende Verweise in Pausengesprächen sind demnach einem übergeordneten (kommunikativen z.B. argumentativen) Zusammenhang untergeordnet. Andererseits werden in den beiden Ausschnitten angeregt durch das Theatererlebnis Aspekte anderer Medienerfahrungen (Horrorfilm und Oper) zum Gegenstand gemacht. Dies geschieht als untergeordneter rekonstruierender Medienverweis in einem übergeordneten kommunikativen (z.B. argumentativen) Kontext.

---

36 Die Aussprache „Obertitel" statt „Übertitel" ist vermutlich einer Lautassimilation aufgrund der lokalen Nähe des Wortes „Oper" zu verschulden.

8.3.2 „und? fandste war was NEUes?"[37] – Einstiege in Theaterrekonstruktionen

Nachdem in Abschnitt 8.3.1 die möglichen Gegenstände von Rekonstruktionen und darauf aufbauend die verschiedenen Subtypen in ihren Ausprägungen dargestellt wurden, fokussiert dieser Abschnitt die Einstiege in Theaterrekonstruktionen. Die sprachlich-kommunikativen Einstiege in die Rekonstruktionen, die sich im Datenkorpus finden, eröffnen den Kontext, in den die Rekonstruktionen jeweils eingebettet sind (z.B. einen bewertenden, deutenden, erläuternden, argumentativen, gemeinschaftsstiftenden, unterhaltenden und/oder gesprächserhaltenden Kontext). Der Kontext einer Rekonstruktion kann sich in ihrem Verlauf (graduell) ändern und die unterschiedlichen Kontexte schließen sich nicht gegenseitig aus, sondern können sich innerhalb einer Rekonstruktion überschneiden oder ergänzen. Die Einstiege in Rekonstruktionen erfolgen im Datenkorpus meist am (unmittelbaren) Anfang eines Gesprächs, häufig auch während der Gesprächsmitte und in seltenen Fällen steigen die Sprecher am Gesprächsende (wieder) in die Rekonstruktion ein. Insgesamt werden deutende Rekonstruktionen in den häufigsten Fallen später im Gespräch eingeführt als bewertende Rekonstruktionen, so dass der Einstieg in die erste Rekonstruktion eines Gesprächs im Großteil der Rekonstruktionsfälle in einem bewertenden Kontext erfolgt. Nicht zuletzt unterscheiden sich die Einstiege in die Rekonstruktionen, je nach Rekonstruktionstyp, also abhängig davon, ob eine ausführliche Rekonstruktion bestimmter Episoden des Theaterereignisses, ein rekonstruierender Verweis in Bezugnahme auf das Theaterereignis oder in Bezugnahme auf andere Medien(ereignisse) eingeleitet wird. Die ersten Ausschnitte zeigen Einstiege in unterschiedliche Subtypen der Rekonstruktion, die einen bewertenden Kontext eröffnen.

8.3.2.1 „°hh war nich so GANZ ä:h- °h °h strinGENT irgendwie-"[38] – Rekonstruktion im Kontext des Bewertens

Innerhalb der Gespräche des Datenkorpus fällt der Einstieg in einen Kontext besonders häufig auf: in den Kontext des Bewertens.[39] Welche kommunikativen Merkmale zeichnen solche Einstiege in bewertende Rekonstruktionen aus?

Im folgenden Gespräch (Ausschnitt 3) unterhalten sich Monika und Emma nach dem Theaterstück „Brain and Beauty" in der Pause bis zum Publikumsge-

---

37 Köln_14-04-22_BrainAndBeauty_Gr.2.
38 Köln_14-04-22_BrainAndBeauty_Gr.3.
39 Zum Bewerten in Theaterpausengesprächen vgl. Kapitel 7, i.d.B.

spräch. Das Stück handelt von Schönheitsoperationen, basierend auf Erfahrungsberichten und Interviews mit Patient(inn)en und Ärzt(inn)en und arbeitet als Besonderheit stellenweise mit Schaufensterpuppen anstelle von Schauspieler(inne)n. Der Ausschnitt gibt den unmittelbaren Gesprächsbeginn nach dem Ende des Schlussapplauses wieder und die Sprecherinnen befinden sich noch im Theatersaal. Nach einer Präsequenz in Form von zwei kurzen Pausen, der Versicherung Monikas bezüglich der technischen Funktionalität ihres Aufnahmegerätes sowie einer gefüllten Pause setzt Emma zu einer ersten tentativen rekonstruktionseinleitenden Frage an.

Ausschnitt 3: „en bisschen komisch"[40]

```
001             (0.21)
002   Monika:   ah jetz nimmt_s AUF.
003             (0.56)
004   Monika:   ä:hm-
005   Emma:     [wie-]
006   Monika:   [ja:?]
007             (1.68)
008   Monika:   ich fand die (.) AUFteilung en bisschen
                komisch-
009             (0.36)
010   Emma:     °h
011             (0.49)
012   Emma:     h° ja-
013             °hh war nich so GANZ ä:h-
014             (0.38)
015   Emma:     °h
016   Monika:   (.) hab_s nicht so GANZ verstanden-
017   Emma:     °h
018   Monika:   was manche [sachen SOLlen?]
019   Emma:                [strinGENT i   ]rgendwie-
020             (0.32)
021   Monika:   ja:-
022             (0.48)
```

---

[40] Köln_14-04-22_BrainAndBeauty_Gr.3.

```
023    Emma:       °hh
024                (0.45)
025    Emma:       hhh° (.) ja-
```

Auf Emmas abgebrochenen Frageansatz „*wie-*" (Z. 5) reagiert Monika nach einer Pause mit einer Antizipation einer Aufforderung zur Rekonstruktion: „*ich fand die (.) AUFteilung en bisschen komisch-*" (Z. 8). Durch die identifizierende Bezugnahme „*die (.) AUFteilung*" in Form einer definiten Nominalphrase fokussiert die Sprecherin einen (nicht weiter explizierten) Aufführungsaspekt und initiiert zugleich durch das verbum sentiendi „*ich fand*" und das gehedgte evaluierende Adjektiv „*en bisschen komisch*" eine bewertende Rekonstruktion (vgl. Hausendorf 2012, 115: „Darstellung des eigenen Gefallens" und Hausendorf 2011, 523: „Darstellung von Subjektivität" als Antwort auf die Frage, „was davon zu halten ist"). Nach mehreren (gefüllten) Pausen quittiert Emma die Rekonstruktion durch ein „*ja:-*" (Z. 12). Die Sprecherinnen behandeln die vage Bezugnahme auf die Inszenierung hier als unproblematisch. In direktem Anschluss spezifiziert Emma die Rekonstruktion im Kontext des Bewertens expandierend und teils mit Monika überlappend um den Aspekt der Stringenz: „*°hh war nich so GANZ ä:h- strinGENT irgendwie-*" (Z. 13, 19). Fast zeitgleich begründet Monika ihre bewertende Rekonstruktion, indem sie in Zeile 16 und 18 ausführt: „*(.) hab_s nicht so GANZ verstanden- °h was manche sachen SOLlen?*". Monika rekonstruiert ihr eigenes Erleben (im Sinne von Unverständnis) während der Theateraufführung, wobei der Bezug zur Theateraufführung wieder vage bleibt („*manche sachen*"). Durch die Rekonstruktion ihres Unverständnisses, die hier zunächst von Emma als Bewertung verstanden wird, eröffnet Monika gleichzeitig die Möglichkeit einer deutenden Rekonstruktion. Beide Sprecherinnen quittieren im Anschluss die gemeinsame Rekonstruktion wechselseitig durch ein „*ja:-*" (Z. 21) bzw. „*hhh° (.) ja-*" (Z. 25). Daraufhin erfolgt eine fast vierminütige Rekonstruktion des eigenen Erlebens der Theateraufführung, der schauspielerischen Leistung, der Stückhandlung und der Intention des Intendanten/Regisseurs.

Zusammenfassend fällt bei der Untersuchung von Ausschnitt 3 zunächst auf, welch hohen Stellenwert Rekonstruktionen in Theaterpausengesprächen für die beiden Sprecherinnen haben: Lediglich ein abgebrochener Frageansatz („*wie-*") wird von beiden Sprecherinnen als Einstieg in eine bewertende Rekonstruktion behandelt. In Bezug auf die eingangs gestellte Frage zum Einstieg in Rekonstruktionen zeigt Ausschnitt 3, wie die Sprecherinnen sich bereits dabei gegenseitig den bewertenden Kontext aufzeigen. Obwohl die Referenzen auf die Inszenierung sehr vage bleiben („*die (.) AUFteilung*"; „*s*"; „*manche sachen*") machen sich Monika und Emma den bewertenden Kontext z.B. durch ein verbum sentiendi „*ich fand*" oder evaluierende Adjektive („*komisch*"; „*strinGENT*") deutlich. Im Sinne Kepplers (1995, 271) in Bezug auf Familientischgespräche scheint beim Einstieg in eine Rekonstruktion also weniger die inhaltliche Tiefe des Gesprächs im Vordergrund zu stehen, sondern vielmehr „die Tatsache, daß unter ihnen [den Sprecher(inne)n; ES] im Rahmen dieser sozialen Veranstaltung eine flexible, wenigstens halbwegs interessante Gesprächsführung möglich ist". Dass Monika und Emma also übereinstimmen in ihren Annahmen über die kommunikativ-sprachlichen Merkmale eines Theaterpausengesprächs, wirkt wie ein „formales Band" (Keppler 1995, 271) für die Unterhaltung. Weiterhin verdeutlicht der Ausschnitt den fließenden Übergang von einem bewertenden zu einem deutenden Rekonstruktionskontext (vgl. „*(.) hab_s nicht so GANZ verstanden- °h was manche sachen SOLlen?*").

8.3.2.2 „so einige TYpen (.) ham mich erinnert (.) an die gegenwart."[41] – Rekonstruktion im Kontext des Deutens

Neben Einstiegen in Rekonstruktionen, die einen bewertenden Kontext eröffnen, fallen im Datenmaterial Einstiege in einen weiteren Kontext auf, die sich von den Einstiegen ins Bewerten unterscheiden. Welche Ausprägungen weisen diese Einstiege in deutende Rekonstruktionen auf? Ausschnitt 4 ereignet sich am unmittelbaren Anfang des Gesprächs zwischen Karl und Annalena während der Pause des Theaterstücks „Der Hundertjährige, der aus dem Fenster stieg und verschwand". Das Stück basiert auf dem gleichnamigen Roman (Jonas Jonasson, 2009), der vom turbulenten Leben von Allan Karlson handelt, welcher an seinem hundertsten Geburtstag aus dem Altersheim flüchtet. In Zeitsprüngen erzählt das Stück von Allans aktueller abenteuerlicher Flucht und von vergangenen Episoden aus seinem Leben. Den Gesprächsausschnitt kennzeichnet eine besondere Gesprächssituation, da sich Karl und Annalena erst am Abend der Erhebung als Proband(inn)en verschiedener Teilnehmergruppen kennengelernt haben. Nach zwei Minuten Unterhaltung mit ihren eigenen Gruppen treffen die Sprecher beim Verlassen des Theatersaals aufeinander und beginnen ein separates Parallelgespräch.

---

41 Siegen 15-03-07 Hundertjährige Gr.1 Karl.

Ausschnitt 4: „oder finden wir in der verGANGenheit- die GEgenwart?"[42]

```
001                     ((Karl entfernt sich von seiner Gruppe
                        und beginnt ein Gespräch mit Annalena
                        aus Gruppe 2))
002     Karl:           (und) funktioNIERT alles?
003     Annalena:       JA ich-
004     Karl:           SUper
005     Annalena:       ich-
006                     ich glaube SCHON.
007                     zumindest läuft die ZEIT.
008                     ((lacht))
009     Karl:           die ZEIT läuft-
010     Annalena:       <<lachend> she>
011     Karl:           aus der vergGANGenheit in die
                        gegenwart.
012                     °hh h° oder finden wir in der
                        verGANGenheit-
013                     die GEgenwart?
014     Annalena:       ((lacht))
015     Karl:           so EInige:-
016                     so einige TYpen (.) ham mich erinnert
                        (.) an die gegenwart.
017                     (1.06)
018     Annalena:       °h ham sie: äh das BUCH dazu gelesen?
```

Karl initiiert das Gespräch, indem er Annalena nach dem Funktionieren ihres Aufnahmegerätes fragt.[43] Diese kurze Vorlaufsequenz endet damit, dass Annalena in Zeile 7 ihre unsicher-zustimmende Antwort begründet durch den Hinweis auf die Aufnahmedauer, die auf dem Display des Aufnahmegerätes angezeigt wird („*zumindest läuft die ZEIT.*"), und anschließend durch ein Lachen ihre Einstellung zu der eigenartigen Aufnahmesituation ausdrückt. Ihre Aussage zur Zeit nimmt Karl paraphrasierend auf und expandiert sie um eine tiefsinnige Perspektivierung auf die gesellschaftliche Ebene und die eigene Bezugswelt: „*die ZEIT läuft- aus der vergGANGenheit in die gegenwart. °hh h° oder finden wir in der verGANGenheit- die GEgenwart?*" (Z. 9–13). Durch dieses Chan-

---

[42] Siegen 15-03-07 Hundertjährige Gr.1. Karl.
[43] Vgl. zur Thematisierung der Aufnahmesituation Kapitel 4, i.d.B.

gieren zwischen den Ebenen der Gesprächssituation im Theater und der gesellschaftlichen Realität/Welt außerhalb des Theaters sowie zwischen den Rahmen der Aufnahmesituation („*die ZEIT läuft-*") und des Pausengesprächs rekontextualisiert Karl Annalenas ursprüngliche Aussage. Die vage Referenz „*wir*" (Z. 12) in der rhetorischen Frage wird im weiteren Verlauf nicht als problematisch behandelt. Zwischen und nach Karls Redezügen lacht Annalena als Hörersignal.

Anschließend rekonstruiert Karl seine Gedanken während der Inszenierung: „so EInige:- so einige TYpen (.) ham mich erinnert (.) an die gegenwart." (Z. 15–16), womit er die vorherigen Aussagen über die gesellschaftliche Realität als Deutungsversuche des Stücks rekontextualisiert. Die Referenz (im Sinne einer identifizierenden Bezugnahme; vgl. Hausendorf 2011) auf das gerade besuchte Theaterstück wird einerseits durch die deiktischen Ausdrücke „*so EInige:- so einige TYpen*" und andererseits durch den Wechsel ins Perfekt („*ham mich erinnert*") hergestellt. Diese Begründung rahmt die beiden vorherigen Aussagen (Z. 11–13) als Redewiedergaben im Sinne der Wiedergabe vergangener mentaler kommunikativer Akte (vgl. Butterworth 2015), also als Karls Gedanken während der Aufführung. Auf diese Weise eröffnet Karl eine Rekonstruktion in einem deutenden Kontext. Durch die vage „klassifizierende[ ] Referenz" (Hausendorf 2012, 113) „*so einige TYpen*" typisiert Karl die im Stück dargestellten Rollen und überträgt ihre Interpretation anschließend auf ‚Typen' in der gesellschaftlichen Realität („*die gegenwart*").

Zeile 5–16 zusammenfassend gehen die Sprecher vom Hic et Nunc der gerade ablaufenden Aufnahme (Z. 2–8) einen deutenden Kontext eröffnend über zur indirekten Rekonstruktion der Aussage des Stücks (Z. 9–16) als Antwort auf die Frage: „Was steckt dahinter?" (Hausendorf 2011, 522). Im Sinne des von Hausendorf (2012, 113) beschriebenen Deutens in Bezug auf Kunst weist Karl durch seine Umdeutung der ursprünglichen Aussage („*die ZEIT läuft-*", Z. 9) auf „mögliche Intentionen des Künstlers" (hier des Theaterregisseurs) und somit auf ein „Künstler-Agens" (Hausendorf 2012, 522) hin und stellt so den Bezug zum Stück her[44]. Durch die steigende Intonation der umformulierten, partiell wiederholten Rekonstruktion („*oder finden wir in der verGANGenheit- die GEgenwart?*") betont der Sprecher – Hausendorf (2012, 114) entsprechend – die „Fraglichkeit der vorgetragenen Deutung". Er sichert seine Interpretation auch im Folgenden nicht durch Wissen ab, sondern bleibt in der Rekonstruktion im Modus des „‚unsicheren Für-Wahr-Haltens'" (Hausendorf 2012, 113 nach von Polenz 1988). Gleichermaßen finden sich in Zeile 11–16 einige (gefüllte) Pau-

---

[44] Nach Hausendorf (2006; 2011; 2012) wendet Karl das Mittel/Bedeutungsfeld der Interpretation oder Aussage an, um die Aufgabe des Deutens zu erfüllen.

sen/Verzögerungsmarker („°hh h°"), Anakoluthe und Neuansätze („*so EInige:- so einige TYpen*"), die dem unsicheren, tentativen Charakter des Deutens entsprechen.

Nach einer längeren Pause stellt Annalena anschließend in Zeile 18 eine Rückfrage zu Karls Deutung, in der sie den neuen Aspekt der Literaturgrundlage fokussiert: „*°h ham sie: äh das BUCH dazu gelesen?*". Sie löst sich teilweise aus dem unsicheren Modus des Deutens, indem sie mit der Rekonstruktion von möglichem Hintergrundwissen (vgl. Hausendorf 2012, 114) als potentielle Grundlage für Karls Deutung beginnt. Auf diese Weise zeigt sie ihr Verständnis von Karls Ausführungen als rekonstruierenden Deutungsversuch des Stücks an. Durch das deiktische Mittel „*dazu*" referiert sie im Sinne einer identifizierenden Bezugnahme auf das Theaterstück. Dieser kurze fragmentarische Verweis auf ein anderes Medium (Buch), der kommunikativ in die deutende Rekonstruktion eingebettet ist, und im Anschluss von keinem der beiden Sprecher weiter expliziert wird, lässt sich als (deutender) Medienverweis einordnen. Er wird als potentielles Argument zur Begründung der Deutung relevant gesetzt. Daraufhin erfolgt eine vierminütige teils deutende, teils bewertende, teils erläuternde Rekonstruktion der Aussage des Spiels, des gesellschaftlichen Bezugs, des eigenen Erlebens, des Bezugs zur eigenen Lebenswelt, der schauspielerischen Leistung, der Handlung und des Bühnenbildes im Zusammenhang mit der Inszenierung.

Zusammenfassend zeichnet sich der vorliegende Einstieg in eine Rekonstruktion durch die unmittelbare Eröffnung eines deutenden Kontexts aus („*oder finden wir in der verGANGenheit- die GEgenwart?*"). Dabei erfolgen sowohl die Deutung der Stückaussage als auch deren Begründung durch die eigene Wahrnehmung der Aufführung im Modus der (indirekten) Rekonstruktion. Die Sprecher setzen die deutende Rekonstruktion der Theaterinszenierung kommunikativ relevant und betten eine Redewiedergabe („*die ZEIT läuft- aus der vergGANGenheit in die gegenwart. °hh h° oder finden wir in der verGANGenheit- die GEgenwart?*") und einen Medienverweis („*°h ham sie: äh das BUCH dazu gelesen?*") in sie ein. Wie in der Ausstellungskommunikation in der bildenden Kunst (vgl. Hausendorf 2012; Hausendorf & Müller 2016; Kindt 2016; vom Lehn & Heath 2016) spricht dieser Ausschnitt dafür, dass im rekonstruktiven Modus in Theaterpausengesprächen neben dem Bewerten auch das Deuten relevant gesetzt wird.

Im Hinblick auf die eingangs gestellte Frage nach den Merkmalen von Einstiegen in deutende Rekonstruktionen fällt das Changieren der Sprecher zwischen den Ebenen der Stückhandlung, der eigenen Wahrnehmung der Inszenierung und der gesellschaftlichen Realität auf (z.B. durch den Tempuswechsel, die mehrdeutige Referenz von *wir*, die Umdeutung von *die Zeit läuft* oder das Übertragen der dargestellten Rollen auf gesellschaftliche Verhältnisse). Karl und Annalena interpretieren im Modus der Rekonstruktion die Intention der Aufführung und wechseln dabei „von der Ebene der ästhetischen Erfahrung auf die Ebene der gesellschaftlichen Wirklichkeit" (Linz, Hrncal & Schlinkmann 2016, 544). Das rekonstruierende Deuten leitet auf diese Weise über zum „rekonstruierende[n] Übertragen" (Linz, Hrncal & Schlinkmann 2016, 536), auf das im nächsten Abschnitt eingegangen wird.

8.3.2.3 „bekommen wir nich immer etwas VORgesetzt- (1.17) °hh vorgeREdet- vorge!SPIELT!"[45] – Rekonstruktion im Kontext des Übertragens

In den beiden vorherigen Abschnitten wurden Einstiege in Rekonstruktionen untersucht, die einen bewertenden und deutenden Kontext eröffnen. Abgesehen von diesen beiden Möglichkeiten trat im Datenkorpus eine dritte Art von Einstieg in einen anderen Kontext auf: den Kontext des Übertragens. Welche Merkmale zeichnen diese Einstiege in übertragende Rekonstruktionen aus? Zur Beantwortung dieser Frage sehen wir uns Ausschnitt 5 an, der sich in direktem Anschluss an Ausschnitt 4 ereignet. Nach einer ersten Deutung des Stücks „Der Hundertjährige, der aus dem Fenster stieg und verschwand" unterhalten sich Karl und Annalena wie folgt weiter.

Ausschnitt 5: „beWEgungsabläufe"[46]

```
018    Annalena:    °h ham sie: äh das BUCH dazu gelesen?
019    Karl:        nein ich hab das buch NICH gelesen-
020                 ich habe mir die beWEgungen-
021                 °h und so: ANgeschaut-
022                 und die (.) °h die MENschen.
023    Annalena:    (hm_HM.)
024    Karl:        öh-
025                 wie die sich verHALten haben.
026                 und DANN äh-
027                 °h mich erINnert-
028                 dass manche beWEgungsabläufe-
029                 auch JETZ sein könnten.
```

---

45 Siegen 15-03-07 Hundertjährige Gr.1. Karl.
46 Siegen 15-03-07 Hundertjährige Gr.1. Karl.

```
030                      (1.54)
031   Karl:              poLItisch.
032                      °hh
033   Annalena:          ja.
034                      (.) (ja.)
035   Karl:              °h °hh °h h°
036   Annalena:          (da MUSS_n-) [(vlleicht SEIN.)]
037   Karl:                           [wer vers      ]wer
                         versteht den ANderen-
038                      oder wer !WILL! den anderen verSTEHN.
039   Annalena:          (th)
040   Karl:              UND öh- °h ((schmatzt))
041                      k bekommen wir nich immer etwas
                         VORgesetzt-
042                      (1.17)
043   Karl:              °hh vorgeREdet-
044                      vorge!SPIELT! von ANderen-
045                      und sind überzeugt das is
                         hundertproZENtig.
046                      °h h° Aber e-
047                      es regt an zum DENken.
048                      (0.38) hm_HM.
049                      (7.86)
050   Annalena:          ich  hab auf jeden fall das BUCH
                         gelesen-=
051                      (un_auch) den FILM gesehn.
052                      also es gibt da verschiedene
                         inszeNIErungen des theaterstücks.
053   Karl:              hm_HM.
054   Annalena:          geNAU.
```

Nach einer längeren Pause ratifiziert Annalenas anschließende Rückfrage zur Deutung in Zeile 18 „°h ham sie: äh das BUCH dazu gelesen?" die Deutungsversuche und setzt die Kenntnis der Literaturgrundlage zur Interpretation des Stücks relevant. Der deiktische, indexikalische Verweis „*dazu*" setzt dabei die identifizierende Bezugnahme auf das Stück als Objekt der Rekonstruktion relevant. Gleichzeitig aktualisiert Annalena die Deutung um den Aspekt einer möglichen Begründung der Interpretation (auf der Grundlage der Literaturvorlage). Karl verneint jedoch echohaft repetierend („*nein ich hab das buch NICH gele-*

sen-", Z. 19) und setzt mit „*ich habe mir die beWEgungen- °h und so: ANgeschaut- und die (.) °h die MENschen.*" (Z. 20–21) statt der Romankenntnis die visuelle Wahrnehmung der „*beWEgungen*" der Schauspieler(innen) als Begründung der Interpretation relevant, wodurch er seine Deutung bekräftigt und erläutert. Nachdem Annalena die Begründung quittiert („*(hm_HM.)*", Z. 23), spezifiziert Karl die Rekonstruktion durch den elliptischen Relativsatz „*öh- wie die sich verHALten haben.*" (Z. 25). Anschließend nimmt er seine anfängliche Redewiedergabe paraphrasierend, reformulierend und explizierend wieder auf, indem er ausführt: „*und DANN äh- °h mich erINnert- dass manche beWEgungsabläufe- auch JETZ sein könnten.*" (Z. 26–29), wodurch er einen Aktualitätsbezug herstellt. Nach einer zweiten längeren Pause expandiert Karl die Rekonstruktion um den Bedeutungsaspekt „*poLItisch. °hh*" (Z. 31). Die Rekonstruktion der Bewegungen der Schauspieler(innen) wird von Karl auf mehreren zunehmend metaphorischen Ebenen kontextualisiert – von der körperlich-physiologischen Ebene der Stückhandlung („*beWEgungen*", Z. 20) über die stückbezogen global-interpretierende Ebene der eigenen Deutung („*wie die sich verHALten haben.*", Z. 25 ; „*beWEgungsabläufe-*", Z. 28) bis hin zur Übertragung auf die gesellschaftspolitisch-interpretierende Ebene („*poLItisch. °hh*", Z. 31). Annalena quittiert diese Interpretation und Übertragung, indem sie in Zeile 33–34 mit „*ja. (.) (ja.)*" reagiert und setzt in Zeile 36 zu einer tentativen Begründung an „*da MUSS_n-) (vlleicht SEIN.)*". Diese wird jedoch in Zeile 37 von Karl zugunsten einer indirekten übertragenden Rekonstruktion der seines Erachtens durch das Stück vermittelten Intention in Bezug auf die gesellschaftliche Realität des menschlichen Miteinanders unterbrochen („*wer vers wer versteht den ANderen- oder wer !WILL! den anderen verSTEHN.*"). Nach einem kurzen non-verbalen Signal von Annalena expandiert er die indirekte übertragende Rekonstruktion durch die rhetorischen Fragen „*UND öh- °h ((schmatzt)) k bekommen wir nich immer etwas VORgesetzt- (1.17) ° hh vorgeREdet- vorge!SPIELT! von ANderen- und sind überzeugt das is hundertproZENtig.*" (Z. 41–45). In diesem Redezug überträgt er die Aussage des Theaterstücks (seines Erachtens) auf die aktuelle, gesellschaftliche Realität (vgl. „*wir*"; „*immer*"). Durch das reformulierende, aktualisierende asyndetische Trikolon und seine (teils extrastarken) Fokusakzente („*VORgesetzt- (1.17) ° hh vorgeREdet- vorge!SPIELT!*") wird seine affektive Involviertheit deutlich und er setzt vor allem das ‚Vorspielen' als Verbindung zwischen Theater und Gesellschaft relevant. In der expandierenden Postsequenz „*°h h° Aber e- es regt an zum DENken. (0.38) hm_HM.*" (Z. 46–48) kontextualisiert er zusammenfassend die indirekt rekonstruierte Intention der Theaterinszenierung. Nach einer Pause initiiert er selbst die Ratifizierung, woraufhin wieder eine sehr lange Pause entsteht. Nach über sieben Sekunden rekontextualisiert Annalena schließlich wieder ihr Vorwissen zum Stück (die Literaturgrundlage und den auf dem Buch basierenden Film) als Deutungsgrundlage, indem sie entgegnet „*ich hab auf jeden fall das BUCH gelesen-=(un_auch) den FILM gesehn. also es gibt da verschiedene inszeNIErungen des theaterstücks.*" (Z. 50–52). Beide Sprecher ratifizieren diese Aussage und nach einer kurzen Pause wechselt der Fokus im anschließenden Gespräch zum allgemeinen Vergleich von Buchvorlagen und darauf basierenden Verfilmungen.

Hinsichtlich der Einstiege in alle genannten Kontexte fällt auf, dass die Rekonstruktion als eine der zentralen Aufgaben in allen Gesprächen permanent im Hintergrund mit zu leisten ist. In der Mehrheit der Gespräche des Korpus besteht die erste sprachliche Aktivität aus rekonstruktiven Handlungen, selbst auf abgebrochene Fragen („[*wie*-]") antworten die Sprecher rekonstruierend und auch wenn sich der Kontext ändert oder sich (vom Standpunkt dieses Kapitels aus gesehen) „Exkurse" zu nicht-rekonstruktiven Inhalten ereignen, kehren die Sprecher immer wieder zu Rekonstruktionen zurück (vgl. Ausschnitte 10 und 11).

Die drei in Abschnitt 8.3.2 beschriebenen Ausschnitte illustrieren, wie Theaterbesucher(innen) in Pausengesprächen bereits beim Einstieg in Rekonstruktionen einen bestimmten Kontext eröffnen. So wurde anhand Ausschnitt 3 deutlich, wie sich die zwei Sprecherinnen mittels typischer verba sentiendi, evaluierender Adjektive und gegenseitiger Ratifizierungen einen bewertenden Kontext wechselseitig aufzeigen. Dabei kann die Tatsache, dass eine bewertende Rekonstruktion zustande kommt, relevanter sein als die Frage, worüber sich die Sprecher dabei unterhalten. Dahingegen zeigt Ausschnitt 4 einen Einstieg in eine deutende Rekonstruktion, der von einer Redewiedergabe der eigenen Gedanken während der Vorstellung („*so EInige:- so einige TYpen (.) ham mich erinnert (.) an die gegenwart.*"), einer Typisierung einer Rollengruppe aus der Inszenierung („*so einige TYpen*") und einem hypothetisch-fragenden Unterton auf Seiten eines Sprechers geprägt wird. Die Gesprächspartnerin lacht zunächst als Hörersignal und zeigt ihr Verständnis der deutenden Rekonstruktion schließlich an, indem sie in Form eines eingebetteten deutenden Medienverweises („*°h ham sie: äh das BUCH dazu gelesen?*") mögliches Hintergrundwissen (der Literaturgrundlage) zum Stück thematisiert. Neben diesen beiden Kontexten, die u.a. bereits von Hausendorf (2011; 2012) und Hausendorf & Müller (2016a) als grundlegende Aufgaben der Kunstkommunikation in Ausstellungsgesprächen festgestellt wurden, beinhaltet Ausschnitt 5 den Einstieg in eine Rekonstruktion im Kontext des Übertragens. Diesen Kontext zeigen sich die beiden Sprecher an, indem sie in ihren Referenzen zwischen den Bezugsebenen der Inszenierung, der eigenen Deutung und der gesellschaftlichen Realität changieren (z.B. von „beWEgungen" über „wie die sich verHALten haben." und „beWEgungsabläufe-" bis hin zu „poLItisch. °hh"). Dabei begründen und explizieren sie die Übertragung wechselseitig und sind teilweise affektiv involviert (vgl. Stilmittel wie rhetorische Fragen und asyndetisches Trikolon). Anders als in den Beispielen zu bewertenden und deutenden Kontexten von Rekonstruktionen steigen nicht beide Sprecher gleichermaßen in die Rekonstruktion ein, sondern eine Sprecherin wechselt nach kurzer Zeit und minimaler Beteiligung aus dem übertragenden wieder zurück in den deutenden Kontext.

8.3.3 Entfaltung von Rekonstruktionen

Nachdem Abschnitt 8.3.2 die Einstiege von Theaterbesucher(inne)n in Rekonstruktionen in Pausengesprächen thematisierte, konzentriert sich dieser Abschnitt auf die anschließende Entfaltung von Rekonstruktionen. Die zugrunde liegenden Pausengespräche legen zwei grundsätzliche Unterscheidungen nahe, die einerseits die Funktion von Rekonstruktionen in ihrer Entfaltung betreffen und andererseits ihre Darstellungsweise. Demzufolge beschreibt Abschnitt 8.3.3.1 die Entfaltung von Rekonstruktionen mit informierender Funktion im Kontrast zu derjenigen von Rekonstruktionen mit kommemorierender Funktion. Anschließend geht Abschnitt 8.3.3.2 auf die unterschiedlichen rekonstruktiven Verfahren im reinszenierenden Darstellungsmodus im Vergleich zum berichtenden Darstellungsmodus ein. Im Rahmen der reinszenierenden Darstellungsweise fällt in der Auseinandersetzung mit den Daten außerdem ein rekonstruktives Verfahren besonders auf, dem Abschnitt 8.3.3.3 gewidmet wird: die Redewiedergabe.

8.3.3.1 „is dir die TAschenlampe aufgefallen?"[47] – Informierend vs. kommemorierend

Bezüglich des Wissensstatus der Sprecher lassen sich im Datenmaterial zwei Funktionen von Rekonstruktionen mit spezifischen rekonstruktiven Verfahren unterscheiden. Einerseits können Rekonstruktionen in Theaterpausengesprächen eine informierende Funktion haben, wenn es mindestens einen Sprecher gibt, dem der Rekonstruktionsinhalt nicht bekannt ist. Andererseits wohnt vielen Rekonstruktionen bezüglich der gerade besuchten und somit allen Sprechern bekannten Theaterinszenierung eine kommemorierende Funktion inne.

---

47 Siegen 14-11-14 Hamlet Gr.2.

Wenden wir uns zunächst den Ausprägungen von Theaterrekonstruktionen mit informierender Funktion zu. Kommen wir dazu zurück zum Gespräch zwischen Marco und Moritz in der Pause des Theaterstücks „Hamlet", aus dem in 8.1 bereits ein erster Ausschnitt betrachtet wurde. Der folgende Ausschnitt ereignet sich sechseinhalb Minuten nach dem ersten Ausschnitt, nachdem die Sprecher die schauspielerische und Inszenierungsleistung, humoristische Einlagen des Stücks, einige Rollen, das Bühnenbild und den Gesang rekonstruiert haben. Unmittelbar vor Beginn des Ausschnitts haben Marco und Moritz begonnen, sich in den Theatersaal zurück zu begeben und ihre Sitzplätze zu suchen:

Ausschnitt 6: „die TAschenlampe"[48]

```
791    Moritz:    is dir die TAschenlampe aufgefallen?
792               (0.73)
793    Marco:     we:s?
794               (0.27)
795    Moritz:    da hat einer von der SEItenbühne äh hier
                  die:s andre !HÄL!fte beleuchtet.
796               (1.21)
797    Marco:     [o:h.]
798    Moritz:    [s   ]o.
799               wo die so (.) !WHAT! the fuck-
800               °h h°
801               (2.51)
802    Marco:     ts_hatte be!STIMMT! irgend n GRUND.
803               (1.51)
804    Marco:     <mit tiefer Stimme<beSTÖ:MMT>>.
805               (0.42)
806    Moritz:    ja ich vermute mal dass da irgenwo_n
                  requiSIT verloren haben.
807               =oder sich da halt UMziehen müssten-
808               =und DESwegen halt-
809               °hh also dass man DA-
810               mit ner TAschenlampe hinter der bühne
                  agiert-
811               is eigentlich norMAL
```

---

[48] Siegen 14-11-14 Hamlet Gr.2.

```
812              =also dis (.) MACHT man halt ma.
813              =aber dann (.) achtet man eigentlich
                 darauf dass man !NICHT!
814              auf die BÜHne leuchtet.
815              =weil-
816              (0.48)
817   Moritz:    man SIEHT es.
818              es is LICHT dann.
```

Moritz eröffnet in Zeile 791 die Rekonstruktion eines neuen Aufführungsaspekts, indem er Marco nach seiner Wahrnehmung eines Requisits fragt: *„is dir die TAschenlampe aufgefallen?"*. Auf diese Frage zur „explizite[n] Wissensabklärung" (Keppler 1995, 249; vgl. Ulmer & Bergmann 1993, 88–90) reagiert Marco nach einer kurzen Pause mit einer Gegenfrage („*we:s?*", Z. 793). Nach einer weiteren kurzen Pause besteht Moritz' Antwort in der (lokalen, personalen und modalen) Explizierung des Aufführungsaspekts, wodurch er den Einsatz der Taschenlampe als Teil der Bühnenbeleuchtung rekontextualisiert: *„da hat einer von der SEItenbühne äh hier die:s andre !HÄL!fte beleuchtet."* (Z. 795). Anhand dieser Erklärung zeigt er sein Verständnis von Marcos vorheriger Gegenfrage und positioniert sich damit als „„unwissende[r]' Gesprächsteilnehmer", der zumindest diesen Aufführungsaspekt nicht (gut) kennt (vgl. Ulmer & Bergmann 1993, 91) und gibt eine Erzählaufforderung (vgl. Ulmer & Bergmann 1993, 92). Er versteht Marcos Nachfrage als Ausdruck eines gewissen „Interesse[s] am Thema" (Keppler 1995, 249). Die zunächst vagen deiktischen Referenzen auf die Theaterinszenierung („*die TAschenlampe*", „*da*" und „*einer*") ergänzt er entsprechend Marcos ‚Unwissenheit' an dieser Stelle um konkretere teils fachtechnische lokale Angaben: „*von der SEItenbühne*" und „*die:s andre !HÄL!fte*". Die Wissensasymmetrie zwischen den beiden Sprechern wird nach einer längeren Pause partiell von Marco bestätigt, indem er in Zeile 797 die Partikel bzw. Interjektion des Erstaunens „*o:h.*" als Reaktion auf eine ihm neue Information äußert. Im Ansatz überlappend setzt Moritz zu einer weiteren Explizierung der Rekonstruktion durch die temporale und modale Einordnung des Beleuchtungsaspekts an: „*[s]o. wo die so (.)*" (Z. 798–799). Nach diesen beiden Ansätzen und der zweifachen Verwendung des Zögerungsmarkers „*so*" bricht Moritz den Explizierungsversuch schließlich ab. Stattdessen rekonstruiert er in Zeile 799 nach einer Minimalpause seine eigene Reaktion auf die seitliche Beleuchtung durch die Taschenlampe während der Aufführung: „*!WHAT! the fuck-*". Dazu verwendet er eine stark emotive Interjektion mit teils sehr starker Betonung und in englischer Sprache. Im Sinne von Butterworth (2015) expliziert er die Rekonstruktion in Form einer Redewiedergabe als Wiedergabe eines (eigenen) vollzogenen, mentalen kommunikativen Akts, also eines eigenen Gedankens. Diese wird gefolgt von zwei längeren (gefüllten) Pausen in den Zeilen 800–801. Daraufhin beantwortet Marco Moritz' implizite Frage (Was sollte das?) durch die Rekonstruktion der Intention des Regisseurs: „ts[49]_hatte be!STIMMT! irgend n GRUND." (Z. 802). Als darauf eine Reaktion von Moritz ausbleibt (Z. 803), wiederholt Marco den bereits vorher stark betonten Heckenausdruck: „<mit tiefer Stimme<beSTÖ:MMT>>." Durch die tiefe Stimme und den langgezogenen umgangssprachlich modifizierten Vokal ironisiert Marco seine vorherige Aussage. An dieser Stelle positioniert er sich ansatzweise nicht nur als passiver, unwissender Zuhörer, sondern beteiligt sich durch die implizite Bewertung (in Form des ironisierenden Untertons) aktiv an der Rekonstruktion der Theaterinszenierung (vgl. Ulmer & Bergmann 1993, 90). Wieder entsteht eine kurze Pause, woraufhin Moritz seine eigene implizite Frage durch die Rekonstruktion der Gründe für die Verwendung der Taschenlampe während der Inszenierung beantwortet und gleichzeitig Marcos vorherige Aussage expandierend expliziert: „ja ich vermute mal dass da irgenwo_n requiSIT verloren haben.=oder sich da halt UMziehen müssten-=und DESwegen halt-" (Z. 806–808). Durch diese Reaktion auf Marcos vorherige Feststellung zeigt er sein Verständnis von Marcos „Kommentierung des Mediengeschehens" (Ulmer & Bergmann 1993, 93) als Ratifizierung der Rekonstruktion an, so dass die Erzähleinheit abgeschlossen werden kann (vgl. Ulmer & Bergmann 1993, 93). Moritz' Äußerung beinhaltet vage Referenzen auf die Aufführung (da, irgendwo) sowie Allgemeingültigkeitsmarker (halt), was auf seine Anerkennung von Marcos partiell-wissender Rolle schließen lässt. Anschließend äußert Moritz eine auf Hintergrundwissen beruhende „Kommentierung des dargestellten Geschehens" (Ulmer & Bergmann 1993, 92): „°hh also dass man DA- mit ner TAschenlampe hinter der bühne agiert- is eigentlich norMAL=also dis (.) MACHT man halt ma.=aber dann (.) achtet man eigentlich darauf dass man !NICHT! auf die BÜHne leuchtet. weil- (0.48) man SIEHT es. es is LICHT dann." (Z. 809–818). Eine anschließende Pause von zwei Sekunden sowie ein darauf folgender Themenwechsel (zu einem anderen Beleuchtungsaspekt) verdeutlichen, dass beide Sprecher die Teilrekonstruktion mit Moritz' Kommentar als beendet betrachten (vgl. Ulmer & Bergmann 1993, 92–93).

Bezüglich der Frage, welche Ausprägungen Rekonstruktionen in Theaterpausengesprächen mit informierender Funktion auszeichnen, illustriert Ausschnitt 6 folgende Ergebnisse: In Abgrenzung zu kommemorierenden Rekon-

---

[49] „ts" lässt in diesem Kontext die umgangssprachlich getilgte und verhärtete Version von „das" vermuten.

struktionen initiieren die Sprecher die vorliegende informierende Rekonstruktion durch eine Sequenz der expliziten Wissensabklärung, in deren Verlauf sich die beiden Sprecher zunächst als aktiver Erzähler und passiver Zuhörer positionieren. Dies stimmt mit den Erkenntnissen über informierende Medienrekonstruktionen von Ulmer & Bergmann (1993) und Keppler (1995) überein, ebenso wie die darin enthaltene Erzählaufforderung („we:s?"). Die Wissensabklärung ist jedoch nicht nach der Initiierungssequenz beendet, sondern es folgt ein ständiger interaktiver Wahrnehmungsabgleich im Laufe der Rekonstruktion. Dabei handeln Marco und Moritz laufend ihre Rollen aus und passen ihre Beiträge sprachlich-kommunikativ daran an, z.B. durch vagere/konkretere Referenzierung der entsprechenden Aspekte der Theatervorstellung (von „die TAschenlampe", „da" und „einer" über „von der SEItenbühne" und „die:s andre !HÄL!fte" zu „da", „irgendwo" und „halt") oder der bewertend ironisierenden Wiederholung einzelner Elemente („<mit tiefer Stimme<beSTÖ:MMT>>."). Dementsprechend fehlt im Rahmen dieser informierenden Theaterrekonstruktion die „chronologisch strukturiert[e]", „in den Grundzügen vollständig und umfassend[e]" (Ulmer & Bergmann 1993, 91–92) Darstellung des Rekonstruktionsinhalts. Stattdessen fällt auch im Kontext der vorliegenden informierenden Rekonstruktion die Relevanz reinszenierender Verfahren wie Verstellen der Stimme und Redewiedergaben („!WHAT! the fuck-".) auf. Zusätzlich zur Erheiterung (vgl. Keppler 1995) tragen diese Verfahren in Ausschnitt 6 zu einem negativ bewertenden und zynischen Unterton bei. U.a. deshalb lässt sich auch diese größtenteils informierende Theaterrekonstruktion eines Aufführungsaspekts als Teilrekonstruktion in den übergeordneten bewertenden argumentativen Rekonstruktionszusammenhang einordnen (vgl. Abschnitt 8.3.1). Schließlich stimmt die Rekonstruktion in den Beendigungsverfahren mit den von Bergmann & Ulmer (1993) festgestellten Mechanismen der wechselseitigen Kommentierung des Rekonstruktionsgegenstandes überein.

Bei Betrachtung der Gespräche im Datenkorpus kristallisierte sich eine weitere Funktion von Rekonstruktionen bezüglich des Wissensstatus der Sprecher heraus: die kommemorierende Funktion. Welche Ausprägungen charakterisieren Rekonstruktionen mit dieser Funktion? Um diese Frage zu beantworten, sehen wir uns einen Ausschnitt aus dem Gespräch zwischen Ina und Finn an. Sie unterhalten sich in der Pause der Aufführung des Theaterstücks „Der Streik"[50], in dem es um die wirtschaftliche Entwicklung der USA in den 1950er Jahren geht. Vor dem Ausschnitt haben die beiden die Inszenierung bereits

---

50 Vgl. Kapitel 2.1.4.2., i.d.B.

sieben Minuten lang gedeutet und bewertet, sich Getränke gekauft und sich anschließend auf den Außenbereich vor dem Theater begeben.

Ausschnitt 7: „TURbo [...] kapitaLISmus"[51]

```
280   Ina:    [...        ]
281   Finn:   [aber] SOLL das-
282           WIRKlich in den-
283   Finn:   FÜNFzigern spielen?
284   Ina:    °h
285   Finn:   °hh
286   Ina:    ja.
287           ich glaub SCHON.
288           (0.2)
289   Finn:   stand das da im (.) proG[RAMM?]
290   Ina:                            [ich  ]glaub JA.
291           (0.2)
292   Ina:    °hh
293           (0.56)
294   Ina:    mh.
295           (0.79)
296   Ina:    das h [am die au]ch irgendwann erWÄHNT-
297   Finn:         [hm.       ]
298   Ina:    SELber.
299           (0.2)
300   Ina:    am ANfang.
301           (0.23)
302   Ina:    °hhh
303   Finn:   der beGINN-
304           (0.59)
305   Finn:   des-
306           (0.37)
307   Ina:    °h
308   Finn:   TURbo kas-
309           kapitaLISmus dann sozusagen.
310           (0.48)
```

---

51 Köln_14-05-10_DerStreik_Gr.1.

```
311  Ina:    ja:.
312          (0.82)
313  Finn:   mh?
314          (1.72)
315  Ina:    °h
316          (0.26)
317  Ina:    un[d-         ]
318  Finn:      [aber SCH]IEferga:s- beispielsweise is
              ja ne sehr aktuELle sache.
319          (1.43)
320  Finn:   also mit DIEser-
321  Ina:    vielleicht gabs die
              [idee ja DAmals schon-]
322  Finn:   [mit dem FRACking-    ]
323          (1.66)
324  Ina:    aber diese:-
325          diese SAche mit dem ähm-
326          (0.25)
327  Ina:    MIT dem-
328          (0.56)
329  Ina:    ((schmatzt)) wie HEISST das da?
330          äh STANDstrom?
331          (0.26)
332  Ina:    °h äh (.) NEE.
333          WIE war das?
334          (0.7)
335  Finn:   am ENde jetz?
336          mit dem (.) mit dem MOt[or?]
337  Ina:                           [h° ]
338          (0.29)
339  Ina:    n (.) ja geNAU.
340  Finn:   mit dem magneTISmus?
341  Ina:    MIT dem-
342  Finn:   Oder.
343  Ina:    ja geNAU.
344          das GIBT_s ja no_nich.=Oder?
```

```
345    Finn:   (.) nein.
346    Ina:    h°
347            (0.21)
```

Zeile 280–317 zusammenfassend diskutieren Ina und Finn hier – initiiert durch Finn – die Frage, ob die Inszenierung „WIRKlich in den- FÜNFzigern spieln?" soll. Im Kontext dieser Frage initiiert Finn in Zeile 318 die Rekonstruktion eines neuen Aspekts, indem er den Bezug zu Schiefergas, dessen Gewinnung im Stück thematisiert wurde, als „*sehr aktuELle sache*" herstellt. Diese Lösung vom eigentlichen Mediengeschehen durch die Übertragung von „Inhalte[n] der Medienereignisse direkt auf andere Realitätsbereiche" (nämlich hier die aktuelle Wirtschaftslage) halten schon Ulmer & Bergmann (1993, 98) als typisches Element der kommemorierenden Funktion von Medienrekonstruktionen fest. Auf diese Weise argumentiert Finn gegen die Situierung der Stückhandlung in den 50er Jahren. Anhand der knappen Formulierung „*aber SCHIEferga:s-*", mit der er auf einen Aufführungsaspekt Bezug nimmt, zeigt er Ina an, dass er ihre Kenntnis des Aufführungsaspekts als „geteiltes Wissen" (Keppler 1995, 236) voraussetzt. Nach einer Pause konkretisiert Finn expandierend in Zeile 320–322 seine Rekonstruktion: „*also mit DIEser- mit dem FRACking*". Er wird dabei in Zeile 321 von einem Einwand von Ina unterbrochen, in dem sie den Aufführungsaspekt ‚Schiefergasgewinnung durch Fracking' auf den Realitätsbereich der Technik der 50er Jahre überträgt: „*vielleicht gabs die idee ja DAmals schon-*". Dadurch argumentiert sie im Sinne eines „Meinungsaustausches" (Ulmer & Bergmann 1993, 95)[52] für die Verortung des Stücks in den 50er Jahren. Diese Beteiligung an der deutenden/übertragenden Rekonstruktion zeigt ihre wissende Rolle an und lässt die Unterscheidung zwischen Produzent und Rezipient verschwimmen (vgl. Ulmer & Bergmann 1993, 96; Keppler 1995, 244: „Mit-Autoren"). Im Anschluss an Finns Beitrag setzt Ina in Zeile 324 mit „*aber diese (.) diese SAche mit dem ähm-*" zur Rekonstruktion eines weiteren Aufführungsaspekts im Rahmen der interpretativen temporalen Einordnung der Stückhandlung an. Die sprachliche Fassung des zu rekonstruierenden Aspekts gelingt ihr nicht ad hoc, so dass es im Folgenden zu einem erhöhten Formulierungsaufwand in Form von Selbstreparaturen (repetitiven Reformulierungen), Pausen und gefüllten Pausen kommt. In Zeile 329 initiiert sie schließlich die gemeinsame, interaktive Aushandlung des zu rekonstruierenden Aspekts durch die Fragen „*((schmatzt)) wie heißt das DA? äh STANDstrom? °h äh (.) nee WIE war das?*". Dabei chnagiert sie durch den Tempuswechsel zwischen der Ebene der

---

[52] Vgl. ebenso: „zur Verteidigung einer Meinung" (Keppler 1995, 225).

wirtschaftlichen Realität („*wie heißt das DA?*") und der Ebene der Stückhandlung (*„nee WIE war das?"*). Finn reagiert auf diese Einforderung einer Benennung bzw. Erklärung in Zeile 335, indem er eine Sequenz zur Nachfrage bzw. Spezifizierung des fraglichen Rekonstruktionsaspekts initiiert: „*am ende jetz (.) mit dem (.) mit dem MOtor? mit dem magneTISmus?=oder.*" Auch seine Beiträge sind von einem hohen Formulierungsaufwand und einem tentativen, fragenden Charakter beim Versuch der Rekonstruktion geprägt. Überlappend bestätigt Ina in Zeile 339 und 341 seine Interpretation des Aufführungsaspekts, ohne jedoch selbst zu einer begrifflichen Fassung zu kommen: „*ja geNAU.*"; „ *MIT dem-*". Ohne dass eine(r) der beiden diese Leerstelle füllt, setzt Finn in Zeile 342 zur Formulierung einer Alternative an: „*Oder.*" Daraufhin ratifiziert Ina Finns eingeschobenen Referenzierungsvorschlag zur Aushandlung der ‚Sache mit dem Standstrom': „*ja geNAU.*" (Z. 343). Sie behandelt den Wahrnehmungsabgleich in der Einschubsequenz daraufhin als abgeschlossen, indem sie zurück zum Kontext des deutenden Meinungsvergleichs kommt: „*das GIBT_s ja no_nich.=Oder?*" (Z. 343). Den Bezug zum ausgehandelten Aufführungsaspekt stellt sie durch das deiktische „*das*" her, welches auf ihre Annahme von Finns Vorwissen sowie den erfolgreichen Abschluss des Wahrnehmungsabgleichs schließen lässt. Sie überträgt die in der Inszenierung dargestellte ‚Sache mit dem Motor und dem Magnetismus' wiederum auf die gesellschaftliche Realität (vgl. Ulmer & Bergmann 1993, 98). Schließlich quittiert Finn die deutende Rekonstruktion: „*(.) nein.*" (Z. 345), und die anschließenden (gefüllten) Pausen weisen darauf hin, dass die Sprecher die Aspektrekonstruktion als abgeschlossen behandeln.

Zusammenfassend wird die vorliegende kommemorierende Rekonstruktion davon geprägt, dass die Sprecher in gemeinsamer interaktiver kooperativer Aushandlung „einzelne Aspekte des Medienereignisses" (Ulmer & Bergmann 1993, 95) „selektiv und fragmentarisch" rekonstruieren: zum Einen „*SCHIEferga:s-*" und zum Anderen „*diese SAche mit dem ähm- äh STANDstrom?*" bzw. „*MOtor?*" bzw. „*magneTISmus?*". Ina und Finn rekonstruieren nur die Aspekte der Inszenierung, die ihnen im Kontext der Argumentation zur temporalen Einordnung und Deutung der Stückhandlung als besonders relevant erscheinen (vgl. Keppler 1995, 256). Dabei greifen sie zu „bewertenden und interpretierenden Kommentaren sowie wechselseitigen Kleinst-Belehrungen" (Keppler 1995, 239) wie z.B. „*aber SCHIEferga:s- beispielsweise is ja ne sehr aktuELle sache.*"

Bezüglich der Frage nach den spezifischen kontextuellen Mustern von kommemorierenden Rekonstruktionen in Theaterpausengesprächen fällt zunächst die ständig mitlaufende interaktive Abklärung der Wissensvoraussetzungen im Sinne eines Wahrnehmungsabgleichs auf (vgl. konkretisierende, spezifizierende Reformulierungen, Einschubsequenz zur Nachfrage, Selbstreparaturen, (gefüllte) Pausen, tentativer, fragender Charakter, Frage-Antwort-Sequenzen). Einerseits setzen Ina und Finn Wissen (über die Aufführung) des jeweiligen Gesprächspartners voraus (vgl. definite und deiktische Referenzen: „*das-*", „*am ANfang.*", „*DIEser-*", „*die idee*", „*mit dem FRACking-*", „*diese:-* ", „*mit dem ähm-*", „*MIT dem-*", „*das da?*", „*das?*", „*am ENde jetz?*", „*mit dem (.) mit dem MOtor?*", „*mit dem magneTISmus?*", „*MIT dem-*" und „*das*"), wodurch die kommemorierende Funktion u.a. im Kontrast zur informierenden steht. Andererseits handeln die Sprecher im Kontext der Deutung der Stückhandlung kommunikativ und kooperativ aus, was sie überhaupt wahrgenommen haben und ob ihre Wahrnehmung identisch ist. Außerdem zeichnet sich das kommemorierende Übertragen der Inszenierungsaspekte auf andere Realitätsbereiche durch ein spielerisches und teils zweideutiges und implizites Changieren zwischen den Ebenen der Theateraufführung und der gesellschaftlichen Realität aus („*((schmatzt)) wie HEISST das da? äh STANDstrom? (0.26) äh (.) NEE. WIE war das?*" und „*am ENde jetz? mit dem (.) mit dem MOtor?*" [...] „*das GIBT_s ja no_nich.=Oder?*").

8.3.3.2 „<<imitierend>↑SQUEEZE> ma:l."[53] – Reinszenierend vs. berichtend

Der nächste Ausschnitt (8) findet früher während desselben Gesprächs zwischen Finn und Ina statt. Vor dem Einsatz des Ausschnitts (8) haben die beiden Sprecher Inas Schwangerschaft und technische Aspekte der Aufnahmegeräte thematisiert und sind in eine kommemorierende bewertende Rekonstruktion eingestiegen. Dabei wurde die Verständlichkeit des Stücks negativ bewertend rekonstruiert:

Ausschnitt 8: „kommuNIStische zustände"[54]

```
081   Finn:   al[so:.   ]
082   Ina:      [ja das] is sehr TEXTlastig ne?
083           (0.22)
084   Ina:    un_die sprechen sehr SCHNELL (find ich).
085           ((laute Hintergrundgeräusche))
086   Finn:   ja nee die posiTION is eigentlich-
087           (5.02)
```

---

53 Köln 14-04-22 BrainAndBeauty Gr.3.
54 Köln_14-05-10_DerStreik_Gr.1.

```
088    Finn:   ALso.
089            (0.25)
090    Finn:   WER jetz hier (.) welche position?
091            (1.62)
092            ((laute Hintergrundgeräusche))
[...]⁵⁵
102    Finn:   nee jetz äh also am ENde (.) (warn/wann)
               jetz hie:r (.) äh:-
103            (0.43)
104    Finn:   schon fast kommuNIStische zustände?
105            (0.94)
106    Finn:   mit (.) das is alles PLANwirtschaft (.)
               und äh-
107            (0.55)
108    Ina:    jaJA-
109    Finn:   alles GLEICHgeschaltet wird und so weiter
               oder?
110            (0.36)
111    Finn:   ALso.
112            (3.82)
113    Ina:    ich finde dass da auch (.) keine klare
               posiTION bezogen werden kann.
114            =äh also n n !EX!tra nich bezi bezogen
               wird weil-
115            °hh
116            (0.21)
117    Finn:   da wer [den nur so]
118    Ina:           [äh:-      ]
119    Finn:   tenDENzen gezei[gt. ]
120    Ina:                   [nee j]a das wird
               philosoPHIERT halt sehr viel.=ne?
121            un_die charaktere WECHseln ja auch immer
               so_n bisschen ihre-
122            (0.58)
```

---

55 An dieser Stelle erfolgt ein minimaler Exkurs auf ein paar Schuhe, das Teil des Bühnenbildes war und welches Ina im Raum entdeckt (Z. 93–101). Dieser Teil wurde hier aus Relevanzgründen gekürzt.

```
123   Ina:      ihre MEInung.
124             (0.67)
125   Ina:      °h
```

Nach Finns Verzögerungssignal „also:." führt Ina die bewertende Rekonstruktion in Zeile 82 weiter aus, indem sie den Inszenierungsaspekt des Textanteils des Stücks fokussiert: „ja das is sehr TEXTlastig ne?". Diese Sequenz ergänzt sie nach einer kurzen Pause um die Rekonstruktion der schauspielerischen Leistung bezüglich der Sprechgeschwindigkeit, indem sie in Zeile 84 formuliert: „un_die sprechen sehr SCHNELL (find ich)". So nimmt sie sowohl die kognitive als auch die auditive Verständlichkeit in den Fokus. Des Weiteren finden sich in ihrem Beitrag keine „Dramatisierungsstrategien" (Kotthoff 2011, 395) oder Detaillierungen, sondern sie beschreibt die Inszenierungsaspekte relativ faktisch. Die weiterhin vagen rekonstruierenden Bezugnahmen „das" und „die" behandelt Finn im Folgenden als unproblematisch. Er verschiebt daraufhin den Fokus der Rekonstruktion auf die Intention des Regisseurs, genauer auf die (politischen) Positionen, die im Stück vertreten werden, wenn er verbalisiert: „ja nee die posiTION is eigentlich- (5.02) ALso. (0.25) WER jetz hier (.) welche position?" (Z. 86–90). Diese Einleitung der berichtenden Rekonstruktion behandeln die Sprecher im weiteren Verlauf als minimales „abstract" (vgl. Kotthoff 2011[56]). So expliziert Finn das angeschnittene Thema der Rekonstruktion in direktem Anschluss durch seine Formulierung in Zeile 102–111: „nee jetz äh also am ENde (.) (warn/wann) jetz hie:r (.) äh:- (0.43) schon fast kommuNIStische zustände? (0.94) mit (.) das is alles PLANwirtschaft (.) und äh- (0.55) alles GLEICHgeschaltet wird und so weiter oder? (0.36) ALso." Er exemplifiziert relativ knapp und elliptisch die vertretenen politischen Positionen durch die Verschiebung des Rekonstruktionsfokus auf den letzten Teil der bisher gesehenen Aufführung. Finn exemplifiziert und begründet seine Interpretation der gesellschaftspolitischen Positionierung der Stückhandlung (als kommunistisch) in Zeile 106 durch eine Redewiedergabe im Sinne der Wiedergabe eines (durch einen Schauspieler) vollzogenen mündlichen sprachlichen Akts (vgl. Butterworth 2015): „mit (.) das is alles PLANwirtschaft". Ina quittiert diese während einer kurzen Pause in Zeile 108 durch das Hörersignal „jaJA-". Die beiden Sprecher behandeln die Redewiedergabe an dieser Stelle nicht als Mittel zur Dramatisierung oder Unterhaltung, sondern unter einem sachlichen „Wahrheitsanspruch" (Kotthoff 2011, 394).

---

56 Angelehnt an Labov & Waletzky (1976).

Nach einer längeren Pause reagiert Ina teil-responsiv auf Finns Einforderung einer Bestätigung („*oder?*"), indem sie das Thema der Rekonstruktion erklärend auf die gesellschaftliche Ebene bezieht: „*ich finde dass da auch (.) keine klare posiTION bezogen werden kann. =äh also n n !EX!tra nich bezi bezogen wird weil- °hh*" (Z. 113–115). Durch diese Formulierung überträgt sie das im Stück angesprochene Thema („*da*" im Sinne von: In Bezug auf dieses Thema) auf die gesellschaftliche Realität, in der ihrer Meinung nach eine Positionierung bezüglich der Thematik nicht möglich ist. In schnellem Anschluss changiert sie wieder zwischen den Bezugsebenen zur Deutung des Stücks durch die spezifizierende deutende Rekonstruktion der Intention des Regisseurs: „*äh also n n !EX!tra nich bezi bezogen wird weil-*". In Zeile 117 f. nimmt Finn die interpretierende/übertragende Rekonstruktion der Stückhandlung reformulierend und spezifizierend wieder auf, indem er verbalisiert: „*da werden nur so tenDENzen gezeigt.*". Durch das deiktische Lokaladverb *da* stellt er abermals die Referenz zur Stückhandlung her, die er rekonstruiert. Daraufhin begründet Ina ihre in 113–114 geäußerte Meinung, indem sie die Intention des Stücks und die Handlungen der Rollen rekonstruiert: „*äh:- nee ja das wird philosoPHIERT halt sehr viel.=ne? un_die charaktere WECHseln ja auch immer so_n bisschen ihre- (0.58) ihre MEInung.*" (Z. 118–123). Anschließend behandeln die Sprecher die berichtende Rekonstruktion als abgeschlossen, wie an (gefüllten) Pausen und einem anschließenden Themawechsel zu organisatorischen Aspekten (Treffpunkt nach dem WC-Besuch) deutlich wird. Demnach zeigen sie sich wechselseitig an, dass sie die Aussagen (Tendenzen statt Positionen) in Zeile 113–119 als „Quintessenz" (Kotthoff 2011, 396) der berichtenden Rekonstruktion verstehen. Im Kontrast zum Berichten in anderen Kontexten machen sie dabei Gebrauch von einer Redewiedergabe, die sie jedoch weniger als Dramatisierungsstrategie, sondern vielmehr als Beleg für den Wahrheitsanspruch einsetzen.

Ausschnitt 9 stammt aus dem Gespräch zwischen Emma und Monika in der Pause des Theaterstücks „Brain and Beauty", dessen Einstieg bereits behandelt wurde. Nach dem Gesprächseinstieg thematisieren die Sprecherinnen die Interaktion der Schauspieler(innen) mit dem Publikum und die Erwähnung Prominenter im Stück, woraufhin sich folgender Ausschnitt ereignet:

Ausschnitt 9: „war schon !WIT!zig mit DEM- [h°](.) <<imitierend>↑SQUEEZE> ma:l.°h"[57]

```
090  Emma:     °h (.) war schon WITzig auch-
091            IRgendwie-
092            also [mit DEM.]
093  Monika:        [mit?    ]
094            (0.23)
095  Emma:     war schon !WIT!zig mit DEM-
096  Monika:   [ja.]
097  Emma:     [h° ](.) <<imitierend>↑SQUEEZE> ma:l.°h
098  Monika:   ((lacht))
099  Emma:     h° h° °hh
100            (0.26)
101  Emma:     °h
102  Monika:   ((lacht))
103  Emma:     h° h°
104            (0.44)
105  Emma:     °h aber ich hab die SONGS au nich so
               ganz-
106            (0.92)
107  Emma:     verSTANden-
108            wann DIE-
109            [wann DIE einge]spielt worden sind-
110  Monika:   [HM_hm?        ]
111  Emma:     un waRUM dann?
112  Monika:   BITte?
113  Emma:     °hh hab die !SONGS! nich so GANZ
               verstanden-
114  Monika:   nee:.
115  Emma:     weil waRUM die die ein gespielt worden
               sind?
116  Emma:     und wann IMmer-
117            °h h° °h °h h°
118            (0.3)
119  Emma:     °h °h h° <<singend>BODdy is boss.>
120            ((Song der Band 2Raumwohnung, der Teil
               der Inszenierung war))
```

---

[57] Köln 14-04-22 BrainAndBeauty Gr.3.

```
121            [h° °h h° ((lacht)) is scho WITzig-]
122   Monika: [((lacht))                          ]
123   Emma:   aber ich weiß auch nich so GANZ-
```

Emma steigt in Zeile 90 in die Rekonstruktion ein, indem sie den humoristischen Aspekt der Inszenierung rekonstruiert: „°h (.) war schon WITzig auch-", den sie gleichzeitig einschränkt („auch"). Das direkt anschließende „IRgendwie-" (Z. 91) schränkt die Rekonstruktion weiter ein, woraufhin Emma in Zeile 92 zur Spezifizierung durch die Fokussierung eines bestimmten Aufführungselements ansetzt („also [mit DEM.]"). Überlappend fordert Monika durch die elliptische Nachfrage „mit?" in Zeile 93 eine ebensolche ein, welche Emma daraufhin reformulierend einlöst: „war schon !WIT!zig mit DEM- h° (.) <<imitierend>↑SQUEEZE> ma:l.°h"[58] (Z. 97). Überlappend ratifiziert Monika Emmas Rekonstruktion: „ja." (Z. 96). In den Zeilen 92 und 97 leitet Emma durch einen elliptischen Relativsatz („mit DEM") eine reinszenierende und stilisierende Redewiedergabe im Sinne der Wiedergabe eines vollzogenen mündlichen kommunikativen Akts einer Schauspielerin ein (vgl. Ulmer & Bergmann 1993; Keppler 1995; Günthner 2005; Butterworth 2015). Diese Reinszenierung wird von Monika in Zeile 98 und 102 goutiert: „((lacht))" (vgl. Günthner 2005). Es folgen außerdem in Zeile 99-104 mehrere (gefüllte) Pausen (in Form von Ein-/Ausatmen). Daraufhin fährt Emma mit der Rekonstruktion ihrer eigenen Wahrnehmung der musikalischen Untermalung der Inszenierung fort: „°h aber ich hab die SONGS au nich so ganz- verSTANden-" (Z. 105-107). Sie spezifiziert ihre Verständnisprobleme, indem sie die Rekonstruktion ihrer Reflexion während der Vorstellung (im Sinne einer Rekontextualisierung unter Bezugnahme auf ihre Zuschauerrolle; vgl. Linz, Hrncal & Schlinkmann 2016) auf den Aspekt des Zeitpunkts und der Begründung des Liedeinsatzes fokussiert: „wann DIE- wann DIE eingespielt worden sind- un waRUM dann?" (Z. 108-111) und somit modifiziert. Dabei rekonstruiert sie neben ihren eigenen Gedanken als Redewiedergabe im Sinne der Wiedergabe eines vergangenen mentalen kommunikativen Akts (vgl. Butterworth 2015) zugleich partiell die Intention des Regisseurs. In Zeile 110 und 112 verbalisiert Monika diesbezüglich teilweise überlappend akustische Verständnisprobleme: „hm_HM?"; „BITte?". Daraufhin paraphrasiert Emma mit extrastarker Betonung, Heckenausdrücken und Repetition: „°hh hab die !SONGS! nich so GANZ verstanden- weil waRUM die die ein gespielt worden sind? und wann IMmer-" (Z. 113-116). Bereits nach der ersten Intonations-

---

[58] In einer Szene der Inszenierung fordert eine Schauspielerin einen Theatergast dazu auf, ihre Brust (mit Silikonbrustimplantat) anzufassen.

einheit ratifiziert Monika diese Rekonstruktion: „*nee.*" (Z. 113). Nach einer kurzen Sequenz (gefüllter) Pausen exemplifiziert Emma diese Songs in Form einer selbst-initiierten singenden Redewiedergabe: „*<<singend>BODdy is boss.>*" (Z. 119) (vgl. „Rekonstruktionsangebot"; Keppler 1995, 235), auf die sie keine Reaktion einfordert. Diese goutiert Monika lachend (Z. 122), während sie ihnen einen humoristischen Wert zuspricht: „*is scho WITzig-*" (Z. 121). Zuletzt geht sie wieder zur indirekten Rekonstruktion der Intention und eigenen Wahrnehmung über, indem sie ihre partielle Unwissenheit bezüglich der Interpretation/Bewertung verbalisiert: „*aber ich weiß auch nich so GANZ-*" (Z. 123).

Zusammenfassend deutet Ausschnitt 9 auf den Stellenwert von Reinszenierungen (z.B. in Form von Geräuschimitationen oder (singenden) Redewiedergaben) in bewertenden Rekonstruktionen in Foyergesprächen hin. Sie können nach einer Bewertungshandlung auftauchen und die Bewertung demnach belegen oder illustrieren (vgl. Couper-Kuhlen 2007). Dabei können sie anstelle einer begrifflichen Fassung und eingeleitet durch elliptische Relativsätze angeführt werden („*war schon !WIT!zig mit DEM- h° (.) <<imitierend>↑SQUEEZE> ma:l.°h*", Z. 97). Außerdem können Reinszenierungen dazu dienen, „,die Gesprächsmühle am Laufen zu halten'" (Keppler 1995, 234), was auch durch ihre Serialität belegt werden kann (vgl. Ulmer & Bergmann 1993).[59] Nicht zuletzt zeigt sich der ästhetische Reiz von Theateraufführungen (z.B. im Kontrast zu bildender Kunst im Museum) darin, dass Reinszenierungen wie die untersuchten „vor allem [...] ihres Unterhaltungswertes willen" (Keppler 1995, 234) und aus geselligem Vergnügen angebracht werden. Dies belegt auch das lachende Goutieren Monikas und Emmas eigenes Lachen in den beiden dargestellten Fällen (vgl. Günthner 2005).

8.3.3.3 „°h ja ich HAB hie:r äh- (.) äh <<lachend>SCHEIße> im gesicht implantiert"[60] – Redewiedergaben

Im Rahmen des in 3.3.2 beschriebenen reinszenierenden Darstellungsmodus von Theaterrekonstruktionen traten besonders häufig Redewiedergaben (als rekonstruktive Verfahren) innerhalb des Datenkorpus auf. In den beiden folgenden Ausschnitten wird der Frage nachgegangen, in welcher Form sich Redewiedergaben in Pausengesprächen im Theater manifestieren.

---

59 Neben den zwei hier aufgeführten Redewiedergaben verbalisiert Emma in den nächsten sieben Gesprächsminuten zwei weitere Male in identischer Form: „*<<singend>BODdy is boss>*" (vgl. dazu Kapitel 2.1.4.1).
60 14-04-22 BrainAndBeauty Gr.2.

Der folgende Ausschnitt entstammt dem Pausengespräch zwischen Irmgard und Cornelia, das sich zwischen dem Ende des Theaterstücks „Brain and Beauty" und dem Beginn des anschließenden Publikumsgesprächs in der Theaterbar ereignet. Das Stück handelt von Schönheitsoperationen wie bereits in 3.1 und 3.2.1 erläutert wurde. Bevor der Ausschnitt beginnt, haben die Sprecherinnen amüsiert kurz Cornelias Selbstbedienung an Bonbons, die an einem Stehtisch ausliegen, thematisiert. Anschließend entstehen einige Gesprächspausen und Cornelia und Irmgard versichern sich kurz des Funktionierens der Aufnahmegeräte, woraufhin sich folgender Ausschnitt abspielt.

Ausschnitt 10: „<<lachend>SCHEIße> im gesicht implantiert"[61]

```
279   Irmgard:     und?
280                fandste war was NEUes?
281                nee.=ne?
282                von der AUSsage über!HAUPT! nich.
283   Cornelia:    ich FAND_S-
284                mh NEE.
285                (0.65)
286   Cornelia:    ((schmatzt)) ich fand_s jetz au nich
                   so TOLL-
287                IRgendwie-
288                (0.94)
289   Cornelia:    der DER.
290                a DIEse.
291                ts diese TSCHONheitschirurgen ham mich
                   mega !AB!genervt-
292                weil die die ganze zeit diese monoLOge
                   gehalten haben-
293                (1.22)
294   Irmgard:     ts. es sollte halt die GEgenposition
                   sein.
295                =Aber-
296                (0.41)
297   Irmgard:     in MEInen (augen.)
298   Cornelia:    ja zu WAS? die GEgenposition-
```

---

[61] 14-04-22 BrainAndBeauty Gr.2.

299		ich fand da GAB_S keine-
300		da gab_s !KEI!ner der was kritiSIERT hat.
301		also nur die FRAUen !IN!direkt-
302		indem sie geSAGT haben-
303		°h ja ich HAB hie:r äh-
304		(.) äh <<lachend>SCHEIße> im gesicht implantiert.
305		=Aber- EIgentlich-
306		(1.59)
307	Cornelia:	FAND ich dass es-
308		(0.34)
309		ziemlich EINseitig war.
310		=Aber-
311		na_JA.

Irmgard (re-)initiiert die Rekonstruktion, indem sie in Form einer Frage und fragenden Antwort die Gesamtinszenierung rekonstruiert: „*und? fandste war was NEUes? nee.=ne?*" (Z. 279–281). Zunächst bleibt der Referent ungenannt und die Sprecherin spezifiziert ihre Äußerung in Z. 282 in direktem Anschluss in Form einer Antwort: „*von der AUSsage über!HAUPT! nich.*" Daraufhin beantwortet Cornelia Irmgards Frage, die sie als Einforderung nach dem Gesamteindruck während der Vorstellung behandelt: „ *ich FAND_S- mh NEE. (0.65) ((schmatzt)) ich fand_s jetz au nich so TOLL- IRgendwie-*" (Z. 283–287). Sie bringt diesen mit dreifacher Selbstreparatur und zwei Heckenausdrücken („*au*" im Sinne von auch und „*IRgendwie*") hervor. Nach diesem ersten Wahrnehmungsabgleich und einer Pause exemplifiziert Cornelia die Rekonstruktion des eigenen Erlebens der gesamten Vorstellung durch die Rekonstruktion ihres Eindrucks einer Gruppe von spezifischen Rollen und schauspielerischen Leistungen: „*der DER. a DIEse. ts diese TSCHONheitschirurgen ham mich mega !AB!genervt- weil die die ganze zeit diese monoLOge gehalten haben-*" (Z. 189–292). Sie steigt in den reinszenierenden Darstellungsmodus ein, indem sie ihre emotionale Reaktion auf die Darstellung der Schönheitschirurgen durch den jugendsprachlichen, stark betonten und mehrfach gesteigerten („*mega*" und „*!AB!*") Ausdruck „*mega !AB!genervt-*" rekonstruiert. Irmgard rechtfertigt daraufhin die Darstellung der Schönheitschirurgen durch die deutende Rekonstruktion der Intention des Theaterregisseurs: „*ts. es sollte halt die GEgenposition sein.=Aber- (0.41) in MEInen (augen.)*" (Z. 294–297). Im selben Redezug macht sie einen Versuch, diese Rechtfertigung in direktem Anschluss konzedierend durch eine individuelle

Subjektivierung („*Aber- (0.41) in MEInen (augen.)*" einzuschränken. Damit rekonstruiert sie ihre Wahrnehmung des Aufführungsaspekts. Daraufhin erfolgt der Höhepunkt der reinszenierenden Rekonstruktion in Form von Cornelias Aussage: „*ja zu WAS? die GEgenposition- ich fand da GAB_S keine- da gab_s !KEI!ner der was kritiSIERT hat. also nur die FRAUen !IN!direkt- indem sie geSAGT haben- °h ja ich HAB hie:r äh- (.) äh <<lachend>SCHEIße> im gesicht implantiert.*" (Z. 298–304). In dieser deutenden, reinszenierenden Rekonstruktion gibt die Sprecherin die Aussage des Stücks (in ihrer Umsetzung) wieder, welcher ihrer Meinung nach ein kontrastierender Aspekt („*GEgenposition*") fehlt. Dazu stellt sie zunächst eine rhetorische Frage („*ja zu WAS? die GEgenposition-*"), die sie anschließend selbst beantwortet („*ich fand da GAB_S keine-*") und durch die Rekonstruktion ihrer Wahrnehmung eines Handlungsaspekts begründet: „*ich fand da GAB_S keine- da gab_s !KEI!ner der was kritiSIERT hat.*" Diese Äußerung schränkt sie daraufhin konzedierend ein, indem sie einen weiteren spezifischen Handlungsaspekt rekonstruiert, der im (eingeschränkten: „*nur [...] !IN!direkt*") Kontrast zu ihrer vorherigen Aussage steht: „*also nur die FRAUen !IN!direkt- indem sie geSAGT haben- °h ja ich HAB hie:r äh- (.) äh <<lachend>SCHEIße> im gesicht implantiert.*" Cornelia exemplifiziert ihre Rekonstruktion der Stückaussage durch die Redewiedergabe: „*ja ich HAB hie:r äh- (.) äh <<lachend>SCHEIße> im gesicht implantiert.*" Im Sinne von Butterworth (2015) und Tannen (1989/2007) lässt sich diese Äußerung als Wiedergabe eines vollzogenen oder hypothetischen mündlichen kommunikativen Akts einordnen. Im Rahmen dieser Redewiedergabe klassifiziert Cornelia zunächst eine Gruppe von Rollen im Stück („*die FRAUen*") und führt explizit deren Rede als „fremde Stimme" ein (Günthner 2002, 70): „*indem sie geSAGT haben-*". Diese zusammenfassende Klassifizierung sowie die auffällige Wortwahl (obszön: „*SCHEIße*", technisch-medizinisch: „*implantiert*") und der salopp-umgangssprachliche Stil („*ja ich HAB hie:r äh- (.) äh*") legen eine „Modifikation der ursprünglichen Aussage" (Günthner 2002, 60) nahe. Statt eines wortwörtlichen Zitats der Aussage einer Schauspielerin scheint hier vielmehr eine zusammenfassend-deutende, hyperbolische Stilisierung der Sprecherinnengruppe vorzuliegen. Nach Günthner[62] (2002, 75) werden „[b]estimmte Elemente der ‚Original'-Äußerung [...] selektiert und in einem neuen Kontext so typisiert und verzerrt reproduziert, dass sie eine neue Bedeutung erlangen". Konkret rekontextualisiert Cornelia die möglicherweise von den Schauspielerinnen getroffenen Aussagen auf eine hy-

---

[62] Vgl. zur Polyphonie von Redewiedergaben auch Butterworth (2015); Buttny & Cohen (2007); Clift (2007); Coulmas (1986); Couper-Kuhlen (2007); Günthner (2005); Holt (2007); Semino & Short (2004); Tannen (1989/2007).

perstilisierte, negativierte Art, durch die ihr Inhalt (negative Aspekte von Schönheitsoperationen) lächerlich gemacht wird und die Figuren karikiert werden (vgl. Günthner 2002, 75). Auf diese Weise vermischen sich die „Stimmen der Zitierenden und der zitierten Figur[en]"[63] (Günthner 2002, 70) im Sinne einer Polyphonie der Redewiedergabe. Anschließend fährt die Sprecherin mit der Rekonstruktion ihres Eindrucks der Stückaussage fort: „=Aber- EIgentlich- (1.59) FAND ich dass es- (0.34) ziemlich EINseitig war. =Aber-na_JA." (Z. 305–311). Daraufhin entstehen eine zweisekündige Pause, sowie ein Themenwechsel (zu Fotos in Cornelias Handy). Irmgard nutzt keine Pause, um Cornelia zu widersprechen. Die Sprecherinnen behandeln Cornelias letzte Äußerung „=Aberna_JA." als thematischen Abschluss.

Resümierend veranschaulicht Ausschnitt 10, wie Reinszenierungen im Allgemeinen und Redewiedergaben im Speziellen als „typisches Muster von Rekonstruktionen in Foyergesprächen" (Linz, Hrncal & Schlinkmann 2017, 533) realisiert werden. Es wird eine gewisse Unschärfe bei der Einordnung von Redewiedergaben in diesem spezifischen Kontext als Wiedergabe von (vollzogenen) hypothetischen oder vergangenen kommunikativen Akten deutlich, die in der Polyphonie der Redewiedergabe begründet ist. Letztere äußert sich u.a. in der Hyperstilisierung der zitierten Figuren z.B. durch Wortwahl, Stil und Typisierung. Ähnlich der von Günthner (2002, 2005) festgestellten Mittel der Prosodie, der Stimmqualität und des Codeswitchings können auch diese Mittel der Hyperstilisierung im Rahmen von Redewiedergaben von den Sprechern als „indexikalische Zeichen" (Günthner 2002, 60) zur Interpretation der Aussage behandelt werden. In diesem Kontext ermöglichen Redewiedergaben als „Ästhetisierungsphänomene [...] in der Alltagskommunikation" Rückschlüsse über die „Normen des betreffenden sozio-kulturellen Milieus" (Günthner 2002, 75–76). In Ausschnitt 10 gibt es im Rahmen dieser Beobachtung z.B. Hinweise auf die zugrunde liegende Annahme der Sprecherinnen, eine gesellschaftspolitische Theaterinszenierung solle in ihrer Intention konträre Positionen verhandeln.

8.3.4 „jetz geht_s aber SCHON weiter."[64] – Ausstiege aus Rekonstruktionen

Abschnitt 8.3.3 beschäftigte sich mit der Entfaltung von Rekonstruktionen im Laufe von Theaterpausengesprächen. Dabei ließen sich zwei Unterscheidungen

---

63 Die Stimmen stehen demnach in einem Verhältnis der „Interanimation" (Günthner 2002, 70) und nach Goffman (1981a) ruft dies ein neues „Footing" für die Interaktion hervor.
64 14-04-22 BrainAndBeauty Gr.2.

feststellen: Einerseits bezüglich der Funktion mit Blick auf den Wissensstatus der Sprecher und andererseits in Bezug auf den Darstellungsmodus. So weisen Rekonstruktionen unterschiedliche Merkmale und Verfahren auf, abhängig davon, ob mindestens einer der Sprecher über einen Rekonstruktionsinhalt informiert wird (informierende Funktion) oder ob alle Sprecher den Inhalt kennen und ihn gemeinsam rekonstruieren (kommemorierende Funktion). Ebenfalls wurden Differenzen bezüglich einer berichtenden im Gegensatz zu einer reinszenierenden Darstellungsweise von Theaterrekonstruktionen exemplarisch aufgezeigt. Nicht zuletzt wurde der Spezialfall der für Theaterrekonstruktionen typischen reinszenierenden Redewiedergabe anhand eines Gesprächsbeispiels dargestellt. Anknüpfend an die diversen Möglichkeiten der Entfaltung von Theaterrekonstruktionen stellt sich die Frage, wie Theaterrekonstruktionen von den Sprecher beendet werden. Um dieser Frage nachzugehen, kehren wir zu dem Gespräch zwischen Cornelia und Irmgard zurück, aus dem bereits der letzte Ausschnitt (10) stammt. Ausschnitt 10 wird gefolgt von einem kurzen Themenwechsel zu zwei Fotos in Cornelias Handy. In direktem Anschluss daran ereignet sich folgender Ausschnitt:

Ausschnitt 11: „jetz hat_s aber geKLINGelt."[65]

```
337   Cornelia:   (is) schon WEIter-
338               oder is das schon WEIterge [gangen? ]
339   Irmgard:                               [n:(ö/ä).]
340               (.) NOCH nich-
341               Aber-
342               (0.61)
343   Cornelia:   WEIL jetz alle wieder !GEH!en.
344               (1.07)
345   Cornelia:   °hh
346               (3.69)
347   Cornelia:   °h
348   Irmgard:    ja.=was WOLLten die scho:n-
349               (.) SCHÖNheitschirurgen.
350               (0.2)
351   Irmgard:    denen is beWUSST dass es eigentlich
                  nur dadrum geht-
```

---

65 14-04-22 BrainAndBeauty Gr.2.

```
352                    (1.12)
353    Irmgard:        die !FRAU!e[n wollen den MÄNnern
                       gefallen.
354                              [((Gong zum Ende der
                       Pause ertönt))]
355    Irmgard:        un DESwegen machen se das-
356                    den !GAN!    ]zen zinNOber mit.
357                    oder WAS-
358    Cornelia:       ((schmatzt)) ja:.
359                    (0.22)
360    Cornelia:       ((schmatzt))
361                    (3.05)
362    Cornelia:       ((schmatzt)) jetz hat_s aber
                       geKLINGelt.
363                    jetz geht_s aber SCHON weiter.
364                    (0.7)
365    Irmgard:        ja:.
366                    aber jetz !TRINK! ich meinen KAFfee au
                       noch aus.
367    Cornelia:       ((lacht))
```

Zunächst verhandeln die Sprecherinnen in Zeile 337–343 die Frage, ob das Theaterstück „*schon WEIterge[gangen?]*" (Z. 338) sei. Sie kommen aber zu keiner eindeutigen Antwort und es entstehen einige (gefüllten) Pausen (Z. 344–347).[66] Daraufhin nimmt Irmgard die in Ausschnitt 11 unterbrochene Rekonstruktion der Stückintention wieder auf: „*ja.=was WOLLten die scho:n- (.) SCHÖNheitschirurgen. (0.2) denen is beWUSST dass es eigentlich nur dadrum geht- (1.12) die !FRAU!en wollen den MÄNnern gefallen. un DESwegen machen se das- den !GAN!zen zinNOber mit. oder WAS-*" (Z. 348–357). Irmgard rekonstruiert zunächst die Intention der Rolle der Schönheitschirurgen in Form einer syntaktischen Frage, die sie jedoch nicht fragend intoniert und daraufhin selbst beantwortet: „*ja.=was WOLLten die scho:n- (.) SCHÖNheitschirurgen.*" Mit „*die [...] SCHÖNheitschirurgen.*" referiert sie dabei auf die bereits in Ausschnitt 11 als Gruppe klassifizierte Rolle der im Stück dargestellten Schönheitschirurgen. In ihrer Antwort vergegenwärtigt sie ihre Interpretation der Darstellung der

---

[66] Die Zeilen 337–347 geben im Sinne einer Präsequenz oder Vorankündigung Hinweise auf die Bereitschaft der Sprecherinnen, aus der Rekonstruktion auszusteigen (vgl. die gefüllten Pausen in Z. 344–347).

Schönheitschirurgen: „*denen is beWUSST dass es eigentlich nur dadrum geht-* (1.12) *die !FRAU!en wollen den MÄNnern gefallen. un DESwegen machen se das- den !GAN!zen zinNOber mit. oder WAS-*". Dazu rekonstruiert sie den Gedankengang der Chirurgen („*denen*"), indem sie einen hypothetisch vollzogenen mentalen kommunikativen Akt wiedergibt (vgl. Butterworth 2015; Tannen 1989/2007): „*die !FRAU!en wollen den MÄNnern gefallen. un DESwegen machen se das- den !GAN!zen zinNOber mit.*" Dabei ist das Bezugsobjekt zu „*denen*" u.a. durch den Wechsel ins Präsens („*is*") nicht eindeutig. Imrmgard changiert in der Rekonstruktion zwischen den Ebenen der Theaterinszenierung und allgemeinen Feststellungen über Schönheitschirurgen und Frauen in der gesellschaftlichen Realität (vgl. Präsens: „*wollen*", „*machen*"; verallgemeinernde Klassifizierungen: „*die !FRAU!en*" und „*den MÄNnern*").[67] Darüber hinaus wird in dieser Redewiedergabe durch den umgangssprachlichen abwertenden Ausdruck „*den !GAN!zen zinNOber*" als negative Perspektivierung die Stimme der Sprecherin im Sinne einer Polyphonie evident. Durch das Frageanhängsel „*oder WAS-*" (Z. 357) fordert Irmgard schließlich eine Partizipation Cornelias an der Rekonstruktion ein. Cornelia behandelt Irmgards Äußerung inklusive uneindeutiger Referenzen, changierender Bezugsebenen und einer perspektivierenden Redewiedergabe als unproblematisch und ratifiziert die Rekonstruktion in Zeile 358 durch „*((schmatzt)) ja:.*". Während Irmgards Redezug ertönt der Gong zum Ende der Pause (Z. 354) und im Anschluss an Cornelias Ratifizierung entstehen einige (gefüllte) Pausen (Z. 359–362). Daraufhin kommentiert Cornelia das akustische Signal zum Pausenende („*jetz hat_s aber geKLINGelt. jetz geht_s aber SCHON weiter.*", Z. 362–363), was wiederum von Irmgard ratifiziert wird („*ja:.*", Z. 365). Nach dieser äußeren Einflussnahme auf das Gespräch initiiert Cornelia an dieser Stelle einen Themenwechsel und die Sprecherinnen behandeln die Rekonstruktion somit als abgeschlossen. Irmgard bestätigt den gemeinsamen Ausstieg aus der Rekonstruktion nochmals durch die Fokussierung auf die Organisation der Pausenbeendigung: „*aber jetz !TRINK! ich meinen KAFfee au noch aus.*" (Z. 366), woraufhin Cornelia lacht. Im anschließenden letzten Teil des Pausengesprächs begeben sich die beiden Sprecherinnen zu ihren Plätzen zurück und besprechen dabei die Mitnahme von Getränken in den Theatersaal und das Aufsuchen ihrer Plätze.

Ausschnitt 11 illustriert die Tendenz der Theaterbesucher(innen), äußere Einflüsse, die das Zu-Ende-Gehen der Pause mit herstellen, zum Anlass zu nehmen, ihre Rekonstruktion(en) zu beenden. Mögliche Beispiele sind der Pausengong oder der Beginn des zweiten Teils des Theaterstücks oder des Publi-

---

67 Vgl. übertragender Kontext in Abschnitt 8.3.2.3.

kumsgesprächs. Der Ausstieg erfolgt dabei, indem die Sprecher sich das Ende wechselseitig anzeigen und/oder zu einem anderen Thema wechseln. Das Gesprächskorpus deutet darauf hin, dass die Pausengespräche bis zu diesem Ausstieg in einem Modus der Rekonstruktion stattfinden, in den die Sprecher immer wieder einsteigen. Diese Wiedereinstiege erfolgen z.B. nach längeren Pausen (Z. 344–347) oder nach Exkursen zu anderen nicht-rekonstruktiven Aktivitäten wie der Klärung organisatorischer Fragen (WC-Besuch, Essen und Trinken, Abschätzung der Länge der Pause etc.) oder Inhalten, die in keiner offensichtlichen (thematischen) Verbindung zur Theaterinszenierung stehen (Renovierung des eigenen Bads, Babysitter der Kinder, gemeinsamer Restaurantbesuch etc.). Schließlich fällt im Datenkorpus die Tendenz der Sprecher auf, von Rekonstruktionen des Theaterereignisses und anderer Medienereignisse überzugehen zu (rekonstruierenden) Übertragungen der thematisierten Rekonstruktionsinhalte auf die gesellschaftliche Realität bzw. die eigene Lebenswelt (vgl. Abschnitt 8.3.2.4) oder zu eigenständigen Ereignisrekonstruktionen.[68] Nicht zuletzt steht Ausschnitt 11 exemplarisch für das sich im Datenkorpus abzeichnende Muster, erst mit Gesprächsende aus dem rekonstruktiven Modus auszusteigen.

8.4 Zusammenfassung der Ergebnisse und Ausblick

Der vorliegende Beitrag führte zunächst in die der Analyse zugrunde liegenden Konzepte der kommunikativen Gattung und des kommunikativen Haushalts ein. Anschließend wurden auf der Basis konversations- und gattungsanalytischer Untersuchungen einige für die Analyse des Datenkorpus relevante rekonstruktive Verfahren vorgestellt sowie ein Augenmerk auf verschiedene Kontexte von Rekonstruktionen gelegt. Im Anschluss wurden 11 exemplarische Ausschnitte aus dem Datenkorpus im Hinblick auf die darin vorkommenden Rekonstruktionen analysiert. Die Untersuchungen der Rekonstruktionen zielten auf Muster in Bezug auf Subtypen und Inhalte rekonstruktiver Verfahren, Einstiege in Rekonstruktionen mit Fokus auf ihre kontextuelle Einbettung, Entfaltungen von Rekonstruktionen im Hinblick auf Funktion und Darstellungsmodus und Ausstiege aus Rekonstruktionen.

Die Sprecher(innen) thematisieren innerhalb der Rekonstruktionen in den untersuchten Pausengesprächen vor allem drei inhaltlich und formal vonei-

---

[68] Der Ausstieg aus Rekonstruktionen vor solchen Exkursen und der Übergang zu Übertragungen und Ereignisrekonstruktionen kann hier aus Platzgründen nicht weiter ausgeführt werden.

nander abgrenzbare Bereiche: Einerseits das Erlebnis der Theaterinszenierung selbst, andererseits andere Medienereignisse und nicht zuletzt Aspekte der Welt außerhalb des Theaters (vgl. Abschnitt 8.3.1). Die Vergegenwärtigung der Theaterinszenierung und anderer Medienereignisse erfolgt in Form verschiedener rekonstruktiver Verfahren und Subtypen, die sich in Bezug auf ihren Inhalt, ihre Sprecherbeteiligung, ihre Einbettung in das Gespräch, ihren Umfang und ihre sprachlich-kommunikativen Merkmale voneinander abgrenzen: Angelehnt an die Unterscheidung zwischen Medienrekonstruktionen und Medienverweisen (vgl. Ulmer & Bergmann 1993 und Keppler 1995) wurde im spezifischen Kontext von Theaterpausengesprächen die Unterscheidung zwischen Theaterrekonstruktionen („*es is halt überHAUPT nich konsistent.*") und rekonstruierenden Theaterverweisen („*dann kommt aber einer in SOcken daher-*"), sowie rekonstruierenden Medienverweisen („*früher GAB_S wenigstens noch- n Obertitel- in der Oper-*") herausgearbeitet. Bezüglich der spezifischen Merkmale der drei Rekonstruktionstypen zeigten die Gesprächsausschnitte 1 und 2 hauptsächlich, dass Theaterrekonstruktionen umfangreicher als Verweise sind, über einen gewissen Gesprächsabschnitt von mehreren Sprecher(inne)n als alleiniges Thema behandelt werden und einen hohen Geselligkeitswert aufweisen (vgl. Verwendung von Reinszenierungen, Übertreibungen, parodistischen Elementen und emotiven Ausdrücken). Dahingegen werden die kurzen rekonstruierenden Verweise in einen übergeordneten thematischen Gesprächskontext eingebettet (z.B. eine Argumentation). Ergänzend zu diesen Erkenntnissen illustriert das Gesprächsmaterial, dass sich Theaterverweise in Pausengesprächen durch ihre vagen Bezugnahmen und die fehlende Nennung der Wissensquelle von Medienverweisen unterscheiden. Außerdem werden die Verschachtelung von Rekonstruktionstypen und -themen und ihre fließenden Übergänge deutlich. Die Sprecher betten rekonstruktive Verweise, reinszenierende Redewiedergaben und untergeordnete Rekonstruktionen von Einzelaspekten in einen übergeordneten rekonstruktiven Zusammenhang ein, so dass die gesamte übergeordnete, zusammenhängende kommunikative Einheit in einem Modus der Rekonstruktion erfolgt.

Die Untersuchung der Einstiege in Rekonstruktionen belegt zum einen die Relevanz von Rekonstruktionen in Theaterpausengesprächen, z.B. anhand der antizipierenden Reaktion auf abgebrochene Fragen in Form von Rekonstruktionen oder anhand der Häufigkeit von Rekonstruktionseinstiegen am unmittelbaren Gesprächsbeginn (vgl. Abschnitt 8.3.2). Zum zweiten konnten drei typische Rekonstruktionskontexte festgehalten werden, in welche die Sprecher(innen) Rekonstruktionen bereits während des Einstiegs sprachlich-kommunikativ einbetten: Zunächst ein bewertender und ein deutender Kontext, die auch

Hausendorf & Müller (2016a) für die Ausstellungskommunikation konstatieren. In Ergänzung ist das Übertragen als zusätzliche für Theaterpausengespräche relevante Kategorie festzuhalten. Im Datenkorpus konnte eine Tendenz der Sprecher konstatiert werden, von Rekonstruktionen des Theaterereignisses und anderer Medienereignisse überzugehen zu Übertragungen der thematisierten Rekonstruktionsinhalte auf die gesellschaftliche Realität bzw. die eigene Lebenswelt. Mit Fokus auf die charakteristischen rekonstruktiven Verfahren und sprachlichen Mittel, die in den verschiedenen Kontexten zur Anwendung kommen, ist festzuhalten, dass die Sprecher(innen) im bewertenden Kontext zur Einbettung z.B. verba sentiendi oder evaluierende Adjektive verwenden, wohingegen der deutende Kontext von einer Redewiedergabe, einem Medienverweis, einer Typisierung und einem hypothetisch-fragenden Unterton geprägt wird. In Abgrenzung dazu kennzeichnen das Changieren zwischen den Bezugsebenen (der Inszenierung, der eigenen Deutung und der gesellschaftlichen Realität) und eine teilweise unausgeglichene und tentative Gesprächsbeteiligung den Kontext des Übertragens. Abweichend vom Bewerten und Deuten in der Ausstellungskommunikation gibt es Hinweise darauf, dass der deutende Kontext in Theaterpausengesprächen ebenso relevant gesetzt wird wie der bewertende. Außerdem bestätigen die Daten die Tendenz, die Keppler (1995) ebenfalls im Rahmen von Familientischgesprächen feststellt, dass die Sprecher(innen) die gemeinsame kommunikative Initiierung einer reibungslosen Rekonstruktion relevanter setzen als den Inhalt der Rekonstruktion (vgl. Ausschnitt 3). Nicht zuletzt lässt sich festhalten, dass die Sprecher(innen) die kontextuelle Einbettung der Rekonstruktionen ständig verhandeln und fließend zwischen den Kontexten wechseln (vgl. Ausschnitt 3, 4 und 5).

Bezüglich der weiteren Entfaltung von Rekonstruktionen können angelehnt an Ulmer & Bergmann (1993) zwei verschiedene Funktionen von Rekonstruktionen bezüglich des Wissensstatus der Sprecher(innen) festgehalten werden: Einerseits die informierende Funktion und andererseits die kommemorierende (vgl. Abschnitt 8.3.3). Wie Rekonstruktionen anderer Medienereignisse (vgl. Abschnitt 8.3.3) werden informierende Rekonstruktionen und Verweise von einer vorgeschalteten expliziten Wissensabklärung und Positionierung als Erzähler oder Zuhörer, von einer anfänglichen Erzählaufforderung und von Beendigungsverfahren im Sinne der wechselseitigen Kommentierung des Rekonstruktionsgegenstandes geprägt (vgl. Ausschnitt 6). Im Kontrast dazu zeichnet sich die kommemorierende Funktion von Theaterrekonstruktionen und -verweisen durch die selektive und fragmentarische Rekonstruktion von einzelnen besonders relevanten (z.B. interessanten, amüsanten, ärgerlichen) Aspekten sowie durch durchgängige bewertende und interpretierende Kommentare und kleine

Belehrungen aus (vgl. Keppler 1995; Ausschnitt 7). Ein weiteres Ergebnis für sowohl informierende als auch kommemorierende Theaterrekonstruktionen und -verweise richtet sich auf die Frage, ob alle Sprecher(innen) das gleiche Medienereignis, auf das sie sich beziehen, erlebt haben. Bezüglich dieser Frage erfolgt im Rahmen beider Funktionen ein ständiger laufender Wahrnehmungsabgleich und ein ständiges Aushandeln der (nicht-)wissenden Positionen. Einerseits setzen die Sprecher(innen) ein gewisses geteiltes Wissen über das Theaterereignis voraus, so dass z.B. auch in der informierenden Funktion keine chronologische, vollständige Schilderung des Rekonstruktionsaspekts stattfindet. Andererseits gleichen sie permanent kommunikativ ab, was sie wahrgenommen haben und inwieweit ihre Wahrnehmungen kongruent sind. Zudem setzen die Sprecher(innen) auch in den untersuchten kommemorierenden und informierenden Rekonstruktionen reinszenierende Verfahren (z.B. das Verstellen der Stimme und Redewiedergaben) und das Changieren zwischen verschiedenen Bezugsebenen relevant.

Neben den unterschiedlichen Funktionen von Rekonstruktionen, die sich die Sprecher(innen) in ihrem Verlauf wechselseitig aufzeigen, wurden am Datenmaterial zwei Darstellungsmodi deutlich: der berichtende und der reinszenierende (vgl. Keppler 1995; Kotthoff 2011; Ulmer & Bergmann 1993). Kurz gefasst stimmen die Ergebnisse bezüglich der berichtenden Darstellungsweise in großen Teilen mit den von Kotthoff (2011) festgehaltenen Eigenschaften des Berichtens überein. So findet sich im Gespräch (vgl. Ausschnitt 8) kaum eine Dramatisierungsstrategie oder Detaillierung, sondern eine relativ sachliche, faktische Darstellung, die in einer Quintessenz endet. Zusätzlich zu diesen Ergebnissen äußert Finn eine rekonstruierende Redewiedergabe, die von den Beteiligten aber weniger als Dramatisierung, sondern vielmehr als Beleg für den Wahrheitsanspruch behandelt wird.

Im Kontrast dazu steht der reinszenierende Darstellungsmodus, der durch dramatisierende Geräuschimitationen, Singen und Redewiedergaben einzelner Inszenierungsdetails charakterisiert ist (vgl. Ausschnitt 9). Die Sprecher(innen) behandeln diese Reinszenierungen als Belege oder Illustrationen von bewertenden Rekonstruktionen (vgl. Couper-Kuhlen 2007), und sie behandeln sie als Elemente der Gesprächserhaltung, Erheiterung und Unterhaltung. Diesen Sinn verdeutlichen u.a. lachendes Goutieren sowie die Serialität von Reinszenierungen (vgl. Keppler 1995; Günthner 2002; 2005).

In der Analyse der Ausschnitte 1–9 wurde die Relevanz von Redewiedergaben als typisches Muster von Rekonstruktionen in Theaterpausengesprächen evident – unabhängig vom Kontext, der Funktion und dem Darstellungsmodus der Rekonstruktionen (vgl. Linz, Hrncal & Schlinkmann 2016). Darüber hinaus geht aus Ausschnitt 10 als Ergebnis hervor, dass ebensolche Redewiedergaben von den Sprecher(inne)n nicht eindeutig als Wiedergabe von vollzogenen oder hypothetischen kommunikativen Akten eingeordnet werden. Vielmehr spielen sie mit der Polyphonie von Redewiedergaben, in der sich z.b. durch die Hyperstilisierung der zitierten Figuren sowohl die Sprecherstimme als auch die Stimme der zitierten Figur ausdrücken. So können Redewiedergaben als indexikalische Ästhetisierungsphänomene Rückschlüsse über die Normen und Werte des jeweiligen soziokulturellen Milieus ermöglichen.

In Bezug auf Ausstiege aus Rekonstruktionen zeigen die Analysen des Datenkorpus, dass die Beteiligten in der Mehrheit der Gespräche äußere Einflüsse, die das Ende der Pause mit herstellen (wie den Pausengong oder den Beginn des zweiten Teils), zum Anlass nehmen, aus den Rekonstruktionen auszusteigen. Dazu verbalisieren sie entweder das Pausenende und/oder wechseln zu einem nicht-rekonstruktiven Thema (z.B. dem Aufsuchen der Sitzplätze). In diesem Sinne bildet das Datenkorpus die Tendenz ab, erst am Pausenende aus den (Teil)Rekonstruktionen auszusteigen. Auch nach Exkursen in andere nicht-rekonstruktive Themen im Laufe der Pausengespräche erfolgt in der Mehrheit der Gespräche teils mehrmals ein Wiedereinstieg in Rekonstruktionen. Dies illustriert den im Hintergrund über weite Strecken mitlaufenden Zugzwang zur Rekonstruktion in Theaterpausengesprächen.

Bezüglich der Frage, ob sich im Datenkorpus rekonstruktive Gattungen auffinden lassen, stellen die genannten Muster und Tendenzen zumindest exemplarisch Hinweise auf gattungsartige Verfestigungen dar. Vor allem die Subtypen der Theaterrekonstruktion, des rekonstruierenden Theaterverweises und des rekonstruierenden Medienverweises bergen aufgrund ihrer komplexen Merkmalskombinationen und der Häufigkeit ihres Auftretens das Potenzial (kleiner) kommunikativer Gattungen. Allerdings bedürfen alle Muster einer weiteren Überprüfung hinsichtlich ihres Verfestigungsgrads anhand einer größeren Datenmenge sowie hinsichtlich der Kombination einer größeren Anzahl von Merkmalen auf verschiedenen gattungsanalytischen Ebenen.

Anknüpfend an die in diesem Beitrag dargestellten Ergebnisse stellen sich einige Fragen an Theaterpausengespräche und speziell an die darin enthaltenen Rekonstruktionen, welche noch einer Beantwortung bedürfen:
- Sind die herausgearbeiteten Merkmalskombinationen so stark verfestigt und so komplex, dass sie als (kleine) kommunikative Gattungen charakterisiert werden können?
- Welchen Einfluss haben die sozialen Beziehungen der Sprecher(innen) auf die Pausengespräche und Rekonstruktionen?

- Inwieweit unterscheiden sich die Gespräche und rekonstruktiven Verfahren in Abhängigkeit vom jeweiligen Stück, das besucht wurde?
- Wie gestalten die Sprecher(innen) Rekonstruktionen von Inhalten der Welt außerhalb des Theaters (z.B. Ereignisrekonstruktionen oder Alltagserzählungen)?
- In welchem Verhältnis stehen der fachliche Austausch über Theater als Kunst (Kunstkommunikation), die vergnügliche, unterhaltsame Geselligkeit von Pausengesprächen und die soziale Positionierung der Sprecher(innen) (z.B. durch Membership Categorization Devices; Schegloff 2007)? Und welche Rolle spielen Rekonstruktionen dabei?

Jan Gerwinski
9 Ausblick: Theaterpublikumskommunikation im Internet

9.1 Einleitung

Das DFG-Projekt „Theater im Gespräch" hat sich der Untersuchung von (Face-to-Face-)Foyer-/Pausengesprächen von Theaterbesucher(inne)n gewidmet und dabei neben theoretischen und methodischen Fragestellungen (Kapitel 1–4, i.d.B.) die pragmatische Grundlage von Small Talk und ‚bildungssprachlicher' Konversation (Kapitel 5, i.d.B.), Themen und transkriptive Praktiken der theaterspezifischen Kunstkommunikation (Kapitel 6, i.d.B), Bewertungsinteraktionen (Kapitel 7, i.d.B.) und rekonstruktive Verfahren (Kapitel 8, i.d.B.) in den Blick genommen. In diesem als Ausblick konzipierten Kapitel wird eine methodische Skizze zur Erforschung der (Teil-)Öffentlichkeiten ausbildenden Online-Kommunikation von Theaterbesucher(inne)n vorgestellt, die die örtliche (Foyer) und zeitliche (Pause) Verzahnung der Rahmung mit dem Theater-Ereignis (vgl. Kapitel 1 und Kapitel 5, i.d.B.) teilweise bis vollständig aufgibt. Eine umfassende methodische Skizze hätte sprachwissenschaftlich zu untersuchen, was und v.a. wie Theaterbesucher(innen) vor (Erwartungskommunikation), während (rezeptionsbegleitende Kommunikation) und nach dem Theaterbesuch (Anschlusskommunikation) online kommunizieren. In diesem Kapitel wird allerdings der Fokus nur auf Anschlusskommunikation im engeren Sinn und speziell auf Bewerten gelegt.

Wenn man sich die teilweise verändernden Bewertungspraktiken im Internet (vgl. Habscheid 2015) anschaut (von Gefällt-mir-Buttons über Favorisierungsformen und Retweets bis zu Shitstorms), erhält man den Eindruck, dass beim Kommunizieren online vorwiegend (positiv und v.a. negativ) bewertende Sprachhandlungen vorzufinden sind. Unabhängig von der Frage, ob wir „[a]uf dem Weg in die ‚Bewertungsgesellschaft'"[1] sind oder ob wir uns bereits in einer „Like-Economy" (Gerlitz 2011) befinden, stellen Bewertungshandlungen generell und auch außerhalb der Online-Domäne eine wesentliche Kunstkommunikationspraktik dar (vgl. u.a. Hausendorf 2005 und die anderen Kapitel, i.d.B.).

---

[1] So lautet der Titel (in Frageform realisiert) einer „Ad-hoc-Veranstaltung" am Mittwoch, den 08.10.2014 auf dem „37. Kongress der Deutschen Gesellschaft für Soziologie" an der Universität Trier (vgl. http://kongress2014.soziologie.de/de/programm/tagesuebersicht/mittwoch/ad-hoc-veranstaltungen.html; eingesehen am 29.12.15).

Auch die Theaterpublikumskommunikation wird in einem erheblichen Maße durch Bewertungsinteraktionen bestimmt (vgl. Kapitel 7, i.d.B. und Hrncal & Gerwinski 2015). Deshalb wird in diesem Kapitel fokussiert, wie sich v.a. Bewertungshandlungen in Online-Kommunikationsformen angemessen erfassen, beschreiben und analysieren lassen. Schließlich kann Online-Kommunikation nicht aus der Betrachtung ausgeklammert werden, wenn Aneignungs- und/oder Anschlusskommunikation von Theaterpublikum zeitgemäß umfassend beschrieben und analysiert werden soll, denn Publikumskommunikation erfolgt mittlerweile nur zum Teil (wenn auch vielleicht noch mehrheitlich/überwiegend) Face-to-Face. Dass Online-Diskurse ganz allgemein konstitutiver Bestandteil des Sozialen sind, betonen u.a. Fraas, Meier & Pentzold (2013a, 12, in Anlehnung an Keller 2005, 231, und Keller et al. 2005):

> Online-Diskurse sind sowohl Ausdruck wie Konstitutionsbedingung des Sozialen, das heißt, sie werden im praktischen Vollzug real und durch sie werden kollektives Wissen und symbolische Ordnungen hergestellt, indem Themen als Deutungs- und Handlungsprobleme konstituiert werden.

Und vergleichbar mit der Meinungsbildung in Auseinandersetzung mit journalistischen Texten lässt sich die folgende Beschreibung von Schmidt (2013, 45, in Anlehnung an Schenk 1995) bezüglich Anschlusskommunikation an journalistische Presseerzeugnisse auch auf das (oder wenigstens Teile des) Theaterpublikum(s) übertragen:

> So wird beispielsweise in den persönlichen Öffentlichkeiten nicht nur die ‚selbstorganisierte Laienkommunikation', sondern auch die Anschlusskommunikation des Publikums sichtbar, die auf journalistisch gesetzte Themen folgt und eine wichtige Rolle für Meinungsbildung und gesellschaftliche Einordnung dieser Themen spielt.

Statt um „journalistisch gesetzte Themen" geht es im Folgenden allerdings um (im weitesten Sinne) durch das Theater gesetzte Themen und die Frage, ob sich auch in der Online-Kommunikation rund um Theaterereignisse ein „‚Podium' einer bürgerlichen Öffentlichkeit, [...] eines ‚räsonierenden Publikums'" und ein „theatraler Charakter" (Kapitel 1, i.d.B.) auch in dieser Anschlusskommunikation beobachten lassen.

In Bezug zu und Auseinandersetzung mit den Foki und Ergebnissen aus dem DFG-Projekt wird in diesem Kapitel versucht, die folgenden Fragen zu beantworten: Wie geht man bei einer den Forschungsfragen und -gegenständen angemessenen Untersuchung zur Online-Kommunikation vor? Wie lassen sich für diese Untersuchung relevante kommunikative Handlungen begrifflich und theoretisch angemessen modellieren und empirisch erforschen? (Vgl. je Abschnitt 9.2). Wo sucht man nach für die Untersuchung geeigneten kommunikativen Handlungen und welche wählt man schließlich aus? Und wie kann eine (sprachliche) Analyse strukturiert, transparent, konzeptionell/begrifflich und dem Gegenstand sowie den Forschungsfragen angemessen erfolgen? (Vgl. je Abschnitt 9.3). Schließlich wird in Abschnitt 9.4 beispielhaft eine sehr kurze und nur exemplarische Analyse anhand des dargestellten Analyserasters unter Berücksichtigung der begrifflichen und methodischen Grundlagen vorgestellt. Am Ende soll mit diesem Vorschlag schließlich in Form eines Ausblicks aufgezeigt werden, wie Theaterpublikumskommunikation im Internet in Ergänzung zu den in diesem Band bereits vorgestellten Untersuchungsformen (und -fragen) beschrieben und analysiert werden kann, wobei v.a. typische Handlungen und Handlungsmuster sowie allgemeine (sprachliche) Realisierungsformen und Bewertungskommunikation im Speziellen fokussiert werden.

9.2 Theoretische Grundlagen

Wie in der Einleitung bereits angedeutet, kann man nicht davon ausgehen, dass sich heutzutage die Nachbearbeitung, also die (kommunikative) Aneignung eines Theaterstücks nur individuell kontemplativ und/oder im mündlichen Austausch mit räumlich Anwesenden vollzieht. Vielfach spielt auch (technisch-)medienvermittelte Kommunikation eine (wahrscheinlich sogar für viele) wesentliche Rolle. Fraas & Barczok (2006, 132) konstatieren diesbezüglich sehr generell: „In modernen Gesellschaften manifestieren sich Inhalte und Themen im Medienverbund" (vgl. auch Fraas, Meier & Pentzold 2013a, 7 zur Verbundenheit von gesellschaftlichem und medialem Wandel, und Fraas et al. 2013, 102). Das macht Untersuchungen zur Kunstaneignung und Anschlusskommunikation an Kunstereignisse zum einen komplexer, eröffnet aber auch neue Möglichkeiten, zumindest zu einem Kommunikationsbereich einen (relativ) einfachen Zugang zu erhalten.[2] Schließlich sind einige Diskussionsplattformen öffentlich zugänglich und systematisch durchsuchbar (und bieten damit auch ein Gesamtöffentlichkeitspotenzial). Andererseits darf man selbstverständlich nicht den Fehler begehen, diesen Kommunikationsausschnitt in seiner gesellschaftlichen Tragweite und Relevanz überzubewerten oder gar als repräsentativ anzu-

---

[2] Abgesehen von privater, nicht-öffentlicher (technisch-)medial vermittelter Kommunikation zwischen einander näher Bekannten z.B. via WhatsApp, SMS oder privater Chat- und Forenbereiche.

sehen (auch wenn manche – v.a. journalistische – Reaktionen auf Online-Proteststürme diese Ansicht zu stützen scheinen).[3]

Ein kurzer Vergleich der hier untersuchten Sprachhandlungen offenbart einige vor der und für die Untersuchung zu klärende (theoretisch) grundlegende Abgrenzungen und Begriffe. So ist u.a. danach zu fragen, mit welchen anderen Kommunikationsformen und -situationen die hier untersuchten Sprachhandlungen vergleichbar sind und welche Rolle die jeweiligen Medien und Plattformen spielen.

Mit mündlicher Anschlusskommunikation von Theaterbesucher(inne)n untereinander teilen die im vierten Abschnitt untersuchten Kommentare auf der Theaterwebseite und auch auf z.B. die Kommentare auf *nachtkritik.de* vielfach einen kurzen (wenn auch i.d.R. nicht *so* kurzen)[4] zeitlichen Abstand zur erlebten Erfahrung und vielfach die Orientierung an „Muster[n] und Strukturen gesprochener Sprache" (Moraldo 2009, 267, in Bezug auf Tweets). Sie unterscheiden sich aber medial v.a. durch die Nutzung des technischen Mediums und die damit verbundenen medialen Möglichkeiten (Schrift, Bilder, Links, Videos,...) sowie Begrenzungen. Dazu zählen u.a. andere para- und nonverbale Zeichen der Kommentierenden und fehlende Überprüfungsmöglichkeiten der unmittelbaren para- und nonverbalen Reaktionen des/der Gegenüber/s (abgesehen von, noch seltenen, Videobotschaften oder Videochats). Des Weiteren muss keine Dialogizität wie bei Face-to-Face-Kommunikation nachweisbar sein.[5]

Mit Leserbriefen teilen die untersuchten Online-Kommentare das bewusste Eingreifen in einen Meinungsbildungsprozess (vgl. Herbig & Sandig 1994, 66) und die Argumentationsstruktur (die im Weiteren noch erläutert wird) mit Kritik/Bewerten als sehr häufiger und möglicherweise sogar primärer Sprachhandlung. Dabei überwiegt negative Kritik gegenüber Lob, wie Bergt & Welker (2013, 356) in einer quantitativen Inhaltsanalyse für Online-Kommentare bei ausgewählten Online-Zeitungen ermittelt haben. Vogt (1989, 33f.) hat Herbig & Sandig (1994, 64) zufolge bereits 1989 bezüglich Offline-Leserbriefen konstatiert:

---

[3] Androutsopoulos & Weidenhöffer (2015, 26) reklamieren deshalb für ihre Untersuchung rezeptionsbegleitender Zuschauerkommunikation von ‚Tatort'-Zuschauer(inne)n auf Twitter, dass „Twitter-Beiträge [...] erkennen lassen, wie ein kommunikativ engagierter Ausschnitt des Gesamtpublikums den Verlauf des Fernsehereignisses diskursiv mitgestaltet."
[4] Allerdings gibt es auch parallel twitternde und/oder via Facebook und ähnlichen sozialen Medien kommentierende Besucher(innen).
[5] Vgl. Moraldo zur monologischen (2009, 266) bzw. dialogischen (2011, 251, in Anlehnung an Androutsopoulos 2007, 78) Konzeption von Twitter.

Die der Kommunikationsgemeinschaft der Zeitungsleser zugänglich gemachten Texte haben die Funktion der Kritik. – Leserbriefe sind als argumentative Textmuster aufzufassen. Die Abfolge und Position von Textsegmenten sowie ihre Alternativen sind durch die Thematisierung von etwas kollektiv Strittigem (Quaestio) festgelegt. Das kollektiv Strittige ist auf medial vermittelte politische Sachverhalte und Positionen bezogen.

Unterschiede zwischen Online-Kommentaren und Offline-Leserbriefen liegen u.a. in der größeren Bandbreite von Textstrukturen, Inhaltsaspekten (Leserbriefe nehmen i.d.R. vornehmlich Bezug auf den Inhalt eines konkreten in der Zeitung erschienenen Textes oder auf zentrale Aussagen und unterstellte Illokutionen des Bezugstextes), Handlungen und den unterschiedlichen medialen Bedingungen.

Von Online-Rezensionen[6] (z.B. in Online-Zeitungen, auf Blogs oder auf anderen Kritikerseiten wie *nachtkritik.de*) unterscheiden sich die hier untersuchten Sprachhandlungen durch ihre mögliche Orientierung an oder Abgrenzung von der Textsorte literarische Rezension (vgl. Weber-Knapp 1994) oder Theater-Rezension (vgl. Boenisch 2008 und Gloning 2008 und als Orientierungsmuster auch die Rezensionen in der Printausgabe der Zeitschrift „Theater heute"; für Musikkritiken vgl. auch Rentel 2010).

Das Theater dient im Allgemeinen – wie Holly (2002, 353f.) es analog mit Bezug auf Fernsehen beschrieben hat – als „Orientierungsressource für die direkte Kommunikation in primären Gruppen", um „ihr Wissen, ihre Einschätzungen und ihre Bewertungen aus[zu]tauschen und gegeneinander ab[zu]gleichen, wobei ihnen die Fernsehsendungen [bzw. die Theaterstücke, d.V.] als symbolisches Ausgangsmaterial und Vorlage dienen".[7] Neben Handlungskategorien wie dem kognitiven Verstehen und emotionalen Verarbeiten des Inhalts sowie dem Übertragen der Ereignisse in die eigene Erfahrungswelt und dem Vergnügen an der Rezeption gehören für Holly (2002, 361) und Klemm (2000, 147–201) v.a. Bewertungen zu den zentralen Sprachhandlungen (vgl. Kapitel 5 und 6, i.d.B.). Nach Herbig & Sandig (1994) sind dabei emotionale Entlastung, Solidarisierung mit den Adressaten, Verändern der Perspektive der Adressaten und Unterhalten der Adressaten typische Funktionen von Bewertungshandlungen.

Im Folgenden werden in Ergänzung zu Kapitel 7, i.d.B., in dem Bewertungen konversationsanalytisch – v.a. mit Blick auf den sequenziell-interpersonalen Interaktionsverlauf hin – fokussiert wurden, aufgrund des medial abweichenden Datenmaterials zusätzlich eine sprachhandlungs- sowie eine diskurs-

---

6 Vgl. zur Textsorte Rezension im Internet ausführlicher Dimitrova (2014).
7 Vgl. zu einer kurzen kulturtheoretischen Diskussion über Funktionen von Kunst u.a. Bahr 2013.

analytische Betrachtungsweise mit einbezogen. Damit lässt sich zugleich die Brücke zur medialen Spezifik der untersuchten kommunikativen Handlungen schlagen. Nach Klein (1994, 3) sind

> Bewertungen [...] positive oder negative Stellungnahmen zu Sachverhalten oder Personen, zu Dingen oder zu Handlungen. Bewertungen können unter sehr verschiedenen Aspekten vorgenommen werden – von der moralischen Richtigkeit über die Zweckdienlichkeit bis zur Schönheit und zur Amüsanz usw. Bewertungen können explizit formuliert oder implizit[8] nahe gelegt werden.

Etwas formaler lässt sich mit Bayer (1982, 16 f.) formulieren:

> Bei einer Bewertung wird ein Gegenstand gemäß einer bestimmten Hinsicht mit Alternativen verglichen. Daraus ergibt sich eine Ordnung. Diese Ordnung wird dadurch zur Rangordnung, daß über ihr eine erstrebenswerte Position als Sollwert definiert ist. Die eigentliche Bewertung besteht im Vergleich dieses Sollwerts mit dem Istwert des Gegenstandes.[9]

Unter Verwendung eines weiten Normbegriffs kann man mit Bendel Larcher (2015, 205) sagen: „Bewertungen [...] dienen vor allem der Etablierung bzw. Aktivierung von Normen".

Ein Problem stellt allerdings in einigen Fällen (v.a. in der mündlichen Kommunikation einander gut bekannter Personen) das Erkennen von Bewertungen an der sprachlichen Oberfläche dar (vgl. Bayer 1982, 17, in Anlehnung an Klein 1976; vgl. auch Kindt 2007, 61). So kann zum Beispiel bereits die Position einer (propositional wertfreien) Aussage dieselbe zu einer Bewertung innerhalb mündlicher Interaktionen transformieren (vgl. Goodwin & Goodwin 1987). Auch unabhängig von der speziellen Positionierung kann mit der Wahl z.B. eines (vermeintlich wertfreien) Nomens eine Bewertung realisiert werden; diese kann zudem je nach Sprecher(in) und Situation auch noch völlig unterschiedlich ausfallen (und von Rezipient(inn)en mit unterschiedlichem Wissenshintergrund auch unterschiedlich interpretiert werden). Deshalb ist es mit Blick auf die Frage, wie Bewertungen realisiert werden, m.E. wichtig, alle zur Verfügung stehenden Informationen mit einzubeziehen, was in schriftlicher (und v.a. Online-)Kommunikation dadurch erleichtert wird, dass die Textproduzent(inn)en – wenn sie ihre dargelegte Position richtig verstanden wissen möchten – diese Informationen in irgendeiner Form mitliefern müssen (abgesehen von wenigen

---

[8] Vgl. zu impliziten Bewertungshandlungen Zillig (1982) und Tiitula (1994).
[9] Eine ausführlichere und umfassendere Definition findet sich bei Ripfel (1987, 155). Diese wird hier allerdings ausgeklammert, weil sie eine ausführlichere Besprechung erfordern würde.

sog. „Trollen", die gezielt Irritationen stiften oder provozieren wollen, dürfte das auf die große Mehrheit der Textproduzent(inn)en zutreffen). Dafür können (und müssen) z.B. typographische Auffälligkeiten und die ‚Alias' der Nutzer(innen) bei der Analyse herangezogen werden[10] (vgl. für ein Analyseraster Abschnitt 9.3).

Ein weiteres grundlegendes Problem betrifft den vielfach in (sprach)wissenschaftlicher Literatur zu Bewertungen in den Fokus genommenen oder implizit zu Grunde gelegten rational-argumentativen Charakter von Bewertungen (v.a. von Werturteilen im Gegensatz zu Geschmacksäußerungen)[11],[12] So können die Textproduzent(inn)en bestimmten Sprachhandlungen wie manchen ‚blurtings' (= spontane, meist emotiv-expressive Sprachhandlungen, die keine Reaktionen von möglichen Mithörer(inne)n/Mitleser(inne)n erfordern; vgl. Goffman 1981) z.B. auch vermeintlich kathartische Funktionen zuschreiben (und überhaupt keine Reaktion erwünschen/erwarten etc.) oder sie sind mit „Prozesse[n] der Selbstvergewisserung verknüpft" (Thim-Mabrey 2007, 109).[13]

---

[10] Eine Anonymisierung oder Pseudonymisierung der Aliasse wäre neben der für Analysezwecke problematischen Informationsreduktion auch deshalb problematisch, weil damit implizit die Unterstellung, der Alias wäre der tatsächliche Klarname der schreibenden Person, vorgenommen würde. Dass dies dennoch der Fall sein kann, soll nicht angezweifelt werden, ist aber für die (methodische und inhaltliche) Ausrichtung der hier exemplarisch vorgestellten Analyse irrelevant. Dasselbe trifft auf eine Bestimmung eines vermeintlich realen biologischen Geschlechts einer beitragenden Person zu (vgl. dazu weiter unten). Des Weiteren sind alle Kommentare frei öffentlich zugänglich (und sie bleiben dies auch über Online-Archive, selbst wenn die Seite selbst oder einzelne Kommentare dort gelöscht werden).

[11] Vgl. zur Differenzierung von Werturteil und Geschmacksäußerung als unterschiedliche Formen von Bewertungen Ripfel (1987, Bezug nehmend auf Kant und Geiger 1971), Weber-Knapp (1994, 153 ff.), Keller (2008) und Kapitel 7, i.d.B.

[12] In der konversationsanalytischen Literatur zu Bewertungen findet sich diese Verengung zwar nicht, aber dafür werden dort im Allgemeinen Fragen zur Bestimmung von Bewertungen übergangen und durch den Hinweis beantwortet, dass Bewertungen dadurch zu erkennen sind, dass sie von Gesprächspartnern als solche interaktional behandelt werden. Für die Untersuchung von Face-to-Face-Interaktionen ist das Vorgehen m.E. durchaus legitim, aber bei Online-Kommunikation, die teilweise nur eingeschränkt responsive Züge aufweist, kann die Frage nach der Bestimmung von Bewertungen nicht übergangen werden. Zudem kann mit Kindt (2007, 65) kritisch „gefragt werden, ob und inwieweit die betrachtete Kommunikation überhaupt das Ziel hat, rational begründbare Urteile zu fällen, oder ob es nur darum geht, Kommunikationspartner am eigenen emotionalen Erleben teilhaben zu lassen und sich an der Gemeinsamkeit von Gefühlen zu begeistern. Ist letzteres der Fall, wäre es unangemessen, das Fehlen von rational begründeten Bewertungen zu monieren."

[13] Das heißt nicht, dass mögliche Interaktionspartner beeinflussende oder gar steuernde Funktionen keine (vielleicht sogar vielfach erhebliche) Rolle spielen, aber ich würde mich Bendel Larcher nicht dahingehend anschließen, dass Evaluationen generell „implizite Hand-

Auch in der neueren „Soziologie der Bewertung"[14] wird mittlerweile neben der „grundlegenden Bedeutung des Wertens und Bewertens für die Konstitution sozialer Ordnung und für die soziale Konstruktion von Wirklichkeit" auch „die konstitutive Rolle von Emotionen in Prozessen der Wertzuschreibung" (Krüger & Reinhart 2016, 485) in den Blick genommen, da die „empirischen Analysen in der aktuellen Literatur zeigen, dass Wertzuschreibungs- und Bewertungsprozesse nicht auf ‚objektiven' Grundlagen beruhen" (Krüger & Reinhart 2016, 487). Neben der Differenzierung von (einem konkreten) Wert im Singular und (gesellschaftlich geprägten) Werten im Plural[15] wird dabei auch Bewerten als (handlungstheoretischer und -praktischer) Prozess fokussiert (vgl. Krüger & Reinhart 2016, 492).

Bei diesen Prozessen ist – und das scheint mir gerade für öffentlich zugängliche Online-Kommunikation wichtig – neben den o.a. Bewertungselementen im Rahmen einer (formalisierten) expliziten oder impliziten Bewertungsrangordnung (vgl. Ripfel 1987; Bayer 1982) die Einbeziehung des Publikums (neben Bewertendem und Bewertetem) in ein triadisches Modell der Bewertungskonstellation, wie es Meier, Peetz & Waibel (2016) vorschlagen, wichtig, um die „Verwobenheit von Bewertungsprozessen" (Meier, Peetz & Waibel 2016, 309) angemessen analytisch in den Blick nehmen und herausarbeiten zu können; schließlich „können es über Beobachtungsbeziehungen vermittelte indirekte Beziehungen sein, die für das Bewertungsgeschehen entscheidend sind" (Meier, Peetz & Waibel 2016, 316). Meier, Peetz & Waibel (2016, 314) skizzieren ihr Modell der Bewertungskonstellationen deshalb folgendermaßen:

> Bewertungskonstellationen weisen drei Komponenten auf: Bewertungen finden, erstens, immer in einem Netz von Positionen und Relationen statt, auf dessen Strukturmerkmale geachtet werden muss. Zweitens sind Regeln, die nicht nur punktuell ausgehandelt werden, sondern transsituativ Geltung haben, zentrale Elemente der Bewertungskonstellation. Drittens operieren Bewertungen auf der Grundlage materieller Infrastrukturen, die spezifische Möglichkeiten der Bewertung eröffnen und einschränken und einzelne Situationen übergreifen.

---

lungsanweisungen sind" (Bendel Larcher 2015, 89) (es sei denn, man würde ein sehr weites Konzept von Handlungsanweisungen zu Grunde legen).
14 Vgl. dazu z.B. das Themenschwerpunktheft 26 (2016) des Berliner Journal für Soziologie sowie Lamont (2012) und für einen aktuellen Überblick Meier, Peetz & Waibel (2016).
15 „Wert im Singular bezieht sich konkret auf Objekte, Praktiken oder Personen und ihre als wertvoll bzw. wertlos angesehenen Eigenschaften. Die Rede von Werten im Plural zielt dagegen auf gesellschaftliche Normen: auf ideelle Gebilde, denen ein besondere Geltungskraft für das Handeln zugeschrieben wird, ihm als Maßstab dienen bzw. dienen sollen." (Krüger & Reinhart 2016, 490).

Nach dieser sehr kurzen Darlegung theoretischer und konzeptioneller Grundlagen folgen im Weiteren – darauf aufbauend – methodische und methodologische Überlegungen und die Entwicklung eines Analyserasters (Abschnitt 9.3) sowie daran anschließend eine kurze exemplarische Analyse (Abschnitt 9.4).

9.3 Methodische Grundlagen, Daten(auswahl) und Analyseraster

Welche kommunikativen Handlungen können in den Blick genommen werden, wenn die Theaterpublikumskommunikation online erforscht wird, und welche werden hier exemplarisch (und warum) untersucht? Da rein private Kommunikation via elektronischer Medien (z.B. via WhatsApp oder SMS) nur mit erheblichem Aufwand erhoben werden kann, wird im Folgenden nur prinzipiell öffentlich zugängliche Kommunikation betrachtet. Dazu zählen:
- Kommentare zu ausgewählten Theaterproduktionen auf ausgewählten Websites der darbietenden *Theater* (wenn unterhalb von Stückbeschreibungen eine Kommentarfunktion eingerichtet ist)
- Tweets zu ausgewählten Theaterproduktionen auf *Twitter* (Suche via Hashtags und Theaterprofilen)
- Postings zu ausgewählten Theaterproduktionen auf *Facebook* (Suche via Stichworten und auf ausgewählten Theaterprofilseiten)
- Einträge in thematisch untergliederten *Foren* (Suche via Stichworten)
- Kommentare auf ausgewählten einschlägigen *Theaterkritikseiten* (z.B. auf www.nachtkritik.de) zu ausgewählten Theaterproduktionen (Archivsuche)
- Kommentare zu Berichten und Rezensionen zu ausgewählten Theaterproduktionen bei *Online-Zeitungen* in einem eingeschränkten Zeitraum

Bezüglich der auszuwählenden Theaterproduktionen und Theater werden nur Produktionen und Theater in den Blick genommen, zu denen auch Foyergespräche in dem Datenkorpus des DFG-Projekts „Theater im Gespräch" vorliegen, um eine Vergleichbarkeit zu gewährleisten und das Datenmaterial sinnvoll einzugrenzen. Mit den Spielzeiten des Theaters liegen indirekt auch zumindest grob eingegrenzte Untersuchungszeiträume fest.[16]

---

16 Damit sind die Auswahleinheiten durchaus in Anlehnung an Meier et al. (2010, 106; Bezug nehmend auf Rössler 2005, 50 ff.) bestimmt, die vorschlagen, den „Zeitraum, de[n] räumliche[n] Geltungsbereich, die Mediengattungen (Print, Fernsehen, Internet etc.), die Medienan-

Welche Online-Sites in die Suche nach relevanten Sprachhandlungen einbezogen wurden und welche Vor- und Nachteile sie hinsichtlich der angestrebten Daten aufweisen, zeigt die folgende Tabelle:

Tab. 6: Mögliche Online-Seiten für diese Untersuchung

Seite	Vorteile	Nachteile
www.apollosiegen.de (Theater)	Gesamtgästebuch	nur ein Kommentar zu einem Stück
www.derwesten.de (Online-Zeitung)	ein Artikel zu einem Stück mit wenigen Kommentaren	kein Bezug zu in Siegen aufgeführten Stücken
www.facebook.com-/apollosiegen (Facebook)		wenige Kommentare vorhanden
www.facebook.com-/schauspielkoeln.fanseite (Facebook)		wenige Kommentare vorhanden
www.faz.net (Online-Zeitung)	übersichtliches Archiv; gute Suchfunktion; umfangreiches Feuilleton	kostenpflichtig
www.ksta.de (Online-Zeitung)	Artikel zu Stücken im Schauspiel Köln	keine Kommentare vorhanden
www.nachtkritik.de (Theaterkritikseite)	Rezensionen zu allen Stücken in Köln und einige Kommentare	keine Rezensionen zu Siegen (aber zu einem auch dort aufgeführten Stück)
www.reddit.com (Forum)	--	keine Foren zu relevanten Theaterstücken
www.rivva.de (Forum)	--	keine Foren zu relevanten Theaterstücken
www.schauspielkoeln.de (Theater)	Kommentare pro Stück	--

---

gebote und die Ressorts/Formate [bei der Datenauswahl für Online-Inhaltsanalysen zu] berücksichtig[en]".

Seite	Vorteile	Nachteile
www.siegener-zeitung.de (Online-Zeitung)	Artikel zu Apollo-Stücken	nur ein einziger Kommentar zu einem einzigen Stück vorhanden
www.spiegel.de (Online-Zeitung)	--	keine Artikel vorhanden
www.sueddeutsche.de (Online-Zeitung)	wenige Artikel vorhanden	keine allgemeine Kommentarfunktion (mehr) pro Artikel
www.taz.de (Online-Zeitung)	--	wenige Artikel und nur ein einziger Kommentar zu einem einzigen Stück
www.twitter.com (Twitter)	rege Tweetproduktion zum Schauspiel Köln und dessen Stücken; viele Tweets zu einem Stück, das auch in Siegen aufgeführt wurde (aber keine Ortsspezifik)	kaum Tweets zum Apollo-Theater und dessen Stücken
www.welt.de (Online-Zeitung)	viele relevante Artikel	keine Kommentare vorhanden
www.zeit-online.de (Online-Zeitung)	rege kommentierende Leserschaft	keine relevanten Artikel

Aufgrund der Verteilung von Kommentaren auf die Theaterstücke und Online-Seiten ergibt sich die Begrenzung auf folgende Online-Seiten und Theaterstücke für die Untersuchung, da ein Minimum von fünf Kommentaren pro Stück insgesamt (über alle Quellen verteilt) als Untergrenze für das jeweilige Datenteilkorpus angesetzt wird. Aus diesen werden auch nur die Online-Seiten ausgewählt, die mindestens zwei Kommentare von Nutzer(inne)n aufweisen (vgl. Fettdruck in den jeweiligen Zellen):[17]

---

[17] Abweichende Gesamtsummen ergeben sich aus der Ausblendung untersuchungsirrelevanter Online-Seiten. Des Weiteren sind in dieser Tabelle auch die Kommentare seitens der Theatermitarbeiter(innen) mitgezählt.

Tab. 7: Begrenzte Auswahl möglicher Online-Seiten für diese Untersuchung

Ort: Theaterstück / Website	Theater	Twitter	derwesten	nachtkritik	Summe (bei >1):
Theaterort-unabhängig: Verrücktes Blut	0	172[18]	10	8	190
Köln: Brain and Beauty	2	6	0	0	8
Köln: Der Streik	14	0	0	27	41
Köln: Der Kaufmann von Venedig	6	2	0	0	8
Köln: Die Lücke	5	0	0	2	7
Köln: Der gute Mensch von Sezuan	3	1	0	4	7
Summe (bei >1):	30	180	10	41	

Folgende Internetseiten werden somit im Rahmen der Untersuchung berücksichtigt:
- www.schauspielkoeln.de (Kommentare pro Stück in Köln)
- www.twitter.com (Suche nach Kommentaren zum Schauspiel Köln und den dort aufgeführten Stücken mittels Theater-/Stück-spezifischer Hashtags[19], und zum Theater(ort)-unspezifischen Hashtag #verrücktesblut am 13.05.15)
- www.derwesten.de (ortsunabhängige Kommentare zu einem Stück, das auch in Siegen aufgeführt wurde)
- www.nachtkritik.de (Kommentare pro Rezension zu in Köln aufgeführten Stücken)

Alle relevanten Daten der angeführten Online-Seiten werden als html- und als pdf-Seiten gespeichert, um sie mit allen sprachlichen und nicht-sprachlichen (z.B. bildlichen und verweisenden) Zeichen zu sichern und für weitere Untersuchungen zugänglich zu machen. Dass dabei der Schwerpunkt auf qualitativen Einzelanalysen liegt, ergibt sich bereits aus der begrenzten Datenbasis, die keine repräsentativen quantitativen Auswertungen erlaubt.

---

18 Die Twitter-Suche via #verrücktes-Blut am 13.05.15 brachte ca. 300 Tweets vom 23.03.15 bis 26.12.09. Für die 172 Tweets wurden Tweets der aufführenden Theater und von Ticketverkaufsinstitutionen herausgenommen. Unter den 172 Tweets sind aber auch die Tweets institutioneller Twitter-Accounts (z.B. von Zeitungen, Kulturmagazinen, Kulturbüros, Städten etc.).
19 Bei den untersuchten Hashtags handelt es sich um „#ssk_brainbeauty" und „#ssk_kaufmann", nach denen am 13.05.15 gesucht wurde.

Des Weiteren wird für die konkrete exemplarische Analyse im vierten Abschnitt noch einmal eine weitere Reduktion des Datenmaterials auf nur ein Theaterstück vorgenommen. Dabei ist die Wahl auf die Aufführung von „Der Streik"[20] in Köln gefallen, weil dazu relativ viele Kommentare auf zwei unterschiedlichen Kommunikationskanälen zu demselben Theater und demselben Zeitraum vorliegen, wovon in diesem Kapitel allerdings nur die Auswertung zu den Kommentaren auf der Theaterwebseite präsentiert wird.

Für eine umfassende Analyse der skizzierten kommunikativen Handlungen empfiehlt sich m.E. eine mehrdimensionales Analyseraster zur Erfassung wichtiger sprachlicher, medialer und kommunikativ-pragmatischer Diskursphänomene und -elemente. Im Rahmen der exemplarischen Analyse in Abschnitt 9.4 wurde der Fokus auf die folgenden Diskursphänomene und -elemente gelegt:

- *Temporale Diskursposition*: Damit ist die zeitliche Dimension in Bezug auf das betreffende Ereignis gemeint. Unterschieden werden können die grundlegenden Zeitdimensionen vor dem Theater-Ereignis, während des Theater-Ereignisses und nach dem Theater-Ereignis.
- *(Diskursive) Akteure/Rollen*: Welche Akteure und Rollen lassen sich in dem Diskurs differenzieren? Dazu zählen v.a. Mitwirkende auf der Hinterbühne[21] wie Autor(innen), Regisseur(innen), Belichter(innen), Vertoner(innen) etc., Mitwirkende auf der Vorderbühne (Schauspieler(innen)), Zuschauer(innen) und Nicht-Zuschauer(innen) (wie Interessierte und Trolle).
- *Dialogizitätsstatus*: Hierbei wird vornehmlich zwischen monologischen und dialogischen Strukturen unterschieden (vgl. u.a. Moraldo 2009, 266 und 251 in Anlehnung an Androutsopoulos 2007, 78 und Luginbühl & Perrin 2011). Fordert ein Diskurselement/Beitrag z.B. explizit eine kommunikative Reaktion ein oder schließt er eine solche eher aus (das lässt sich teilweise an der sprachlichen Oberfläche des Beitrags selbst, teilweise auch an möglichen (fehlenden) Reaktionen untersuchen)?
- *Spontaneitätshinweise*: In dieser Dimension wird v.a. zwischen eher spontanen (Parlando bzw. sekundäre Schriftlichkeit) und vorbereiteten/elaborierten Beiträgen (vgl. konzeptionelle bzw. primäre Schriftlichkeit) differenziert (vgl. Jucker 2006 und Schmitz 2004, 2006 und 2015).
- *Primäre Adressat(inn)en*: Einbezogen werden die (sofern bestimmbar) primären Adressat(inn)en eines Beitrags, wobei wieder keine Individuen, sondern Akteure und Rollen fokussiert werden (d.h. Mitwirkende auf der Hinterbühne, Mitwirkende auf der Vorderbühne, Zuschauer(innen), Interessier-

---

20 Vgl. für nähere Informationen zu dem Stück auch Kapitel 2, i.d.B.
21 Vgl. zur „Vorder- und Hinterbühne" in der Kommunikation Goffman 1956.

te und als eventuelle Untergruppe Internetaffine, ‚Trolle', ‚Lurker', die Gesellschaft im Allgemeinen, Selbstadressierung).
- *Grouping*: Im Falle (mehr oder weniger) offensichtlicher sprachlicher Handlungen mit Funktionen des In- oder Out-Groupings (vgl. Jucker 2006) werden diese als weitere Dimension mit einbezogen.
- *Thematisierungsformen*: Als Formen der Thematisierung lassen sich unterscheiden Themenaufgriff/-fortführung, Themenverengung, Themenerweiterung, Thementransformation und Themeneinordnung (vgl. Fraas & Barczok 2006; Busse 2015).
- *Diskursive Positionierung*: Die generelle diskursive Positionierung kann mit den nachfolgenden Partizipien in adverbialer Verwendung differenziert werden: z.B. zustimmend, widersprechend, neutral, differenzierend, vereinfachend (vgl. Meier-Schuegraf 2006).
- *Medienidentitäten*: Als eine weitere Analysedimension werden unterschiedliche Identitäten im Mediendiskurs unterschieden, womit i.d.R. Selbstbezeichnungen resp. Selbst-Rollenzuschreibungen einhergehen. Verwendet die kommentierende Person z.B. einen (vermeintlichen) Klarnamen (mit Altershinweis, ohne Altershinweis) oder einen (Selbststilisierungs-)Nicknamen (lautmalerische Form, konventionelle Abkürzungen, unkonventionelle Abkürzung, Schlagwort, Appell, Positionierungshinweis, entpersonalisierte Nummerierung,...) (vgl. Dorostkar & Preisinger 2013; Höflich 2005).
- *Verfahrensweisen im Umgang mit Inhalten Anderer*: Auf welche Weise wird mit Inhalten Anderer verfahren, welche „Praktiken des Sekundären" werden verwendet, z.B. aufgreifend, zitierend, kommentierend oder weiterverbreitend (vgl. Schmidt 2008; Fairclough 1995)? Und welche Selbstpositionierung zu den Inhalten lässt sich konstatieren (bejahend, verneinend, ironisch brechend, kritisch abwägend,...)?
- *Interaktionsmodi*: Wie lässt sich der generelle Interaktionsmodus bestimmen, ist dieser z.B. ernsthaft, scherzhaft, ironisch oder indifferent (vgl. Kallmeyer 1977)?
- *Elementare(s) Vertextungsmuster*: Bezüglich elementarer Vertextungsmuster können v.a. Beschreiben, Erklären, Argumentieren und Erzählen unterschieden werden (vgl. Brinker et al. 2000, Artikel 36–39; Habscheid 2009, 45–53).

Hinsichtlich der in der nachfolgenden Beispielanalyse spezifisch in den Blick zu nehmenden *Bewertungshandlungen* können – für eine textkommunikative Untersuchung – mindestens die nachfolgenden Aspekte unterschieden und in die Analyse einbezogen werden:

– *(Bewertungs-)Bezugnahme (Bewertungsgegenstand)*: Auf was wird mit der Bewertung vornehmlich Bezug genommen? Auf das Theaterstück im engeren Sinne (entweder global oder spezifisch auf Thema und Inhalt, Figuren/Charaktere, Handlung, Bühnenbild, Inszenierung (vgl. dazu Stegert 1993), Musik, Geräusche), den Theatersaal, die Atmosphäre, das Theater als Institution, andere Zuschauer(innen), intertextuelle Bezüge (Film, Buch, Hörspiel, andere Aufführung), die Gesamt- oder Teilgesellschaften, eigene Erlebnisse/Erfahrungen oder beteiligte Akteure/Rollen (Mitwirkende auf der Hinterbühne (Autor(innen), Regisseur(innen), Belichter(innen), Vertoner(innen) etc.), Mitwirkende auf der Vorderbühne (Schauspieler(innen)), Zuschauer(innen), Nicht-Zuschauer(innen) (Interessierte, Trolle), sich selbst).
– *Bewertungsmaßstab/-grundlage/-norm*: In dieser Bewertungsdimension wird differenziert nach Werten/Einstellungen, Erwartungen/Erfahrungen, ‚Ideal-Konzepten/-Vorstellungen', ästhetischem Empfinden oder keinem erkennbaren Bewertungsmaßstab bzw. keiner erkennbaren Bewertungsgrundlage oder -norm.
– *Bewertungskriterien (Bewertungsaspekte)*: Bezüglich dieser Dimension werden die der Bewertung zu Grunde liegenden und (explizit oder implizit) angewandten (konkreten) Kriterien in den Blick genommen (bei Theaterstücken könnte dies z.B. die Nähe zu einer möglichen Textgrundlage, die darstellerische Leistung, eine originelle Neuinterpretation u.v.m. sein). Im Rahmen einer Gesamtbewertung des Theaterstücks können unterschiedliche Bewertungskriterien herangezogen werden, z.B. die oben unter ‚Bewertungsgegenstand' angeführten Gegenstände; diese können allerdings auch je selbst Bewertungsgegenstand mit zugeordneten Bewertungskriterien/-aspekten sein, deren interne (was ist hinsichtlich des Aspekts besser oder schlechter bzw. am besten oder schlechtesten) und externe Gewichtung (welche Aspekte sind wichtiger; vgl. dazu Ripfel 1987). Was also jeweils Bewertungsgegenstand und was Bewertungskriterium ist, ist abhängig vom Kotext zu bestimmen.
– *Bewertungshandlungsverlauf*: Hinsichtlich des Bewertungsverlaufs können charakteristische sequenzielle Abfolgen (vor allem bezüglich Erst- und Zweitbewertungen) von dialogischen Bewertungshandlungen festgestellt werden (vgl. dazu sowie zum Umgang mit Dissens in Foyer-/Pausengesprächen Kapitel 7, i.d.B).
– *Bewertungsfunktionen*: Diese Dimension lässt sich vielfach nur schwer resp. spekulativ untersuchen, aber in manchen Beiträgen (und v.a. in möglichen Dialogstrukturen) kann es mehr oder minder starke Hinweise auf die mit

der oder den Bewertungshandlungen einhergehenden kommunikativen Funktionen geben (dabei wird nicht auf vermeintliche Intentionen und Motivationen von Beitragenden fokussiert, sondern auf die Funktionen, die Beiträge in einem möglichen Diskussionsverlauf übernehmen, und wie sie sich ggf. von Bewertungen in Face-to-Face-Gesprächen unterscheiden).

Diese Analysedimensionen werden natürlich je nur insoweit berücksichtigt, wie sie in konkreten Sprachhandlungen eine Realisierung erfahren oder durch ein eventuelles Fehlen dem Beobachter ostensiv auffallen (z.B. weil die anderen Kommentare diese aufweisen oder darauf hinweisen), wobei sprachliche Handlungsmuster selbstverständlich nur in Ausnahmefällen eineindeutig auf eine (Sub-)Dimension hinweisen. Stattdessen lassen sie sich i.d.R. analytisch mehreren (Sub-)Dimensionen zuordnen.

Des Weiteren sollten die Dimensionen je nach Kommunikationsplattform hinsichtlich der jeweiligen Rahmung (u.a. durch explizite und implizite Kommunikationsregeln, Seitendesigns und -funktionen) differenziert werden. Generell sollte dabei auch die Frage Beachtung finden, wie man die oben angeführten Dimensionen sinnvoll und zielgerichtet bündeln und auf eine oder wenige zu beantwortende Forschungsfragen (sowie gegenstands- und forschungsmethoden-)angemessen fokussieren kann, ohne sich in Einzelbeschreibungen zu verlieren. Denn Holly kritisiert zu recht an (diskursanalytischen) Mehrebenenmodellen:

> Die Schwäche komplexer Diskursanalysemodelle liegt zweifellos darin, dass sie zu viele Aspekte einbeziehen wollen und damit methodisch unklar bleibt, wie aus den vielfältigen Befunden ein Gesamtbild entstehen soll, welches das funktionale Zusammenspiel einzelner Elemente und damit auch die Rolle einzelner Sprachhandlungen durchsichtig macht. (Holly 2017, 10, in Anlehnung an Holly 2015)

Um diese Schwäche zu umgehen, werden in der nachfolgenden exemplarischen Analyse alle Dimensionen und Aspekte nur auf die Untersuchungsfoki hin in den Blick genommen und in einem möglichst kohärenten Gesamtzusammenhang zusammengestellt.[22] Die Dimensionen und Aspekte dienen dabei v.a. der Groborientierung, aber keinesfalls als Analyseschema in einem engeren Sinne.

Damit stehen – neben typischen Sprachhandlungen wie Bewerten (vgl. Kapitel 7, i.d.B.) und rekonstruktiven Verfahren (vgl. Kapitel 8, i.d.B.) – auch die Funktionen der kommunikativen Handlungen in einem möglichen Spannungs-

---

22 Vgl. für die Ausgangsfragestellungen und deren Veränderung im Verlauf der Projektarbeit Kapitel 1, i.d.B.

feld zwischen Small Talk und homileïschen Diskursen vs. Konversation und ‚Bildungssprache' im Fokus (vgl. Kapitel 5, i.d.B.).

9.4 Beispielanalyse

Wie bereits in Abschnitt 3 erläutert, ist die Wahl der Beispiele auf Texte zur Aufführung von „Der Streik" in Köln gefallen, weil dazu relativ viele Kommentare zu zeitnahen Aufführungen am selben Veranstaltungsort vorliegen. Zudem handelt es sich – wie die Kommentare vielfach belegen – um eine ‚streitbare' Produktion.

Im Folgenden werden – soweit wie möglich – typische Handlungen/ Handlungsmuster und -verläufe sowie typische Realisierungsformen mit Fokus auf Bewertungskommunikation in den Blick genommen. Dabei werden anstelle einer systematischen Gesamtanalyse jeweils nur einzelne Aspekte aus Abschnitt 3 zur Veranschaulichung des Analyserasters und seiner Kategorien aufgegriffen.

Beispiel: Theaterwebseite zu „Der Streik" in Köln[23]

Bei den Kommentaren handelt es sich durchgängig um im Anschluss an das Ereignis verfasste Beiträge (historische Diskursposition) und somit um eine Form von Anschlusskommunikation, die sich in Anlehnung an Jäger als transkriptive Aneignungspraktik charakterisieren lässt (vgl. Kapitel 6, i.d.B.). Abgesehen von einem Beitrag (21.10.13, 17:18)[24] und einer Anmerkung seitens des Theaters (16.10.13, 1:51) handelt es sich bei den diskursiven Akteuren durchgängig um sich als Zuschauer(innen) Inszenierende. Der vornehmliche Dialogizitätsstatus ist monologisch und nur gelegentlich sind Ansätze dialogischer Strukturen zu erkennen (vgl. unten). In den Kommunikaten finden sich vorwiegend Hinweise auf vorbereitete/elaborierte Beiträge (statt spontane; anders als z.B. bei den erhobenen Tweets auf Twitter), was sich an den (schriftsprachlich) vollständigen und vielfach komplexen Sätzen mit kohärenten Argumentationsstrukturen zeigt. Des Weiteren ist es auffällig, dass – trotz Online-Kommunika-

---

23 Vgl. für eine vollständige Erfassung aller Kommunikate bis zum 07.09.2015 siehe den Anhang. Die Auflistung erfolgt gemäß der Standardansicht auf der Theaterwebseite mit den neuesten Beiträgen zuerst und damit umgekehrt chronologisch.
24 Hier und im Folgenden sind die Beiträge nicht durchnummeriert, sondern werden stets mit Datums- und Zeitangabe sowie ggf. mit Alias der beitragenden Person expliziert.

tion – in keinem einzigen Beitrag von Emoticons und anderen Sonderzeichen und nur ein einziges Mal von einem Link (16.10.13, 14:43) Gebrauch gemacht wird. Primäre Adressaten sind die Theaterverantwortlichen (21.10.13, 17:18) oder niemand Spezifisches (und damit alle Lesenden oder die Verfasser(innen) selbst)[26]. Beim Grouping kommt es v.a. zu einer Selbstinkludierung in die Gruppe der regelmäßigen Theatergänger(innen) und -unterstützer(innen) etwa als Abonnent(inn)en (vgl. z.B. 21.10.13, 15:03 und 10.12.13, 22:40). Die diskursive Positionierung erfolgt in kaum einem Beitrag neutral oder abwägend-unentschlossen, sondern i.d.R. selbst bewertend (vgl. z.B. 21.10.13, 15:03) und ggf. anderen widersprechend (18.10.13, 18:17). Nur im dritten und elften Beitrag ist keine eindeutige Bewertung erkennbar. Die Medienidentitäten sind bis auf eine Ausnahme („weggerannt", 16.10.13, 12:17) an Klarnamen[27] orientiert. Die Beiträge sind meist geprägt von einem ernsthaften Interaktionsmodus und weisen vielfach argumentative und/oder explikative Vertextungsmuster mit Bewerten als erkennbarer Haupthandlung auf. Des Weiteren handelt es sich – abgesehen vom dreizehnten – stets um begründete Werturteile, statt um rein subjektive Geschmacksäußerungen (vgl. Ripfel 1987, 174).

Im Folgenden wird eine chronologisch-sequentielle Analyse der Beiträge mittels der in Abschnitt 3 dargestellten Dimensionen, Ebenen und Aspekte perspektiviert, um die im Projekt untersuchte Pausen-Kommunikation durch die Theater-Anschlusskommunikation im Internet zu erweitern und Besonderheiten herauszustellen.

Der erste Beitragende[28] („*Peter Bach*" *am 16.10.13 um 1:51*) schreibt auf der Theaterwebseite den längsten Beitrag, der eine insgesamt positive Gesamtbewertung des Stücks sowie des Theaters enthält (vgl. den letzten Satz *„Ich finde Theater an Orten, an denen das Leben Theater spielt oder gespielt hat, sehr anregend und freue mich auf die nächsten Inszenierungen."*) und vornehmlich den Regisseur des Stücks (aber indirekt, ohne Nennung) adressiert („*Worüber ich*

---

26 Vgl. auch Hartmann & Stles (2017, 310) zur Untersuchung einer spezifischen Forenkommunikation: „Eine Diskussionsteilnehmerin kommentiert ein Thema entweder direkt oder sie nimmt auf den Beitrag einer anderen Diskutantin Bezug. Auch Antwortbeiträge sind dabei jedoch in aller Regel nicht individuell an eine konkrete Empfängerin gerichtet; selbst in den wenigen Fällen, in denen eine Diskutantin direkt angesprochen wird, bleibt doch zugleich die mitlesende Öffentlichkeit Adressat des jeweiligen Beitrags."
27 Das heißt selbstverständlich nicht, dass die Orientierung an Klarnamen gleichzusetzen ist mit den vermeintlichen Realnamen bewertender Personen.
28 Hier und im Folgenden wird auf Beitragende, deren Alias einen männlichen Akteur nahelegt, auch mit dem männlichen Genus referiert (und bei Aliassen, die einen weiblichen Akteur nahelegen vice versa), unabhängig vom tatsächlichen Geschlecht der beitragenden Person.

gern mit Ihnen diskutiert hätte: Sie karrikieren[29] *letztlich beide Positionen, zwei sich abwechselnd in den Vordergrund schiebende Varianten bürgerlicher Herrschaft. Was für eine Dritte lassen Sie über dem Stück schweben?"*).

Es wird eine thematische Einordnung vorgenommen („*Das Stück läd ein, um klare Standpunkte zu ringen und zwar so, dass darin die die Grautöne sichtbar werden. Wie das freie Unternehmertum für Freiheit des Denkens plädiert, für das Abenteuer und die mutigen Wagnisse, fördert die Gemeinwohl-Gesellschaft die Mittelmäßigkeit. Das ist heute nicht mehr ganz so, wie in der ersten Hälfte des 20. Jahrhunderts, aber immerhin.*") und das Stück wird bewertet („*Aber es war nicht nur eine großartige und anregende Inszenierung, es war auch anstrengend - und es war ganz gut, die Eindrücke etwas ordnen zu können.*"). Dabei wird es mit aktuellen gesellschaftspolitischen Themen in Verbindung gebracht („*Im Hinausgehen sagte jemand, wenn Phillip Rösler vor der Wahl diese Rede (von John Galt) gehalten hätte, hätte die FDP 10 Prozent bekommen. Da ist meiner Meinung etwas Wahres dran. Nicht in dem Sinne, dass ich die Meinung von Galt teilen würde, aber in dem Sinne, dass es löblich ist, einen klaren Standpunkt zu äußern und nicht rumzueiern.*").

Der gesamte Beitrag ist in einem ernsten (vs. scherzhaften oder ironischen[30]) Interaktionsmodus und mit vermeintlichem Klarnamen (s.o.) verfasst. Und er weist erzählende und Erfahrungen rekonstruierende[31] Passagen auf, die allesamt gesamttextlich in ein argumentatives Vertextungsmuster im Rahmen einer Bewertungshandlung eingebettet sind. Der Beitrag kann mit einer (subjektiven) Rezension (inkl. der zugehörigen Funktionen) als Textsorte verglichen werden.

Der Einstiegssatz in den Beitrag liest sich wie eine Entschuldigung dafür, dass die nachfolgende Auseinandersetzung mit dem Stück nicht vis-à-vis mit den Beteiligten erfolgt, obwohl die Option dazu gegeben wurde („*Besser wäre es natürlich gewesen, gleich an der von Jens Groß angebotenen Diskussion teilzunehmen.*"). Im nachfolgenden Satz wird sofort eine (positive, aber auch differenzierende) Bewertung vorgenommen, die zudem die erst im Nachhinein erfolgende Auseinandersetzung rechtfertigt („*Aber es war nicht nur eine großartige und anregende Inszenierung, es war auch anstrengend - und es war ganz gut, die*

---

29 Hier und im Folgenden werden Rechtschreib- und Grammatikfehler in den Beiträgen nicht mit „sic!" o.ä. Kennzeichnung hervorgehoben.
30 Hartmann & Sties (2017, 323 ff.) fassen Ironie, Witz und sprachliche Kreativität in Forenkommunikation als Implizitheitsstrategien zusammen.
31 Vgl. zu Rekonstruktionen in der Anschlusskommunikation nach Theaterbesuchen Kapitel 7, i.d.B.

Eindrücke etwas ordnen zu können."). Im Anschluss erfolgt die erzählende Passage bezüglich des Eindrucks eines anderen Theaterbesuchers (*"Im Hinausgehen sagte jemand, wenn Phillip Rösler vor der Wahl diese Rede (von John Galt) gehalten hätte, hätte die FDP 10 Prozent bekommen."*), die der Beitragende kommunikativ nutzt, um seine eigene Position darzulegen (*"Da ist meiner Meinung etwas Wahres dran."*) und argumentativ weiterzuentwickeln (*"Nicht in dem Sinne, dass ich die Meinung von Galt teilen würde, aber in dem Sinne, dass es löblich ist, einen klaren Standpunkt zu äußern und nicht rumzueiern. Das Stück läd ein, um klare Standpunkte zu ringen und zwar so, dass darin die die Grautöne sichtbar werden. Wie das freie Unternehmertum für Freiheit des Denkens plädiert"*) sowie mit anderen Stücken in Beziehung zu setzen (*"Insofern behandelten für mich ‚Der Gute Mensch von Sezuan' und ‚Der Streik' ein ähnliches Problem - mit unterschiedlichen Standpunkten der Autoren."*) und eine kritisch-konstruktive Diskussion einzuleiten (*"Worüber ich gern mit Ihnen diskutiert hätte: Sie karrikieren letztlich beide Positionen, zwei sich abwechselnd in den Vordergrund schiebende Varianten bürgerlicher Herrschaft. Was für eine Dritte lassen Sie über dem Stück schweben? Vielleicht spielen dann doch die eine Rolle, die in dem Stück die Schweigsamen und Arbeitenden sind."*). Dass auch der Schlusssatz eine eindeutige (positive) Bewertungshandlung darstellt, die zuvor angeführte Aspekte (z.B. zum Theaterort) aufgreift (*"Ich finde Theater an Orten, an denen das Leben Theater spielt oder gespielt hat, sehr anregend und freue mich auf die nächsten Inszenierungen."*), unterstreicht, dass es sich um eine primär argumentative Gesamtstruktur handelt, bei der die argumentative (vs. emotionalisierende oder als Geschmacksäußerung umgesetzte) Bewertungshandlung im Fokus steht. Im Rahmen dieser spielen folgende Bewertungskriterien für eine Gesamtbewertung des Theaterstücks als Bewertungsgegenstand eine Rolle: Die Inszenierung (*"Aber es war nicht nur eine großartige und anregende Inszenierung, es war auch anstrengend"*), die Eignung, eine kontroverse und nicht vereinfachende Diskussion anzuregen (*"Das Stück läd ein, um klare Standpunkte zu ringen und zwar so, dass darin die die Grautöne sichtbar werden."*), die vermeintliche Aussage des Stücks (*"Ich habe das Buch von Ayn Rand nicht gelesen. Mir reicht das Pladoyer, das ich Ihrer Inszenierung entnehme, für klare Standpunkte zu streiten."*), die sich aus einem realen Weltbezug ableitet (*"Dazu sind die Reden von John Galt, Ellis Wyatt echte Highlights und der Gewerkschaftsboss ist aus dem wirklichen Leben gegriffen."*), und der Theaterort (*"Ich finde Theater an Orten, an denen das Leben Theater spielt oder gespielt hat, sehr anregend und freue mich auf die nächsten Inszenierungen."*). Die argumentative Einbettung und der listenartige Charakter verweisen darauf, dass es sich hier um (einer globalen Bewertung) untergeordnete Bewertungskriterien (mit je eigenen Unterkriterien) handelt, auch wenn die Bewertungskriterien durch die Unterkriterien jeweils einzeln und vom Kotext gelöst selbst zu Bewertungsgegenständen werden.

Der zweite Beitrag („*weggerannt*" am 16.1013 um 12:17) ist der einzige ohne vermeintlichen Klarnamen, er gehört zudem zu den kürzesten Beiträgen und präsentiert im Vergleich zum ersten Beitrag eine diametrale (negative) Gesamtbewertung, die ebenfalls die (den gesamten Beitrag durchziehende) Haupthandlung referiert und sich bereits im Alias („weggerannt") andeutet. Adressiert wird scheinbar die Allgemeinheit, da es weder Hinweise auf direkte noch indirekte Adressaten gibt; die Kritik erfolgt wie beim ersten Beitrag differenzierend und in einem ernsten Modus.

Das primäre Vertextungsmuster ist ebenfalls argumentativ mit erklärenden (und damit die Argumentation stützenden) Passagen, bei denen die Bewertungskriterien fehlende (eindeutige) Herausstellung einer Position und (Über-)Länge („*selten so eine feige inszenierung gesehen. mehr stellungsnahme (und viel rotstift) hätten diesem 4-stündigem ungetüm gut getan*"), die Textgrundlage („*ein paar stimmungsvolle szenen die zwischendurch serviert werden können über die schwächen der textvorlage nicht hinwegtrösten.*") und ein pädagogischer Impetus („*viel zu viel zeigefinger-theater-pädagogik für meinen geschmack.*") kritisiert werden und in einer negativen Gesamtbewertung der Regieleistung kulminieren („*ich bin ratlos über die beweggründe des regieteams.*").

Trotz des zeitlichen Abstands, der nahelegt, dass die beitragende Person den ersten Beitrag gelesen haben kann, gibt es keinen Bezug auf die erste (sehr positive) Bewertung. Zusammen mit dem entpersonalisierten Alias und dem Text, der (anders als im ersten Beitrag, in dem ein Diskussionspunkt genannt wird, der gerne mit den Verantwortlichen besprochen worden wäre und durch die Formulierung die Vorlage zu einer Diskussion im Forum bildet) an keiner Stelle direkt zu einem Dialog einlädt, lässt sich der Beitrag insgesamt als monologische Meinungsäußerung charakterisieren, die Funktionen wie eine Katharsis (für die beitragende Person) oder eine Warnung (an Interessierte, die das Theaterstück noch nicht gesehen haben) oder eine alternative Bewertung zu der vorherigen Positivbewertung erfüllen kann.

Der dritte Beitrag („*Jens Breuer*" am 16.10.13 um 14:43) ist mit dem dreizehnten zusammen der kürzeste im Korpus und beinhaltet insgesamt nur einen Link zu einem YouTube-Video, in dem sich ein Anhänger der US-amerikanischen Tea Party auf die Buchvorlage zum Theaterstück bezieht („*Den Stellenwert des Buches in den USA können wir aktuell in der Auseinandersetzung zwischen Tea Party und Obama sehen, dabei bezieht sich der Wortführer explizit auf Ayn Rand, siehe hier: [...]*"). Dabei wird der (hohe) Stellenwert der Buchvorlage hervorgehoben, aber eine Einordnung, Erklärung oder gar Bewertung findet durch den Beitragenden nicht statt (abgesehen von einer impliziten positiven Bewertung einer aktuellen gesellschaftspolitischen Relevanz der Buchvorlage). Funktional kann dem Beitrag somit die (intermediale und interdiskursive) Vernetzung mit anderen gesellschaftspolitischen und massenmedialen Ereignissen und Diskursen zugeschrieben werden.

Die Haupthandlung des vierten Beitrags („*Günther Damm*" am *16.10.13 um 18:58*) ist erneut eine (negative) Gesamtbewertung des Stücks, die mit dem ersten („*Ich bin maßlos enttäuscht.*") und letzten Satz (*„Ich hoffe auf Texte, die tragen - und Inszenierungen, die mich in anderer Weise sprachlos machen.*") emotiv-expressiv im Modus der Enttäuschung (vgl. auch „*Ich bin fassungslos.*") gerahmt wird. Die Berechtigung zur Kritik wird u.a. mittels der langjährigen Theatererfahrung begründet („*Ich habe in den vergangenen 25 Jahren als leidenschaftlicher Theatergänger nur wenige Aufführungen gesehen, die so unterirdisch waren wie Der Streik.*"). Auch hier ist kein direkter Adressat erkennbar. Der Beitrag enthält eine differenzierte, ernste Positionierung mit vermeintlichem Klarnamen, die eine Selbstdarstellung als erfahrener, regelmäßiger und leidenschaftlicher Theaterbesucher enthält. Die Inszenierung wird mit der vorangegangenen (ersten Inszenierung mit neuem Intendant) verglichen und eine Kontinuität in einer negativen Bewertung hergestellt („*Mit Der nackte Wahnsinn und Der Streik zwei mal seichte Kost zum Auftakt, Texte ohne Tiefgang, Inszenierungen, die zwanzig Jahre Entwicklung verschlafen zu haben scheinen*").

Die negative Gesamtbewertung wird argumentativ begründet mit oberflächlichen Dialogen („*Texte ohne Tiefgang*"), nicht aktuellen Inszenierungen („*Inszenierungen, die zwanzig Jahre Entwicklung verschlafen zu haben scheinen*"), unprofessionellen schauspielerischen Leistungen („*einigen Mitwirkenden, die man nicht einmal im Schultheater auf die Bühne lassen dürfte*") und fehlenden kognitiven und emotionalen Irritationen („*Aber tragen müssen Text und Inszenierung doch, Kopf und Sinne verdrehen - in alle Richtungen.*"). Rhetorisch wird die Gesamtargumentation noch durch das Einräumen erschwerter Bedingungen gestützt („*Ich weiß, die Halle ist schwer zu bespielen, gegen die Akustik hilft kein Mikrofon und die hinterlassenen Fußspuren von Karin Beier sind groß.*"), indem diese angeführt, aber nicht als Rechtfertigung akzeptiert werden („*Aber tragen müssen Text und Inszenierung doch, Kopf und Sinne verdrehen - in alle Richtungen. Dann erträgt man auch die Akustik.*"). Auch dieser Beitrag bleibt monologisch, indem er weder direkt zur Replik auffordert noch an irgendeiner Stelle auf einen vorangegangen Beitrag referiert.

Der fünfte – ebenfalls sehr kurze – Beitrag („*Cora Siewert*" am *17.10.13, 9:26*) einer mit vermeintlichem Klarnamen agierenden Beitragenden lässt sich ebenso monologisch und adressatenunspezifisch[32] charakterisieren. Auch hier ist die Haupthandlung eine Bewertung und ein ernster Interaktionsmodus bestimmt das Kommunikat.

Hinsichtlich der (positiven) Bewertung werden – teilweise mit ähnlichen Kriterien wie im vorigen Beitrag – die Aktualität des Themas („*Das Thema: Aktueller denn je.*"), die schauspielerische Leistung („*Die Schauspieler: Grandios! Alte bekannte Gesichter, etablierte; aber auch neuer, vielversprechender Nachwuchs.*"), der Theaterort und eine damit verbundene vermeintliche Authentizität („*Ich könnte mir keinen atmosphärischeren Ort für diese Inszenierung vorstellen als das ehemalige Carlswerk - gerade hier wirkt der Streik so unglaublich authentisch.*") und die Bühnenbilder („*Die Bilder auf der Bühne: an Ästhetik nicht zu übertreffen!*") herangezogen.

Im sechsten Beitrag („*Manfred W. Günther*" am 18.10.13 um 12:18) lässt sich ebenfalls eine Bewertungs- als Haupthandlung konstatieren. Dies ist erkennbar an der Rahmung des Beitrags durch den im ernsten Modus präsentierten ersten Satz und an den im ironischen Interaktionsmodus vorgebrachten letzten beiden Sätzen („*Ich weiß jetzt allerdings wie Schienen verlegt werden. Insofern doch ein Gewinn.*"). Der ironische Modus[33] wird an folgenden Merkmalen deutlich: der oberflächlich betrachtet positiven Endbewertung gehen neben der negativen Gesamtbewertung im ersten Satz nur negative Teilbewertungen voran. Und der positiv bewertete Teilaspekt („*Ich weiß jetzt allerdings wie Schienen verlegt werden.*") wird erstens in Bezug auf die Bewertung eines Theaterstücks typischerweise von Rezensent(inn)en nicht relevant gesetzt und zweitens kann die Formulierung „*Ich weiß jetzt allerdings*" als Kontextualisierungshinweis auf eine unernste Sprachverwendung gelesen werden.

---

32 Adressatenunspezifisch heißt nicht, dass es nicht idealisierbare oder prototypische Adressat(inn)en des Textes gibt (schon aufgrund des Stils). Es heißt nur, dass keine direkten Adressat(inn)en im Text benannt werden.

33 An dieser Stelle sei auf Martin Hartungs Dissertation „Ironie in der Alltagssprache" (1998) verwiesen, in der er anhand von mündlichen Alltagsgesprächen in befreundeten Kleingruppen herausarbeitet, dass das Phänomen Ironie, nicht – wie vielfach fälschlich dargestellt – dadurch charakterisiert ist, dass etwas anderes gemeint als behauptet sei, sondern dass mit Ironie eine Bewertungsumkehr erfolgt. D.h. nicht eine denotative Kernbedeutung wird umgekehrt, sondern eine mit dem Turn (meist implizit oder ggf. explizit) mitgeteilte Gesamt- oder Teilbewertung eines Sachverhalts, einer Person etc. wird von positiv zu negativ oder vice versa verschoben (graduell skaliert muss die Bewertungsumkehr übrigens nicht auf einem gedachten Strahl spiegelverkehrt ausfallen, auch eine Bewertungsumkehr von schwach positiv zu stark negativ oder von schwach negativ zu stark positiv etc. ist denkbar und möglich). Bei einer solchen Konzeptionalisierung von Ironie wird deutlich, dass dieses Phänomen ein originäres Thema von Bewertungskommunikation ist.

Negativ bewertet der Beitragende die Wahl einer Prosa- anstelle einer Dramenvorlage („*Der Versuch, Prosa auf die Bühne zu bringen, scheitert meistens, so auch hier.*"), die Überlänge der Inszenierung und einzelner Monologe („*Viel zu lang, insbesondere der Monolog von Galt! Das kann man doch besser zu Hause lesen*") und die schauspielerische Leistung, insbesondere deren fehlende Authentizität („*Ich habe den Schauspielern kaum ein Wort geglaubt.*") sowie fehlenden Esprit („*Sie zeigten auch keinen Spaß am gemeinsamen Spiel*"). Auch in diesem Beitrag fehlen Bezugnahmen auf andere Beiträge sowie Anschlussstellen für eine dialogische Anschlusskommunikation. Er stellt damit eine Rezension dar, die nicht den kommunikativen Möglichkeitsraum eines (technisch) auf Interaktionen hin gestalteten Forums ausnutzt (auch wenn es nicht, wie in vielen Foren direkte Kommentarfunktionen bezogen auf einen bereits vorhandenen Kommentar gibt). Des Weiteren sieht man, dass die zu Grunde gelegten Bewertungsmaßstäbe explizit (mit)geteilt werden, was in Face-to-Face-Gesprächen einander gut bekannter Personen häufig weniger explizit erfolgt.

Der siebte Beitrag („*Melanie Warncke*" *am 18.10.13 um 18:17*) stellt die erste direkte Bezugnahme zu einem vorangegangenen Beitrag dar. Mit dem Einstiegssatz „*Der Monolog von Galt zu lang? Er war genau richtig!*" referiert die Beitragende zitierend auf den vorangegangenen Beitrag und nimmt bezüglich des angeführten Teilaspekts der Monologlänge eine diametrale (positive) Bewertung im expressiven Modus der Überwältigung („*Beeindruckend!*") vor. Des Weiteren führt sie als (positive) Bewertungsaspekte narrative Rhythmenwechsel („*Generell hat mich besonders die Vermischung von Action und stillen Momenten, von laut und leise, von Hektik und Langsamkeit begeistert!*") sowie den Theaterort und das Bühnenbild an („*Wo kriegt man ein solches Stück mit diesen wahnsinnigen Dimensionen und Kulissen zu sehen?*"). Durch die zeitliche Verzögerung zum Aufführungszeitpunkt und den Einstieg in den Beitrag wird dieser nicht zuvorderst als unmittelbarer emotionaler Ausdruck inszeniert, sondern als notwendige Replik zur vermeintlichen Richtigstellung einer – aus Sicht der Beitragenden – zu Unrecht formulierten negativen Kritik am besuchten Theaterstück.

Im achten Beitrag („*François Ruiz*" *am 21.10.13 um 12:27*) bezieht sich der Beitragende explizit auf eine spezifische, ausgefallene Veranstaltung. Es handelt sich damit gewissermaßen auch um Anschlusskommunikation, aber nicht zu einer Theatervorstellung, sondern zum Umgang des Theaters (der Institution) mit einem Aufführungsausfall. Auch hier wird eine (negative) Bewertungshandlung vollzogen. („*Das ein Schauspieler plötzlich krank wird und eine Vorstellung ausfehlt, dafür haben wir natürlich Verständnis und wünschen dem Künstler gute Besserung. Aber wenig Verständnis haben wir ,dass so ein grosses Theater wie Köln nicht in der Lage (oder Wille) ist, mindestens die Abonnenten auzurufen, damit sie nicht umsonst nach Mülheim pilgern müssen."*). Es wird einleitend Verständnis für die Umstände vorgegeben, um im unmittelbaren Anschluss daran das Theater für seine unzureichende Informationspolitik zu kritisieren. Als wesentliches Argument wird dabei die Größe des Theaters und der Vergleich zu analogen Situationen anderer Theater angeführt (s.o. und *„Das bescheidene Theater Bonn schafft es und die Theatergemeinde auch, auch Sonntags. Höflichkeit und Respekt sehen anders aus, oder?"*) und daraus auf mangelnden Respekt gegenüber seinen Stammkunden (den Abonnent(inn)en) geschlossen. Da der letzte Satz eine nachgestellte Fragepartikel enthält („*oder?*"), wirkt er wie eine direkte Ansprache und kann als mögliche Einladung zu einer Stellungnahme gelesen werden. Diese erfolgt auch u.a. im elften Beitrag, in dem Vertreter(innen) des Theaters selbst dazu Stellung nehmen, die (emotionale) Enttäuschung aufgreifen, das Vorgehen rechtfertigen und sich schließlich (trotzdem) für das Vorgehen entschuldigen (vgl. „SCHAUSPIEL KÖLN" am 21.10.13 um 17:18).

Auch im neunten Beitrag („*Sabine W.*" am 21.10.13 um 15:03) greift die Beitragende den Ausfall des Theaterstücks auf und bezieht sich auf den vorangehenden Beitrag (*„Wir waren gestern natürlich auch sehr enttäuscht, dass "der Streik" nicht stattfinden konnte"*), aber sie kommt zu einer anderen (positiven) Gesamtbewertung des Agierens durch den Intendanten (*„aber wir möchten uns ausdrücklich bei Herrn Bachmann für die überaus freundliche und nette Behandlung bedanken, Kaffee und Kuchen und viele nette Gespräche sowie eine kleine Führung durch die Hallen zeigten unsere Meinung nach keinen mangelnden Respekt, ganz im Gegenteil."*) und unterstreicht dies mit dem Ausdruck einer dem Theater und einem seiner Schauspieler gewogenen Haltung (*„Wir wünschen Herrn Reinke alles Gute und freuen uns auf das nächste Mal."*).

In den letzten beiden Beiträgen wird somit unter Verwendung vermeintlicher Klarnamen das Theater als Institution adressiert und dessen (Nicht-)Handlung einer Bewertung unterzogen. Es ist m.E. bemerkenswert und gewissermaßen textsortenkonstitutiv, dass selbst im Fall eines Ausfalls des Theaterstücks eine Bewertungs- die dominante Haupthandlung in den Beiträgen darstellt.

Der zehnte Beitrag („*Elisabeth Rosenfelder*" am 21.10.13 um 17:17) fällt dadurch auf, dass er am gleichen Tag wie die beiden vorangegangenen Beiträge erscheint, sich aber nicht auf die ausgefallene, sondern auf eine offensichtlich stattgefundene Vorstellung bezieht, ohne dies explizit zu thematisieren. Allerdings ist dies auch ohne Explikation ohne weiteres daran erkennbar, dass die Autorin durchgehend Bezug auf die Aufführung nimmt. Auch dieser Beitrag zeichnet sich durch Bewerten als Haupthandlung aus. Nach einer zunächst konzessiv eingeleiteten einschränkenden Negativbewertung folgt unmittelbar eine positive Gesamtbewertung („*Trotz der gigantischen Überlänge (zu lang insbesondere der Monolog von Galt und die Szene vor der Pause) eine beeindruckende Inszenierung.*"), die bezogen auf einen spezifischen weiteren Bewertungsaspekt, nämlich den Theaterort, am Ende des Beitrags noch einmal aufgegriffen wird („*Sehr imponiert hat mir auch die einfallsreiche Nutzung des einmaligen Spielorts [...] das war sehr filmisch umgesetzt und beeindruckt nachhaltig.*"). Neben der Länge einzelner Passagen (s.o.) und dem Theaterort bewertet die Beitragende zudem noch die situationsadäquate schauspielerische Leistung („*Aus meiner Sicht eine fantastische Ensembleleistung, die Schauspieler haben sehr unterschiedliche Situationen (von intimen Begegnungen bis zu Panoramabildern) eindrucksvoll verkörpert.*"). Auch dieser Beitrag zeichnet sich – wie die meisten anderen – durch eine monologische Struktur, einen ernsten Interaktionsmodus, begründete Bewertungen (statt einfacher Geschmacksäußerungen) und eine fehlende Adressatenspezifik aus.

Im zwölften Beitrag („*Friedemann Knizia*" am *28.10.13 um 19:18*) findet sich eine differenzierte und uneindeutige (wenn auch insgesamt durch den Abschluss des Beitrags eher negative) Gesamtbewertung, die nicht nur das Thema des Stücks positiv als „*dialektisch*" bewertet, sondern zugleich selbst dialektisch aufgebaut ist. Argumentationsstrukturell beginnt die Beitragende mit einer Positivbewertung des zu Grunde liegenden Themas („*Ein interessantes Thema, nachdenkenswert, dialektisch, aktuell, man ertappt sich immer wieder in einem selbst verdächtige Momente fraglicher Identifikation zu geraten*") und einzelner Inszenierungsideen und -umsetzungen („*gute Regieideen, um mit wenigen Basics der Bühnenausstattung vielfältige Bedeutungsebenen zu inszenieren.*"), bevor sie je indirekt Überlängen („*Geduld wird abverlangt*") und die schauspielerische Leistung (wenn auch nicht ganz eindeutig) kritisiert („*Trotzdem wird Zuschauern - und auch Schauspielern? - anfangs wie mittig viel abverlangt an Geduld, was letztendlich an Frische zum spannungsgeladenen Ende fehlt.*"). Am Ende unterstreicht sie noch einmal die negative Bewertung mit fehlender Kurzweiligkeit („*Theater kann, soll, muss immer wieder anstrengend sein, aber muss man das durch Überlange erzeugen? Weniger wäre mehr.*"), wodurch der Eindruck einer eher negativen Gesamtbewertung erzeugt wird. Trotz der Verwendung von Fragezeichen zeigt sich auch hier keine dialogische Struktur, da das erste („*und auch Schauspielern?*") m.E. als (epistemischer) Indifferenzierheitsmarker interpretiert werden kann und das zweite („*aber muss man das durch Überlange erzeugen?*") eine rhetorische Frage abschließt, die keine Beantwortung relevant setzt. Einschränkend könnte man jedoch spekulieren, ob nicht ein uneindeutiger, dialektischer und mit epistemischen Indifferenziertheitsmarkern versehener Beitrag strukturell dialogisch zu werten ist, weil die eigenen unabgeschlossenen und protokollierten Abwägungsprozesse einer Auseinandersetzung mit einem Gegenüber bedürfen, um die eigene Bewertung zu substantiieren resp. zumindest vorläufig abzuschließen.

Der dreizehnte Beitrag („*R. Franz*" am *10.12.13*) ist erst etwa eineinhalb Monate nach dem elften erschienen und weist – wie Beitrag sieben – auf der Basis einer Selbstpositionierung als regelmäßiger und langjähriger Theaterbesucher für eine Bewertungsrechtfertigung und erfahrungsbezogene Maßstabsbestimmung eine negative Gesamtbewertung als primäre Texthandlung auf („*Ich habe seit rund 40 Jahren fast ununterbrochen ein Abo in Köln und bin in dieser Zeit ganze zweimal aus dem Theater gegangen, weil mir das Stück nicht gefallen hat.*"). Und wie in Beitrag vier stellt er diese Bewertung mit dem Vergleich zu einer weiteren Theateraufführung in eine (neue) Kontinuität („*Jetzt allerdings habe ich innerhalb von vier Wochen gleich zweimal das Theater vorzeitig verlassen: Beim ‚nackten Wahnsinn' wäre ich um ein Haar selbst hysterisch geworden, und heute, im ‚Streik' war ich nach 40 Minuten unendlich gelangweilt*"), wobei sich diese auf die Gesamtbewertung und nicht die Bewertungsaspekte bezieht, da die zum Vergleich herangezogene Aufführung eher als zu hektisch und die Aufführung von „Der Streik" als zu langatmig und langweilig charakterisiert wird („*(vielleicht hätte man beide Stücke mischen sollen?)*"). Mit der abschließenden rhetorischen Frage „*Wo sind die Spielfreude und vor allem die sinnlichen Erlebnisse geblieben?*" unterstreicht der Akteur noch mal die negative Gesamtbewertung mit Bezug auf die schauspielerische Darbietung und ein fehlendes Movens in der Inszenierung. Damit liest sich der monologisch ausgerichtete Beitrag wie ein (negativer) Erlebnisbericht.

Im letzten[34], vierzehnten (und zusammen mit dem dritten kürzesten) Beitrag („*Tom*" am *23.04.14*) schreibt der Beitragende erst weitere fast eineinhalb Jahre später im Forum zum Theaterstück und gibt mittels positiver Gesamtbewertung eine Besuchsempfehlung, was m.E. als Adressierung Interessierter interpretiert werden kann („*Also ich finde, ein Besuch lohnt sich. Man muss sich auf jeden Fall selbst ein Bild von der Inszenierung machen.*"), allerdings ohne zu einem Dialog resp. einer Replik einzuladen. Die letzten beiden Sätze könnten auch als ironisch gefärbt charakterisiert werden, wenn nicht die positive Bewertung mitsamt Besuchsempfehlung vorangegangen wäre („*Und als Bonus gibt's ja auch Jörg Ratjen und Niklas Kort ausgiebig im Adamskostüm zu sehen. Schon deswegen lohnt ein Besuch.*"). Gemäß dem Rat, sich „*selbst ein Bild von der Inszenierung [zu] machen*", spart der Beitragende jegliche Begründungen (abgesehen von

---

[34] Zum Ende des Erhebungszeitraums am 07.09.2015.

dem Hinweis auf zwei entblößte männliche Schauspieler) für seine somit als Geschmacksäußerung charakterisierbare Sprachhandlung, die aufgrund dessen als suggestive Bewertungsstrategie (s.o.) gewertet werden kann.

Insgesamt werden bei den 6 positiven, 5 negativen und 2 nicht eindeutigen Gesamtbewertungen der Theaterinszenierung (als Bewertungsgegenstand) als Bewertungskriterien in den 13 Kommentaren in abnehmender Häufigkeit die Inszenierung resp. Regie, die Textgrundlage / die Aussage des Textes resp. des Stücks / das Thema (v.a. Weltbezug, Aktualität), die schauspielerische Leistung, die (fehlende) Kurzweiligkeit, der Theaterort und das/die Bühnenbild(er), die Monologizität und ein (fehlendes) Irritations- und Diskussionspotenzial zur Bewertung herangezogen. Es werden also – neben Kritik und Lob des Theaters als Institution und damit als eigenständiger Bewertungsgegenstand – sowohl konkret beobachtete/wahrgenommene Aspekte (die Inszenierung, die schauspielerische Leistung, der Theaterort und die Bühnenbilder und die (fehlende) Kurzweiligkeit) als ästhetische Bewertungskriterien und interpretatorische Aspekte (Textgrundlage / Aussage des Textes resp. Stücks / Thema sowie (fehlendes) Irritations- und Diskussionspotenzial) als moralische bzw. gesellschaftspolitische Bewertungskriterien herangezogen.

9.5 Fazit

Was lässt sich abschließend nach dieser exemplarischen Textanalyse bezüglich des gesellschaftlichen und diskursiven Stellenwerts der untersuchten Beiträge und im Vergleich zu (bewertenden) Face-to-Face-Gesprächen im Anschluss an Theatererlebnisse konstatieren?

In den Kommunikaten finden sich (ausformulierte) bildungssprachliche Elemente eines „räsonierenden Publikums" (Kapitel 1, i.d.B.), die sich, bis zu einem gewissen Grad, an Rezensionen als Textsorte orientieren. Es gibt aber auch weniger elaborierte Beiträge, die teilweise auf den ersten Blick eine (emotional) entlastende Funktion zu erfüllen scheinen und stärker an mündlicher Kommunikation orientiert sind. Insgesamt werden dabei konkret beobachtete/wahrgenommene Aspekte für eine ästhetische Bewertung des Kunstereignisses und interpretatorische Aspekte für eine gesellschaftspolitisch basierte moralische Bewertung herangezogen. Im Vergleich zu Face-to-Face-Gesprächen (vgl. Kapitel 7, i.d.B.) finden sich fast keine Aushandlungssequenzen, nicht einmal viele dialogische Gesprächsstrukturen, was darauf schließen lässt, dass die untersuchten Kommentarseiten (trotz struktureller Antwort-Funktionen) vorwiegend zur Platzierung unmittelbarer (allerdings vorwiegend intersubjektiv nachvollziehbar begründeter) Eindrücke inkl. bereits abgeschlossener Gesamtbewertung genutzt werden. Es handelt sich somit überwiegend um einzelne für sich stehende, argumentativ vertextete und insofern mit schriftlichen Rezensionen als Textsorte vergleichbare, bewertende Einzeltexte, die mehrfach gesellschaftspolitische Kritik mit einbringen und zudem eine (sprachästhetisch sowie bildungspolitisch) selbstinszenierende Funktion aufweisen. Außerdem werden i.d.R. die zu Grunde gelegten Bewertungsmaßstäbe explizit (mit)geteilt, was in Face-to-Face-Gesprächen unter Bekannten vielfach weniger explizit erfolgt.

9.6 Anhang: Beiträge auf der Theaterwebseite zu „Der Streik" in Köln

23.04.2014 22:20
Tom schrieb zum Stück "Der Streik"
Also ich finde, ein Besuch lohnt sich. Man muss sich auf jeden Fall selbst ein Bild von der Inszenierung machen. Und als Bonus gibt's ja auch Jörg Ratjen und Niklas Kort ausgiebig im Adamskostüm zu sehen. Schon deswegen lohnt ein Besuch.

10.12.2013 22:40
R. Franz schrieb zum Stück "Der Streik"
Ich habe seit rund 40 Jahren fast ununterbrochen ein Abo in Köln und bin in dieser Zeit ganze zweimal aus dem Theater gegangen, weil mir das Stück nicht gefallen hat. Jetzt allerdings habe ich innerhalb von vier Wochen gleich zweimal das Theater vorzeitig verlassen: Beim "nackten Wahnsinn" wäre ich um ein Haar selbst hysterisch geworden, und heute, im "Streik" war ich nach 40 Minuten unendlich gelangweilt (vielleicht hätte man beide Stücke mischen sollen?). Wo sind die Spielfreude und vor allem die sinnlichen Erlebnisse geblieben?

28.10.2013 19:18
Friedemann Knizia schrieb zum Stück "Der Streik"
Ein interessantes Thema, nachdenkenswert, dialektisch, aktuell, man ertappt sich immer wieder in einem selbst verdächtige Momente fraglicher Identifikation zu geraten, gute Regieideen, um mit wenigen Basics der Bühnenausstattung vielfältige Bedeutungsebenen zu inszenieren. Trotzdem wird Zuschauern - und auch Schauspielern ? - anfangs wie mittig viel abverlangt an Geduld, was letztendlich an Frische zum spannungsgeladenen Ende fehlt. Theater kann, soll, muss immer wieder anstrengend sein, aber muss man das durch Überlange erzeugen? Weniger wäre mehr.

21.10.2013 17:18
SCHAUSPIEL KÖLN schrieb zum Stück "Der Streik"
Liebe Abonnentinnen, liebe Abonnenten,
natürlich können wir Ihre Enttäuschung über die ausgefallene Vorstellung DER STREIK gestern sehr gut verstehen. Wir haben die Absage erst spät entschieden, da Herr Reinke noch alles versucht hat, um die Vorstellung zu spielen und wir parallel dazu andere Möglichkeiten geprüft haben, leider unsonst. Selbstverständlich rufen wir normalerweise im Falle einer Absage unsere Abonenntinnen und Abonnenten an. Bitte entschuldigen Sie, dass dies gestern nicht mehr ging, da unsere Kasse sonntags so kurzfristig nicht mehr besetzt werden konnte.
Herzliche Grüße
Ihr Schauspiel Köln

21.10.2013 17:17
Elisabeth Rosenfelder schrieb zum Stück "Der Streik"
Trotz der gigantischen Überlänge (zu lang insbesondere der Monolog von Galt und die Szene vor der Pause) eine beeindruckende Inszenierung. Aus meiner Sicht eine fantastische Ensembleleistung, die Schauspieler haben sehr unterschiedliche Situationen (von intimen Begegnungen bis zu Panoramabildern) eindrucksvoll verkörpert. Sehr imponiert hat mir auch die einfallsreiche Nutzung des einmaligen Spielorts (der hat nun mal seine Tücken, wie die Notwendigkeit akustischer Verstärkung, er hat aber auch seine besonderen Reize, und diese wurden sehr bildstark genutzt): vom Hereinfahren des LKWs, der tribunalartigen Pressekonferenz direkt vor den Zuschauerreihen bis hin zur Einweihung der Brücke mit der Windmaschine und der zauberhaften Eisenbahnfahrt - das war sehr filmisch umgesetzt und beeindruckt nachhaltig.

21.10.2013 15:03
Sabine W. schrieb zum Stück "Der Streik"
Wir waren gestern natürlich auch sehr enttäuscht, dass "der Streik" nicht stattfinden konnte, aber wir möchten uns ausdrücklich bei Herrn Bachmann für die überaus freundliche und nette Behandlung bedanken, Kaffee und Kuchen und viele nette Gespräche sowie eine kleine Führung durch die Hallen zeigten unsere Meinung nach keinen mangelnden Respekt, ganz im Gegenteil. Wir wünschen Herrn Reinke alles Gute und freuen uns auf das nächste Mal.

21.10.2013 12:27
François Ruiz schrieb zum Stück "Der Streik"
für den 20/10/2013

Das ein Schauspieler plötzlich krank wird und eine Vorstellung ausfehlt,dafür haben wir natürlich Verständnis und wünschen dem Künstler gute Besserung. Aber wenig Verständnis haben wir ,dass so ein grosses Theater wie Köln nicht in der Lage (oder Wille) ist, mindestens die Abonnenten auzurufen, damit sie nicht umsonst nach Mülheim pilgern müssen . Das bescheidene Theater Bonn schafft es und die Theatergemeinde auch, auch Sonntags.Höflichkeit und Respekt sehen anders aus, oder?

18.10.2013 18:17
Melanie Warncke schrieb zum Stück "Der Streik"
Der Monolog von Galt zu lang? Er war genau richtig! Generell hat mich besonders die Vermischung von Action und stillen Momenten, von laut und leise, von Hektik und Langsamkeit begeistert! Wo kriegt man ein solches Stück mit diesen wahnsinnigen Dimensionen und Kulissen zu sehen? Beeindruckend!

18.10.2013 12:18
Manfred W. Günther schrieb zum Stück "Der Streik"
Der Versuch, Prosa auf die Bühne zu bringen, scheitert meistens, so auch hier. Viel zu lang, insbesondere der Monolog von Galt! Das kann man doch besser zu Hause lesen, wie es ja auch von Rand vorgesehen ist - da helfen auch keine nackten Männer oder Sex im Regen (hat es durch die Decke geregnet oder fand er im Freien statt?) - Wo sind die Dramatiker? Ich habe den Schauspielern kaum ein Wort geglaubt. Sie zeigten auch keinen Spaß am gemeinsamen Spiel (bei diesem Text natürlich allzu verständlich). Ich weiß jetzt allerdings wie Schienen verlegt werden. Insofern doch ein Gewinn.

17.10.2013 09:26
Cora Siewert schrieb zum Stück "Der Streik"
Das Thema: Aktueller denn je. Die Schauspieler: Grandios! Alte bekannte Gesichter, etablierte; aber auch neuer, vielversprechender Nachwuchs. Ich könnte mir keinen atmosphärischeren Ort für diese Inszenierung vorstellen als das ehemalige Carlswerk - gerade hier wirkt der Streik so unglaublich authentisch. Die Bilder auf der Bühne: an Ästhetik nicht zu übertreffen!

16.10.2013 18:58
Günther Damm schrieb zum Stück "Der Streik"
Ich bin maßlos enttäuscht. Nicht jedem Anfang wohnt ein Zauber inne: Mit Der nackte Wahnsinn und Der Streik zwei mal seichte Kost zum Auftakt, Texte ohne Tiefgang, Inszenierungen, die zwanzig Jahre Entwicklung verschlafen zu haben scheinen (mit immerhin ein paar schönen Bildern, etwa zu Beginn von Der Streik) und einigen Mitwirkenden, die man nicht einmal im Schultheater auf die Bühne lassen dürfte. Ich bin fassungslos. Ich habe in den vergangenen 25 Jahren als leidenschaftlicher Theatergänger nur wenige Aufführungen gesehen, die so unterirdisch waren wie Der Streik.
Ich weiß, die Halle ist schwer zu bespielen, gegen die Akustik hilft kein Mikrofon und die hinterlassenen Fußspuren von Karin Beier sind groß. Es ist ein probater Weg, sich dem Vergleich durch eine ganz andere Herangehensweise und ganz andere Textgattungen zu entziehen. Aber tragen müssen Text und Inszenierung doch, Kopf und Sinne verdrehen - in alle Richtungen. Dann erträgt man auch die Akustik.
Ich hoffe auf Texte, die tragen - und Inszenierungen, die mich in anderer Weise sprachlos machen.

16.10.2013 14:43
Jens Breuer schrieb zum Stück "Der Streik"
Den Stellenwert des Buches in den USA können wir aktuell in der Auseinandersetzung zwischen Tea Party und Obama sehen, dabei bezieht sich der Wortführer explizit auf Ayn Rand, vgl. hier: http://www.youtube.com/watch?v=IS_-qbVksG2s

16.10.2013 12:17
weggerannt schrieb zum Stück "Der Streik"
selten so eine feige inszenierung gesehen. mehr stellungnahme (und viel rotstift) hätten diesem 4-stündigem ungetüm gut getan. ein paar stimmungsvolle szenen die zwischendurch serviert werden können über die schwächen der textvorlage nicht hinwegtrösten. viel zu viel zeigefinger-theater-pädagogik für meinen geschmack. ich bin ratlos über die beweggründe des regieteams.

16.10.2013 01:51
Peter Bach schrieb zum Stück "Der Streik"
Besser wäre es natürlich gewesen, gleich an der von Jens Groß angebotenen Diskussion teilzunehmen.

Aber es war nicht nur eine großartige und anregende Inszenierung, es war auch anstrengend - und es war ganz gut, die Eindrücke etwas ordnen zu können.

Im Hinausgehen sagte jemand, wenn Phillip Rösler vor der Wahl diese Rede (von John Galt) gehalten hätte, hätte die FDP 10 Prozent bekommen. Da ist meiner Meinung etwas Wahres dran. Nicht in dem Sinne, dass ich die Meinung von Galt teilen würde, aber in dem Sinne, dass es löblich ist, einen klaren Standpunkt zu äußern und nicht rumzueiern.

Das Stück läd ein, um klare Standpunkte zu ringen und zwar so, dass darin die die Grautöne sichtbar werden.

Wie das freie Unternehmertum für Freiheit des Denkens plädiert, für das Abenteuer und die mutigen Wagnisse, fördert die Gemeinwohl-Gesellschaft die Mittelmäßigkeit. Das ist heute nicht mehr ganz so, wie in der ersten Hälfte des 20. Jahrhunderts, aber immerhin.

Ich habe das Buch von Ayn Rand nicht gelesen. Mir reicht das Pladoyer, das ich Ihrer Inszenierung entnehme, für klare Standpunkte zu streiten. Dazu sind die Reden von John Galt, Ellis Wyatt echte Highlights und der Gewerkschaftsboss ist aus dem wirklichen Leben gegriffen. Insofern behandelten für mich "Der Gute Mensch von Sezuan" und "Der Streik" ein ähnliches Problem - mit unterschiedlichen Standpunkten der Autoren.

Worüber ich gern mit Ihnen diskutiert hätte: Sie karrikieren letztlich beide Positionen, zwei sich abwechselnd in den Vordergrund schiebende Varianten bürgerlicher Herrschaft. Was für eine Dritte lassen Sie über dem Stück schweben?

Vielleicht spielen dann doch die eine Rolle, die in dem Stück die Schweigsamen und Arbeitenden sind.

Als in der Schlussszene die Zigarette vom LKW geworfen wurde, dachte ich unwillkürlich, das müsste eine Benzinlache sein, in die sie fällt. Es hätte gepasst. Das wäre dann wohl selbst für eine Industriehalle zu weit gegangen.

Ich finde Theater an Orten, an denen das Leben Theater spielt oder gespielt hat, sehr anregend und freue mich auf die nächsten Inszenierungen.

Peter Bach

Anmerkung der Redaktion:
Es handelt sich hier nicht um den gleichnamigen Sprecher des Kölner Kulturrates.

Literaturverzeichnis

Agar, Michael (1980): Getting Better Quality Stuff: Methodological Competition in an Interdisciplinary Niche. *Urban Life* 9(1), 34–50.
Agha, Asif (2004): Registers of Language. In Alessandro Duranti (Hg.), *A Companion to Linguistic Anthropology*, 23–45. Malden u.a.: Blackwell.
Amann, Klaus & Stefan Hirschauer (1997): Die Befremdung der eigenen Kultur. Ein Programm. In Stefan Hirschauer & Klaus Amann (Hg.), *Die Befremdung der eigenen Kultur. Zur ethnographischen Herausforderung soziologischer Empirie*, 7–52. Frankfurt a.M.: Suhrkamp.
Androutsopoulos, Jannis (2007): Neue Medien – Neue Schriftlichkeit? *Mitteilungen des Deutschen Germanistenverbandes* 54, 72–97.
Androutsopoulos, Jannis (2016): Mediatisierte Praktiken. Zur Rekontextualisierung von Anschlusskommunikation in den Sozialen Medien. In Arnulf Deppermann, Helmuth Feilke & Angelika Linke (Hg.), 337–368.
Androtsopoulos, Jannis K. & Gurly Schmidt (2002): SMS-Kommunikation. Ethnografische Gattungsanalyse am Beispiel einer Kleingruppe. *Zeitschrift für Angewandte Linguistik (ZfAL)* 36, 49–80.
Androutsopoulos, Jannis & Jessica Weidenhöffer (2015): Zuschauer-Engagement auf Twitter. Handlungskategorien der rezeptionsbegleitenden Kommunikation am Beispiel von #tatort. *Zeitschrift für Angewandte Linguistik (ZfAL)* 62(1), 23–59.
Androutsopoulos, Jannis, Jens Runkehl, Peter Schlobinski & Torsten Siever (Hg.) (2006): *Neuere Entwicklungen in der Internetforschung. Zweites internationales Symposium zur gegenwärtigen linguistischen Forschung über computervermittelte Kommunikation, Universität Hannover, 4.–6. Oktober 2004* (= Germanistische Linguistik 186–187). Hildesheim u.a.: Olms.
Antaki, Charles, Hannele Houtkoop-Steenstra & Mark Rapley (2000): „Brilliant. Next Question…". High-Grade Assessment Sequences in the Completion of Interactional Units. *Research on Language and Social Interaction* 33(3), 235–262.
Antos, Gerd (1995): Sprachliche Inszenierung von „Expertenschaft" am Beispiel wissenschaftlicher Abstracts. Vorüberlegungen zu einer systemtheoretischen Textproduktionsforschung. In Eva-Maria Jakobs, Dagmar Knorr & Sylvie Molitor-Lübbert (Hg.), *Wissenschaftliche Textproduktion. Mit und ohne Computer*, 113–127. Frankfurt a.M. u.a.: Lang.
Atkinson, Max (1984): *Our masters voices. The language and body language of politics*. London, New York: Routledge.
Auer, Peter (1999): *Sprachliche Interaktion. Eine Einführung anhand von 22 Klassikern*. Berlin u.a.: de Gruyter.
Auer, Peter & Susanne Uhmann (1982): Aspekte der konversationellen Organisation von Bewertungen. *Deutsche Sprache* 1, 1–32.
Ayaß, Ruth (2011): Kommunikative Gattungen, mediale Gattungen. In Stephan Habscheid (Hg.), *Textsorten, Handlungsmuster, Oberflächen*, 275–295. Berlin u.a.: de Gruyter.
Ayaß, Ruth (2012): Communicative activities during the television reception. General and genre specific structures of recipients' talk. In Ruth Ayaß & Cornelia Gerhardt (Hg.), 23–46.
Ayaß, Ruth (2016): Medienethnografie. In Stefanie Averbeck-Lietz & Michael Meyen (Hg.), *Handbuch nicht standardisierte Methoden in der Kommunikationswissenschaft*, 335–346. Wiesbaden: VS.

Ayaß, Ruth & Cornelia Gerhardt (Hg.) (2012): *The Appropriation of Media in Everyday Life.* Amsterdam & Philadelphia: Benjamins.
Ayaß, Ruth & Christian Meyer (Hg.) (2012): *Sozialität in Slow Motion. Theoretische und empirische Perspektiven. Festschrift für Jörg Bergmann.* Wiesbaden: VS.
Ayaß, Ruth & Christian Meyer (2012a): Einleitung. In Ruth Ayaß & Christian Meyer (Hg.), 11–18.
Baecker, Dirk (2005): Kunst, Theater und Gesellschaft. "dramaturgie". *Zeitschrift der Dramaturgischen Gesellschaft* 2, 9–15.
Baecker, Dirk (2013): *Wozu Theater?* Berlin: Theater der Zeit.
Bahr, Amrei (2013): *Funktionen der Kunst.* Veröffentlicht auf kubi-online: http://www.kubi-online.de (17.09.2015).
Bailey, Guy, Jan Tillery & Claire Andres (2005): Some effects of transcribers on data in dialectology. *American Speech* 80(1), 3–21.
Bakhtin, Mikhail M. (1986): The problem of speech genres. In Mikhail M. Bakhtin, *Speech genres and other late essays*, 60–102. Hg. v. Caryl Emerson. Unter Mitarbeit v. Vern W. MacGee. Austin, Texas: University of Texas.
Baldauf, Heike (2001): Strukturen und Formen des Fernsehbegleitenden Sprechens. In Werner Holly, Ulrich Püschel & Jörg Bergmann (Hg.), 61–82.
Baldauf-Quilliatre, Heike (2012): „Das ist X". Ein Format expliziter Bewertungen und seine Varianten. In Deutscher Akademischer Austauschdienst (DAAD) (Hg.), *Zukunftsfragen der Germanistik. Beiträge der DAAD-Germanistentagung 2011 mit den Partnerländern Frankreich, Belgien, Niederlande, Luxemburg*, 210–224. Göttingen: Wallstein.
Balme, Christopher (2014): *Einführung in die Theaterwissenschaft.* 5. neu bearbeit. und erw. Aufl. Berlin: Schmidt.
Bateson, Gregory (1972): *Steps to an Ecology of Mind.* New York: Chandler.
Bayer, Klaus (1982): Mit Sprache bewerten. *Praxis Deutsch. Zeitschrift für den Deutschunterricht* (53), 15–25.
Bell, Alan (1984): Language style as audience design. *Language in Society* 13, 145–204.
Bendel Larcher, Sylvia (2015): *Linguistische Diskursanalyse: Ein Lehr- und Arbeitsbuch.* Tübingen: Narr.
Berger, Peter L. & Thomas Luckmann (1969/2004): *Die gesellschaftliche Konstruktion der Wirklichkeit.* 20. Aufl. Frankfurt a.M.: Fischer.
Berger, Peter L. & Thomas Luckmann (1969/2012): *Die gesellschaftliche Konstruktion der Wirklichkeit.* 24. Aufl. Frankfurt a.M.: Fischer.
Bergmann, Jörg (1981): Ethnomethodologische Konversationsanalyse. In Peter Schröder & Hugo Steger (Hg.), *Dialogforschung* (= Jahrbuch 1980 des Instituts für Deutsche Sprache), 9–51. Düsseldorf: Schwann.
Bergmann, Jörg (1985): Flüchtigkeit und methodische Fixierung sozialer Wirklichkeit. Aufzeichnungen als Daten der interpretativen Soziologie. In Wolfgang Bonß & Heinz Hartmann (Hg.), *Entzauberte Wissenschaft: Zur Relativität und Geltung soziologischer Forschung* (= Sonderband 3 der Zeitschrift *Soziale Welt*), 299–320. Göttingen: Schwartz.
Bergmann, Jörg (1987): *Klatsch. Zur Sozialform der diskreten Indiskretion.* Berlin u.a.: de Gruyter.
Bergmann, Jörg (1987a): Klatsch. Zur Beziehungsstruktur und Interaktionsdynamik einer Gattung der alltäglichen Kommunikation. *Der Deutschunterricht* 39(6), 69–82.
Bergmann, Jörg (1988): *Ethnomethodologie und Konversationsanalyse. Kurseinheit 1 und 2.* 2 Bde. Hagen: FernUniversität GHS Hagen.

Bergmann, Jörg (1990): On the local sensitivity of conversation. In Ivana Markovà & Klaus Foppa (Hg.), *In the Dynamics of Dialogue*, 201–226. New York u.a.: Harvester Wheatsheaf.

Bergmann, Jörg (1993): Alarmiertes Verstehen: Kommunikation in Feuerwehrnotrufen. In Thomas Jung & Stefan Müller-Doohm (Hg.), *„Wirklichkeit" im Deutungsprozeß. Verstehen und Methoden in den Kultur- und Sozialwissenschaften*, 283–328. Frankfurt a.M.: Suhrkamp.

Bergmann, Jörg (1994): Ethnomethodologische Konversationsanalyse. In Gerd Fritz & Franz Hundsnurscher (Hg.), *Handbuch der Dialoganalyse*, 3–16. Tübingen: Niemeyer.

Bergmann, Jörg (2000): Reinszenierungen in der Alltagsinteraktion. In Ulrich Streeck (Hg.), *Erinnern, Agieren und Inszenieren. Enactments und szenische Darstellungen im therapeutischen Prozeß*, 203–221. Göttingen: Vandenhoeck & Ruprecht.

Bergmann, Jörg (2001): Das Konzept der Konversationsanalyse. In Klaus Brinker, Gerd Antos, Wolfgang Heinemann & Svend F. Sager (Hg.), 919–927.

Bergmann, Jörg (2006): Qualitative Methoden der Medienforschung – Einleitung und Rahmung. In Ruth Ayaß & Jörg Bergmann, (Hg.), *Qualitative Methoden der Medienforschung*, 13–41. Reinbek b. Hamburg: Rowohlt.

Bergmann, Jörg (2010): Ethnomethodologische Konversationsanalyse. In Ludger Hoffmann (Hg.), *Sprachwissenschaft. Ein Reader*. 3. aktual. und erw. Aufl., 258–274. Berlin u.a.: de Gruyter.

Bergmann, Jörg & Thomas Luckmann (1995): Reconstructive Genres of Everyday Communication. In Uta M. Quasthoff (Hg.), *Aspects of oral communication*, 289–304. Berlin u.a.: de Gruyter.

Bergmann, Jörg & Thomas Luckmann (Hg.) (1999): *Kommunikative Konstruktion von Moral*. Bd. 1: *Struktur und Dynamik der Formen moralischer Kommunikation*. Opladen: Westdeutscher Verlag.

Bergt, Svenja & Martin Welker (2013): Online-Feedback als Teil redaktioneller Qualitätsprozesse von Tageszeitungen – eine Inhaltsanalyse von Leserkommentaren in einer quantitativen Inhaltsanalyse für Online-Kommentare bei ausgewählten Online-Zeitungen. In Claudia Fraas, Stefan Meier & Christian Pentzold (Hg.), 346–363.

Boenisch, Vasco (2008): *Was soll Theaterkritik? Was Kritiker denken und Leser erwarten. Aufgabe, Arbeitsweise und Rezeption deutscher Theaterkritik im 21. Jahrhundert*. Diss. LMU München.

Bortz, Jürgen & Nicola Döring (2003): *Forschungsmethoden und Evaluation*. Berlin u.a.: Springer.

Bosse, Heinrich (2015): Öffentlichkeit im 18. Jahrhundert. Habermas revisited. In AG Medien der Kooperation (Hg.), *Medien der Kooperation*, 81–97 (= Navigationen 15(1)).

Bourdieu, Pierre (1979/2013): *Die feinen Unterschiede. Kritik der gesellschaftlichen Urteilskraft*. Frankfurt a.M.: Suhrkamp. [franz. Originalausg. 1979].

Bourdieu, Pierre (1992): Ökonomisches, kulturelles und soziales Kapital. In Pierre Bourdieu (Hg.), *Die verborgenen Mechanismen der Macht*, 49–75. Hamburg: VSA.

Brinker, Klaus, Gerd Antos, Wolfgang Heinemann & Svend F. Sager (Hg.) (2000): *Text- und Gesprächslinguistik. Ein internationales Handbuch zeitgenössischer Forschung*. 1. Halbbd. Berlin u.a.: de Gruyter.

Brinker, Klaus, Gerd Antos, Wolfgang Heinemann & Svend F. Sager (Hg.) (2001): *Text- und Gesprächslinguistik: Ein internationales Handbuch zeitgenössischer Forschung*. 2. Halbbd. Berlin u.a.: de Gruyter.

Broth, Mathias (2011): The theatre performance as interaction between the actors and their audience. *Nottingham French Studies* 50(2), 113–133.
Brown, Penelope & Stephen C. Levinson (1978): Universals in Language Usage: Politeness Phenomena. In Esther N. Goody (Hg.), *Questions and Politeness*, 56–289. Cambridge: Cambridge University Press.
Brown, Penelope & Stephen C. Levinson (1979): Social structure, groups, and interaction. In Klaus R. Scherer & Howard Giles (Hg.), *Social markers in speech*, 291–342. Cambridge: Cambridge University Press.
Bruder, Kurt A. & Ozum Ucok (2000): Interactive Art Interpretation: How Viewers Make Sense of Paintings in Conversation. *Symbolic Interaction* 23(4), 337–358.
Bühler, Karl (1934/1982): *Sprachtheorie. Die Darstellungsfunktion der Sprache*. Stuttgart, New York: Fischer 1982 [ungekürzter Neudr. d. Ausg. Jena 1934].
Burdick, Anne, Johanna Drucker, Peter Lunenfeld, Todd Presner & Jeffrey Schnapp (2012): *Digital_Humanities*. Cambridge, Mass., London: MIT Press.
Burger, Harald (2001): Gespräche in den Massenmedien. In Klaus Brinker, Gerd Antos, Wolfgang Heinemann & Svend F. Sager (Hg.), 1492–1505.
Burger, Harald (2005): *Mediensprache. Eine Einführung in Sprache und Kommunikationsformen der Massenmedien*. Berlin u.a.: de Gruyter.
Burzan, Nicole, Brigitta Lökenhoff, Uwe Schimank & Nadine M. Schöneck (2008): *Das Publikum der Gesellschaft. Inklusionsverhältnisse und Inklusionsprofile in Deutschland*. Wiesbaden: VS.
Buss, Mareike (2009): Alles Theater? Konfigurationen der Theatermetapher in aktuellen kulturwissenschaftlichen und linguistischen Diskursen. In Mareike Buss, Stephan Habscheid, Sabine Jautz, Frank Liedtke & Jan Georg Schneider (Hg.), *Theatralität des sprachlichen Handelns. Eine Metaphorik zwischen Linguistik und Kulturwissenschaften*, 37–57. München: Fink.
Busse, Dietrich (2012): *Frame-Semantik. Ein Kompendium*. Berlin u.a.: de Gruyter.
Busse, Dietrich (2015): *Sprachverstehen und Textinterpretation. Grundzüge einer verstehenstheoretisch reflektierten interpretativen Semantik*. Wiesbaden: VS.
Bußmann, Hadumod (Hg.) (2002): *Lexikon der Sprachwissenschaft*. 3., aktual. und erw. Aufl. Stuttgart: Kröner.
Butterworth, Judith (2015): *Redewiedergabeverfahren in der Interaktion. Individuelle Variation bei der Verwendung einer kommunikativen Ressource*. Heidelberg: Winter.
Buttny, Richard & Jodi R. Cohen (2007): Drawing on the Words of Others at Public Hearings. Zoning, Wal-Mart, and the Threat to the Aquifer. *Language in Society* 36(5), 735–756.
Candlin, Christopher N. (2000/2014): General Editor's Preface. In Justine Coupland (Hg.), xiii–xx.
Cassirer, Ernst (1965): *Wesen und Wirkung des Symbolbegriffs*. Darmstadt: Wissenschaftliche Buchgesellschaft.
Charlton, Michael & Michael Klemm (1998): Fernsehen und Anschlußkommunikation. In Walter Klingler, Gunnar Roters & Oliver Zöllner (Hg.), *Fernsehforschung in Deutschland. Themen – Akteure – Methoden*, 709–727. Baden-Baden: Nomos.
Christmann, Gabriela B. (1999): ‚Sich-Beklagen' in Ökologiegruppen. In Jörg Bergmann & Thomas Luckmann (Hg.), 151–173.
Christmann, Gabriela B. (1999a): Umweltschützer mokieren sich. In Jörg Bergmann & Thomas Luckmann (Hg.), 275–299.

Clift, Rebecca (2007): Getting there first. Non-narrative reported speech in interaction. In Elizabeth Holt & Rebecca Clift (Hg.), 120–149.
Coseriu, Eugenio (1981): *Textlinguistik. Eine Einführung.* Tübingen: Narr.
Coulmas, Florian (1986): Kinds of reported speech. In Florian Coulmas (Hg.), *Direct and indirect speech*, 2–28. Berlin u.a.: de Gruyter.
Couper-Kuhlen, Elizabeth (2007): Assessing and accounting. In Elizabeth Holt & Rebecca Clift (Hg.), 81–119.
Coupland, Justine (Hg.) (2000/2014): *Small Talk.* London, New York: Routledge. [Erstausg. 2000 Pearson Education Limited].
Coupland, Justine (2000/2014a): Introduction: sociolinguistic perspectives on small talk. In Justine Coupland (Hg.), 1–25.
Coupland, Justine (2000/2014b): Introduction to Part I. In Justine Coupland (Hg.), 29–31.
De Fina, Anna & Sabina Perrino (2011): Introduction: Interviews vs. ‚natural' contexts: A false dilemma. *Language in Society* 40, 1–11.
Deppermann, Arnulf (1997): Gesprächsanalyse als explikative Konstruktion – Ein Plädoyer für eine reflexive Ethnomethodologie. *Paper 9 des Forschungsschwerpunkts „Familien-, Jugend- und Kommunikationssoziologie".* Universität Frankfurt a.M.
Deppermann, Arnulf (2000): Ethnographische Gesprächsanalyse. Zu Nutzen und Notwendigkeit von Ethnographie für die Konversationsanalyse. *Gesprächsforschung – Online-Zeitschrift zur verbalen Interaktion* 1, 96–124. www.gespraechsforschung-ozs.de (07.02.2018).
Deppermann, Arnulf (2008): *Gespräche analysieren. Eine Einführung.* 4. Aufl. Wiesbaden: VS.
Deppermann, Arnulf (2013): Analytikerwissen, Teilnehmerwissen und soziale Wirklichkeit in der ethnographischen Gesprächsanalyse. In Martin Hartung & Arnulf Deppermann (Hg.), *Gesprochenes und Geschriebenes im Wandel der Zeit. Festschrift für Johannes Schwitalla*, 32–59. Mannheim: Verlag für Gesprächsforschung.
Deppermann, Arnulf (2013a): Interview als Text vs. Interview als Interaktion. *Forum: Qualitative Sozialforschung* 14(3), Art. 13.
Deppermann, Arnulf (2015): Wissen im Gespräch: Voraussetzung und Produkt, Gegenstand und Ressource. *InLiSt. Interaction and Linguistic Structures* 57, 1–31. Universität Bayreuth. http://www.inlist.uni-bayreuth.de/issues/57/index.htm (07.02.2018).
Deppermann, Arnulf & Gabriele Lucius-Hoene (2005): Trauma erzählen. Kommunikative, sprachliche und stimmliche Verfahren der Darstellung traumatischer Erlebnisse. *Psychotherapie und Sozialwissenschaften* 1, 35–73.
Deppermann, Arnulf & Axel Schmidt (2001): Hauptsache Spaß – Zur Eigenart der Unterhaltungskultur Jugendlicher. In Eva Neuland (Hg.), 27–37.
Deppermann, Arnulf & Axel Schmidt (2016): Partnerorientierung zwischen Realität und Imagination. Anmerkungen zu einem zentralen Konzept der Dialogtheorie. *Zeitschrift für germanistische Linguistik (ZGL)* 44(3), 369–405.
Deppermann, Arnulf & Thomas Spranz-Fogasy (2001): Aspekte und Merkmale der Gesprächssituation. In Klaus Brinker, Gerd Antos, Wolfgang Heinemann & Svend F. Sager (Hg.), 1148–1161.
Deppermann, Arnulf, Helmuth Feilke & Angelika Linke (Hg.) (2016): *Sprachliche und kommunikative Praktiken* (= Jahrbuch 2015 des Instituts für deutsche Sprache). Berlin u.a.: de Gruyter.

Deppermann, Arnulf, Helmuth Feilke & Angelika Linke (2016a): Sprachliche und kommunikative Praktiken. Eine Annäherung aus linguistischer Sicht. In Arnulf Deppermann, Helmuth Feilke & Angelika Linke (Hg.), 1–23.
DFG (2015): *Handreichung: Empfehlungen zu datentechnischen Standards und Tools bei der Erhebung von Sprachkorpora.* http://www.dfg.de/download/pdf/foerderung/grundlagen_dfg_foerderung/informationen_fachwissenschaften/geisteswissenschaften/standards_sprachkorpora.pdf (29.08.2017).
DFG (2015a): *Handreichung: Informationen zu rechtlichen Aspekten bei der Handhabung von Sprachkorpora.* http://www.dfg.de/download/pdf/foerderung/grundlagen_dfg_foerderung/informationen_fachwissenschaften/geisteswissenschaften/standards_recht.pdf (29.08.2017).
Dimitrova, Marijka (2014): Zur (text)linguistischen Analyse von Rezensionen im Internet. Zur Charakteristik der Textsorte „Rezension". In Ewa Zebrowska, Mariola Jaworska & Dirk Steinhoff (Hg.), *Materialität und Medialität der sprachlichen Kommunikation. Akten des 47. Linguistischen Kolloquiums in Olsztyn 2012*, 89–101. Frankfurt a.M. u.a.: Lang.
Dittmann, Jürgen (1979): Einleitung. Was ist, zu welchen Zwecken und wie treiben wir Konversationsanalyse? In Jürgen Dittmann (Hg.), *Arbeiten zur Konversationsanalyse*, 1–44. Tübingen: Niemeyer.
Dittmar, Norbert (2009): *Transkription. Ein Leitfaden mit Aufgaben für Studenten, Forscher und Laien.* 3. Aufl. Wiesbaden: VS.
Dorostkar, Niku & Alexander Preisinger (2013): Kritische Online-Diskursanalyse. Medienlinguistische und diskurshistorische Ansätze zur Untersuchung von Leserkommentarforen. In Claudia Fraas, Stefan Meier & Christian Pentzold (Hg.), 313–345.
Dreschke, Anja, Ilham Huynh, Raphaela Knipp & David Sittler (Hg.) (2016): *Reenactments. Medienpraktiken zwischen Wiederholung und kreativer Aneignung.* Bielefeld: transcript.
Drew, Paul (1989): Recalling someone from the past. In Derek Roger & Peter Bull (Hg.), *Conversation: An Interdisciplinary Perspective*, 96–115. Clevedon: Multilingual Matters.
Ehlich, Konrad (Hg.) (1980): *Erzählen im Alltag.* Frankfurt a.M.: Suhrkamp.
Ehlich, Konrad (1993): Kommunikation. In Helmut Glück (Hg.), *Metzler Lexikon Sprache*, 315–317. Stuttgart: Metzler.
Ehlich, Konrad (2007*)*: *Sprache und sprachliches Handeln. Bd. 1: Pragmatik und Sprachtheorie.* Berlin u.a.: de Gruyter.
Ehlich, Konrad & Jochen Rehbein (1972/1975): Erwarten. In Dieter Wunderlich (Hg.), *Linguistische Pragmatik*, 99–114. 2. Aufl. Frankfurt a.M.: Athenäum [Erstaufl. 1972].
Ehlich, Konrad & Jochen Rehbein (1976): Halbinterpretative Arbeitstranskription – HIAT. *Linguistische Berichte* 45, 21–41.
Ehlich, Konrad & Jochen Rehbein (1980): Sprache in Institutionen. In Hans Peter Althaus, Helmut Henne & Herbert Ernst Wiegand (Hg.), *Lexikon der germanistischen Linguistik.* 2. vollst. neu überarb. und erw. Aufl., 338–345. Tübingen: Niemeyer.
Enfield, Nick J. (2013): Reference in conversation. In Jack Sidnell & Tanya Stivers (Hg.), *Handbook of conversation analysis*, 433–454. Chichester, Malden: Wiley-Blackwell.
Engel, Ulrich (1988/1996): *Deutsche Grammatik.* 3. korr. Aufl. Heidelberg: Groos.
Erickson, Frederick (1982): Money tree, lasagna bush, salt and pepper. Social constructions of topical cohesion in a conversation among Italian-Americans. In Deborah Tannen (Hg.), *Analysing Discourse: Text and talk.* Washington, D.C.: Georgetown University Press.
Fairclough, Norman (1995): *Media Discourse.* London u.a.: Arnold.

Faßnacht, Gerhard (1979): *Systematische Verhaltensbeobachtung. Eine Einführung in die Methodologie und Praxis*, 43–70. München, Basel: Reinhardt.

Fasulo, Alessandra & Chiara Monzoni (2009): Assessing Mutable Objects. A Multimodal Analysis. In Anna Lindström & Lorenza Mondada (Hg.), 362–376.

Fehrmann, Gisela & Erika Linz (2004): Resistenz und Transparenz der Zeichen. Der verdeckte Mentalismus in der Sprach- und Medientheorie. In Jürgen Fohrmann & Erhard Schüttpelz (Hg.), *Die Kommunikation der Medien*, 81–104. Tübingen: Niemeyer.

Fehrmann, Gisela, Erika Linz, Eckhard Schumacher & Brigitte Weingart (2004): Originalkopie. Praktiken des Sekundären. Eine Einleitung. In Gisela Fehrmann, Erika Linz, Eckhard Schumacher & Brigitte Weingart (Hg.), *Originalkopie. Praktiken des Sekundären*, 7–17. Köln: DuMont.

Feilke, Helmuth (2013): Bildungssprache und Schulsprache am Beispiel literalargumentativer Kompetenzen. In Michael Becker-Mrotzek, Karen Schramm, Eike Thürmann & Helmut J. Vollmer (Hg.), *Sprache im Fach. Sprachlichkeit und fachliches Lernen*, 113–130. Münster: Waxmann.

Feilke, Helmuth (2014): Sprache, Kultur und kommunikatives Gedächtnis. In Nora Benitt (Hg.), *Kommunikation – Korpus – Kultur. Ansätze und Konzepte einer kulturwissenschaftlichen Linguistik*. Unter Mitarbeit von Christopher Koch, Katharina Müller und Lisa Schüler, 87–108. Trier: WVT Wissenschaftlicher Verlag.

Fetzer, Anita (2000): „Was muss ich machen, wenn ich will, dass der das da macht?" Eine interpersonal orientierte Gesprächsanalyse von ExpertInnen/Laien-Kommunikation. In *Linguistik Online* 5(1). http://www.linguistik-online.com/1_00/FETZER2.HTM (07.02.2018).

Filk, Christian & Holger Simon (Hg.) (2010): *Kunstkommunikation: „Wie ist Kunst möglich?" Beiträge zu einer systematischen Medien- und Kunstwissenschaft*. Berlin: Kadmos.

Filk, Christian & Holger Simon (2010a): „Wie ist Kunst möglich?" Zur Konstitution von Kunstkommunikation. In Christian Filk & Holger Simon (Hg.), 17–35.

Fischer-Lichte, Erika (1997): *Die Entdeckung des Zuschauers. Paradigmenwechsel auf dem Theater des 20. Jahrhunderts*. Tübingen, Basel: Francke.

Fischer-Lichte, Erika (2004): *Ästhetik des Performativen*. Frankfurt a.M.: Suhrkamp.

Fischer-Lichte, Erika (2010): *Theaterwissenschaft. Eine Einführung in die Grundlagen des Faches*. Tübingen, Basel: Francke.

Fischer-Lichte, Erika (2012): *Performativität. Eine Einführung*. Bielefeld: transcript.

Flick, Uwe (2007): *Qualitative Sozialforschung. Eine Einführung*. Reinbek b. Hamburg: Rowohlt.

Flick, Uwe (2010): Gütekriterien qualitativer Forschung. In Günter Mey & Katja Mruck (Hg.), *Handbuch Qualitative Forschung in der Psychologie*, 395–407. Wiesbaden: VS.

Flick, Uwe, Ernst von Kardorff & Ines Steinke (Hg.) (2000): *Qualitative Forschung. Ein Handbuch*. Reinbek b. Hamburg: Rowohlt.

Forsythe, Diana E. (1999): ‚It's Just a Matter of Common Sense': Ethnography as InvisibleWork. *Computer Supported Cooperative Work* 8, 127–145.

Fraas, Claudia & Achim Barczok (2006): Intermedialität – Transmedialität. Weblogs im öffentlichen Diskurs. In Jannis Androutsopoulos, Jens Runkehl, Peter Schlobinski & Torsten Siever (Hg.), 132–160.

Fraas, Claudia, Stefan Meier & Christian Pentzold (2012): *Online-Kommunikation. Grundlagen, Praxisfelder und Methoden*. München: Oldenbourg.

Fraas, Claudia, Stefan Meier & Christian Pentzold (Hg.) (2013): *Online-Diskurse. Theorien und Methoden transmedialer Online-Diskursforschung*. Köln: von Halem.

Fraas, Claudia, Stefan Meier & Christian Pentzold (2013a): Zur Einführung: Perspektiven einer interdisziplinären transmedialen Diskursforschung. In Claudia Fraas, Stefan Meier & Christian Pentzold (Hg.), 7–34.

Fraas, Claudia, Stefan Meier, Christian Pentzold & Vivien Sommer (2013): Diskursmuster – Diskurspraktiken. Ein Methodeninstrumentarium qualitativer Diskursforschung. In Claudia Fraas, Stefan Meier & Christian Pentzold (Hg.), 102–135.

Freshwater, Helen (2009): *Theatre & Audience*. London: Pagrave Macmillan.

Gansel, Christina (2011): *Textsortenlinguistik*. Göttingen: Vandenhoeck & Ruprecht.

Garfinkel, Harold (1960/2012): Die rationalen Eigenschaften von wissenschaftlichen und Alltagsaktivitäten. Übersetzt von Christian Meyer. In Ruth Ayaß & Christian Meyer (Hg.) (2012), 41–57. [engl. Original „The rational properties of scientific and common sense activities" 1960.]

Garfinkel, Harold (1967): *Studies in Ethnomethodology*. Englewood Cliffs, N.J.: Prentice-Hall.

Garfinkel, Harold (1974): The origins of the term ‚ethnomethodology'. In Roy Turner (Hg.), *Ethnomethodology. Selected readings*, 15–18. Harmondsworth: Penguin Education.

Geiger, Theodor (1971): Das Werturteil – Eine ideologische Aussage. In Hans Albert & Ernst Topitsch (Hg.), *Werturteilsstreit*, 33–43. Darmstadt: Wissenschaftliche Buchgesellschaft.

Gerhardt, Cornelia (2012): Notability: The construction of current events in talk-in-interaction. In Ruth Ayaß & Cornelia Gerhardt (Hg.), 47–77.

Gerlitz, Carolin (2011): Die Like Economy. Digitaler Raum, Daten und Wertschöpfung. In Oliver Leistert & Theo Röhle (Hg.), *Generation Facebook. Über das Leben im Social Net*, 101–122. Bielefeld: transcript.

Gerwinski, Jan (2015): *Der Einsatzort im Kommunikationsvollzug. Zur Einbettung digitaler Medien in multimodale Praktiken der Navigation und Orientierung – am Beispiel der Feuerwehr*. Heidelberg: Winter.

Gießmann, Sebastian & Marcus Burkhardt (2014): Was ist Datenkritik? Zur Einführung. *Mediale Kontrolle unter Beobachtung (MKUB)* 3.1, 1–13. www.medialekontrolle.de (07.02.2018).

Gloning, Thomas (2008): „Man schlürft Schauspielkunst …". Spielarten der Theaterkritik. In Lutz Hagestedt (Hg.), *Literatur als Lust. Begegnungen zwischen Poesie und Wissenschaft. Festschrift für Thomas Anz zum 60. Geburtstag*, 59–86. München: belleville.

Glück, Helmut (2000): *Metzler Lexikon Sprache*. Stuttgart, Weimar: Metzler.

Götze, Lutz, Ernest W.B. Hess-Lüttich & Gerhard Wahrig (2002): *Grammatik der deutschen Sprache. Sprachsystem und Sprachgebrauch*. Gütersloh: Wissen-Media.

Goffman, Erving (1956): *The Presentation of Self in Everyday Life*. Edinburgh: University of Edinburgh.

Goffman, Erving (1963): *Behavior in public places. Notes on the social organization of gatherings*. London: Free Press of Glencoe.

Goffman, Erving (1967): On Face-Work. In Erving Goffman (Hg.), *Interaction Ritual: Essays on face-to-face behavior*, 5–45. Chicago: Aldine Publishing.

Goffman, Erving (1975): *Frame analysis*. Harmondsworth, Middlesex u.a.: Penguin.

Goffman, Erving (1977): *Rahmen-Analyse: Ein Versuch über die Organisation von Alltagserfahrungen*. Frankfurt a.M.: Suhrkamp.

Goffman, Erving (1981): *Forms of talk*. Philadelphia: University of Pennsylvania Press.

Goffman, Erving (1981a): Footing. In Erving Goffman, 124–159.

Gogolin, Ingrid & Joana Duarte (2016): Bildungssprache. In Jörg Kilian, Birgit Brouër & Dina Lüttenberg (Hg.), 478–499.

Goodwin, Charles & Marjorie Harness Goodwin (1987): Concurrent Operations on Talk. Notes on the Interactive Organization of Assessments. *IPRA Papers in Pragmatics* 1(1), 1–54.
Goodwin, Charles & Marjorie Harness Goodwin (1992): Assessments and the construction of context. In Alessandro Duranti & Charles Goodwin (Hg.), *Rethinking context. Language as an interactive phenomenon*, 147–189. Cambridge: Cambridge University Press.
Goodwin, Charles & John Heritage (1990): Conversation Analysis. *Annual Review of Anthropology* 19, 283–307.
Gordon, Cynthia (2012): Beyond the observer's paradox. The audio-recorder as a resource for the display of identity. *Qualitative Research* 13(3), 299–317.
Gülich, Elisabeth (1980): Konventionelle Muster und kommunikative Funktionen von Alltagserzählungen. In Konrad Ehlich (Hg), 335–384.
Gülich, Elisabeth (2007): Mündliches Erzählen. Narrative und szenische Rekonstruktion. In Sylke Lubs, Louis Jonker, Andreas Ruwe & Uwe Weise (Hg.), *Behutsames Lesen. Alttestamentliche Exegese im interdisziplinären Mediendiskurs. Christof Hardmeier zum 65. Geburtstag*, 35–62. Leipzig: Evangelische Verlagsanstalt.
Gülich, Elisabeth (2008): Alltägliches erzählen und alltägliches Erzählen. *Zeitschrift für germanistische Linguistik (ZGL)* 36(3), 403–426.
Gülich, Elisabeth & Ingrid Furchner (2002): Die Beschreibung von Unbeschreibbarem. Eine konversationsanalytische Annäherung an Gespräche mit Anfallskranken. In Inken Keim & Wilfried Schütte (Hg.), *Soziale Welten und kommunikative Stile. Festschrift für Werner Kallmeyer zum 60. Geburtstag*, 161–186. Tübingen: Narr.
Gülich, Elisabeth & Heiko Hausendorf (2012): Träume im Gespräch. Linguistische Überlegungen zur Erzählbarkeit von Träumen. In Friederike Kern, Miriam Morek & Sören Ohlhus (Hg.), *Erzählen als Form – Formen des Erzählens*, 13–47. Berlin u.a.: de Gruyter.
Gülich, Elisabeth & Gabriele Lucius-Hoene (2015): Veränderungen von Geschichten beim Erzählen. Versuch einer interdisziplinären Annäherung an narrative Rekonstruktionen von Schlüsselerfahrungen. In Elke Schumann, Elisabeth Gülich, Gabriele Lucius-Hoene, Stefan Pfänder (Hg.), *Wiedererzählen*, 135–169. Bielefeld: transcript.
Gülich, Elisabeth, Heike Knerich & Katrin Lindemann (2009): Rekonstruktion und (Re-)Interpretation in Krankheitserzählungen. Ein Beitrag aus der linguistischen Gesprächsforschung. *Psychoanalyse. Texte zur Sozialforschung* 13(2), 110–119.
Gülich, Elisabeth, Martin Schöndienst & Volker Surmann (Hg.) (2003): Der erzählte Schmerz. (= Themenheft von *Psychotherapie und Sozialwissenschaft. Zeitschrift für Qualitative Forschung* 5(3)). Göttingen: Vandenhoeck & Ruprecht.
Gülich, Elisabeth, Martin Schöndienst & Volker Surmann (2003a): Schmerzen erzählen Geschichten – Geschichten erzählen Schmerzen. In Elisabeth Gülich, Martin Schöndienst & Volker Surmann (Hg.), 220–249.
Günthner, Susanne (2000): *Vorwurfsaktivitäten in der Alltagsinteraktion*. Tübingen: Niemeyer.
Günthner, Susanne (2002): Stimmenvielfalt im Diskurs. Formen der Stilisierung und Ästhetisierung in der Redewiedergabe. *Gesprächsforschung – Online-Zeitschrift zur verbalen Interaktion* 3, 59–80. www.gespraechsforschung-ozs.de (07.02.2018).
Günthner, Susanne (2005): Fremde Rede im Diskurs. Formen und Funktionen der Polyphonie in alltäglichen Redewiedergaben. In Aleida Assmann (Hg.), *Zwischen Literatur und Anthropologie*, 339–359. Tübingen: Narr.
Günthner, Susanne (2006): Von Konstruktionen zu Kommunikativen Gattungen. Die Relevanz sedimentierter Muster für die Ausführung kommunikativer Aufgaben. *Deutsche Sprache* 34(1–2), 173–190.

Günthner, Susanne (2007): Beschwerdegeschichten: Narrative Rekonstruktionen vergangener Erfahrungen. In Abduzukhur Abduazizov, Iraida Borisova, Hans-Jörg Spitz, Rudolf Suntrup, Adolat Iskhakova (Hg.), *Usbekisch-deutsche Studien II. Indogermanische und außerindogermanische Kontakte in Sprache, Literatur und Kultur. 3. gemeinsame Konferenz des Germanistischen Instituts der Westfälischen Wilhelms-Universität und des Lehrstuhls für Deutsche Philologie der Nationalen Mirzo-Ulugbek-Universität*, 11–34. Berlin: LIT.

Günthner, Susanne (2012): Kleine interaktionale Erzählungen als Ressourcen der Fremd- und Selbststilisierung. In Friederike Kern, Miriam Morek & Sören Ohlhus, *Erzählen als Form – Formen des Erzählens*, 65–83. Berlin u.a.: de Gruyter.

Günthner, Susanne (2013): Sprache und Kultur. In Peter Auer (Hg.), *Sprachwissenschaft. Grammatik – Interaktion – Kognition*, 347–376. Stuttgart, Weimar: Metzler.

Günthner, Susanne (2014): Discourse Genres in Linguistics. The Concept of ‚Communicative Genres'. In Monika Fludernik, Daniel Jacob & Caroline Pirlet (Hg.), *Linguistics and literary studies. Interfaces, encounters, transfers. Linguistik und Literaturwissenschaft: Begegnungen, Interferenzen und Kooperationen*, 307–332. Berlin u.a.: de Gruyter.

Günthner, Susanne & Hubert Knoblauch (1994): „Forms are the food of faith". Gattungen als Muster kommunikativen Handelns. *Kölner Zeitschrift für Soziologie und Sozialpsychologie* 46(4), 693–723.

Günthner, Susanne & Hubert Knoblauch (1996): Die Analyse kommunikativer Gattungen in Alltagsinteraktionen. In Susanne Michaelis & Doris Tophinke (Hg.), *Texte – Konstitution, Verarbeitung, Typik*, 35–57. München u.a.: Lincom Europa.

Günthner, Susanne & Katharina König (2016): Kommunikative Gattungen in der Interaktion. Kulturelle und grammatische Praktiken im Gebrauch. In Arnulf Deppermann, Helmuth Feilke & Angelika Linke (Hg.), 177–203. Berlin u.a.: de Gruyter.

Gunkel, Hermann (1906/2004): Die israelitische Literatur. In Rüdiger Liwak (Hg.), *Hermann Gunkel zur israelitischen Literatur und Literaturgeschichte*, 1–60. Waltrop: Spenner.

Habermas, Jürgen (1962/1990): *Strukturwandel der Öffentlichkeit. Untersuchungen zu einer Kategorie der bürgerlichen Gesellschaft.* Mit einem Vorwort zur Neuauflage 1990. Frankfurt a.M.: Suhrkamp [Originalausg. 1962].

Habermas, Jürgen (1962/2006): *Strukturwandel der Öffentlichkeit. Untersuchungen zu einer Kategorie der bürgerlichen Gesellschaft.* Mit einem Vorwort zur Neuauflage 1990. Neudruck. Frankfurt a.M.: Suhrkamp [Originalausg. 1962].

Habscheid, Stephan (2009): *Text und Diskurs*. Paderborn: Fink.

Habscheid, Stephan (Hg.) (2011): *Textsorten, Handlungsmuster, Oberflächen*. Berlin u.a.: de Gruyter.

Habscheid, Stephan (2012): Sprache gegen Geld. Zur linguistischen Analyse spätkapitalistischer Tauschverhältnisse. In Patrick Vosskamp & Ulrich Schmitz (Hg.), *Sprache und Geld. Beiträge zur Pekunialinguistik*, 41–85 (= Osnabrücker Beiträge zur Sprachtheorie (OBST) 81).

Habscheid, Stephan (2014): Haben sich Sprach- und Literaturwissenschaft heute noch etwas zu sagen? Eine Antwort aus sprachwissenschaftlicher Perspektive – am Beispiel eines gesprächslinguistischen Forschungsprojekts über Pausengespräche im Theater. In Hans-R. Fluck & Jianhua Zhu (Hg.), *Vielfalt und Interkulturalität der internationalen Germanistik. Beiträge des Humboldt-Kollegs Shanghai (25.05. – 28.05.2014). Festgabe für Siegfried Grosse zum 90. Geburtstag*, 73–85. Tübingen: Stauffenburg.

Habscheid, Stephan (Hg.) (2015): *Bewerten im Wandel* (= Thementeil der Zeitschrift für Literaturwissenschaft und Linguistik (LiLi) 45, März 2015).

Habscheid, Stephan (2016): Handeln in Praxis. Hinter- und Untergründe situierter sprachlicher Bedeutungskonstitution. In Arnulf Deppermann, Helmuth Feilke & Angelika Linke (Hg.), 127–151.
Habscheid, Stephan (i. Dr.): Konversation – „Kunst im Niedergang"? In Arnulf Deppermann (Hg.), *Sprache im kommunikativen, interaktiven und kulturellen Kontext*. Teilband zum Kompendium *Germanistische Sprachwissenschaft um 2020* (Arbeitstitel). *Festschrift für Ludwig Eichinger*. Berlin u.a.: de Gruyter.
Habscheid, Stephan, Christine Hrncal, Raphaela Knipp & Erika Linz (Hg.) (2016): *Alltagspraktiken des Publikums: Theater, Literatur, Kunst, Populärkultur*. (= Thementeil der Zeitschrift für Literaturwissenschaft und Linguistik (LiLi) 46, Dezember 2016).
Habscheid, Stephan, Christine Hrncal, Raphaela Knipp & Erika Linz (2016a): Einleitung. In Stephan Habscheid, Christine Hrncal, Raphaela Knipp & Erika Linz (Hg.), 463–468.
Hagemann, Jörg (2009): Tag questions als Evidenzmarker. Formulierungsdynamik, sequentielle Struktur und Funktionen redezuginterner tags. *Gesprächsforschung – Online-Zeitschrift zur verbalen Interaktion* 10, 145–176. www.gespraechsforschung-ozs.de (07.02.2018).
Hammersley, Martyn (2003): ‚Analytics' are No Substitute for Methodology. A Response to Speer and Hutchby. *Sociology* 37(2), 339–351.
Hartmann, Stefan & Nora Sties (2017): Implizite Aggression in Online-Kommentaren anlässlich der Debatte um rassistische Sprache in Kinderbüchern. In Silvia Bonacchi (Hg.), *Verbale Aggression. Multidisziplinäre Zugänge zur verletzenden Macht der Sprache*, 305–328. Berlin u.a.: de Gruyter.
Hartung, Martin (1998): *Ironie in der Alltagssprache. Eine gesprächsanalytische Untersuchung*. Opladen: Westdeutscher Verlag.
Hartung, Martin (2000): Überlegungen zur Untersuchung von Bewertungsprozessen in Gesprächen. In Ingo Warnke (Hg.), *Schnittstelle Text – Diskurs*, 119–131. Frankfurt a.M. u.a.: Lang.
Hartung, Martin (2006): Datenaufbereitung, Transkription, Präsentation. In Jörg Bergmann & Ruth Ayaß (Hg.), *Qualitative Methoden der Medienforschung*, 475–488. Reinbek b. Hamburg: Rowohlt.
Hausendorf, Heiko (2005): Die Kunst des Sprechens über Kunst – Zur Linguistik einer riskanten Kommunikationspraxis. In Peter Klotz & Christine Lubkoll (Hg.), *Beschreibend wahrnehmen, wahrnehmend beschreiben. Sprachliche und ästhetische Aspekte kognitiver Prozesse*, 99–134. Freiburg i.Br., Berlin: Rombach.
Hausendorf, Heiko (2006): Gibt es eine Sprache der Kunstkommunikation? Linguistische Zugangsweisen zu einer interdisziplinären Thematik. In *Paragrana. Internationale Zeitschrift für Historische Anthropologie* 15(2), 65–98.
Hausendorf, Heiko (Hg.) (2007): *Vor dem Kunstwerk. Interdisziplinäre Aspekte des Sprechens und Schreibens über Kunst*. München: Fink.
Hausendorf, Heiko (2007a): Die Sprache der Kommunikation und ihre interdisziplinäre Relevanz. In Heiko Hausendorf (Hg.), 17–51.
Hausendorf, Heiko (2011): Kunstkommunikation. In Stephan Habscheid (Hg.), 509–535.
Hausendorf, Heiko (2012): Soziale Positionierungen im Kunstbetrieb. Linguistische Aspekte einer Soziologie der Kunstkommunikation. In Marcus Müller & Sandra Kluwe (Hg.), 93–123.
Hausendorf, Heiko (2012a): Wie erzählt man einen Traum? Fragmente der Ethnomethodologie der Traumkonversation. In Ruth Ayaß & Christian Meyer (Hg.), 643–660.
Hausendorf, Heiko & Wolfgang Kesselheim (2008): *Textlinguistik fürs Examen*. Göttingen: Vandenhoeck & Ruprecht.

Hausendorf, Heiko & Marcus Müller (2015): Sprache in der Kunstkommunikation. In Ekkehard Felder & Andreas Gardt (Hg.), *Handbuch Sprache und Wissen*, 435–454. Berlin u.a.: de Gruyter.
Hausendorf, Heiko & Marcus Müller (Hg.) (2016): *Handbuch Sprache in der Kunstkommunikation*. Berlin u.a.: de Gruyter.
Hausendorf, Heiko & Marcus Müller (2016a): Formen und Funktionen der Sprache in der Kunst. In Heiko Hausendorf & Marcus Müller (Hg.), 3–48.
Hausendorf, Heiko, Reinhold Schmitt & Wolfgang Kesselheim (Hg.) (2016): *Interaktionsarchitektur, Sozialtopographie und Interaktionsraum*. Tübingen: Narr.
Have, Paul ten (1999): *Doing Conversation Analysis: A Practical Guide*. London u.a.: Sage.
Have, Paul ten (2002): Ontology or methodology? Comments on Speer's ‚natural' and ‚contrived' data: a sustainable distinction? *Discourse Studies* 4(4), 527–530.
Have, Paul ten (2007): *Doing Conversation Analysis. A Practical Guide*. 2. Aufl. London u.a.: Sage.
Hazel, Spencer (2016): The paradox from within. Research participants doing-being-observed. *Qualitative Research* 16(4), 446–467.
Heinemann, Margot (2011): Textlinguistische Typologisierungsansätze. In Stephan Habscheid (Hg.), 257–274.
Helbig, Gerhard & Joachim Buscha (1972/2001): *Deutsche Grammatik. Ein Handbuch für den Ausländerunterricht*. Berlin: Langenscheidt.
Henne, Helmut (1977): Gesprächsanalyse – Aspekte einer pragmatischen Sprachwissenschaft. In Dirk Wegner (Hg.), *Gesprächsanalysen. Vorträge gehalten anläßlich des 5. Kolloquiums des Instituts für Kommunikationsforschung und Phonetik. Bonn, 14.–16.10.1976*, 67–92. Hamburg: Buske.
Herbig, Albert & Barbara Sandig (1994): Das kann doch wohl nur ein Witz sein! Argumentieren, Bewerten und Emotionalisieren im Rahmen persuasiver Strategien. In Markku Moilanen & Liisa Tiittula (Hg.), 59–100.
Heritage, John & Geoffrey Raymond (2005): The Terms of Agreement. Indexing Epistemic Authority and Subordination in Talk-in-Interaction. *Social Psychology Quarterly* 86(1), 15–38.
Hockey, Susan (2004): The History of Humanities Computing. In Susan Schreibman, Ray Siemens & John Unsworth (Hg.), *A Companion to Digital Humanities*. Oxford: Blackwell. http://www.digitalhumanities.org/companion (29.08.2017).
Höflich, Joachim R. (2005): Medien und interpersonale Kommunikation. In Michael Jäckel (Hg.), *Mediensoziologie. Grundfragen und Forschungsfelder*, 69–90. Wiesbaden: VS.
Hölscher, Lucian (1978/2004): Öffentlichkeit. In Otto Brunner, Werner Conze & Reinhart Koselleck (Hg.), *Geschichtliche Grundbegriffe. Historisches Lexikon zur politisch-sozialen Sprache in Deutschland*. Bd. 4, 413–467. Stuttgart: Klett-Cotta [Erstaufl. 1987].
Hörning, Karl H. & Julia Reuter (2004): Doing culture. Kultur als Praxis. In Karl H. Hörning & Julia Reuter (Hg.), *Doing culture. Neue Positionen zum Verhältnis von Kultur und sozialer Praxis*, 9–15. Bielefeld: transcript.
Holly, Werner (2001): „Gehobener Stil" als sozialer Stil. „Das neue Notizbuch" von Johannes Gross als Textbeispiel. In Eva-Maria Jakobs & Annely Rothkegel (Hg.), *Perspektiven auf Stil*, 423–441. Tübingen: Niemeyer.
Holly, Werner (2001a): Beziehungsmanagement und Imagearbeit. In Klaus Brinker, Gerd Antos, Wolfgang Heinemann & Svend F. Sager (Hg.), 1382–1393.
Holly, Werner (2002): Fernsehkommunikation und Anschlusskommunikation. Fernsehbegleitendes Sprechen über Talkshows. In Jens Tenscher & Christian Schicha (Hg.), *Talk auf al-*

len Kanälen. Angebote, Akteure und Nutzer von Fernsehgesprächssendungen, 353–370. Opladen: Westdeutscher Verlag.

Holly, Werner (2007): Schreiben über Film(e). Linguistische Anmerkungen zur Beschreibung und Deutung von Bildern in Filmkritiken. In Heiko Hausendorf (Hg.), 225–242.

Holly, Werner (2011): Medien, Kommunikationsformen, Textsortenfamilien. In Stephan Habscheid (Hg.), 144–165.

Holly, Werner (2015): Diskurse verstehen? Optionen linguistischer Diskurshermeneutik. In Reiner Keller, Werner Schneider & Willy Viehöver (Hg.), *Diskurs, Interpretation, Hermeneutik* (= 1. Beiheft der *Zeitschrift für Diskursforschung*), 86–106. Weinheim, Basel: Beltz.

Holly, Werner (2017): Sprachhandlung und Sprachhandlungsmuster. In Kersten Sven Roth, Martin Wengeler & Alexander Ziem (Hg.), *Handbuch Sprache in Politik und Gesellschaft*, 3–21. Berlin u.a.: de Gruyter.

Holly, Werner & Ulrich Püschel (1993): *Medienrezeption als Aneignung. Methoden und Perspektiven qualitativer Medienforschung*. Wiesbaden: Westdeutscher Verlag.

Holly, Werner, Ulrich Püschel & Jörg Bergmann (Hg.) (2001): *Der sprechende Zuschauer. Wie wir uns Fernsehen kommunikativ aneignen*. Wiesbaden: VS.

Holmes, Janet (2000/2014): Doing collegiality and keeping control at work. Small talk in government departments. In Justine Coupland (Hg.), 32–62.

Holt, Elizabeth (2007): „I'm eyeing your chop up mind". Reporting and enacting. In Elizabeth Holt & Rebecca Clift (Hg.), 47–80.

Holt, Elizabeth & Rebecca Clift (Hg.) (2007): *Reporting talk. Reported speech in interaction*. Cambridge: Cambridge University Press.

Hrncal, Christine & Jan Gerwinski (2015): Bewertungstransformationen in der Anschlusskommunikation im Theater. In Stephan Habscheid (Hg.), 46–65.

Huynh, Ilham (2016): Dramen des Alltags. Formen und Funktionen multimodaler Reenactments in Alltagserzählungen. In Anja Dreschke, Ilham Huynh, Raphaela Knipp & David Sittler (Hg.), 327–344.

Hymes, Dell H. (1972): Toward ethnographies of communication. In Pier Paolo Giglioli (Hg.), *Language and social context. Selected readings*, 21–44. Harmondsworth u.a: Penguin.

Imo, Wolfgang (2009): Konstruktion oder Funktion? Erkenntnisprozessmarker („change-of-state token") im Deutschen. In Susanne Günthner & Jörg Bücker (Hg.), *Grammatik im Gespräch. Konstruktionen der Selbst- und Fremdpositionierung*, 58–86. Berlin u.a.: de Gruyter.

Imo, Wolfgang (2013): *Sprache in Interaktion. Analysemethoden und Untersuchungsfelder*. Berlin u.a.: de Gruyter.

Isenberg, Horst (1978): Probleme der Texttypologie. Variationen und Determination von Texttypen. *Wissenschaftliche Zeitschrift der Pädagogischen Hochschule Leipzig* 27, 565–579.

Isenberg, Horst (1983): Grundfragen der Texttypologie. In Frantisek Danes & Dieter Viehweger (Hg.), *Ebenen der Textstruktur*, 303–343. Berlin: Akademie der Wissenschaften der DDR.

Jäger, Ludwig (2002): Transkriptivität. Zur medialen Logik der kulturellen Semantik. In Ludwig Jäger & Georg Stanitzek (Hg.), *Transkribieren. Medien/Lektüre*, 19–42. München: Fink.

Jäger, Ludwig (2004): Störung und Transparenz. Skizze zur performativen Logik des Medialen. In Sybille Krämer (Hg.), *Performativität und Medialität*, 35–74. München: Fink.

Jäger, Ludwig (2008): Transkriptive Verhältnisse. Zur Logik intra- und intermedialer Bezugnahmen in ästhetischen Diskursen. In Gabriele Buschmeier, Ulrich Konrad, Albrecht Riethmüller (Hg.), *Transkription und Fassung in der Musik des 20. Jahrhunderts. Beiträge*

des Kolloquiums in der Akademie der Wissenschaften und der Literatur, Mainz, 5. -6. März 2004, 103-134. Stuttgart: Steiner.
Jäger, Ludwig (2008a): Transkriptivität. In *transkriptionen. Newsletter des Kulturwissenschaftlichen Forschungskollegs „Medien und kulturelle Kommunikation" SFB/FK 427* 10, Dezember 2008, 8-12.
Jäger, Ludwig (2012): Transkription. In Christina Bartz, Ludwig Jäger, Marcus Krause & Erika Linz (Hg.), *Handbuch der Mediologie. Signaturen des Medialen*, 306-315. München: Fink.
Jäger, Ludwig, Gisela Fehrmann & Meike Adam (2012): Einleitung: Die Bewegung der Medien. In Jäger, Ludwig, Gisela Fehrmann & Meike Adam (Hg.), *Medienbewegungen. Praktiken der Bezugnahme*, 7-10. München: Fink.
Jakobson, Roman (1960): Linguistics and poetics. In Thomas A. Sebeok (Hg.), *Style in language*, 350-377. Cambridge, Mass.: MIT Press.
Jefferson, Gail (1972): Side Sequences. In David Sudnow (Hg.), *Studies in social interaction*, 294-338. New York: The Free Press.
Jucker, Andreas H. (2006): Live text commentaries. Read about it while it happens. In Jannis Androutsopoulos, Jens Runkehl, Peter Schlobinski & Torsten Siever (Hg.*)*, 113-131.
Kallmeyer, Werner (1977): Verständigungsprobleme in Alltagsgesprächen. Zur Identifizierung von Sachverhalten und Handlungszusammenhängen. *Deutschunterricht* 29, 52-69.
Kallmeyer, Werner (1979): Kritische Momente. Zur Konversationsanalyse von Interaktionsstörungen. In Wolfgang Frier & Gerd Labroisse (Hg.), *Grundfragen der Textwissenschaft. Linguistische und literaturwissenschaftliche Aspekte*, 59-109. Amsterdam: Rodopi.
Kalthoff, Herbert (2010): Beobachtung und Komplexität. Überlegungen zum Problem der Triangulation. *Sozialer Sinn* 11(2) , 353-365.
Kammerer, Dietmar (Hg.) (2012): *Vom Publicum. Das Öffentliche in der Kunst.* Bielefeld: transcript.
Kammerer, Dietmar (2012a): Vorwort. Vom Publicum. In Dietmar Kammerer (Hg.), 7-11.
Keller, Reiner (2005): *Wissenssoziologische Diskursanalyse. Grundlegung eines Forschungsprogramms.* Wiesbaden: VS.
Keller, Reiner, Andreas Hirseland, Werner Schneider & Willy Viehöver (2005) (Hg.), *Die diskursive Konstruktion von Wirklichkeit. Zum Verhältnis von Wissenssoziologie und Diskursforschung*. Konstanz: UVK.
Keller, Rudi (2008): Bewerten. In Hans Jürgen Heringer (Hg.), *Texte bewerten*, 2-15 (= *Sprache und Literatur (SuL)* 39(102)).
Keppler, Angela (1988): Beispiele in Gesprächen. Zu Form und Funktion exemplarischer Geschichten. *Zeitschrift für Volkskunde* 84, 39-57.
Keppler, Angela (1994): *Tischgespräche. Über Formen kommunikativer Vergemeinschaftung am Beispiel der Konversation in Familien.* Frankfurt a.M.: Suhrkamp.
Keppler, Angela (1995): *Tischgespräche. Über Formen kommunikativer Vergemeinschaftung am Beispiel der Konversation in Familien.* 2. Aufl., Frankfurt a.M.: Suhrkamp.
Keppler, Angela (2006): Konversations- und Gattungsanalyse. In Ruth Ayaß & Jörg Bergmann (Hg.), *Qualitative Methoden der Medienforschung*, 293-323. Reinbek b. Hamburg: Rowohlt.
Kern, Friederike, Miriam Morek & Sören Ohlhus (2012): Erzählen als Form, Formen des Erzählens. In Friederike Kern, Miriam Morek & Sören Ohlhus, *Erzählen als Form – Formen des Erzählens*, 1-9. Berlin u.a.: de Gruyter.
Kernbauer, Eva (2012): Das Publikum in der kunsttheoretischen Tradition: Wege zur Öffentlichkeit (und zurück). In Dietmar Kammerer (Hg.), 49-71.

Kilian, Jörg, Birgit Brouër & Dina Lüttenberg (Hg.) (2016): *Handbuch Sprache in der Bildung*. Berlin u.a.: de Gruyter.
Kindt, Walther (1982): Social Functions of Communication about Works of Art. *Poetics* 11, 393–418.
Kindt, Walther (2007): Probleme in der Kommunikation über Kunst. Ergebnisse linguistischer Analysen und ihre Illustration. In Heiko Hausendorf (Hg.), 55–76.
Kindt, Walther (2016): Kunstkommunikation und Linguistische Rhetorik. In Heiko Hausendorf & Marcus Müller (Hg.), S. 198–222.
Klein, Christian & Matías Martínez (Hg.) (2009): *Wirklichkeitserzählungen. Felder, Formen und Funktionen nicht-literarischen Erzählens. Internationale Fachkonferenz*. Stuttgart: Metzler.
Klein, Josef (1994): Medienneutrale und medienspezifische Verfahren der Absicherung von Bewertungen in Presse und Fernsehen. Typologie und semiotische Distribution. In Markku Moilanen & Liisa Tiittula (Hg.), 3–18.
Klein, Ulrich (1976): *Das Werturteilswort im Alltagsargument*. Frankfurt: Hirschgraben.
Klemm, Michael (2000): *Zuschauerkommunikation. Formen und Funktionen der alltäglichen kommunikativen Fernsehaneignung*. Frankfurt a.M. u.a.: Lang.
Klemm, Michael (2001): Sprachhandlungsmuster. In Werner Holly, Ulrich Püschel & Jörg Bergmann (Hg.), 83–114.
Klemm, Michael (2001a): Themenbehandlung. In Werner Holly, Ulrich Püschel & Jörg Bergmann (Hg.), 115–142.
Klotz, Peter (2007): Ekphratische Betrachtungen. Zur Systematik von Beschreiben und Beschreibungen. In Heiko Hausendorf (Hg.), 77–97.
Klotz, Peter (2013): *Beschreiben. Grundzüge einer Deskriptologie*. Berlin: Schmidt.
Knape, Joachim (2016): Rhetorik des Kunstgesprächs. In Heiko Hausendorf & Marcus Müller (Hg.), 153–175.
Knipp, Raphaela (2016): Nacherlebte Fiktion. Literarische Ortsbegehungen als Reenactments textueller Verfahren. In Anja Dreschke, Ilham Huynh, Raphaela Knipp & David Sittler (Hg.), 213–236.
Knipp, Raphaela, Stephan Habscheid & Christine Hrncal (Hg.) (2017): *Konstruktionen des Publikums*. (= Thementeil der Zeitschrift für Literaturwissenschaft und Linguistik (LiLi) 47, Dezember 2017).
Knoblauch, Hubert (2016): Publikumsemotionen: Kollektive Formen kommunikativen Handelns und die Affektivität bei Großpublika in Sport und Religion. In Stephan Habscheid, Christine Hrncal, Raphaela Knipp & Erika Linz (Hg.), 547–566.
Knoblauch, Hubert, Bernt Schnettler, Jürgen Raab & Hans-Georg Soeffner (Hg.) (2012): *Video Analysis: Methodology and Methods. Qualitative Audiovisual Data Analysis in Sociology*. 3. Aufl., Frankfurt a.M. u.a.: Lang.
Könning, Benjamin (2015): „Voll whack alles hier". Pausengespräche – zur Bedeutung eines vernachlässigten Gesprächstypus im Schulalltag. *Der Deutschunterricht* 67(1), 91–95.
Koestler, Arthur (1964): *The Act of Creation*. London u.a.: Hutchinson.
Kotthoff, Helga (1993): Disagreement and concession in disputes. On the context sensitivity of preference structures. *Language in Society* 22, 193–216.
Kotthoff, Helga (1996/2006): Vorwort. In Helga Kotthoff (Hg.), *Scherzkommunikation. Beiträge aus der empirischen Gesprächsforschung*. Radolfzell: Verlag für Gesprächsforschung 2006 [Erstdruck Wiesbaden: VS 1996]. http://www.verlag-gespraechsforschung.de/2006/pdf/scherzkommunikation.pdf (07.02.2018).

Kotthoff, Helga (2011): Besondere Formen des Erzählens in Interaktionen. Vom Klatsch über den Bericht bis zum Witz und spaßigen Phantasien. In Stephan Habscheid (Hg.), 389–413.

Kowal, Sabine & Daniel C. O'Connel (2000): Zur Transkription von Gesprächen. In Uwe Flick, Ernst von Kardorff & Ines Steinke (Hg.), 437–447.

Krüger, Anne K. & Martin Reinhart (2016): Wert, Werte und (Be)Wertungen. Eine erste begriffs- und prozesstheoretische Sondierung der aktuellen Soziologie der Bewertung. *Berliner Journal für Soziologie* 26, 485–500.

Labov, William (1972): *Language in the inner city. Studies in the Black English vernacular.* Philadelphia: University of Pennsylvania.

Labov, William (1972a): Some principles of linguistic methodology. *Language in Society* 1, 97–120.

Labov, William (1982): Einige Prinzipien linguistischer Methodologie. Übersetzt von Günter Senft. In Hugo Steger (Hg.), *Soziolinguistik. Ansätze zur soziolinguistischen Theoriebildung*, 198–234. Darmstadt: Wissenschaftliche Buchgesellschaft.

Labov, William & Joshua Waletzky (1967): *Narrative analysis. Oral versions of personal experience.* Seattle: University of Washington.

Lamnek, Siegfried (2010): *Qualitative Sozialforschung.* 5. Aufl. Weinheim, Basel: Beltz.

Lamont, Michèle (2012): Toward a comparative sociology of valuation and evaluation. *Annual Review of Sociology* 38, 201–221.

Latour, Bruno (1999): *Pandora's hope. Essays on the reality of science studies.* Cambridge, Mass.: Harvard University Press.

Laver, John (1975): Communicative functions of phatic communion. In Adam Kendon, Richard M. Harris & Mary R. Key (Hg.), *The Organization of Behavior in Face-to-Face interaction*, 215–238. Den Haag, Paris: Mouton.

Lee, Raymond M. (2004): Recording Technologies and the Interview in Sociology, 1920–2000. *Sociology* 38(5), 869–889.

Lehn, Dirk vom & Christian Heath (2007): Perspektiven der Kunst – Kunst der Perspektiven. In Heiko Hausendorf (Hg.), 147–170.

Lehn, Dirk vom & Christian Heath (2016): Kunstinteraktion. In Heiko Hausendorf & Marcus Müller (Hg.), 361–379.

Lehn, Dirk vom, Christian Heath & Hubert Knoblauch (2001): Configuring Exhibits. The Interactional Production of Experience in Museums and Galleries. In Hubert Knoblauch & Helga Kotthoff (Hg.), *Verbal Art across Cultures. The Aesthetics and Proto-Aesthetics of Communication*, 281–297. Tübingen: Narr.

Lerner, Gene H. (1996): „Finding Face" in the Preference Structures of Talk-in-Interaction. *Social Psychology Quarterly* 59(4), 303–321.

Lindström Anna & Trine Heinemann (2009): Good Enough: Low-Grade Assessments in Caregiving Situations. In Anna Lindström & Lorenza Mondada (Hg.), 309–328.

Lindström, Anna & Lorenza Mondada (2009) (Hg.), *Assessments in Social Interaction.* (= Special Issue of *Research on Language & Social Interaction* 42(4)).

Lindström, Anna & Lorenza Mondada (2009a): Assessments in Social Interaction: Introduction to the Special Issue. In Anna Lindström & Lorenza Mondada (Hg.), 299–308.

Linke, Angelika (1988): Die Kunst der ‚guten Unterhaltung'. Bürgertum und Gesprächskultur im 19. Jahrhundert. *Zeitschrift für germanistische Linguistik* (ZGL) 16(2), 123–144.

Linke, Angelika (1996): *Sprachkultur und Bürgertum. Zur Mentalitätsgeschichte des 19. Jahrhunderts.* Stuttgart, Weimar: Metzler.

Linz, Erika (2016): Medialität sprachlicher Praktiken im Theater. In Jianhua Zhu, Jin Zhao & Michael Szurawitzki (Hg.), 173–177.
Linz, Erika & Gisela Fehrmann (2005): Die Spur der Spur. Zur Transkriptivität von Wahrnehmung und Gedächtnis. In Gisela Fehrmann, Erika Linz & Cornelia Epping-Jäger (Hg.), *Spuren Lektüren. Praktiken des Symbolischen. Festschrift für Ludwig Jäger zum 60. Geburtstag*, 89–103. München: Fink.
Linz, Erika, Christine Hrncal & Eva Schlinkmann (2016): Foyergespräche im Theater. Interaktionale Aneignungspraktiken des Publikums. In Stephan Habscheid, Christine Hrncal, Raphaela Knipp & Erika Linz (Hg.), 523–546.
Luckmann, Thomas (1986): Grundformen der gesellschaftlichen Vermittlung des Wissens: Kommunikative Gattungen. *Kölner Zeitschrift für Soziologie und Sozialpsychologie,* Sonderheft 27, 191–211.
Luckmann, Thomas (1988): Kommunikative Gattungen im kommunikativen Haushalt einer Gesellschaft. In Gisela Smolka-Koerdt, Peter M. Spangenberg & Dagmar Tillmann-Bartylla (Hg.), *Der Ursprung von Literatur*, 279–288. München: Fink.
Luckmann, Thomas (2002): Zur Methodologie (mündlicher) kommunikativer Gattungen. In Thomas Luckmann, *Wissen und Gesellschaft. Ausgewählte Aufsätze 1981–2002*. Hg. v. Hubert Knoblauch, Bernt Schnettler & Jürgen Raab, 183–200. Konstanz: UVK.
Lüddemann, Stefan (2009): Kunstkommunikation als Management von Bedeutungen. In Thomas Heinze (Hg.), *Kultursponsoring, Museumsmarketing, Kulturtourismus. Ein Leitfaden für Kulturmanager*, 28–56. 4. Aufl. Wiesbaden: Springer VS.
Lüders, Christian (2000): Herausforderungen qualitativer Forschung. In Uwe Flick, Ernst von Kardorff & Ines Steinke (Hg.), 632–642.
Luginbühl, Martin & Daniel Perrin (2011): *Muster und Variation. Medienlinguistische Perspektiven auf Textproduktion und Text*. Bern u.a.: Lang.
Luhmann, Niklas (1995): *Die Kunst der Gesellschaft*. Frankfurt a.M.: Suhrkamp.
Luhmann, Niklas (1997/2015): *Die Kunst der Gesellschaft*. 8. Aufl. Frankfurt a.M.: Suhrkamp. [Erste Taschenbuchausg. 1997].
Lynch, Michael (2002): From naturally occurring data to naturally organized ordinary activities. Comment on Speer. *Discourse Studies* 4(4), 531–537.
Malinowski, Bronisław (1923): The problem of meaning in primitive languages. Supplementary Essay. In Charles K. Ogden & Ivor A. Richards (Hg.), *The Meaning of Meaning. A Study of The Influence of Language upon Thought and of The Science of Symbolism*, 296–336. London: Routledge & Paul.
Martínez, Matías & Michael Scheffel (2016): *Einführung in die Erzähltheorie*. 10. überarb. und aktual. Aufl. München: Beck.
Maynard, Douglas W. (1980): Placement of topic changes in conversation. *Semiotica* 30(3–4), 263–290.
McCarthy, Michael (2000/2014): Mutually captive audiences. Small talk and the genre of close-contact service encounters. In Justine Coupland (Hg.), 84–109.
Meier, Frank, Thorsten Peetz & Désirée Waibel (2016): Bewertungskonstellationen. Theoretische Überlegungen zur Soziologie der Bewertung. *Berliner Journal für Soziologie* 26, 307–328.
Meier, Stefan, Carsten Wünsch, Christian Pentzold & Martin Welker (2010): Auswahlverfahren für Online-Inhalte. In Martin Welker & Carsten Wünsch (Hg.), *Die Online-Inhaltsanalyse. Forschungsobjekt Internet*, 103–123. Köln: von Halem.

Meier-Schuegraf, Stefan (2006): Websites – Versuch einer (online)diskursorientierten Typologisierung. In Jannis Androutsopoulos, Jens Runkehl, Peter Schlobinski & Torsten Siever (Hg.), 161–183.

Meier zu Verl, Christian (2016): (Re)Konstruktionen des Tathergangs. Reenactments als epistemische Körperpraktiken der Strafverfolgung und -verhandlung. In Anja Dreschke, Ilham Huynh, Raphaela Knipp & David Sittler (Hg.), 297–326.

Meiler, Matthias (2016): Über das -en- in Reenactment. In Anja Dreschke, Ilham Huynh, Raphaela Knipp & David Sittler (Hg.), 25–39.

Métrich, René & Eugène Faucher (2009): *Wörterbuch deutscher Partikeln. Unter Berücksichtigung ihrer französischen Äquivalente.* Berlin u.a.: de Gruyter.

Michel, Sascha (2015): Zuschauerkommunikation in sozialen Netzwerken: Social TV. Am Beispiel des „Dschungelcamps" in Twitter. *Der Sprachdienst* 2, 51–67.

Miller, Stephen (2006*): Conversation. A History of a Declining Art.* New Haven, London: Yale University Press.

Minsky, Marvin (1975): A Framework for Representing Knowledge. In Patrick Winston (Hg.), *The Psychology of Computer Vision*, 211–277. New York: McGraw-Hill.

Moilanen, Markku & Liisa Tiittula (Hg.) (1994): *Überredung in der Presse. Texte, Strategien, Analysen.* Berlin u.a,: de Gruyter.

Monahan, Torin & Jill A. Fisher (2010): Benefits of ‚observer effects'. Lessons from the field. *Qualitative Research* 10(3), 357–376.

Mondada, Lorenza (2007): Interaktionsraum und Koordinierung. In Reinhold Schmitt (Hg.), *Koordination. Analysen zur multimodalen Interaktion*, 55–94. Tübingen: Narr.

Mondada, Lorenza (2007a): Commentary: Transcript variations and the indexicality of transcribing practices. *Discourse Studies* 9(6), 809–821.

Mondada, Lorenza (2009): The Embodied and Negotiated Production of Assessments in Instructed Actions. In Anna Lindström & Lorenza Mondada (Hg.), 329–361.

Mondada, Lorenza (2012): Video Recording as the Reflexive Preservation and Configuration of Phenomenal Features for Analysis. In Hubert Knoblauch, Bernt Schnettler, Jürgen Raab, Hans-Georg Soeffner (Hg.), 51–67.

Mondada, Lorenza (2012a). Der Interaktionsraum der politischen Diskussion. Eine Fallstudie zu einer partizipativen Bürgerversammlung. In Heiko Hausendorf, Lorenza Mondada, Reinhold Schmitt (Hg.), *Raum als interaktive Ressource*, 89–139. Tübingen: Narr.

Mondada, Lorenza (2013): Embodied and spatial resources for turn-taking in institutional multi-party interactions: the example of participatory democracy debates. In *Journal of Pragmatics* 46, 39–68.

Mondada, Lorenza, Hanna Svensson & Nynke van Schepen (2015): ‚Why that not now': participants' orientations towards several organizational layers in social interaction. In *Bulletin VALS/ASLA* 101, 51–71.

Moraldo, Sandro M. (2009): Twitter: Kommunikationsplattform zwischen Nachrichtendienst, Small Talk und SMS. In Sandro M. Moraldo (Hg.), *Internet.kom. Neue Sprach- und Kommunikationsformen im WorldWideWeb.* Bd. 1: *Kommunikationsplattformen*, 245–281. Rom: Aracne.

Moraldo, Sandro M. (2011): Web 2.0 und die deutsche Sprache. Kommunikative und sprachliche Aspekte der Microblogging-Plattform Twitter. In Sandro M. Moraldo (Hg.), *Deutsch aktuell 2. Einführung in die Tendenzen der Gegenwartssprache*, 247–263. Rom: Carocci.

Morek, Miriam & Vivien Heller (2012): Bildungssprache – Kommunikative, epistemische, soziale und interaktive Aspekte ihres Gebrauchs. *Zeitschrift für Angewandte Linguistik (ZfAL)* 57, 67–101.
Mroczynski, Robert (2014): *Gesprächslinguistik. Eine Einführung.* Tübingen: Narr.
Müller, Marcus (2012): Die Gesellschaft vor dem Bild. Habitus und soziale Position bei der sprachlichen Bewältigung von Kunst. In Marcus Müller & Sandra Kluwe (Hg.), 125–142.
Müller, Marcus & Sandra Kluwe (Hg.) (2012): *Identitätsentwürfe in der Kunstkommunikation. Studien zur Praxis der sprachlichen und multimodalen Positionierung im Interaktionsraum 'Kunst'.* Berlin u.a.: de Gruyter.
Müller, Marcus & Sandra Kluwe (2012a): Kunstkommunikation und Identität. In Marcus Müller & Sandra Kluwe (Hg.), 1–22.
Neuland, Eva (Hg.) (2001): Gesprächskultur (= Themenheft von *Der Deutschunterricht* 53(6), Dezember 2001).
Neuland, Eva (2001a): Gesprächskultur heute: Zur Einführung. In Eva Neuland (Hg.), 2–4.
Nothdurft, Werner (1996): Schlüsselwörter. Zur rhetorischen Konstruktion von Wirklichkeit. In Werner Kallmeyer (Hg.), *Gesprächsrhetorik. Rhetorische Verfahren im Gesprächsprozeß*, S. 351–418. Tübingen: Narr.
Oevermann, Ulrich (1983): Zur Sache. Die Bedeutung von Adornos methodologischem Selbstverständnis. In Ludwig von Friedeberg & Jürgen Habermas (Hg.), *Adorno-Konferenz 1983*, 234–292. Frankfurt a.M.: Suhrkamp.
Pike, Kenneth L. (1954): *Language in Relation to a Unified Theory of the Stucture of Human Behavior.* Part I. Glensdale: Summer Institute of Linguistics. (https://babel.hathitrust.org/cgi/pt?id=mdp.39015010486226;view=1up;seq=7) (20.01.2018)
Polenz, Peter von (1988): *Deutsche Satzsemantik. Grundbegriffe des Zwischen-den-Zeilen-Lesens.* 2. durchgeseh. Aufl. Berlin u.a.: de Gruyter.
Pomerantz, Anita (1975): Second Assessments. A Study of Some Features of Agreements/Disagreements. Irvine, University of California.
Pomerantz, Anita (1984): Agreeing and disagreeing with assessments: some features of preferred/dispreferred turn shapes. In J. Maxwell Atkinson & John Heritage (Hg.), *Structures of Social Action. Studies in Conversation Analysis*, 57–101. Cambridge: Cambridge University Press.
Potter, Jonathan (1997): Discourse Analysis as a Way of Analysing Naturally Occurring Talk. In David Silverman (Hg.), *Qualitative Research: Theory, Method and Practice*, 187–207. London u.a.: Sage.
Potter, Jonathan & Margaret Wetherell (1987): *Discourse and social psychology. Beyond Attitudes and Behaviour.* London u.a.: Sage.
Püschel, Ulrich (1993): „du musst gucken nicht so viel reden" – Verbale Aktivitäten bei der Fernsehrezeption. In Werner Holly & Ulrich Püschel (Hg.), 115–136.
Quasthoff, Uta M. (1980): *Erzählen in Gesprächen. Linguistische Untersuchungen zu Strukturen und Funktionen am Beispiel einer Kommunikationsform des Alltags.* Tübingen: Narr.
Quasthoff, Uta M. (2001): Erzählen als interaktive Gesprächsstruktur. In Klaus Brinker, Gerd Antos, Wolfgang Heinemann & Svend F. Sager (Hg.), 1293–1309.
Quasthoff, Uta (2012): Aktual- und mikrogenetische Zugänge zur Ontogenese. Inspirationen der Konversationsanalyse zur Verbindung von sprachlichen Praktiken und dem Erwerb sprachlicher Kompetenzen. In Ruth Ayaß & Christian Meyer (Hg.), 217–241.
Raab, Jürgen (2008): *Erving Goffman.* Konstanz: UVK.

Redder, Angelika (2002): Professionelles Transkribieren. In Ludwig Jäger & Georg Stanitzek (Hg.), *Transkribieren. Medien/Lektüre*, 115–132. München: Fink.

Redder, Angelika (2016): Theoretische Grundlagen der Wissenskonstruktion im Diskurs. In Jörg Kilian, Birgit Brouër & Dina Lüttenberg (Hg.), 297–318.

Rehbein, Jochen (1984): Beschreiben, Berichten und Erzählen. In Konrad Ehlich (Hg.), *Erzählen in der Schule*, 67–124. Tübingen: Narr.

Rehbein, Jochen (2012): Homiläischer Diskurs – Zusammenkommen, um zu reden ... In Friederike Kern, Miriam Morek & Sören Olhus (Hg.), *Erzählen als Form – Formen des Erzählens*, 85–108. Berlin u.a.: de Gruyter.

Rehbein, Jochen, Thomas Schmidt, Bernd Meyer, Franziska Watzke & Annette Herkenrath (2004): *Handbuch für das computergestützte Transkribieren nach HIAT* (= Arbeiten zur Mehrsprachigkeit – Folge B 56). Sonderforschungsbereich 538, Universität Hamburg.

Reichertz, Jo (2016): Hermeneutik in der Kommunikationswissenschaft. In Stefanie Averbeck-Lietz & Michael Meyen (Hg.), *Handbuch nicht standardisierte Methoden in der Kommunikationswissenschaft*, 33–48. Wiesbaden: Springer VS.

Reineke, Silke (2015): *Wissenszuschreibungen in der Interaktion*. Diss. Heidelberg.

Rellstab, Daniel (2016): „On dit bonjour à la caméra." Zum Spiel beobachteter Kinder mit der Aufnahmesituation in institutionellen Lernkontexten. In Jianhua Zhu, Jin Zhao & Michael Szurawitzki (Hg.), 185–189.

Rentel, Nadine (2010): Wertende Sprachhandlungen in Musikkritiken der Online-Presse. Dargestellt am Beispiel von Opernbesprechungen in der FAZ, 129–145. In Zofia Bilut-Homplewicz, Agnieszka Mac, Marta Smykafa & Iwona Szwed (Hg.), *Text und Stil*. Frankfurt a.M. u.a.: Lang.

Richter, Günther & Ines Skorubski (1991): Prinzipien der Erstellung eines mündlichen Untersuchungskorpus, empirische Texterhebungsdaten und das Problem der Transkription gesprochener Texte. *Deutsche Sprache* 19, 330–349.

Ripfel, Martha (1987): Was heißt bewerten? *Deutsche Sprache* 15, 151–177.

Robinson, William P. (1972): *Language and Social Behavior*. Harmondsworth: Penguin.

Rössler, Patrick (2005): *Inhaltsanalyse*. Konstanz: UVK.

Ruoss, Emanuel (2014): Personelle Transitionen in Mehrpersonenkonstellationen: Zum Übergang von nicht-fokussierter in fokussierte Interaktion. *Gesprächsforschung – Online-Zeitschrift zur verbalen Interaktion* 15, 161–195. www.gespraechsforschung-ozs.de (07.02.2018).

Sacks, Harvey (1971): Das Erzählen von Geschichten innerhalb von Unterhaltungen. *Kölner Zeitschrift für Soziologie und Sozialpsychologie,* Sonderheft 15, 307–314.

Sacks, Harvey (1972): An initial investigation of the usability of conversational materials for doing sociology. In David Sudnow (Hg.), *Studies in social interaction*, 31–74. New York: Free Press.

Sacks, Harvey (1984): Notes on methodology. In John M. Atkinson & John C. Heritage (Hg.), *Structures of social action. Studies in emotion and social interaction*, 21–27. Cambridge: Cambridge University Press.

Sacks, Harvey (1992): *Lectures on conversation*. 2 Bde. Oxford: Blackwell.

Sager, Svend F. (2001): Formen und Probleme der technischen Dokumentation von Gesprächen. In Klaus Brinker, Gerd Antos, Wolfgang Heinemann & Svend F. Sager (Hg.), 1022–1033.

Sager, Svend F. (2001a): Probleme der Transkription nonverbalen Verhaltens. In Klaus Brinker, Gerd Antos, Wolfgang Heinemann & Svend F. Sager (Hg.), 1069–1085.

Sandig, Barbara (1986): *Stilistik der deutschen Sprache*. Berlin u.a.: de Gruyter.
Sandig, Barbara (1993): Zu einer Alltagsrhetorik des Bewertens. Negationsausdrücke und Negationsformeln. In Hans Jürgen Heringer & Georg Stötzel (Hg.), *Sprachgeschichte und Sprachkritik. Festschrift für Peter von Polenz zum 65. Geburtstag*, 157–184. Berlin u.a.: de Gruyter.
Schäfer, Hilmar (Hg.) (2016): *Praxistheorie. Ein soziologisches Forschungsprogramm*. Bielefeld: transcript.
Schank, Gerd (1979): Zum Problem der Natürlichkeit von Gesprächen in der Konversationsanalyse. In Jürgen Dittmann (Hg.), *Arbeiten zur Konversationsanalyse*, 73–93. Tübingen: Niemeyer.
Schatzki, Theodore R. (1996): *Social Practices. A Wittgensteinian Approach to Human Activity and the Social*. Cambridge: Cambridge University Press.
Schatzki, Theodore R. (2016): Praxistheorie als flache Ontologie. In Hilmar Schäfer (Hg.), *Praxistheorie. Ein soziologisches Forschungsprogramm*, 29–44. Bielefeld: transcript.
Schegloff, Emanuel A. (2006/2012): Interaktion: Infrastruktur für soziale Institutionen, natürliche ökologische Nische der Sprache und Arena, in der Kultur aufgeführt wird. In Ruth Ayaß & Christian Meyer (Hg.), 245–268. [Engl. Originalausg. 2006]
Schegloff, Emanuel A. (2007): A tutorial on membership categorization. *Journal of Pragmatics* 39, 462–482.
Schenk, Michael (1995): *Soziale Netzwerke und Massenmedien. Untersuchung zum Einfluß der persönlichen Kommunikation*. Tübingen: Mohr Siebeck.
Scherer, Klaus R. (1977): Affektlaute und vokale Embleme. In Roland Posner & Hans-Peter Reinecke (Hg.), *Zeichenprozesse. Semiotische Forschungen in den Einzelwissenschaften*, 199–214. Wiesbaden.
Schilling-Estes, Natalie (1998): Investigating ‚self-conscious' speech. The performance register in Ocracoke English. *Language in Society* 27, 53–83.
Schmidt, Jan (2008): Was ist neu am Social Web? Soziologische und kommunikationswissenschaftliche Grundlagen. In Ansgar Zerfass, Martin Welker & Jan Schmidt (Hg.), *Kommunikation, Partizipation und Wirkungen im Social Web. Grundlagen und Methoden: Von der Gesellschaft zum Individuum*, 18–40. Köln: von Halem.
Schmidt, Jan-Hinrik (2013): Onlinebasierte Öffentlichkeiten: Praktiken, Arenen und Strukturen. In Claudia Fraas, Stefan Meier & Christian Pentzold (Hg.), 35–56.
Schmitt, Reinhold (1992): *Die Schwellensteher. Sprachliche Präsenz und sozialer Austausch in einem Kiosk*. Tübingen: Narr.
Schmitz, Ulrich (2004): *Sprache in modernen Medien. Einführung in Tatsachen und Theorien, Themen und Thesen*. Berlin: Schmidt.
Schmitz, Ulrich (2006): Schriftbildschirme. Tertiäre Schriftlichkeit im World Wide Web. In Jannis Androutsopoulos, Jens Runkehl, Peter Schlobinski & Torsten Siever (Hg.), 184–208.
Schmitz, Ulrich (2015): *Einführung in die Medienlinguistik*. Darmstadt: Wissenschaftliche Buchgesellschaft.
Schneider, Klaus P. (1988): *Small Talk. Analysing Phatic Discourse*. Marburg: Hitzeroth.
Schneider, Klaus P. (2008): Small talk in England, Ireland, and the USA. In Klaus P. Schneider & Anne Barron (Hg.), *Variational pragmatics. A focus on regional varieties in pluricentric languages*, 99–139. Amsterdam, Philadelphia: Benjamins.
Schneider, Klaus P. (2010): Small Talk: Units, sequencing, realizations. In Jörg Helbig & René Schallegger (Hg.), *Anglistentag 2009 Klagenfurt. Proceedings*, 79–89. Trier: WVT.

Scholl, Armin (2016): Die Logik qualitativer Methoden in der Kommunikationswissenschaft. In Stefanie Averbeck-Lietz & Michael Meyen (Hg.), *Handbuch nicht standardisierte Methoden in der Kommunikationswissenschaft*, 17–32. Wiesbaden: VS Springer.

Schu, Josef (2001): Formen der Elizitation und das Problem der Natürlichkeit von Gesprächen. In Klaus Brinker, Gerd Antos, Wolfgang Heinemann & Svend F. Sager (Hg.), 1013–1021.

Schubert, Daniel (2009): *Lästern*. Frankfurt a.M. u.a.: Lang.

Schütte, Wilfried (2013): Metadaten für Gesprächsdatenbanken. Ein Überblick und ihre Verwaltung in der IDS-Datenbank Gesprochenes Deutsch (DGD). In Iva Kratochvílová & Norbert R. Wolf (Hg.), *Grundlagen einer sprachwissenschaftlichen Quellenkunde*, 121–134. Tübingen: Narr.

Schütz, Alfred (1971): *Das Problem der Relevanz*. Frankfurt a.M.: Suhrkamp.

Schütz, Alfred (1971a): *Gesammelte Aufsätze*. Bd. 1. Den Haag: Nijhhoff.

Schulz-Schaeffer, Ingo (2010): Praxis, handlungstheoretisch betrachtet. *Zeitschrift für Soziologie* 39, 319–336.

Schumann, Elke, Elisabeth Gülich, Gabriele Lucius-Hoene, Stefan Pfänder (Hg.) (2015): *Wiedererzählen. Formen und Funktionen einer kulturellen Praxis*. Bielefeld: transcript.

Schwanitz, Dietrich (1999): *Bildung. Alles, was man wissen muß*. Frankfurt a.M.: Eichborn.

Schwanitz, Dietrich (2002): *Bildung. Alles, was man wissen muß*. Frankfurt a.M.: Goldmann.

Schwitalla, Johannes (1993): Über einige Weisen des gemeinsamen Sprechens. Ein Beitrag zur Theorie der Beteiligungsrollen im gemeinsamen Gespräch. *Zeitschrift für Sprachwissenschaft* 11(1), 68–98.

Schwitalla, Johannes (2010): Probleme beim Erstellen und Auswerten gesprochensprachlicher Korpora. In Iva Kratochvílová & Norbert R. Wolf (Hg.), *Kompendium Korpuslinguistik. Eine Bestandsaufnahme aus deutsch-tschechischer Perspektive*, 67–74. Heidelberg: Winter.

Scollon, Ron (2001): *Mediated Discourse. The nexus of practice*. London, New York: Routledge.

Selting, Margret et al. (1998): Gesprächsanalytisches Transkriptionssystem (GAT). *Linguistische Berichte* 173, 91–122.

Selting, Margret et al. (2009): Gesprächsanalytisches Transkriptionssystem 2 (GAT 2). *Gesprächsforschung – Online-Zeitschrift zur verbalen Interaktion* 10, 353–402. www.gespraechsforschung-ozs.de (07.02.2018)

Semino, Elena & Mick Short (2004): *Corpus stylistics. Speech, writing and thought presentation in a corpus of English writing*. London, New York: Routledge.

Semino, Elena & Mick Short (2004a): Using a corpus for stylistics research. Speech and thought presentation. In Jenny Thomas & Mick Short (Hg.), *Using corpora for language research. Studies in the honour of Geoffrey Leech*, 110–133. London: Longman.

Senft, Gunter (2009): *Phatic communion*. http://pubman.mpdl.mpg.de/pubman/item/escidoc:68366/component/escidoc:468107/senft_2009_phatic.pdf (07.02.2018).

Sidnell, Jack (2006): Coordinating gesture, talk, and gaze in reenactments. *Research on Language and Social Interaction* 39(4), 377–409.

Sidnell, Jack (2010): *Conversation analysis. An introduction*. Chichester u.a.: Wiley-Blackwell.

Sidnell, Jack (2017): Action in interaction is conduct under a description. *Language in Society* 46(3), 313–337.

Soeffner, Hans-Georg (2001): Inszenierung im 20. Jahrhundert. In Erika Fischer-Lichte (Hg.), *Theatralität und die Krisen der Repräsentation*, 165–176. Stuttgart, Weimar: Metzler.

Soeffner, Hans-Georg (2004): *Auslegung des Alltags. Der Alltag der Auslegung. Zur wissenssoziologischen Konzeption einer sozialwissenschaftlichen Hermeneutik*. 2., durchgeseh. und ergänzte Aufl. Konstanz: UVK.

Speer, Susan A. (2002): ‚Natural' and ‚contrived' data: a sustainable distinction? *Discourse Studies* 4(4), 511–525.

Speer, Susan A. & Ian Hutchby (2003): From Ethics to Analytics: Aspects of Participants' Orientations to the Presence and Relevance of Recording Devices. *Sociology* 37(2), 315–338.

Spitzmüller, Jürgen (2013): Metapragmatik, Indexikalität, soziale Registrierung. *Zeitschrift für Diskursforschung* 3, 263–287.

Stahl, Sandra K. (1977): The Oral Personal Narrative in its Generic Context. *Fabula* (18), 18–39.

Stegert, Gernot (1993): *Filme rezensieren in Presse, Radio und Fernsehen*. München: TR-Verlagsunion.

Steinig, Wolfgang (2016): Sprache, Bildung und soziale Herkunft. In Jörg Kilian, Birgit Brouër & Dina Lüttenberg (Hg.), 68–98.

Steinke, Ines (2000): Gütekriterien qualitativer Forschung. In Uwe Flick, Ernst von Kardorff & Ines Steinke (Hg.), 319–331.

Stivers, Tanya, Lorenza Mondada & Jakob Steensig (2011): Knowledge, morality and affiliation in social interaction. In Tanya Stivers, Lorenza Mondada & Jakob Steensig (Hg.), *The Morality of Knowledge in Conversation*, 3–24. Cambridge: Cambridge University Press.

Stöckl, Hartmut (2011): Sprache-Bild-Texte lesen. Bausteine zur Methodik einer Grundkompetenz. In Hajo Diekmannshenke, Michael Klemm & Hartmut Stöckl (Hg.), *Bildlinguistik. Theorien – Methoden – Fallbeispiele*, 45–70. Berlin: Schmidt.

Strauß, Simon (2017): Provokation? Vom Theater erwarte ich mehr. Klaus Wowereit, der ehemalige Bürgermeister von Berlin, spricht über seine Theaterleidenschaft, Grenzen der Kunstfreiheit und die kulturpolitischen Fehlentscheidungen rund um die Berliner „Volksbühne". *Frankfurter Allgemeine Zeitung* vom 11.04.2017, 9.

Tannen, Deborah (1986): Introducing Constructed Dialogue in Greek and American Conversational and Literary Narratives. In Florian Coulmas (Hg.), *Direct and Indirect Speech*, 311–322. Berlin: Mouton.

Tannen, Deborah (1989/2007): *Talking voices*. 2. Aufl. Cambridge: Cambridge University Press. [Erstaufl. 1989].

Tannen, Deborah & Cynthia Wallat (1993): Interactive frames and knowledge schemas in interaction. Examples from a medical examination/interview. In Deborah Tannen (Hg.), *Framing in Discourse*, 57–76. New York, Oxford: Oxford University Press.

Thim-Mabrey, Christiane (2007): Linguistische Aspekte der Kommunikation über Kunst. In Heiko Hausendorf (Hg.), 99–121.

Tiittula, Liisa (1994): Implizites Bewerten in finnischen und deutschen Leitartikeln. In Markku Moilanen & Liisa Tiittula (Hg.), 225–240.

Ulmer, Bernd (1988): Konversionserzählungen als rekonstruktive Gattung. Erzählerische Mittel und Strategien bei der Rekonstruktion eines Bekehrungserlebnisses. *Zeitschrift für Soziologie* 17(1), 19–33.

Ulmer, Bernd & Jörg Bergmann (1993): Medienrekonstruktionen als kommunikative Gattungen? In Werner Holly & Ulrich Püschel (Hg.), 81–102.

Vogt, Rüdiger (1989): *Gegenkulturelle Schreibweisen über Sexualität Textstrukturen und soziale Praxis in Leserbriefen*. Wiesbaden: Dt. Univ. Verl.

Vološinov, Valentin N. (1929/1975): *Marxismus und Sprachphilosophie. Grundlegende Probleme der soziologischen Methode in der Sprachwissenschaft.* Hg. v. Samuel M. Weber Frankfurt a.M. u.a.: Ullstein. [russ. Originalausg. 1929].

Wagener, Peter (1986): Sind Spracherhebungen paradox? Über die Möglichkeit, natürliches Sprachverhalten wissenschaftlich zu erfassen. In Peter von Polenz, Johannes Erben & Jan Goossens (Hg.), *Sprachnormen: lösbare und unlösbare Probleme. Kontroversen um die neuere deutsche Sprachgeschichte. Dialektologie und Soziolinguistik: Die Kontroverse um die Mundartforschung*, 319–327. Tübingen: Niemeyer.

Warfield Rawls, Anne (2008): Harold Garfinkel, Ethnomethodology and Workplace Studies. *Organization Studies* 29(5), 701–732.

Weber, Max (1904/2002): Die ‚Objektivität' sozialwissenschaftlicher und sozialpolitischer Erkenntnis. In Max Weber, *Schriften 1894–1922.* Ausgewählt u. hg. v. Dirk Kaesler, 77–149. Stuttgart: Kröner.

Weber-Knapp, Regine (1994): Implizites Bewerten in finnischen und deutschen Leitartikeln. In Markku Moilanen & Liisa Tiittula (Hg.), 149–160.

Werber, Niels (2016): Das Populäre und das Publikum. Inklusion und Attachment. In Stephan Habscheid, Christine Hrncal, Raphaela Knipp & Erika Linz (Hg.), 469–477.

Wertheim, Suzanne (2002): Rethinking the Observer's Paradox and Data „Purity". *Berkeley Linguistics Society* 28, 511–521.

Wilson, John (1987): The sociolinguistic paradox: data as a methodological product. *Language & Communication* 7(2), 161–177.

Wilson, John (1994): Paradoxes, sociolinguistics and everyday accounts. *Multilingua* 13(3), 285–300.

Wittgenstein, Ludwig (1958/1971): *Philosophische Untersuchungen.* Frankfurt a.M.: Suhrkamp.

Zillig, Werner (1982): *Bewerten. Sprechakttypen der bewertenden Rede.* Tübingen: Niemeyer.

Zhu, Jianhua, Jin Zhao & Michael Szurawitzki (Hg.) (2016): *Akten des XIII. Internationalen Germanistenkongresses Shanghai 2015: Germanistik zwischen Tradition und Innovation.* Bd. 3. Frankfurt a.M. u.a.: Lang.

Transkriptionszeicheninventar

Angelehnt an die GAT 2-Transkriptionskonventionen nach Selting et al. (2009, 391–393).

[ ] [ ]	Überlappungen und Simultansprechen
°h / h°	Ein- bzw. Ausatmen von ca. 0.2-0.5 Sek. Dauer
°hh / hh°	Ein- bzw. Ausatmen von ca. 0.5-0.8 Sek. Dauer
°hhh / hhh°	Ein- bzw. Ausatmen von ca. 0.8-1.0 Sek. Dauer
(.)	Mikropause, geschätzt, bis ca. 0.2 Sek. Dauer
(-)	kurze geschätzte Pause von ca. 0.2-0.5 Sek. Dauer
(--)	mittlere geschätzte Pause v. ca. 0.5-0.8 Sek. Dauer
(1.5), (12.42)	gemessene Pausen von ca. 1.5 bzw. 12.42 Sek. Dauer
äh_äh	Verschleifungen innerhalb von Einheiten
äh, öh, ähm	Verzögerungssignale, sog. "gefüllte Pausen"
hm ja	einsilbige Signale
hm_hm, ja_a	zweisilbige Signale
((lacht))	Beschreibung des Lachens
<<lachend>>	Lachpartikeln in der Rede, mit Reichweite
((schmatzt))	para- und außersprachliche Handlungen u. Ereignisse sowie Anmerkungen
<<imitierend>>	sprachbegleitende para- und außersprachliche interpretierende Kommentare mit Reichweite
<<flüsternd>>	Beispiel für Veränderung der Stimmqualität, wie angegeben
( )	unverständliche Passage ohne weitere Angaben
(xxx), (xxx xxx)	ein bzw. zwei unverständliche Silben
(wieder)	vermuteter Wortlaut
(alles/es)	mögliche Alternativen
[…]	Auslassung im Transkript (auf Höhe der Transkriptzeilennummern)
=	schneller, unmittelbarer Anschluss neuer Sprecherbeiträge oder Segmente
:	Dehnung, Längung, um ca. 0.2-0.5 Sek.
::	Dehnung, Längung, um ca. 0.5-0.8 Sek.
:::	Dehnung, Längung, um ca. 0.8-1.0 Sek.
akZENT	Akzent
ak!ZENT!	extra starker Akzent
?	hoch steigende Tonhöhenbewegung am Ende der Intonationsphrase
,	mittel steigende Tonhöhenbewegung am Ende der Intonationsphrase
–	gleichbleibende Tonhöhenbewegung am Ende der Intonationsphrase
;	mittel fallende Tonhöhenbewegung am Ende der Intonationsphrase
.	tief fallende Tonhöhenbewegung am Ende der Intonationsphrase

www.ingramcontent.com/pod-product-compliance
Lightning Source LLC
Chambersburg PA
CBHW051553230426
43668CB00013B/1840